大学赤本シリーズ

510

近畿大学
近畿大学短期大学部

医学部を除く－一般入試前期

教学社

はしがき

おかげさまで，大学入試の「赤本」は，今年で創刊 70 周年を迎えました。

これまで，入試問題や資料をご提供いただいた大学関係者各位，掲載許可をいただいた著作権者の皆様，各科目の解答や対策の執筆にあたられた先生方，そして，赤本を使用してくださったすべての読者の皆様に，厚く御礼を申し上げます。

以下に，創刊初期の「赤本」のはしがきを引用します。これからも引き続き，受験生の目標の達成や，夢の実現を応援してまいります。

本書を活用して，入試本番では持てる力を存分に発揮されることを心より願っています。

編者しるす

＊　＊　＊

学問の塔にあこがれのまなざしをもって，それぞれの志望する大学の門をたたかんとしている受験生諸君！　人間として生まれてきた私たちは，自己の欲するままに，美しく，強く，そして何よりも人間らしく生きることをねがっている。しかし，一朝一夕にして，この純粋なのぞみが達せられることはない。私たちの行く手には，絶えずさまざまな試練がまちかまえている。この試練を克服していくところに，私たちのねがう真に人間的な世界がはじめて開かれてくるのである。

人生最初の最大の試練として，諸君の眼前に大学入試がある。この大学入試は，精神的にも身体的にも，大きな苦痛を感ぜしめるであろう。あるスポーツに熟達するには，たゆみなき，はげしい練習を積み重ねることが必要であるように，私たちは，計画的・持続的な努力を払うことによって，この試練を克服し，次の一歩を踏みだすことができる。厳しい試練を経たのちに，はじめて満足すべき成果を獲得できるのである。

本書は最近の入学試験の問題に，それぞれ解答を付し，さらに問題をふかく分析することによって，その大学独特の傾向や対策をさぐろうとした。本書を一般の参考書とあわせて使用し，まとはずれのない，効果的な受験勉強をされるよう期待したい。

（昭和 35 年版「赤本」はしがきより）

挑む人の、いちばんの味方

1954年に大学入試の過去問題集を刊行してから70年。赤本は大学に入りたいと思う受験生を応援しつづけてきました。これからも，苦しいとき落ち込むときにそばで支える存在でいたいと思います。

そして，勉強をすること，自分で道を決めること，努力が実ること，これらの喜びを読者の皆さんが感じることができるよう，伴走をつづけます。

そもそも赤本とは…

受験生のための大学入試の過去問題集！

70年の歴史を誇る赤本は，500点を超える刊行点数で全都道府県の370大学以上を網羅しており，過去問の代名詞として受験生の必須アイテムとなっています。

なぜ受験に過去問が必要なのか？

大学入試は大学によって問題形式や頻出分野が大きく異なるからです。

赤本の掲載内容

傾向と対策

これまでの出題内容から，問題の「**傾向**」を分析し，来年度の入試に向けて具体的な「**対策**」の方法を紹介しています。

問題編・解答編

- 年度ごとに問題とその解答を掲載しています。
- 「**問題編**」ではその年度の試験概要を確認したうえで，実際に出題された過去問に取り組むことができます。
- 「**解答編**」には高校・予備校の先生方による解答が載っています。

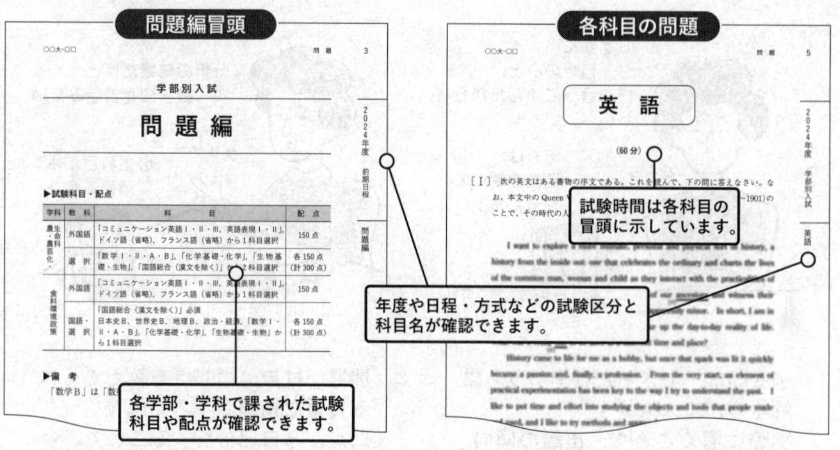

他にも，大学の基本情報や，先輩受験生の合格体験記，在学生からのメッセージなどが載っていることがあります。

掲載内容について

著作権上の理由やその他編集上の都合により問題や解答の一部を割愛している場合があります。
なお，指定校推薦入試，社会人入試，編入学試験，帰国生入試などの特別入試，英語以外の外国語科目，商業・工業科目は，原則として掲載しておりません。また試験科目は変更される場合がありますので，あらかじめご了承ください。

受験勉強は

過去問に始まり，

STEP 1

なにはともあれ

まずは解いてみる

しずかに…
今，自分の心と
向き合ってるんだから
ムーン
それは
問題を解いて
からだホン!

過去問は，**できるだけ早いうちに解く**のがオススメ！
実際に解くことで，**出題の傾向**，**問題のレベル**，**今の自分の実力**がつかめます。

STEP 2

じっくり具体的に

弱点を分析する

分析の結果だけど
英・数・国が苦手みたい
スリー
必須科目だホン
頑張るホン

間違いは自分の弱点を教えてくれる**貴重な情報源**。
弱点から自己分析することで，**今の自分に足りない力や苦手な分野**が見えてくるはず！

合格者があかす 赤本の使い方

傾向と対策を熟読

（Fさん／国立大合格）

大学の出題傾向を調べるために，赤本に載っている「傾向と対策」を熟読しました。

繰り返し解く

（Tさん／国立大合格）

1周目は問題のレベル確認，2周目は苦手や頻出分野の確認に，3周目は合格点を目指して，と過去問は繰り返し解くことが大切です。

過去問に終わる。

STEP 3 志望校にあわせて

苦手分野の重点対策

明日からはみんなで頑張るよ！
参考書も！ 問題集も！
よろしくね！
呼んだ？
なにを!?
どこから!?
グッ
グッ

参考書や問題集を活用して，苦手分野の**重点対策**をしていきます。**過去問を指針**に，合格へ向けた具体的な学習計画を立てましょう！

STEP 1▶2▶3 サイクルが大事！

実践を繰り返す

STEP 1～3を繰り返し，実力アップにつなげましょう！
出題形式に慣れることや，**時間配分を考えること**も大切です。

目標点を決める
(Yさん／私立大合格)

赤本によっては合格者最低点が載っているので，それを見て目標点を決めるのもよいです。

時間配分を確認
(Kさん／私立大学合格)

赤本は時間配分や解く順番を決めるために使いました。

添削してもらう
(Sさん／私立大学合格)

記述式の問題は先生に添削してもらうことで自分の弱点に気づけると思います。

新課程入試 Q&A

2022年度から新しい学習指導要領（新課程）での授業が始まり，2025年度の入試は，新課程に基づいて行われる最初の入試となります。ここでは，赤本での新課程入試の対策について，よくある疑問にお答えします。

Q1. 赤本は新課程入試の対策に使えますか？

A. もちろん使えます！

旧課程入試の過去問が新課程入試の対策に役に立つのか疑問に思う人もいるかもしれませんが，心配することはありません。旧課程入試の過去問が役立つのには次のような理由があります。

● 学習する内容はそれほど変わらない

新課程は旧課程と比べて科目名を中心とした変更はありますが，学習する内容そのものはそれほど大きく変わっていません。また，多くの大学で，既卒生が不利にならないよう「経過措置」がとられます（Q３参照）。したがって，出題内容が大きく変更されることは少ないとみられます。

● 大学ごとに出題の特徴がある

これまでに課程が変わったときも，各大学の出題の特徴は大きく変わらないことがほとんどでした。入試問題は各大学のアドミッション・ポリシーに沿って出題されており，過去問にはその特徴がよく表れています。過去問を研究しその大学に特有の傾向をつかめば，最適な対策をとることができます。

出題の特徴の例	・英作文問題の出題の有無 ・論述問題の出題（字数制限の有無や長さ） ・計算過程の記述の有無

新課程入試の対策も，赤本で過去問に取り組むところから始めましょう。

Q2. 赤本を使う上での注意点はありますか？

A. 志望大学の入試科目を確認しましょう。

過去問を解く前に，過去の出題科目（問題編冒頭の表）と 2025 年度の募集要項とを比べて，課される内容に変更がないかを確認しましょう。ポイントは以下のとおりです。科目名が変わっていても，実際は旧課程の内容とほとんど同様のものもあります。

英語・国語	科目名は変更されているが，実質的には変更なし。 ▶▶ **ただし，リスニングや古文・漢文の有無は要確認。**
地歴	科目名が変更され，「歴史総合」「地理総合」が新設。 ▶▶ **新設科目の有無に注意。ただし，「経過措置」（Q３参照）により内容は大きく変わらないことも多い。**
公民	「現代社会」が廃止され，「公共」が新設。 ▶▶ **「公共」は実質的には「現代社会」と大きく変わらない。**
数学	科目が再編され，「数学 C」が新設。 ▶▶ **「数学」全体としての内容は大きく変わらないが，出題科目と単元の変更に注意。**
理科	科目名も学習内容も大きな変更なし。

数学については，科目名だけでなく，どの単元が含まれているかも確認が必要です。例えば，出題科目が次のように変わったとします。

旧課程	「数学Ⅰ・数学Ⅱ・数学 A・数学 B（数列・ベクトル）」
新課程	「数学Ⅰ・数学Ⅱ・数学 A・**数学 B（数列）**・**数学 C（ベクトル）**」

この場合，新課程では「数学C」が増えていますが，単元は「ベクトル」のみのため，実質的には旧課程とほぼ同じであり，過去問をそのまま役立てることができます。

Q3. 「経過措置」とは何ですか？

A. 既卒の旧課程履修者への対応です。

多くの大学では，既卒の旧課程履修者が不利にならないように，出題において「経過措置」が実施されます。措置の有無や内容は大学によって異なるので，募集要項や大学のウェブサイトなどで確認しておきましょう。

◯旧課程履修者への経過措置の例

- 旧課程履修者にも配慮した出題を行う。
- 新・旧課程の共通の範囲から出題する。
- 新課程と旧課程の共通の内容を出題し，共通範囲のみでの出題が困難な場合は，旧課程の範囲からの問題を用意し，選択解答とする。

例えば，地歴の出題科目が次のように変わったとします。

旧課程	「日本史Ｂ」「世界史Ｂ」から１科目選択
新課程	「**歴史総合**，日本史探究」「**歴史総合**，世界史探究」から１科目選択※ ※旧課程履修者に不利益が生じることのないように配慮する。

「歴史総合」は新課程で新設された科目で，旧課程履修者には見慣れないものですが，上記のような経過措置がとられた場合，新課程入試でも旧課程と同様の学習内容で受験することができます。

新課程の情報は WEB もチェック！
より詳しい解説が赤本ウェブサイトで見られます。
https://akahon.net/shinkatei/

科目名が変更される教科・科目

	旧課程	新課程
国語	国語総合 国語表現 現代文A 現代文B 古典A 古典B	現代の国語 言語文化 論理国語 文学国語 国語表現 古典探究
地歴	日本史A 日本史B 世界史A 世界史B 地理A 地理B	歴史総合 日本史探究 世界史探究 地理総合 地理探究
公民	現代社会 倫理 政治・経済	公共 倫理 政治・経済
数学	数学Ⅰ 数学Ⅱ 数学Ⅲ 数学A 数学B 数学活用	数学Ⅰ 数学Ⅱ 数学Ⅲ 数学A 数学B 数学C
外国語	コミュニケーション英語基礎 コミュニケーション英語Ⅰ コミュニケーション英語Ⅱ コミュニケーション英語Ⅲ 英語表現Ⅰ 英語表現Ⅱ 英語会話	英語コミュニケーションⅠ 英語コミュニケーションⅡ 英語コミュニケーションⅢ 論理・表現Ⅰ 論理・表現Ⅱ 論理・表現Ⅲ
情報	社会と情報 情報の科学	情報Ⅰ 情報Ⅱ

大学のサイトも見よう

目　次

2022年度 問題と解答

●一般入試前期A日程：1月29日実施分

掲載内容についてのお断り

- 本書では，一般入試前期A日程のうち代表的な1日程分を掲載しています。
- 一般入試前期B日程は掲載していません。
- 近畿大学の赤本には，ほかに下記があります。
  『近畿大学・近畿大学短期大学部（医学部を除く一推薦入試）』
  『近畿大学（英語〈医学部を除く3日程×3カ年〉）』
  『近畿大学（理系数学〈医学部を除く3日程×3カ年〉）』
  『近畿大学（国語〈医学部を除く3日程×3カ年〉）』
  『近畿大学（医学部一推薦入試・一般入試前期）』
  『近畿大学・近畿大学短期大学部（一般入試後期）』

基本情報

学部・学科の構成

大　学

●法学部　東大阪キャンパス

法律学科（コース：法曹コース，国際コース，行政コース，専攻プログラム：犯罪・非行と法，経済生活と法，会計・税務と法，まちづくりと法）

●経済学部　東大阪キャンパス

経済学科（経済学コース，経済心理学コース）

国際経済学科

総合経済政策学科

●経営学部　東大阪キャンパス

経営学科（企業経営コース，IT ビジネスコース，スポーツマネジメントコース）

商学科（マーケティング戦略コース，観光・サービスコース，貿易・ファイナンスコース）

会計学科
キャリア・マネジメント学科
●**理工学部** 東大阪キャンパス
理学科（数学コース，物理学コース，化学コース）
生命科学科
応用化学科
機械工学科（機械工学コース，知能機械システムコース）
電気電子通信工学科（総合エレクトロニクスコース，電子情報通信コース）
社会環境工学科
エネルギー物質学科
●**建築学部** 東大阪キャンパス
建築学科（建築工学専攻，建築デザイン専攻，住宅建築専攻，企画マネジメント専攻）
●**薬学部** 東大阪キャンパス
医療薬学科［6年制］
創薬科学科［4年制］
●**文芸学部** 東大阪キャンパス
文学科（日本文学専攻〈創作・評論コース，言語・文学コース〉，英語英米文学専攻）
芸術学科（舞台芸術専攻〈演劇創作系，舞踊創作系，戯曲創作系，TOP系（Theatre Organization Planning）〉，造形芸術専攻）
文化・歴史学科
文化デザイン学科
●**総合社会学部** 東大阪キャンパス
総合社会学科（社会・マスメディア系専攻〈現代社会コース，マスメディアコース〉，心理系専攻，環境・まちづくり系専攻）
●**国際学部** 東大阪キャンパス
国際学科（グローバル専攻，東アジア専攻〈中国語コース，韓国語コース〉）
●**情報学部** 東大阪キャンパス
情報学科（知能システムコース，サイバーセキュリティコース，実世界

コンピューティングコース）

●**農学部**　奈良キャンパス

農業生産科学科

水産学科

応用生命化学科

食品栄養学科《管理栄養士養成課程》

環境管理学科

生物機能科学科

●**医学部**　大阪狭山キャンパス*

医学科

＊2025 年 11 月，大阪府堺市に移転予定。

●**生物理工学部**　和歌山キャンパス

生物工学科

遺伝子工学科

食品安全工学科

生命情報工学科

人間環境デザイン工学科

医用工学科

●**工学部**　広島キャンパス

化学生命工学科（化学・生命工学コース，環境・情報化学コース，医・食・住化学コース）

機械工学科（機械設計コース，エネルギー機械コース）

ロボティクス学科（ロボット設計コース，ロボット制御コース）

電子情報工学科（電気電子コース，情報通信コース）

情報学科（情報システムコース，情報メディアコース）

建築学科（建築学コース，インテリアデザインコース）

●**産業理工学部**　福岡キャンパス

生物環境化学科（バイオサイエンスコース，食品生物資源コース，次世代エネルギー・環境材料コース）

電気電子工学科（エネルギー・環境コース，情報通信コース，半導体エレクトロニクスコース）

建築・デザイン学科（建築工学コース，建築・デザインコース）

情報学科（情報エンジニアリングコース，メディア情報コース，データサイエンスコース）

経営ビジネス学科（経営マネジメントコース，グローバル経営コース）

●**短期大学部** 東大阪キャンパス

商経科〔二部〕（情報管理コース，秘書コース，英語コミュニケーションコース）

（備考）専攻・コース等に分属する年次はそれぞれで異なる。

大学院

法学研究科 / 商学研究科 / 経済学研究科 / 総合理工学研究科 / 薬学研究科 / 総合文化研究科 / 農学研究科 / 医学研究科 / 生物理工学研究科 / システム工学研究科 / 産業理工学研究科 / 実学社会起業イノベーション学位プログラム

大学所在地

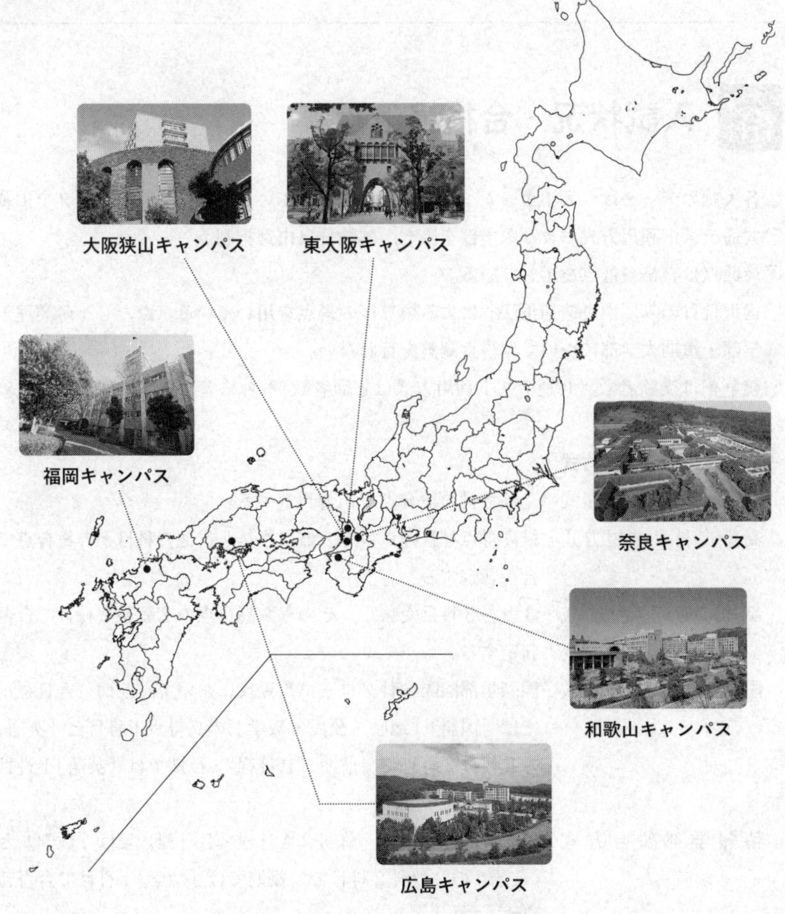

東大阪キャンパス　〒577-8502　大阪府東大阪市小若江 3-4-1

奈良キャンパス　〒631-8505　奈良県奈良市中町 3327-204

大阪狭山キャンパス　〒589-8511　大阪府大阪狭山市大野東 377-2

和歌山キャンパス　〒649-6493　和歌山県紀の川市西三谷 930

広島キャンパス　〒739-2116　広島県東広島市高屋うめの辺 1

福岡キャンパス　〒820-8555　福岡県飯塚市柏の森 11-6

2024年度入試データ

入試状況・合格最低点

○各入試のデータは，大学ホームページにて公表されている合格発表時のデータを掲載。
○共通テスト利用方式および医学部を除き，試験日自由選択制。
○最低点は合格最低点を示している。
○選択科目のみ「中央値補正法」による換算後の得点を用いている。ただし，産業理工学部・短期大学部については得点調整を行わない。
○競争率は受験者数（共通テスト利用方式は志願者数）÷合格者数（医学部は二次試験合格者）で算出。

一般入試の合否判定方式

スタンダード方式…受験科目の総合点で合否判定する。

高得点科目重視方式…最高得点科目の点数を２倍に換算し，他の科目との総合点で合否判定する。

高得点判定方式…３教科３科目受験し，そのうち高得点の２教科２科目で合否判定する。

国際学部独自方式…国際学部国際学科グローバル専攻において，前期（Ａ日程）では「国語」「地歴・公民・数学」の高得点１科目と「英語」の２教科２科目で，前期（Ｂ日程）・後期では「英語」１科目で合否判定する。

情報学部独自方式…情報学部において，前期（Ａ日程・Ｂ日程）では「数学」と「英語」の２教科２科目で，後期では「数学」１科目で合否判定する。

生物理工学部独自方式…生物理工学部において，前期（Ｂ日程）では「数学」と「理科」の２教科２科目で合否判定する。

一般入試

●前期（A日程）

学部	学科・専攻・コース	方　式	志願者数	受験者数	合格者数	競争率	1月27日 最低点	1月28日 最低点	満点
法	法律	スタンダード	1,373	1,338	470	2.8	166	168	300
		高得点科目重視	914	895	299	3.0	232	234	400
経済	経済	スタンダード	2,810	2,770	568	4.9	175	178	300
		高得点科目重視	1,832	1,808	298	6.1	251	249	400
	国際経済	スタンダード	1,048	1,036	244	4.2	166	168	300
		高得点科目重視	674	663	148	4.5	239	236	400
	総合経済政策	スタンダード	1,199	1,190	275	4.3	165	168	300
		高得点科目重視	822	817	150	5.4	241	241	400
経営	経営	スタンダード	1,857	1,828	426	4.3	171	173	300
		高得点科目重視	1,244	1,226	293	4.2	237	243	400
	商	スタンダード	1,947	1,914	472	4.1	173	174	300
		高得点科目重視	1,301	1,280	317	4.0	240	241	400
	会計	スタンダード	660	658	150	4.4	171	173	300
		高得点科目重視	453	452	101	4.5	239	244	400
	キャリア・マネジメント	スタンダード	1,005	995	243	4.1	161	167	300
		高得点科目重視	689	680	166	4.1	227	231	400
理工	理 数学	スタンダード	302	299	76	3.9	180	164	300
		高得点科目重視	212	209	66	3.2	230	218	400
	理 物理学	スタンダード	346	340	158	2.2	166	154	300
		高得点科目重視	222	218	97	2.2	227	212	400
	理 化学	スタンダード	430	421	129	3.3	165	153	300
		高得点科目重視	298	289	91	3.2	220	207	400
	生命科	スタンダード	593	581	113	5.1	189	170	300
		高得点科目重視	406	398	78	5.1	254	234	400
	応用化	スタンダード	680	674	229	2.9	168	158	300
		高得点科目重視	443	439	151	2.9	227	218	400
	機械工	スタンダード	1,315	1,305	376	3.5	172	159	300
		高得点科目重視	944	937	272	3.4	233	214	400
	電気電子通信工	スタンダード	962	948	286	3.3	178	159	300
		高得点科目重視	676	664	198	3.4	242	214	400

（表つづく）

学部	学科・専攻・コース		方式	志願者数	受験者数	合格者数	競争率	1月27日 最低点	1月28日 最低点	満点
理工	社会環境工		スタンダード	479	470	160	2.9	165	154	300
			高得点科目重視	342	336	113	3.0	225	216	400
	エネルギー物質		スタンダード	534	527	142	3.7	156	147	300
			高得点科目重視	387	383	108	3.5	213	202	400
建築	建築		スタンダード	1,464	1,447	185	7.8	199	177	300
			高得点科目重視	1,092	1,078	146	7.4	272	244	400
薬	医療薬		スタンダード	666	649	141	4.6	195	181	300
			高得点科目重視	537	527	118	4.5	260	246	400
	創薬科		スタンダード	221	218	47	4.6	184	172	300
			高得点科目重視	148	147	28	5.3	261	242	400
文芸	文	日本文学 創作・評論	スタンダード	417	414	63	6.6	179	178	300
			高得点科目重視	302	300	42	7.1	247	242	400
		日本文学 言語・文学	スタンダード	444	443	95	4.7	174	172	300
			高得点科目重視	310	310	64	4.8	235	245	400
		英語英米文学	スタンダード	264	260	105	2.5	168	163	300
			高得点科目重視	157	155	47	3.3	254	238	400
	芸術	舞台芸術	スタンダード	160	157	42	3.7	163	163	300
			高得点科目重視	125	122	31	3.9	221	232	400
		造形芸術	スタンダード	130	126	27	4.7	174	174	300
			高得点科目重視	102	99	22	4.5	247	241	400
	文化・歴史		スタンダード	802	789	190	4.2	177	183	300
			高得点科目重視	596	583	121	4.8	247	259	400
	文化デザイン		スタンダード	414	412	72	5.7	172	180	300
			高得点科目重視	326	324	52	6.2	242	246	400
総合社会	総合社会	社会・マスメディア系	スタンダード	1,386	1,372	213	6.4	182	185	300
			高得点科目重視	1,001	990	164	6.0	251	255	400
		心理系	スタンダード	850	837	121	6.9	183	185	300
			高得点科目重視	587	580	83	7.0	254	257	400
		環境・まちづくり系	スタンダード	1,053	1,043	140	7.5	179	181	300
			高得点科目重視	741	733	102	7.2	247	250	400
国際	国際	グローバル	スタンダード	713	693	225	3.1	177	178	300
			高得点科目重視	442	426	156	2.7	241	245	400
			国際学部独自	215	206	38	5.4	495	502	600
		東アジア 中国語	スタンダード	167	166	52	3.2	162	170	300
			高得点科目重視	102	101	37	2.7	225	219	400

（表つづく）

学部	学科・専攻・コース		方式	志願者数	受験者数	合格者数	競争率	1月27日 最低点	1月28日 最低点	満点
国際	国際	東アジア 韓国語	スタンダード	166	166	31	5.4	181	182	300
			高得点科目重視	128	128	27	4.7	243	248	400
情報	情報	英・数・理型	スタンダード	1,330	1,315	95	13.8	205	185	300
			高得点科目重視	932	921	71	13.0	274	258	400
			情報学部独自	610	603	40	15.1	259	241	400
		英・国・数型	スタンダード	506	494	40	12.4	188	191	300
			高得点科目重視	353	344	26	13.2	269	277	400
			情報学部独自	230	228	24	9.5	298	296	400
農	農業生産科		スタンダード	382	377	122	3.1	160	157	300
			高得点科目重視	259	254	69	3.7	221	218	400
	水産		スタンダード	667	660	71	9.3	197	183	300
			高得点科目重視	465	460	67	6.9	258	253	400
	応用生命化		スタンダード	477	468	134	3.5	173	166	300
			高得点科目重視	298	293	76	3.9	231	226	400
	食品栄養		スタンダード	222	219	50	4.4	173	163	300
			高得点科目重視	146	144	25	5.8	239	231	400
	環境管理		スタンダード	423	417	102	4.1	171	164	300
			高得点科目重視	284	280	59	4.7	235	227	400
	生物機能科		スタンダード	353	348	134	2.6	159	157	300
			高得点科目重視	230	226	68	3.3	222	219	400
医	医	一次試験	スタンダード	1,964	1,846	237	17.6		250	400
		二次試験	スタンダード			105				
生物理工	生物工		スタンダード	199	196	154	1.3	107	112	300
			高得点科目重視	126	123	99	1.2	150	158	400
	遺伝子工		スタンダード	166	165	128	1.3	123	120	300
			高得点科目重視	98	97	81	1.2	160	166	400
	食品安全工		スタンダード	142	139	105	1.3	110	110	300
			高得点科目重視	93	91	73	1.2	152	149	400
	生命情報工		スタンダード	113	109	82	1.3	119	114	300
			高得点科目重視	78	74	58	1.3	176	152	400
	人間環境デザイン工		スタンダード	122	121	94	1.3	112	112	300
			高得点科目重視	80	79	64	1.2	151	150	400
	医用工		スタンダード	81	80	59	1.4	140	131	300
			高得点科目重視	53	53	44	1.2	172	178	400

（表つづく）

学部	学科・専攻・コース	方　式	志願者数	受験者数	合格者数	競争率	1月27日 最低点	1月28日 最低点	満点
工	化学生命工	スタンダード	249	249	157	1.6	140	138	300
		高得点科目重視	125	125	81	1.5	189	185	400
	機械工	スタンダード	419	413	218	1.9	138	138	300
		高得点科目重視	227	227	131	1.7	185	184	400
	ロボティクス	スタンダード	197	196	114	1.7	123	122	300
		高得点科目重視	116	115	72	1.6	165	162	400
	電子情報工	スタンダード	318	316	157	2.0	144	141	300
		高得点科目重視	182	181	92	2.0	190	186	400
	情報	スタンダード	390	384	97	4.0	174	165	300
		高得点科目重視	219	216	59	3.7	231	214	400
	建築	スタンダード	312	304	124	2.5	160	151	300
		高得点科目重視	160	156	65	2.4	210	200	400
産業理工	生物環境化	スタンダード	140	137	78	1.8	116	118	300
		高得点科目重視	65	64	40	1.6	155	157	400
	電気電子工	スタンダード	129	127	72	1.8	114	114	300
		高得点科目重視	86	85	51	1.7	156	153	400
	建築・デザイン	スタンダード	166	164	92	1.8	120	122	300
		高得点科目重視	90	89	55	1.6	160	165	400
	情報	スタンダード	125	125	28	4.5	151	154	300
		高得点科目重視	86	86	23	3.7	200	199	400
	経営ビジネス	スタンダード	129	127	71	1.8	125	121	300
		高得点科目重視	80	79	52	1.5	161	167	400
短大	商経	スタンダード	218	214	71	3.0	59	63	100

※医学部の試験日は一次試験が1月28日，二次試験が2月11日。

●前期（B日程）

学部	学科・専攻・コース		方　式	志願者数	受験者数	合格者数	競争率	2月11日(2月13日)最低点	2月12日(2月14日)最低点	満点
法	法律		スタンダード	699	527	206	2.6	188	181	300
			高得点科目重視	543	414	165	2.5	262	255	400
経済	経済		スタンダード	1,051	828	82	10.1	183	180	300
			高得点科目重視	764	600	51	11.8	253	255	400
	国際経済		スタンダード	685	505	43	11.7	182	179	300
			高得点科目重視	467	340	28	12.1	250	248	400
	総合経済政策		スタンダード	713	535	50	10.7	179	175	300
			高得点科目重視	506	376	42	9.0	245	248	400
経営	経営		スタンダード	1,100	810	55	14.7	225	209	300
			高得点科目重視	802	581	42	13.8	301	288	400
	商		スタンダード	1,288	946	65	14.6	226	211	300
			高得点科目重視	941	676	46	14.7	304	292	400
	会計		スタンダード	632	451	39	11.6	208	199	300
			高得点科目重視	454	317	27	11.7	283	277	400
	キャリア・マネジメント		スタンダード	971	714	55	13.0	207	202	300
			高得点科目重視	723	526	40	13.2	285	282	400
理工	理	数学	スタンダード	161	113	24	4.7	179	177	300
			高得点科目重視	125	86	21	4.1	233	235	400
		物理学	スタンダード	196	139	55	2.5	154	150	300
			高得点科目重視	139	98	38	2.6	215	207	400
		化学	スタンダード	241	190	82	2.3	147	136	300
			高得点科目重視	162	123	55	2.2	196	191	400
	生命科		スタンダード	303	262	40	6.6	176	179	300
			高得点科目重視	249	212	34	6.2	244	249	400
	応用化		スタンダード	338	239	103	2.3	152	143	300
			高得点科目重視	254	175	77	2.3	207	191	400
	機械工		スタンダード	817	620	146	4.2	163	166	300
			高得点科目重視	622	468	109	4.3	222	231	400
	電気電子通信工		スタンダード	541	406	108	3.8	164	165	300
			高得点科目重視	414	310	81	3.8	225	230	400
	社会環境工		スタンダード	255	172	60	2.9	154	154	300
			高得点科目重視	202	135	48	2.8	214	211	400
	エネルギー物質		スタンダード	392	305	107	2.9	148	140	300
			高得点科目重視	297	223	79	2.8	202	197	400

（表つづく）

学部	学科・専攻・コース			方式	志願者数	受験者数	合格者数	競争率	2月11日(2月13日)最低点	2月12日(2月14日)最低点	満点
建築	建築			スタンダード	994	877	114	7.7	188	185	300
				高得点科目重視	809	709	100	7.1	258	253	400
薬	医療薬			スタンダード	505	378	47	8.0	190	190	300
				高得点科目重視	436	327	39	8.4	265	275	400
	創薬科			スタンダード	102	78	14	5.6	160	167	300
				高得点科目重視	91	71	14	5.1	231	236	400
文芸	文	日本文学	創作・評論	スタンダード	254	194	15	12.9	211	203	300
				高得点科目重視	204	160	13	12.3	289	291	400
			言語・文学	スタンダード	245	191	24	8.0	206	196	300
				高得点科目重視	191	156	19	8.2	282	282	400
		英語英米文学		スタンダード	212	148	32	4.6	206	196	300
				高得点科目重視	148	102	22	4.6	273	282	400
	芸術	舞台芸術		スタンダード	26	21	6	3.5	191	209	300
				高得点科目重視	24	20	6	3.3	283	280	400
		造形芸術		スタンダード	121	98	8	12.3	228	217	300
				高得点科目重視	96	78	7	11.1	306	293	400
				実技試験判定型	91	85	13	6.5	234	240	300
	文化・歴史			スタンダード	404	301	44	6.8	219	205	300
				高得点科目重視	329	248	36	6.9	302	284	400
	文化デザイン			スタンダード	278	213	22	9.7	218	198	300
				高得点科目重視	222	164	18	9.1	289	280	400
総合社会	総合社会	社会・マスメディア系		スタンダード	886	687	36	19.1	197	194	300
				高得点科目重視	664	507	23	22.0	266	270	400
		心理系		スタンダード	419	335	22	15.2	194	192	300
				高得点科目重視	323	261	19	13.7	264	266	400
		環境・まちづくり系		スタンダード	676	559	37	15.1	187	188	300
				高得点科目重視	532	439	37	11.9	257	259	400
国際	国際	グローバル		スタンダード	424	316	158	2.0	155	150	300
				高得点科目重視	292	210	107	2.0	210	212	400
				国際学部独自	195	154	44	3.5	61	52	100
		東アジア	中国語	スタンダード	110	78	32	2.4	151	140	300
				高得点科目重視	74	53	21	2.5	220	193	400
			韓国語	スタンダード	116	84	19	4.4	170	169	300
				高得点科目重視	96	69	16	4.3	239	234	400

（表つづく）

学部	学科・専攻・コース		方式	志願者数	受験者数	合格者数	競争率	2月11日(2月13日) 最低点	2月12日(2月14日) 最低点	満点
情報	情報	英・数・理型	スタンダード	870	762	39	19.5	193	194	300
			高得点科目重視	673	586	32	18.3	272	268	400
			情報学部独自	466	416	21	19.8	247	250	400
		英・国・数型	スタンダード	364	311	21	14.8	220	216	300
			高得点科目重視	270	236	16	14.8	302	294	400
			情報学部独自	179	141	10	14.1	300	312	400
農	農業生産科		スタンダード	242	193	62	3.1	151	151	300
			高得点科目重視	172	140	37	3.8	208	223	400
	水産		スタンダード	330	278	22	12.6	184	186	300
			高得点科目重視	241	206	18	11.4	255	254	400
	応用生命化		スタンダード	236	192	16	12.0	184	188	300
			高得点科目重視	156	121	23	5.3	235	233	400
	食品栄養		スタンダード	149	129	13	9.9	183	181	300
			高得点科目重視	95	87	11	7.9	242	248	400
	環境管理		スタンダード	272	222	13	17.0	179	185	300
			高得点科目重視	198	162	11	14.7	239	247	400
	生物機能科		スタンダード	204	160	61	2.6	150	150	300
			高得点科目重視	155	129	59	2.2	202	201	400
生物理工	生物工		スタンダード	101	49	27	1.8	149	146	300
			高得点科目重視	64	25	14	1.8	188	186	400
			生物理工学部独自	25	6	2	3.0	98	—	200
	遺伝子工		スタンダード	88	38	24	1.6	124	130	300
			高得点科目重視	53	17	12	1.4	172	182	400
			生物理工学部独自	23	6	3	2.0	121	98	200
	食品安全工		スタンダード	99	34	19	1.8	131	129	300
			高得点科目重視	67	20	11	1.8	177	172	400
			生物理工学部独自	19	5	2	2.5	128	113	200
	生命情報工		スタンダード	80	39	31	1.3	132	129	300
			高得点科目重視	45	18	14	1.3	192	182	400
			生物理工学部独自	25	11	7	1.6	100	105	200
	人間環境デザイン工		スタンダード	71	36	24	1.5	126	125	300
			高得点科目重視	52	27	20	1.4	168	169	400
			生物理工学部独自	21	8	5	1.6	100	101	200

（表つづく）

学部	学科・専攻・コース	方　式	志願者数	受験者数	合格者数	競争率	2月11日(2月13日)最低点	2月12日(2月14日)最低点	満点
生物理工	医用工	スタンダード	36	20	16	1.3	119	131	300
		高得点科目重視	22	9	7	1.3	170	188	400
		生物理工学部独自	9	5	2	2.5	116	112	200
工	化学生命工	スタンダード	54	34	23	1.5	131	126	300
		高得点科目重視	33	20	13	1.5	159	169	400
	機械工	スタンダード	126	89	38	2.3	134	134	300
		高得点科目重視	76	52	28	1.9	177	175	400
	ロボティクス	スタンダード	102	76	38	2.0	122	123	300
		高得点科目重視	72	52	32	1.6	163	164	400
	電子情報工	スタンダード	121	75	31	2.4	156	143	300
		高得点科目重視	82	49	22	2.2	205	194	400
	情報	スタンダード	131	110	23	4.8	167	167	300
		高得点科目重視	84	73	20	3.7	222	220	400
	建築	スタンダード	162	138	40	3.5	167	161	300
		高得点科目重視	102	90	26	3.5	224	219	400
産業理工	生物環境化	スタンダード	63	40	16	2.5	119	109	300
		高得点科目重視	32	16	6	2.7	170	163	400
	電気電子工	スタンダード	76	54	30	1.8	120	121	300
		高得点科目重視	47	27	15	1.8	154	161	400
	建築・デザイン	スタンダード	114	89	39	2.3	132	135	300
		高得点科目重視	67	49	18	2.7	183	180	400
	情報	スタンダード	76	54	15	3.6	139	138	300
		高得点科目重視	58	38	14	2.7	187	182	400
	経営ビジネス	スタンダード	105	74	45	1.6	120	120	300
		高得点科目重視	75	54	36	1.5	160	159	400
短大	商経	スタンダード	162	115	33	3.5	66	69	100

（備考）

経済・理工・総合社会・国際・農・産業理工の試験日…2月11日，2月12日

法・経営・建築・薬・文芸・情報・生物理工・工学部・短期大学部の試験日…2月13日，2月14日

●後期

学部	学科・専攻・コース			方式	志願者数	受験者数	合格者数	競争率	3月8日最低点	3月9日最低点	満点
法	法律			高得点判定	485	470	25	18.8	146	142	200
経済	経済			高得点判定	731	689	40	17.2	147	139	200
	国際経済			高得点判定	380	366	32	11.4	142	134	200
	総合経済政策			高得点判定	435	422	36	11.7	142	137	200
経営	経営			高得点判定	544	525	32	16.4	150	140	200
	商			高得点判定	553	537	39	13.8	151	140	200
	会計			高得点判定	272	265	14	19.0	146	139	200
	キャリア・マネジメント			高得点判定	334	331	13	25.5	151	141	200
理工	理	数学		高得点判定	69	64	6	10.7	133	148	200
		物理学		高得点判定	79	67	5	13.4	132	136	200
		化学		高得点判定	91	83	7	11.9	128	139	200
	生命科			高得点判定	117	102	8	12.8	131	138	200
	応用化			高得点判定	119	108	11	9.8	136	139	200
	機械工			高得点判定	260	229	16	14.3	133	133	200
	電気電子通信工			高得点判定	218	200	11	18.2	133	142	200
	社会環境工			高得点判定	99	94	8	11.8	131	140	200
	エネルギー物質			高得点判定	106	101	9	11.2	121	130	200
建築	建築			高得点判定	353	338	57	5.9	128	127	200
薬	医療薬			高得点判定	233	205	10	20.5	166	162	200
	創薬科			高得点判定	54	48	7	6.9	130	141	200
文芸	文	日本文学	創作・評論	高得点判定	107	106	4	26.5	163	149	200
			言語・文学	高得点判定	112	109	4	27.3	153	149	200
		英語英米文学		高得点判定	75	67	5	13.4	147	138	200
	芸術	舞台芸術		高得点判定	46	41	4	10.3	132	132	200
		造形芸術		高得点判定	38	36	3	12.0	140	140	200
				実技試験判定型	37	33	4	8.3	156	168	200
	文化・歴史			高得点判定	150	145	10	14.5	157	146	200
	文化デザイン			高得点判定	83	77	6	12.8	139	142	200
総合社会	総合社会	社会・マスメディア系		高得点判定	307	299	16	18.7	148	149	200
		心理系		高得点判定	287	276	8	34.5	163	142	200
		環境・まちづくり系		高得点判定	224	218	9	24.2	150	149	200

（表つづく）

学部	学科・専攻・コース	方式	志願者数	受験者数	合格者数	競争率	3月8日 最低点	3月9日 最低点	満点
国際	国際 グローバル	高得点判定	311	291	98	3.0	128	116	200
		国際学部独自	184	173	38	4.6	60	52	100
	東アジア 中国語	高得点判定	37	37	2	18.5	137	129	200
	東アジア 韓国語	高得点判定	41	40	2	20.0	162	146	200
情報	情報	高得点判定	234	219	10	21.9	140	143	200
		情報学部独自	151	143	14	10.2	68	66	100
農	農業生産科	高得点判定	143	121	23	5.3	116	117	200
	水産	高得点判定	118	108	9	12.0	134	134	200
	応用生命化	高得点判定	104	95	14	6.8	127	127	200
	食品栄養	高得点判定	88	82	6	13.7	127	128	200
	環境管理	高得点判定	121	108	9	12.0	134	127	200
	生物機能科	高得点判定	141	133	43	3.1	112	112	200
医	医 一次試験	スタンダード	735	614	51	87.7	237		400
	医 二次試験	スタンダード			7				
生物理工	生物工	高得点判定	51	46	5	9.2	126	144	200
	遺伝子工	高得点判定	64	61	29	2.1	101	102	200
	食品安全工	高得点判定	48	45	11	4.1	118	119	200
	生命情報工	高得点判定	45	38	23	1.7	96	99	200
	人間環境デザイン工	高得点判定	30	27	16	1.7	91	96	200
	医用工	高得点判定	25	21	4	5.3	139	140	200
工	化学生命工	高得点判定	29	22	8	2.8	108	108	200
	機械工	高得点判定	67	50	7	7.1	117	130	200
	ロボティクス	高得点判定	26	18	8	2.3	92	103	200
	電子情報工	高得点判定	55	43	23	1.9	92	91	200
	情報	高得点判定	72	59	6	9.8	132	137	200
	建築	高得点判定	54	49	15	3.3	115	110	200
産業理工	生物環境化	高得点判定	31	24	16	1.5	81	86	200
	電気電子工	高得点判定	35	29	18	1.6	72	72	200
	建築・デザイン	高得点判定	42	40	16	2.5	107	107	200
	情報	高得点判定	43	36	24	1.5	72	72	200
	経営ビジネス	高得点判定	69	60	48	1.3	84	84	200
短大	商経	スタンダード	106	104	9	11.6	75	77	100

※医学部の試験日は一次試験が 2 月 24 日，二次試験が 3 月 7 日。

共通テスト利用方式

●前期

学部	学科・専攻・コース・方式			志願者数	合格者数	競争率
法	法律		3教科3科目型	440	292	1.5
			5教科7科目型	299	196	1.5
経済	経済		3教科3科目型	715	315	2.3
			5教科7科目型	569	441	1.3
	国際経済		3教科3科目型	254	117	2.2
			5教科7科目型	105	77	1.4
	総合経済政策		3教科3科目型	188	82	2.3
			5教科7科目型	86	68	1.3
経営	経営		3教科3科目型	610	323	1.9
			5教科7科目型	339	270	1.3
	商		3教科3科目型	598	315	1.9
			5教科7科目型	345	264	1.3
	会計		3教科3科目型	226	115	2.0
			5教科7科目型	126	90	1.4
	キャリア・マネジメント		3教科3科目型	156	66	2.4
			5教科7科目型	37	23	1.6
理工	理	数学	3教科3科目型	213	77	2.8
			5教科5科目型	94	46	2.0
		物理学	3教科3科目型	146	68	2.1
			5教科5科目型	104	64	1.6
		化学	3教科3科目型	130	61	2.1
			5教科5科目型	93	55	1.7
	生命科		3教科3科目型	196	60	3.3
			5教科5科目型	196	81	2.4
	応用化		3教科3科目型	187	114	1.6
			5教科5科目型	172	113	1.5
	機械工		3教科3科目型	350	137	2.6
			5教科5科目型	290	131	2.2
	電気電子通信工		3教科3科目型	256	109	2.3
			5教科5科目型	173	80	2.2
	社会環境工		3教科3科目型	137	51	2.7
			5教科5科目型	123	58	2.1

（表つづく）

学部	学科・専攻・コース・方式				志願者数	合格者数	競争率
理工	エネルギー物質			3教科3科目型	111	53	2.1
				5教科5科目型	101	52	1.9
建築	建築			3教科4科目型	406	122	3.3
				5教科7科目型	318	115	2.8
薬	医療薬			3教科3科目型	264	107	2.5
				5教科7科目型	234	104	2.3
	創薬科			3教科3科目型	93	33	2.8
				5教科7科目型	98	43	2.3
文芸	文	日本文学	創作・評論	3教科3科目型	106	40	2.7
				5教科7科目型	25	13	1.9
			言語・文学	3教科3科目型	149	58	2.6
				5教科7科目型	61	38	1.6
		英語英米文学		3教科3科目型	90	50	1.8
				5教科7科目型	27	18	1.5
	芸術	舞台芸術		3教科3科目型	44	18	2.4
				5教科7科目型	6	5	1.2
		造形芸術		3教科3科目型	60	24	2.5
				5教科7科目型	9	3	3.0
	文化・歴史			3教科3科目型	236	100	2.4
				5教科7科目型	104	50	2.1
	文化デザイン			3教科3科目型	68	33	2.1
				5教科7科目型	12	10	1.2
総合社会	総合社会	社会・マスメディア系		3教科3科目型	358	177	2.0
				5教科7科目型	92	48	1.9
		心理系		3教科3科目型	253	158	1.6
				5教科7科目型	111	52	2.1
		環境・まちづくり系		3教科3科目型	250	126	2.0
				5教科7科目型	80	40	2.0
国際	国際	グローバル		1教科1科目型	206	112	1.8
				3教科3科目型	328	242	1.4
				5教科5科目型	123	106	1.2
		東アジア	中国語	1教科1科目型	27	6	4.5
				3教科3科目型	45	14	3.2
				5教科5科目型	14	8	1.8
			韓国語	1教科1科目型	25	7	3.6
				3教科3科目型	30	11	2.7
				5教科5科目型	6	3	2.0

（表つづく）

学部	学科・専攻・コース・方式		志願者数	合格者数	競争率
情報	情報	3教科4科目型	465	140	3.3
		5教科6科目型	304	98	3.1
農	農業生産科	3教科3科目型	90	48	1.9
		4教科4科目型	88	67	1.3
		5教科5科目型	66	51	1.3
	水産	3教科3科目型	187	35	5.3
		4教科4科目型	153	49	3.1
		5教科5科目型	130	42	3.1
	応用生命化	3教科3科目型	135	66	2.0
		4教科4科目型	159	111	1.4
		5教科5科目型	152	117	1.3
	食品栄養	3教科3科目型	80	32	2.5
		4教科4科目型	69	41	1.7
		5教科5科目型	58	35	1.7
	環境管理	3教科3科目型	107	53	2.0
		4教科4科目型	100	69	1.4
		5教科5科目型	70	55	1.3
	生物機能科	3教科3科目型	76	42	1.8
		4教科4科目型	74	60	1.2
		5教科5科目型	85	68	1.3
医	医	一次試験	558	111	29.4
		二次試験		19	
生物理工	生物工	2教科2科目型	95	78	1.2
		5教科5科目型	51	43	1.2
	遺伝子工	2教科2科目型	77	61	1.3
		5教科5科目型	56	46	1.2
	食品安全工	2教科2科目型	50	39	1.3
		5教科5科目型	26	22	1.2
	生命情報工	2教科2科目型	49	39	1.3
		5教科5科目型	25	21	1.2
	人間環境デザイン工	2教科2科目型	41	35	1.2
		5教科5科目型	23	20	1.2
	医用工	2教科2科目型	44	26	1.7
		5教科5科目型	26	17	1.5
工	化学生命工	3教科3科目型	101	94	1.1
		5教科5科目型	89	85	1.0

（表つづく）

学　部	学科・専攻・コース・方式		志願者数	合格者数	競争率
工	機　　械　　工	3教科3科目型	174	155	1.1
		5教科5科目型	109	96	1.1
	ロボティクス	3教科3科目型	90	82	1.1
		5教科5科目型	43	38	1.1
	電子情報工	3教科3科目型	145	130	1.1
		5教科5科目型	90	82	1.1
	情　　報	3教科3科目型	149	90	1.7
		5教科5科目型	85	45	1.9
	建　　築	3教科3科目型	131	115	1.1
		5教科5科目型	77	70	1.1
産業理工	生物環境化	3教科3科目型	88	66	1.3
		5教科5科目型	47	45	1.0
	電気電子工	3教科3科目型	77	60	1.3
		5教科5科目型	33	30	1.1
	建築・デザイン	3教科3科目型	84	61	1.4
		5教科5科目型	57	48	1.2
	情　　報	3教科3科目型	75	40	1.9
		5教科5科目型	39	22	1.8
	経営ビジネス	3教科3科目型	82	66	1.2
		5教科5科目型	17	8	2.1
短　大	商　　経		24	7	3.4

●中期

学部	学科・専攻・コース			志願者数	合格者数	競争率
法	法律			165	132	1.3
経済	経済			201	121	1.7
	国際経済			68	41	1.7
	総合経済政策			71	43	1.7
経営	経営			130	95	1.4
	商			117	83	1.4
	会計			48	34	1.4
	キャリア・マネジメント			43	31	1.4
理工	理	数学		41	21	2.0
		物理学		44	20	2.2
		化学		46	27	1.7
	生命科			61	20	3.1
	応用化			63	42	1.5
	機械工			77	35	2.2
	電気電子通信工			70	33	2.1
	社会環境工			40	20	2.0
	エネルギー物質			53	28	1.9
建築	建築			90	32	2.8
薬	医療薬			111	66	1.7
	創薬科			53	30	1.8
文芸	文	日本文学	創作・評論	39	17	2.3
			言語・文学	40	21	1.9
		英語英米文学		24	17	1.4
	芸術	舞台芸術		8	5	1.6
		造形芸術		17	10	1.7
	文化・歴史			70	53	1.3
	文化デザイン			19	11	1.7
総合社会	総合社会	社会・マスメディア系		81	41	2.0
		心理系		62	36	1.7
		環境・まちづくり系		55	30	1.8
国際	国際	グローバル		79	59	1.3
		東アジア	中国語	15	13	1.2
			韓国語	22	13	1.7
情報	情報			133	57	2.3

（表つづく）

学部	学科・専攻・コース		志願者数	合格者数	競争率
農	農業生産科		100	79	1.3
	水産		113	26	4.3
	応用生命化		122	94	1.3
	食品栄養		46	30	1.5
	環境管理		113	61	1.9
	生物機能科		112	91	1.2
医	医	一次試験	225	48	10.2
		二次試験		22	
生物理工	生物工		50	39	1.3
	遺伝子工		51	41	1.2
	食品安全工		45	37	1.2
	生命情報工		49	41	1.2
	人間環境デザイン工		48	41	1.2
	医用工		32	25	1.3
工	化学生命工		33	31	1.1
	機械工		66	61	1.1
	ロボティクス		58	56	1.0
	電子情報工		43	37	1.2
	情報		59	31	1.9
	建築		41	36	1.1
産業理工	生物環境化		55	52	1.1
	電気電子工		72	64	1.1
	建築・デザイン		36	30	1.2
	情報		56	35	1.6
	経営ビジネス		38	35	1.1
短大	商経		12	4	3.0

●後期

学部	学科・専攻・コース			志願者数	合格者数	競争率
法	法律			37	6	6.2
経済	経済			72	22	3.3
経済	国際経済			40	15	2.7
経済	総合経済政策			38	15	2.5
経営	経営			46	6	7.7
経営	商			42	6	7.0
経営	会計			28	5	5.6
経営	キャリア・マネジメント			27	5	5.4
理工	理	数学		11	2	5.5
理工	理	物理学		15	2	7.5
理工	理	化学		16	2	8.0
理工	生命科			27	2	13.5
理工	応用化			23	3	7.7
理工	機械工			33	8	4.1
理工	電気電子通信工			40	5	8.0
理工	社会環境工			24	2	12.0
理工	エネルギー物質			21	3	7.0
建築	建築			43	4	10.8
薬	医療薬			40	4	10.0
薬	創薬科			21	5	4.2
文芸	文	日本文学	創作・評論	7	2	3.5
文芸	文	日本文学	言語・文学	13	6	2.2
文芸	文	英語英米文学		11	4	2.8
文芸	芸術	舞台芸術		3	1	3.0
文芸	芸術	造形芸術		7	3	2.3
文芸	文化・歴史			17	8	2.1
文芸	文化デザイン			8	2	4.0
総合社会	総合社会	社会・マスメディア系		20	6	3.3
総合社会	総合社会	心理系		31	2	15.5
総合社会	総合社会	環境・まちづくり系		17	2	8.5
国際	国際	グローバル		30	25	1.2
国際	国際	東アジア	中国語	4	1	4.0
国際	国際	東アジア	韓国語	4	1	4.0
情報	情報			45	8	5.6

（表つづく）

学　部	学科・専攻・コース		志願者数	合格者数	競争率
農	農業生産科		33	7	4.7
	水産		15	3	5.0
	応用生命化		35	3	11.7
	食品栄養		25	5	5.0
	環境管理		27	4	6.8
	生物機能科		28	9	3.1
医	医	一次試験	128	39	32.0
		二次試験		4	
生物理工	生物工		26	4	6.5
	遺伝子工		32	21	1.5
	食品安全工		23	11	2.1
	生命情報工		26	22	1.2
	人間環境デザイン工		26	24	1.1
	医用工		13	2	6.5
工	化学生命工		15	4	3.8
	機械工		27	5	5.4
	ロボティクス		23	8	2.9
	電子情報工		32	11	2.9
	情報		29	2	14.5
	建築		31	10	3.1
産業理工	生物環境化		25	21	1.2
	電気電子工		22	19	1.2
	建築・デザイン		17	13	1.3
	情報		22	16	1.4
	経営ビジネス		22	17	1.3
短　大	商経		7	2	3.5

共通テスト併用方式

●A日程

学部	学科・専攻・コース	志願者数	受験者数	合格者数	競争率	1月27日 最低点	1月28日 最低点	満点
法	法律	365	357	189	1.9	245	242	350
経済	経済	618	603	180	3.4	255	251	350
	国際経済	144	143	64	2.2	240	223	
	総合経済政策	186	183	67	2.7	239	235	
経営	経営	487	481	230	2.1	235	234	350
	商	530	526	265	2.0	238	234	
	会計	176	175	87	2.0	233	233	
	キャリア・マネジメント	217	216	103	2.1	229	229	
理工	理 数学	102	101	41	2.5	380	384	600
	理 物理学	110	108	49	2.2	405	373	
	理 化学	107	105	55	1.9	370	369	
	生命科	195	190	54	3.5	405	381	
	応用化	175	174	64	2.7	387	380	
	機械工	392	389	142	2.7	390	377	
	電気電子通信工	253	249	87	2.9	405	367	
	社会環境工	133	131	51	2.6	396	374	
	エネルギー物質	124	123	48	2.6	372	362	
建築	建築	644	636	107	5.9	303	281	400
文芸	文 日本文学 創作・評論	118	118	17	6.9	265	263	350
	文 日本文学 言語・文学	126	126	15	8.4	272	275	
	文 英語英米文学	63	62	12	5.2	268	260	
	芸術 舞台芸術	43	41	7	5.9	254	250	
	文化・歴史	227	225	35	6.4	275	275	
	文化デザイン	84	84	15	5.6	268	267	
総合社会	総合社会 社会・マスメディア系	386	384	116	3.3	218	216	300
	総合社会 心理系	235	235	80	2.9	215	215	
	総合社会 環境・まちづくり系	302	297	90	3.3	214	212	
国際	国際 グローバル	136	131	71	1.8	256	237	400
情報	情報 英・数・理型	410	405	84	4.8	371	360	500
	情報 英・国・数型	136	129	27	4.8	357	355	

（表つづく）

学部	学科・専攻・コース	志願者数	受験者数	合格者数	競争率	1月27日	1月28日	満点
						最低点	最低点	
農	農業生産科	163	159	73	2.2	245	241	400
	水産	349	344	75	4.6	282	277	
	応用生命化	190	187	81	2.3	251	247	
	食品栄養	91	90	39	2.3	255	249	
	環境管理	184	179	86	2.1	253	247	
	生物機能科	139	136	72	1.9	241	240	
生物理工	生物工	69	66	26	2.5	364	330	600
	遺伝子工	55	55	18	3.1	364	347	
	食品安全工	43	40	23	1.7	312	310	
	生命情報工	28	25	9	2.8	367	354	
	人間環境デザイン工	32	31	13	2.4	340	330	
	医用工	20	20	2	10.0	413	393	
工	化学生命工	84	84	72	1.2	217	213	400
	機械工	144	144	105	1.4	217	214	
	ロボティクス	69	69	51	1.4	193	185	
	電子情報工	100	99	76	1.3	224	225	
	情報	129	127	53	2.4	251	246	
	建築	101	99	66	1.5	226	220	
産業理工	生物環境化	46	46	23	2.0	214	217	400
	電気電子工	56	56	35	1.6	214	208	
	建築・デザイン	65	65	34	1.9	231	231	
	情報	58	58	14	4.1	252	254	
	経営ビジネス	44	44	18	2.4	217	216	

●B日程

学部	学科	専攻・コース	志願者数	受験者数	合格者数	競争率	2月11日(2月13日) 最低点	2月12日(2月14日) 最低点	満点
法	法律		133	90	46	2.0	251	261	350
経済	経済		158	111	29	3.8	244	252	350
	国際経済		80	57	16	3.6	243	245	
	総合経済政策		58	48	16	3.0	231	251	
経営	経営		177	130	22	5.9	273	265	350
	商		220	157	28	5.6	278	269	
	会計		97	69	15	4.6	273	273	
	キャリア・マネジメント		139	100	16	6.3	267	263	
理工	理	数学	36	28	7	4.0	302	272	400
		物理学	67	44	17	2.6	265	256	
		化学	38	27	12	2.3	261	257	
	生命科		75	63	12	5.3	285	266	
	応用化		78	43	24	1.8	249	221	
	機械工		155	109	30	3.6	274	272	
	電気電子通信工		129	86	27	3.2	271	270	
	社会環境工		49	30	11	2.7	255	259	
	エネルギー物質		63	46	20	2.3	239	255	
建築	建築		348	291	51	5.7	267	267	350
文芸	文	日本文学 創作・評論	64	46	13	3.5	273	275	350
		日本文学 言語・文学	48	41	5	8.2	282	281	
		英語英米文学	20	11	6	1.8	244	246	
	文化・歴史		96	69	11	6.3	290	278	
	文化デザイン		44	33	8	4.1	276	261	
総合社会	総合社会	社会・マスメディア系	223	174	19	9.2	215	221	300
		心理系	99	75	10	7.5	213	216	
		環境・まちづくり系	173	146	20	7.3	203	211	
国際	国際	グローバル	56	36	18	2.0	253	240	400
情報	情報	英・数・理型	214	184	31	5.9	303	304	400
		英・国・数型	78	63	11	5.7	301	305	

(表つづく)

学部	学科・専攻・コース	志願者数	受験者数	合格者数	競争率	2月11日(2月13日)	2月12日(2月14日)	満点
						最低点	最低点	
農	農業生産科	71	55	20	2.8	217	213	350
	水産	134	111	13	8.5	264	254	
	応用生命化	64	57	21	2.7	228	229	
	食品栄養	55	50	9	5.6	246	241	
	環境管理	114	89	11	8.1	234	246	
	生物機能科	65	56	33	1.7	207	209	
生物理工	生物工	32	13	8	1.6	231	233	350
	遺伝子工	23	5	4	1.3	208	207	
	食品安全工	27	6	4	1.5	201	255	
	生命情報工	30	16	13	1.2	201	182	
	人間環境デザイン工	27	12	11	1.1	153	200	
	医用工	10	8	6	1.3	156	162	
工	化学生命工	16	11	10	1.1	153	153	300
	機械工	38	25	17	1.5	172	174	
	ロボティクス	42	35	27	1.3	153	153	
	電子情報工	39	24	14	1.7	182	169	
	情報	39	34	10	3.4	211	214	
	建築	41	32	15	2.1	198	196	
産業理工	生物環境化	16	10	5	2.0	235	206	400
	電気電子工	35	23	15	1.5	215	208	
	建築・デザイン	38	25	8	3.1	244	229	
	情報	30	20	6	3.3	259	256	
	経営ビジネス	29	22	17	1.3	198	201	

(備考)

経済・理工・総合社会・国際・農・産業理工学部の試験日… 2月11日, 2月12日

法・経営・建築・文芸・情報・生物理工・工学部の試験日… 2月13日, 2月14日

●後期

<table>
<tr><th rowspan="2">学部</th><th rowspan="2" colspan="2">学科・専攻・コース</th><th rowspan="2">志願者数</th><th rowspan="2">受験者数</th><th rowspan="2">合格者数</th><th rowspan="2">競争率</th><th>3月8日</th><th>3月9日</th><th rowspan="2">満点</th></tr>
<tr><th>最低点</th><th>最低点</th></tr>
<tr><td>法</td><td colspan="2">法律</td><td>60</td><td>60</td><td>5</td><td>12.0</td><td>158</td><td>158</td><td>200</td></tr>
<tr><td rowspan="3">経済</td><td colspan="2">経済</td><td>107</td><td>103</td><td>21</td><td>4.9</td><td>149</td><td>152</td><td rowspan="3">200</td></tr>
<tr><td colspan="2">国際経済</td><td>68</td><td>61</td><td>16</td><td>3.8</td><td>151</td><td>150</td></tr>
<tr><td colspan="2">総合経済政策</td><td>68</td><td>68</td><td>14</td><td>4.9</td><td>154</td><td>152</td></tr>
<tr><td rowspan="4">経営</td><td colspan="2">経営</td><td>61</td><td>61</td><td>4</td><td>15.3</td><td>161</td><td>159</td><td rowspan="4">200</td></tr>
<tr><td colspan="2">商</td><td>77</td><td>74</td><td>4</td><td>18.5</td><td>162</td><td>159</td></tr>
<tr><td colspan="2">会計</td><td>38</td><td>36</td><td>4</td><td>9.0</td><td>159</td><td>163</td></tr>
<tr><td colspan="2">キャリア・マネジメント</td><td>37</td><td>37</td><td>3</td><td>12.3</td><td>161</td><td>155</td></tr>
<tr><td rowspan="9">理工</td><td rowspan="3">理</td><td>数学</td><td>20</td><td>17</td><td>2</td><td>8.5</td><td>151</td><td>189</td><td rowspan="9">200</td></tr>
<tr><td>物理学</td><td>23</td><td>19</td><td>3</td><td>6.3</td><td>151</td><td>146</td></tr>
<tr><td>化学</td><td>25</td><td>20</td><td>2</td><td>10.0</td><td>147</td><td>148</td></tr>
<tr><td colspan="2">生命科</td><td>39</td><td>28</td><td>2</td><td>14.0</td><td>150</td><td>173</td></tr>
<tr><td colspan="2">応用化</td><td>24</td><td>19</td><td>2</td><td>9.5</td><td>158</td><td>167</td></tr>
<tr><td colspan="2">機械工</td><td>54</td><td>44</td><td>3</td><td>14.7</td><td>158</td><td>166</td></tr>
<tr><td colspan="2">電気電子通信工</td><td>50</td><td>44</td><td>3</td><td>14.7</td><td>164</td><td>151</td></tr>
<tr><td colspan="2">社会環境工</td><td>20</td><td>17</td><td>2</td><td>8.5</td><td>145</td><td>146</td></tr>
<tr><td colspan="2">エネルギー物質</td><td>22</td><td>22</td><td>2</td><td>11.0</td><td>147</td><td>153</td></tr>
<tr><td>建築</td><td colspan="2">建築</td><td>100</td><td>94</td><td>9</td><td>10.4</td><td>161</td><td>158</td><td>200</td></tr>
<tr><td rowspan="3">総合社会</td><td rowspan="3">総合社会</td><td>社会・マスメディア系</td><td>37</td><td>37</td><td>2</td><td>18.5</td><td>214</td><td>216</td><td rowspan="3">250</td></tr>
<tr><td>心理系</td><td>60</td><td>60</td><td>2</td><td>30.0</td><td>214</td><td>216</td></tr>
<tr><td>環境・まちづくり系</td><td>41</td><td>40</td><td>1</td><td>40.0</td><td>199</td><td>—</td></tr>
<tr><td>国際</td><td>国際</td><td>グローバル</td><td>19</td><td>14</td><td>8</td><td>1.8</td><td>177</td><td>173</td><td>300</td></tr>
<tr><td>情報</td><td colspan="2">情報</td><td>29</td><td>28</td><td>10</td><td>2.8</td><td>209</td><td>226</td><td>300</td></tr>
<tr><td rowspan="6">農</td><td colspan="2">農業生産科</td><td>40</td><td>33</td><td>8</td><td>4.1</td><td>142</td><td>137</td><td rowspan="6">200</td></tr>
<tr><td colspan="2">水産</td><td>36</td><td>33</td><td>4</td><td>8.3</td><td>144</td><td>149</td></tr>
<tr><td colspan="2">応用生命化</td><td>29</td><td>25</td><td>3</td><td>8.3</td><td>157</td><td>154</td></tr>
<tr><td colspan="2">食品栄養</td><td>39</td><td>36</td><td>7</td><td>5.1</td><td>147</td><td>153</td></tr>
<tr><td colspan="2">環境管理</td><td>42</td><td>36</td><td>6</td><td>6.0</td><td>147</td><td>149</td></tr>
<tr><td colspan="2">生物機能科</td><td>39</td><td>35</td><td>10</td><td>3.5</td><td>134</td><td>134</td></tr>
</table>

（表つづく）

学部	学科・専攻・コース	志願者数	受験者数	合格者数	競争率	3月8日	3月9日	満点
						最低点	最低点	
生物理工	生物工	18	16	1	16.0	—	160	200
	遺伝子工	20	18	9	2.0	122	127	
	食品安全工	18	18	8	2.3	126	131	
	生命情報工	11	7	5	1.4	150	126	
	人間環境デザイン工	6	5	2	2.5	129	162	
	医用工	6	6	1	6.0	150	—	
工	化学生命工	9	8	7	1.1	129	133	200
	機械工	23	17	3	5.7	144	147	
	ロボティクス	13	8	5	1.6	119	128	
	電子情報工	16	11	8	1.4	119	119	
	情報	23	19	5	3.8	143	143	
	建築	14	12	7	1.7	122	124	

募集要項（出願書類）の入手方法

資料請求については，大学ホームページ等で各自ご確認ください。

問い合わせ先

近畿大学 入学センター
〒577-8502 大阪府東大阪市小若江 3-4-1
東大阪キャンパス内 18 号館（南棟）1 階
TEL：(06)6730-1124
FAX：(06)6730-3183
E-mail：nyushi@itp.kindai.ac.jp

入試情報サイト

https://kindai.jp

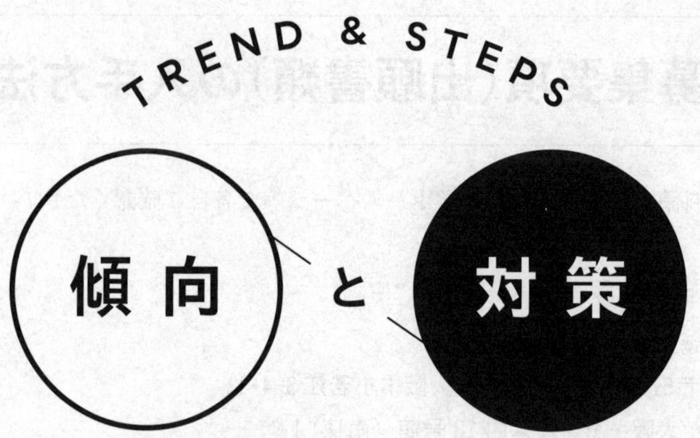

科目ごとに問題の「傾向」を分析し，具体的にどのような「対策」をすればよいか紹介しています。まずは出題内容をまとめた分析表を見て，試験の概要を把握しましょう。

注　意

「傾向と対策」で示している，出題科目・出題範囲・試験時間等については，2024年度までに実施された入試の内容に基づいています。2025年度入試の選抜方法については，各大学が発表する学生募集要項を必ずご確認ください。

近畿大学の一般入試は
試験日が異なっても出題傾向に大きな差はないから
過去問をたくさん解いて傾向を知ることが合格への近道

近畿大学の一般入試（医学部を除く）は，例年，学部・日程・試験日が異なっても出題形式・問題傾向に大きな差はみられないことから，過去問演習が特に重要です。

受験する日程にかかわらず多くの過去問にあたり，苦手科目を克服し，得意科目を大きく伸ばすことが，近畿大学の合格への近道と言えます。

英　語

『No. 511 近畿大学（英語〈医学部を除く3日程×3カ年〉）』に，本書に掲載していない日程の英語の問題・解答を3日程分収載しています。近畿大学の入試問題研究にあわせてご活用ください。

年度	番号	項　目	内　容
2024 ●	〔1〕	会　話　文	空所補充
	〔2〕	読　　　解	空所補充
	〔3〕	文法・語彙	空所補充
	〔4〕	文法・語彙	同意表現
	〔5〕	文法・語彙	定義に当てはまる語
	〔6〕	文法・語彙	語句整序
	〔7〕	読　　　解	内容真偽，内容説明
2023 ●	〔1〕	会　話　文	空所補充
	〔2〕	読　　　解	空所補充
	〔3〕	文法・語彙	空所補充
	〔4〕	文法・語彙	同意表現
	〔5〕	文法・語彙	定義に当てはまる語
	〔6〕	文法・語彙	語句整序
	〔7〕	読　　　解	内容真偽，内容説明
2022 ●	〔1〕	会　話　文	空所補充
	〔2〕	読　　　解	空所補充
	〔3〕	文法・語彙	空所補充
	〔4〕	文法・語彙	同意表現
	〔5〕	文法・語彙	定義に当てはまる語
	〔6〕	文法・語彙	語句整序
	〔7〕	読　　　解	内容真偽，内容説明

（注）●印は全問マーク方式採用であることを表す。

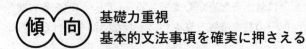

基礎力重視 基本的文法事項を確実に押さえる

01 出題形式は？

会話文問題１題，文法・語彙問題４題，読解問題２題からなる大問７題の出題で，全問マーク方式である。試験時間は 60 分。

02 出題内容はどうか？

例年，設問内容はパターン化している。〔１〕は２種類の対話文の空所補充問題。〔２〕は 150 語程度の英文中の空所補充問題。〔３〕は短文中の空所補充問題。〔４〕は与えられた英文と同じ内容の英文を選ぶ問題。〔５〕は語の定義（英文）とその用例が与えられ，空所に入る単語を４つの選択肢の中から選ぶ問題。〔６〕は和文の意味になるように英語の語句を並べ換える問題。〔７〕は 400 語程度の長文読解問題。設問はパラグラフや下線部，文章全体の内容真偽や，内容説明などである。

03 難易度は？

〔１〕の対話文は語彙・内容とも平易なものが中心。会話の流れを押さえれば答えをスムーズに導き出せるだろう。〔２〕の読解問題は英文も短く内容も平易である。難しい単語も少しみられるが，文章の流れから意味を類推できることが多い。本文の複数箇所から答えを判断する場合が多いので情報を読みとばさないようにしよう。〔３〕〔４〕の文法・語彙問題は正確な文法・語彙力，慣用表現の知識が問われる。標準的な内容である。〔５〕は英語の定義だけから相当する語を選ぶのは難しい場合もあるが，例文となっている英文から類推できるケースも多く，解答を得るのはそれほど困難ではない。〔６〕の語句整序問題は基本的な文例がそのまま出題されることが多いが，やや発展的な知識が問われることもある。〔７〕の長文読解問題は内容・設問とも平易で，選択肢も紛らわしいものは少ない。

全体を通して基本的な問題で取り組みやすい。ただし，試験時間が 60

分と短めなので時間配分に対する配慮が必要である。〔1〕〜〔6〕を各大問5分程度で解ければ，〔7〕の長文読解と見直しに十分な時間を割けるだろう。

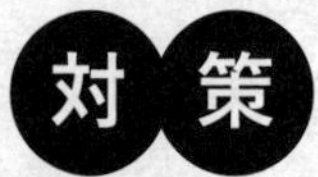

01 語彙力

難しい単語や熟語はほとんどみられない。だからこそ，基本的な語彙を身につけるのはもちろん，標準的な単語・熟語集を1冊決めて丁寧に仕上げながら，問題演習を通じてきちんと語彙力を高めるべきである。

02 文法力・語法力の養成

空所補充という形式で，文法事項，熟語，動詞の基本的な語法などが問われている。文法の基本事項を身につけたうえで，1冊の語法問題集を繰り返すと効果がある。また，受験生が間違いやすいポイントを完全網羅した総合英文法書『大学入試 すぐわかる英文法』（教学社）などを手元に置いて，調べながら学習すると効果アップにつながるだろう。

03 会話文問題

使われる英文は平易であるが，会話独特の応答文や表現にも慣れておこう。会話文専門の問題集や NHK 英語講座などを利用するのもよいだろう。

04 読解問題

英文の量が多くないうえに選択肢もわかりやすいので，細かい部分よりも文章の流れに注意して読むようにしよう。パラグラフ（段落）単位の内容真偽の問題が多いので，パラグラフリーディングの練習をしておきたい。また，選択肢の英文を読みこなすにはかなり時間を要するので，時間配分にも気をつけたい。

05 語句整序問題

与えられた語を並べるというよりは，問題で要求されている構文を瞬時に見抜き，それを利用して英文を組み立てていくような感覚で解くとよい。

06 過去問の研究

ここ数年は出題形式・内容に一貫性がみられるので，過去問はしっかり研究しておきたい。入試本番と同じように，時間を 60 分と決めて取り組むようにし，時間配分にも十分に慣れておくこと。その中で，文法力と語彙力を磨いていこう。

日本史

年度	番号	内　容		形　式
2024 ●	〔1〕	興福寺の歴史からみる古代の政治・文化	⊘史料	選　択
	〔2〕	南北朝期～室町時代初期の政治・社会		選択・配列
	〔3〕	江戸時代中期～後期の政治・社会・文化	⊘史料	選　択
	〔4〕	アジア・太平洋戦争直前期の政治・外交		選　択
2023 ●	〔1〕	「意見封事十二箇条」－古代の政治・外交・文化	⊘史料	選　択
	〔2〕	中世～安土・桃山時代の政治・社会・文化		選　択
	〔3〕	江戸時代中期・後期の政治・文化		選択・配列
	〔4〕	大正時代の社会運動	⊘史料	選　択
2022 ●	〔1〕	「唐大和上東征伝」「菅家文草」－戒律の伝来と遣唐使の廃止	⊘史料	選　択
	〔2〕	中世の戦乱と荘園		選　択
	〔3〕	江戸時代の経済と外交	⊘史料	選　択
	〔4〕	労働省で活躍した女性		選　択

（注）●印は全問マーク方式採用であることを表す。

テーマ別学習に重点を 史料問題は必出

01 出題形式は？

全問マーク方式で，大問4題，解答個数は40個となっている。試験時間は60分。リード文中の空所補充問題や下線部に関連する問題などが出題の中心であるが，正文（誤文）選択問題や組み合わせ，年代配列問題なども出題されている。

なお，2025年度は出題科目が「日本史探究」となる予定である（本書編集時点）。

02 出題内容はどうか？

時代別では，おおむね〔1〕が古代，〔2〕が中世，〔3〕が近世，〔4〕が近現代を中心に問われている。ただし，過去には一つの大問において複数の時代にわたって出題されたこともあった。古代は平安時代からの出題が目立っていたが，2022年度は『菅家文草』から菅原道真の遣唐使停止の上表文の史料が用いられたものの，設問内容は奈良時代に関する事柄が中心であった。2023年度も史料は平安時代の三善清行による「意見封事十二箇条」であるが，奈良時代，あるいはそれ以前の問題も出題された。

分野別では，政治史・外交史・社会経済史・文化史などすべての分野にわたって出題されているが，2022・2023年度は政治史からの出題が目立った。2024年度はそれまでにくらべ文化史の出題が目立った。また，特定のテーマに関しての出題が特色で，その時代の政治・社会・文化を幅広く問う問題が出題されている。近年の頻出事項としては，古代は律令制をはじめとする法制，中世は社会・経済・文化，近世は江戸時代の経済や文化，近現代は自由民権運動や政党，社会運動と政府の対応，法制や外交などが挙げられる。また，例年，人物名を答える問題が多く出題されていることにも注意が必要である。

史料問題は必ず出題されており，しかも幅広い分野・時代にわたっている。2022〜2024年度は4題中2題で史料問題が出された。出題されている史料のほとんどは教科書や史料集などで学習できるものである。多くはリード文として利用されるが，2024年度は史料をまるまるリード文として出題される問題はなかった。設問は空所補充や下線部に関連する事項を問うもの，内容の把握，また法令であれば発令者や発令された年代を問うものとなっている。

03 難易度は？

年度によって差はあるが，全体的にみて，教科書レベルの基本的な問題で構成されており，ほとんどが教科書の基礎的知識で解答できる。特に人物・事件・著書・年代などを択一式で選択するものは基本的なものが多く，失点は避けたい。一部に教科書の記述にはない選択肢もみられるが，消去法などを用いれば対処できるであろう。ただ，正文（誤文）選択問題には細かな知識が要求される少し難しいものが含まれている。歴史事項の選択問題にはテンポよく解答し，正文（誤文）選択問題や受験生が比較的不得意とする史料問題に十分な時間をかけるようにしたい。

01 教科書学習の徹底を

全問マーク方式であるが，一問一答式の暗記だけに頼った学習では高得点は望めない。教科書を熟読することで歴史の流れを把握することが何よりも大切である。テーマ別に出題される大問が必出で，その内容とともに大きな流れが理解できているかどうかが問われている。教科書学習の際には，図表や脚注もおろそかにせず，人名や重要歴史用語などは『日本史用語集』（山川出版社）などを併用して，他の分野や時代とも関連づけておくなど，より深い理解をともなった知識の定着が必要である。文化史については，基本的なことであるが，「文化名」をセットで覚えるようにしよう。また，文化史だけを別にして覚えるのではなく，各時代の政治・外交・経済などと関連させて整理し，ひととおりの学習がすんだ段階で細かい知識を定着させていくように心がけよう。また，年代を問う問題もよく出題されるので，事件・人物・法令などを覚える際には年代についても意識しておくとよい。さらに，美術作品なども含めて，視覚資料についても教科書・図説などを使って確認しておこう。

02 史料問題対策

史料問題は必出であり，出題される史料は教科書や史料集などで扱われているものがほとんどである。普段の学習から史料に目を通し，内容をしっかりと把握しておくことが必要である。脚注にまでよく目を通すこと。受験生にとって学習時間があまりとれないと思われる近現代の史料が出題される可能性もあるので注意しておこう。『詳説 日本史史料集』（山川出版社）などを利用して，教科書学習と並行して史料学習を深められるように取り組んでいこう。その際，出典などの知識分野の暗記だけではなく，原文の文意・語意を読み取る練習をすること。そうすれば史料文中のキーワードを見逃すことなく対応できるようになる。さらに，史料問題集を1冊は解いておくとよい。

03 過去問の研究を

過去の問題と類似した内容が多くみられるので，過去問研究は欠かせない。本書を利用して，問題の傾向をつかんでおくことは非常に有効である。

世界史

年度	番号	内容	形式
2024 ●	〔1〕	ウィーン体制とその後のヨーロッパ	選択·配列·正誤
	〔2〕	宋を中心とした東アジア史	選択・配列
2023 ●	〔1〕	中世から近世にかけての交易と宗教の歴史	選択·正誤·配列
	〔2〕	騎馬遊牧民族の世界	選択・正誤
2022 ●	〔1〕	ビザンツ帝国史	選択・正誤
	〔2〕	18 世紀以降の清朝史　⊘年表	選択・正誤

（注）●印は全問マーク方式採用であることを表す。

教科書レベルの出題が中心
時代・地域の偏りに注意

01　出題形式は？

全問マーク方式で，大問２題，解答個数 40 個である。試験時間は 60 分。リード文中の空所補充問題と下線部に対応した設問で構成されている。正文（誤文）選択問題に加え，２つの文の正誤の組み合わせを判断する問題が 2022 年度は７問，2023 年度は６問，2024 年度は２問出題された。また，３つの事項の順番を問う配列問題が 2023 年度は１問，2024 年度は３問出題された。2022 年度は年表を用いた出題がみられた。

なお，2025 年度は出題科目が「世界史探究」となる予定である（本書編集時点）。

02 出題内容はどうか？

地域別では，大問２題のうち１題は欧米地域から，もう１題はアジア地域から出題されることが多い。欧米地域は，西ヨーロッパ中心の出題であるが，アメリカ史やロシア史も出題されている。2021 年度はアイルランド史が出題された。2022 年度にはビザンツ帝国史が出題されており，東ヨーロッパの歴史からも出題が認められる。アジア地域は，各地から幅広く出題されているが，2022 年度は中国史から，2023 年度は中央ユーラシアの騎馬遊牧民から，2024 年度は中国とその周辺地域から出題された。アフリカや東南アジアはヨーロッパ勢力・イスラーム勢力が影響を与えてきたため，幅広い学習が要求される。

時代別では，総じて古代から現代まで幅広く出題されているが，大問数が少ないため，年度により時代・地域の偏りが大きくなりやすい。2022 年度は欧米地域が６世紀から 15 世紀，アジア地域が 18 世紀から 19 世紀を中心に出題された。2023 年度は欧米地域が中世中心，アジア地域が古代中心に出題された。2024 年度は欧米地域が 19 世紀を中心に，アジア地域が７世紀から 13 世紀を中心に出題された。

分野別では，政治史が中心である。文化史関連の出題は，2022 年度は１問，2023 年度は３問，2024 年度は５問であった。また，社会経済史関連の問題も，2024 年度は８問出された。

03 難易度は？

設問のほとんどは教科書に準拠した標準的なものである。なお，年度によっては細かな年代を問う問題が出題されており，年代についての正確な知識も要求されている。60 分の試験時間は十分な時間といえるので，焦らずに解答したい。

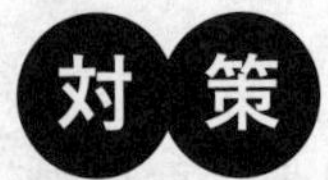

01 教科書による基本的知識の習得

教科書の基本事項が問題の大半を占める。基本事項の取りこぼしは大きな差につながるため，まずは教科書を熟読するなどして，大まかな内容と事項をきちんと押さえよう。その際，地域に偏りがないよう，まんべんなく学習することが肝要である。また，地域同士の交流にも気を配ろう。教科書を通読するだけではなく，国や地域ごとに関連する箇所を古代から現代まで一気に読み，自分でノートにまとめてみるとさらに理解が深まる。地域別にまとめられた市販のサブノートを利用するのも有効である。

02 用語集・資料集の利用

教科書の学習をある程度終えたら，『世界史用語集』（山川出版社）などを活用し，細かい事項を知識として加えよう。大問数が2題と少ないため，学習の不十分な時代や地域をつくらないことも大切である。東南アジア史のような，教科書の記載量が少なく，またとびとびで書かれていて流れのつかみにくい地域については，使用している資料集や図説なども利用してまとめていきたい。

03 地理的知識・年代把握を忘れずに

地図を使った問題は出題されていないが，地域，国家，都市，河川などの地理的な理解を問う問題が出題されている。学習の際，必ず「どこか」という視点を忘れずに，歴史地図で位置を確認する習慣をつけたい。また，年代を問う問題や年代配列問題も出題されている。教科書の本文に書かれているような重要年代は正確に覚えておこう。

04 文化史対策

人物と作品・業績などをきちんと整理しておくこと。美術作品や建築物などは教科書や資料集の図版や写真などの視覚資料を確認しておきたい。また，用語集の説明文を読んで，作品の内容や文化史上の位置づけまで押さえておくようにしたい。

05 過去問に早く取り組むこと

本書を十分に活用して過去問の研究を早めに行い，問題の傾向や難易度を把握してほしい。過去問に当たることによってその後の学習がより効率的になるはずである。

地 理

年度	番号	内 容	形 式
2024 ●	〔1〕	北極・南極地方の地誌 ⊘地図・断面図・グラフ	選択・正誤
	〔2〕	東京都西部（あきる野市，日の出町付近）の地形図読図 ⊘地形図	選択・計算
	〔3〕	村落・都市	選択・正誤
2023 ●	〔1〕	オセアニアの地誌 ⊘地図・図・グラフ	選択・正誤
	〔2〕	濃尾平野西部付近の地形図読図 ⊘地形図・視覚資料・図	選 択
	〔3〕	交通 ⊘統計表	計算・選択
2022 ●	〔1〕	オセアニアの地誌 ⊘地図・視覚資料・グラフ	選択・計算
	〔2〕	広島県広島市太田川河口付近の地形図読図 ⊘地形図	選択・計算
	〔3〕	世界の漁業と林業 ⊘グラフ・統計表	選 択

（注） ●印は全問マーク方式採用であることを表す。

傾向 統計・地形図読図・地誌問題が頻出！

01 出題形式は？

全問マーク方式で，大問数 3 題，解答個数 40 個，試験時間 60 分で一定している。リード文中の空所補充問題や下線部に対応した設問，正文（誤文）選択問題や組み合わせ問題，計算問題などが出題されている。地図・地形図・グラフなどの地理資料を利用した問題が多いことも特色である。

なお，2025 年度は出題科目が「地理探究」となる予定である（本書編集時点）。

02 出題内容はどうか？

地形図読図は必出とみてよい。地形図の読み取りだけでなく，地形・集落・都市・産業など関連知識が問われることも多い。小縮尺の世界地図に関する分野が出題されることもあり，地図に関連した出題が特徴的である。また，**地誌**も頻出で，中国，ヨーロッパ，南北アメリカ，アフリカ，オセアニア，北極・南極地方などさまざまな地域が取り上げられているが，2022・2023年度と連続してオセアニアが出題された。白地図が利用されることも多いので，国の位置関係などを正確につかんでおく必要がある。地形図，地誌以外では，農業，工業，林業，水産業，都市，人口などの分野からバランスよくテーマが選ばれている。統計を利用した設問も多い。

03 難易度は？

高校の教科書・授業内容に準じた基本的・標準的な問題が中心で，設問の意図を理解し，選択肢を吟味すれば比較的容易に解ける問題が大半である。ただし，統計問題など一部で判断に迷う問題もあるので，基礎事項に関する設問はまず先に確実に解答するなど，時間配分を工夫したい。

対策

01 基本的な事項は正確に理解しよう

大部分は基本的な用語や事項に関する理解があれば正解できる問題である。教科書レベルの基本的な知識を，『地理用語集』（山川出版社）などを活用しながら定着させておくこと。また地図帳も，教科書と同様に重要な教材として活用すべきである。過去の問題と類似した問題も出題されているので，過去問をチェックしておくことも重要である。

02 統計・資料になじんでおこう

統計・資料を用いた出題が例年みられる。特に，人口・都市・農作物・鉱産資源・貿易の分野では，統計表を活用して理解を深めることが必要である。手軽に利用できるものとして『データブック オブ・ザ・ワールド』（二宮書店）があるが，同書は後半に「各国要覧」が掲載されているので便利である。入試問題作成にしばしば利用される『世界国勢図会』『日本国勢図会』（ともに矢野恒太記念会）は，統計数値の背景に関わる解説があるので，参考書として一読をすすめる。

03 地形図の読図力を身につけよう

必出の地形図読図には，十分に慣れておく必要がある。地図記号，等高線の読み方，縮尺の判断など基本知識を身につけたうえで，地形図作業帳や資料集にある読図演習を利用して距離・面積・傾斜の計算や，小地形と土地利用・集落立地の特色などを読み取る訓練を積むこと。さらに小縮尺の世界地図も読図の対象として，それぞれの図法の特色や作図方法を整理しておきたい。基礎事項が幅広くマーク方式で問われるため，『共通テスト過去問研究 地理総合，地理探究』や『共通テスト新課程攻略問題集 地理総合，地理探究』（ともに教学社）なども参考になる。

04 時事問題に関心を

新聞記事や一般書籍の文章がリード文として引用されることもある。内容としては時事的な話題が中心であるので，国際面や経済面などを中心に新聞には積極的に目を通すようにしたい。関心をもった話題については，資料集や一般書（新書など）に当たるなどして知識を深めておくことが望ましい。

政治・経済

年度	番号	内容	形式
2024 ●	〔1〕	経済総合	選択・配列
	〔2〕	国際政治	選　択
	〔3〕	大日本帝国憲法と日本国憲法	選択・配列
2023 ●	〔1〕	国際社会	選　択
	〔2〕	国民経済と経済主体	選　択
	〔3〕	現代の日本経済	選択・配列
2022 ●	〔1〕	国際連合	選択・配列
	〔2〕	国際経済	選　択
	〔3〕	財政の機能	選　択

（注）●印は全問マーク方式採用であることを表す。

やや経済分野が多いが，幅広くバランスのよい出題 基本事項から確実な学習を

01 出題形式は？

大問数は2022年度より3題となっているが，解答個数40個，試験時間60分，全問マーク方式による出題は例年同様である。リード文中の空所補充問題や下線部に関する設問が多く，正文（誤文）選択問題や法律の制定順を問うなどの年号の配列問題も出題されている。

02 出題内容はどうか？

2022・2023年度は，政治分野が1題，経済分野が2題とやや経済分野に傾斜した出題傾向であったが，2024年度は政治分野2題，経済分野1題と逆転した。とはいえ，政治分野でも経済関連の小問もあり，幅広く出題されている。いずれの問題も基本的知識の確認が中心である一方，細かい法律知識や年号などを選択させる小問もある。また，国際政治，社会保障など，繰り返して出題されている領域もみられる。内外の政治や経済の動向や現状，福祉や労働，環境などの応用的領域が狙われることが多いが，憲法や市場経済，金融・財政などの原理的内容も出題されていて，出題内容としてはバランス良く全範囲を押さえようとしている。

03 難易度は？

基本的には教科書，資料集の範囲の知識を問うレベルの出題であるが，その中でも細かい知識を要求する問題もあり，標準レベルをやや超える難易度である。法律の制定年や統計データ，GDP，金融，財政，社会保障などに関し，時系列で数字を追っていく学習を確実に行うことで対応ができるであろう。試験本番では時間配分に注意し，取り組みやすいところから順に解くことで取りこぼしを防ぎたい。

対策

01 教科書中心の学習を

細かい知識を要求する問題に目を奪われがちになるが，まず教科書の内容をきちんとつかんでから，必要なデータや制度に関する知識をチェックするようにしたい。それには，教科書の本文をよく読み，全体の輪郭をつかむことからはじめよう。その上で，教科書に出てくる図版や年表などで時代の流れやデータの推移を確認したい。また，脚注などにも配慮して知識を広げるとよいであろう。

02 資料集の活用を

時事問題への対応は資料集で行うとよい。時事的事項だけでなく統計データについても，資料集にあるデータにきちんと目を通すことで，統計に強くなっておきたい。また，知識の整理には用語集を使うとよいだろう。『用語集 政治・経済 新版』（清水書院）は時事用語までフォローされているので，用語の確認だけでなく時事問題の対策にも使うことができるだろう。

03 マーク方式対策と過去問の検討を

空所補充問題だけでなく，正文（誤文）選択問題も多いので，細心の注意を払って問題に対処する必要がある。過去問でマーク方式の出題形式に慣れておきたい。また，過去問に類似の内容が多くみられる。過去問を解くことは，問題の傾向に慣れるだけでなく，知識の整理もでき，実戦力をつける意味でも有効である。本シリーズで他の日程の問題にも目を通しておくことを勧める。

数　学

文系数学：Ⅰ・Ⅱ・A・B

年度	番号	項　目	内　容
2024 ●	〔1〕	空間ベクトル	球面の方程式，直線と平面の交点，球面と平面との交線，点と平面の距離
	〔2〕	微・積分法	定積分を含む関数の決定，放物線と直線で囲まれた図形の面積，正三角形になる条件
	〔3〕	場合の数，整数の性質	数字の1または2を各位の数とする8桁の自然数の個数と整数の性質
2023 ●	〔1〕	微・積分法，三角関数	三角関数の置き換え，3次関数の定積分，最大値
	〔2〕	ベクトル	空間ベクトルの大きさ・内積，四面体の体積
	〔3〕	確　率	さいころを投げる試行と出た目によって勝敗が決まるゲームに関する確率
2022 ●	〔1〕	図形と方程式	パラメータを含む方程式が表す円が通る定点，半径の最小値・直線と接する条件
	〔2〕	整数の性質	n 進数の位取りの基数の変換
	〔3〕	指数対数	対数の近似値と対数方程式の解の近似値

（注）●印は全問マーク方式採用であることを表す。

『No. 512 近畿大学（理系数学〈医学部を除く３日程×３カ年〉）』に，本書に掲載していない日程の理系数学の問題・解答を３日程分収載しています。近畿大学の入試問題研究にあわせてご活用ください。

理系数学

年度		番号	項目	内容
2024 ●	数学② I・II・III・A・B	〔１〕	整数の性質	60! や二項係数の素因数の個数，隣接する２つの二項係数の最大公約数と最小公倍数の比
		〔２〕	微・積分法	絶対値を含む関数の定積分で与えられた関数の最大最小，曲線とその接線とで囲まれた図形の面積
		〔３〕	複素数平面	極形式，点の回転移動，正三角形の外接円上を動く点の複素数の絶対値や偏角の範囲
	数学① I・II・A・B	〔１〕	＜数学②＞〔１〕に同じ	
		〔２〕	＜数学②＞〔２〕に同じ	
		〔３〕	空間ベクトル	平面に関する対称点，点から平面に下ろした垂線の足，四面体の体積と点と平面の距離
2023 ●	数学② I・II・III・A・B	〔１〕	整数の性質	素因数分解，１次不定方程式，互いに素な自然数の個数
		〔２〕	ベクトル，図形と計量	３辺の長さが与えられた三角形を展開図とする四面体，ベクトルの大きさ・内積，四面体の体積
		〔３〕	微・積分法，極限	定積分，最大値，囲まれた図形の面積，接線
	数学① I・II・A・B	〔１〕	＜数学②＞〔１〕に同じ	
		〔２〕	＜数学②＞〔２〕に同じ	
		〔３〕	微・積分法	３次関数が極値をもつ条件，極値点を通る直線の傾き，３次関数と直線で囲まれた２つの部分の面積
2022 ●	数学② I・II・III・A・B	〔１〕	確率，数列	１つのさいころを繰り返し投げ，各回の結果で正方形の頂点を移動する点の位置と確率
		〔２〕	ベクトル	直線のベクトル方程式と垂直の足の座標，三角形の面積比
		〔３〕	微・積分法	三角関数で表された２曲線で囲まれた図形の面積と回転体の体積と関数が最大値をとる条件
	数学① I・II・A・B	〔１〕	＜数学②＞〔１〕に同じ	
		〔２〕	＜数学②＞〔２〕に同じ	
		〔３〕	微・積分法，数列	放物線と直線で囲まれた図形の面積とこの領域内の格子点の個数

（注） ●印は全問マーク方式採用であることを表す。

出題範囲の変更

2025 年度入試より，数学は新教育課程での実施となります。詳細については，大学から発表される募集要項等で必ずご確認ください（以下は本書編集時点の情報）。

	2024 年度（旧教育課程）	2025 年度（新教育課程）
文系数学 理系数学①	数学Ⅰ・Ⅱ・A・B（数列，ベクトル）	数学Ⅰ・Ⅱ・A・B（数列）・C（ベクトル）
理系数学②	数学Ⅰ・Ⅱ・Ⅲ・A・B（数列，ベクトル）	数学Ⅰ・Ⅱ・Ⅲ・A・B（数列）・C（ベクトル，平面上の曲線と複素数平面）

傾向　基本・標準問題の演習と計算力の強化を

01 出題形式は？

近畿大学の数学には，**「文系数学」「理系数学①」「理系数学②」**の３種類がある。

一般入学試験前期Ａ日程における対象学部は以下の通り。

種類	対象学部
文系数学	情報（英・国・数型）・法・経済・経営・文芸・総合社会・国際・短期大学部
理系数学①または理系数学②	理工（理〈化学〉・生命科）・建築・薬・農・生物理工・工・産業理工
理系数学②	情報（英・数・理型）・理工（理〈化学〉・生命科を除く）

いずれも大問３題，すべて空所補充形式のマーク方式である。試験時間は 60 分。

02 出題内容はどうか？

各学部とも幅広い分野からバランスよく出題されている。過去にはデータの分析に関する出題があり，今後の出題についても注意する必要がある。全体として，計算力が求められる出題が多く，計算の省力化や解法の工夫がポイントとなる。

03 難易度は？

よく工夫された問題が出されており，広範囲に，しかも基本的なものから，ややレベルの高いものまでを含む総合的な問題である。計算に時間を要する問題も多く，試験時間が60分であることを考慮すると時間的な余裕はなく，基本・標準問題を中心にしっかりとした学力養成が必要である。

対策

01 基礎学力の充実・発展と計算力の獲得

教科書の例題や練習問題で，基本事項・公式をしっかりと理解し，十分に使いこなせるようにすること。広い範囲の融合問題にも対応できるように，教科書傍用の問題集あるいは標準的な入試問題集で練習を積み，基礎学力の応用・発展に努めること。そして，桁数の大きい数を扱う計算力も必要である。日頃の学習で計算力獲得を意識しておこう。

02 融合問題に注意

よく工夫された問題が出されており，特別な解法は必要としないが，教科書に出てくる公式や単一分野の知識だけでは解けない。また，かなりの知識と計算量が要求される問題も見受けられる。平素から参考書・問題集を通して，入試の典型問題に挑戦し，入試問題における定石の解法習得に努めるとともに，実戦的な力を蓄えよう。過去問をよく研究することも必要である。

03 マーク方式対策

すべて空所補充形式で結果のみが求められるので，計算ミスは致命的である。さらに，全問マーク方式なので，マークミスをしないよう注意することが必要である。計算過程は整理して書いて，見直しができるようにしておこう。日頃から最後まできちんと計算する習慣をつけるとともに，効率のよい計算方法の習得に努めることも大切であろう。

04 時間配分の練習を

60分の試験時間は十分なものではない。場合によっては，実力を出し切れないこともありうる。そこで，過去の問題などを中心に，試験時間通りに問題を解き，時間の感覚を養っておこう。問題によって難易の差が大きいので，解答する問題の順番を考えることも必要となる。

物 理

年度	番号	項 目	内 容
2024 ●	〔1〕	力　　学	回転台上での小球の運動
	〔2〕	電 磁 気	点電荷がつくる電場
	〔3〕	波　　動	くさび形のすき間による光の干渉
2023 ●	〔1〕	力　　学	斜面を下る小物体の運動
	〔2〕	電 磁 気	直方体の磁石が動くときの電磁誘導
	〔3〕	波　　動	回折格子による光の干渉
2022 ●	〔1〕	力　　学	アトウッドの装置
	〔2〕	電 磁 気	抵抗をはしご状に接続した回路の合成抵抗
	〔3〕	熱 力 学	熱平衡

（注）●印は全問マーク方式採用であることを表す。

基本的・標準的な問題が中心

01 出題形式は？

大問３題の出題で，試験時間は 60 分である。問題文中の空所に当てはまる語句・数式・数値などを解答群から選び，その番号をマークするマーク方式である。解答個数は 30 個程度である。

02 出題内容はどうか？

出題範囲は「物理基礎，物理」である。

例年，力学と電磁気は必出で，残りの１題は熱力学，波動のいずれかである。出題範囲内から幅広く出題されていて，総合的な学力を問う問題も多い。ここ数年原子分野からの出題はみられないが，出題範囲には含まれているので油断なく取り組んでおきたい。

また，文字式・計算式の処理に加え，ベクトルの合成と分解，語句の挿入，グラフを扱う問題などもよく出題されている。

03 難易度は？

教科書に沿った内容であり，標準的である。しかし，基礎をしっかり理解していないと解答できない問題もあるので注意したい。全体的に誘導が丁寧なので，誘導に沿って解答していけば難しくない。ただし，幾何学の知識を必要とする問題や，計算処理が複雑な問題，近似式を用いて解を求める問題など，計算力や思考力を必要とする問題も出題されているので，試験時間 60 分は余裕のあるものではない。

対策

01 基礎学力の充実を

日頃の授業を大切にして，教科書を中心に学習することが重要である。教科書傍用の問題集を使って項目ごとに丁寧に学習するとよい。『大学入試 ちゃんと身につく物理』（教学社）など，解説の詳しい参考書も併用して基本事項を完全に習得しておこう。また，出題範囲内から幅広く出題されているので，問題集 1 冊は必ず仕上げること。十分理解するためには『体系物理』（教学社）などを使い，分野ごとに代表的な問題を繰り返し解くとよい。

02 過去の問題の研究を

過去に出題された問題については，該当する項目を教科書や問題集で調べ，類似した問題を解いておきたい。本書を利用して過去問を研究することは大切である。

03 計算も確実に

マーク方式だが，問題練習では記述式と同じように丁寧に解かねばならない。また，問題の初めの段階で間違うと雪崩式に間違ってしまうような誘導式の問題も出題されているので，注意したい。普段から，最後まできちんと計算して答えを出す習慣をつけ，文字式の変形や有効数字の計算などにも慣れておこう。

化　学

年度	番号	項　目	内　容
2024 ●	〔1〕	無　機	リン，銅の単体と化合物の性質
	〔2〕	変　化	熱エネルギー，比熱と温度変化 ⊘計算
	〔3〕	高分子，変化	タンパク質と酵素，酵素反応の阻害による平衡 ⊘計算
	〔4〕	有　機	炭化水素の分類と官能基の性質 ⊘計算
2023 ●	〔1〕	状　態	状態図 ⊘計算
	〔2〕	変　化	酸化還元の量的関係，鉛蓄電池，直列回路の電気分解 ⊘計算
	〔3〕	無機・高分子	硫黄の単体と化合物 ⊘計算
	〔4〕	有　機	油脂の構造決定，けん化 ⊘計算
2022 ●	〔1〕	構造・状態	同位体，水素結合，濃度計算，反応の量的関係，水銀柱 ⊘計算
	〔2〕	変　化	反応速度と化学平衡 ⊘計算
	〔3〕	無機・変化	ヨウ素滴定 ⊘計算
	〔4〕	高分子・有機	トリペプチドの構造決定 ⊘計算

（注）●印は全問マーク方式採用であることを表す。

標準レベルの問題中心だが，やや詳細なものも計算問題は例年出題

01 出題形式は？

例年，大問 4 題の出題で，試験時間は 60 分。全問マーク方式で，主に文章中の空所を選択肢から補充する形式からなる。大問は，1つのテーマに沿った長文で構成され，総合的な知識や考察力を問う形式と，独立した小問が集合した形式がある。長い文章を含む問題や，計算問題が多く含まれる場合もある。

02 出題内容はどうか？

出題範囲は「化学基礎，化学」である。

有機・無機・理論とまんべんなく出題されているが，理論の出題割合がやや高い。また，有機や無機は理論との融合問題として出題されることもある。

理論では，原子の構造，イオン化エネルギー，化学反応と反応量の関係，熱化学，酸・塩基反応，酸化還元反応，電池・電気分解，反応速度と活性化エネルギー，化学平衡などと，出題範囲全体からまんべんなく出題されている。**無機**では，金属単体とその化合物の性質や陽イオンの分析，非金属単体とその化合物の性質と，総合的に偏りなく出題されている。**有機**では，脂肪族化合物，芳香族化合物を中心に，元素分析，構造決定や反応性を問う問題が多く出題されている。

03 難易度は？

標準的な問題が大半を占めるが，かなり詳細な知識を問う問題も数問みられる。2024年度では熱膨張に関する気体の問題や有機分野で混成軌道を問うなどの難問が散見された。解答に時間のかかる計算問題が出題される場合もあるので，60分という時間を考えれば，決して余裕があるとは言えないだろう。

対策

01 理論分野

教科書の傍用問題集や市販の問題集を用いて問題演習を繰り返し，基本的な知識および解法をしっかりと身につけておこう。空所補充問題が中心であるが，物質名・化学式だけでなく，現象や現象の起こる理由を選択させる問題も出題されているので，化学用語の暗記のみでは対処できない。問題演習のあと，教科書や参考書を読んで原理や理論の背景を正しく理解しておくと，応用力が養われるとともに実力も大きく上昇する。計算問題も日頃の練習の段階から有効数字を意識して数をこなしておくべきであろう。

02 無機分野

一つの元素やその化合物に関する総合問題がよく出題されている。周期表をベースに，各族ごとに単体，化合物，イオンなどの共通性質を系統的に整理・理解しておくと効率的である。気体の製法，陽イオンの分析，金属と酸の反応などは特に出題されやすい。覚えるべき部分はしっかりと暗記しておくこと。また，教科書の脚注にあるような細かな知識が要求される出題もある。教科書に書いてあることは隅々まで目を通しておくことが望ましい。

03 有機分野

アルコールとその誘導体，ベンゼンとその誘導体，元素分析，異性体，油脂についてよく出題されている。また，炭素数6以下の化合物については，その名称から有する官能基を推測できるようにしておきたい。アセチレン，エチレン，エタノール，ベンゼンから誘導される各化合物の反応系統図を自分で作成し，物質の名称や構造式，性質，反応名，触媒や反応条件などを書き込んで学習するとかなり実力がつく。

生　物

年度	番号	項　目	内　容	
2024 ●	〔1〕	遺伝情報	遺伝子発現の調節，PCR 法	
	〔2〕	代　謝	同化・異化，呼吸	⊘計算
	〔3〕	代　謝	光合成のしくみ，C_4 植物	
	〔4〕	体内環境	免疫，炎症，MHC 分子	⊘計算
2023 ●	〔1〕	代　謝	補酵素，消化酵素	
	〔2〕	生殖・発生	ヒト・ウニの生殖・発生	
	〔3〕	遺伝情報	オペロン説，遺伝子組換え技術，電気泳動法	
	〔4〕	進化・系統	微生物の分類，オゾン層の形成	
2022 ●	〔1〕	遺伝情報	DNA の構造・複製	⊘計算
	〔2〕	代　謝	呼吸のしくみ	
	〔3〕	体内環境	自律神経，内分泌系	
	〔4〕	代謝，生態	光合成，植生の遷移	⊘計算

(注)　●印は全問マーク方式採用であることを表す。

標準レベルだが詳細な知識を求める問題も

01　出題形式は？

大問 4 題，全問マーク方式の出題で，試験時間は 60 分である。正しい文の組み合わせを選ばせる問題は例年出題されているほか，文章中の用語や短文の空所補充の問題も多く出題されている。また，2023 年度は出題がなかったが，例年，計算問題が出題されている。

02　出題内容はどうか？

出題範囲は「生物基礎，生物」である。

幅広い分野から出題されているが，代謝が頻出で，ほかに遺伝情報，生態，生殖・発生，体内環境の分野からの出題もよくみられる。

03 難易度は？

全問マーク方式ということもあり，全体的には標準レベルの出題内容である。ただし，文章や語句の正しいものの組み合わせを選択する問題はやや難しい。また，一部に詳細な知識を要求される問題がある。試験時間に対して小問数が多いため，時間配分を意識し，手際よく解答する必要がある。

対策

01 教科書内容の定着

教科書をベースに，まず基礎知識・概念の習得に取り組みたい。ひと通りの学習を終えたら，用語の定義，実験手法なども含めて，教科書の本文だけでなく，参考，発展やコラムなどを隅々まで精読すべきである。空所補充問題への対策として，『生物用語の完全制覇』（河合出版）に取り組むことが有効である。また，標準～やや難レベルの問題の演習や，各種の模試の受験を通して知識の定着を図ろう。

02 文章選択形式の問題対策

正確な知識が求められるため，教科書を中心に丁寧に学習することで，知識の定着を図ろう。また，問題演習の際には，誤文の中の誤りを明らかにし，訂正する練習が効果的である。

03 計算問題対策

計算問題は，内容はそれほど特殊なものではない。遺伝情報，代謝，腎臓などの分野でそれぞれ典型的な計算問題があるので，しっかり演習しておきたい。過去問の演習も有効である。

国　語

『No. 513 近畿大学（国語〈医学部を除く3日程×3カ年〉）』に，本書に掲載していない日程の国語の問題・解答を3日程分収載しています。近畿大学の入試問題研究にあわせてご活用ください。

年度	番号	種　類	類別	内　容	出　典
2024 ●	〔1〕	現代文	評論	書き取り，文学史，内容説明，空所補充，内容真偽	「仮面の解釈学」 坂部恵
	〔2〕	古　文	物語	口語訳，空所補充，文法，和歌解釈	「西行物語」
	〔3〕	現代文	評論	内容説明	「明治の翻訳ディスクール」高橋修
2023 ●	〔1〕	現代文	評論	書き取り，内容説明，空所補充，内容真偽	「『写真と社会』小史」 藤田省三
	〔2〕	古　文	雅楽書	口語訳，指示内容，人物指摘，内容説明，文法，内容真偽	「文机談」 隆円
	〔3〕	現代文	評論	内容説明，指示内容，空所補充	「文字の経験」 森田伸子
2022 ●	〔1〕	現代文	評論	書き取り，語意，空所補充，内容説明，内容真偽	「マゾヒズムと警察」 西成彦
	〔2〕	古　文	歌論	和歌修辞，人物指摘，文法，口語訳，空所補充，内容説明，内容真偽	「俊頼髄脳」 源俊頼
	〔3〕	現代文	随筆	内容説明	「望郷と海」 石原吉郎

（注）●印は全問マーク方式採用であることを表す。

現代文は評論・随筆から出題
古文は内容説明を中心に幅広い出題

01　出題形式は？

現代文2題，古文1題の計3題の出題で，試験時間は60分。解答形式は全問マーク方式である。

02 出題内容はどうか？

現代文は，評論２題もしくは評論と随筆の出題となることが多い。評論の場合，内容は文学・文化・社会学・心理学など幅広い。随筆では文学や人生などについての文章が出題されている。随筆はそれほど難解なものではないが，評論はやや読みづらいものが出されることもある。設問内容をみると，書き取り５問が必出で，「同じ漢字を含むもの」を選ぶ方式である。中心となるのは内容説明で，傍線部の前後だけでなく，文章全体を的確に読解する力が問われる。空所補充も必ず出されている。全体の主旨を問うものなど，空所の前後だけでなく全体の文脈を見通す必要がある設問もみられる。

古文は，出題文の時代・ジャンルに特に偏りはない。文章の内容をしっかりと把握する能力が求められている。設問は，空所補充や人物指摘，口語訳などが頻出である。和歌を含む文章が出されることが多く，その内容も問われている。さらに文法，修辞技法など，知識が必要な設問も出題されている。

03 難易度は？

現代文は評論にやや読みづらいものもあるが，設問は標準的である。ただし選択肢の中に紛らわしいものがあるので，慎重に解答するよう心がけたい。古文は全体的に標準レベルの問題だが，設問内容が幅広く，設問数も多いため，時間との兼ね合いが難しい。限られた時間の中で確実に得点する力が要求される。時間配分としては，１題20分が目安となるが，古文を15分程度で済ませ，見直しに当てる時間を作りたい。

01 現代文

現代文では，さまざまな分野の文章からの出題がみられるので，それぞれ新書などを読んで知識を蓄えるとともに，評論の文章に慣れておくことが大切である。随筆が出されることもあるので，『体系現代文』（教学社）のような問題集を利用して，文学的な文章についても読解の練習をしておくとよい。紛らわしい選択肢の選び方についてもよく練習しておこう。二択までしぼったあと，論拠を確認しながら答えを出すとよい。慣用句やカタカナ語など語彙の充実も重視したい。慣用句集や現代文キーワード集で，よく出題されるものや間違って覚えやすいものをチェックすると同時に，国語辞典などを活用し，正確な意味を把握するように心がけること。

02 古 文

古文は比較的易しい問題集を使って，中古・中世の作品を中心に演習するとよいだろう。特に文法，古語の知識は確実なものにしておきたい。文法は出題率の高い助動詞や敬語を軸に学習すること。古語は単語帳などを用いて基本的なもの 250 語程度のマスターを心がけること。一つの古語にさまざまな語意があるので，用例とともに知っておくとよい。和歌解釈が出題されることもあるので，枕詞や掛詞，縁語などの和歌修辞についても整理して覚えておこう。

03 漢 字

選択式特有の同音異義語による漢字の識別を学習しておくこと。

2024年度

問題と解答

一般入試前期Ａ日程：１月27日実施分

問題編

▶試験科目・配点

学部等	教科	科目	配点
情報（英・数・理型）	外国語	コミュニケーション英語Ⅰ・Ⅱ・Ⅲ，英語表現Ⅰ・Ⅱ	100点
	数学	数学Ⅰ・Ⅱ・Ⅲ・Ａ・Ｂ	100点
	理科	「物理基礎・物理」，「化学基礎・化学」，「生物基礎・生物」から１科目選択	100点
情報（英・国・数型）	外国語	コミュニケーション英語Ⅰ・Ⅱ・Ⅲ，英語表現Ⅰ・Ⅱ	100点
	数学	数学Ⅰ・Ⅱ・Ａ・Ｂ	100点
	国語	国語総合・現代文Ｂ・古典Ｂ（いずれも漢文を除く）	100点
法・経済・経営・文芸・総合社会・国際	外国語	コミュニケーション英語Ⅰ・Ⅱ・Ⅲ，英語表現Ⅰ・Ⅱ	100点
	選択	日本史Ｂ，世界史Ｂ，地理Ｂ，政治・経済，「数学Ⅰ・Ⅱ・Ａ・Ｂ」から１科目選択	100点
	国語	国語総合・現代文Ｂ・古典Ｂ（いずれも漢文を除く）	100点
理工	外国語	コミュニケーション英語Ⅰ・Ⅱ・Ⅲ，英語表現Ⅰ・Ⅱ	100点
	数学	**理（化学）・生命科学科**：数学①「数学Ⅰ・Ⅱ・Ａ・Ｂ」，数学②「数学Ⅰ・Ⅱ・Ⅲ・Ａ・Ｂ」から１科目選択 **その他の学科**：数学②「数学Ⅰ・Ⅱ・Ⅲ・Ａ・Ｂ」	100点
	理科	「物理基礎・物理」，「化学基礎・化学」，「生物基礎・生物」から１科目選択	100点
建築・薬	外国語	コミュニケーション英語Ⅰ・Ⅱ・Ⅲ，英語表現Ⅰ・Ⅱ	100点
	数学	数学①「数学Ⅰ・Ⅱ・Ａ・Ｂ」，数学②「数学Ⅰ・Ⅱ・Ⅲ・Ａ・Ｂ」から１科目選択	100点
	理科	「物理基礎・物理」，「化学基礎・化学」，「生物基礎・生物」から１科目選択	100点

農	外国語	コミュニケーション英語Ⅰ・Ⅱ・Ⅲ，英語表現Ⅰ・Ⅱ	100点
	数学・国語	数学①「数学Ⅰ・Ⅱ・A・B」，数学②「数学Ⅰ・Ⅱ・Ⅲ・A・B」，「国語総合・現代文B・古典B（いずれも漢文を除く）」から1科目選択	100点
	選　択	**応用生命化・食品栄養学科**：「物理基礎・物理」，「化学基礎・化学」，「生物基礎・生物」から1科目選択 **農業生産科・水産・環境管理・生物機能科学科**：日本史B，世界史B，地理B，「物理基礎・物理」，「化学基礎・化学」，「生物基礎・生物」から1科目選択	100点
生物理工	外国語	コミュニケーション英語Ⅰ・Ⅱ・Ⅲ，英語表現Ⅰ・Ⅱ	100点
	数学・国語	数学①「数学Ⅰ・Ⅱ・A・B」，数学②「数学Ⅰ・Ⅱ・Ⅲ・A・B」，「国語総合・現代文B・古典B（いずれも漢文を除く）」から1科目選択	100点
	理　科	「物理基礎・物理」，「化学基礎・化学」，「生物基礎・生物」から1科目選択	100点
工	外国語	コミュニケーション英語Ⅰ・Ⅱ・Ⅲ，英語表現Ⅰ・Ⅱ	100点
	選　択	**化学生命工学科**：数学①「数学Ⅰ・Ⅱ・A・B」，数学②「数学Ⅰ・Ⅱ・Ⅲ・A・B」，「国語総合・現代文B・古典B（いずれも漢文を除く）」から1科目選択 **その他の学科**：数学①「数学Ⅰ・Ⅱ・A・B」，数学②「数学Ⅰ・Ⅱ・Ⅲ・A・B」から1科目選択	100点
	理　科	「物理基礎・物理」，「化学基礎・化学」，「生物基礎・生物」から1科目選択	100点
産業理工	外国語	コミュニケーション英語Ⅰ・Ⅱ・Ⅲ，英語表現Ⅰ・Ⅱ	100点
	数学・国語	数学①「数学Ⅰ・Ⅱ・A・B」，数学②「数学Ⅰ・Ⅱ・Ⅲ・A・B」，「国語総合・現代文B・古典B（いずれも漢文を除く）」から1科目選択	100点
	地歴・理科	日本史B，世界史B，地理B，「物理基礎・物理」，「化学基礎・化学」，「生物基礎・生物」から1科目選択	100点
短期大学部	選　択	①コミュニケーション英語Ⅰ・Ⅱ・Ⅲ，英語表現Ⅰ・Ⅱ ②国語総合・現代文B・古典B（いずれも漢文を除く） ③日本史B，世界史B，地理B，政治・経済，「数学Ⅰ・Ⅱ・A・B」から1科目選択 ①～③のうち1科目選択（2教科2科目以上を受験した場合は高得点の1教科1科目を合否判定に使用）	100点

▶**備　考**

- 「数学B」は「数列，ベクトル」から出題する。
- **スタンダード方式**：受験科目の総合点で合否判定する。各科目を等しい配点で判定する。
- **高得点科目重視方式**：スタンダード方式の結果を利用する併願方式。高得点科目を2倍に換算し，他の科目との総合点で合否判定する。短期大学部では実施していない。
- 情報学部では，出願する際，「英・数・理型」もしくは「英・国・数型」を選択すること。
- **情報学部独自方式**：スタンダード方式の結果を利用する併願方式。「数学」の100点満点を300点に換算し，「外国語」とあわせて2教科2科目400点満点で合否判定する。
- **国際学部独自方式**：国際学科グローバル専攻のみ。「外国語」の100点満点を500点に換算し，「国語」「地歴・公民・数学」の高得点科目とあわせて2教科2科目600点満点で合否判定する。スタンダード方式を選択した場合にも併願方式として利用できる。
- 国際学部では，スタンダード方式・高得点科目重視方式および国際学部独自方式において，指定された各種資格試験等の得点・資格を「外国語」の得点にみなして換算する「外部試験利用制度」を活用することができる。ただし，個別学力試験「外国語」の受験は必須。「外国語」の受験得点と外部試験のみなし得点とを比較し，高得点を採用し，合否を判定する。
- **共通テスト併用方式**：スタンダード方式の結果を利用する併願方式。大学の個別学力試験と大学入学共通テストにおける大学指定の教科・科目の得点および調査書を総合して合否を判定する。実施学部は，情報・法・経済・経営・理工・建築・文芸（芸術学科造形芸術専攻を除く）・総合社会・国際（国際学科グローバル専攻のみ）・農・生物理工・工・産業理工学部。

英語

(60分)

I 次の対話文の空所に入れるのに最も適当なものを，それぞれア～エから一つ選べ。

〔A〕

A: Hey, Stephen. I heard that you recently moved to a new house.

B: Yeah. After our daughter was born, our two-bedroom apartment downtown was too small for two kids. Our six-year-old son hated having to share his room.

A: Well, congratulations on the new house and the new member of your family!

B: Thank you. We're really happy. Our new place has ____1____.

A: Great! Now the kids have their own rooms and lots of free space to play, too.

B: Yeah. My wife, Haruka, is happy to have her own workspace and everyone loves our new life out in the country.

A: That's perfect. Has she gone back to work already?

B: Since she's a graphic designer, she's mostly just working part-time from home now. But ____2____.

A: That sounds tough. How does she manage that?

B: I don't work that day, so I take our son to school and look after the baby.

A: That works out well. I know you're busy, but my kids are two and five, so we should try to arrange a playdate sometime if you're interested.

B: That's a great idea. We could ____3____.

A: That'd be wonderful. I look forward to meeting your whole family and seeing your new place then.

1．ア．a few bedrooms, a small office, and it's next to the best park in the city

イ．a study, three bedrooms, a play area, and is located in the city center

ウ．three bedrooms, a big playroom, and a room we've turned into a study

エ．two bedrooms, a room we've made into an office, and a big park nearby

2．ア．it can be challenging balancing work while caring for two kids all day

イ．other than Mondays, it's hard for her to work with our baby son around

ウ．she still has to go into the office from nine to five every Friday

エ．she works from 6 to 10 p.m., which is after I get home from work

3．ア．go to that new playground the city built near my house on my day off

イ．have a pizza party at my house on a Saturday or Sunday afternoon

ウ．play for a few hours at my place when Haruka is out with the baby

エ．take the kids to a park near your house one weekend for a picnic

〔B〕

A：Susan, have you decided what you'd like to order?

B：Yeah, Mom. I'll get the Chicken Burger meal with a salad instead of fries.

A：OK. Do you want ＿＿4＿＿?

B：No, that's not necessary. I'm still watching my weight.

A：All right. What do you want to drink?

B：Well, I'm really trying to reduce the amount of sugar I have in my diet, so ＿＿5＿＿.

A：Are you sure? Don't forget you have to get up early for university tomorrow.

B：Yeah, caffeine never seems to affect my sleep. And I still have another assignment to do before I can go to bed anyway.

A：All right. I'm going to get what I always get, so I'll go place our order now.

B：＿＿6＿＿

A：No. We only come here about once a month. And to be honest, variety doesn't really matter to me.

4．ア．some ketchup to go with your French fries
　　イ．some zero-calorie Italian dressing
　　ウ．to get bacon on your chicken burger
　　エ．to substitute your fries with onion rings

5．ア．I'd like to have an iced tea with syrup
　　イ．I'll get a low-fat strawberry milkshake
　　ウ．I'll just have a bottle of mineral water
　　エ．I'm going to get a hot black coffee

6．ア．Do you want to just get it to go so I'll have more time to study?
　　イ．Don't you ever get tired of ordering the same thing?
　　ウ．Let me pay for our meal this time for a change.

エ．Let's download the software application and place our order online.

Ⅱ 次の英文の空所に入れるのに最も適当な語を，ア～クから選べ。ただし，同じものを繰り返し用いてはならない。

The phrase "an elephant never forgets" likely started when biologists realized that elephants have the largest brain of any land animal. It was fairly common for people at that time to think that the bigger the brain, the better the memory. In fact, it's true in some ways. Elephants are territorial, and they have a（ 7 ）home range. An elephant's home territory can be over 3,000（ 8 ）kilometers. That's about the same size as the（ 9 ）small American state of Rhode Island. But research has shown that elephants can remember their entire territory, much in the same way humans（ 10 ）a memory of the familiar area in which they grew up.

Family is important to elephants, too. They travel in family-based herds, staying together for years. As is the case with humans, though, when（ 11 ）get a little too crowded, it's time for one of the kids to move out. The one who moves out, when it comes to elephants, is the eldest daughter. She breaks off and starts her own herd. But she never forgets her family. One researcher found that a female was still able to（ 12 ）her mother, even after the two of them had been separated for 23 years. So, it seems that the old adage about an elephant's memory definitely holds true.

ア．abandon　　イ．contradictions　　ウ．huge

エ．recognize　　オ．relatively　　カ．retain

キ．square　　ク．things

Ⅲ 次の各英文の空所に入れるのに最も適当な語句を，ア〜エから一つ選べ。

13. Everyone understands that (　　) all people love vegetables and fish.

ア．no　　イ．none　　ウ．nor　　エ．not

14. The design of Tokyo Tower is nearly the same as (　　) of the Eiffel Tower.

ア．it　　イ．one　　ウ．that　　エ．those

15. Just around the corner to the left (　　) where my favorite cafe is located.

ア．are　　イ．do　　ウ．does　　エ．is

16. Some estimates suggest that three (　　) of the world's population may be severely affected by climate change by the end of the century.

ア．fifth　　イ．fifths　　ウ．five　　エ．fives

17. I think we can proceed with the plan, (　　) everyone understands that we may need to make changes later.

ア．is provided　　イ．provide

ウ．provided　　エ．to provide

18. I clearly recall (　　) he would go to city hall for me.

ア．for him to say　　イ．him saying

ウ．him to say　　エ．of him saying

19. Following the traditional Japanese age count system, (　　) a person becomes one year older on January 1, I am 21 this year.

ア．how　　イ．in when　　ウ．in which　　エ．whom

20. (　) straight ahead, you would not have missed the exit for downtown.

ア. Go　イ. Had you gone

ウ. Have you gone　エ. When you go

Ⅳ 次の各英文の意味に最も近いものを，ア～エから一つ選べ。

21. During the business negotiations, John kept his emotions in check.

ア. During the business negotiations, John controlled his emotions.

イ. During the business negotiations, John revealed his emotions.

ウ. John explained his emotions during the business negotiations.

エ. John shared his emotions during the business negotiations.

22. I usually take down the important parts of my chemistry lectures.

ア. I usually enjoy the key parts of my chemistry lectures.

イ. I usually forget the critical parts of my chemistry lectures.

ウ. I usually memorize the critical parts of my chemistry lectures.

エ. I usually write the key parts of my chemistry lectures.

23. While Jenny was working at a university last year, she came down with an illness.

ア. Jenny caught an illness while she was working at a university last year.

イ. Jenny endured an illness while she was working at a university last year.

ウ. While Jenny was working at a university last year, she cured an illness.

エ. While Jenny was working at a university last year, she researched an illness.

24. Recently, John has taken to reading picture books to his daughter.

ア. Recently, John has avoided reading picture books to his daughter.

イ. Recently, John has planned to read picture books to his daughter.

ウ. Recently, John has started to enjoy reading picture books to his daughter.

エ. Recently, John has stopped reading picture books to his daughter.

V 次の(a)に示される意味を持ち，かつ(b)の英文の空所に入れるのに最も適した語を，それぞれア～エから一つ選べ。

25. (a) without any doubt

(b) I have always wanted to see that band live, so I will ( ) go to their concert if they come to Japan.

ア. definitely イ. especially ウ. likely エ. sincerely

26. (a) the time you spend working at your job after you have finished your regular shift

(b) Jim averages just under five hours of ( ) a week at his new position.

ア. consultation イ. overtime

ウ. reflection エ. workload

27. (a) based on reason rather than emotions

(b) John always tries to be ( ) in his decision making.

ア. formal イ. literal ウ. moral エ. rational

28. (a) simple or ordinary, without any decoration

(b) She wore a ( ) blue dress to her best friend's birthday party.

ア. detailed イ. fancy ウ. plain エ. stylish

29. (a) to confine or limit something
(b) The doctor told me to (　　) my salt intake to improve my health.
ア. eliminate　イ. justify　ウ. restrict　エ. withdraw

Ⅵ 次の［A］～［D］の日本文に合うように，空所にそれぞれア～カの適当な語句を入れ，英文を完成させよ。解答は番号で指定された空所に入れるもののみをマークせよ。なお，文頭に来る語も小文字にしてある。

［A］デービッドは月曜日が一番忙しい。
On (30)(　)(　)(31)(　)(　) than Monday.
ア. busier　イ. David　ウ. day
エ. is　オ. no　カ. other

［B］私はメアリーを信頼しているので，彼女に決断を委ねます。
I'll (32)(　)(　)(33)(　)(　) since I trust her.
ア. decide　イ. it　ウ. leave
エ. Mary　オ. to　カ. up to

［C］予算以外の条件がすべて同じなら，相部屋よりも個室のほうが好きだ。
(　)(　)(34)(　)(35)(　) the cost, I prefer a private to a shared room.
ア. all　イ. being　ウ. equal
エ. except　オ. for　カ. things

［D］オリビアは君がパーティーで言ったことに怒っていた。
Olivia was angry (36)(　)(37)(　)(　)(　) the party.
ア. about　イ. at　ウ. remark

エ. with　　オ. you　　カ. your

Ⅶ 次の英文を読み，あとの問いに答えよ。

A part of the American landscape, vending machines first came into widespread use in the late 1800s. A vending machine is a device that dispenses goods for currency. By this definition, amusement park games and music machines are not vending machines. Vending machines offer the consumer the convenience of time and place.

However, the first vending machine was invented earlier than we might think. In the first century A.D., Hero of Alexandria devised a machine to dispense Holy Water. <u>The machine</u>(40) operated on simple physics principles. A consumer dropped a coin into a slot on top of a box. The coin struck a lever with a string attached to the other end of the lever. The string is tied to a stopper that plugs a container of liquid. When the lever is struck by the coin, it lifts the other end with the string and removes the plug. The liquid pours out until the coin drops off the end of the lever. Early vending machines used similar technology before widespread use of electrical machines.

One of the first uses of vending machines was to sell stamps. Another early purpose was for retailers to get their products, such as chewing gum, into places they could not otherwise sell. Early vending machines appeared on railway platforms. For several years, industry expansion was limited mostly to penny candy sales.

In the 1930s, soft drink machines appeared. The industry expanded to include other types of food as the country geared up for wartime production. Managers in factories figured people could not work the required long shifts without a refreshment break. Vending machines offered a practical way to meet the need. For the next two decades, vending machines continued to be used mainly in factories. When refrigeration was added to machines, it became possible to sell fresh foods and cold beverages.

Owners of vending machines, called operators, place their machines on property owned by others, such as on a college campus or in a healthcare facility. These operators provide all maintenance and products needed for the machines. Sometimes there may be a service charge to the property owner, but often there is no cost.

Today we see vending machines in a wide variety of locations. This invention makes it possible for people to purchase items at competitive prices any time of day, any day of the year.

問1　本文の第1段落の内容に合うものとして最も適当なものを，ア～エから一つ選べ。(38)

ア. Amusement park games are defined as vending machines because they are devices that exchange goods for money.

イ. Music machines are considered a type of vending machine though they do not distribute merchandise for money.

ウ. Throughout the nineteenth century vending machines were commonly used in the U.S.

エ. Vending machines allow people to purchase products at any time wherever the machines are.

問2　本文の第2段落の内容に<u>合わないもの</u>を，ア～エから一つ選べ。(39)

ア. Once a coin fell from the end of a lever in Hero's machine, Holy Water would stop being dispensed.

イ. The operation of Hero's Holy Water machine begins when someone inserted a coin which would then hit a lever.

ウ. The purpose of the lever in Hero's machine is to insert a plug in order to discharge a liquid.

エ. Until the development of electrical machines, early vending machines functioned much like Hero's device.

出典追記：Nonfiction Reading Comprehension for the Common Core Grade 8 by Heather Wolpert-Gawron, Teacher Created Resources

問3 下線部(40)の説明として最も適当なものを，ア～エから一つ選べ。

ア．Hero of Alexandria created a machine to conserve Holy Water.

イ．Hero of Alexandria invented his Holy Water device before the start of the first century A.D.

ウ．Hero's device functioned on complex scientific principles.

エ．Hero's device that was used to supply Holy Water was designed earlier than some people might have thought.

問4 本文の第3段落の内容に合わないものを，ア～エから一つ選べ。(41)

ア．For several years, the vending machine industry did not expand beyond penny candy sales for the most part.

イ．One of the initial purposes of vending machines was for the purchase of stamps.

ウ．Retailers realized that products like chewing gum could not be sold in vending machines.

エ．Vending machines were installed on train platforms to increase the sales of certain goods.

問5 本文の第4段落の内容に合わないものを，ア～エから一つ選べ。(42)

ア．During wartime, vending machines offered factory workers a chance to get refreshed without the need for a break.

イ．For a period of at least twenty years in the 1900s, vending machines were primarily located in factories.

ウ．Long working hours during wartime led managers to put vending machines in their factories for the benefit of their workers.

エ．Once foods could be kept at lower temperatures in vending machines, fresh foods and cold drinks could be sold.

問6 本文の第5段落の内容に合うものとして最も適当なものを，ア～エから一つ選べ。(43)

ア. College campuses and healthcare facilities are the owners of vending machines.

イ. In most cases, operators supply property owners with vending machines to place on their properties free of charge.

ウ. Maintaining vending machines is the responsibility of property owners.

エ. Property owners are responsible for making sure that their vending machines are stocked with products.

問7　本文の内容と合うものを，ア～キから二つ選び，(44)と(45)に一つずつマークせよ。ただし，マークする記号（ア，イ，ウ,...）の順序は問わない。

ア. In the late 1800s, vending machines in the U.S. were still widely unknown.

イ. A consumer had to add a coin into a slot located on the side of Hero's device.

ウ. Retailers used railway platforms as a place to put vending machines to sell goods that were hard to sell in other places.

エ. Due to the war, the variety of goods sold in vending machines decreased.

オ. From the 1930s to the 1950s, in most cases, vending machines were generally found in factories.

カ. Vending machines need to be accessed all year round, and they should be located in limited areas.

キ. The prices of items from vending machines are unreasonable, though we can purchase them at any time.

日本史

（60分）

I　次の文を読み，下の問い（問1～10）に答えよ。ただし空欄 あ に入れる語句を問う設問はない。

白鳳文化(a)を代表する仏像のひとつに，興福寺(b)仏頭がある。若々しく威厳のある相貌は見る者の眼を惹き付けるが，よく見ると首の付け根はねじ切れ，頭頂から後頭部は欠損し，耳を含む左後頭部は相当な打撃を受けたように凹んでいる。現存部の総高は98.3cm で，もとは一堂の本尊にふさわしい大きさの像であっただろう。

この仏頭はかつて飛鳥地方に創建された あ 寺において， 1 の霊を弔うため685年に造られた薬師三尊像の中尊の頭部であった。645年に中大兄皇子（のちの天智天皇(c)）が 2 を滅ぼしたとき， 1 は中大兄皇子に協力し右大臣となった。しかし中大兄皇子の権力が急速に拡大する中で 1 も謀反の疑いをかけられ， あ 寺において妻子と共に自害したという。

それから500年あまりを経た1187年，興福寺東金堂の関係者によって，この像は興福寺に移された。東金堂は726年に聖武天皇(d)によって叔母である元正太上天皇(e)の病気平癒のために創建され，本尊は薬師三尊像であった。しかし平重衡による兵火(f)で堂舎も仏像も失われ，その後の再興はなかなか進まなかった。そこで東金堂衆らは東金堂の本尊となすべく， あ 寺の薬師三尊像を無断で強奪したのであった。結局，当時の氏長者(g)だった九条兼実(h)もこれを追認し，この薬師三尊像は正式に東金堂本尊となった。

1411年に東金堂に隣接する五重塔へ落雷があり，東金堂も延焼した。仏頭の痛々しい損傷はこの時のものとみられる。中尊の薬師如来像は新造され，その後長く忘れ去られていた仏頭が再び脚光を浴びるのは1937年のことである。東金堂の解体修理に際して，中尊の薬師如来像の台座内部からこの仏頭が発見されたことは，昭和の美術界の大事件のひとつだった。

問１　空欄 [1] に入れる人名として最も適当なものはどれか。次の①〜④のうち一つをマークせよ。[1]

①　蘇我倉山田石川麻呂　　②　中臣鎌足

③　藤原不比等　　④　阿倍内麻呂

問２　空欄 [2] に入れる人名として最も適当なものはどれか。次の①〜④のうち一つをマークせよ。[2]

①　山背大兄王　　②　古人大兄王

③　蘇我馬子・蝦夷父子　　④　蘇我蝦夷・入鹿父子

問３　下線部(a)についての文として最も適当なものはどれか。次の①〜④のうち一つをマークせよ。[3]

①　天武・持統天皇の時代を中心とする時期の文化で，初唐文化の影響を受けた。

②　蘇我氏や王族により広められた仏教中心の文化で，朝鮮半島の百済や高句麗，中国の南北朝時代の文化の影響を受けた。

③　平城京を中心とした貴族的な文化で，盛唐の影響を強く受けた。

④　平安京を中心とした貴族的な文化で，唐の文化の影響をうけながらも次第に独自の工夫をこらし，大陸にはないかたちを生み出していった。

問４　下線部(b)は藤原不比等ゆかりの藤原氏の氏寺であるが，これに関連して，寺名とその創建者名の組み合わせとして適当でないものはどれか。次の①〜④のうち一つをマークせよ。[4]

①　飛鳥寺（法興寺）――蘇我馬子　　②　百済大寺――欽明天皇

③　法隆寺――厩戸王（聖徳太子）　　④　四天王寺――厩戸王（聖徳太子）

問５　下線部(c)の皇統にあたる天皇として最も適当なものはどれか。次の①〜④のうち一つをマークせよ。[5]

①　光仁天皇　　②　文武天皇　　③　称徳天皇　　④　聖武天皇

問6 下線部(d)が出した詔の文として最も適当なものはどれか。次の①~④のうち一つをマークせよ。 6

① 初めて京師を修め，畿内・国司・郡司・関塞・斥候・防人・駅馬・伝馬を置き，及び鈴契を造り，山河を定めよ。

② 夫れ天下の富を有つ者は朕なり。天下の勢を有つ者も朕なり。此の富勢を以てこの尊像を造る。

③ 夫れ銭の用なるは，財を通して有無を貿易する所以なり。当今，百姓なお習俗に迷ひて未だ其の理を解せず。僅に売買すと雖も，猶ほ銭を蓄ふる者无し。其の多少に随ひて節級して位を授けよ。

④ 詔を承りては必ず謹め。君をば則ち天とす，臣をば則ち地とす。

問7 下線部(e)に関連して，女性の天皇として適当でないものはどれか。次の①~④のうち一つをマークせよ。 7

① 元明天皇 ② 斉明天皇 ③ 仁明天皇 ④ 持統天皇

問8 下線部(f)と同年のできごととして最も適当なものはどれか。次の①~④のうち一つをマークせよ。 8

① 鹿ケ谷の陰謀 ② 平氏の都落ち

③ 福原京遷都 ④ 倶利伽羅峠の戦い

問9 下線部(g)に関連して，藤原氏の氏長者についての文として適当でないものはどれか。次の①~④のうち一つをマークせよ。 9

① 大学別曹の勧学院を管理した。

② 任官や叙位の際には，氏に属する人々の推薦権をもった。

③ 一族の最年長者がつとめた。

④ 氏社の春日社を管理した。

問10 下線部(h)の日記はどれか。次の①~④のうち最も適当なものを一つマークせよ。 10

① 中右記 ② 玉 葉 ③ 吾妻鏡 ④ 愚管抄

Ⅱ　次のA～Fの文を読み，下の問い（問1～10）に答えよ。

A　建武式目が発表された。

B　足利尊氏が征夷大将軍に任じられた。(a)

C　雑訴決断所が設置された。(b)

D　足利尊氏の弟［ア］と，尊氏の執事［イ］が対立し，武力対決に突入した。(c)

E　動乱が激しかった近江(d)・美濃・尾張(e)の3国に限定して，半済令(f)がはじめて発布された。

F　後醍醐天皇が吉野へ逃れた。(g)

問1　空欄［ア］［イ］に入れる人名の組み合わせとして最も適当なものはどれか。次の①～④のうち一つをマークせよ。［11］

①　ア＝足利直義　イ＝上杉憲実　②　ア＝足利義詮　イ＝上杉憲実

③　ア＝足利直義　イ＝高師直　④　ア＝足利義詮　イ＝高師直

問2　下線部(a)のときの天皇として最も適当なものはどれか。次の①～④のうち一つをマークせよ。［12］

①　光明天皇　②　光厳天皇　③　亀山天皇　④　後宇多天皇

問3　下線部(b)についての文として最も適当なものはどれか。次の①～④のうち一つをマークせよ。［13］

①　所領関係の裁判を担当した。

②　鎌倉に置かれた。

③　京都の警備をおこなった。

④　論功行賞を担当した。

問4　下線部(c)は何と呼ばれるか。次の①～④のうち最も適当なものを一つマークせよ。 14

①　中先代の乱　②　正中の変　③　享徳の乱　④　観応の擾乱

問5　下線部(d)についての文として最も適当なものはどれか。次の①～④のうち一つをマークせよ。 15

①　近江の兵庫は，瀬戸内海や四国の太平洋岸の各港から来る船の関所となっていた。

②　近江の大津は交通の要衝で，北陸などから運ばれてきた物資を京都へ陸送するために馬借・車借がいた。

③　近江の坂本の馬借が徳政を要求したのをきっかけにしておこった正長の土一揆は，守護の畠山氏に国外への退去を求めるまでになった。

④　近江の延暦寺は，臨済宗と対立し，天文法華の乱がおこった。

問6　下線部(e)についての文として最も適当なものはどれか。次の①～④のうち一つをマークせよ。 16

①　足利義満は美濃・尾張・伊勢の守護を兼ねる土岐氏を討伐した。

②　美濃の守護であった赤松満祐は，足利義教を殺害した。

③　尾張の守護であった細川氏は，博多商人と結んで日明貿易を独占した。

④　鎌倉府の管轄範囲は，尾張以東の10カ国であった。

問7　下線部(f)についての文として最も適当なものはどれか。次の①～④のうち一つをマークせよ。 17

①　荘園の土地の半分を守護に分け与え，荘園領主と守護の相互の支配権を認めた。

②　軍費調達のために，守護に一国内の荘園や公領の年貢の半分を徴収する権限を認めた。

③　田地をめぐる紛争の際，守護に対して自分の所有権を主張して稲の半分を

一方的に刈りとる実力行使を認めた。

④　幕府の裁判の判決を強制執行する権限を守護に与えた。

問８　下線部(g)ののち，九州で幕府方と戦った人物として最も適当なものはどれか。次の①～④のうち一つをマークせよ。 18

①　護良親王　②　宗尊親王　③　懐良親王　④　北畠親房

問９　同じく下線部(g)に関連して，吉野が所在する国名として最も適当なものはどれか。次の①～④のうち一つをマークせよ。 19

①　伊　勢　②　河　内　③　紀　伊　④　大　和

問10　Ａ～Ｆを時期の早い順に並べ替えた場合，最も適当なものはどれか。次の①～④のうち一つをマークせよ。 20

①　Ｃ→Ｆ→Ｂ→Ａ→Ｅ→Ｄ　②　Ａ→Ｂ→Ｆ→Ｃ→Ｄ→Ｅ

③　Ｃ→Ａ→Ｆ→Ｂ→Ｄ→Ｅ　④　Ａ→Ｆ→Ｂ→Ｃ→Ｅ→Ｄ

Ⅲ　次の文を読み，下の問い（問1～10）に答えよ。

彼は，狂歌・狂詩・狂文・洒落本・黄表紙・滑稽本の作者として，また随筆家として知られた江戸後期の文人である。1749年，江戸牛込の生まれ。19歳の時に作った狂詩（滑稽を主とした漢詩体の詩）が平賀源内(a)に認められ，1767年(b)に狂詩集『寝惚先生文集』が出版されると，たちまち狂詩の第一人者と見なされるようになった。彼は御家人の家に生まれたが，生活に余裕はなく，早くから学問で身を立てようと，太宰春台(c)の門人の儒学者に入門して勉学に励んでいたが，その余暇に作った狂詩によって得た名声が彼を戯作の道に近づけた。その後，一家が病にかかって困窮していた時期に学問の師が亡くなり，彼は学者への道をあきらめて，洒落本を書くようになる。

彼の才は特に狂歌の中で発揮された(d)。狂歌は［ 1 ］期の江戸のあらゆる階層の人々に歓迎されて流行し，文芸の諸ジャンルはもとより，歌舞伎や浮世絵，その他生活文化全般に大きな影響を与えた。しかし，［ 1 ］7年（1787年），松平定信が老中に就任し，学問・思想の統制(e)，出版・情報の統制(f)がおこなわれたころ，彼は戯作の筆を折り，狂歌と絶縁した。この時期，武士階級の作家が相次いで文芸の世界から去っている。

1794年，彼は46歳で人材登用試験を受け，首席で合格，役人としての第二の人生を歩み出す。1801年には大坂の銅座に，1804年には長崎奉行所に赴任した。このころから蜀山人の名で狂歌作成を再開し，江戸の代表的な知識人として高く評価されつつも，病弱な息子に代わって70歳を過ぎるまで勘定所(g)に出仕した。1823年に没した。

問1　空欄［ 1 ］に入れる元号として最も適当なものはどれか。次の①～④のうち一つをマークせよ。［ 21 ］

①　享　保　　②　宝　暦　　③　天　明　　④　寛　政

問2　下線部(a)についての文として適当でないものはどれか。次の①～④のうち一つをマークせよ。［ 22 ］

①　高松藩の足軽の家に生まれた。

② エレキテルの実験をし，寒暖計や不燃性の布を作って人びとを驚かせた。

③ シーボルトに持ち出し禁止の日本地図を渡したために処罰された。

④ 浄瑠璃の脚本や滑稽本を書き，また，西洋画法を秋田の小田野直武に伝えた。

問３ 下線部(b)に米沢藩主となり，藩政改革を始めた人物として最も適当なものはどれか。次の①～④のうち一つをマークせよ。 23

① 細川重賢 ② 上杉治憲 ③ 佐竹義和 ④ 島津斉彬

問４ 下線部(c)の著作の一節として最も適当なものはどれか。次の①～④のうち一つをマークせよ。 24

① 今ノ世ノ諸侯ハ，大モ小モ，皆首ヲタレテ町人ニ無心ヲイヒ，江戸，京都，大坂，其外処々ノ富商ヲ憑デ，其続ケ計ニテ世ヲ渡ル。

② あげくのはてには，京や大坂お江戸の近辺十里四方を，とほうもないことあげ地にしろとは，旗本なんぞはどうするつもりだ。

③ いふ詞も，言を略きて聞取がたきを通言といひ，さる人々を，通人とも，大通ともいへり。

④ 上無レバ下ヲ取ル奢欲モ無ク，下無レバ上ニ諂ヒ巧ムコトモナシ

問５ 下線部(d)に関連して，問題文の人物の狂歌として最も適当なものはどれか。次の①～④のうち一つをマークせよ。 25

① 侍が来ては買ってく高楊枝

② 呉服物現金安売掛直なし

③ さやかなる月を隠せる花の枝 きりたくもありきりたくもなし

④ 世わたりに春の野に出て若菜つむ わが衣手の雪も恥かし

問６ 下線部(e)に関わる松平定信の政策についての史料として最も適当なものはどれか。次の①～④のうち一つをマークせよ。 26

① 天子諸芸能の事，第一御学問也。

② 日本国御制禁成され候吉利支丹宗門の儀，其趣を存知ながら，彼の法を弘

むるの者，今に密々差渡るの事。

③　此度聖堂御取締厳重に仰せ付られ，柴野彦助・岡田清助儀も，右御用仰せ付られ候事に候へば，能々此旨申し談じ，急度門人共異学を相禁じ，猶又，自門・他門に限らず申し合せ，正学講窮致し，人材取立て候様相心掛申すべく候事。

④　都て大造なる国務も，威儀，城郭も，我国の力のみを以てすれば，国民疲れて大業なしがたし。外国の力を合てするを以て，其事如何なる大業にても成就せずと云ことなし。

問7　下線部(f)によって1792年に処罰された人物として最も適当なものはどれか。次の①〜④のうち一つをマークせよ。 27

①　林子平　②　渡辺崋山　③　為永春水　④　東洲斎写楽

問8　下線部(g)に関連して，勘定奉行についての文として最も適当なものはどれか。次の①〜④のうち一つをマークせよ。 28

①　勘定吟味役，金座・銀座・銭座を統括した。

②　道中奉行，作事奉行とともに三奉行のひとつである。

③　老中のもとにおかれた。

④　町奉行を支配下においた。

問9　問題文の人物として最も適当なものはどれか。次の①〜④のうち一つをマークせよ。 29

①　上田秋成　②　大田南畝　③　菅江真澄　④　鈴木牧之

問10　問題文の人物の生涯の間に起きたできごととして適当でないものはどれか。次の①〜④のうち一つをマークせよ。 30

①　明和事件　②　ゴローウニン事件

③　尊号一件　④　モリソン号事件

Ⅳ　次の文を読み，下の問い（問１～10）に答えよ。

日独伊三国同盟の締結は，アメリカの対日姿勢をいっそう硬化させることになった。第２次［ 1 ］内閣では，日米衝突を回避するため日米交渉を開始した。1940年末の日米民間人同士の交渉が，野村吉三郎駐米大使と［ 2 ］国務長官とのあいだの政府間交渉に発展したものである。一方，［ 3 ］外相は1941年４月，(a)日ソ中立条約を結んだ。

1941年６月，ドイツが突如ソ連に侵攻して独ソ戦争が始まった。これに対応するために開かれた同年７月２日の御前会議は，軍部の強い主張によって，対米英戦覚悟の南方進出と，情勢有利の場合の(b)対ソ戦（北進）を決定した。第２次［ 1 ］内閣は日米交渉の継続をはかり，対米強硬論をとる［ 3 ］外相を除くためいったん総辞職した。第３次［ 1 ］内閣成立直後の７月末，日本は［ 4 ］に進駐した。(c)アメリカは［ 4 ］進駐に対して追加の制裁をおこない，日本の「東亜新秩序」建設を阻止する意志を明確に示した。イギリス・オランダも同調した。日本の軍部はさらに危機感をつのらせ，これらの国による［ 5 ］の圧迫をはね返すには戦争以外にないと主張した。

同年９月６日の御前会議は，日米交渉の期限を10月上旬と区切り，交渉が成功しなければ対米（およびイギリス・オランダ）開戦に踏み切るという方針を決定した。日米交渉は，妥協点を見出せないまま10月半ばを迎えた。日米交渉の妥結を強く希望する［ 1 ］首相と，交渉打切り・開戦を主張する［ 6 ］陸相が対立し，10月16日に［ 1 ］内閣は総辞職した。

そして成立した［ 6 ］新内閣は９月６日の決定を再検討して，当面日米交渉を継続させた。しかし，11月26日の(d)［ 2 ］によるアメリカ側の提案は，日本への最後通告に等しいものであったので，交渉成立は絶望的になった。12月１日の御前会議は対米交渉を不成功と判断し，米・英に対する開戦を最終的に決定した。12月８日，日本陸軍が英領マレー半島に奇襲上陸し，日本海軍がハワイ真珠湾を奇襲攻撃した。日本はアメリカ・イギリスに宣戦布告し，第二次世界大戦の重要な一環をなす太平洋戦争が開始された。

問１　空欄［ 1 ］に入れる人名として最も適当なものはどれか。次の①～④の

うち一つをマークせよ。 31

① 西園寺公望　② 平沼騏一郎　③ 近衛文麿　④ 林銑十郎

問2　空欄 2 に入れる人名として最も適当なものはどれか。次の①～④のうち一つをマークせよ。 32

① ハ ル　② ローズヴェルト

③ マッカーサー　④ ランシング

問3　空欄 3 に入れる人名として最も適当なものはどれか。次の①～④のうち一つをマークせよ。 33

① 吉田茂　② 松岡洋右　③ 重光葵　④ 広田弘毅

問4　空欄 4 に入れる語句として最も適当なものはどれか。次の①～④のうち一つをマークせよ。 34

① 北部仏印　② 南部仏印　③ 南　京　④ 重　慶

問5　空欄 5 に入れる語句として最も適当なものはどれか。次の①～④のうち一つをマークせよ。 35

① ABCD包囲陣　② 鉄のカーテン

③ 絶対国防圏　④ 抗日救国運動

問6　空欄 6 に入れる人名として最も適当なものはどれか。次の①～④のうち一つをマークせよ。 36

① 阿部信行　② 東条英機　③ 小磯国昭　④ 鈴木貫太郎

問7　下線部(a)が調印された都市として最も適当なものはどれか。次の①～④のうち一つをマークせよ。 37

① モスクワ　② 北　京　③ 東　京　④ ベルリン

問8　下線部(b)の後のできごととして最も適当なものはどれか。次の①～④のうち

一つをマークせよ。 38

① 大東亜会議の開催　② 日独伊三国防共協定の締結

③ 汪兆銘政権樹立　④ 国家総動員法の制定

問9 下線部(c)として最も適当なものはどれか。次の①〜④のうち一つをマークせよ。 39

① くず鉄の対日輸出禁止

② 在米日本資産の凍結

③ 航空機用ガソリンの対日輸出禁止

④ 日米通商航海条約の廃棄通告

問10 下線部(d)についての文として最も適当なものはどれか。次の①〜④のうち一つをマークせよ。 40

① 中国と仏印からの全面的無条件撤退を要求した。

② 満州国や汪兆銘政権との関係強化を要求した。

③ 日ソ中立条約の廃棄を要求した。

④ 大統領の覚書として日本側に通告された。

世界史

（60 分）

I　次の文を読んで，下の問い（問 1 ～16）に答えよ。

［　a　］年から翌年にかけて開催されたウィーン会議以降，ヨーロッパ列強の協議によって勢力を均衡させ，平和$_1$を維持する列強体制が定着した。この体制は，19世紀半ば$_2$の一時期を除いて，ほぼ20世紀初め$_3$まで維持され，のちに国際連盟$_4$や国際連合を形成するさいの先駆的経験となったとされる。

ウィーン会議は，フランス革命$_5$とナポレオン$_6$戦争によって生じた混乱を収拾することを目的とし，ヨーロッパ諸国の代表が参集して開催された。議長をつとめたのが［　b　］であり，会議の一つの理念となったのは，フランスの［　c　］が主張し，フランス革命前の王朝を正統なものとみなす正統主義であった。これによって，フランスと［　d　］では，ブルボン王家が復活した。

ウィーン会議では，ロシア皇帝が［　e　］国王を兼ねることに決まったほか，ロシアは［　f　］を正式に獲得し，イギリス$_7$は，旧［　g　］領のスリランカの領有を認められるなど，植民地帝国拡大への足がかりを得た。スイス$_8$は永世中立を認められた。ドイツ$_9$では，35の君主国と［　h　］など 4 つの自由市からなるドイツ連邦が組織されることとなった。

問 1　［　a　］に最も適する語を次の①～④から一つ選んで，マークせよ。［　1　］

①　1812　　②　1814　　③　1816　　④　1818

問 2　［　b　］・［　c　］に最も適する語の組み合わせを次の①～⑥から一つ選んで，マークせよ。［　2　］

①　b　－　カニング　　　c　－　タレーラン

②　b　－　カニング　　　c　－　メッテルニヒ

③ b － タレーラン　c － カニング

④ b － タレーラン　c － メッテルニヒ

⑤ b － メッテルニヒ　c － カニング

⑥ b － メッテルニヒ　c － タレーラン

問3 [d] に最も適する語を次の①〜⑥から一つ選んで，マークせよ。 [3]

① ベルギー　② サルデーニャ　③ スペイン

④ ポルトガル　⑤ オランダ　⑥ ハンガリー

問4 [e] に最も適する語を次の①〜④から一つ選んで，マークせよ。 [4]

① ポーランド　② ルーマニア

③ ブルガリア　④ ギリシア

問5 [f] に最も適する語を次の①〜④から一つ選んで，マークせよ。 [5]

① ノルウェー　② スウェーデン

③ デンマーク　④ フィンランド

問6 [g] に最も適する語を次の①〜⑥から一つ選んで，マークせよ。 [6]

① ベルギー　② サルデーニャ　③ スペイン

④ ポルトガル　⑤ オランダ　⑥ ハンガリー

問7 [h] に最も適する語を次の①〜④から一つ選んで，マークせよ。 [7]

① ケルン　② ベルリン

③ ハンブルク　④ アウクスブルク

問8　下線部1に関連して，次の(1)，(2)に答えよ。

(1)　平和の維持のためには，キリスト教の友愛精神を基盤とすべきだとして神聖同盟を提唱したロシア皇帝（在位1801〜25）はだれか，最も適するものを次の①〜④から一つ選んで，マークせよ。 **8**

①　ニコライ1世　　②　エカチェリーナ2世
③　アレクサンドル1世　　④　アレクサンドル2世

(2)『戦争と平和』などの作品で知られる19世紀ロシアを代表する作家・思想家（1828〜1910）はだれか，最も適するものを次の①〜④から一つ選んで，マークせよ。 **9**

①　トゥルゲーネフ　　②　ドストエフスキー
③　プーシキン　　④　トルストイ

問9　下線部2に関連して，19世紀半ばのクリミア戦争後，ヨーロッパの列強体制は一時的に弱まり，1870年頃まで各国間の戦争も生じることとなった。このうちドイツが関わった以下の（ア）〜（ウ）の戦争が，年代の古いものから順に正しく配列されているものはどれか，次の①〜⑥から一つ選んで，マークせよ。 **10**

（ア）　プロイセン=フランス戦争
（イ）　デンマーク戦争
（ウ）　プロイセン=オーストリア戦争

①　（ア）→（イ）→（ウ）　　②　（ア）→（ウ）→（イ）
③　（イ）→（ア）→（ウ）　　④　（イ）→（ウ）→（ア）
⑤　（ウ）→（ア）→（イ）　　⑥　（ウ）→（イ）→（ア）

問10　下線部3について，20世紀初めの**出来事でないもの**はどれか，次の①〜④から一つ選んで，マークせよ。 **11**

①　ドレフュス事件の発生　　②　英仏協商の成立
③　パナマ運河の開通　　④　ベンガル分割令の発表

問11　下線部４について述べた以下の文（ア），（イ）の正誤の組み合わせとして正しいものはどれか，次の①～④から一つ選んで，マークせよ。 12

（ア）　世界の恒久平和をめざす史上初の大規模な国際機構であった。

（イ）　国際復興開発銀行と常設国際司法裁判所が付置された。

① （ア）－正　（イ）－正　　② （ア）－正　（イ）－誤

③ （ア）－誤　（イ）－正　　④ （ア）－誤　（イ）－誤

問12　下線部５に関連して，次の⑴，⑵に答えよ。

⑴　フランスでブルボン王家が復活した以降の王（ア）～（ウ）が，即位年代の古いものから順に正しく配列されているものはどれか，次の①～⑥から一つ選んで，マークせよ。 13

（ア）　シャルル10世

（イ）　ルイ＝フィリップ

（ウ）　ルイ18世

① （ア）→（イ）→（ウ）　　② （ア）→（ウ）→（イ）

③ （イ）→（ア）→（ウ）　　④ （イ）→（ウ）→（ア）

⑤ （ウ）→（ア）→（イ）　　⑥ （ウ）→（イ）→（ア）

⑵「民衆を導く自由の女神」，「キオス島の虐殺」などの作品で知られるフランスの画家（1798～1863）はだれか，最も適するものを次の①～④から一つ選んで，マークせよ。 14

① ルノワール　　② セザンヌ

③ ドラクロワ　　④ モ　ネ

問13　下線部６について，ナポレオンが1805年にオーストリア・ロシアの連合軍を破った戦いはどれか，最も適するものを次の①～④から一つ選んで，マークせよ。 15

① アウステルリッツの戦い　　② ワーテルローの戦い

③ トラファルガーの海戦　　④ ライプツィヒの戦い

問14　下線部7に関連して，次の(1)，(2)に答えよ。

(1)　1820年代のイギリスでは自由主義的な改革がすすめられていくことになるが，次のうち1820年代の**出来事でないもの**はどれか，次の①～④から一つ選んで，マークせよ。 16

①　審査法の廃止　　②　カトリック教徒解放法の成立

③　団結禁止法の撤廃　　④　第1回選挙法の改正

(2)　イギリスの工場主でありながら労働者の環境改善を試み，労働組合や協同組合の設立に尽力した人物（1771～1858）はだれか，最も適するものを次の①～④から一つ選んで，マークせよ。 17

①　エンゲルス　　②　ロバート＝オーウェン

③　プルードン　　④　サン＝シモン

問15　下線部8に関連して，スイスのジュネーヴに生まれ，『人間不平等起源論』などの著作で人民主権論をとなえて，フランス革命に深い影響をおよぼした啓蒙思想家（1712～78）はだれか，最も適するものを次の①～④から一つ選んで，マークせよ。 18

①　モンテスキュー　　②　ヴォルテール

③　ルソー　　④　ダランベール

問16　下線部9に関連して，次の(1)，(2)に答えよ。

(1)　ウィーン会議後のドイツでは，国家の統一を求める大学生の運動がおこったが，その運動を主導した学生同盟（組合）はどれか，最も適するものを次の①～④から一つ選んで，マークせよ。 19

①　ブルシェンシャフト　　②　カルボナリ

③　デカブリスト　　④　レーテ

(2)　ドイツのビスマルクは，19世紀後半にヨーロッパの列強体制を再構築した。そのうち1878年のベルリン会議について述べた以下の文（ア），（イ）の正誤の組み合わせとして正しいものはどれか，次の①～④から一つ選んで，マー

クせよ。 [20]

（ア）　ロシアの南下政策にイギリスとオーストリアが反発したため，それを調停すべくビスマルクが開催した。

（イ）　会議の結果，再保障条約が破棄された。

①　（ア）－正　（イ）－正　②　（ア）－正　（イ）－誤
③　（ア）－誤　（イ）－正　④　（ア）－誤　（イ）－誤

Ⅱ　次の文A，Bを読んで，下の問い（問1～20）に答えよ。

A　10世紀(1)のユーラシア大陸東部では，唐(2)が滅亡すると勢力の交替がすすんだ。中国では，[a] 時代ののち北宋が成立し，[b] のもとで文治主義の政治(3)が始まった。その頃モンゴル高原(4)東部を中心に勢力を強めていたキタイ(5)は，東方の [c] を滅ぼし，南方の華北に侵入した。このほか，朝鮮半島には [d] が，雲南には [e] がそれぞれおこった。

問1　[a] に最も適する語を次の①～④から一つ選んで，マークせよ。[21]

①　五胡十六国　②　五代十国　③　春秋・戦国　④　南北朝

問2　[b] に最も適する語を次の①～④から一つ選んで，マークせよ。[22]

①　朱元璋　②　朱全忠　③　趙孟頫　④　趙匡胤

問3　[c] に最も適する語を次の①～⑥から一つ選んで，マークせよ。[23]

①　百　済　②　高句麗　③　高　麗
④　新　羅　⑤　鮮　卑　⑥　渤　海

問４　[d] に最も適する語を次の①〜⑥から一つ選んで，マークせよ。[24]

①　百　済　②　高句麗　③　高　麗
④　新　羅　⑤　鮮　卑　⑥　渤　海

問５　[e] に最も適する語を次の①〜④から一つ選んで，マークせよ。[25]

①　西　夏　②　大　理　③　吐　蕃　④　南　詔

問６　下線部１に関連して，10世紀におこった出来事はどれか，最も適するものを次の①〜④から一つ選んで，マークせよ。[26]

①　安史の乱がおこった。
②　黄巣の乱がおこった。
③　デリー=スルタン朝が成立した。
④　ファーティマ朝が成立した。

問７　下線部２に関連して，唐代の出来事について述べた文として正しいものはどれか，最も適するものを次の①〜④から一つ選んで，マークせよ。[27]

①　義浄が『仏国記』を著した。
②　キリスト教の一派である祆教が流行した。
③　唐が陳を滅ぼした。
④　府兵制とよばれる徴兵制度が施行された。

問８　下線部３に関連して，北宋時代の政治について述べた文として**誤っているもの**はどれか，次の①〜④から一つ選んで，マークせよ。[28]

①　王安石が武断政治をおこなった。
②　科挙によって文人官僚を選任した。
③　官僚や軍隊の維持費がかさみ財政を圧迫した。
④　新法党と旧法党の対立がおこった。

問9　下線部4に関連して，モンゴル高原やその周辺におこった遊牧国家（ア）〜（ウ）が，成立した年代の古いものから順に正しく配列されているものはどれか，次の①〜⑥から一つ選んで，マークせよ。 29

（ア）ウイグル
（イ）匈　奴
（ウ）突　厥

① （ア）→（イ）→（ウ）　② （ア）→（ウ）→（イ）
③ （イ）→（ア）→（ウ）　④ （イ）→（ウ）→（ア）
⑤ （ウ）→（ア）→（イ）　⑥ （ウ）→（イ）→（ア）

問10　下線部5について述べた文として正しいものはどれか，最も適するものを次の①〜④から一つ選んで，マークせよ。 30

① 後晋の建国を援助した。
② 金との間に澶淵の盟を結んだ。
③ 南宋から燕雲十六州を獲得した。
④ 李元昊が建国した。

B　隋代に大運河(6)が完成すると，江南(7)開発の進展とともに商業活動(8)がいっそう活発化した。唐代の末頃から交通の要地などに f や鎮などと呼ばれる商業拠点ができはじめた。北宋の都(9)が， g と大運河との接点に位置する h におかれたのも，そうした動向を反映したものといえる。商人たちの活動範囲は海上にも広がった。北宋や南宋は，広東地方の広州や福建地方の i などの港に j をおいて海上交易(10)を管理した。

問11 f に最も適する語を次の①〜④から一つ選んで，マークせよ。 31

① 会　子　② 行　③ 作　④ 草　市

問12 g に最も適する語を次の①〜④から一つ選んで，マークせよ。

32

① 渭　水　② 黄　河　③ 長　江　④ 淮　河

問13 h に最も適する語を次の①～④から一つ選んで，マークせよ。 33

① 開　封　② 長　安　③ 洛　陽　④ 臨　安

問14 i に最も適する語を次の①～④から一つ選んで，マークせよ。 34

① 泉　州　② 天　津　③ 寧　波　④ 揚　州

問15 j に最も適する語を次の①～④から一つ選んで，マークせよ。 35

① 公　行　② 市舶司　③ 総理衙門　④ 都護府

問16 下線部6について述べた文として正しいものはどれか，最も適するものを次の①～④から一つ選んで，マークせよ。 36

① 四川と江南を経済的に結びつけた。
② 元の時代に補修工事がおこなわれた。
③ 黄河以南に永済渠が建設された。
④ 長江以北に江南河が建設された。

問17 下線部7に関連して，江南に成立した王朝について述べた文として正しいものはどれか，最も適するものを次の①～④から一つ選んで，マークせよ。 37

① 5世紀に司馬睿が晋を復興した。
② 14世紀に明が南京に都をおいた。
③ 三国時代の蜀が建業に都をおいた。
④ 劉裕が南朝の梁をたてた。

問18　下線部８に関連して，世界史上の商業活動について述べた文として正しいものはどれか，最も適するものを次の①～④から一つ選んで，マークせよ。

38

① 前８世紀以降，ローマ人が地中海や黒海の沿岸に植民市をたてて活動した。

② 戦国時代の中国では商工業が発展し，交鈔などの紙幣が発行された。

③ ソグド人がサマルカンドなどを拠点にシルクロード交易をおこなった。

④ モンゴル帝国ではジャムチと呼ばれる通行証が商人に発給された。

問19　下線部９に関連して，北宋の都やその周辺の様子を描いたとされる絵画資料はどれか，最も適するものを次の①～④から一つ選んで，マークせよ。

39

① 「皇輿全覧図」　② 「姑蘇繁華図」

③ 「女史箴図」　④ 「清明上河図」

問20　下線部10に関連して，世界史上の海上交易について述べた文として正しいものはどれか，最も適するものを次の①～④から一つ選んで，マークせよ。

40

① 『エリュトゥラー海案内記』にはインド洋交易についての記録が見られる。

② 清朝は，台湾を占領したのち，海上交易を禁じた。

③ スマトラ島のシャイレンドラ朝が海上交易で栄えた。

④ フェニキア人がダマスクスを拠点に海上交易をおこなった。

地　理

（60分）

I　次の図1と文を読み，下の問い（問1～13）に答えよ。

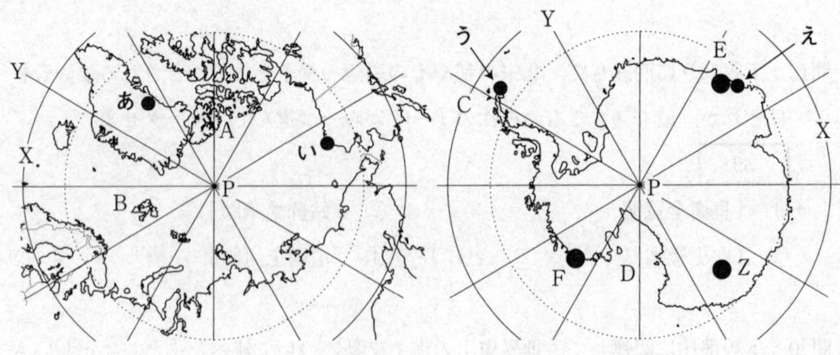

※Pはそれぞれ北極点，南極点を示す

図1

北極に広がる海氷[a]の中央付近には北極点があり，そこでの気温は，夏に約0℃，冬には約－40℃にもなる。その周囲の北極圏は，苔や低木が生育する（　ア　）が広がり，陸上生物，海洋生物，海鳥[b]などが生息している。近年，この地域に眠る海底資源が注目されつつあり，国際的な交通の要衝でもあることから領有争いが生じている。

一方，南極に位置する陸地は大陸[c]と氷床から成り立っており，冬には－60℃を下回る地球上で最も寒い場所である。この地域には，陸上の植生がほとんど見られず，海洋生物が比較的多く見られる。この地域にも埋蔵された鉱産資源が確認されている[d]ものの，（　イ　）により国際的な保護が図られている。

問1　（　ア　）に当てはまる最も適当なものを，次の①～④のうちから一つ選びマークせよ。 1

①　セラード　　②　タイガ　　③　ツンドラ　　④　パンパ

問２　（　イ　）に当てはまる最も適当なものを，次の①〜④のうちから一つ選びマークせよ。 2

①　国連海洋法条約　　②　国連環境計画

③　国連憲章　　④　南極条約

問３　Xの緯度とYの経度の最も適当な組合せを，次の①〜④のうちから一つ選びマークせよ。 3

①　X：30度　Y：30度　　②　X：30度　Y：60度

③　X：60度　Y：30度　　④　X：60度　Y：60度

問４　Zの対蹠点として最も適当なものを，次の①〜④のうちから一つ選びマークせよ。 4

①　アラスカ半島付近　　②　クリム半島付近

③　グリーンランド中央付近　　④　ブエノスアイレス付近

問５　A・Bの島々の最も適当な組合せを，次の①〜④のうちから一つ選びマークせよ。 5

①　A：クインエリザベス諸島　B：スヴァールバル諸島

②　A：クインエリザベス諸島　B：ノヴォシビルスク諸島

③　A：スヴァールバル諸島　B：クインエリザベス諸島

④　A：スヴァールバル諸島　B：ノヴォシビルスク諸島

問６　Cの海峡とDの海域の最も適当な組合せを，次の①〜④のうちから一つ選びマークせよ。 6

①　C：ドレーク海峡　D：タスマン海

②　C：ドレーク海峡　D：ロス海

③　C：マゼラン海峡　D：タスマン海

④　C：マゼラン海峡　D：ロス海

問７　下線部aの説明として最も適当なものを，次の①〜④のうちから一つ選び

マークせよ。 7

① 海水が凍結した氷の塊　② 降雪が層を重ねて形成される氷の塊

③ 自重で斜面を流動する氷の塊　④ 氷河から海に流れ出した氷の塊

問8　下線部bに関連して，北極圏で**見られない**生物として最も適当なものを，次の①～④のうちから一つ選びマークせよ。 8

① クジラ　② セイウチ　③ トナカイ　④ ペンギン

問9　下線部cについて，次の図2は大陸移動説にもとづく中生代初期の超大陸を示したものである。現在の南極大陸として最も適当なものを，図2中の①～④のうちから一つ選びマークせよ。 9

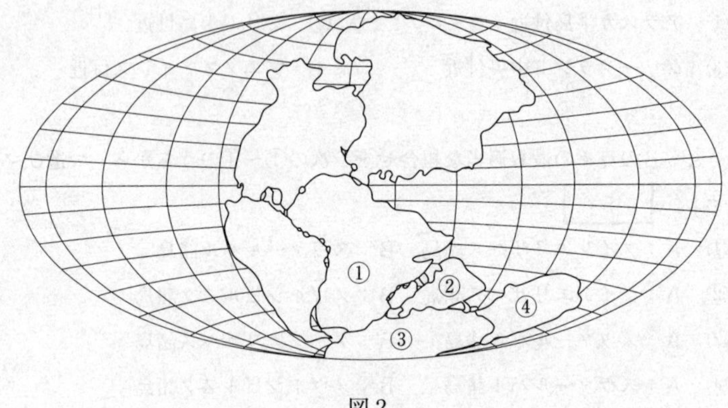

図2

問10　下線部dについて述べた次の文⑴・⑵の正誤について最も適当なものを，次の①～④のうちから一つ選びマークせよ。 10

⑴ この地域の気温上昇によって海氷面積が縮小し，海底資源の探査や採掘が容易になり，石炭や石油，天然ガスが多く存在することが明らかとなった。

⑵ 石炭，石油，鉄，銅，ウランなどの鉱産資源が豊富に埋蔵されていることが確認されており，領有を主張している国々によって採掘されている。

① ⑴のみ正しい　② ⑵のみ正しい

③ ⑴・⑵とも正しい　④ ⑴・⑵とも正しくない

問11　EとFを結ぶ地形断面図として最も適当なものを，次の①〜④のうちから一つ選びマークせよ。 11

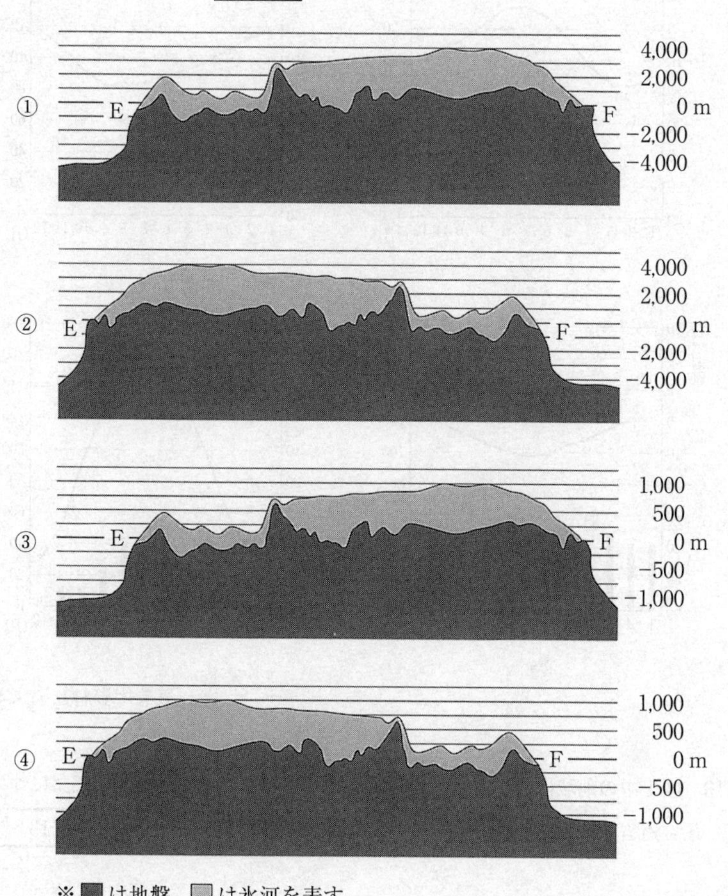

※■は地盤，■は氷河を表す。

問12　次の①〜④の雨温図は，図1中のあ〜えのいずれかの地点のものである。うに該当するものとして最も適当なものを，①〜④のうちから一つ選びマークせよ。 12

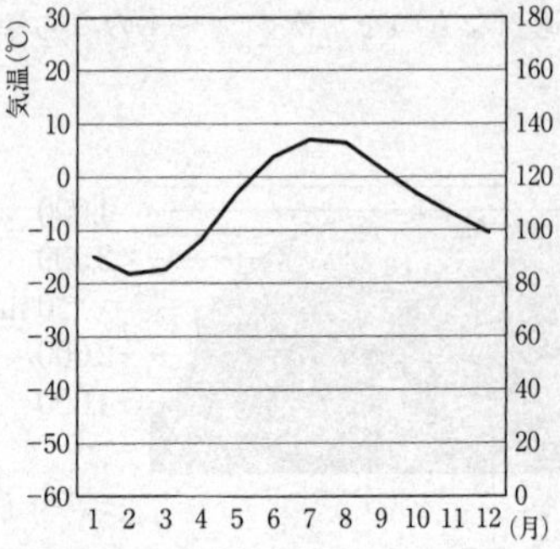

①

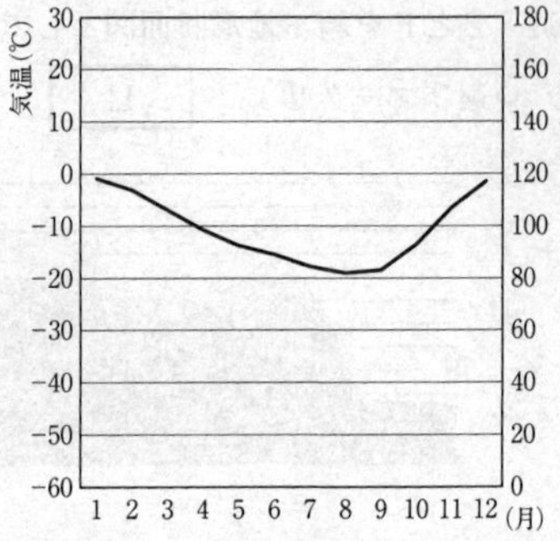

②

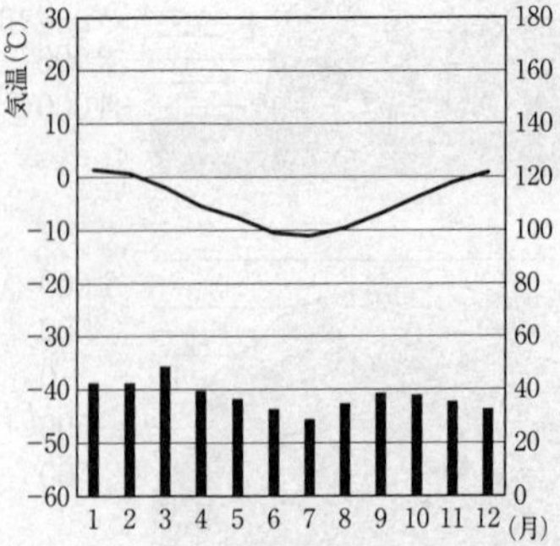

③

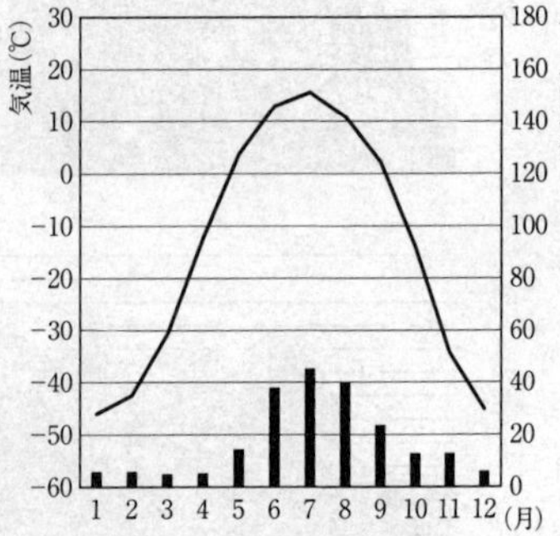

④

(『気象庁資料』による)

問13 図1中の地域における自然現象について述べた次の文(1)・(2)の正誤について最も適当なものを，次の①～④のうちから一つ選びマークせよ。 13

(1) 北極圏では，夏に白夜，冬に極夜となる期間がある。

(2) 南極圏では，夏に白夜，冬に極夜となる期間がある。

① (1)のみ正しい ② (2)のみ正しい

③ (1)・(2)とも正しい ④ (1)・(2)とも正しくない

Ⅱ　次の地形図（平成2年発行）を見て，下の問い（問1～13）に答えよ。

（編集の都合上，70％に縮小―編集部）

問1　図中に見られる市町村の数として最も適当なものを，次の①～④のうちから一つ選びマークせよ。 14

①　2　　②　3　　③　4　　④　5

問2　標高について述べた文として最も適当なものを，次の①～④のうちから一つ選びマークせよ。 15

① 200m 未満の土地は見られない。

② 500m 以上の土地は見られない。

③ 金比羅山より勝峰(かつぼ)山のほうが標高が高い。

④ 北寒寺より今熊神社のほうが標高が高い。

問3　二つの役場間の距離として最も適当なものを，次の①～④のうちから一つ選びマークせよ。 16

① 約 1 km　② 約 2 km　③ 約 3 km　④ 約 4 km

問4　秋川について述べた文として最も適当なものを，次の①～④のうちから一つ選びマークせよ。 17

① 左岸側と比べると，右岸側で多くの家屋や市街地が見られる。

② 蛇行区間があり，そこでは侵食作用が活発である。

③ 中村から舘谷にかけて，自然堤防が発達している。

④ 図の下流で本流河川に合流し，太平洋へと注ぐ。

問5　植生について述べた文として最も適当なものを，次の①～④のうちから一つ選びマークせよ。 18

① 広葉樹林が広がり，針葉樹林はわずかである。

② 秋川沿いに荒地が点在している。

③ 川口川沿いに植生のない裸地が見られる。

④ 平井川沿いに竹林が広がっている。

問6　農業的土地利用として**適当でないもの**を，次の①～④のうちから一つ選びマークせよ。 19

① 萱窪の東方に果樹園が見られる。　② 入野の北方に桑畑が見られる。

③ 小倉の北方に田が見られる。　④ 星竹の南方に茶畑が見られる。

問７　交通路について述べた文として最も適当なものを，次の①～④のうちから一つ選びマークせよ。 20

① 秋川に並行し国道が通っている。

② 五日市線はJR線の複線である。

③ 金比羅山に軽車道が通じている。

④ 鉄道や道路にトンネルはない。

※問７（解答番号20）については，正答がないことが判明したため，全員加点とする措置が取られたことが大学から公表されている。

問８　ライフラインに関連して述べた文として最も適当なものを，次の①～④のうちから一つ選びマークせよ。 21

① 小中野集落にガスタンクがあり，プロパンガスが供給されている。

② 小峰台近くの清掃センターで，地域のごみが処理されている。

③ 新多摩変電所で発電された電気は，送電線で東西に送電されている。

④ 平井川を渡る道路に水路橋が架けられ，飲料水が送水されている。

問９　五日市集落について述べた文として最も適当なものを，次の①～④のうちから一つ選びマークせよ。 22

① 江戸時代の五街道に数えられた往還の宿場町を起源とする。

② 五の日ごとに市（いち）が立ったことが集落名の由来となっている。

③ 山地と平野の境目付近に古くから立地した隠田百姓村である。

④ 日当たりのよくない北斜面に広がった日影集落から発展した。

問10　五日市集落に**見られない**地図記号を，次の①～④のうちから一つ選びマークせよ。 23

① 官公署　② 高等学校　③ 税務署　④ 保健所

問11　大久野集落に見られるものとして最も適当なものを，次の①～④のうちから一つ選びマークせよ。 24

① 温室・畜舎　② 樹木に囲まれた居住地

③ 中高層建物　④ 立体交差する道路

問12　日本セメント工場に関連して述べた文として**適当でないもの**を，次の①～④のうちから一つ選びマークせよ。 25

① 原料となる鉱物は火成性の花崗岩が風化したものである。

② 敷地内に煙突がつくられ，庭園路が通っている。

③ 西方の岩がけは原料を採掘した跡地とみられる。

④ 付近から採掘される石灰は壁の漆喰（しっくい）などに利用されてきた。

問13　図中の都道府県で特産品となってきた伝統野菜として**適当でないもの**を，次の①～④のうちから一つ選びマークせよ。 26

① 千住ねぎ　② 東京うど　③ 練馬大根　④ 野沢菜

Ⅲ　村落・都市に関する次の問い（問1～14）に答えよ。

問1　次の文の（　ア　）（　イ　）に当てはまる最も適当な組合せを，下の①～④のうちから一つ選びマークせよ。 27

農家が1戸ずつ離れて点在する村落は散村と呼ばれ，各農家のまわりに耕地を集めやすく耕作や収穫に便利である。北アメリカ大陸では（　ア　）制によって土地区画がなされた開拓村落に散村が多く見られる。日本でも，屋敷林で囲まれた農家が散在する（　イ　）平野や出雲平野などで散村が見られる。

① ア：条　里　イ：讃　岐
② ア：タウンシップ　イ：砺　波
③ ア：プランテーション　イ：石　狩
④ ア：モノカルチャー　イ：庄　内

問2　集落の形態の説明として**適当でないもの**を，次の①～④のうちから一つ選びマークせよ。 28

① 新田集落：新田開発にともない開拓地に成立した集落

② 谷口集落：山地から平野に河川が流れ出す地点に発達した集落

③ 納屋集落：農機具を収納する納屋で囲まれた集落

④ 輪中集落：水害から守るために堤防で囲まれた集落

問3　都市における「スプロール現象」の説明として最も適当なものを，次の①〜④のうちから一つ選びマークせよ。 29

① 再開発が進んだ市街地に比較的裕福な人などが流入すること。

② 市街地が都市周縁の農地や緑地などに無秩序に拡大していくこと。

③ 地価の下落などによって都心部の人口が回復すること。

④ 都市中心部の人口が減少し周縁部の人口が増大していくこと。

問4　次の文の（　ウ　）（　エ　）に当てはまる最も適当な組合せを，下の①〜④のうちから一つ選びマークせよ。 30

日本のニュータウン建設は，大都市圏の人口が急増した1960年代に始まり，日本住宅公団や鉄道会社が主体となった大規模な住宅地開発が，大都市圏の郊外地域を中心に進められていった。イギリス大ロンドン計画のニュータウンでは（　ウ　）型をめざしたが，日本のニュータウン計画は（　エ　）型となった。

① ウ：住工混在　エ：職住近接　　② ウ：住工分離　エ：住工混在

③ ウ：職住近接　エ：職住分離　　④ ウ：職住分離　エ：住工混在

問5　次の表1は日本の代表的ニュータウンを示したものである。表中の（　オ　）〜（　キ　）に当てはまる最も適当なものを，下の①〜④のうちから一つ選びマークせよ。 31

表1

名　称	入居開始時期	構成する市町村
千里ニュータウン	1960年代	豊中市，吹田市
（　オ　）ニュータウン	1960年代	春日井市
（　カ　）ニュータウン	1970年代	八王子市，町田市ほか
（　キ　）ニュータウン	1980年代	横浜市

	①	②	③	④
（　オ　）	高蔵寺	高蔵寺	泉　北	泉　北
（　カ　）	港　北	多　摩	港　北	多　摩
（　キ　）	多　摩	港　北	多　摩	港　北

問6　地方中枢都市（広域中心都市）の最も適当な組合せを，次の①～④のうちから一つ選びマークせよ。 32

① 札幌・仙台・名古屋・金沢・広島・福岡

② 札幌・仙台・新潟・広島・福岡

③ 札幌・仙台・広島・福岡

④ 札幌・名古屋・福岡

問7　政令指定都市について述べた次の文(1)・(2)の正誤として最も適当なものを，下の①～④のうちから一つ選びマークせよ。 33

(1) 人口が100万人以上で，政令で指定された市である。

(2) 2022年末時点で，神奈川県には三つの政令指定都市がある。

① (1)のみ正しい　② (2)のみ正しい

③ (1)・(2)とも正しい　④ (1)・(2)とも正しくない

問8　現代の日本の都市について説明した文として最も適当なものを，次の①～④のうちから一つ選びマークせよ。 34

① 全国的に都市が広く分散し，中枢管理機能を持つ都市が見られない。

② 全国八つの道州に分かれた，多極分散的な都市配置である。

③ 中央集権的で，階層的な都市システムを形成している。

④ 東西二つの大都市を頂点とする，二極並列型の都市システムである。

問9　次の文の（　ク　）（　ケ　）に当てはまる最も適当な組合せを，下の①〜④のうちから一つ選びマークせよ。 35

古代の都市は，ギリシャのアテナイやメソポタミアのバビロン，中国の長安など神殿や王宮を中心に持つ政治機能の強いものが多かった。中世になると，水上交通の要地に商業機能を中心とした交易都市が多く発達した。北海やバルト海に近い（　ク　）やアドリア海沿岸の（　ケ　）などはその代表例である。18世紀後半頃から産業革命が始まると，炭田や港湾周辺に工業を中心とする都市が成立するようになった。

① ク：アントウェルペン　ケ：ミラノ

② ク：ハンブルク　ケ：ヴェネツィア

③ ク：フィレンツェ　ケ：ナポリ

④ ク：ロッテルダム　ケ：ジェノヴァ

問10　都市とその立地要因の最も適当な組合せを，次の①〜④のうちから一つ選びマークせよ。 36

	都　市	立地要因
①	コロンボ シドニー	海上交通の要所として海峡に面して発達
②	スーチョウ（蘇州） バーミンガム	海上交通の要所として運河に沿って発達
③	セントルイス ベオグラード	河川交通の要所となる河川の合流地点に発達
④	ブリュッセル ロンドン	河川交通の要所となる河口部に発達

問11 次の表2は，都市をその主要な生産機能で分類したものである。A～Dに該当する最も適当な組合せを，下の①～④のうちから一つ選びマークせよ。 37

表2

A	B	C	D
アルハンゲリスク	ウルサン	カラガンダ	セントジョンズ
能 代	ヴォルフスブルク	カルグーリー	ハリファクス
バンクーバー	トゥールーズ	クリヴォイログ	ベルゲン

	A	B	C	D
①	工業都市	鉱業都市	水産都市	林産都市
②	鉱業都市	水産都市	林産都市	工業都市
③	水産都市	林産都市	工業都市	鉱業都市
④	林産都市	工業都市	鉱業都市	水産都市

問12 首都が首位都市（プライメートシティ）である国として最も適当なものを，次の①～④のうちから一つ選びマークせよ。 38

① イギリス ② ナイジェリア

③ ニュージーランド ④ ベトナム

問13 ヨーロッパの都市について説明した文として最も適当なものを，次の①～④のうちから一つ選びマークせよ。 39

① ドイツの都市はベルリンを頂点とする一極集中型である。

② パリには世界的な金融街であるシティがある。

③ ハンガリーの首都はアジア系住民主体のブダとヨーロッパ系住民主体のペストからなる。

④ ベルギーの首都には北大西洋条約機構（NATO）の本部がある。

問14 アジアの都市について説明した文として最も適当なものを，次の①～④のう

ちから一つ選びマークせよ。 40

① シンガポールはマレー半島南端の陸繋島にできた都市国家である。

② チョンチン（重慶）とテンチン（天津）は中国の直轄市である。

③ 東南アジア諸国連合（ASEAN）の事務局はバンコクにある。

④ ホンコン（香港）とマカオ（澳門）は大陸の一部ではなくすべて島である。

政治・経済

（60分）

I　次の文章を読み，下の問いに答えよ。

ⓐ景気循環は，ⓑ資本主義の発展とともに19世紀初め頃から周期的に起こるようになった。ⓒ企業の業績が好調で賃金が上昇すると，家計の所得が増え，ⓓ消費が刺激される。その結果，企業はそれに応じて生産を増やし，設備投資も活発になる。これは総需要をさらに増大させて，生産活動はますます刺激される。そして，所得はさらに増加し，消費や投資が刺激される。しかし，このような累積的な景気拡大はいつまでも続かずやがて壁にぶつかる。ⓔ国際収支の赤字による外貨準備高の減少や生産の増加に需要の増加がともなわなくなることによって，好況期から不況期へと突入する。また，ⓕ労働や原材料の供給の制約などによって生産活動の拡大が止まることもある。その結果，企業の投資意欲が低下し，これが総需要を抑制する。そして，家計の所得が減り，消費も落ち込み景気の後退につながる。しかし，ⓖ技術革新による新たな需要の掘り起こしのような刺激があると，再び企業の投資意欲が活発となり，景気が回復する。

景気変動の幅をできるだけ小さくして景気の安定をはかろうと，政府やⓗ中央銀行は，ⓘ財政政策やⓙ金融政策などによって，社会全体の総需要を管理するⓚ政策を展開する。例えば，不況の際には，ケインズの有効需要の原理を根拠に，ⓛ公共投資の拡大などの積極的な財政政策が実施される。ただし，財政政策は，議会などの承認が必要なため実施されるまでに時間がかかるという難点がある。他方，金融政策は，中央銀行が独自で行うため，実施されるまでの時間的な遅れはないが，金利やⓜ通貨量の変化が投資意欲に与える効果は不透明である。

問1　下線部ⓐの景気循環に関して述べた以下の文(ア)と(イ)の正誤の組み合わせとして最も適当なものを，次の①～④のうちから一つ選びマークせよ。 1

(ア)　キチンの波の景気循環が生じる要因は，在庫投資の変動である。

(イ)　クズネッツの波よりジュグラーの波の方が，景気循環の周期が長い。

①　(ア)－正　(イ)－正　②　(ア)－正　(イ)－誤
③　(ア)－誤　(イ)－正　④　(ア)－誤　(イ)－誤

問2　下線部ⓑの資本主義に関する記述として最も適当なものを，次の①～④のうちから一つ選びマークせよ。 2

①　機械設備などの生産手段の社会的所有は，資本主義経済の特徴の一つである。
②　新自由主義とは，大きな政府を擁護する思想・運動である。
③　マルクスは，資本主義を資本家による労働者からの搾取が行われるとして批判した。
④　資本主義経済は，20世紀後半にイギリスで始まった産業革命を通じて確立した。

問3　下線部ⓒの企業に関連して，日本の企業について述べた以下の文(ア)と(イ)の正誤の組み合わせとして最も適当なものを，次の①～④のうちから一つ選びマークせよ。 3

(ア)　合名会社の出資者は，無限責任社員と有限責任社員で構成される。
(イ)　2006年に会社法が施行され，有限会社は新規に設立できなくなった。

①　(ア)－正　(イ)－正　②　(ア)－正　(イ)－誤
③　(ア)－誤　(イ)－正　④　(ア)－誤　(イ)－誤

問4　下線部ⓓの消費に関連して，以下の(1)と(2)に答えよ。

(1)　2022年時点での日本の消費税の標準税率10%のうち地方消費税分に相当する税率として最も適当なものを，次の①～④のうちから一つ選びマークせよ。
4

①　1.2%　②　2.2%　③　3.2%　④　4.2%

(2) 日本の消費者問題に関する記述として最も適当なものを，次の①～④のうちから一つ選びマークせよ。 5

① 消費者主権とは，消費者の購買行動によって，市場における生産のあり方が最終的に決定されるとする考え方である。

② クーリング・オフ制度により，消費者は無期限かつ無条件に，購入申し込みの撤回や契約の解除ができる。

③ 消費者行政を一元化するために，2009年に消費者庁が経済産業省に設置された。

④ 製造物責任法（PL法）の制定により，過失がある場合に限り企業は被害の賠償責任を負うことになった。

問5 下線部ⓔの国際収支に関連して，日米の貿易不均衡の是正を目的に日米構造協議が開始された年として最も適当なものを，次の①～④のうちから一つ選びマークせよ。 6

① 1984 ② 1989 ③ 1994 ④ 1999

問6 下線部ⓕの労働に関連して，以下の(1)と(2)に答えよ。

(1) 2019年時点での日本の女性雇用者に占める正規雇用の割合として最も適当なものを，次の①～④のうちから一つ選びマークせよ。 7

① 44.0% ② 57.1% ③ 67.9% ④ 77.2%

(2) 以下のア～ウの組織を結成年にそって古い順に並べたものとして最も適当なものを，次の①～⑥のうちから一つ選びマークせよ。 8

ア 労働組合期成会 イ 友愛会

ウ 日本労働組合総評議会

① ア → イ → ウ ② ア → ウ → イ

③ イ → ア → ウ ④ イ → ウ → ア

⑤ ウ → ア → イ ⑥ ウ → イ → ア

問7　下線部ⓖの技術革新が経済発展の原動力であると説いたオーストリア出身の経済学者として最も適当なものを，次の①〜④のうちから一つ選びマークせよ。 9

① ワルラス　② ジェボンズ

③ シュンペーター　④ スティグリッツ

問8　下線部ⓗの中央銀行の役割を担うアメリカ合衆国の機関として最も適当なものを，次の①〜④のうちから一つ選びマークせよ。 10

① FRB　② IMF　③ IBRD　④ IFC

問9　下線部ⓘの財政に関連して，中央政府の基礎的財政収支（プライマリー・バランス）を表すものとして最も適当なものを，次の①〜④のうちから一つ選びマークせよ。 11

① （歳出－国債発行額）－（歳入－国債の元利払い費）

② （歳出－国債の元利払い費）－（歳入－国債発行額）

③ （歳入－国債発行額）－（歳出－国債の元利払い費）

④ （歳入－国債の元利払い費）－（歳出－国債発行額）

問10　下線部ⓙの金融に関連して，日本版金融ビッグバンの原則として**適当でない**ものを，次の①〜④のうちから一つ選びマークせよ。 12

① フリー　② シェア　③ フェア　④ グローバル

問11　下線部ⓚの政策に関連して，ニューディール政策の一環として制定された法律として**適当でない**ものを，次の①〜④のうちから一つ選びマークせよ。 13

① 全国産業復興法　② タフト・ハートレー法

③ 農業調整法　④ 社会保障法

問12　下線部ⓛの公共投資に関連して，日本の2022年度一般会計当初予算歳出総額に占める公共事業関係費の割合として最も適当なものを，次の①〜④のうちか

ら一つ選びマークせよ。 14

① 5.6%　② 8.6%　③ 15.0%　④ 33.6%

問13　下線部ⓜの通貨に関連して，最初の預金額が50億円で支払準備率（預金準備率）が20%の時の信用創造額として最も適当なものを，次の①～④のうちから一つ選びマークせよ。 15

① 100億円　② 200億円　③ 300億円　④ 400億円

Ⅱ　次の文章を読み，下の問いに答えよ。

2022年2月24日にロシアⓐはウクライナⓑへの侵略を開始した。翌日の同年2月25日に， 16 内閣総理大臣は，ロシアによるウクライナへの侵略は，力による一方的な現状変更の試みであること，ウクライナの主権ⓒと領土の一体性を侵害する明白な国際法違反ⓓであること，国際秩序の根幹を揺るがす行為として断じて許容できず厳しく非難すること， 17 を始めとする国際社会と緊密に連携しロシアに対して軍の即時撤収と国際法の遵守を強く求めること等の我が国としての姿勢を表明した。

ロシアによるウクライナ侵略を受けて， 17 を中心とする先進国ⓔは，エネルギー分野ⓕを含め，前例のない大規模な経済制裁を迅速に導入・実施し，ロシアとの経済・政治関係の見直しを急速に進めてきた。これを契機に，冷戦ⓖ後かつてないほどに経済的分断への懸念が高まっており，自国中心主義や経済安全保障の重視により多極化が進行する国際経済の構造変化を加速させ，国際経済秩序の歴史的な転換点となる可能性が出てきている。また，新興国・途上国ⓗの多くは，ロシアへの経済制裁などの踏み込んだ措置の導入を控え，ロシアとの経済・政治関係に関して，ロシアに配慮した中立的な姿勢を示している。

（経済産業省『令和4年版通商白書』4ページから一部抜粋し，加筆・修正・削除した。）

問1　文中の 16 と 17 に入れるのに最も適当なものを，次の①～④

のうちからそれぞれ一つ選びマークせよ。

[16] ①　小渕恵三　②　岸田文雄　③　森喜朗　④　羽田孜

[17] ①　BRICS　②　OPEC　③　ASEAN　④　G7

問2　下線部ⓐのロシアが，2008年に軍事介入した国名として最も適当なものを，次の①～④のうちから一つ選びマークせよ。[18]

①　ラトビア　②　フィンランド

③　ベラルーシ　④　ジョージア（グルジア）

問3　下線部ⓑのウクライナと国境を接していない国として最も適当なものを，次の①～④のうちから一つ選びマークせよ。[19]

①　ルーマニア　②　ポーランド　③　リトアニア　④　ハンガリー

問4　下線部ⓒの主権の概念を提唱した16世紀のフランスの思想家として最も適当なものを，次の①～④のうちから一つ選びマークせよ。[20]

①　ブラクトン　②　ボーダン

③　マキャベリ　④　トマス・ペイン

問5　下線部ⓓの国際法違反に関連して，国際刑事裁判所（ICC）が設立された都市として最も適当なものを，次の①～④のうちから一つ選びマークせよ。

[21]

①　ハーグ　②　ジュネーブ　③　ローマ　④　パ　リ

問6　下線部ⓔの先進国に関連して，第1回先進国首脳会議がフランスで開催された年として最も適当なものを，次の①～④のうちから一つ選びマークせよ。

[22]

①　1965　②　1970　③　1975　④　1980

問7　下線部ⓕのエネルギー分野に関連して，2017年のフランスの電源別発電量の割合が最大のものとして最も適当なものを，次の①～④のうちから一つ選び

マークせよ。 23

① 石　油　② 石　炭　③ 天然ガス　④ 原子力

問8　下線部ⓖの冷戦に関連して，マルタ会談を行ったアメリカ合衆国大統領として最も適当なものを，次の①～④のうちから一つ選びマークせよ。 24

① ブッシュ　② クリントン　③ カーター　④ オバマ

問9　下線部ⓗの途上国に関連して，国連が定めた先進国のODAの対GNI比目標として最も適当なものを，次の①～④のうちから一つ選びマークせよ。

25

① 0.3%　② 0.5%　③ 0.7%　④ 1.0%

Ⅲ　次の文章を読み，下の問いに答えよ。

国家権力の専制を防ぎ，国民の権利を守るために憲法を制定し，この憲法に基づいて政治を行うという考え方を 26 という。日本では明治維新以降，憲法の制定や国会の開設を掲げた自由民権運動ⓐの高まりが，政府による憲法制定の動きに影響したとされる。

大日本帝国憲法ⓑでは人権保障につき，「第二章 27 権利義務」の中で「 27 」の権利・自由は法律の認める範囲内で保障されるものに過ぎないと解されていた。統治機構については，三権分立ⓒが一応採用されていたが，天皇が統治権の 28 者であるとされていた。

第二次世界大戦を経てポツダム宣言の受諾後，日本政府はその内容に沿った新たな憲法を定めることが求められた。結局，連合国軍総司令部ⓓ民生局が作成した草案を基に政府案が作成されることとなり，帝国議会での審議を経て日本国憲法は成立した。

日本国憲法は大日本帝国憲法の改正手続きによって成立したが，国民主権，基本的人権の尊重，平和主義ⓔの三つの基本原理からなる実質的には新しい憲法である。天皇は日本国および日本国民統合の象徴として政治的な権能を持たず，形式的・儀礼的な国事行為(ⓕ)のみを行うものとされた。憲法は国の最高法規であり，その改正(ⓖ)については特に慎重な手続きが求められている。2023年現在，衆参両院には憲法改正原案を審議する機関として［29］が設けられている。

日本国憲法は徹底した平和主義が特徴である。しかし，成立の当初から国際情勢の影響を受けざるをえなかった。1950年の朝鮮戦争の際には，連合国軍総司令部は日本政府に対し［30］の創設を指示し，1951年の日米安全保障条約(ⓗ)締結により，アメリカ軍は日本に駐留することとなった。その後，日本では自衛隊(ⓘ)が設置されるに至っている。

冷戦の終結後，日本では国際貢献(ⓙ)のために自衛隊が海外に派遣されるようになった。

問1　文中の［26］～［30］に入れるのに最も適当なものを，次の①～④のうちからそれぞれ一つ選びマークせよ。

［26］　①　文民統制　②　立憲主義　③　重商主義　④　人間の安全保障

［27］　①　臣　民　②　市　民　③　人　民　④　労働者

［28］　①　統　帥　②　信　託　③　総攬（そうらん）　④　指　導

［29］　①　憲法調査会　②　憲法問題調査委員会　③　憲法研究会　④　憲法審査会

［30］　①　保安隊　②　警備隊　③　警察予備隊　④　公安調査庁

問2　下線部ⓐの自由民権運動に関連して，民間憲法草案（私擬憲法）の一つである「東洋大日本国国憲按」を発表した者として最も適当なものを，次の①～④のうちから一つ選びマークせよ。［31］

①　板垣退助　②　千葉卓三郎　③　植木枝盛　④　井上毅

問3　下線部ⓑの大日本帝国憲法における統治機構の説明として最も適当なものを，次の①～④のうちから一つ選びマークせよ。［32］

①　帝国議会は衆議院のみの一院制である。

② 各国務大臣は天皇の行政権に協賛する。

③ 帝国議会は天皇の立法権を輔弼(ほひつ)する。

④ 枢密院は天皇から国政の重要事項の諮問を受ける。

問4 下線部ⓒの三権分立に関連して，大日本帝国憲法下において司法権の独立を守ったとされる事件として最も適当なものを，次の①～④のうちから一つ選びマークせよ。 33

① 大津事件　② 平賀書簡事件

③ 足利事件　④ 島田事件

問5 下線部ⓓの連合国軍総司令部の略称として最も適当なものを，次の①～④のうちから一つ選びマークせよ。 34

① GHQ　② G5　③ COMECON　④ WTO

問6 下線部ⓔの平和主義に関連して，憲法前文に用いられている文言として最も適当なものを，次の①～④のうちから一つ選びマークせよ。 35

① 戦力の不保持　② 戦争の放棄

③ 平和のうちに生存する権利　④ 交戦権の否認

問7 下線部ⓕの国事行為に関連して，日本国憲法第6条に定めがある事項として最も適当なものを，次の①～④のうちから一つ選びマークせよ。 36

① 栄典の授与　② 外国の大使・公使の接受

③ 最高裁判所長官の任命　④ 法律の公布

問8 下線部ⓖの改正に関連して，日本国憲法の改正の手続きの内容として最も適当なものを，次の①～④のうちから一つ選びマークせよ。 37

① 議員が憲法改正原案を提出するには，衆議院では50人以上，参議院では20人以上の賛成が必要である。

② 国会が憲法改正案を発議するには，衆議院および参議院で総議員の3分の1以上の議員が出席したうえで，出席議員の過半数の賛成が必要である。

③　発議された憲法改正案を承認するには，国民投票で有権者の過半数の賛成が必要である。

④　2023年現在，国民投票の投票権は18歳以上の日本国民に付与されている。

問9　下線部ⓗの日米安全保障条約の合憲性が争われた裁判として最も適当なものを，次の①～④のうちから一つ選びマークせよ。 38

①　砂川事件　　②　恵庭事件

③　長沼ナイキ基地訴訟　　④　百里基地訴訟

問10　下線部ⓘの自衛隊に関連して，以下のア～ウの出来事を発生年にそって古い順に並べたものとして最も適当なものを，次の①～⑥のうちから一つ選びマークせよ。 39

ア　政府が集団的自衛権の行使容認を閣議決定した。

イ　防衛庁が防衛省に昇格された。

ウ　国家安全保障会議が設置された。

①　ア → イ → ウ　　②　ア → ウ → イ

③　イ → ア → ウ　　④　イ → ウ → ア

⑤　ウ → ア → イ　　⑥　ウ → イ → ア

問11　下線部ⓙの国際貢献に関連して，国連の平和維持活動の略称として最も適当なものを，次の①～④のうちから一つ選びマークせよ。 40

①　UNCTAD　　②　UNDP

③　PKO　　④　PLO

数　学

◀文系数学：Ⅰ・Ⅱ・A・B▶

情報(英・国・数型)・法・経済・経営・文芸・総合社会・国際学部，短期大学部

(60分)

解答上の注意

1)　問題の文中の [1]□，[2]□ などの □ の1つ1つには，特に指示がないかぎり，それぞれ，「0から9までの整数」が1個はいる。□ の左上の数字は「解答番号」である。

2)　1個だけの □ は「1桁(けた)の正の整数」または「0」を表す。2個並んだ □□ は「2桁の正の整数」を表す。3個以上並んだ場合も同様である。

3)　□ の前に「−」がついている場合は「負の整数」を表す。たとえば，−□ は「1桁の負の整数」を表し，−□□ は「2桁の負の整数」を表す。

4)　$\frac{\square}{\square}$，$\frac{\square}{\square\square}$，$-\frac{\square}{\square}$ などは「分数」を表す。分数は，分母と分子に共通因数を含まない形にすること。

5)　根号 $\sqrt{}$ の中は，できるだけ小さい整数にすること。

I　座標空間に 2 点 A(6, 0, 1), B(0, 4, 3) があり, A, B を直径の両端とする球面を C とする。

(1)　C の方程式は

$$\left(x-\boxed{}^{1}\right)^2+\left(y-\boxed{}^{2}\right)^2+\left(z-\boxed{}^{3}\right)^2=\boxed{}^{4}\boxed{}^{5}$$

である。

(2)　直線 AB と xy 平面の交点の座標は $\left(\boxed{}^{6},\ -\boxed{}^{7},\ \boxed{}^{8}\right)$ である。

(3)　C が yz 平面と交わってできる図形は, 中心が点 $\left(\boxed{}^{9},\ \boxed{}^{10},\ \boxed{}^{11}\right)$ で半径が $\sqrt{\boxed{}^{12}}$ の円である。

(4)　C と z 軸との 2 つの交点を z 座標が小さい順に P, Q とする。このとき, P の z 座標は $\boxed{}^{13}$ であり, △ABP の面積は $\boxed{}^{14}\sqrt{\boxed{}^{15}}$ である。また, Q から平面 ABP に垂線 QR を下ろしたとき, 線分 QR の長さは $\dfrac{\boxed{}^{16}}{\boxed{}^{17}}\sqrt{\boxed{}^{18}}$ である。

II　a を正の定数とし，関数

$$f(x) = -2x^2 + 2(a+2)x + 2\int_0^1 f(t)\,dt - \frac{2}{3}$$

を考える。座標平面上の曲線 $y = f(x)$ は放物線であり，その頂点を P とする。また，曲線 $y = f(x)$ と x 軸の交点を x 座標が小さい順に Q，R とする。

(1)　$a = 2$ とする。

(i)　P の x 座標は $\boxed{19}$ である。また

$$f'(x) = -\boxed{20}\,x + \boxed{21}$$

である。

(ii)　$\displaystyle\int_0^1 f(t)\,dt = -\frac{\boxed{22}}{\boxed{23}}$ であり，P の y 座標は $\boxed{24}$ である。

(iii)　曲線 $y = f(x)$ 上の点 $(-1,\ f(-1))$ における曲線の接線の方程式は

$$y = \boxed{25}\,\boxed{26}\,x - \boxed{27}$$

である。

(iv)　Q の x 座標は $\boxed{28}$ である。また，曲線 $y = f(x)$ と x 軸で囲まれた部分の面積は $\dfrac{\boxed{29}}{\boxed{30}}$ である。

(2)　△PQR は正三角形になるとする。このとき，△PQR の面積は

$\dfrac{\boxed{31}}{\boxed{32}}\sqrt{\boxed{33}}$ である。

III　2 個の数字 1，2 を重複を許して使って，8 桁（けた）の自然数を作る。

(1)　自然数は全部で [34][35][36] 個できる。

(2)　両端の数字が異なる自然数は，全部で [37][38][39] 個できる。

(3)　数字 1 をちょうど 4 個使ってできる自然数は，全部で [40][41] 個である。

(4)　数字 2 を少なくとも 3 個使ってできる自然数は，全部で [42][43][44] 個である。

(5)　3 の倍数となる自然数は，全部で [45][46] 個できる。

(6)　60 で割ると 1 余る自然数は，全部で [47][48] 個できる。

(7)　11 の倍数となる自然数は，全部で [49][50] 個できる。

◀理系数学②：Ⅰ・Ⅱ・Ⅲ・A・B▶

情報(英・数・理型)・理工・建築・薬・農・生物理工・工・産業理工学部

(60 分)

注　　意

問題の文中の [ア] , [イウ] などの [　] には，特に指示のないかぎり，数値または符号（ − ）が入る。これらを次の方法で解答用紙の指定欄にマークせよ。

(1)　ア，イ，ウ，…の一つ一つは，それぞれ0から9までの数字，または−の符号のいずれか一つに対応する。それらをア，イ，ウ，…で示された解答欄にマークする。

〔例〕 [アイ] に − 8 と答えたいとき

ア	● ⓪ ① ② ③ ④ ⑤ ⑥ ⑦ ⑧ ⑨
イ	⊖ ⓪ ① ② ③ ④ ⑤ ⑥ ⑦ ● ⑨

(2)　分数形が解答で求められているときは，既約分数（それ以上約分できない分数）で答える。符号は分子につけ，分母につけてはならない。

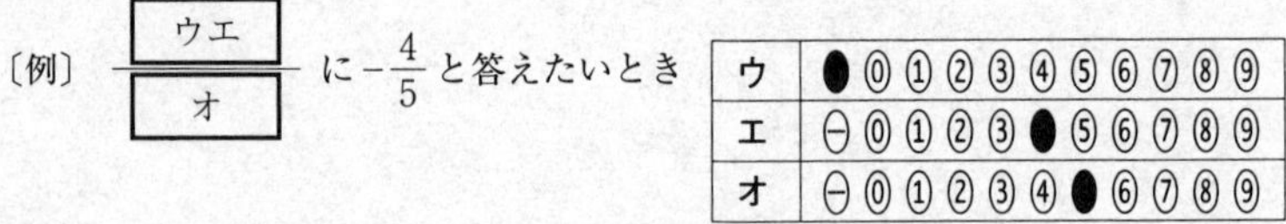

〔例〕
ウエ
オ
に $-\frac{4}{5}$ と答えたいとき
ウ ● ⓪ ① ② ③ ④ ⑤ ⑥ ⑦ ⑧ ⑨
エ ⊖ ⓪ ① ② ③ ● ⑤ ⑥ ⑦ ⑧ ⑨
オ ⊖ ⓪ ① ② ③ ④ ● ⑥ ⑦ ⑧ ⑨

(3)　根号を含む形で解答する場合は，根号の中に現れる自然数が最小となる形で答える。

例えば，[カ] $\sqrt{\boxed{\text{キ}}}$ に $4\sqrt{2}$ と答えるところを，$2\sqrt{8}$ のように答えてはならない。

(4) 分数形で根号を含む形で解答する場合，$\dfrac{\boxed{\text{ク}} + \boxed{\text{ケ}}\sqrt{\boxed{\text{コ}}}}{\boxed{\text{サ}}}$ に

$\dfrac{3+2\sqrt{2}}{2}$ と答えるところを，$\dfrac{6+4\sqrt{2}}{4}$ や $\dfrac{6+2\sqrt{8}}{4}$ のように答えてはならない。

I (1) 1 から 1000 までの自然数のうち，5 で割った余りが 1 であり，7 で割った余りが 6 である自然数全体の集合を M とする。M の要素のうち，最小の自然数は $\boxed{\text{ア}}$ であり，最大の自然数は $\boxed{\text{イウエ}}$ である。また，M の要素の個数は $\boxed{\text{オカ}}$ である。

(2)(i) 1 から 60 までの自然数のうち，3^1, 3^2, 3^3 の倍数の個数はそれぞれ $\boxed{\text{キク}}$, $\boxed{\text{ケ}}$, $\boxed{\text{コ}}$ である。

(ii) $60! = 2^a \cdot 3^b \cdot N$ (a, b は自然数，N は 2 でも 3 でも割り切れない自然数) において，$a = \boxed{\text{サシ}}$, $b = \boxed{\text{スセ}}$ である。

(3)(i) ${}_{20}\mathrm{C}_{10}$ の素因数分解において，異なる素因数の個数は $\boxed{\text{ソ}}$ である。また，${}_{20}\mathrm{C}_{10}$ の正の約数の個数は $\boxed{\text{タチ}}$ である。

(ii) $\dfrac{{}_{20}\mathrm{C}_9}{{}_{20}\mathrm{C}_8} = \dfrac{\boxed{\text{ツ}}}{\boxed{\text{テ}}}$ である。また，${}_{20}\mathrm{C}_9$ と ${}_{20}\mathrm{C}_8$ の最大公約数を G, 最小公倍数を L とするとき，$\dfrac{L}{G} = \boxed{\text{トナ}}$ である。

(iii) $0 \leqq m \leqq 10$ を満たす整数 m のうち，${}_{20}\mathrm{C}_m$ が 13 で割り切れない最大のものは $m = \boxed{\text{ニ}}$ である。

II　a を正の実数とする。座標平面において，関数 $y=|2x^2-ax|$ のグラフを C とする。また

$$S(a)=\int_0^3 |2x^2-ax|\,dx$$

とおく。

(1)　$a=6$ とする。C 上の x 座標が 1 である点における接線を ℓ とする。

(i)　C と x 軸の共有点の x 座標は，小さい順に [ア]，[イ] である。

(ii)　$S(6)=$ [ウ] である。

(iii)　ℓ の方程式は $y=$ [エ] $x+$ [オ] である。C と ℓ の共有点のうち，接点以外のものの x 座標は $x=$ [カ] $\pm\sqrt{\text{[キ]}}$ であり，C と ℓ で囲まれた 2 つの部分の面積の和は

$$\text{[クケコ]}+\frac{\text{[サシ]}\sqrt{\text{[ス]}}}{\text{[セ]}}$$

である。

(2)　$S(4)=\dfrac{\text{[ソタ]}}{\text{[チ]}}$ である。

(3)　$a>0$ において，$S(a)$ の最小値は [ツテ] $-$ [ト] $\sqrt{\text{[ナ]}}$ である。

また，$S(a)$ が最小となる a の値は $a=$ [ニ] $\sqrt{\text{[ヌ]}}$ である。

III　i を虚数単位とし，$\alpha=2\sqrt{6}+6\sqrt{2}\,i$ とする。複素数平面において，2 点 A(α), P($\overline{\alpha}$) をとり，方程式 $|z-1|=|z-i|$ の表す直線を ℓ とする。ℓ に関して P と対称な点を B(β) とする。また，点 A を，点 B を中心に $\dfrac{\pi}{3}$ だけ回転した点を C(γ) とする。△ABC の外接円を S とする。以下では，0 でない複素数 w の偏角 $\arg w$ の範囲は $0 \leqq \arg w < 2\pi$ とする。

(1)　$|\alpha|=\boxed{\text{ア}}\sqrt{\boxed{\text{イ}}}$ であり，$\arg\alpha=\dfrac{\boxed{\text{ウ}}}{\boxed{\text{エ}}}\pi$ である。

(2)　$\arg\beta=\dfrac{\boxed{\text{オ}}}{\boxed{\text{カ}}}\pi$ であり，$\arg\gamma=\dfrac{\boxed{\text{キ}}}{\boxed{\text{クケ}}}\pi$ である。

(3)　S の半径は $\boxed{\text{コ}}$ である。S 上を動く点 z に対して，$|z|$ の最大値を R, 最小値を r とすると

$$R=\boxed{\text{サシ}}+\boxed{\text{ス}}\sqrt{\boxed{\text{セ}}},\quad r=\boxed{\text{ソタ}}+\boxed{\text{チ}}\sqrt{\boxed{\text{ツ}}}$$

である。

(4)　S 上を動く点 z に対して，$\arg z$ が最大，最小になる点をそれぞれ X, Y とする。線分 XY の中点を表す複素数は

$$\boxed{\text{テ}}\sqrt{\boxed{\text{ト}}}-\boxed{\text{ナ}}\sqrt{\boxed{\text{ニ}}}+\boxed{\text{ヌ}}\sqrt{\boxed{\text{ネ}}}\,i$$

である。

2024年度　A日程　1月27日　数学

◀理系数学①：Ⅰ・Ⅱ・A・B▶

理工(理〈化学〉・生命科)・建築・薬・農・生物理工・工・産業理工学部

(60分)

注　　意

問題の文中の [ア]，[イウ] などの [　] には，特に指示のないかぎり，数値または符号（－）が入る。これらを次の方法で解答用紙の指定欄にマークせよ。

(1) ア，イ，ウ，…の一つ一つは，それぞれ0から9までの数字，または－の符号のいずれか一つに対応する。それらをア，イ，ウ，…で示された解答欄にマークする。

〔例〕 [アイ] に－8と答えたいとき

ア	● ⓪ ① ② ③ ④ ⑤ ⑥ ⑦ ⑧ ⑨
イ	⊖ ⓪ ① ② ③ ④ ⑤ ⑥ ⑦ ● ⑨

(2) 分数形が解答で求められているときは，既約分数（それ以上約分できない分数）で答える。符号は分子につけ，分母につけてはならない。

〔例〕 $\frac{\boxed{\text{ウエ}}}{\boxed{\text{オ}}}$ に$-\frac{4}{5}$と答えたいとき

ウ	● ⓪ ① ② ③ ④ ⑤ ⑥ ⑦ ⑧ ⑨
エ	⊖ ⓪ ① ② ③ ● ⑤ ⑥ ⑦ ⑧ ⑨
オ	⊖ ⓪ ① ② ③ ④ ● ⑥ ⑦ ⑧ ⑨

(3) 根号を含む形で解答する場合は，根号の中に現れる自然数が最小となる形で答える。

例えば，$\boxed{\text{カ}}\sqrt{\boxed{\text{キ}}}$ に $4\sqrt{2}$ と答えるところを，$2\sqrt{8}$ のように答えてはならない。

(4) 分数形で根号を含む形で解答する場合，$\dfrac{\boxed{ク}+\boxed{ケ}\sqrt{\boxed{コ}}}{\boxed{サ}}$ に

$\dfrac{3+2\sqrt{2}}{2}$ と答えるところを，$\dfrac{6+4\sqrt{2}}{4}$ や $\dfrac{6+2\sqrt{8}}{4}$ のように答えてはならない。

I (1) 1 から 1000 までの自然数のうち，5 で割った余りが 1 であり，7 で割った余りが 6 である自然数全体の集合を M とする。M の要素のうち，最小の自然数は $\boxed{ア}$ であり，最大の自然数は $\boxed{イウエ}$ である。また，M の要素の個数は $\boxed{オカ}$ である。

(2)(i) 1 から 60 までの自然数のうち，3^1, 3^2, 3^3 の倍数の個数はそれぞれ $\boxed{キク}$, $\boxed{ケ}$, $\boxed{コ}$ である。

(ii) $60! = 2^a \cdot 3^b \cdot N$ (a, b は自然数，N は 2 でも 3 でも割り切れない自然数) において，$a = \boxed{サシ}$, $b = \boxed{スセ}$ である。

(3)(i) ${}_{20}\mathrm{C}_{10}$ の素因数分解において，異なる素因数の個数は $\boxed{ソ}$ である。また，${}_{20}\mathrm{C}_{10}$ の正の約数の個数は $\boxed{タチ}$ である。

(ii) $\dfrac{{}_{20}\mathrm{C}_9}{{}_{20}\mathrm{C}_8} = \dfrac{\boxed{ツ}}{\boxed{テ}}$ である。また，${}_{20}\mathrm{C}_9$ と ${}_{20}\mathrm{C}_8$ の最大公約数を G, 最小公倍数を L とするとき，$\dfrac{L}{G} = \boxed{トナ}$ である。

(iii) $0 \leqq m \leqq 10$ を満たす整数 m のうち，${}_{20}\mathrm{C}_m$ が 13 で割り切れない最大のものは $m = \boxed{ニ}$ である。

II　a を正の実数とする。座標平面において，関数 $y = |2x^2 - ax|$ のグラフを C とする。また

$$S(a) = \int_0^3 |2x^2 - ax|\,dx$$

とおく。

(1)　$a = 6$ とする。C 上の x 座標が 1 である点における接線を ℓ とする。

(i)　C と x 軸の共有点の x 座標は，小さい順に [ア]，[イ] である。

(ii)　$S(6) =$ [ウ] である。

(iii)　ℓ の方程式は $y =$ [エ] $x +$ [オ] である。C と ℓ の共有点のうち，接点以外のものの x 座標は $x =$ [カ] $\pm \sqrt{[キ]}$ であり，C と ℓ で囲まれた 2 つの部分の面積の和は

$$[クケコ] + \frac{[サシ]\sqrt{[ス]}}{[セ]}$$

である。

(2)　$S(4) = \dfrac{[ソタ]}{[チ]}$ である。

(3)　$a > 0$ において，$S(a)$ の最小値は [ツテ] $-$ [ト] $\sqrt{[ナ]}$ である。

また，$S(a)$ が最小となる a の値は $a =$ [ニ] $\sqrt{[ヌ]}$ である。

III　O を原点とする座標空間において，3 点 A(2, 0, 0), B(0, 0, 2), C(0, 2, 1) を考える。3 点 A, B, C の定める平面を α とし，α に関して O と対称な点を P とする。

(1)　$|\overrightarrow{\mathrm{AB}}| = \boxed{ア}\sqrt{\boxed{イ}}$, $|\overrightarrow{\mathrm{AC}}| = \boxed{ウ}$ であり，$\overrightarrow{\mathrm{AB}}\cdot\overrightarrow{\mathrm{AC}} = \boxed{エ}$ である。また，△ABC の面積は $\boxed{オ}$ である。

(2)　P から α に垂線 PH を下ろす。このとき，$\overrightarrow{\mathrm{OH}}\cdot\overrightarrow{\mathrm{AB}} = \boxed{カ}$ である。また，$\overrightarrow{\mathrm{AH}}$ を $\overrightarrow{\mathrm{AB}}$ と $\overrightarrow{\mathrm{AC}}$ を用いて表すと

$$\overrightarrow{\mathrm{AH}} = \frac{\boxed{キ}}{\boxed{ク}}\overrightarrow{\mathrm{AB}} + \frac{\boxed{ケ}}{\boxed{コ}}\overrightarrow{\mathrm{AC}}$$

である。

(3)　P の x 座標は $\dfrac{\boxed{サシ}}{\boxed{ス}}$ である。

(4)　四面体 PABC の体積は $\dfrac{\boxed{セ}}{\boxed{ソ}}$ である。

(5)　四面体 PABC の内部に点 D をとる。D から四面体 PABC の 4 つの面に下ろした垂線の長さがすべて等しいとき，その垂線の長さは $\dfrac{\boxed{タ}-\sqrt{\boxed{チ}}}{\boxed{ツテ}}$ である。

(6)　四面体 PABC において，点 Q, R がそれぞれ線分 PC, AB 上を動くとき，$|\overrightarrow{\mathrm{QR}}|$ の最小値は $\dfrac{\boxed{ト}}{\boxed{ナ}}$ である。

物　理

（60分）

以下の［ 1 ］から［ 29 ］に最も適切な答えを各解答群から1つ選び，解答用紙（マークシート）にマークせよ。ただし，同じ番号を繰り返して用いてもよい。数値を選ぶ場合は最も近い値を選ぶものとする。

I　水平面上におかれた半径Rの円板が，円板の中心軸のまわりに一定の角速度ωで常に回転している。図1のように，円板の中心を点O，点Oを通る直線と円周上の2つの交点を点Aと点Bとし，点Aと点Bを結ぶ直線に沿ってレールを固定した。そして，レール内に質量mの小球をおき，円板とともに回転する観測者から見た小球の運動を考える。ただし，レールの側面と円板はなめらかで，小球との摩擦は無視できるとする。また，点Oを原点として点Oから点Aへの向きをx軸の正の向きとし，重力加速度の大きさをg，空気の抵抗は無視できるとする。

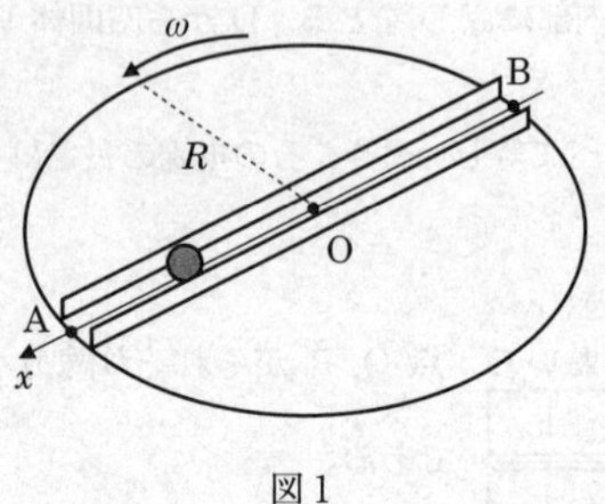

図1

(1)　小球を点Aに置き，点Oの向きに大きさvの初速度を与えた。小球とレール底面との摩擦は無視できるとする。点Aから点Oに向かって動いている小球のレール内の位置をxとし，その位置での小球の加速度をaとすると，小球の運動方程式は$ma=$［ 1 ］となる。点Aから動き出した小球が点Oまで動いたとき，小球にかかる遠心力の大きさと小球の位置xの関係は図2のように表される。小球が点Aから点Oまで進む間に遠心力が小球にした仕事の大きさは，図2から［ 2 ］と求まる。

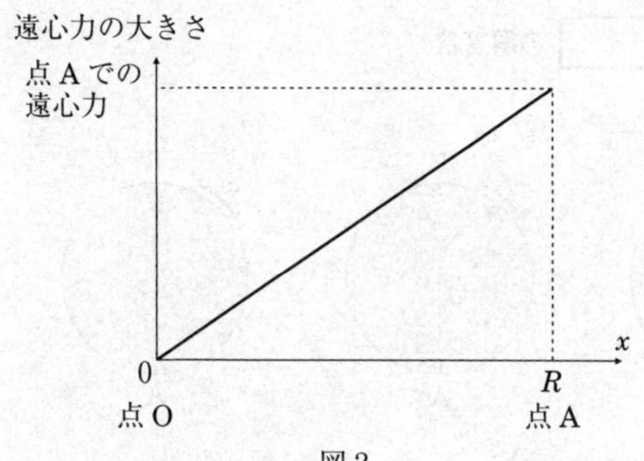

図2

力学的エネルギー保存の法則より，点Aから動きだした小球が点Oを通過して点Bに到達するためには，小球に与える初速度の大きさ v が $v>$ [3] $\times R\omega$ の条件を満たさなければならない。この条件を満たす v を小球に与え，点Aから点Bに向かう小球が点Oを通過した瞬間に固定していたレールを円板から取り除いて，小球がなめらかな円板上を自由に運動できるようにした。円板とともに回転している観測者は，この小球が点Oを通過後 [4] に描かれた太い矢印に沿った運動をするように観測する。一方，円板の外で静止している観測者は，この小球が点Oを通過後 [5] に描かれた太い矢印に沿った運動をするように観測する。ただし，[4] と [5] の選択肢の図の点Aと点Bは，レールを取り除いた瞬間の点Aと点Bの位置を表すものとする。

[1] の解答群

① $x\omega$　② $x\omega^2$　③ $x^2\omega$　④ $x^2\omega^2$
⑤ $mx\omega$　⑥ $mx\omega^2$　⑦ $mx^2\omega$　⑧ $mx^2\omega^2$

[2] の解答群

① $mR\omega$　② $mR^2\omega$　③ $mR\omega^2$　④ $mR^2\omega^2$
⑤ $\dfrac{mR\omega}{2}$　⑥ $\dfrac{mR^2\omega}{2}$　⑦ $\dfrac{mR\omega^2}{2}$　⑧ $\dfrac{mR^2\omega^2}{2}$
⑨ $2mR\omega$　⓪ $2mR^2\omega$　ⓐ $2mR\omega^2$　ⓑ $2mR^2\omega^2$

[3] の解答群

① $\dfrac{1}{8}$　② $\dfrac{1}{4}$　③ $\dfrac{1}{2}$　④ 1　⑤ 2　⑥ 4　⑦ 8　⑧ 16

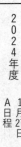

［ 4 ］と［ 5 ］の解答群

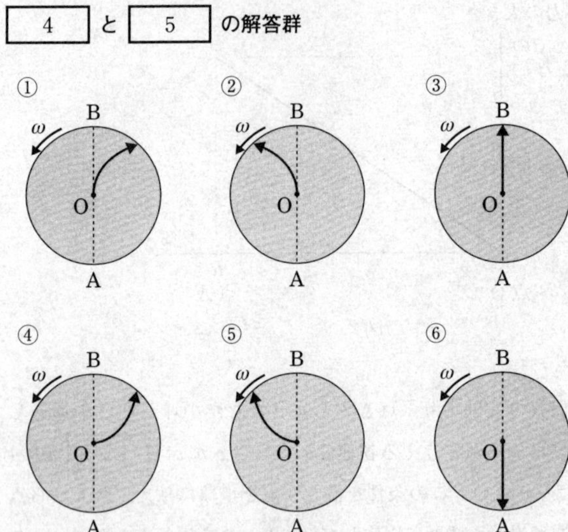

(2)　図3のように，支柱を点Bに立てて，レール内におかれた小球と支柱を自然長Rでばね定数kの軽いばねで結合した。小球をレール内の点Aから点Oの間の位置$x_0$$(0<x_0<R)$におき，静かに小球から手を離した後の小球の運動を考える。ここで，ばねがフックの法則に従う範囲での小球の運動を扱い，小球は円板やレールからはみ出さないものとする。

小球とレール底面との摩擦を無視できる場合，小球の位置xでの加速度をaとすると，小球の運動方程式は$ma=$［ 6 ］となる。したがって，k，m，ωが［ 7 ］の関係を満たす場合，位置x_0におかれた小球は角振動数の大きさが［ 8 ］の単振動を行う。一方，［ 9 ］の関係を満たす場合，位置x_0におかれた小球は静止したままである。

次に，小球とレール底面との間の静止摩擦係数がμである場合を考える。k，m，ωが［ 7 ］の関係を満たす場合であっても，小球が静止したままになる位置x_0の最大値はk，m，ω，μを用いて［ 10 ］と表せる。

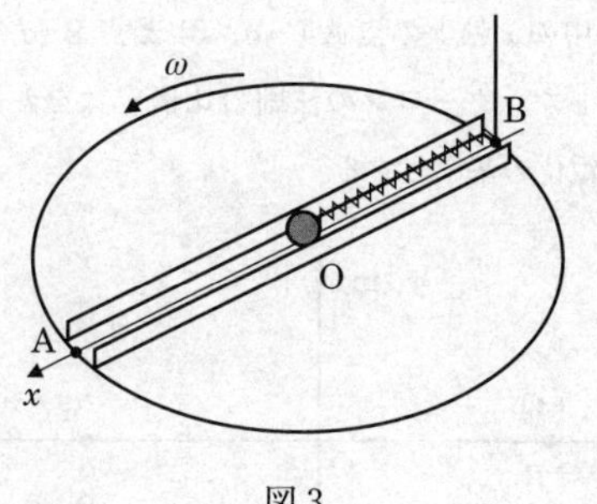

図3

6 の解答群

① $-k(x-R)+mx^2\omega$　② $k(x-R)+mx^2\omega$
③ $-k(x-R)+mx\omega^2$　④ $k(x-R)+mx\omega^2$
⑤ $-kx+mx^2\omega$　⑥ $kx+mx^2\omega$
⑦ $-kx+mx\omega^2$　⑧ $kx+mx\omega^2$

7 と 9 の解答群

① $k>m\omega$　② $k=m\omega$　③ $k<m\omega$
④ $k>m\omega^2$　⑤ $k=m\omega^2$　⑥ $k<m\omega^2$

8 の解答群

① $\sqrt{\frac{k}{m}-\omega^2}$　② $\sqrt{\frac{k}{m}-2\omega^2}$　③ $\sqrt{\frac{k}{m}-\omega}$　④ $\sqrt{\frac{k}{m}-2\omega}$
⑤ $\sqrt{\frac{k}{m}+\omega^2}$　⑥ $\sqrt{\frac{k}{m}+2\omega^2}$　⑦ $\sqrt{\frac{k}{m}+\omega}$　⑧ $\sqrt{\frac{k}{m}+2\omega}$

10 の解答群

① $\frac{\mu g}{\omega^2}$　② $\frac{\mu mg}{k}$　③ $\frac{\mu mg}{k-m\omega^2}$　④ $\frac{k-m\omega^2}{\mu mg}$
⑤ $\frac{2\mu g}{\omega^2}$　⑥ $\frac{2\mu mg}{k}$　⑦ $\frac{2\mu mg}{k-m\omega^2}$　⑧ $\frac{2(k-m\omega^2)}{\mu mg}$

Ⅱ　図1のように，真空中の x 軸上の点A $(-a,\ 0)$ と点B $(a,\ 0)$ $(a>0)$ に，大きさが Q〔C〕の正電荷を固定した。クーロンの法則の比例定数を k〔N·m^2/C^2〕とし，原点Oから無限遠方の位置を電位の基準とする。

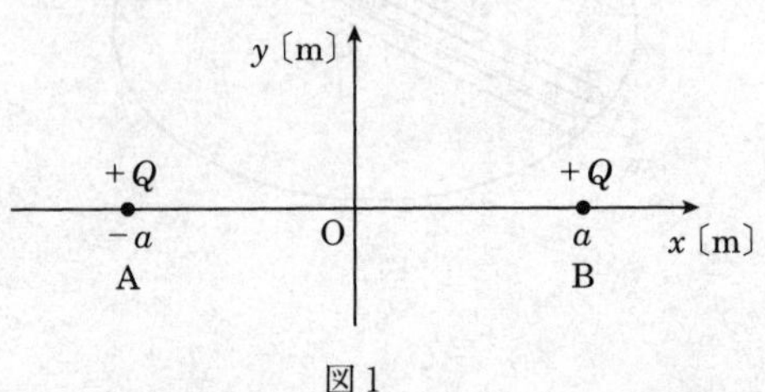

図1

(1)　x 軸上の点 $(x,\ 0)$ における電位を考える。点Oの電位は [11]〔V〕であり，$x>a$〔m〕の範囲で点Oの電位と同じ電位となる点は $\left(\boxed{\ 12\ },\ 0\right)$ である。

次に，質量 m〔kg〕で大きさが $3Q$〔C〕の正電荷をもつ小物体を x 軸上の点 $\left(\dfrac{1}{2}a,\ 0\right)$ に静かにおくと，小物体は静かに動き出した。小物体は x 軸上をなめらかに動くことができる。小物体が点Oに達したときに持っている位置エネルギーの大きさは [13]〔J〕であり，小物体が点Oに達したときの速さは [14]〔m/s〕である。

[11] の解答群

① $\dfrac{kQ}{2a}$　② $\dfrac{kQ}{a}$　③ $\dfrac{2kQ}{a}$　④ 0
⑤ $\dfrac{\sqrt{2}kQ}{a}$　⑥ $\dfrac{2\sqrt{2}kQ}{a}$　⑦ $\dfrac{\sqrt{3}kQ}{a}$　⑧ $\dfrac{2\sqrt{3}kQ}{a}$

[12] の解答群

① $\dfrac{1+\sqrt{2}}{2}a$　② $\dfrac{1+\sqrt{3}}{2}a$　③ $\dfrac{3}{2}a$　④ $\dfrac{1+\sqrt{5}}{2}a$
⑤ $\dfrac{1+2\sqrt{2}}{2}a$　⑥ $2a$　⑦ $\dfrac{1+2\sqrt{3}}{2}a$　⑧ $\dfrac{1+2\sqrt{5}}{2}a$

[13] の解答群

① 0　② $\dfrac{kQ^2}{2a}$　③ $\dfrac{3kQ^2}{4a}$　④ $\dfrac{kQ^2}{a}$　⑤ $\dfrac{3kQ^2}{2a}$
⑥ $\dfrac{9kQ^2}{4a}$　⑦ $\dfrac{3kQ^2}{a}$　⑧ $\dfrac{9kQ^2}{2a}$　⑨ $\dfrac{6kQ^2}{a}$　⓪ $\dfrac{9kQ^2}{a}$

[14] の解答群

① $Q\sqrt{\dfrac{k}{2ma}}$　② $Q\sqrt{\dfrac{k}{ma}}$　③ $Q\sqrt{\dfrac{2k}{ma}}$　④ $2Q\sqrt{\dfrac{k}{ma}}$　⑤ $2Q\sqrt{\dfrac{2k}{ma}}$

⑥ $Q\sqrt{\dfrac{ma}{2k}}$　⑦ $Q\sqrt{\dfrac{2ma}{k}}$　⑧ $Q\sqrt{\dfrac{ma}{k}}$　⑨ $2Q\sqrt{\dfrac{ma}{k}}$　⓪ $2Q\sqrt{\dfrac{2ma}{k}}$

(2) 図2のように，y 軸上の点C $(0,\ a)$ と点D $(0,\ -a)$ に大きさが Q〔C〕の負電荷をさらに固定した。$0<x<a$〔m〕の範囲において，点Aと点Bの二つの正電荷によって作られた電場の点 $(x,\ 0)$ における大きさは [15]〔N/C〕で，その向きは図2の(ア)から(ク)で示された向きのうちで [16] の向きである。また，点Cと点Dの二つの負電荷によって作られた電場の点 $(x,\ 0)$ における大きさは [17]〔N/C〕で，その向きは図2の(ア)から(ク)で示された向きのうちで [18] の向きである。

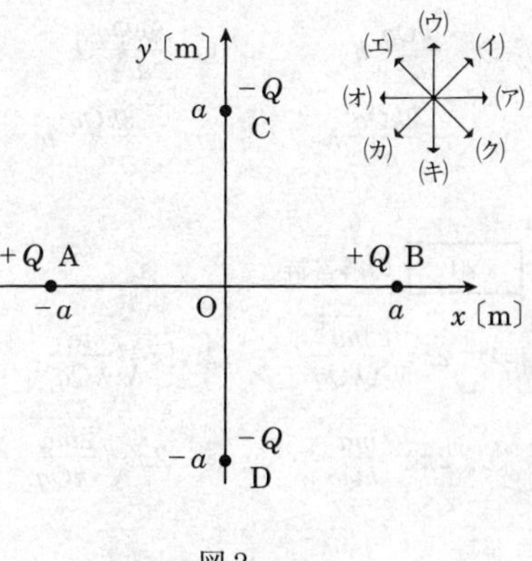

図2

この状態で，質量 m〔kg〕で大きさが q〔C〕の正電荷をもつ小物体を点Oの近傍の点 $(h,\ 0)$ に固定した。ここで，$h>0$ とし，h〔m〕は a〔m〕に比べて十分小さいので近似式 $a^2 \pm h^2 \fallingdotseq a^2$ が成り立つとする。点 $(h,\ 0)$ にある小物体が点A，点B，点C，点Dにおかれた電荷から受ける合力の x 軸成分は，[19]〔N〕である。小物体の固定を静かに外すと，小物体は x 軸上を単振動した。この単振動の周期は [20]〔s〕である。ただし，小物体は x 軸上をなめらかに動くとする。

[15] と [17] の解答群

① 0　② $\dfrac{\sqrt{2}kQx}{(a^2+x^2)^{3/2}}$　③ $\dfrac{\sqrt{2}kQx}{(a^2-x^2)^{3/2}}$　④ $\dfrac{2kQx}{(a^2+x^2)^{3/2}}$

⑤ $\dfrac{2kQx}{(a^2-x^2)^{3/2}}$　⑥ $\dfrac{4kQx}{(a^2+x^2)^{3/2}}$　⑦ $\dfrac{4kQx}{(a^2-x^2)^{3/2}}$　⑧ $\dfrac{\sqrt{2}kQax}{(a+x)^2(a-x)^2}$

⑨ $\dfrac{2kQax}{(a+x)^2(a-x)^2}$　⓪ $\dfrac{4kQax}{(a+x)^2(a-x)^2}$　ⓐ $\dfrac{\sqrt{2}kQax}{(a+x)^4}$　ⓑ $\dfrac{2kQax}{(a+x)^4}$

ⓒ $\dfrac{4kQax}{(a+x)^4}$　ⓓ $\dfrac{\sqrt{2}kQax}{(a-x)^4}$　ⓔ $\dfrac{2kQax}{(a-x)^4}$　ⓕ $\dfrac{4kQax}{(a-x)^4}$

16 と 18 の解答群

① (ア)　② (イ)　③ (ウ)　④ (エ)　⑤ (オ)　⑥ (カ)　⑦ (キ)　⑧ (ク)

19 の解答群

① $\frac{kQq}{2a^3}h$　② $\frac{kQq}{a^3}h$　③ $\frac{2kQq}{a^3}h$　④ $\frac{3kQq}{a^3}h$

⑤ $\frac{4kQq}{a^3}h$　⑥ $\frac{6kQq}{a^3}h$　⑦ $-\frac{kQq}{2a^3}h$　⑧ $-\frac{kQq}{a^3}h$

⑨ $-\frac{2kQq}{a^3}h$　⓪ $-\frac{3kQq}{a^3}h$　ⓐ $-\frac{4kQq}{a^3}h$　ⓑ $-\frac{6kQq}{a^3}h$

20 の解答群

① $2\pi\sqrt{\frac{ma^3}{6kQq}}$　② $\pi\sqrt{\frac{ma^3}{kQq}}$　③ $2\pi\sqrt{\frac{ma^3}{3kQq}}$　④ $2\pi\sqrt{\frac{ma^3}{2kQq}}$

⑤ $2\pi\sqrt{\frac{ma^3}{kQq}}$　⑥ $2\pi\sqrt{\frac{2ma^3}{kQq}}$　⑦ $2\pi\sqrt{\frac{3ma^3}{kQq}}$　⑧ $4\pi\sqrt{\frac{ma^3}{kQq}}$

Ⅲ　長さがLの透明な平面ガラス板2枚を水平面上で重ね，ガラス板の一端に金属箔をはさんでくさび形を作る。そして，単色光を水平面に対して垂直にガラス板の上から入射させたときに，ガラス板の真上から見える干渉縞について考える。ただし，金属箔がガラス板と重なる領域は無視できるほどせまいものとし，空気の屈折率を1とする。

(1)　図1のように，ガラス板の右端に厚さD_0($D_0 \ll L$)の金属箔をはさみ，波長λ_0の単色光をガラス板の上から入射させて，ガラス板の真上から干渉縞を観察した。2枚のガラス板が接している左端をx軸の原点Oとし，干渉縞の位置を点Oを基準として考える。くさび形の空気層上面の反射（経路a）において，光の位相は 21 。また，くさび形の空気層下面の反射（経路b）において，光の位相は 22 。ここで，mを$m=0$，1，2，…とすると，点Oから距離 23 の位置に明るい縞が現れ，点Oから距離 24 の位置に暗線が現れる。また，隣りあう明るい縞の間隔は， 25 である。ガラス板の両端に相当する位置$x=0$と$x=L$には暗線が現れており，その間にはN個の明るい縞が現れた。このことから，金属箔の厚さD_0は$D_0=$ 26 である。

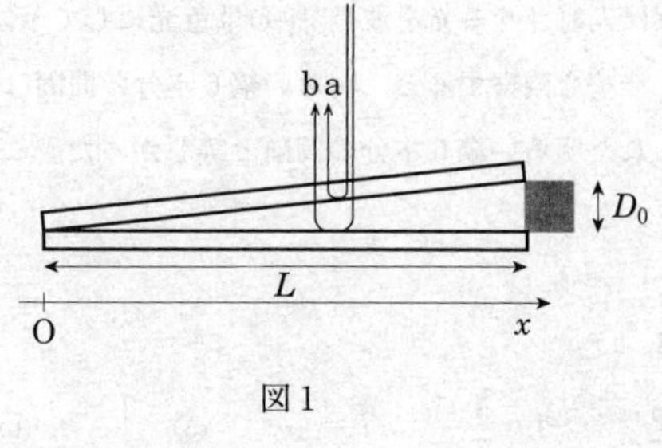

図 1

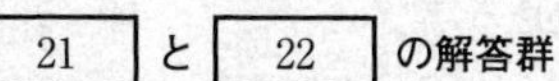

21 と 22 の解答群

① 変わらない　② $\dfrac{\pi}{4}$だけ変化する　③ $\dfrac{\pi}{3}$だけ変化する

④ $\dfrac{\pi}{2}$だけ変化する　⑤ $\dfrac{2\pi}{3}$だけ変化する　⑥ $\dfrac{3\pi}{4}$だけ変化する

⑦ πだけ変化する

23 と 24 の解答群

① $\dfrac{LD_0}{2\lambda_0}m$　② $\dfrac{LD_0}{2\lambda_0}\left(m+\dfrac{1}{2}\right)$　③ $\dfrac{LD_0}{\lambda_0}m$

④ $\dfrac{LD_0}{\lambda_0}\left(m+\dfrac{1}{2}\right)$　⑤ $\dfrac{D_0\lambda_0}{2L}m$　⑥ $\dfrac{D_0\lambda_0}{2L}\left(m+\dfrac{1}{2}\right)$

⑦ $\dfrac{D_0\lambda_0}{L}m$　⑧ $\dfrac{D_0\lambda_0}{L}\left(m+\dfrac{1}{2}\right)$　⑨ $\dfrac{L\lambda_0}{2D_0}m$

⓪ $\dfrac{L\lambda_0}{2D_0}\left(m+\dfrac{1}{2}\right)$　ⓐ $\dfrac{L\lambda_0}{D_0}m$　ⓑ $\dfrac{L\lambda_0}{D_0}\left(m+\dfrac{1}{2}\right)$

25 の解答群

① $\dfrac{LD_0}{2\lambda_0}$　② $\dfrac{LD_0}{\lambda_0}$　③ $\dfrac{2LD_0}{\lambda_0}$　④ $\dfrac{D_0\lambda_0}{2L}$　⑤ $\dfrac{D_0\lambda_0}{L}$

⑥ $\dfrac{2D_0\lambda_0}{L}$　⑦ $\dfrac{L\lambda_0}{2D_0}$　⑧ $\dfrac{L\lambda_0}{D_0}$　⑨ $\dfrac{2L\lambda_0}{D_0}$

26 の解答群

① $\dfrac{\lambda_0}{2N}$　② $\dfrac{\lambda_0}{N}$　③ $\dfrac{3\lambda_0}{2N}$　④ $\dfrac{2\lambda_0}{N}$

⑤ $\dfrac{N\lambda_0}{2}$　⑥ $N\lambda_0$　⑦ $\dfrac{3N\lambda_0}{2}$　⑧ $2N\lambda_0$

⑨ $\dfrac{N}{2\lambda_0}$　⓪ $\dfrac{N}{\lambda_0}$　ⓐ $\dfrac{3N}{2\lambda_0}$　ⓑ $\dfrac{2N}{\lambda_0}$

(2) 次に，ガラス板に入射させる光を波長 λ_1 の単色光にして干渉縞を観測した。ガラス板の真上から干渉縞を観察すると，明るい縞6本分の間隔は波長 λ_0 の単色光を入射したときに見られた明るい縞5本分の間隔と等しかった。このことから，λ_1 は λ_0 の [27] 倍である。

[27] の解答群

① $\frac{7}{8}$　② $\frac{6}{7}$　③ $\frac{5}{6}$　④ $\frac{4}{5}$　⑤ $\frac{3}{4}$　⑥ $\frac{2}{3}$　⑦ $\frac{1}{2}$

⑧ $\frac{2}{7}$　⑨ $\frac{3}{2}$　⓪ $\frac{4}{3}$　ⓐ $\frac{5}{4}$　ⓑ $\frac{6}{5}$　ⓒ $\frac{7}{6}$　ⓓ $\frac{8}{7}$

(3) 図2のように，ガラス板の間にはさむ金属箔の厚さを $D_1(D_1 \ll L)$ にして，2枚のガラス板の間を屈折率 n_1 の液体で満たした。そして，波長 λ_1 の単色光をガラス板に入射させてガラス板の真上から干渉縞を観察したところ，隣りあう明るい縞の間隔は [25] に等しかった。このことから D_1 は，$D_1 =$ [28] $\times D_0$ である。ただし，$n_1(n_1>1)$ はガラス板の屈折率よりも小さいものとする。

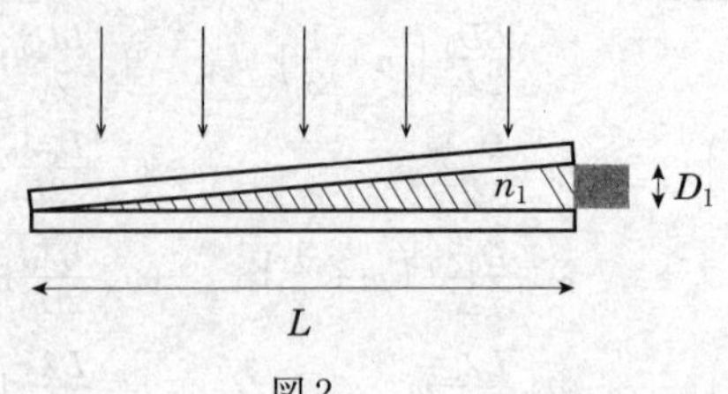

図2

[28] の解答群

① $\frac{\lambda_0}{\lambda_1}$　② $\frac{\lambda_1}{\lambda_0}$　③ $\frac{\lambda_0}{n_1\lambda_1}$　④ $\frac{\lambda_1}{n_1\lambda_0}$

⑤ $\frac{n_1\lambda_0}{\lambda_1}$　⑥ $\frac{n_1\lambda_1}{\lambda_0}$　⑦ $\frac{n_1}{\lambda_0\lambda_1}$　⑧ $\frac{\lambda_0\lambda_1}{n_1}$

(4) 図3のように，ガラス板の左端に厚さ $D_2(D_2<D_0)$ の金属箔，ガラス板の右端に厚さ D_0 の金属箔をはさみ，2枚のガラス板の間を屈折率 $n_2(n_2>1)$ の液体で満たした。そして，波長 λ_1 の単色光をガラス板に入射させてガラス板の真上から干渉縞を観察したところ，隣りあう明るい縞の間隔は [25] に等しかった。このことから n_2 は，$n_2 =$ [29] $\times n_1$ である。ただし，n_2 はガラス板の屈折率よりも小さいものとする。

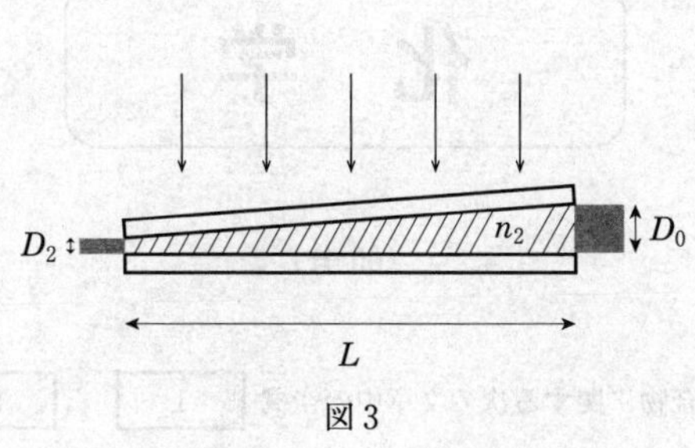

図 3

29 の解答群

①	$\dfrac{L}{D_1-D_2}$	②	$\dfrac{D_1-D_2}{L}$	③	$\dfrac{L}{D_0-D_2}$	④	$\dfrac{D_0-D_2}{L}$
⑤	$\dfrac{L}{D_0-D_1}$	⑥	$\dfrac{D_0-D_1}{L}$	⑦	$\dfrac{D_0}{D_1-D_2}$	⑧	$\dfrac{D_1-D_2}{D_0}$
⑨	$\dfrac{D_1}{D_0-D_2}$	⓪	$\dfrac{D_0-D_2}{D_1}$	ⓐ	$\dfrac{D_2}{D_0-D_1}$	ⓑ	$\dfrac{D_0-D_1}{D_2}$

化 学

(60 分)

I 元素の単体と化合物に関する次の文章中の空欄 [1] ~ [17] にあてはまる最も適切なものを，それぞれの**解答群**から選び，解答欄にマークせよ。ただし，同じものを何度選んでもよい。

1）リンの単体は，リン酸カルシウムを主成分とするリン鉱石にケイ砂とコークスとを混合し，強熱してつくられる。このとき得られる単体は [1] リンとよばれ，[2] 形の分子構造を有している。[1] リンは，窒素中250℃付近で熱すると，[1] リンと互いに [3] の関係にある [4] リンに変化する。一方，リンを空気中で燃焼させると [5] が得られる。[5] に水を加えて加熱すると，分子中に [6] 個のヒドロキシ基をもつ酸性化合物が得られる。この化合物の水溶液の酸性の強さは，希塩酸 [7] 。

2）銅を空気中で1000℃以上に加熱すると，[8] 色の酸化銅(Ⅰ)となる。また，1000℃以下の加熱では [9] 色の酸化銅(Ⅱ)となる。酸化銅(Ⅰ)は，フェーリング液に [10] を加えて加熱しても生成する。また，銅は多くの金属と合金をつくることが知られており，亜鉛との合金は [11] ，スズとの合金は [12] とよばれている。

硫酸銅(Ⅱ)無水塩を水に溶かすと，[13] 色の硫酸銅(Ⅱ)水溶液になる。次に，硫酸銅(Ⅱ)水溶液にアンモニア水を過剰に加えると，[14] 色の水溶液になる。この水溶液中のイオンは，銅イオンを中心とした [15] 形構造になっている。さらに，この水溶液に希塩酸を少量ずつ滴下していくと，[16] が [17] 色沈殿として生成する。

[1]，[4]，[8]，[9]，[13]，[14] **および** [17] **に対する解答群**

① 黄　　② 赤　　③ 黒　　④ 深 青

⑤ 青　⑥ 青 白　⑦ 緑

2 および 15 に対する解答群

① 直 線　② 折れ線　③ 正 方
④ 正四面体　⑤ 正六角

3 に対する解答群

① 鏡像異性体　② 幾何異性体　③ 構造異性体　④ 同族体
⑤ 同位体　⑥ 同素体　⑦ 重合体

5 に対する解答群

① 白色の粉末　② 無色の液体　③ 無色の気体
④ 黄色の粉末　⑤ 黄色の液体　⑥ 黄色の気体
⑦ 暗褐色の粉末　⑧ 暗褐色の液体　⑨ 暗褐色の気体

6 に対する解答群

① 1　② 2　③ 3　④ 4

7 に対する解答群

① より強い　② より弱い　③ と同程度である

10 に対する解答群

① スクロース　② フルクトース　③ アラニン
④ フェニルアラニン　⑤ グリセリン　⑥ エチレングリコール
⑦ メタノール

11 および 12 に対する解答群

① 白 銅　② ブロンズ　③ 真ちゅう　④ ニクロム
⑤ ブリキ　⑥ トタン　⑦ ジュラルミン　⑧ ステンレス

16 に対する解答群

① $Cu(OH)_2$　② $[Cu(H_2O)_4]SO_4$　③ $[Cu(H_2O)_4]Cl_2$

④ $Cu(NH_3)_2$　　⑤ $[Cu(NH_3)_4]SO_4$　　⑥ $[Cu(NH_3)_2Cl_2]SO_4$

⑦ $[Cu(NH_3)_2Cl_2]Cl_2$　　⑧ $CuCl_2$

Ⅱ 熱と溶液の性質に関する次の文章中の空欄 [18] ～ [26] にあてはまる最も適切なものを，それぞれの**解答群**から選び，解答欄にマークせよ。ただし，同じものを何度選んでもよい。気体定数 R は 8.31 J/(K・mol) とし，原子量は H＝1.00，C＝12.0，O＝16.0，Na＝23.0 とする。また，気体は理想気体とし，蒸気圧の影響は無視できるものとする。

ビーカーに水 96.0 g を入れ，20.0℃に保たれている室内に静置した。温度が一定になった水に，水酸化ナトリウムの固体 4.00 g を加えてゆっくりと撹拌しながらその温度変化を経時的に測定したところ，**図Ⅱ**の結果が得られた。水および水溶液の比熱を 4.18 J/(g・K) とすると，水酸化ナトリウムの溶解によっておこった熱の変化は [18] であることがわかる。この結果より，水酸化ナトリウムの水への溶解熱は約 [19] kJ/mol と算出できる。ここで，この水酸化ナトリウム水溶液と水の凝固点を比較すると，[20] 。また，この水酸化ナトリウム水溶液とグルコース 4.00 g を水 96.0 g に溶解させた水溶液の凝固点を比較すると，[21] 。

静置して 20.0℃にもどった水酸化ナトリウム水溶液 100 g を断熱容器に移し，さらに 0.00℃の氷 90.0 g を加えて混合し，容器内の混合物の温度変化がなくなるまで静置した。室温の影響は受けないものとし，氷の比熱を 2.05 J/(g・K)，融解熱を 6.01 kJ/mol とするとき，混合物の状態は [22] であり，その温度は [23] ℃である。

物質の比熱を物質量当たりで考えたモル比熱は，水では [24] J/(mol・K) となる。気体のモル比熱は液体や固体と異なり，熱を与えた系が体積一定条件か圧力一定条件かで大きな差がある。まず体積一定条件で，圧力 p〔Pa〕，体積 V〔L〕の水蒸気 1.00 mol に熱を加えて温度を 1.00 K 上昇させたところ，25.3 J の熱が必要であった。次に圧力一定条件で，同じ系の水蒸気に熱を加えて温度を 1.00 K 上昇させたところ，体積も ΔV〔L〕膨張した。このとき加えられた熱のエネルギーは，温度を 1.00 K 上昇させるために使われただけでなく，体積を膨張させるためにも使われ，この体積の膨張に必要なエネルギーは $p\Delta V$ に相当する。変化の前後で理想気体の状態方程式が成立することを利用すると，この $p\Delta V$ は [25] J と求めることができる。したがって，水蒸気の圧力一定条件でのモル比熱は [26] J/(mol・K) である。

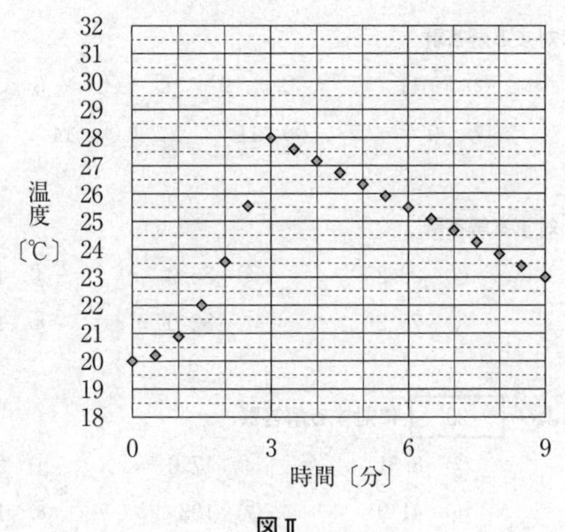

図Ⅱ

18 に対する解答群

① 3.21 kJ の発熱　② 3.34 kJ の発熱　③ 4.21 kJ の発熱
④ 4.39 kJ の発熱　⑤ 3.21 kJ の吸熱　⑥ 3.34 kJ の吸熱
⑦ 4.21 kJ の吸熱　⑧ 4.39 kJ の吸熱

19 に対する解答群

① 32　② 33　③ 35　④ 40　⑤ 42
⑥ 44　⑦ 46　⑧ 80　⑨ 83

20 および 21 に対する解答群

① この水酸化ナトリウム水溶液の方が低くなる
② どちらも同じになる
③ この水酸化ナトリウム水溶液の方が高くなる

22 に対する解答群

① 液体のみの状態
② 液体と固体が共存した状態
③ 固体のみの状態

[23] に対する解答群

① −14　② −11　③ −9　④ −6　⑤ 0
⑥ 6　⑦ 9　⑧ 11　⑨ 14　⓪ 20

[24] に対する解答群

① 22.3　② 23.2　③ 36.9　④ 40.1
⑤ 41.8　⑥ 75.2　⑦ 82.0　⑧ 167

[25] および [26] に対する解答群

① 1.33　② 8.31　③ 17.0　④ 25.3
⑤ 33.6　⑥ 41.9　⑦ 133　⑧ 170
⑨ 253　⓪ 336　ⓐ 419　ⓑ 831

Ⅲ　タンパク質に関する次の文章中の空欄 [27] ～ [37] にあてはまる最も適切なものを，それぞれの**解答群**から選び，解答欄にマークせよ。ただし，同じものを何度選んでもよい。

タンパク質は天然に存在する高分子であり，約20種類の [27] を主な構成要素とし，これらが [28] したものが主成分である。タンパク質の構造は一次構造，二次構造，三次構造，四次構造とさまざまな段階の構造を形成しているが，各構造とそれに関連が深い相互作用として最も適切な組合せは [29] である。

タンパク質の検出方法としていくつかの呈色反応が知られている。[30] 反応では，卵白の水溶液に水酸化ナトリウム水溶液を加えて塩基性にしたのち，少量の硫酸銅(Ⅱ)水溶液を加えると [31] 色になる。また，[32] 反応では，卵白の水溶液に濃硝酸を加えて熱したのち，アンモニア水で塩基性にすると [33] 色になる。

生体中のタンパク質のうち触媒作用を有するものを [34] とよぶ。[34] の多くは [35] 特異的な活性部位をもち，[35] との複合体を形成して生成物を与える反応を触媒し，生体の機能に寄与している。[34] をP，[35] をA，生成物をBとおくと，一般的に以下のような式(1)であらわされる。

$$\mathrm{P} + \mathrm{A} \rightleftarrows \mathrm{P\cdot A} \longrightarrow \mathrm{P} + \mathrm{B} \qquad \cdots \quad (1)$$

この反応全体の速度 v は A の濃度［A］に対して以下のような式(2)に従うことが知られており，v と［A］の関係を図示した場合，図 36 のようになる。ただし v' および K は反応に固有の定数である。

$$v = \frac{v'[\mathrm{A}]}{K + [\mathrm{A}]} \qquad \cdots \quad (2)$$

一方， 34 の阻害剤とよばれる分子の多くには，同様に複合体を形成するが反応をおこさない性質があり，これにより生体の機能を制御している。阻害剤を X とすると式(3)のようにあらわされる。

$$\mathrm{P} + \mathrm{X} \rightleftarrows \mathrm{P\cdot X} \qquad \cdots \quad (3)$$

P の水溶液が入った試験管に X の水溶液を添加していき，平衡状態で P と結合していない X の濃度［X］が 1.0×10^{-6} mol/L になったとする。P と X の結合反応の平衡定数を 4.0×10^{6} L/mol とした場合，P と X が結合した P・X は，すべての P（阻害剤と結合した P・X と結合していない P をあわせたもの）のうち，約 37 %である。

27 に対する解答群

① α-アミノ酸　② 脂肪酸　③ 単糖類
④ デオキシリボ核酸　⑤ ヌクレオチド　⑥ モノグリセリド
⑦ ミネラル　⑧ リボ核酸

28 に対する解答群

① イオン交換　② 開環重合　③ 架　橋
④ 繊維化　⑤ 脱水縮合　⑥ 付加重合

2024年度　A日程 1月27日　化学

29 に対する解答群

	一次構造	二次構造	三次構造
①	水素結合	ペプチド結合	イオン結合
②	水素結合	ジスルフィド結合	ペプチド結合
③	水素結合	イオン結合	ジスルフィド結合
④	ペプチド結合	イオン結合	水素結合
⑤	ペプチド結合	ジスルフィド結合	イオン結合
⑥	ペプチド結合	水素結合	ジスルフィド結合
⑦	イオン結合	ジスルフィド結合	水素結合
⑧	イオン結合	ペプチド結合	ジスルフィド結合
⑨	イオン結合	水素結合	ペプチド結合

30 および 32 に対する解答群

① キサントプロテイン　② ニンヒドリン　③ ビウレット
④ ヨウ素デンプン　⑤ ヨードホルム　⑥ ルミノール

31 および 33 に対する解答群

① 黒　② 青 紫　③ 深 青　④ 淡 緑
⑤ 橙 黄　⑥ 赤 紫　⑦ 白

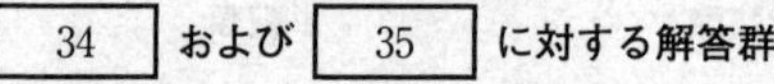
34 および 35 に対する解答群

① 遺伝子　② 基 質　③ 酵 素　④ コラーゲン
⑤ 脂 肪　⑥ 受容体　⑦ セルロース　⑧ 単糖類
⑨ DNA　⓪ ヘモグロビン

36 に対する解答群

①
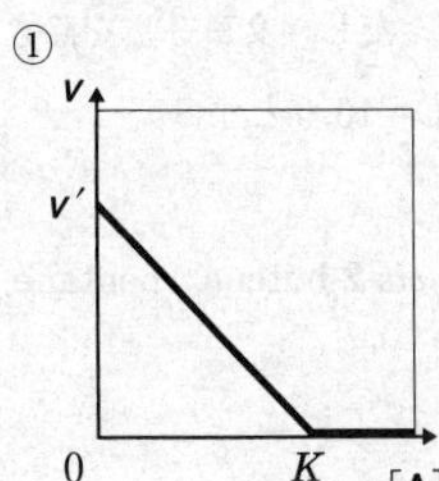

②
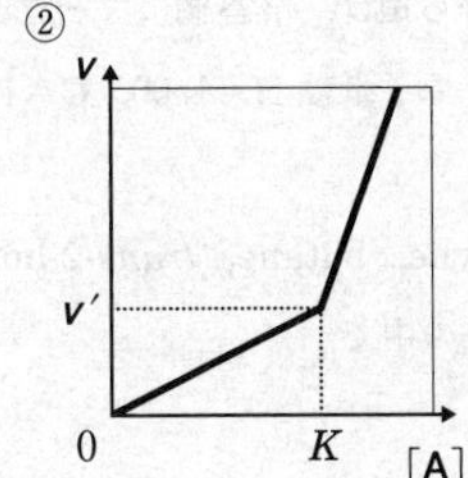

③
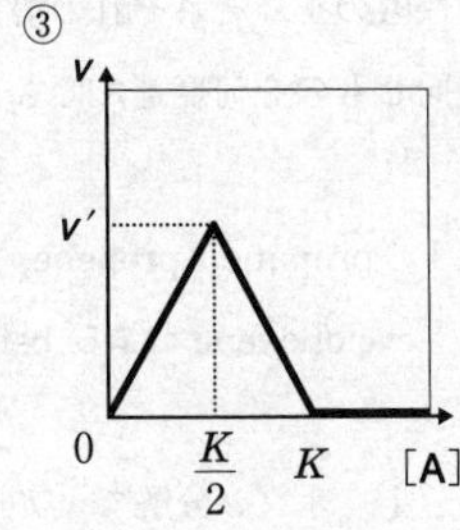

④
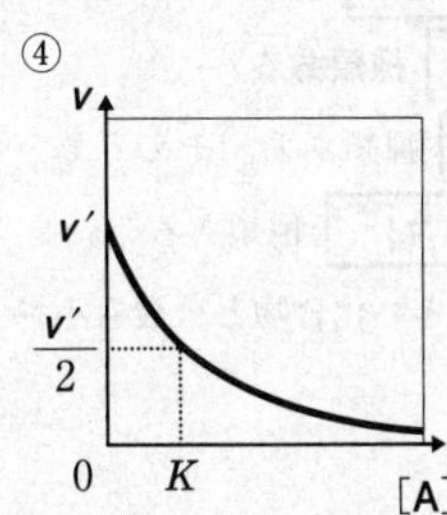

⑤
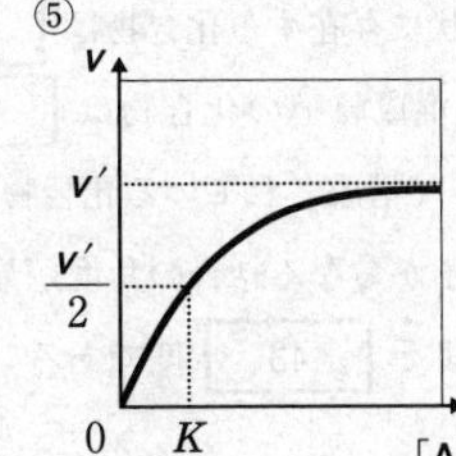

⑥
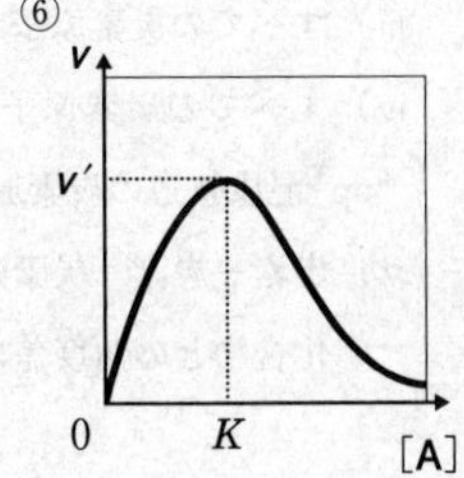

37 に対する解答群

① 1　② 9　③ 17　④ 20　⑤ 25
⑥ 33　⑦ 40　⑧ 50　⑨ 60　⓪ 67
ⓐ 75　ⓑ 80　ⓒ 83　ⓓ 91　ⓔ 99

Ⅳ 有機化合物に関する次の文章中の空欄 [38] ～ [53] にあてはまる最も適切なものを，それぞれの**解答群**から選び，解答欄にマークせよ。ただし，文章3）を除き，同じものを何度選んでもよい。原子量はH＝1.00，C＝12.0，O＝16.0とする。

1）propane，propene，propyne，butane，*trans*-2-butene，*cis*-2-butene，pentane，cyclohexeneおよびbenzeneの中で，

ⅰ）オゾン分解で，アセトアルデヒドを生じる化合物は [38] 種類ある。

ⅱ）自由に回転できない炭素－炭素結合をもつ化合物は [39] 種類ある。

ⅲ）すべての炭素原子が直線状に存在する化合物は [40] 種類ある。

ⅳ）すべての炭素原子が同じ混成軌道の化合物は [41] 種類ある。そのうち，sp^3 混成軌道の炭素原子のみで構成されている化合物は [42] 種類ある。

ⅴ）炭素－炭素－炭素の3原子からなる結合の角度が最も大きい化合物と，最も小さい化合物との角度差は，およそ [43] 度である。

2）propaneと1-buteneの混合気体を完全燃焼させると，CO_2 が484gと H_2O が216g生じた。このことから，この混合気体中には，propaneが [44] molと1-buteneが [45] mol含まれていたことがわかる。

3）**表Ⅳ**に示した2種類の化合物を，化学的に区別するために必要な試薬 [46] ～ [49] および区別できる変化 [50] ～ [53] として最も適切なものを，解答群から選び，解答欄にマークせよ。ただし，同じものを2度使ってはいけない。

表Ⅳ

	区別に必要な試薬	区別できる変化
アセトンとアセトアルデヒド	[46]	[50]
サリチル酸とサリチル酸メチル	[47]	[51]
エチレンとアセチレン	[48]	[52]
ステアリン酸とオレイン酸	[49]	[53]

[38] ～ [42]，[44] および [45] に対する解答群

① 1　② 2　③ 3　④ 4　⑤ 5
⑥ 6　⑦ 7　⑧ 8　⑨ 9　⓪ 0

[43] に対する解答群

① 10　② 20　③ 30　④ 40　⑤ 50
⑥ 60　⑦ 70　⑧ 80　⑨ 90

[46] ～ [49] に対する解答群

① ニンヒドリン溶液　② 酢酸鉛(Ⅱ)水溶液
③ 塩化鉄(Ⅲ)水溶液　④ 水酸化ナトリウム水溶液
⑤ 炭酸水素ナトリウム水溶液　⑥ 臭素水
⑦ サラシ粉水溶液　⑧ フェーリング試薬
⑨ アンモニア性硝酸銀水溶液

[50] ～ [53] に対する解答群

① 一方の溶液が，赤紫色に着色する。　② 一方の溶液が，褐色に着色する。
③ 一方の溶液で，発泡がみられる。　④ 一方の溶液に，黄色沈殿が生じる。
⑤ 一方の溶液に，黒色沈殿が生じる。　⑥ 一方の溶液に，白色沈殿が生じる。
⑦ 一方の溶液に，赤色沈殿が生じる。　⑧ 一方の溶液に，金属が析出する。

生　物

（60分）

I　生物の遺伝子の発現の調節と遺伝子組換え技術に関する以下の文章中の [1] ～ [13] に最も適切なものを解答群から選び，その番号を解答欄にマークせよ。ただし，異なる番号の [　] に同じものを繰り返し選んでもよい。

1)　ヒトのDNAは [1] とよばれるタンパク質に巻きついて [2] を形成して，折りたたまれて [3] という構造をとっている。さらに [3] は何重にも折りたたまれてひも状の染色体を形成している。

DNAの遺伝情報は核内でRNAに転写される。転写されたRNAは，核膜孔を通り，細胞質へと移動する。この転写されたRNAのうち，（ア）は，リボソームタンパク質とともにリボソームを構成する。リボソームでは，RNAが核内でスプライシングの過程を経てできた（イ）の情報にしたがって（ウ）がアミノ酸を運搬することで，（イ）がタンパク質へと翻訳される。[4] に付着したリボソームで翻訳されたタンパク質は，小胞によって [5] に運ばれ，糖が付加されるなどの修飾を受ける。ここで，（ア）～（ウ）の正しい組み合わせは [6] である。

[1] ～ [3] に対する解答群

①　チューブリン　　②　ヒストン　　③　クロマチン
④　アクチン　　⑤　ヌクレオソーム　　⑥　キネシン
⑦　ダイニン　　⑧　ミオシン

[4] および [5] に対する解答群

①　粗面小胞体　　②　滑面小胞体　　③　中心体　　④　ゴルジ体
⑤　紡錘体　　⑥　リソソーム　　⑦　ミトコンドリア

6 に対する解答群

	(ア)	(イ)	(ウ)
①	mRNA	rRNA	tRNA
②	mRNA	tRNA	rRNA
③	rRNA	mRNA	tRNA
④	rRNA	tRNA	mRNA
⑤	tRNA	mRNA	rRNA
⑥	tRNA	rRNA	mRNA

2) DNAはヌクレオチド鎖2本が互いに向かい合い，全体にねじれた二重らせん構造をしている。これは，DNAを構成する塩基のうち（エ）は2つ，（オ）は3つの水素結合で相補的な塩基対を形成しているためである。<u>DNAの塩基配列は，複製時の誤り，紫外線や放射線などによる影響を受けることがある</u>。ここで，（エ）と（オ）の正しい組み合わせは 7 である。

7 に対する解答群

	(エ)	(オ)
①	アデニンとグアニン	チミンとシトシン
②	アデニンとグアニン	ウラシルとシトシン
③	アデニンとシトシン	グアニンとチミン
④	アデニンとシトシン	グアニンとウラシル
⑤	アデニンとチミン	グアニンとシトシン
⑥	アデニンとウラシル	グアニンとシトシン

下線部の塩基配列の変化に関する以下の記述a～cのうち，正しいものは 8 である。

a　ヌクレオチドの挿入や欠失が生じ，コドンの読み枠がずれることをフレームシフトという。

b　DNAが損傷した場合，損傷した箇所を修復するしくみはない。

c　1つの塩基が置換して，コードするアミノ酸が変わることを同義置換という。

［8］に対する解答群

①　aのみ　②　bのみ　③　cのみ　④　a，bのみ
⑤　a，cのみ　⑥　b，cのみ　⑦　a，b，c

3）PCR 法で増幅した目的遺伝子を含む DNA 断片をプラスミドに組み込み，それを大腸菌に導入する実験を行った。

図Ⅰ－1には，この実験に使用する目的遺伝子を含む塩基配列が示されており，この中には，実験で用意した制限酵素を使って切断できる塩基配列が含まれている。図Ⅰ－2には，特定の領域の塩基配列を含めたプラスミドの情報が示されている。さらに，この実験で用意した制限酵素は，特定の領域の塩基配列以外は切断できないこともわかっている。図Ⅰ－3には，この実験で用意した制限酵素と，それぞれの制限酵素が認識する6塩基からなる塩基配列と点線で示した切断部位の情報を示している。ここで，制限酵素 V～Z を用い，目的遺伝子の全長が DNA 断片内に残るように切断して切り出すために，以下の操作を行った。制限酵素［9］を用いて開始コドン側の DNA を切断し，制限酵素［10］を用いて終止コドン側の DNA を切断した。次に，図Ⅰ－2に示すプラスミドの特定の領域を切断するために制限酵素［11］を使用した。

続いて，DNA リガーゼによって目的遺伝子を含む DNA 断片とプラスミドの切断面を結合させることで，目的遺伝子が挿入されたプラスミドを得た。このプラスミドはβ-ラクタマーゼの遺伝子が発現する塩基配列を有しているため，このプラスミドが導入された大腸菌は，［12］を含む培地で生育できるが，このプラスミドが導入されていない大腸菌は，［12］を含む培地で生育できない。

開始コドン　終止コドン

5′－AACTGAATTCCAT［ATG］AAGCTTCAGCTCAACATATGT［TAA］CAATTGCTTCCAG－3′
3′－TTGACTTAAGGTATACTTCGAAGTCGAGTTGTATACAATTGTTAACCAAGGTC－5′

目的遺伝子

図Ⅰ－1

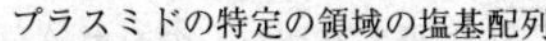

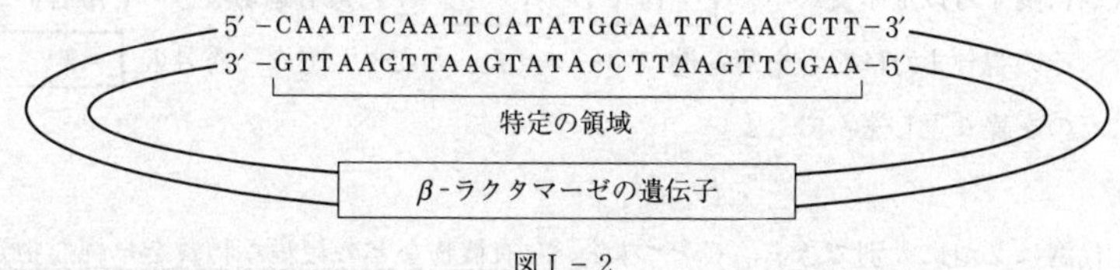

図Ⅰ−2

各制限酵素が切断する塩基配列と切断面

制限酵素V	制限酵素W	制限酵素X	制限酵素Y	制限酵素Z
5′−CAATTG−3′	5′−AAGCTT−3′	5′−CATATG−3′	5′−GAATTC−3′	5′−GTTAAC−3′
3′−GTTAAC−5′	3′−TTCGAA−5′	3′−GTATAC−5′	3′−CTTAAG−5′	3′−CAATTG−5′

図Ⅰ−3

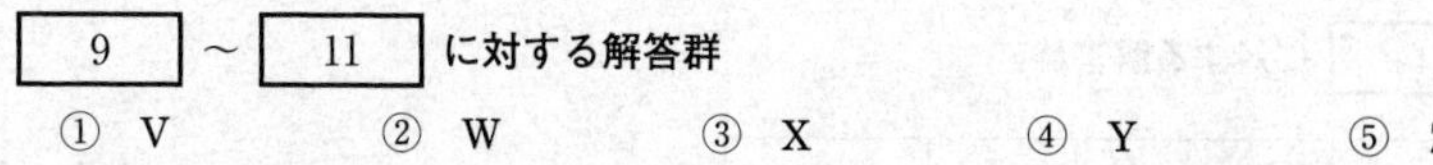

9 〜 11 に対する解答群

① V　② W　③ X　④ Y　⑤ Z

12 に対する解答群

① アミラーゼ　② アンピシリン　③ IPTG
④ シクロスポリン　⑤ リゾチーム　⑥ X-gal

PCR 法に関する以下の記述d〜fのうち，正しいものは 13 である。

d　プライマーはDNA 合成を開始する起点となる。

e　DNA の2本鎖を1本鎖に解離させるため95℃に加熱する。

f　DNA の複製には耐熱性のDNA ポリメラーゼを用いる。

13 に対する解答群

① dのみ　② eのみ　③ fのみ　④ d，eのみ
⑤ d，fのみ　⑥ e，fのみ　⑦ d，e，f

Ⅱ　代謝に関する以下の文章中の [14] ～ [28] に最も適切なものを解答群から選び，その番号または記号を解答欄にマークせよ。ただし，異なる番号の [ ] に同じものを繰り返し選んでもよい。

1)　代謝は2つに大別できる。ひとつは，i)有機物などの複雑な物質を単純な物質に分解してエネルギーを取り出す（ア）とよばれる過程である。もうひとつは，ii)単純な物質から生命活動に必要な物質をつくる（イ）とよばれる過程である。植物の多くは，代謝で得られる有機物を外界から取り入れた無機物から合成して得ており，このような生物を（ウ）栄養生物という。ここで，（ア）～（ウ）の正しい組み合わせは [14] である。

[14] に対する解答群

	（ア）	（イ）	（ウ）
①	同　化	固　定	独　立
②	同　化	固　定	従　属
③	同　化	異　化	独　立
④	同　化	異　化	従　属
⑤	固　定	同　化	独　立
⑥	固　定	同　化	従　属
⑦	固　定	異　化	独　立
⑧	固　定	異　化	従　属
⑨	異　化	同　化	独　立
⓪	異　化	同　化	従　属
ⓐ	異　化	固　定	独　立
ⓑ	異　化	固　定	従　属

生命活動に関する以下の記述ａ～ｄのうち，下線部ｉ）の（ア）に分類されるものは [15] であり，下線部ⅱ）の（イ）に分類されるものは [16] である。

a　植物体内における硝酸イオンからのアミノ酸の合成

b　紅色硫黄細菌による硫化水素を利用した炭水化物の合成

c　ハテナの細胞内部に共生する緑藻類による光合成

d　低酸素下における酵母のアルコール発酵

[15] および [16] に対する解答群

① aのみ　② bのみ　③ cのみ
④ dのみ　⑤ a，bのみ　⑥ a，cのみ
⑦ a，dのみ　⑧ b，cのみ　⑨ b，dのみ
⓪ c，dのみ　ⓐ a，b，cのみ　ⓑ a，b，dのみ
ⓒ a，c，dのみ　ⓓ b，c，dのみ

2) 呼吸基質には炭水化物のほか，脂肪やタンパク質も利用される。脂肪が呼吸基質となる場合，脂肪は [17] されて [18] と [19] になる。その後，[18] は解糖系に入って分解される。[19] の端から炭素2個を含む部分は，[20] 内で切り取られ，[21] を生成する。この過程を [22] とよぶ。生成した [21] はクエン酸回路に入って利用される。

タンパク質が呼吸基質となる場合，タンパク質は [17] されてアミノ酸となる。アミノ酸は [23] 反応により，有機酸とアンモニアになる。ヒトの場合，[23] 反応などにより生じたアンモニアは，肝臓にて毒性の少ない [24] に変えられる。

[17]，[22] および [23] に対する解答群

① 加水分解　② 酸化的リン酸化　③ 硝　化
④ 脱アミノ　⑤ 脱水素　⑥ 脱炭酸
⑦ β酸化　⑧ リン酸化

[18]，[19]，[21] および [24] に対する解答群

① アセチル CoA　② アセトアルデヒド　③ エタノール
④ グリセリン　⑤ 脂肪酸　⑥ 窒　素
⑦ 乳　酸　⑧ 尿　酸　⑨ 尿　素
⓪ ピルビン酸

20 に対する解答群

① ミトコンドリアのクリステ　② ミトコンドリアの膜間腔

③ ミトコンドリアのマトリックス　④ 細胞質基質

3) ある健常なヒトの酸素消費量，二酸化炭素放出量および尿中窒素排泄量について一定時間測定したところ，酸素消費量は37 L，二酸化炭素放出量は31 Lであり，尿中に呼吸基質由来の窒素が2.4 g排泄されていた。このヒトが呼吸基質としてタンパク質を使用するために消費した酸素量は 25 Lであった。また，呼吸基質として炭水化物と脂肪を使用することで放出した二酸化炭素量は合計 26 Lであり，炭水化物を使用するために消費した酸素量は 27 L，脂肪を使用するために消費した酸素量は 28 Lであった。

なお，炭水化物の呼吸商は1.0，タンパク質の呼吸商は0.8，脂肪の呼吸商は0.7とする。また，このヒトの体内で1.0 gのタンパク質が呼吸基質として使用されたときに消費される酸素量は1.0 Lとし，尿中窒素1.0 gはタンパク質6.25 gを燃焼した結果の代謝物とする。ただし，消費された酸素および放出された二酸化炭素は全て呼吸によって生じたものとし，呼吸基質は完全に酸化分解されたものとする。

25 ～ 28 に対する解答群

① 1.0	② 2.0	③ 3.0	④ 5.0
⑤ 6.0	⑥ 8.0	⑦ 9.0	⑧ 10
⑨ 12	⓪ 13	ⓐ 15	ⓑ 17
ⓒ 19	ⓓ 20	ⓔ 22	ⓕ 25

Ⅲ　植物の光合成に関する以下の文章中の [29] ～ [41] に最も適切なものを解答群から選び，その番号または記号を解答欄にマークせよ。ただし，異なる番号の [　] に同じものを繰り返し選んでもよい。

1）葉緑体の（ア）にある光化学系Ⅰ，光化学系Ⅱの反応中心のクロロフィルは，光エネルギーにより活性化され，電子を放出し，（イ）される。光化学系（ウ）では，（イ）された反応中心のクロロフィルは，（エ）によって生じる電子を受け取り，（オ）され，電子を放出する前の状態に戻る。光化学系（カ）では，（イ）された反応中心のクロロフィルは，光化学系（ウ）から電子を受け取り，（オ）され，電子を放出する前の状態に戻る。光化学系（カ）の反応中心のクロロフィルが放出した電子は，最終的に（キ）に渡され，（ク）が生成される。これらの反応系を光合成の電子伝達系という。電子が電子伝達系を通る過程で，（ケ）が（コ）側から（サ）側に輸送され，（コ）と（サ）の間に（ケ）の濃度勾配が生じる。ここで，（ア），（イ），（エ），（オ）の正しい組み合わせは [29] ，（ウ），（カ）および（ケ）～（サ）の正しい組み合わせは [30] ，（キ）と（ク）の正しい組み合わせは [31] である。

[29] **に対する解答群**

	（ア）	（イ）	（エ）	（オ）
①	ストロマ	酸　化	H_2O の分解	還　元
②	ストロマ	酸　化	O_2 の還元	還　元
③	ストロマ	還　元	H_2O の分解	酸　化
④	ストロマ	還　元	O_2 の還元	酸　化
⑤	チラコイド膜上	酸　化	H_2O の分解	還　元
⑥	チラコイド膜上	酸　化	O_2 の還元	還　元
⑦	チラコイド膜上	還　元	H_2O の分解	酸　化
⑧	チラコイド膜上	還　元	O_2 の還元	酸　化

30 に対する解答群

	(ウ)	(カ)	(ケ)	(コ)	(サ)
①	Ⅰ	Ⅱ	H^+	ストロマ	チラコイド内腔
②	Ⅰ	Ⅱ	H^+	チラコイド内腔	ストロマ
③	Ⅰ	Ⅱ	OH^-	ストロマ	チラコイド内腔
④	Ⅰ	Ⅱ	OH^-	チラコイド内腔	ストロマ
⑤	Ⅱ	Ⅰ	H^+	ストロマ	チラコイド内腔
⑥	Ⅱ	Ⅰ	H^+	チラコイド内腔	ストロマ
⑦	Ⅱ	Ⅰ	OH^-	ストロマ	チラコイド内腔
⑧	Ⅱ	Ⅰ	OH^-	チラコイド内腔	ストロマ

31 に対する解答群

	(キ)	(ク)
①	GDP	GTP
②	GTP	GDP
③	FAD	$FADH_2$
④	$FADH_2$	FAD
⑤	NAD^+	NADH
⑥	NADH	NAD^+
⑦	$NADP^+$	NADPH
⑧	NADPH	$NADP^+$

2)　カルビン・ベンソン回路ではCO_2の固定が行われる。C_3植物では，気孔から取り込まれたCO_2とC_5化合物の 32 が反応した後，2分子のC_3化合物の 33 が生成される。この反応は 34 とよばれる酵素によって触媒される。次に 33 はリン酸化された後，還元され，C_3化合物の 35 となる。

C_4植物では，気孔から取り込まれたCO_2は，葉肉細胞でC_3化合物の 36 と反応し，C_4化合物の 37 として固定される。 37 は， 38 に変換された後，（シ）細胞に運ばれ，そこでCO_2が再放出され，カルビン・ベンソン回路でCO_2が再固定される。このしくみにより，C_4植物はC_3植物に比べ，光飽和点が（ス）く，CO_2 補償点が（セ）い。

CAM植物では，（ソ）間に気孔から取り込まれたCO_2は，C_4植物と同様に［38］に変換された後，（タ）に蓄えられる。（チ）間には気孔は閉じられ，（タ）に蓄積した［38］が分解され，CO_2が放出される。放出されたCO_2はカルビン・ベンソン回路で再固定される。このしくみによりパイナップルや［39］などのCAM植物は（ツ）地域に適応している。ここで，（シ）～（セ）の正しい組み合わせは［40］，（ソ）～（ツ）の正しい組み合わせは［41］である。

［32］，［33］および［35］～［38］に対する解答群

① アスパラギン酸　② イソクエン酸　③ オキサロ酢酸
④ クエン酸　⑤ グリセルアルデヒドリン酸
⑥ α-ケトグルタル酸　⑦ フルクトースビスリン酸
⑧ ホスホエノールピルビン酸　⑨ ホスホグリセリン酸
⓪ リブロースビスリン酸　ⓐ リンゴ酸

［34］に対する解答群

① アデニル酸シクラーゼ　② β-ガラクトシダーゼ
③ シトクロムオキシダーゼ　④ ニトロゲナーゼ
⑤ PEPカルボキシラーゼ　⑥ ルビスコ

［39］に対する解答群

① アルファルファ　② サザンカ　③ サトウキビ
④ タバコ　⑤ ツバキ　⑥ トウモロコシ
⑦ ベンケイソウ

40 に対する解答群

	(シ)	(ス)	(セ)
①	維管束鞘	高	高
②	維管束鞘	高	低
③	維管束鞘	低	高
④	維管束鞘	低	低
⑤	コルメラ	高	高
⑥	コルメラ	高	低
⑦	コルメラ	低	高
⑧	コルメラ	低	低
⑨	柔	高	高
⓪	柔	高	低
ⓐ	柔	低	高
ⓑ	柔	低	低

41 に対する解答群

	(ソ)	(タ)	(チ)	(ツ)
①	昼	液　胞	夜	乾燥した
②	昼	液　胞	夜	降水量の多い
③	昼	ゴルジ体	夜	乾燥した
④	昼	ゴルジ体	夜	降水量の多い
⑤	昼	ミトコンドリア	夜	乾燥した
⑥	昼	ミトコンドリア	夜	降水量の多い
⑦	夜	液　胞	昼	乾燥した
⑧	夜	液　胞	昼	降水量の多い
⑨	夜	ゴルジ体	昼	乾燥した
⓪	夜	ゴルジ体	昼	降水量の多い
ⓐ	夜	ミトコンドリア	昼	乾燥した
ⓑ	夜	ミトコンドリア	昼	降水量の多い

Ⅳ ヒトの生体防御と免疫に関する以下の文章中の [42] ～ [52] に最も適切なものを解答群から選び，その番号または記号を解答欄にマークせよ。ただし，異なる番号の [ ] に同じものを繰り返し選んでもよい。

1) 異物の多くは，皮膚や粘膜などによる i) 物理的・化学的防御によって，体内への侵入が阻止されている。しかし，物理的・化学的防御をこえて異物が体内に侵入すると，その異物を捕食して排除する食作用がはたらく。

食作用は，食細胞によって行われる。食細胞の代表的なものとして [42] ，[43] がある。[42] は，通常は血管内に存在し，食細胞の中では数が最も多い。[42] は毛細血管の壁を通り抜け，異物が侵入した組織で食作用を行い，その結果，死滅した [42] は [43] の食作用により取り除かれる。また，[43] のはたらきによって，毛細血管が拡張して血流が増え，食細胞が組織に集まりやすくなり，食作用が促進される。単球は異物が侵入すると毛細血管から組織に移動して [43] に分化し，食作用を行う。

[42] ，[43] などの食細胞は，病原体がもつ糖や核酸などの物質を特異的に認識する [44] をもっている。[44] によって病原体を認識した [43] は活性化し，[45] とよばれるタンパク質を分泌する。[45] のはたらきによって，からだでは ii) 炎症反応や免疫細胞の活性化などの反応が引き起こされる。

[42] および [43] に対する解答群

① iPS 細胞　② ES 細胞　③ NK 細胞　④ 血小板
⑤ 好中球　⑥ 神経分泌細胞　⑦ 錐体細胞　⑧ 赤血球
⑨ T 細胞　⓪ B 細胞　ⓐ マクロファージ

[44] および [45] に対する解答群

① 温度受容体　② コーディン　③ サイトカイニン
④ サイトカイン　⑤ GPCR　⑥ チューブリン
⑦ TLR　⑧ ノギン

下線部 i ）に関する以下の記述 a ～ d のうち，正しいものは [46] である。

a　皮膚表面の角質層による保護は化学的防御である。

b　だ液による殺菌は物理的防御である。

c　気管の繊毛の運動による異物の除去は物理的防御である。

d　ディフェンシンによる細菌の細胞膜の破壊は化学的防御である。

46 に対する解答群

①　aのみ　②　bのみ　③　cのみ
④　dのみ　⑤　a，bのみ　⑥　a，cのみ
⑦　a，dのみ　⑧　b，cのみ　⑨　b，dのみ
⓪　c，dのみ　ⓐ　a，b，cのみ　ⓑ　a，b，dのみ
ⓒ　a，c，dのみ　ⓓ　b，c，dのみ　ⓔ　a，b，c，d

下線部ⅱ）に関する以下の記述e～hのうち，正しいものは 47 である。

e　関節リウマチは，関節に炎症が生じる自己免疫疾患である。

f　インターロイキンは炎症反応に全く関与しない。

g　炎症により，局所的な発熱反応が引き起こされる。

h　ツベルクリン反応が起こるとき，細胞性免疫などにより炎症が生じる。

47 に対する解答群

①　eのみ　②　fのみ　③　gのみ
④　hのみ　⑤　e，fのみ　⑥　e，gのみ
⑦　e，hのみ　⑧　f，gのみ　⑨　f，hのみ
⓪　g，hのみ　ⓐ　e，f，gのみ　ⓑ　e，f，hのみ
ⓒ　e，g，hのみ　ⓓ　f，g，hのみ　ⓔ　e，f，g，h

2)　免疫反応では，自分のからだを構成している細胞は攻撃されないが，他の人の皮膚や臓器を移植すると，拒絶反応を起こして移植片は排除される。これは，細胞膜の表面に存在する 48 抗原が個体間で異なっており，この 48 抗原が自己，非自己の識別に利用されるためである。

ヒトでは， 48 抗原は 49 とよばれ，第6染色体上にある6対の遺伝子によって決まる。 49 遺伝子には，3つの遺伝子座からなるクラスⅠ遺伝子

と，クラスⅠ遺伝子とは異なる3つの遺伝子座からなるクラスⅡ遺伝子が存在する。一般的に，どの遺伝子座においても父親由来と母親由来の対立遺伝子は異なるため，父方からクラスⅠ遺伝子とクラスⅡ遺伝子をそれぞれ3種類受け継ぎ，母方からもクラスⅠ遺伝子とクラスⅡ遺伝子をそれぞれ3種類受け継ぐ。よって，この父母から生まれた子は合計 [50] 種類の [49] 遺伝子をもつ。

[49] 遺伝子の組み合わせが同じなら，その遺伝子からつくられる [49] が同じなので拒絶反応は起こらない。しかし，この遺伝子の対立遺伝子の数は非常に多く，遺伝子の組み合わせは膨大な数になるので， [49] が他人と一致することは非常にまれである。組換えが起こらないと仮定した場合，同じ父母から生まれる子の [49] の組み合わせは，最大 [51] 通りしかなく，一卵性双生児以外の兄弟姉妹間では [52] %の確率で一致する。

[48] および [49] に対する解答群

① BCR　② DDT　③ EPSP　④ HLA　⑤ IAA
⑥ IPSP　⑦ MHC　⑧ SEM　⑨ TCR　⓪ TEM

[50] および [51] に対する解答群

① 1　② 2　③ 3　④ 4　⑤ 5
⑥ 6　⑦ 7　⑧ 8　⑨ 9　⓪ 10
ⓐ 11　ⓑ 12　ⓒ 13　ⓓ 14　ⓔ 15
ⓕ 16　ⓖ 17　ⓗ 18　ⓘ 19　ⓙ 20

[52] に対する解答群

① 0　② 10　③ 12.5　④ 20　⑤ 25
⑥ 30　⑦ 37.5　⑧ 40　⑨ 50　⓪ 60
ⓐ 62.5　ⓑ 70　ⓒ 75　ⓓ 80　ⓔ 87.5
ⓕ 90　ⓖ 100

2　原文は明らかに視覚を中心化していたが、訳文での視覚はぼんやりした周縁的なものになっている

3　原文の明瞭な語りの位相が訳文では不明瞭になり、物語世界の描写の鮮やかさがはぎ取られている

4　原文は人称を明示して対象との距離を表すが、訳文は人称が一定せず対象との距離が不適切である

問七　傍線部⑦の説明として、最も適切なものを次の中から選び、その番号をマークせよ。 7

1　学術的科学小説として再話的に語る意図にもかかわらず、科学的知見は疎かにされた

2　小説の科学的客観性を保つため、物語世界内に内在した科学者の目を消してしまった

3　近代科学に基づく小説を指向しながら、科学的に視て語ることに徹しきれなかった

4　科学者を主人公としたものの、語りが内面描写に大きく偏る情緒的な小説となった

問八　傍線部⑧のように言うのはなぜか。最も適切なものを次の中から選び、その番号をマークせよ。 8

1　空想科学小説では非人称的な対象化が王道だから

2　三木や高須の翻訳で特徴的に見られる手法だから

3　科学的なディスクールの本質を見誤っているから

4　人情本的な旧来の物語の方法を踏襲しているから

2　近代科学に寄せる厚い信頼が語りの基盤にある
3　学術用語を駆使し科学的実証の成果を記している
4　視ることを重視しひたすら視覚的に表現している

問四　傍線部④はどういうものか。最も適切なものを次の中から選び、その番号をマークせよ。 4
1　一人称的語りから三人称的語りへの移行により、原文との差異を飛び超える語り手
2　場面内に内在する一人称主体ではなく、物語の外部に存在する誰でもない語り手
3　血縁の呪縛にとらわれ、登場人物を適切な人称で指し示すことのできない語り手
4　登場人物との関係において冷淡で、物語のコード変換を容赦なく進めていく語り手

問五　傍線部⑤の説明として、最も適切なものを次の中から選び、その番号をマークせよ。 5
1　三人称的にリンデンブロック教授を示しながら、一人称の語り手との私的関係は保持しようとする
2　一人称の語りを前提とした原文での呼称が、三人称的な語りに改めたはずの訳文でも採用されている
3　全体としては三人称的な語りでありながら、叔父の登場場面では一人称の語りに置き換わっている
4　リンデンブロック教授を他称詞化しない原文の誤謬に気付かず、訳文でも原文同様に叔父と呼称する

問六　傍線部⑥の説明として、最も適切なものを次の中から選び、その番号をマークせよ。 6
1　周到に選ばれた語り手が語る原文の物語世界は、訳文では誰が視たのか不明瞭なまま描かれている

定する重要な契機が含まれているのである。ただし、それに思い到るにはさらにいくつかのハードルを越えなければならない。その一つが、〈人称〉的世界の必然性をいかに意識化するかということに深く関わっていると思われるのである。

（高橋修『明治の翻訳ディスクール―坪内逍遙・森田思軒・若松賤子』による。ただし、本文の一部を省略した）

1

問一　傍線部①はどういうことか。最も適切なものを次の中から選び、その番号をマークせよ。

1　気安く知識に触れようとする輩に暴君的対応をするということ
2　知識はあれど人に合わせたうまい返答はできないということ
3　そう簡単には自分の知識を人に与えようとしないということ
4　知識の多さが災いして振る舞いが奇矯なものになるということ

2

問二　傍線部②の説明として、最も適切なものを次の中から選び、その番号をマークせよ。

1　敬意に左右されぬ冷静さで叔父を観察している
2　叔父の奇人ぶりには心の底から辟易している
3　身内だが遠慮することなく叔父を評価している
4　突き放した冷たい態度で叔父と対峙している

3

問三　傍線部③の特徴として、適切でないものを次の中から一つ選び、その番号をマークせよ。

1　科学者でもある一人称の語り手に語らせている

文の「同伴者的一人称」の特性に十分目が向けられていないのである。
そのことによって、〈科学者の目から視た未知の世界の報告〉という原文において周到に選ばれた語りのスタンスは意識化されず、おのずと物語の臨場感の質も変わっていかざるをえない。

〔案内者のガンスから〕卑怯者めと笑い軽蔑めらるゝをも亦た口惜しきことなりと独り心に嘆つゝ怖る〳〵に進みける前にも已に陳しごとく此の洞穴は直径百「フート」周囲三百「フート」もあるなれば「アクセリ」は身を僂めて不測の下底を覗きたるに毛髪倒竪ちて足下の中心力を失ひ眩暈して昏酔せる如くなにとなく我身は穴に引着けらるゝ如くにて怖ろしさに堪へがたければ（下略）（第六回）

物語は「柔弱」な「アクセリ」の不安と恐怖という〈内面〉に焦点化され語られていくことになり、必ずしも〈視覚〉に中心化されることはない。かつ、こうした語りの位相は必ずしも一貫しているわけでもなく、対象と距離をおいて語るのか、それともそれに即こうとしているのか語りのスタンスが微妙にブレている。いうなれば、⑥原文の明瞭な〈人称〉的世界が漠と切り取られている。それが旧来の物語的な枠組みである人情本的世界に過剰に反応させてしまうことに関わっている。同時に、物語世界内に内在した科学者の〈目〉が消えてしまうことにもなる。⑦〈科学小説〉を意図しながら科学的にならなかった理由はここにある。三木・高須訳では〈科学小説〉と〈空想小説〉の接合を一つのジャンルとして訳し切ることはできなかったのである。

それは、同伴者としての〈一人称〉的な語り手と強く結びついていた科学的なディスクールを訳するにあたり、〈非＝人称〉的に対象化する⑧常套的な語り手を無造作に選んだことに遠く由来している。語り手をどう選びとるか、そこには小説世界を決

いう、科学に対する認識（あるいは信仰）が述べられ、地中内部の様子は次のように語られる。

　電灯の光に、壁の片岩や石灰岩や古い赤色砂岩が燦然（さんぜん）と輝いていた。この種の地層にその名を与えたデボンシャー（イングランド南西部の土地）の切り通しにいると思うこともできたにちがいない。壁はみごとな大理石の見本でおおわれていたが、そのあるものは、気まぐれにきわだって白い木目のある灰色の瑪瑙（めのう）のようなものもあり、肉色や、赤い斑点のある黄色のものもあった。そしてさらに先のところには、石灰質がくっきりと浮きでた、くすんだ色大理石の標本もあった。

と、空想的世界が科学用語を用いながら徹底的に〈視覚〉的に表現されることになる。西洋の近代科学さながらに〈視る〉ことに重い信頼をおいて〈視覚〉的に対象化すること、それが③『地底旅行』における科学的ディスクールを根本において支えているのである。そこにヴェルヌ的な空想科学小説の鍵もある。

　これに対して、三木・高須訳では④〈非＝人称〉の語り手が選ばれている。この翻訳には〈学術的科学小説〉として再話的にコード変換して語るという意図はあったにせよ、原文と訳文との差異には無視できない重要な意味を見て取ることができる。それは〈三人称〉的な語りに改めながら、リンデンブロック教授を〈他称詞〉化せず、〈一人称〉の「わたし」という語り手との私的関係そのままに「叔父（をぢ）」と原文どおりに呼称するという、⑤〈三人称〉と〈一人称〉の奇妙な混在にも表れている。つまり、語りにおける〈人称〉性の問題に無頓着で、それゆえ〈一人称〉の語りからいわゆる〈三人称〉的な語りへ易々と飛び越えられていると考えられるのだ。それによって、〈三人称〉に改められながら血縁という呪縛から逃れられず、叔父を〈奇人〉として距離をもって対象化し切れていないこともさることながら、いかなる地点から物語を語るかという語りの位置が曖昧化されてしまうことになる。いいかえれば、場面内に内在する〈一人称主体〉の視点から視向的に表現するという、原

たかさえも十分に検討されてきてはいない。

（中略）

『地底旅行』の原文は次のように語り起こされていた。

一八六三年五月二十四日の日曜日に、わたしの叔父リンデンブロック教授は、ハンブルクの旧市街でもっとも古い通りのひとつ、ケーニッヒ街十九番地の小さな家に、息せききって帰ってきた。

この日、叔父はアイスランド語で書かれた古文書を買い込んで勇んで帰ってきたのである。「わたし」（甥であるアクセル）はリンデンブロック教授の短気でせっかちな暴君振りをこわごわ読者に伝えたあと、以下のようにその人となりを紹介する。「彼は、自己本位の学者であり、知識の井戸ともいえたが、人がその井戸からなにかをくみあげようとすれば、①つるべがすなおに動かず、かならずきしり鳴るといったぐあいだった」「こんな変わりものとつきあうには、服従する以外に方法がない」――。科学者として一途な叔父を尊敬すると同時に、一人の「変わりもの」として容赦なく②対象化している。かつ、語り手である「わたし」も、叔父の「実験の助手」であり、「正直にいえば、わたしは好んで地質学をかじっていたのである。わたしの血管には鉱物学者となりうる血が流れていて、貴重な石を相手にしていれば、けっして退屈なんかしなかった」と、確かな「鉱物学者」としての〈視線〉をもって眼差す存在として設定されていた。つまり、旅行の同伴者として〈奇人〉の叔父を対象化すると同時に、科学的な言葉のシステムに則って地球の内部を〈一人称〉的にレポートすることが可能な〈語り手〉が選ばれていたのである。

たとえば、「それがいかに驚くべきものであったにしても、自然の驚異は、必ず物理的理由によって説明できるものだ」と

問八　傍線部⑥の意味内容として、最も適切なものを次の中から選び、その番号をマークせよ。 8

1　これが昔住んだことのある我が家だろうか
2　ここもかつては人の住む家だったのだろう
3　ここで見ている家に昔は住んでいたのだろう
4　かつて住んだことがある我が家に似ているなあ

〔三〕　次の文章を読んで、後の問いに答えよ。解答番号は〔三〕の 1 から 8 までとする。

明治初期、もっとも翻訳された小説としてジュール・ヴェルヌの諸作をあげることができる。明治十年代をとってみても、川島忠之助訳『新説八十日間世界一周』（明治一〇年）から、十九年の井上勤訳の『九十七時二十分間月世界旅行』まで、実に十数篇が数えられる。科学による未知なる世界の冒険というヴェルヌ的なテーマは、新しい世界に目を向けはじめた当時の人々の興味に十分応えるものであったのだろう。

（中略）

だが、こうしたヴェルヌの翻訳についての研究は、必ずしも十分に進んでいるわけではない。この『八十日間世界一周』はしばしば取り上げられ詳細に論じられているのだが、その一方で、典拠としたテクストもはっきりしていないものもある。たとえば、ここで問題にする〈驚異の旅〉シリーズの第一篇に数えられる *VOYAGE AU CENTRE DE LA TERRE*（地球の中心への旅）、その翻訳である三木愛華・高須墨浦合訳『拍案驚奇地底旅行』（九春堂、明治一八年二月）は、何語から訳され

5
問五　傍線部③と同じ働きを含むものとして、最も適切なものを次の中から選び、その番号をマークせよ。

1　はなやかにうれしげなるこそ、またあはれなれ
2　おのが身は、この国の人にもあらず
3　幼き人は寝入りたまひにけり
4　古京はすでに荒れて、新都はいまだ成らず

6
問六　傍線部④の意味内容として、最も適切なものを次の中から選び、その番号をマークせよ。

1　自分の本心ではないものの不快に思われて
2　自分の意志ではあったものの異様に思われて
3　自分の心に従うままなのが気持ち悪く思われて
4　自分の気持ちであるけれども情けなく思われて

7
問七　傍線部⑤の意味内容として、最も適切なものを次の中から選び、その番号をマークせよ。

1　つまらないこの身はさも仏道を求めるかのようにしてあちこちさすらった末にまた都に戻ってきたのだなあ
2　取るに足りない身であるものの内心が顔に出るほど浮かれた気分になり、また都に帰ってきてしまったなあ
3　数え切れない人に出会い、心ある人との交流にのぼせ上がったが、また一人きりになったのだなあ
4　たいしたことのない私の思い出も、心の持ちようで浮かび上がってきたり、去っていったりするなあ

問一　傍線部①の意味内容として、最も適切なものを次の中から選び、その番号をマークせよ。 1

1　心のままにならない命ならば、再び故郷に帰り都の様子を見ようと
2　心のままになった命なので、再び故郷に帰り、都の様子を見るならば
3　心のままにならない命であるから、再び故郷に帰り都の様子を見ると
4　心のままになった命だったら、もう一度故郷に帰り都の様子を見れば

問二　傍線部②の意味内容として、最も適切なものを次の中から選び、その番号をマークせよ。 2

1　辺りの野で夕暮れの中、鳥がみな煙と共に飛びさり
2　みな夕暮れの鳥辺野の火葬の煙となっていて
3　夕方、鳥の群れが辺りの野で煙の如く飛ぶばかりで
4　みな鳥辺野で夕餉(ゆうげ)の支度の煙を立てており

問三　空欄 3 に入る言葉として、最も適切なものを次の中から選び、その番号をマークせよ。 3

1　霧(きり)　2　露(つゆ)　3　霰(あられ)　4　霞(かすみ)

問四　空欄 4 に入る言葉として、最も適切なものを次の中から選び、その番号をマークせよ。 4

1　あらげなる　2　あてやかなる
3　あながちなる　4　あだなる

2　プラトンから始まる西欧形而上学では、善のイデアを超越的な固定項として現前が序列化されている
3　影の世界はいわゆる実在の世界と異質なのではなく、実在の程度においてどちらが劣るともいえない
4　言語が差異性の弁別の体系であるのと同じように、影と実物の対応関係も絶対的に固定してはいない

〔二〕　次の文章を読んで、後の問いに答えよ。解答番号は〔二〕の［1］から［8］までとする。

①心にまかせぬ命なれば、二度旧里に帰り、都の有様を見れば、遅れ先立つ例、末の露本の雫となりはてて、この十余年の間に、めぐり来て馴れむつびし人々を尋ぬれば、②みな鳥辺野の夕の煙と昇り、船岡山の朝の［3］と消えはてて、空しき名のみ浅茅生(あさぢふ)や、蓬(よもぎ)が本にとどめ置き、その住みかを問へば、庭も外面も一つにて、葎(むぐら)の門・草の戸鎖(とざし)のみ深くして、鶉の寝屋と荒れはてたる所々、百六十余家なり。

されば、「これほどに［4］憂き世に、わが身いかに③として つれなく逃れ来つらむ」と浅ましくおぼえて、なお胡馬(こば)北風(ほくふう)にいばへ、越鳥南枝(えつてうなんし)に巣くふとやらむの風情に、故郷を慕ふ心に惹かれて、また帰り来ぬる事、④わが心ながらもうたてしくおぼえて、

⑤数ならぬ身をも心の持ち顔に浮かれてはまた帰り来にけり
⑥これや見し昔住みける宿ならむ蓬が露に月のかかれる

（『西行物語』による）

2　現実の素材を手がかりにしながらも想像力に富んだ物語の純粋さ
3　不気味な寓話に託してイデアの世界を説明する巧みな比喩の効果
4　原初的な想像力を通して現実感覚を揺さぶる詩的イメージの魔力

問六　傍線部⑤の説明として、最も適切なものを次の中から選び、その番号をマークせよ。 10
1　後世では想像力を不当におとしめたとされているプラトンが、実際には想像力を重要視していたこと
2　西欧形而上学の創始者であるプラトンが、その著述においても想像に基づいた物語を語っていること
3　実在物に対して影や映像を劣位に置いたプラトンが、文学史上でも第一級の想像力を発揮しえたこと
4　〈真理〉を現前存在者として規定していたプラトンが、〈イデア〉の世界を想像物と見なしていること

問七　空欄 11 に入る言葉として、最も適切なものを次の中から選び、その番号をマークせよ。 11
1　逆にいえば　2　あからさまにいえば　3　たとえていえば　4　強いていえば

問八　傍線部⑥は何を指しているか。最も適切なものを波線部ア〜エの中から選び、その番号をマークせよ。 12
1　ア　言語　2　イ　言語の体系　3　ウ　概念　4　エ　音声

問九　本文の内容と合致しないものを、次の中から一つ選び、その番号をマークせよ。 13
1　日常の平板な感覚において二次的な現実にすぎない影は、高次の現実では世界の意味の原基ともなる

問二　傍線部①の人物の著作として適切でないものを次の中から一つ選び、その番号をマークせよ。 6

1　古代研究　2　死者の書　3　遠野物語　4　歌の円寂する時

問三　傍線部②の説明として、最も適切なものを次の中から選び、その番号をマークせよ。 7

1　夕日に長くのびた影法師によって今日の都会にはない非日常の意識や経験にさそわれるような感覚
2　みずからの分身であり他者でもあるものとの関係において〈みずからであるもの〉を認識する感覚
3　日常の平板な現実感覚の中で薄れてしまっていた異形の遊行者の記憶を生き生きと呼びさます感覚
4　どことも知れぬ彼方から来てまた去って行く〈聖なるもの〉を原初的な存在として受け入れる感覚

問四　傍線部③の内容として、適切でないものを次の中から一つ選び、その番号をマークせよ。 8

1　洞窟の中の囚人たちは自分自身やお互いについて、正面に映された影しか見ることができない
2　いましめを解かれた囚人は、人形や小道具のような作り物を実在物だと信じていたことを知る
3　洞窟の外に導かれた囚人はものごとの真相を悟り、すべての原因が太陽であることを理解する
4　外の世界から洞窟に戻ってきた囚人は、かつての仲間たちに善のイデアを伝える役割を果たす

問五　傍線部④をもたらしたものは何か。最も適切なものを次の中から選び、その番号をマークせよ。 9

1　今日の世界にも通じる影と実在に関するプラトンの並外れた洞察

ドグマを打ちくだかれ、もう一度現実感を根底からゆり動かされることがたえてありえぬとだれにいえようか。影はいわゆる実物のもつ細かな差異性を単純化し消してしまうことによって、かえって差異性の弁別と識別としての〈意味〉が生じてくる〈原光景〉へとわたしたちをつれもどす。

（坂部恵『仮面の解釈学』による）

問一　二重傍線部ⓐ～ⓔの漢字と同じ漢字を含むものを、次の各項の中からそれぞれ選び、その番号をマークせよ。

[1] ⓐ 1 実地ケンショウする　2 カンケンの追及を逃れる　3 不当にリケンを得る　4 功績をケンショウする

[2] ⓑ 1 物資がケツボウする　2 みずからボケツを掘る　3 条約をテイケツする　4 ケッペキに身を処す

[3] ⓒ 1 ジュンタクな資金　2 市場をカイタクする　3 エンタクを囲む　4 動議がサイタクされる

[4] ⓓ 1 悲報にキョソを失う　2 国家のソセキを築く　3 音楽のソヨウがある　4 師の説をソジュツする

[5] ⓔ 1 大胆フテキ　2 テンテキ注射　3 悠々ジテキ　4 電車のケイテキ

いのではなかろうか。丁度、わたしたち人間の言語が、〈音素〉とそのさまざまな組み合わせとの差異性の弁別の上に成り立つ体系であるのとおなじように、影の世界も、またいうところの実在物の世界も、それぞれに差異性の弁別の体系の中において分節され識別される点においてはかわりがないのではないか。

わたしは、ここで、『論理哲学論考』のヴィトゲンシュタインにヒッテキ(e)するほとんど詩的といってよい簡潔さをもったソシュールの『一般言語学講義』の有名な一節をおもいうかべる。

「以上にのべたすべては、つまるところ、言語においては差異性以外の何ものも存在しないということに帰着する。さらにいえば、差異性というものは一般にそれらの間にそれが措定される積極的な固定項（terme）を想定するものであるが、言語においては固定項をもたぬ差異性以外の何ものも存在しないのである。⑥意味されたものと意味するものをとってみるならば、言語は言語の体系に先立って存在する観念も音も含むことがなく、ただこの体系から結果する概念の差異性と音声の差異性のみを含むのである。」

洞窟の中で鎖につながれた囚人たちは、たがいにことばを使って話しあうことはできる、というようにプラトンは想定する。地上から帰ってきた囚人がかつての仲間たちと話し合うのも、おなじ共通のことばによってであろう。プラトンの洞窟の場面は、何か秘教への入社式のときにおこなわれる宗教的な儀式をうつしたものだろうというプルツィルスキの考えを受けながら、バシュラールは、『大地と休息の夢想』のなかで、洞窟の中にこだまする声は元来神託のことばにふさわしいというが、かがり火にゆれ動く影を前にして、それについて語る分節された音声による言葉が周囲の壁にこの世のものならぬようにあやしく反響し、そこに意味の原基がたちあらわれるとき（プラトンの想像力はこの反響を聴いただろうか）、はたして影とことばといわゆる実在物といずれが真の実在といえるだろうか。

地上からふたたび洞窟におりたかつての囚人は、ここで、影が地上のいわゆる実在物よりも実在の程度において劣るという

上降の過程のたとえとなっていることはいうまでもない。イデアの世界へと目をひらかれてものごとの真相をみきわめたこのかつてのとらわれびとは、やがてもとの仲間たちのもとにおりてきて、そこの暗がりに目が慣れるにつれて、もっともよくものの見えるひと、認識者、哲学者として真実の教育の任にあたるということになるわけである。

洞窟の比喩というおそらく西欧の想像力あるいは文学の史上でも第一級の位置をしめるイメージを描きえたプラトンが、また同時に、ジルベール・デュランの『象徴の想像力』のなかのことばを借りていえば想像力を不当におとしめる〈イコン破壊的〉な西欧形而上学の創始者となり、あるいはハイデッガー流にいえば、〈真理〉を現前存在者つまり〈イデア〉として規定する西欧的な〈ヒューマニズム〉の形而上学あるいは神学の創始者となったということは、考えてみれば、⑤皮肉なことであった。地上からふたたび洞窟におりたかつてのとらわれびとが、暗がりに目がなれるにつれて、洞窟の壁面にかがり火にゆれ動くもろもろの事物の影に目をこらしたとき、かつて太陽へと「突如として」目を向けかえたときに彼をおそったとおなじようなおどろきにみちた感動、彼の現実感覚を根底からゆり動かすようなおどろきの情が、もう一度彼をおそう場面を想像してみることが、プラトンにはたえてなかったのだろうか。

プラトンにあって、影あるいは映像は、もろもろの存在者のうちにあってもっとも程度の低いものであり、それに対応するはたらきとしての想像（eikasia）は、人間の認識のあり方としてももっとも低い位置をしめる。としてみても、[11]、影においてあるものの形をみとめること、ある形をもった影をある形をもった影として差異性の弁別の体系（いわば影を読解するためのシンタックス）の中にわり当て位置づけることと、その影に対応する型紙なり実物なりについて同様の弁別と位置づけとを行なうこととの間には、むしろ一定の対応がなり立ちこそすれ、質的な差異はないはずではないか。たとえ、地上から洞窟へと立ちかえったかつてのとらわれびとが、プラトンが描いているように、いまだ鎖につながれたままの昔の囚人仲間よりもより詳細正確にもろもろの影を識別しえたとしても、そこにあるのは質的な差というよりも程度の差であるといってよ

を見て暮すということになるわけである。

これは、いうまでもなく、プラトンの『国家』篇第七巻の冒頭で語られる有名な③洞窟の比喩とよばれる物語の発端である。かつてある人類学者から、哲学の専門家はそんなことを考えてもみまいが、プラトンの時代にはこのようなⓑケッキョ住宅がまだいくらも身辺に存在したのではないかと指摘されてなるほどとおもったことがあるが、たとえどの程度身辺に現実の素材を手がかりとしてもっていたにもせよ、それでもこの物語におけるプラトンの想像力のⓒタクバツさが減るといったものではあるまい。学生時代に英訳ではじめてこの個所を読んだときの一種不気味というに近い大げさにいえばブレヒトの〈異化効果〉にもあたるような④鮮烈な印象は、現在のソフィスティケートされ動脈硬化しかけたわたしの精神にはうまくよみがえらすべがないが、それでもこの物語のもつ詩的ヴァルールの純粋さは、どうみてもたんなる比喩として打ち捨ててしまうには惜しいもののようにおもわれる。

プラトンの想像力は、おそらく、背後にもえる火によって洞窟の壁面にうつし出される黒い影の微妙なゆらめきをもありありと描き出したにちがいない。ゆれ動く火と大地の底の深い穴ぐらというとりあわせそのものが、バシュラールのいう〈物質的想像力〉のもっとも純粋なものの組み合せにほかならず、このイメージにおのずから人間の想像力の一つのⓓソケイとしての価値をあたえているとみなすこともできるだろう。

物語は、周知のように、いましめを解かれた囚人が、目がなれるにしたがって影の原型となっていた作り物を、またその背後にある光源としての火をみとめ、さらには、洞窟の外にみちびかれて最初は影、つぎには水中に映る人間その他の映像、そのあとに実物といった順序で、ものごとの真相を悟るようになり、ついには、これらすべての見えるものの原因である太陽そのものをみとめるにいたるという順序で続けられる。影からその原型へ、さらには地上へということの上昇の過程が、感覚的世界から超感覚的な真実在の世界つまりイデアの世界へ、またもろもろのイデアの原型としてのいわゆる善のイデアへの認識の

ものとは、おそらく、このようにして、もっとも目立たぬ場所でこそ、かえってもっとも確実に崩壊の危険にさらされているのではないか。

〈実物〉とその〈影〉というわたしたちの日常の平板な現実感覚をもっとも深いところでゆり動かし、みずからともっとも深くむすびついたみずからの〈分身〉であり〈他者〉である〈影〉の中により高次の現実のⓐケンゲンをみとめて、畏れと恐れとの入りまじったこころにふと見舞われるというような経験、そこからみると日常の平板な現実意識の陰陽が逆転して、日頃は何気なく見過ごしている〈影〉の部分が生き生きとした意味をおびて語りはじめるような場面、このような経験あるいは場面への感覚をよびさまし取りもどすことは、今日のわたしたちにとってかならずしも容易なことではない。しかし、そこではじめて〈他なるもの〉が〈みずからであるもの〉le Même を告げ知らせ、〈差異性〉が〈同一性〉を立ちあらわさせて、現実の意味（sens）と方向（sens）との感覚（sens）がはじめて生じてくる〈原風景〉に立ちもどるためには、日常の現実感覚を一旦〝かっこに入れ〟て、②〈影法師〉ということばにかろうじてその痕跡をとどめているような〈影〉への生きた感覚をあらためて取りもどそうとつとめてみることは、一つの考えられてよい方向ではないだろうか。〈ひと〉と〈もの〉のもっとも原初的なかたどりの象面であり、わたしたちの住む世界の意味の原基である場所にまで下降してみることは、今日の文明世界にあって、ただたんに死滅してゆくものへのノスタルジーといった意味をもつにとどまらないようにおもわれる。

奥深い洞窟の中に、子供のときから奥の壁面に向けて手足と頭をしばりつけられたままのとらわれびとがおり、その後方ではあかあかと火が燃えつづけている。火と囚人たちとの間には、人形芝居の舞台のようなちょっとした高さの壁があり、ひとびとがちょうど影絵芝居に使う人形や各種の小道具にあたるさまざまな実在物をかたどった作り物をこの壁の上にさし上げては通り過ぎて行く。四人たちは、こうして、四六時中、火にてらされた壁面にうつるさまざまなものとまた自分自身の影だけ

国語

（六〇分）

〔一〕　次の文章を読んで、後の問いに答えよ。解答番号は〔一〕の 1 から 13 までとする。

〈影法師〉ということばは、わたしたちのもとで、もはや死語の仲間入りをしかけているようにおもわれる。ことがらは、たんに、あかあかとした夕日に長くのびた影法師というような光景を、今日の都会の大気がもはや許さないといった表面的な事情にとどまるものではあるまい。わたしたちを日常的な意識の彼方にさそい、みずからのものであると同時にみずからの〈他者〉でもある〈影〉のうちに、どこともしれぬ彼方からめぐって来てはまた他郷へと去って行く異形の遊行者である〈法師〉①（折口信夫のいう「まれびと」）の姿をみとめるという、〈影法師〉ということばに元来こめられた感覚そのものが、おそらく、わたしたちの心の奥底で日毎にうすれつつあるのだ。

わたしたちがわたしたち自身であるために欠くことのできぬ〈他なるもの〉l' Autre あるいはわたしたちの共同体のもっともひそやかなきずなである〈聖なるもの〉を体現する〈法師〉（「遊行聖」）の記憶は、いわばわたしたちの集合的無意識の中で、時代の平板な現実感覚に圧倒されて、日毎にうすれてゆく。人間と人間を、あるいはまた人間と自然をもっとも深いところで結びつけるひそやかなきずなであり、また共同体と宇宙についてのわたしたちのもっとも深い現実感覚のかたどりをなす

解答編

英　語

A. 1―ウ　2―ウ　3―イ
B. 4―ウ　5―エ　6―イ

全訳

A.《新たな生活》

A：やぁステファン。最近新しい家に引っ越したって聞いたよ。

B：そうなんだ。娘が生まれてから，町の中心部にある寝室が2つのアパートは子供が2人いると狭くてね。6歳の息子が部屋を一緒に使わないといけないのを嫌がって。

A：まぁ，新しい家と新しい家族ができておめでとう！

B：ありがとう。とっても幸せなんだ。新しい家は，寝室が3つと，大きな遊び部屋と書斎に作り替えた部屋があるんだ。

A：すごい！　今では，子供達はそれぞれの部屋があって，自由に遊べるスペースもたくさんあるね。

B：そうなんだ。奥さんのハルカも自分の仕事部屋があって，そして田舎での新しい生活をみんなが気に入っているよ。

A：完璧だね。ハルカさんはもう仕事に復帰したの？

B：彼女はグラフィックデザイナーだから，今は家で主にパートタイムで働いてるよ。でも，彼女はそれでも，毎週金曜日は9時から5時までオフィスに出社しないといけないんだ。

A：それは大変そうだね。彼女はどうやってそれをやりくりしてるの？

B：僕がその日を休みにしてるんだ。だから，僕が息子を学校に連れて行って，赤ちゃんの面倒を見るんだ。

A：それは上手くいくね。忙しいのは知ってるけど，でもうちの子達は2

歳と５歳だから，もしその気があれば，一緒に遊ばす日を決めようよ。
B：それはいい考えだね。土曜か日曜の午後にうちでピザパーティーするのはどうだろう？
A：いいと思うよ。その時に，あなたの家族みんなと会えることと，新しい家を見るのを楽しみにしてるね。

B.《ファーストフード店での母娘の会話》

A：スーザン，何を注文したいか決めた？
B：うん，お母さん。チキンバーガーセットをフライドポテトの代わりにサラダにするわ。
A：わかったわ。チキンバーガーにベーコンをトッピングする？
B：いいえ，それは必要ないわ。まだ，体重に注意してるの。
A：わかったわ。何が飲みたいの？
B：そうね，食事で取る糖分の量を本当に減らそうとしてるから，ホットのブラックコーヒーでいいわ。
A：確かなの？　明日は大学行くのに早起きしなきゃいけないの忘れないでよ？
B：ええ，カフェインは私の睡眠には決して影響しないようだわ。そして，いずれにしても，私はまだ寝る前にもう一つやらないといけない宿題があるのよ。
A：わかったわ。私はいつも注文してるものにするわ，じゃあ，注文してくるわ。
B：同じもの注文して飽きないの？
A：いいえ。私達はここには月に１回くらいしか来ないし，正直に言うと，メニューの種類が豊富なことは私には重要じゃないわ。

解説

A．１． Bが新居の紹介をしている箇所である。空欄直後でAが「子供達はそれぞれの部屋があって，自由に遊べるスペースもあるね」と発言し，それに続いてBが「奥さんのハルカも自分の仕事部屋があって，そして田舎での新しい生活をみんなが気に入っているよ」と，発言していることから，子供部屋が２つ，遊び部屋，そして奥さんが仕事をする部屋があることがわかる。さらに，子供部屋があるということは夫婦の寝室もあるはずである。また新居は田舎にあることがわかるので，ウ．「新しい家は，寝室が3つと，大きな遊び部屋と書斎に作り替えた部屋があるんだ」が正解にふさわしい。ア.「2，3の寝室と，小さなオフィスと，町で一番の公園の横にあるんだ」は，子供たちの遊び部屋について言及されておらず新しい家の情報が十分ではなく，イ.「書斎と，寝室が3つと，子供が遊ぶ場所があって，町の中心部に位置する」は，市街地に家があるのでBの発言とかみ合わず，エ.「寝室が2つと事務所に作り替えた部屋と大きな公園が近くにある」は，寝室の数が足りず（前にいたアパートと同じ数），次のAの発言にある子供たちの遊び部屋についての言及もないので，それぞれ正解にふさわしくない。

2．空欄直後のAの発言から，Bのこの箇所の発言は奥さんが仕事と子育ての両立がしにくい環境にあるということを示唆する内容であると判断する。また，続くBの発言に「僕がその日を休みにしてるんだ。だから，僕が息子を学校に連れて行って，赤ちゃんの面倒を見るんだ」とあるので，ウ.「彼女はそれでも，毎週金曜日は9時から5時までオフィスに出社しないといけないんだ」が正解にふさわしい。ア.「一日中二人の子供の世話をしながら仕事とバランスをとるのは大変そうだね」，イ.「月曜日以外は，幼い息子が周りにいて，彼女は仕事をするのは大変だ」，エ.「彼女は午後6時から10時に仕事をするけれど，それは僕が仕事から帰った後なんだよ」は，いずれも空欄の後のBの発言とかみ合わないので正解にふさわしくない。

3．空欄直後にある，Aの「その時に，あなたの家族みんなと会えることと，新しい家を見られるのを楽しみにしてるね」という発言に注目すると，イ.「土曜か日曜の午後にうちでピザパーティーするのはどうだろう？」が正解にふさわしいとわかる。ア.「私が休みの日に，家の近くにある市が作った新しい公園に行こう」，ウ.「ハルカが赤ん坊を連れて出かけている時にうちで2，3時間遊ぼう」は，Aがハルカと会うことができず（Bの休みの日に奥さんのハルカは出社している），エ.「週末に，あなたの家の近くの公園に子供を連れてピクニックをしよう」は，AがBの新居を見られないことになり，会話がかみ合わないので，それぞれ正解にふさわしくない。

B．4．空欄が含まれる文の直前で，「チキンバーガーセットをフライドポテトの代わりにサラダにするわ」と発言しており，また直後の発言には，

「いいえ，それは必要ないわ。まだ，体重に注意してるの」とあることから，ウ.「チキンバーガーにベーコンをトッピングする？」が正解にふさわしい。ア.「フレンチフライにケチャップいる？」と，エ.「フライドポテトをオニオンリングと代える？」は，直前の「チキンバーガーセットをフライドポテトの代わりにサラダにするわ」という発言とかみ合わず，イ.「カロリーゼロのイタリアンドレッシングいる？」は，体重を気にしているのであれば，直後の「いいえ，それは必要ないわ」という発言とかみ合わないので，いずれも正解にふさわしくない。

5. 空欄直後のAの発言に，「明日大学があって早起きしなきゃいけないの忘れないでよ？」とあり，それに続いてBが「カフェインは私の睡眠には決して影響しないようだわ」と発言しているので，エ.「ホットのブラックコーヒーでいいわ」が正解にふさわしい。ア.「シロップ入りのアイスティーをもらうわ」は，食事中の糖分量を減らしたいという以前のBの発言とかみ合わず，イ.「低脂肪のイチゴミルクシェーキをもらうわ」，ウ.「ミネラルウォーターのボトルをもらうわ」は，どちらもカフェインは含まれず，会話がかみ合わないので，いずれも正解にふさわしくない。

6. 空欄直後のAの発言に「いいえ。私達はここには月に1回くらいしか来ないし，正直に言うと，種類が豊富なことは私には重要じゃないわ」とあるので，イ.「同じものを注文して飽きないの？」を選べば，自然な会話が成り立つ。ア.「食事を持ち帰りにしたくない？　そうすれば勉強する時間が増えるわ」，ウ.「今回はいつもとは違って私に食事代を払わせて」，エ.「ソフトをダウンロードしてネットで注文しようよ」は，いずれも会話がかみ合わないので，正解にふさわしくない。

Ⅱ　解答　7－ウ　8－キ　9－オ　10－カ　11－ク　12－エ

全訳

《象の記憶》

1 「象は決して忘れない」というフレーズは，生物学者が象はどんな陸生動物よりも大きな脳を持っているということに気づいたときから使い始められたようだ。当時の人にとって脳が大きければ大きいほど記憶力がいいと考えることはかなり普通のことであった。実際，いくつかの点においてはそのことは当てはまった。象は縄張りを守り，広大な行動圏を持っている。象の縄張りは3,000平方キロメートルを超えることもある。それはおよそアメリカの比較的小さな州であるロードアイランド州と同じくらいの大きさだ。しかし研究によると，人間が，自分が育った馴染みのある地域の記憶を維持できるのとほぼ同じように，象は自分たちのテリトリー全体を記憶することができる。

[2] 家族は象にとっても重要である。象は家族を基本とした群れで動き回り，数年間一緒にいる。しかし，人間にも当てはまることだが，群れが少し大きくなりすぎると，子供の1人が群れを離れる時がくる。象の話になると，群れを出る1匹は年長のメス象である。その象は群れを離れ，自分の群れを作り始める。しかし，彼女は決して自分の群れのことは忘れない。ある研究者は，2頭が23年の間離れていたとしても，メスの象は自分の母象のことをそれでも認識できるということを発見した。そういうわけで，象の記憶についての言い古された格言は確かな真実のようだ。

解説

英文を読んでいきながら，空所に入るべき単語を与えられた語群から適切なものを，品詞を考慮しながら補う。

7． 空欄直前に不定冠詞 a があり，空欄直後には home rage「行動圏」という名詞があるので，空欄には形容詞が必要であると判断する。ウ．huge「巨大な，莫大な」を選べば，「広大な行動圏」となり，全体が意味のある英文となる。

8． 空欄が含まれる部分は，象のテリトリーの広さに言及している箇所なので，キ．square「正方形，四角」を選べば，3,000 square kilometers で「3,000キロ平方メートル」という意味になり，全体が意味のある英文となる。*cf.* a cube meter「1立方メートル」

9． 空欄直前に定冠詞 the があり，直後には形容詞と名詞があることから，副詞が必要だと判断する。オ．relatively「比較的」を選べば，「比較的小さな州」となり，全体が意味のある英文となる。

10． 空欄直前の the (same) way の後には how が省略されており，S'+V' が続くことによって「S' が V' する（同じ）方法」という意味の関係副詞節となる。したがって，the (same) way 以下には，主語と動詞が必要である。主語として humans があり，空欄直後には名詞の a memory があり目的語の役割をしているので，動詞が必要だと判断する。カ．retain「〜を保つ，〜を保持する」を選べば，「人間が記憶を維持する」となり，全体が意味のある英文となる。

11. 空欄の前に接続詞 when があり，空欄直後には動詞 get があることから，主語になる名詞が必要だと判断する。ク．things「事態，状況」を選べば，「状態（=群れ）が少し大きくなりすぎると」となり，全体が意味のある英文となる。thing は複数形で「事態，状況」という意味として用いることができる。*ex.* all things considered「全ての状況を考えると」

12. 空欄の前に be able to の表現があることから，動詞の原形が必要だと判断する。エ．recognize「を認識する」を選べば，「母象を認識することができる」となり，全体が意味のある英文となる。

13—エ　**14**—ウ　**15**—エ　**16**—イ　**17**—ウ　**18**—イ
19—ウ　**20**—イ

解説

13.「みんなが野菜と魚が好きというわけではないということを，誰もが理解している」

not all「みんな（全て）が〜ということではない」という部分否定を表す定型表現を作る，エ．not が正解にふさわしい。ア．no とイ．none はどちらも all people の直前に前置詞などを挟むことなく置くことはできず，ウ．nor は「〜も…ではない」という意味であるが，以前の内容に否定的な内容がなければ用いることはできない。

14.「東京タワーのデザインはエッフェル塔のそれとほぼ同じである」

名詞の繰り返しを避けるのに用いる that（those）である。単数名詞を受けるので，ウ．that が正解にふさわしい。この that of がなければ東京タワーのデザインとエッフェル塔を比べることになってしまう。ア．it はまさにそのもの（東京タワーのデザイン）を指すことになるので，「エッフェル塔のデザイン」を意味する箇所にはふさわしくない。You have a nice necklet! I want it.「あなたはすてきなネックレスを持っていますね，私はそれがほしいです」の「それ」とは「同じものがほしい」という意味にはならず，「目の前であなたが付けているそのネックレス」のことになる。なお，「同じものがほしい」という意味の英文にするには one を用いる。

15.「私のお気に入りのカフェが位置するのは角を左に曲がったところです」

関係副詞 where が用いられていて先行詞が省略されているので，先行詞 the place を補って考える。この文章は倒置になっており，主語が the place である。エ. is を文全体の動詞として補うことによって，「場所は〜です」という意味の英文が完成する。

16.「世界人口の５分の３は今世紀の終わりまでに気候変動による深刻な影響を受けるかもしれないといくつかの概算は示唆している」

分数表現の問題である。分数は分詞を基数（one, two, three …）を用いて，分母を序数（second, third …）を用いて表現する。また，分子が２以上の場合は分母の序数に s を付ける。したがって，イ. fifths が正解にふさわしい。

17.「後で変更が必要になるかもしれないことをみんなが理解するなら，私達はその計画を進めることができます」

I think we can proceed with the plan までで文型が完成しており，後に everyone understands と主語と動詞が続いていることを踏まえると接続詞が必要である。ウ. provided は接続詞で「もしＳがＶするなら」という意味で，条件を表す副詞節を導くため，正解にふさわしい。

18.「私は彼が私の代わりに市役所に行くと言ったことを明確に思い出せます」

recall は目的語に不定詞は取らず，動名詞を取る。また動名詞の意味上の主語は直前に目的格か所有格で表すので，イ. him saying が正解にふさわしい。

19.「元旦に年を取る日本の伝統的な年齢の数え方に従うと，私は今年21歳です」

the traditional Japanese age count system を先行詞とした関係詞の問題である。先行詞を関係詞節内に戻すと，a person becomes one year older on January 1 in the traditional Japanese age count system となるので，ウ. in which が正解にふさわしい。

20.「あなたはまっすぐ行っていたのなら，繁華街への出口を見逃すことはなかっただろう」

would not have p. p. が用いられていることから，仮定法過去完了が用いられていると考える。if 節は if you had gone となるが，if を省略して倒置が起こっている，イ．Had you gone が正解にふさわしい。

Ⅳ 解答 21—ア　22—エ　23—ア　24—ウ

解説

21.「そのビジネスの交渉中，ジョンは感情を抑えていた」

keep *A* in check は「*A* を抑制する，*A* を阻止する」という意味であることから，ア．「そのビジネスの交渉中，ジョンは自分の感情を制御した」が，最も意味が近い英文である。イ．「そのビジネスの交渉中，ジョンは自分の感情をさらけ出した」，ウ．「そのビジネスの交渉中，ジョンは自分の感情の説明をした」，エ．「そのビジネスの交渉中，ジョンは自分の感情を共有した」は，いずれも該当しない。

22.「私は普段，化学の授業の重要な箇所は書き留めておく」

take down *A*「*A* を書き留める」という定型表現であることから，エ．「私は普段，化学の授業の重要な部分を書いておく」が，最も意味が近い英文である。ア．「私は普段，化学の授業の重要な部分を楽しむ」，イ．「私は普段，化学の授業の重要な部分を忘れる」，ウ．「私は普段，化学の授業の重要な部分を暗記する」は，いずれも該当しない。

23.「ジェニーは去年大学で働いているときに，病気にかかった」

come down with *A*「*A*［病気］にかかる」という意味であることから，ア．「ジェニーは去年，大学で働いているときに，病気になった」が，最も意味が近い英文である。イ．「ジェニーは去年，大学で働いているときに，病気に耐えた」，ウ．「ジェニーは去年，大学で働いているときに，病気を治した」，エ．「ジェニーは去年，大学で働いているときに，病気を研究した」は，いずれも該当しない。

24.「最近，ジョンは娘に絵本を読み聞かせる習慣が身についた」

take to ～ing は「～する習慣がつく」という意味であることから，ウ．「最近，ジョンは娘に絵本を読み聞かせることを楽しみ始めている」が，最も意味が近い英文である。ア．「最近，ジョンは娘に絵本を読み聞かせることを避けた」，イ．「最近，ジョンは娘に絵本を読み聞かせる計画を立てた」，エ．「最近，ジョンは娘に絵本を読み聞かせることをやめた」は，いずれも該当しない。

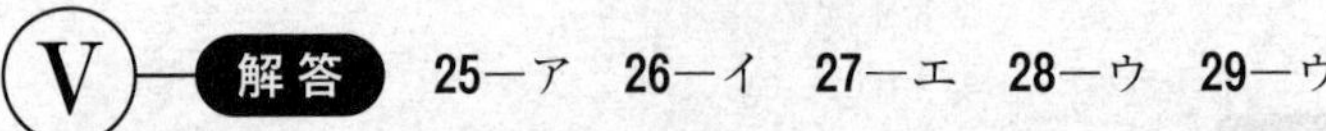

V 解答 25―ア 26―イ 27―エ 28―ウ 29―ウ

解説

25. (a)「疑いの余地なく」

(b)「私は常々あのバンドのライブが観たいと思っていました，ですのでもし彼らが日本に来たら私は絶対に彼らのコンサートに行きます」

イ．especially「特に」 ウ．likely「たぶん，おそらく」 エ．sincerely「心から，誠実に」

26. (a)「自分の通常の勤務時間を終えた後に職場で働いて費やす時間」

(b)「ジムは新しいポジションで平均すると週にちょうど5時間未満の残業をしている」

ア．consultation「相談」 ウ．reflection「映像，反射」 エ．workload「仕事量」

27. (a)「感情よりも理性に基づく」

(b)「ジョンは意思決定をするときは，いつも理性的でいるよう努めている」

ア．formal「慣習に従った，堅苦しい」 イ．literal「文字通りの」 ウ．moral「道徳的」

28. (a)「シンプルまたは普通で，装飾のない」

(b)「彼女は親友のお誕生日パーティーに飾り気のない青のドレスを着ていた」

ア．detailed「細部にこだわった」 イ．fancy「装飾的な」 エ．stylish「流行の，しゃれた」

29. (a)「何かを制限したり，限定したりすること」

(b)「医者は私に健康改善のため塩分摂取量を制限するように言った」

ア．eliminate「～を削除する」 イ．justify「～を正当化する」 エ．withdraw「～を退かせる，～を取り消す」

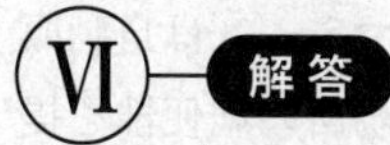

解答　**30**―オ　**31**―エ　**32**―ウ　**33**―エ　**34**―イ　**35**―エ　**36**―エ　**37**―ア

解説

30・31. (On) no other day is David busier (than Monday.)

no other が否定を表す副詞であり，文頭に出されているので倒置が起こり，David is busier が is David busier の語順になる。

32・33. (I'll) leave it up to Mary to decide (since I trust her.)

leave *A* (up) to *B*「*A* を *B* に任せる」の語法に，さらに目的語の *A* に形式目的語構文が用いられている。

34・35. All things being equal except for (the cost, I prefer a private to a shared room.)

もともとは If all things are equal except for the cost という英文であったが，分詞構文となり，接続詞は省略され，be 動詞が分詞 (being) となったが，主語 (all things) が主節の主語 (I) と一致しないために残った独立分詞構文である。except for *A*「*A* をのぞけば」

36・37. (Olivia was angry) with you about your remark at (the party.)

angry は後に事柄が続く場合は at, about, over を用い，人が続く場合は with, at, about を用いる。文末に the party があるので，ここで「存在，従事」を表す at を at the party として「パーティーに出席していた」という意味を表すのに用いる必要がある。そうなると，with you と about your remark のように前置詞を使い分けることになるが，順番としては about your remark を先に用いれば，後に回った with you と情報が重複するため不必要な情報となるので，先に with you を用いる必要がある。

解答　**問1**―エ　**問2**―ウ　**問3**―エ　**問4**―ウ　**問5**―ア　**問6**―イ　**問7**―ウ・オ（順不同）

全訳

《自動販売機の普及》

1　アメリカの風景の一部である，自動販売機は1800年代の終わりに広く用いられるようになった。自動販売機は現金と引き換えに商品を供給する

2024年度 A日程 1月27日 英語

装置である。この定義によると，遊園地のゲームや音楽マシーンは自動販売機ではないことになる。自動販売機は消費者に時間と場所の利便性を提供するのだ。

2　しかしながら，最初の自動販売機は，私達が考えるよりも前に発明された。紀元１世紀に，アレクサンドリアのヒューロンは「聖水」を供給する機械を考案した。その機械は，単純な物理の原理に基づいて作動した。消費者は箱の上部の硬貨投入口に硬貨を落として入れた。硬貨は逆側にヒモがついたレバーに当たった。そのヒモは液体の入った容器に栓をする止水栓に結びつけられている。そのレバーに投入されたコインが当たると，レバーはヒモの結びつけられたもう片方が持ち上がり，止水栓を抜く。硬貨がレバーの端から落下するまで液体は流れ出る。電子的な機械が広く使われるまで，初期の自動販売機は同じような技術を用いていた。

3　自動販売機の最初の使用の１つは切手を売ることだった。初期の別の目的は，小売業者がそうでなければ販売することができなかった場所で，チューイングガムといったような製品を売ることだった。初期の自動販売機は電車のホームに登場した。数年間，産業の拡大は，ほぼ安価なお菓子の販売に限られた。

4　1930年代には，清涼飲料水を売る販売機が登場した。国が戦時生産に備えるにつれて，その産業は他の食料の販売を含めて拡大した。工場の責任者は休息なしに人々は求められた長い勤務時間を働くことはできないと考えた。自動販売機は需要を満たす実用的な方法を提供した。それに続く20年の間，自動販売機は主に工場で使われ続けた。冷蔵機能が機械に加えられると，新鮮な食べ物や冷たい飲み物を売ることが可能になった。

5　オペレーターと呼ばれる，自動販売機の持ち主は大学のキャンパスや医療施設といったような他人によって所有されている敷地に自分たちの機械を設置する。これらのオペレーターは自動販売機に必要とされる全てのメンテナンスと製品を供給する。時々，土地所有者にサービス料金がかかることがあるかもしれないが，だいたいは費用がかからない。

6　今日，私達は多様な場所で自動販売機を目にする。この発明のおかげで人々が１日のどの時間帯でも，１年のどんな日でも，競争力のある価格で品物を買うことができる。

解説

問1． エ．「自動販売機は人々が，自動販売機があるところならどこでも，どんな時も製品を買うことを可能にする」は，第1段第4文（Vending machines offer …）の内容と一致する。ア．「遊園地のゲームは，商品を現金と引き換えにするので，自動販売機として定義される」，イ．「音楽マシーンは，商品を現金と引き換えに販売しないにもかかわらず，自動販売機の一種だと考えられる」は，第1段第2文（A vending machine …）の内容および第1段第3文（By this definition, …）の内容と，ウ．「19世紀を通じてアメリカでは，自動販売機は一般に使われていた」は，19世紀とは1800年代のことであり，第1段第1文（A part of …）の内容とそれぞれ一致しない。

問2． ウ．「ヒューロンの自動販売機の中のレバーの目的は液体を排出するために栓を差し込むことだ」は，第2段第7文の後半（… it lifts the other end …）の内容と一致しない。ア．「いったん硬貨がヒューロンの自動販売機内のレバーの端から落ちると，聖水は供給されるのが止まったものだった」は，第2段第8文（The liquid pours …）の内容と，イ．「ヒューロンの聖水自動販売機は，誰かがレバーに当たる硬貨を挿入した時に作動を始める」は，第2段第4文（A consumer dropped …）以降の内容と，エ．「電子的機械が発達するまで，初期の自動販売機はヒューロンの自動販売機とほぼ同じように機能した」は，第2段最終文（Early vending machines …）の内容とそれぞれ一致する。

問3． エ．「聖水を供給するために用いられたヒューロンの装置は，何人かの人々が考えるよりも早くに設計された」は，第2段第1文（However, the first …）の内容と一致する。ア．「アレクサンドリアのヒューロンは聖水を保全する機械を作った」と，イ．「紀元1世紀が始まる前に，アレクサンドリアのヒューロンは聖水の自動販売装置を発明した」は，どちらも第2段第2文（In the first century …）の内容と，ウ．「ヒューロンの自動販売機は複雑な科学的原理に基づいて機能していた」は，第2段第3文（The machine operated …）以降の内容とそれぞれ一致しない。

問4． ウ．「小売業者はチューイングガムのような製品は自動販売機では売れないとわかった」は，第3段第2文（Another early purpose …）の内容と一致しない。ア.「数年の間，ほとんどの場合，自動販売機産業は安価なお菓子の販売にとどまった」は，第3段第4文（For several years, …）の内容と，イ.「自動販売機の初期の目的の1つは切手の購入するためだった」は，第3段第1文（One of the first …）の内容と，エ.「自動販売機はある商品の売り上げを上げるために電車のホームに置かれた」は，第3段第3文（Early vending machines …）の内容とそれぞれ一致する。

問5. ア.「戦時中，自動販売機は休憩の必要なしで元気になる機会を工場労働者に提供した」は，第4段第3文（Managers in factories …）と，第4段第4文（Vending machines offered …）の内容に一致しない。イ.「1900年代の少なくとも20年の間，自動販売機は主に工場に設置された」は，第4段第5文（For the next two …）の内容と一致。ウ.「戦時中の長時間労働によって，労働者のために工場の責任者達に工場に自動販売機を設置させることになった」は，第4段第3文（Managers in factories …）と，第4段第4文（Vending machines offered …）の内容に一致。エ.「いったん食品を自動販売機内で，低温で保てるようになると，新鮮な食べ物や冷たい飲み物が売られることが可能になった」は，第4段第6文（When refrigeration …）の内容に一致する。

問6. イ.「たいていの場合，オペレーターが土地所有者に彼らの土地に置く自動販売機を無料で提供する」は，第5段第3文（Sometimes there may …）の内容と一致する。ア.「大学のキャンパスと医療施設が自動販売機の持ち主である」は，第5段第1文（Owners of vending …）の内容と不一致。ウ.「自動販売機の維持は土地所有者の責任である」と，エ.「土地所有者は彼らの敷地に置かれている自動販売機に製品が貯蔵されていることを確実にする責任がある」は，どちらも第5段第2文（These operators provide …）の内容と一致しない。

問7. ウ.「小売業者達は，他の場所では売れにくい商品を売るために，電車のホームを，自動販売機を置く場所として使った」は，第3段第2文（Another early purpose …）と，第3段第3文（Early vending machines …）の内容と一致する。オ.「1930年代から1950年代まで，たいていの場合，自動販売機は一般的に工場で見られた」は，第4段第5文（For the next ….）の内容と一致する。ア.「1800年代後半，アメリカで

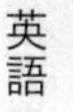

は自動販売機はまだ広く知られていなかった」は，第１段第１文（A part of …）の内容と一致しない。イ.「消費者はヒューロンの装置の横に位置する投入口に硬貨を入れなければならなかった」は，第２段第４文（A consumer dropped …）の内容と一致しない。エ.「戦争のため，自動販売機で売られる商品の種類が減った」は，戦時中については第４段で言及されているが，このような記述はなく本文の内容と一致しない。カ.「自動販売機は一年中使える必要があり，そして限られた場所に置かれるべきである」は，本文中には自動販売機が置かれるべき場所についての記述はなく，また一年中使えることが必要だという記述もないので，本文の内容と一致しない。キ.「私達は商品をどんな時でも購入できるが，自動販売機で買える商品の値段は法外である」は，第６段第２文（This invention makes …）の内容と一致しない。

日本史

I　解答

1—①　2—④　3—①　4—②　5—①　6—②
7—③　8—③　9—③　10—②

解説

《興福寺の歴史からみる古代の政治・文化》

1． 蘇我馬子の孫で入鹿の従兄弟にあたる①蘇我倉山田石川麻呂は，大化改新時に中大兄皇子側のもと右大臣に就任した。彼の霊を弔うために造られた仏像が，リード文の空欄［あ］にあたる山田寺（彼の氏寺）の薬師三尊像である。ちなみに，大化改新時において，それぞれ②中臣鎌足は内臣，④阿倍内麻呂は左大臣に就任した。

3． ①正文。白鳳文化は初唐，天平文化は盛唐，弘仁・貞観文化は晩唐の影響をそれぞれ受けている。

②誤文。南北朝時代の影響という部分から，飛鳥文化の説明である。

③誤文。天平文化の説明である。「平城京を中心」という部分もヒントとなる。

④誤文。平安時代中期の国風文化の説明である。「唐の文化の影響をうけながらも次第に独自の工夫をこらし」た点が特徴的である。

4． ②適当ではない。百済大寺は，欽明天皇ではなく7世紀中前半に舒明天皇によって創建され，7世紀後半には大官大寺，平城京に移されてからは大安寺と改称されて南都七大寺の一つと数えられた。

6． 正解は②。聖武天皇による「大仏造立の詔」である。①は孝徳天皇による「改新の詔」，③は元明天皇による「蓄銭叙位令」，④は推古天皇の治世の厩戸王による「憲法十七条」である。③についてはあまり見慣れない史料であるが，その内容から711年の蓄銭叙位令と推測できる。一方，①と④の史料は頻出であるから，史料集で確認しておこう。

8． 平重衡による南都焼打ちは，1180年である。①は1177年，②と④は1183年である。したがって，1180年の③福原京遷都が正解である。西暦年代を覚えていなくても，南都焼打ち時には平清盛が存命（南都焼打ちの翌年，清盛は病死）であったことを想起できれば，選択肢を絞ることができる。

9. 藤原氏の氏長者（氏族の首長）は，藤氏長者（とうしのちょうじゃ）とも呼ばれる。③誤文。一族の最年長者がつとめるというわけではなく，原則的に氏族の中で最も官位の高い者が就任する。藤原氏においては，摂政や関白に就任した者がつとめることが多い。

10. 九条兼実の日記『玉葉』は，藤原忠宗の①『中右記』，鎌倉幕府による③『吾妻鏡』，慈円の④『愚管抄』とならんで，院政期から鎌倉時代を知る重要な史料のうちの一つである。

11—③　**12**—①　**13**—①　**14**—④　**15**—②　**16**—①
17—②　**18**—③　**19**—④　**20**—③

解説

《南北朝期～室町時代初期の政治・社会》

12. 足利尊氏は，1336 年に京都を制圧した際に，持明院統の①光明天皇を擁立し，1338 年には光明天皇から征夷大将軍に任じられた。②光厳天皇は，光明天皇の兄にあたり，1333 年に隠岐から戻った後醍醐天皇によって廃された。③亀山天皇や④後宇多天皇は，持明院統（北朝）ではなく大覚寺統（南朝）の天皇であるので，北朝方の尊氏を征夷大将軍に任じることはない。

13. ①雑訴決断所は，建武政権下に置かれ，所領関係の裁判を担当し，鎌倉幕府の引付にあたる機関である。ちなみに，これら選択肢が建武政権下に置かれた組織としての説明だと仮定すると，②は鎌倉将軍府，③武者所，④恩賞方の説明になる。

15. ②正文。中世において，北方からの物資は，越前（福井県）の敦賀で荷揚げされ，琵琶湖の水運を活用しつつ近江（滋賀県）の大津に運ばれた。
①誤文。兵庫は近江ではなく，摂津にある港である。
③誤文。正長の土一揆は，土民を中心として幕府へ徳政令を要求するために結ばれたものであり（徳政一揆），とくに守護の退去は求めていない。また，当時の近江守護は畠山氏ではなく六角氏である。
④誤文。天文法華の乱は，1536 年に起こった延暦寺の僧兵と日蓮宗信徒を基盤とした法華一揆との対立である。延暦寺は，近江の六角氏の支援を得て法華一揆を破った。

16. ①正文。1390年の土岐康行（ときやすゆき）の乱の説明である。この足利義満による討伐の結果，土岐氏は衰退した。

②誤文。赤松満祐は美濃ではなく播磨の守護である。

③誤文。尾張の守護であったのは細川氏ではなく斯波氏である。また，博多商人と結んで日明貿易を独占したのは，寧波の乱で細川氏に勝利した大内氏である。

④誤文。鎌倉府は，関東8カ国と伊豆・甲斐の10カ国を統括した室町幕府の地方機関で，そこには尾張は含まれない。

17. ②正文。観応の半済令の説明である。はじめは1年限りであったが，以後多くの国でくりかえし実施された。

①誤文。鎌倉時代においては，荘園領主と地頭との間で下地中分という形でたびたび行われた。

③誤文。稲を一方的に刈り取る行為を刈田狼藉という。幕府はこれを取り締まる権限を守護に与えた。

④誤文。半済令の説明ではなく，使節遵行の説明である。

18. ①護良親王と③懐良親王は，後醍醐天皇の皇子である。そのうち，征西大将軍として大宰府を占拠し，九州全土を一時支配したのは③懐良親王である。その後，幕府方の今川了俊が九州探題に就任すると大宰府を追われた。

20. 後醍醐天皇によって建武新政時に雑訴決断所が置かれた（C）。その後，足利尊氏が光明天皇を擁立し，室町幕府の施政方針となる建武式目を発表した（A）。後醍醐天皇は京都を脱出し，吉野へ逃れて自らが正統な天皇であると主張し，ここに南北朝時代が始まった（F）。その後，1338年に足利尊氏は光明天皇から征夷大将軍に任命された（B）。当初は弟の足利直義とともに幕府の職務・権限を分担し，二頭政治を行ったが，のちに対立して観応の擾乱がおこった（D）。擾乱が収束した頃，南北朝の動乱が特に激しかった3国に限定して半済令が出された（E）。

Ⅲ 解答

21—③ 22—③ 23—② 24—① 25—④ 26—③
27—① 28—③ 29—② 30—④

解説

《江戸時代中期～後期の政治・社会・文化》

21. リード文の「松平定信が老中に就任」の部分から寛政の改革を想起して④寛政を選ぶと誤るので注意しよう。陸奥の白河藩主であった松平定信は，③天明の飢饉での自身の領内での飢饉対策で名をあげていたことから，老中に抜擢された。

22. ③誤文。シーボルトに日本地図を渡したのは平賀源内ではなく，天文・地理学者の高橋景保である。彼は，日本地図を提供することで，シーボルトの持つ海外の情報を手に入れようとした（シーボルト事件）。

①や④などは判断に少々細かい知識を要するが，③を落ち着いて誤りと判断し，消去法で選択すればよい。

24. 正解は①。当時の藩財政の悪化とその実情を示す太宰春台の『経済録』である。②は水野忠邦による上知令を批判している『浮世の有様』，また③は『神代余波（かみよのなごり）』という史料で，両者ともに江戸時代後期の世相を示す史料である。④は安藤昌益の『自然真営道』であり，身分制の社会を批判している。

25. 問題文の人物とは，大田南畝である。

①は柄井川柳による『誹風柳多留』の一句，②は三井高利による新しい商法を示す言葉，③は山崎宗鑑による一句である。

26. 正解は③。「異学を相禁じ」から，松平定信の寛政異学の禁の説明であることが読み取れる。①は『禁中並公家諸法度』，②は寛永十六年禁令，④は対外交易によって国力の充実化を図ることを説いた本多利明による『経世秘策』である。

27. 松平定信によって処罰されたのは，『海国兵談』を著して海防論を主張した①林子平である。林子平は寛政の三奇人としても知られる。

28. ③正文。江戸幕府の組織機構は史料集で確認しておきたい。

①誤文。勘定吟味役は老中直属の機関で，勘定奉行および勘定所の役人を監査する立場にあるので，勘定奉行の配下にはない。

②誤文。「三奉行」とは，寺社奉行・（江戸）町奉行・勘定奉行のことである。

④誤文。江戸の町の行政・司法を管轄する町奉行も，老中直属の機関で，勘定奉行の配下にはない。

30. 大田南畝の生涯は，リード文から1749年～1823年であるとわかる。①明和事件は1767年，②ゴローウニン事件は1811年，③尊号一件は1789年，④モリソン号事件は1837年である。したがって，正解は④となる。西暦年代を細かく覚える必要性はないが，為政者ごとに出来事を大まかにまとめて整理しておこう。

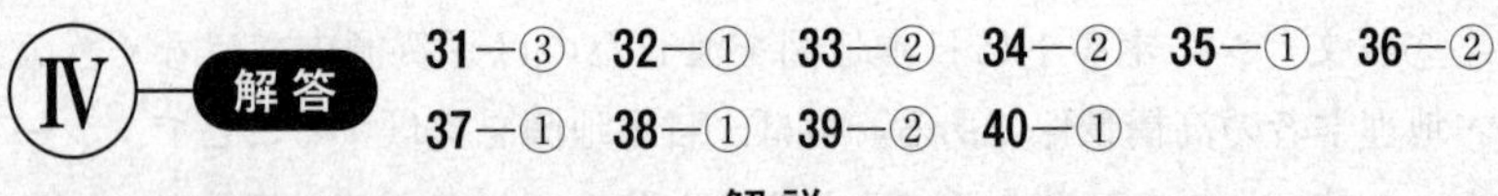

Ⅳ　解答　**31**—③　**32**—①　**33**—②　**34**—②　**35**—①　**36**—②　**37**—①　**38**—①　**39**—②　**40**—①

解説

《アジア・太平洋戦争直前期の政治・外交》

31・33. リード文からヒントとなる語句を探そう。「日米交渉を開始」，「日ソ中立条約」などから，第2次近衛文麿内閣のことであると判断する。第2次近衛内閣の外相は松岡洋右であったが，対米強硬の考えを持って日米交渉打ち切りを主張していた。明治憲法下において，首相が国務大臣の直接の罷免はできないため，一旦総辞職する形で松岡洋右外相を除き，第3次近衛文麿内閣を成立させた。

34. 第3次近衛内閣時に，すでに決定されていた南部仏印（南部フランス領インドシナ）への進駐を実施し，飛行場や港湾を占領すると，アメリカは在米日本資産の凍結や，次いで日本への石油輸出を全面禁止するなど，経済制裁を強化した。

36. 第3次近衛内閣の時の陸相は東条英機である。陸相を東条英機だと判断できなくても，リード文の最後に「太平洋戦争が開始された」とあることから，開戦時の首相の名前を答える問題だと判断しよう。開戦時の内閣は，東条英機内閣であった。

38. リード文にもあるように，対ソ戦（北進論）が決定されたのは第2次近衛内閣の時である。

①正しい。タイ，フィリピン，ビルマ，自由インド仮政府の列国代表を東京に集め，大東亜共栄圏の結束を誇示しようとした大東亜会議は，東条英機内閣のもとで開催された。②と④は第1次近衛内閣，③は米内光政内閣の出来事であり，②～④のいずれも第2次近衛内閣の成立以前の出来事で

ある。

39. 34でも述べたように，正解は②である。①・③は枢軸国による日独伊三国軍事同盟に対抗して採られたアメリカの対日経済制裁である。④は日本が南進政策に着手した1939年に行われたものである。以後，戦略物資の禁輸や資産凍結など，日本に対する経済圧迫を強めていった。

40. いわゆる「ハル=ノート」の内容を答える問題である。その内容とは，日本軍が絶対受け入れないであろう①中国と仏印からの全面的無条件撤退の要求の他に，満州国・汪兆銘政権の否認，日独伊三国同盟の実質的廃棄，中国を満州事変以前の状態に戻すことなどが挙げられる。

世界史

I **解答**

1—②　**2**—⑥　**3**—③　**4**—①　**5**—④　**6**—⑤
7—③　**8**—③　**9**—④　**10**—④　**11**—①　**12**—②
13—⑤　**14**—③　**15**—①　**16**—④　**17**—②　**18**—③　**19**—①　**20**—②

解説

《ウィーン体制とその後のヨーロッパ》

3．スペイン王家はユトレヒト条約によってフランスのブルボン家から別れた王家になっていた。③スペインのブルボン王家はナポレオンによって廃絶されたが，ウィーン会議で復活した。①ベルギーはオランダ領になった。②サルデーニャ，④ポルトガル，⑤オランダはそれぞれの王家が存在する。⑥ハンガリーはオーストリア領。

4．ポーランド分割によって滅亡したポーランドにナポレオンがワルシャワ大公国を建てた。その大部分を領土として，ウィーン会議でポーランド王国が復活した。ただし①ポーランド国王はロシア皇帝が兼ねた。②ルーマニアの主要部分，③ブルガリア，④ギリシアはオスマン帝国領。

5．ナポレオン戦争中にロシアがスウェーデンから④フィンランドを奪い，ウィーン会議でロシア領であることが国際的に確認された。①ノルウェーはスウェーデン領になった。②スウェーデン，③デンマークは独立国。

7．③ハンブルクが正解。自由市は帝国都市，自由都市ともいい，神聖ローマ帝国において領邦と同等の強い自立性を認められた。しかし，次第に自由市の多くがその地位を失い，ウィーン会議ではハンブルク，ブレーメン，リューベック，フランクフルト・アム・マインの4都市が自由市として認められた。

10．④(イ)→(ウ)→(ア)の順。デンマーク戦争は，1864年。プロイセン，オーストリア連合軍とデンマークとの戦争で，シュレスヴィヒとホルシュタインが両国に割譲された。プロイセン=オーストリア戦争は，1866年。シュレスヴィヒ・ホルシュタインのあつかいをめぐって両国が開戦。戦後，勝者のプロイセンを中心として，オーストリアを除くドイツ統一が進められ，プロイセン=フランス戦争（1870～71年）に勝利したプロイセンがドイツ帝国を建国してドイツを統一した。

11. ①が正解。ドレフュス事件は1894年におこったフランスのユダヤ人差別事件。②英仏協商は，ファショダ事件後の緊張する英仏間の対立を解消するために1904年に締結した協約。③アメリカによるパナマ運河の開通は1914年。④ベンガル分割令はインドの反英運動を抑制するために1905年に出された。

12. (ア)正文。(イ)誤文。国際復興開発銀行は，国際通貨基金とともに第二次世界大戦後の国際経済体制を支える機関で，国際連盟に付置されたものではない。ただし常設国際司法裁判所は国際連盟の機関，国際連合の国際司法裁判所に継承された。

13. ⑤(ウ)→(ア)→(イ)の順。王政復古によってルイ18世が即位した。彼の死後シャルル10世が王となったが，七月革命でイギリスに亡命し，かわってルイ=フィリップが国王となった。

16. ④が正解。腐敗選挙区などを廃止した第1回選挙法の改正は1832年。①審査法は，公職者をイギリス国教会信者に制限する法律。1828年に廃止され，②翌年にはカトリック教徒へも公職が開放された。③団結禁止法は労働者の団結権を認めない法律。1824年に撤廃。なお，1871年の労働組合法はスト権などを認めたもの。団結禁止法の撤廃と混同しないように注意したい。

19. ①が正解。②カルボナリはイタリアの自由主義的市民組織。③デカブリストはロシアで反乱を起こした自由主義者たち。④レーテは，第一次世界大戦末期のドイツの労働者と兵士の組織。ロシアのソヴィエトにあたる。

20. (ア)正文。ベルリン会議は，ロシア=トルコ戦争で勝利したロシアのバルカン半島への進出をめぐる国際問題を調停するために開かれた。(イ)誤文。会議の結果，破棄された条約は，ロシアのバルカン半島での勢力拡大を認めたサン=ステファノ条約。再保障条約はベルリン会議が終わった後，ロシアとドイツの間で締結された条約。

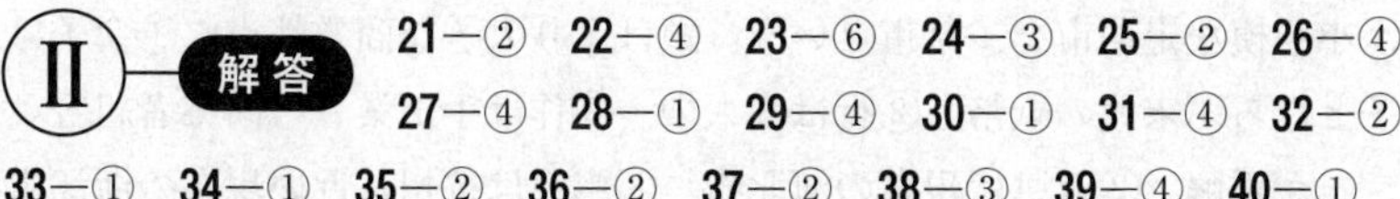

Ⅱ 解答　**21**—②　**22**—④　**23**—⑥　**24**—③　**25**—②　**26**—④　**27**—④　**28**—①　**29**—④　**30**—①　**31**—④　**32**—②　**33**—①　**34**—①　**35**—②　**36**—②　**37**—②　**38**—③　**39**—④　**40**—①

解説

《宋を中心とした東アジア史》

22. ④趙匡胤が正解。宋の建国後，五代十国時代の混乱の原因となっていた藩鎮勢力を削減し，文官を中心とする政治を始めた。①朱元璋は明の建国者。②朱全忠は唐を滅ぼして，五代十国の後梁を建国した。③趙孟頫（ちょうもうふ）は，南宋から元代にかけて活躍した政治家，書道家，画家。

23・24. 23は⑥渤海が正解。24は③高麗が正解。中国東北部には唐代に渤海，宋代にキタイや金朝，朝鮮半島には唐代に④新羅，宋代に高麗が成立。①百済，②高句麗は唐初に滅んだ朝鮮半島，中国東北部の国。⑤鮮卑は2世紀半ば以降，匈奴にかわってモンゴル高原を支配した遊牧民。

25. ②が正解。雲南には唐代に④南詔，宋代に②大理があった。①西夏は宋代の中国西北部にあった国，③吐蕃は唐代のチベットにあった国。

26. ④正文。ファーティマ朝は，10世紀に北アフリカで成立し，969年にエジプトを征服した。①誤文。安史の乱は8世紀の事件。②誤文。黄巣の乱は9世紀末の事件。この後，10世紀初めに唐が滅亡する。③誤文。インドに進出したイスラーム勢力であるデリー=スルタン朝の成立は13世紀。モンゴル帝国と同時代。

27. ④正文。①義浄は『南海寄帰内法伝』を著した。②キリスト教の一派のネストリウス派は景教と呼ばれた。祆教はゾロアスター教のこと。③中国南朝の陳は隋に滅ぼされた。なお，ベトナムの陳朝は明に滅ぼされた。

28. ①誤文。王安石は新法をおこなった。②～④は正文。

29. ④(イ)匈奴→(ウ)突厥→(ア)ウイグルの順。匈奴は秦漢時代に繁栄した。突厥は中国の南北朝時代から唐にかけて栄え，8世紀の半ばにウイグルに滅ぼされた。

30. キタイは契丹とも表記され，中国風の国号は遼。①正文。この功績によってキタイは燕雲十六州を後晋から獲得した。よって，③は誤文。②誤文。澶淵の盟は，キタイと北宋との盟約。④誤文。キタイを建国したのは耶律阿保機。李元昊が建国したのは西夏。

31. 小規模な定期市を④草市という。鎮はより大きな商業都市。①会子は，交子とならぶ宋代の紙幣。②行は商人の，③作は手工業者の同業者組合。

34. ①が正解。②天津は現在の河北省。③寧波は杭州に近い現在の浙江省。④揚州は長江下流域の現在の江蘇省。

35. ②が正解。①公行は，清代に広州で特許を得た貿易商人組合。③総理衙門は，清末に設置された外交部門の役所。④都護府は，漢や唐が設置した周辺諸民族を統治するための役所。

36. ②正文。①誤文。大運河は華北と江南を結んだ。③誤文。永済渠は黄河とその北の現在の北京地方を結んだ。④誤文。江南河は長江流域の揚州とその南の杭州を結んだ。

37. ②正文。①誤文。司馬睿による晋の再興（東晋の成立）は4世紀。③誤文。建業は呉の都。蜀の都は成都。④誤文。劉裕は南朝の宋の建国者。南朝の梁は蕭衍が建国。

38. ③正文。①誤文。前8世紀黒海や地中海に植民市を建設したのは，ギリシア人。②誤文。交鈔は金・元が発行した紙幣。戦国時代の貨幣は刀銭などの青銅貨幣。④誤文。ジャムチは，モンゴル帝国で整えられた駅伝制度の通称。通行証は牌子（パイザ）。

39. ④が正解。①「皇輿全覧図」は清の康熙帝の命によってブーヴェらが作製した中国全土の実測図。②「姑蘇繁華図」は清代の江南地方の繁栄を描いた絵画。③「女史箴図」は東晋の顧愷之が描いた絵画。

40. ①正文。②誤文。清朝の海上貿易の禁止などを定めた遷界令は，台湾の反清勢力を駆逐するまで続けられた。台湾占領後，遷界令は解除された。③誤文。シャイレンドラ朝はジャワ島を根拠地とした王朝。④誤文。フェニキア人はシドン，ティルスを拠点とした。ダマスクスはアラム人が内陸交易の拠点とした。

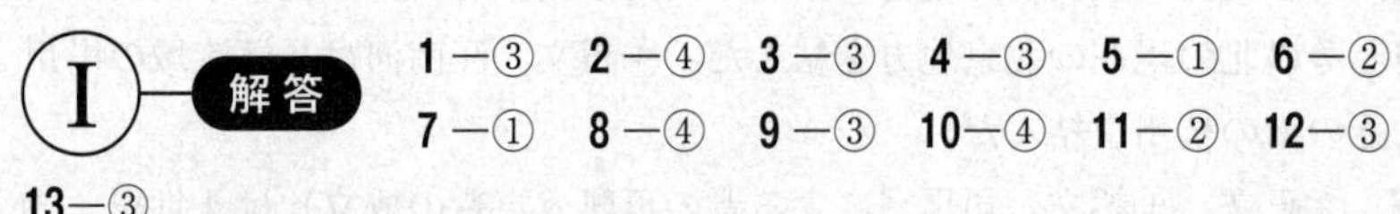

地 理

I 解答 1—③ 2—④ 3—③ 4—③ 5—① 6—② 7—① 8—④ 9—③ 10—④ 11—② 12—③ 13—③

解説

《北極・南極地方の地誌》

1． ③正解。短い夏の間のみ，低木や草，地衣類，コケ類が生育するツンドラとよばれる植生が，北極海沿岸に分布する。

2． ④正解。南極条約では，南緯60度以南の地域について，平和的利用，科学的調査の自由と国際協力，領土権の凍結などが定められており，これを補完する環境保護に関する南極条約議定書には，鉱物資源に関する活動の禁止が規定されている。

4． ③正解。対蹠点は，地球上のある地点から正反対の位置（裏側）にあたる地点をいう。対蹠点の緯度は北緯と南緯が反対となり，経度は西経と東経が反対となり180度とその地点の緯度の数値の差となる。Z地点はおおむね南緯70度，東経135度であるため，その対蹠点は北緯70度，西経45度のグリーンランド中央付近にあたる。

7． ①正解。海氷は，海水が凍結した氷の塊のことで，陸上で雪や氷が圧縮されて形成された氷河や，棚氷が海洋に流出した氷山とは異なる。

8． ④誤り。ペンギンは，おもに南半球に生息する海鳥で，北極圏ではみられない。

9． ③正解。大陸移動説にもとづけば，かつて存在したひとつの超大陸パンゲアが，分裂・移動して現在の大陸分布となったと考えられる。図2では，③が現在の南極大陸にあたり，①はアフリカ大陸，②はインド亜大陸，④はオーストラリア大陸に該当する。

10． ④正解。(1)誤文。海氷面積が縮小しても，南極大陸の周辺海域は棚氷や氷山が分布するうえ，強風によって海が荒れやすいため，海底資源の探査や採掘が容易になるとは考えにくい。

(2)誤文。南極条約によって領土権は凍結され，鉱産資源の採掘も禁止されている。

11. ②正解。南極大陸は，厚い大陸氷河（氷床）に覆われているため，平均高度は約2,200mにおよぶ。Eを含む東半球側の東南極（大南極）は安定陸塊などが分布するため，地盤部分は比較的なだらかであるのに対し，Fを含む西半球側の西南極（小南極）は新期造山帯などが分布するため，地盤部分は比較的起伏が大きい。

12. ③正解。地点う，えは，南半球に位置するため，12～2月に気温が上昇し，6～8月前後に気温が低下している②，③のいずれかとなるが，うのほうが緯度が低く海洋の影響を受けやすいため，最寒月平均気温が高い③と判断できる。なお，えは②，あは①，いは④である。

13. ③正解。⑴正文，⑵正文。一日中太陽が沈まない，または真夜中でも薄明の状態である白夜は，北極圏では6月下旬の夏至やその前後の期間（夏季），南極圏では12月下旬の冬至やその前後の期間（夏季）にみられる。反対に，一日中太陽が昇らない，または日中でも薄明の状態である極夜は，北極圏では12月下旬の冬至やその前後の期間（冬季），南極圏では6月下旬の夏至やその前後の期間（冬季）にみられる。

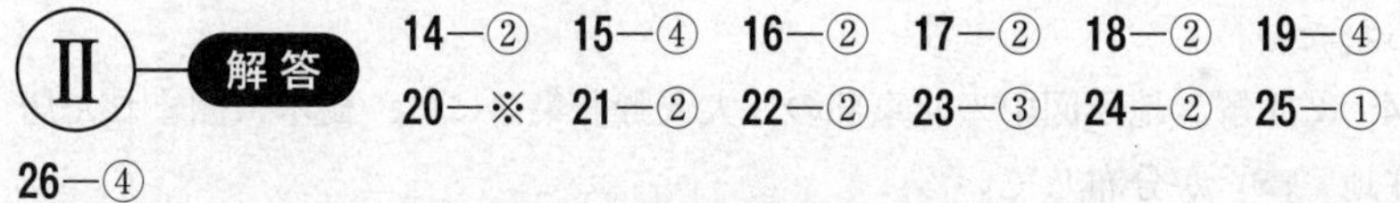

Ⅱ 解答

14—②　**15**—④　**16**—②　**17**—②　**18**—②　**19**—④
20—※　**21**—②　**22**—②　**23**—③　**24**—②　**25**—①
26—④

※解答番号20については，正答がないことが判明したため，全員加点とする措置が取られたことが大学から公表されている。

解説

《東京都西部（あきる野市，日の出町付近）の地形図読図》

14. ②正解。地形図中の北東部に町村役場（◎）がみられ，町村界（-·-·-）がその西部から南部を横切っており，ここにひとつ町か村があることが読み取れる（日の出町）。中央部にも町村役場がみられ，郡市界（-··-··-）がその南部を横切っており，ここにもひとつ町か村があることが読み取れる（旧五日市町／現あきる野市）。また，この郡市界の南側は別の市町村であることがわかる（八王子市）。よって，図中の市町村の数は3つとなる。なお，2013年以降の地理院地図では町村界と郡市界の区別が廃止され，市区町村界は全て郡市界と同じ記号（-··-··-）で表すことに注意したい。

15. ④正文。「北寒寺」付近の標高は約 230m，「今熊神社」付近の標高は 500m 強と読み取れる。

16. ②正解。等高線が 10m 間隔で描かれているため，地形図の縮尺は 2 万 5 千分の 1 である。二つの町村役場間の長さは地形図上で約 8cm であり，実際の距離は，8×25,000＝200,000(cm)＝2(km) となる。

17. ②正文。蛇行区間の外側はとくに侵食作用が強くはたらくため，土がけ（▭）となっているところもみられる。なお，④については，秋川は図の下流で本流の多摩川に合流し太平洋（東京湾）へと注いでいるが，地形図からの読み取りは困難であるため，誤文とした。

18. ②正文。秋川沿いには荒地（ıı|ı）が点在していることが読み取れる。

19. ④誤文。地形図中の西部の「星竹」南方には，茶畑（∴）はみられない。

22. ②正文。五日市集落は五のつく日ごとに市が立った市場町が地名の由来となったと考えられる。旧五日市町は，炭や木材の集散地で谷口集落が形成されたことが起源とされている。

23. ③誤り。地形図中の中央部の「五日市」集落には，税務署（◇）はみられない。

24. ②正解。地形図中の北東部の「大久野」集落には，樹木に囲まれた居住地（▦）が分布している。

25. ①誤文。セメント工業は，石灰石をおもな原料としている。

26. ④誤り。図中の都道府県は東京都で，野沢菜は長野県の特産品である。

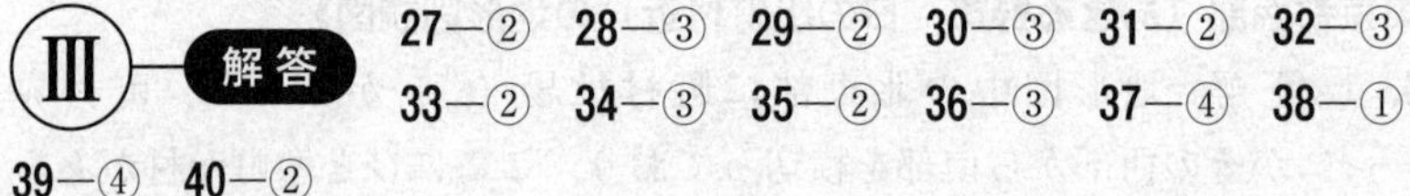

Ⅲ 解答　**27**—②　**28**—③　**29**—②　**30**—③　**31**—②　**32**—③　**33**—②　**34**—③　**35**—②　**36**—③　**37**—④　**38**—①　**39**—④　**40**—②

解説

《村落・都市》

27. ②正解。家屋が一戸ずつ分散して立地する集落形態を散村とよんでおり，アメリカ合衆国やカナダの農地開拓時代の公有地分割制度であるタウンシップ制の集落や，日本の砺波平野（富山県）や出雲平野（島根県）の屋敷林をもつ集落などでみられる。

28. ③誤り。砂浜などに立地する漁村において，海岸線が海の方へ後退すると，海岸部に網などの漁具を収納する小屋（納屋）がつくられ，次第に本村から分家した人々が定住する集落に発達したものを納屋集落とよぶ。九十九里浜（千葉県）の集落が好例である。

30. ③正解。イギリスの大ロンドン計画によってつくられたニュータウンは，自立都市で住宅と工場や事務所などの職場を併せもつ職住近接型を特徴とする。一方で，日本のニュータウンは，大都市の職場への通勤者の住宅を中心とした職住分離型を特徴とする。

32. ③正解。地方中枢都市（広域中心都市）は，府県域を越えた地方ブロックの中心地機能を有する大都市のことで，一般に，札幌・仙台・広島・福岡の4都市がこれにあたる。

33. ②正解。⑴誤文。政令指定都市は，人口が50万人以上で，都道府県の行財政・事務権限の一部が移譲された都市をいう。

⑵正文。20の政令指定都市のうち，神奈川県には横浜市・川崎市・相模原市の3つがある。

34. ③正文。日本の都市は，首都の東京に諸機能が集中し中央集権的であり，中心地機能の大きさの順に，国家的中心都市の大阪・名古屋・地方中枢都市の札幌・仙台・広島・福岡，準広域中心都市の新潟・金沢・高松などのように階層的な都市システムが形成されている。

36. ③正解。セントルイス（アメリカ合衆国）は，ミシシッピ川にその支流のミズーリ川が，ベオグラード（セルビア）は，ドナウ川にその支流のティサ川が合流する地点に発達した都市である。

38. ①正解。首位都市（プライメートシティ）は，国の政治・経済，文化・情報などの諸機能が集中し，人口が第1位となっている大都市のことで，人口第2位以下の都市との格差が大きい。イギリスの首都であるロンドンは，国内人口第1位の首位都市である。それぞれ，②ナイジェリアの首都はアブジャ，首位都市はラゴス，③ニュージーランドの首都はウェリントン，首位都市はオークランド，④ベトナムの首都はハノイ，首位都市はホーチミンである。

39. ④正文。北大西洋条約機構（NATO）は，東西冷戦を契機として結成された北米と西欧諸国の安全保障機構（軍事同盟）であり，本部はベルギーの首都であるブリュッセルに置かれている。

40. ②正文。中国の直轄市は，省と同格の行政区で中央政府が直接管轄するペキン（北京），シャンハイ（上海），テンチン（天津），チョンチン（重慶）の4都市が指定されている。

政治・経済

Ⅰ 解答

1―②　2―③　3―③　4―②　5―①　6―②
7―①　8―①　9―③　10―①　11―③　12―②
13―②　14―①　15―②

解説

《経済総合》

1. ②が正解。(ア)正文。(イ)誤文。クズネッツの波は建設投資による15年から25年の波であり，ジュグラーの波は，設備投資による7年から10年の波である。

2. ③が正文。①誤文。生産手段の社会的所有ではなく私的所有である。②誤文。大きな政府ではなく小さな政府である。④誤文。20世紀後半ではなく18世紀後半である。

3. ③が正解。(ア)誤文。合名会社の出資者は無限責任社員1名以上である。(イ)正文。

5. ①が正文。②誤文。無期限かつ無条件ではなく一定期間であればクーリング=オフが適用される。③誤文。消費者庁は経済産業省ではなく内閣府の外局に設置された。④誤文。製造物責任法では過失がなくとも被害が立証されれば賠償責任を負う。

8. ①が正解。(ア)労働組合期成会は1897年設立。(イ)友愛会は1912年設立。(ウ)日本労働組合総評議会は1950年設立。

9. ③が正解。オーストリア出身の経済学者シュンペーターは，技術革新が経済発展の原動力であるとする『経済発展の理論』を著した。①のワルラスはスイス出身，②のジェボンズはイギリス出身の経済学者であり，ともに限界効用価値理論を提唱した。④のスティグリッツはアメリカの理論経済学者で，2001年にノーベル経済学賞を受賞した。

10. ①が正解。アメリカの中央銀行の役割を担うのはFRB（Federal Reserve Board＝連邦準備制度理事会）である。②のIMF（国際通貨基金）は国際金融システムの安定化を目的とした国際連合の専門機関である。③のIBRD（国際復興開発銀行）は世界銀行とも呼ばれ，資本調達が困難な加盟国や民間企業などに長期的な融資を行う機関である。④のIFC（国際金融公社）は民間部門の支援を行う世界最大の開発機関である。

11. ③が適当。基礎的財政収支（プライマリー=バランス）は，歳入のうちの国債発行額を除いた金額と，歳出のうちの国債の元利払い費を除いた金額を比較したものである。

12. ②が正解。日本版金融ビッグバンの三原則は，フリー・フェア・グローバルである。

13. ②が誤り。②タフト=ハートレー法（1947年成立）は，ニューディール政策の中で制定されたワグナー法（全国労働関係法）を修正し，労働組合の活動を制限した法である。①の全国産業復興法，③の農業調整法，④の社会保障法はいずれもニューディール政策の中で制定された法である。

15. ②が正解。②信用創造額は，（最初の預金額×1/預金準備率）－最初の預金額で求められる。すなわち，(50×1/0.2)－50＝250－50＝200となる。

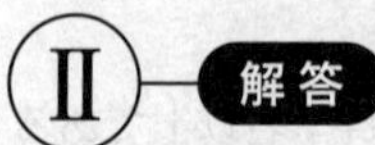

16—②　**17**—④　**18**—④　**19**—③　**20**—②　**21**—①
22—③　**23**—④　**24**—①　**25**—③

解説

《国際政治》

18. ④が正解。ロシアが2008年に軍事介入したのは南オセチアの帰属を巡るジョージア（グルジア）との紛争である。

19. ③が正解。リトアニアはバルト三国の1つでウクライナとは国境を接していない。

20. ②が正解。1572年，フランスのボーダンは『国家論』の中で主権概念を提唱した。①イギリスのブラクトンは法の支配を提唱した。③イタリアのマキャベリは1532年に『君主論』を著した。④イギリスのトマス=ペインは1776年に『コモン=センス』を著し，アメリカ独立の重要性を訴えた。

22. ③が正解。第1回先進国首脳会議（サミット）は1975年にフランスのランブイエで開催され，日米英仏独伊の6カ国が参加した。

23. ④が正解。2017年のフランスの電源別発電量で最も割合が高いのは原子力で，約7割を占めている。

24. ①が正解。マルタ会談はアメリカのブッシュ（父）大統領とソ連のゴルバチョフ共産党書記長との間の会談である。

25. ③が正解。国連が定めた先進国の ODA の対 GNI 比率目標は 0.7％である。2023 年度における日本の ODA の対 GNI 比率は，0.34％であった。

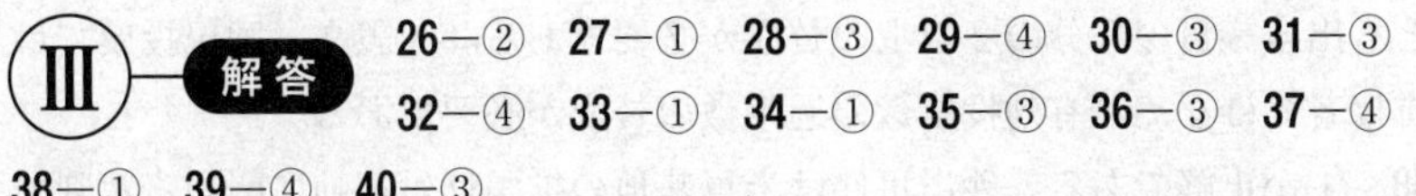

Ⅲ 解答 26—② 27—① 28—③ 29—④ 30—③ 31—③ 32—④ 33—① 34—① 35—③ 36—③ 37—④ 38—① 39—④ 40—③

解説

《大日本帝国憲法と日本国憲法》

26. ②が正解。立憲主義は，法の支配の考えに基づいて，権力者による権力濫用を抑えるために憲法を制定すること。大日本帝国憲法は近代国家における憲法の必要性を背景として制定され，国民の人権を制限する内容が含まれていることから，外見的立憲主義の憲法といわれている。

27. ①が正解。天皇の臣下という意味で，国民ではなく「臣民」という名称が用いられた。

28. ③が正解。大日本帝国憲法第 4 条に「統治権ヲ総攬」の言葉がある。

29. ④が正解。憲法審査会は，2007 年に改正国民投票法成立に伴って衆参両院に常設された。

31. ③が正解。「東洋大日本国国憲按」の起草者は土佐出身の民権活動家である植木枝盛である。

32. ④正文。①誤文。帝国議会は貴族院と衆議院の二院制である。②誤文。国務大臣は天皇の行政権を輔弼する。③誤文。帝国議会は天皇の立法権を協賛する。

33. ①が正解。大津事件は 1891 年に起きた警備警察官によるロシア皇太子への傷害事件。当時の大審院長の児島惟謙は政府の圧力に抗して司法権の独立を守ったとされた。②の平賀書簡事件は裁判官の独立，③の足利事件，④の島田事件は警察捜査の問題点が争点となった事件である。

34. ①が正解。GHQ は連合国軍総司令部（General Headquarters）の頭文字である。②の G5 は先進 5 カ国財務大臣・中央銀行総裁会議，③の COMECON は経済相互援助会議，④の WTO は世界貿易機関の略称である。

36. ③が適当。憲法第6条に規定されている天皇の国事行為は，内閣の指名に基づいた最高裁判所長官の任命である。他に，国会の指名に基づいた内閣総理大臣の任命も6条に規定されている。

37. ④正文。①誤文。憲法改正原案提出には衆議院で100名以上，参議院で50名以上の賛成が必要である。②誤文。憲法改正の発議には衆参両院とも出席議員の3分の2以上の賛成が必要である。③誤文。国民投票では有権者ではなく，有効投票数の過半数の賛成が必要である。

38. ①が正解である。砂川事件は米軍基地の拡張反対運動に関わる裁判で日米安保条約の合憲性が争われた。②の恵庭事件，③の長沼ナイキ基地訴訟，④の百里基地訴訟では自衛隊の合憲性が争点となった。

39. ④が正解。アの集団的自衛権の容認は2015年，イの防衛省昇格は2007年，国家安全保障会議設置は2014年である。

40. ③が適当。PKOは国連平和維持活動Peacekeeping Operationの頭文字である。①のUNCTADは国連貿易開発会議，②のUNDPは国連開発計画，④のPLOはパレスチナ解放機構の略称である。

数　学

◀文系数学：I・II・A・B▶

情報(英・国・数型)・法・経済・経営・
文芸・総合社会・国際学部，短期大学部

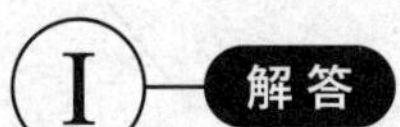

(1) **1.** 3　**2.** 2　**3.** 2　**4.** 1　**5.** 4

(2) **6.** 9　**7.** 2　**8.** 0

(3) **9.** 0　**10.** 2　**11.** 2　**12.** 5

(4) **13.** 1　**14.** 6　**15.** 5　**16.** 4　**17.** 5　**18.** 5

解説

《球面の方程式，直線と平面の交点，球面と平面との交線，点と平面の距離》

(1)　座標空間の原点をOとする。

球面 C の中心Cは線分ABの中点だから

$$\overrightarrow{OC}=\frac{1}{2}(\overrightarrow{OA}+\overrightarrow{OB})=\frac{1}{2}\{(6,\ 0,\ 1)+(0,\ 4,\ 3)\}=\frac{1}{2}(6,\ 4,\ 4)$$

$$=(3,\ 2,\ 2)$$

よって，中心C$(3,\ 2,\ 2)$ である。

$$\overrightarrow{CA}=\overrightarrow{OA}-\overrightarrow{OC}=(6,\ 0,\ 1)-(3,\ 2,\ 2)=(3,\ -2,\ -1)$$

球面 C の半径は，$|\overrightarrow{CA}|=\sqrt{3^2+(-2)^2+(-1)^2}=\sqrt{14}$

よって，球面 C の方程式は

$$(x-3)^2+(y-2)^2+(z-2)^2=14\quad(\to 1\sim 5)$$

(2)　$\overrightarrow{AB}=\overrightarrow{OB}-\overrightarrow{OA}=(0,\ 4,\ 3)-(6,\ 0,\ 1)=(-6,\ 4,\ 2)$

直線ABと xy 平面の交点をDとすると，Dは直線AB上の点より

$$\overrightarrow{OD}=\overrightarrow{OA}+t\overrightarrow{AB}=(6,\ 0,\ 1)+t(-6,\ 4,\ 2)=(-6t+6,\ 4t,\ 2t+1)$$

また，Dは xy 平面上の点だから　$\overrightarrow{OD}=(x,\ y,\ 0)$

よって

$$(-6t+6,\ 4t,\ 2t+1)=(x,\ y,\ 0)\iff x=-6t+6,\ y=4t,\ 2t+1=0$$

$t=-\frac{1}{2}$, $x=9$, $y=-2$

よって，$\overrightarrow{OD}=(9,\ -2,\ 0)$ となり

D$(9,\ -2,\ 0)$　(→6～8)

(3)　球面 C と yz 平面 $(x=0)$ との交わりの円の中心をEとする。

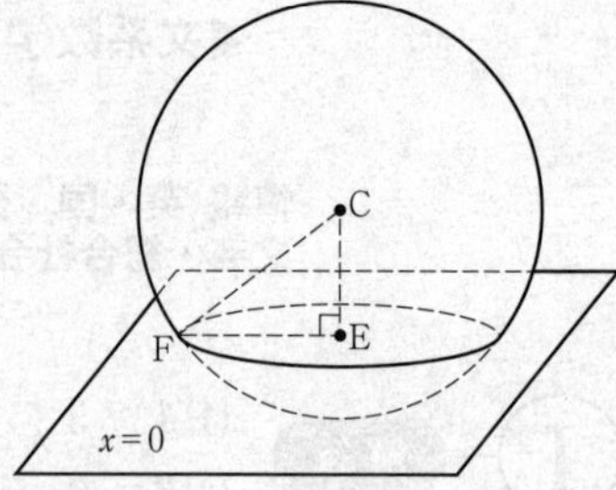

$\overrightarrow{CE}\perp$(平面 $x=0$) より

$\overrightarrow{CE}=k(1,\ 0,\ 0)$

$\overrightarrow{OE}=\overrightarrow{OC}+\overrightarrow{CE}$

$=(3,\ 2,\ 2)+(k,\ 0,\ 0)$

$=(3+k,\ 2,\ 2)$

Eは yz 平面上の点だから

$\overrightarrow{OE}=(0,\ y,\ z)$

よって

$(3+k,\ 2,\ 2)=(0,\ y,\ z) \iff 3+k=0,\ y=2,\ z=2$

$\iff k=-3,\ y=2,\ z=2$

$\therefore\ \overrightarrow{OE}=(0,\ 2,\ 2)$

となり

E$(0,\ 2,\ 2)$　(→9～11)

交わりの円E上の点をFとすると，△CEF は∠E＝90°の直角三角形だから，三平方の定理により

円Eの半径 $\mathrm{EF}=\sqrt{\mathrm{CF}^2-\mathrm{CE}^2}=\sqrt{14-3^2}$

$=\sqrt{5}$　(→12)

別解　球面 C の方程式 $(x-3)^2+(y-2)^2+(z-2)^2=14$ において

$x=0$ とすると　$(0-3)^2+(y-2)^2+(z-2)^2=14$

$\therefore\ \begin{cases}(y-2)^2+(z-2)^2=5\\ x=0\end{cases}$

よって球面 C と yz 平面の交わりの図形は，中心 $(0,\ 2,\ 2)$，半径 $\sqrt{5}$ の円である。

(4)　z 軸上の点 G$(0,\ 0,\ s)$ が球面 C 上にあるとき，球面 C の方程式に $x=0$, $y=0$, $z=s$ を代入して

$(0-3)^2+(0-2)^2+(s-2)^2=14$

$\iff (s-2)^2=1 \iff s-2=\pm 1 \iff s=3,\ 1$

この小さい方がPの z 座標だから，Pの z 座標は　1　(→13)

この議論から，P(0, 0, 1)，Q(0, 0, 3) である。

△ABPの面積について

$$\overrightarrow{PA}=\overrightarrow{OA}-\overrightarrow{OP}=(6,\ 0,\ 1)-(0,\ 0,\ 1)=(6,\ 0,\ 0)$$

$$\overrightarrow{PB}=\overrightarrow{OB}-\overrightarrow{OP}=(0,\ 4,\ 3)-(0,\ 0,\ 1)=(0,\ 4,\ 2)$$

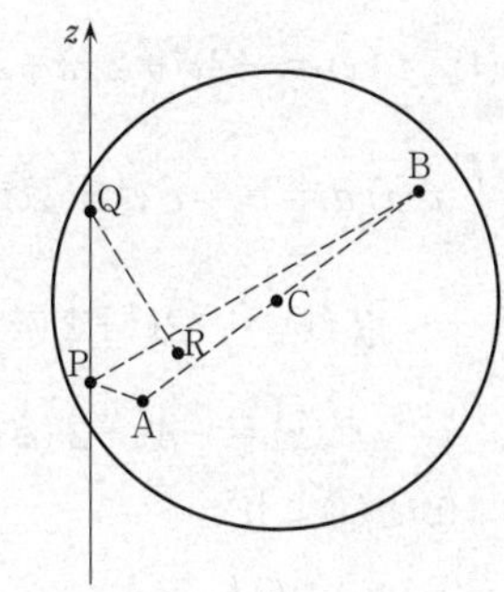

$\overrightarrow{PA}\cdot\overrightarrow{PB}=6\cdot 0+0\cdot 4+0\cdot 2=0$，$\overrightarrow{PA}\neq\vec{0}$，$\overrightarrow{PB}\neq\vec{0}$

より

$$\angle APB=90^\circ$$

$$\triangle OAB=\frac{1}{2}|\overrightarrow{PA}||\overrightarrow{PB}|=\frac{1}{2}\cdot 6\sqrt{4^2+2^2}=6\sqrt{5}\quad (\to 14,\ 15)$$

次に，Qから平面ABPに下ろした垂線QRの長さについてRは平面ABP上にあるので

$$\overrightarrow{PR}=m\overrightarrow{PA}+n\overrightarrow{PB}=m(6,\ 0,\ 0)+n(0,\ 4,\ 2)=(6m,\ 4n,\ 2n)$$

$$\overrightarrow{PQ}=\overrightarrow{OQ}-\overrightarrow{OP}=(0,\ 0,\ 3)-(0,\ 0,\ 1)=(0,\ 0,\ 2)$$

$$\overrightarrow{QR}=\overrightarrow{PR}-\overrightarrow{PQ}=(6m,\ 4n,\ 2n)-(0,\ 0,\ 2)=(6m,\ 4n,\ 2n-2)$$

$\overrightarrow{QR}\perp\overrightarrow{PA}$，$\overrightarrow{QR}\perp\overrightarrow{PB}$ より

$$\overrightarrow{QR}\cdot\overrightarrow{PA}=0,\quad \overrightarrow{QR}\cdot\overrightarrow{PB}=0$$

$$36m=0,\quad 16n+2(2n-2)=0 \iff m=0,\quad n=\frac{1}{5}$$

$$\therefore\quad \overrightarrow{QR}=\left(0,\ \frac{4}{5},\ -\frac{8}{5}\right)=\frac{4}{5}(0,\ 1,\ -2)$$

$$QR=|\overrightarrow{QR}|=\frac{4}{5}\sqrt{0^2+1^2+(-2)^2}=\frac{4}{5}\sqrt{5}\quad (\to 16\sim 18)$$

Ⅱ 解答

(1)(i)**19.** 2　**20.** 4　**21.** 8
(ii)**22.** 8　**23.** 3　**24.** 2
(iii)**25.** 1　**26.** 2　**27.** 4　(iv)**28.** 1　**29.** 8　**30.** 3
(2)**31.** 3　**32.** 4　**33.** 3

解説

《定積分を含む関数の決定，放物線と直線で囲まれた図形の面積，正三角形になる条件》

(1)　$f(x)=-2x^2+2(a+2)x+2\int_0^1 f(t)\,dt-\dfrac{2}{3}$　……(A)において，

$\int_0^1 f(t)\,dt=c$　（cは定数）　……(B)とおける。このとき，(A)より

$$f(x)=-2x^2+2(a+2)x+2c-\frac{2}{3}\quad\cdots\cdots①$$

$$f'(x)=-4x+2(a+2)\quad\cdots\cdots②$$

(B)と①より

$$c=\int_0^1\left\{-2t^2+2(a+2)t+2c-\frac{2}{3}\right\}dt$$

$$=\left[-\frac{2}{3}t^3+(a+2)t^2+2ct-\frac{2}{3}t\right]_0^1$$

$$=-\frac{2}{3}+(a+2)+2c-\frac{2}{3}$$

よって　$c=-a-\dfrac{2}{3}$　……③

(i)・(ii)　$a=2$のとき

③より　$c=-\dfrac{8}{3}$　（→22，23）

①・②より

$$f(x)=-2x^2+8x-6$$

$$f'(x)=-4x+8\quad(\to 20,\ 21)$$

$$f'(x)=0\iff x=2$$

$x=2$の前後で$f'(x)$の符号は正から負に変わるから$f(x)$は$x=2$で極大値をもつ。

よって，$y=f(x)$は頂点P$(2,\ 2)$の上に凸の放物線である。

Pのx座標は　2　（→19）

Pのy座標は　2　（→24）

(iii)　曲線$y=f(x)$の$x=-1$における接線の方程式について

$$f'(-1)=-4(-1)+8=12$$

$$f(-1)=-2(-1)^2+8(-1)-6=-16$$

だから

$$y-(-16)=12\{x-(-1)\} \iff y=12x-4 \quad (\to 25\sim 27)$$

(iv) 曲線 $y=f(x)$ と x 軸との共有点の x 座標は，方程式 $f(x)=0$ の実数解である。

$$-2x^2+8x-6=0$$
$$x^2-4x+3=0$$
$$(x-1)(x-3)=0$$
$$x=1,\ 3$$

よって，この小さい方をとり，Qの x 座標は

1　(→28)

$y=f(x)$ と x 軸とで囲まれた図形の面積を S とすると

$$S=\int_1^3 -2(x-1)(x-3)\,dx$$
$$=\frac{2\cdot(3-1)^3}{6}$$
$$=\frac{8}{3} \quad (\to 29,\ 30)$$

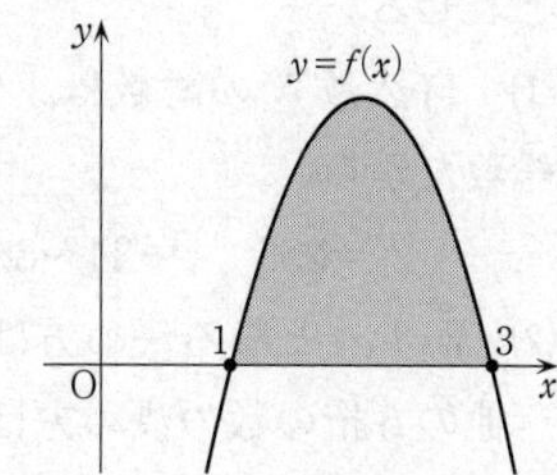

(2) ①・③より

$$f(x)=-2x^2+2(a+2)x-2a-2$$
$$=-2\{x^2-(a+2)x+a+1\}$$
$$=-2(x-1)\{x-(a+1)\} \quad (a>0)$$

だから，$Q(1,\ 0)$，$R(a+1,\ 0)$，$P\left(\frac{a+2}{2},\ \frac{a^2}{2}\right)$ であり，△PQR が正三角形のとき，その1辺の長さは $QR=a$ である。

この正三角形の高さについて

$$\frac{a^2}{2}=\frac{\sqrt{3}}{2}a$$

$a>0$ より　$a=\sqrt{3}$

$$\triangle PQR=\frac{1}{2}a\cdot\frac{\sqrt{3}}{2}a=\frac{\sqrt{3}}{4}a^2$$
$$=\frac{3}{4}\sqrt{3} \quad (\to 31\sim 33)$$

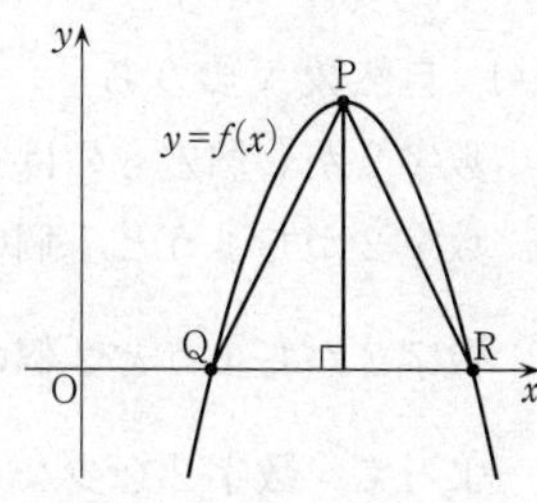

Ⅲ 解答 (1)34. 2 35. 5 36. 6
(2)37. 1 38. 2 39. 8
(3)40. 7 41. 0
(4)42. 2 43. 1 44. 9
(5)45. 8 46. 6
(6)47. 2 48. 1
(7)49. 7 50. 0

解説

《数字の1または2を各位の数とする8桁の自然数の個数と整数の性質》

1，2から重複を許して使って作った8桁の自然数をNとすると

$$N=a_7a_6a_5a_4a_3a_2a_1a_{0\,(10)}=\sum_{i=0}^{7}10^ia_i \quad (a_i=1\text{ または }2)$$

と表せる。

(1) 自然数Nの総数は，異なる2個から重複を許して8個とった順列の総数だから

$2^8=256$ (→34～36)

(2) $a_0 \neq a_7$となる決め方は　${}_2\mathrm{P}_2=2$通り

他の6桁の数の決め方は，異なる2個から重複を許して6個とった重複順列の総数より　2^6通り

積の法則により，求める自然数の個数は

$2\times2^6=128$ (→37～39)

(3) 数字1がちょうど4個である自然数Nの個数は，1が4個と2が4個の合計8個の順列だから

$\dfrac{8!}{4!4!}=\dfrac{8\cdot7\cdot6\cdot5}{4\cdot3\cdot2\cdot1}=70$ (→40，41)

(4) 自然数Nのうち

数字2が0個のものは　1個

数字2がちょうど1個のものは　${}_8\mathrm{C}_1=8$個

数字2がちょうど2個のものは　${}_8\mathrm{C}_2=\dfrac{8\cdot7}{2\cdot1}=28$個

よって，数字2を少なくとも3個含むものの個数は

$256-(1+8+28)=219$ (→42～44)

(5)　$10 \equiv 1 \pmod 3$

$10^i \equiv 1^i = 1 \pmod 3$

$N = \sum_{i=0}^{7} a_i \times 10^i \equiv \sum_{i=0}^{7} a_i \pmod 3$ であり

$N \equiv 0 \pmod 3 \iff \sum_{i=0}^{7} a_i \equiv 0 \pmod 3$ ……①

$8 \leqq \sum_{i=0}^{7} a_i \leqq 16$ ……②　（∵　$a_i = 1$ または 2）

①と②を同時に満たす場合を考えて

(i)　$\sum_{i=0}^{7} a_i = 9$ のとき

N は数字 2 をちょうど 1 個含むものだから　${}_8C_1 = 8$ 個

(ii)　$\sum_{i=0}^{7} a_i = 12$ のとき

N は数字 2 をちょうど 4 個含むものだから

$${}_8C_4 = \frac{8 \cdot 7 \cdot 6 \cdot 5}{4 \cdot 3 \cdot 2 \cdot 1} = 70 \text{ 個}$$

(iii)　$\sum_{i=0}^{7} a_i = 15$ のとき

N は数字 1 をちょうど 1 個含むものだから　${}_8C_1 = 8$ 個

和の法則により，求める N の個数は

$8 + 70 + 8 = 86$　（→45，46）

(6)　N が 60 で割ると 1 余る自然数のとき，$N = 60k + 1$　（k は非負整数）と表せる。

$N - 1 = 60k$ より，N は奇数であり

$a_0 = 1$

また　$\frac{N-1}{10} = 6k$ ……③

であり，$\frac{N-1}{10} = a_7a_6a_5a_4a_3a_2a_{1\,(10)} = \sum_{i=1}^{7} a_i \times 10^{i-1} = M$ とおく。

③より，M は 6 の倍数だから，偶数かつ 3 の倍数より

$a_1 = 2$

(5)と同様に考えて

$M \equiv 0 \pmod 3 \iff \sum_{i=1}^{7} a_i \equiv 0 \pmod 3$ より

$$\sum_{i=2}^{7} a_i \equiv 1 \pmod{3}$$

また，$6 \leqq \sum_{i=2}^{7} a_i \leqq 12$ より

(i)　$\sum_{i=2}^{7} a_i = 7$ のとき

M の a_i（$2 \leqq i \leqq 7$）の決め方は，数字 2 をちょうど 1 個含むときだから

$${}_6C_1 = 6 \text{ 通り}$$

(ii)　$\sum_{i=2}^{7} a_i = 10$ のとき

M の a_i（$2 \leqq i \leqq 7$）の決め方は，数字 2 をちょうど 4 個含むときだから

$${}_6C_4 = {}_6C_2 = \frac{6 \cdot 5}{2 \cdot 1} = 15 \text{ 通り}$$

和の法則により，求める自然数 N の個数は

$6 + 15 = 21$ 個　（→47，48）

(7)　$10 \equiv -1 \pmod{11}$

$$10^i \equiv (-1)^i \pmod{11}$$

$$N = \sum_{i=0}^{7} a_i \times 10^i \equiv \sum_{i=0}^{7} a_i (-1)^i \pmod{11}$$

$$N \equiv 0 \pmod{11} \Longleftrightarrow \sum_{i=0}^{7} a_i (-1)^i \equiv 0 \pmod{11}$$

$$\Longleftrightarrow \quad a_0 + a_2 + a_4 + a_6 \equiv a_1 + a_3 + a_5 + a_7 \pmod{11}$$

この合同式の両辺はともに 4 以上 8 以下の数だから

$$a_0 + a_2 + a_4 + a_6 = a_1 + a_3 + a_5 + a_7 = k \quad (4 \leqq k \leqq 8)$$

とおける。

(i)　$k = 4$ となるとき，N の個数は　$1^2 = 1$

(ii)　$k = 5$ となるとき，N の個数は　$({}_4C_1)^2 = 4^2 = 16$

(iii)　$k = 6$ となるとき，N の個数は　$({}_4C_2)^2 = 6^2 = 36$

(iv)　$k = 7$ となるとき，N の個数は　$({}_4C_3)^2 = 4^2 = 16$

(v)　$k = 8$ となるとき，N の個数は　$1^2 = 1$

和の法則により，求める自然数 N の個数は

$1 + 16 + 36 + 16 + 1 = 70$　（→49，50）

◀理系数学②：Ⅰ・Ⅱ・Ⅲ・A・B▶

情報（英・数・理型）・理工・建築・薬・農・生物理工・工・産業理工学部

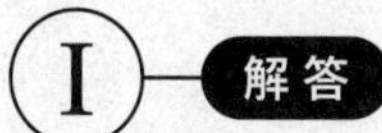

(1)ア．6　イウエ．986　オカ．29

(2)(i)キク．20　ケ．6　コ．2

(ii)サシ．56　スセ．28

(3)(i)ソ．5　タチ．48　(ii)ツ．4　テ．3　トナ．12　(iii)ニ．7

解説

《60! や二項係数の素因数の個数，隣接する2つの二項係数の最大公約数と最小公倍数の比》

(1)　$m \in M$ とする。

条件から，m は自然数で　$1 \leqq m \leqq 1000$　……①

$m = 5k+1 = 7l+6$　（k，l は非負整数）　……②

$5(k-1) = 7l$

5と7は互いに素だから　$k-1 = 7n$，$l = 5n$　（n は非負整数）

$k = 7n+1$，$l = 5n$

②より　$m = 35n+6$

①より　$1 \leqq 35n+6 \leqq 1000 \iff -\dfrac{1}{7} \leqq n \leqq \dfrac{994}{35}$

$\dfrac{994}{35} = 28 + \dfrac{2}{5}$

n は非負整数だから　$n = 0,\ 1,\ 2,\ \cdots,\ 28$

最小の自然数 m は，$n=0$ のとき　$m=6$　（→ア）

最大の自然数 m は，$n=28$ のとき　$m=986$　（→イ～エ）

M の要素の個数は，n の個数だから　29　（→オカ）

(2)　(i)　1から60までの自然数のうち3の倍数の個数は

$1 \leqq 3k \leqq 60 \iff \dfrac{1}{3} \leqq k \leqq 20$ を満たす自然数 k の個数だから

20　（→キク）

1から60までの自然数のうち3^2の倍数の個数は

$1 \leqq 3^2 k \leqq 60 \iff \frac{1}{9} \leqq k \leqq \frac{20}{3}$ を満たす自然数kの個数だから

6　(→ケ)

1から60までの自然数のうち3^3の倍数の個数は

$1 \leqq 3^3 k \leqq 60 \iff \frac{1}{27} \leqq k \leqq \frac{20}{9}$ を満たす自然数kの個数だから

2　(→コ)

(ii)　60!に現れる素因数3の個数bについて

(i)の議論に引き続き，1から60までの自然数の中には3^k　($k \geqq 4$)の倍数はない。

よって　$b = 20 + 6 + 2 = 28$　(→スセ)

60!に現れる素因数2の個数aについて

1から60までの自然数のうち，2^kの倍数の個数は

$k=1$のとき　30個

$k=2$のとき　15個

$k=3$のとき　7個

$k=4$のとき　3個

$k=5$のとき　1個

$k \geqq 6$のとき　0個

だから　$a = 30 + 15 + 7 + 3 + 1 = 56$　(→サシ)

(3)　(i)　$_{20}C_{10} = \frac{_{20}P_{10}}{10!} = \frac{20\cdot19\cdot18\cdot17\cdot16\cdot15\cdot14\cdot13\cdot12\cdot11}{10\cdot9\cdot8\cdot7\cdot6\cdot5\cdot4\cdot3\cdot2\cdot1}$

$_{20}C_{10}$の分子と分母に現れる素因数とその個数について，表にまとめると

素因数	2	3	5	7	11	13	17	19
分子	10	4	2	1	1	1	1	1
分母	8	4	2	1	0	0	0	0

だから，$_{20}C_{10} = 2^2\cdot11\cdot13\cdot17\cdot19$となり，異なる素因数の個数は

5　(→ソ)

$_{20}C_{10}$の正の約数の個数は　$3\cdot2\cdot2\cdot2\cdot2 = 48$　(→タチ)

(ii)　$_{20}C_9=\dfrac{20!}{9!11!}$, $_{20}C_8=\dfrac{20!}{8!12!}$

だから　$\dfrac{_{20}C_9}{_{20}C_8}=\dfrac{20!}{9!11!}\cdot\dfrac{8!12!}{20!}=\dfrac{12}{9}=\dfrac{4}{3}$　(→ツ，テ)

次に，$_{20}C_9$ と $_{20}C_8$ の最大公約数が G だから

$_{20}C_9=Gk$, $_{20}C_8=Gl$　(k, l は互いに素な自然数)

とおける。

$\dfrac{_{20}C_9}{_{20}C_8}=\dfrac{k}{l}=\dfrac{4}{3}$　　$3k=4l$

3と4は互いに素だから　$k=4p$, $l=3p$　(p は自然数)

このとき，k と l の最大公約数は p であるが，k と l は互いに素だから

$p=1$

よって　$k=4$, $l=3$

また，$_{20}C_9$ と $_{20}C_8$ の最小公倍数が L だから

$L=Gkl \iff \dfrac{L}{G}=kl=12$　(→トナ)

(iii)　$_{20}C_m=\dfrac{_{20}P_m}{m!}$

$0\leqq m\leqq 10$ より，右辺の分母の $m!$ には素因数13は含まれない。

$_{20}C_m$ が13で割り切れないのは，分子の $_{20}P_m$ が素因数13を含まないときである。

$_{20}P_m=20\cdot19\cdot18\cdot\cdots\cdot(20-m+1)$

だから　$20-m+1\geqq 14 \iff m\leqq 7$

よって，求める m の最大値は　7　(→ニ)

II　解答　**(1)(i)ア．** 0　**イ．** 3　**(ii)ウ．** 9
(iii)エ． 2　**オ．** 2　**カ．** 2　**キ．** 5　**クケコ．** −18
サシ． 40　**ス．** 5　**セ．** 3
(2)ソタ． 16　**チ．** 3
(3)ツテ． 18　**ト．** 9　**ナ．** 2　**ニ．** 3　**ヌ．** 2

解説

《絶対値を含む関数の定積分で与えられた関数の最大最小，曲線とその接線とで囲まれた図形の面積》

$$y=|2x^2-ax|=\left|2x\left(x-\frac{a}{2}\right)\right|$$

$$=\begin{cases}2x\left(x-\frac{a}{2}\right) & \left(x\leqq 0,\ \frac{a}{2}\leqq x\right)\\ -2x\left(x-\frac{a}{2}\right) & \left(0<x<\frac{a}{2}\right)\end{cases}\quad\cdots\cdots(A)$$

だから，曲線 C と x 軸との交点の x 座標は　$0,\ \dfrac{a}{2}$　……①

$S(a)=\displaystyle\int_0^3|2x^2-ax|\,dx$ $(a>0)$ について

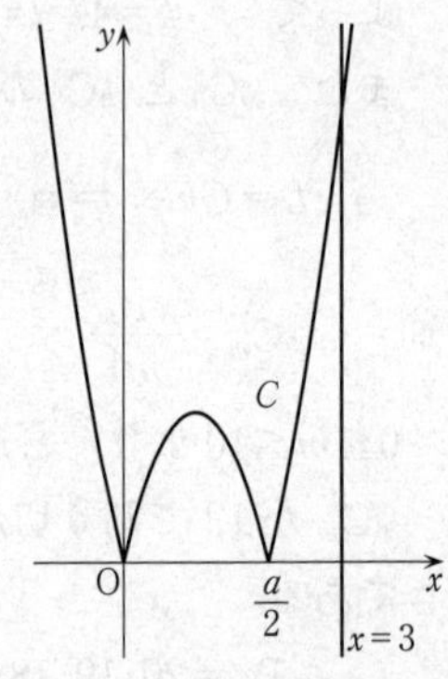

(a)　$0<\dfrac{a}{2}<3 \iff 0<a<6$ のとき

$$S(a)=\int_0^{\frac{a}{2}}-2x\left(x-\frac{a}{2}\right)dx+\int_{\frac{a}{2}}^3 2x\left(x-\frac{a}{2}\right)dx$$

$$=\frac{2}{6}\left(\frac{a}{2}-0\right)^3$$

$$+2\int_{\frac{a}{2}}^3\left\{\left(x-\frac{a}{2}\right)^2+\frac{a}{2}\left(x-\frac{a}{2}\right)\right\}dx$$

$$=\frac{a^3}{24}+2\left[\frac{1}{3}\left(x-\frac{a}{2}\right)^3+\frac{a}{4}\left(x-\frac{a}{2}\right)^2\right]_{\frac{a}{2}}^3$$

$$=\frac{a^3}{24}+\frac{2}{3}\left(3-\frac{a}{2}\right)^3+\frac{a}{2}\left(3-\frac{a}{2}\right)^2$$

$$=\frac{a^3}{24}+\frac{1}{12}(6-a)^3+\frac{a}{8}(6-a)^2$$

$$=\frac{1}{24}\{a^3+2(6-a)^3+3a(6-a)^2\}$$

$$=\frac{1}{24}(2a^3-108a+432)$$

$$=\frac{1}{12}(a^3-54a+216)$$

(b)　$3 \leqq \dfrac{a}{2} \iff 6 \leqq a$ のとき

$$S(a)=\int_0^3 (-2x^2+ax)\,dx$$

$$=\left[-\frac{2}{3}x^3+\frac{a}{2}x^2\right]_0^3$$

$$=\frac{9}{2}a-18$$

以上から

$$S(a)=\begin{cases}\dfrac{1}{12}(a^3-54a+216) & (0<a<6)\\[2mm] \dfrac{9}{2}(a-4) & (6\leqq a)\end{cases} \quad \cdots\cdots \text{(B)}$$

(1)　$a=6$ のとき

(i)　C と x 軸との共有点の x 座標は，①より，小さい順に

　0，3　（→ア，イ）

(ii)　(B)より　　$S(6)=\dfrac{9}{2}(6-4)=9$　（→ウ）

(iii)　(A)より　　$y=\begin{cases}2x(x-3) & (x\leqq 0,\ 3\leqq x)\\ -2x(x-3) & (0<x<3)\end{cases}$

であり

$$y'=\begin{cases}4x-6 & (x<0,\ 3<x)\\ -4x+6 & (0<x<3)\end{cases}$$

$x=1$ のとき　　$y=4,\ y'=2$

だから，接線 l は，接点 (1, 4)，傾き 2 であり，l の方程式は

$$y-4=2(x-1) \iff y=2x+2$$

（→エ，オ）

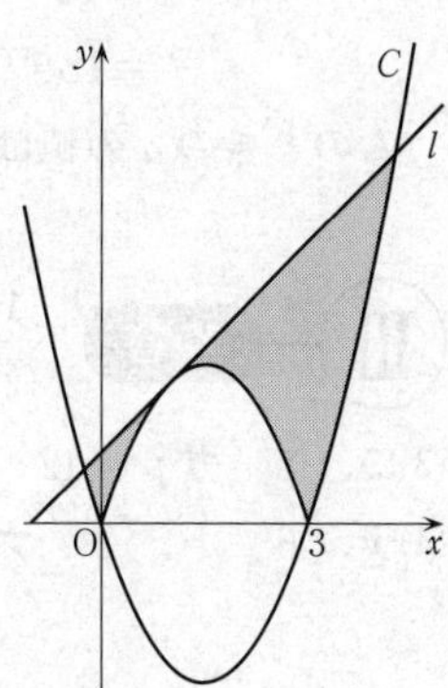

l と C の接点以外の共有点は，$x<0$，$3<x$ の範囲にあるからこの共有点の x 座標は次の x の方程式の解である。

$$2x^2-6x-(2x+2)=0$$

$$2x^2-8x-2=0$$

$$x^2-4x-1=0$$

$$x=2\pm\sqrt{5}\quad(\rightarrow カ，キ)$$

C と l で囲まれた図形の面積の和は，$\alpha=2-\sqrt{5}$，$\beta=2+\sqrt{5}$ とおくと

$$\int_\alpha^\beta\{-2(x-\alpha)(x-\beta)\}dx-2\int_0^3\{-2x(x-3)\}dx$$

$$=\frac{2}{6}(\beta-\alpha)^3-\frac{4}{6}(3-0)^3=\frac{1}{3}(2\sqrt{5})^3-\frac{2}{3}\cdot3^3$$

$$=-18+\frac{40\sqrt{5}}{3}\quad(\rightarrow ク〜セ)$$

(2)　(B)より　　$S(4)=\dfrac{1}{12}(4^3-54\cdot4+216)=\dfrac{16}{3}$　(→ソ〜チ)

(3)　(B)より　　$S'(a)=\begin{cases}\dfrac{1}{4}(a^2-18) & (0<a<6)\\ \dfrac{9}{2} & (6<a)\end{cases}$

a	0	$\cdots$	$3\sqrt{2}$	$\cdots$	6	
$S'(a)$	／	$-$	0	$+$	／	$+$
$S(a)$		↘		↗		↗

増減表より，$S(a)$ の最小値は

$$S(3\sqrt{2})=\frac{1}{12}\{(3\sqrt{2})^3-54\cdot3\sqrt{2}+216\}$$

$$=\frac{1}{12}(-108\sqrt{2}+216)$$

$$=18-9\sqrt{2}\quad(\rightarrow ツ〜ナ)$$

このときの a の値は　　$a=3\sqrt{2}$　(→ニ，ヌ)

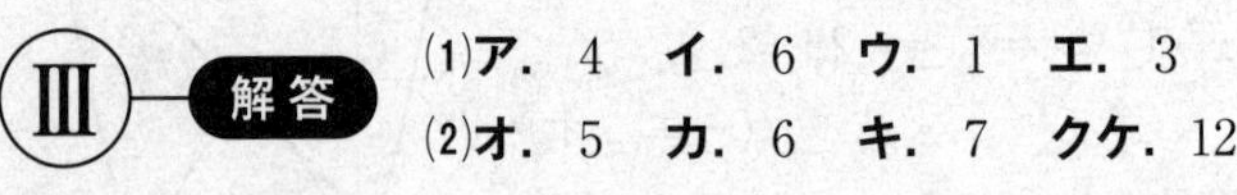

III　解答　(1)**ア．** 4　**イ．** 6　**ウ．** 1　**エ．** 3

(2)**オ．** 5　**カ．** 6　**キ．** 7　**クケ．** 12

(3)**コ．** 8　**サシ．** 12　**ス．** 4　**セ．** 3　**ソタ．** −4　**チ．** 4　**ツ．** 3

(4)**テ．** 6　**ト．** 2　**ナ．** 4　**ニ．** 6　**ヌ．** 2　**ネ．** 6

解説

《極形式，点の回転移動，正三角形の外接円上を動く点の複素数の絶対値や偏角の範囲》

(1) 複素数平面の実軸を x 軸，虚軸を y 軸として複素数平面と xy 平面を併用して議論する。

$$\alpha=2\sqrt{6}+6\sqrt{2}i=4\sqrt{6}\left(\frac{1}{2}+\frac{\sqrt{3}}{2}i\right)$$

$$=4\sqrt{6}\left(\cos\frac{\pi}{3}+i\sin\frac{\pi}{3}\right)$$

だから　$|\alpha|=4\sqrt{6}$　(→ア，イ)

$$\arg\alpha=\frac{1}{3}\pi \quad (\to ウ，エ)$$

(2) 直線 l 上の任意の点を $\mathrm{L}(z)$ とし，点 $\mathrm{E}(1)$，$\mathrm{F}(i)$ とする。

$$|z-1|=|z-i| \iff \mathrm{EL}=\mathrm{FL}$$

Lは線分EFの垂直二等分線上の点である。

l は線分EFの中点 $\left(\frac{1}{2},\ \frac{1}{2}\right)$ とOを通る直線だから l の方程式は $y=x$ である。

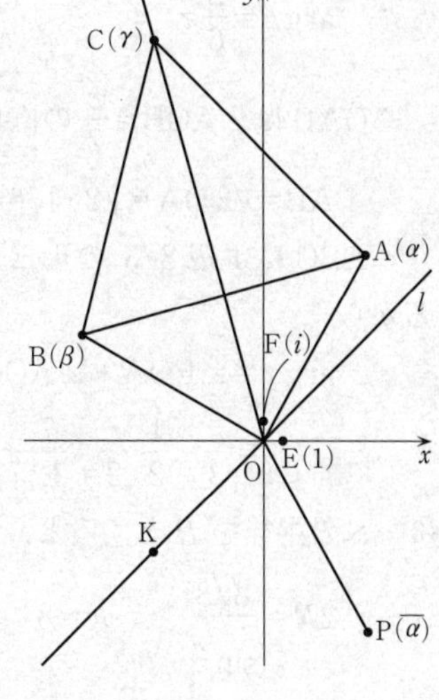

$x<0$ の範囲の l 上の点Kをとる。

x 軸，直線 l のそれぞれを軸とする対称移動の性質より

$$\mathrm{OB}=\mathrm{OP}=\mathrm{OA}=4\sqrt{6}$$

$$\angle\mathrm{AOE}=\angle\mathrm{POE}=\frac{\pi}{3}$$

$$\angle\mathrm{BOK}=\angle\mathrm{POK}=\left(\frac{\pi}{2}-\frac{\pi}{3}\right)+\frac{\pi}{4}$$

$$=\frac{5\pi}{12}$$

点Bは点Aを原点Oを中心に $-2\left(\frac{\pi}{3}+\frac{5\pi}{12}\right)=-\frac{3\pi}{2}$ 回転移動した点である。つまり，Bは点Aを原点Oを中心に $\frac{\pi}{2}$ 回転移動した点である。

よって　$\beta=i\alpha$

$$\arg\beta=\arg(i\alpha)=\arg(i)+\arg\alpha$$

$$=\frac{\pi}{2}+\frac{\pi}{3}=\frac{5}{6}\pi \quad (\to オ，カ)$$

別解　B(β) は直線 l （方程式は $y=x$）に関して P$(\overline{\alpha})$ と対称だから

$\overline{\alpha}=2\sqrt{6}-6\sqrt{2}i$ に対して

$\beta=-6\sqrt{2}+2\sqrt{6}i$ となる。

よって

$$\beta=4\sqrt{6}\left(-\frac{\sqrt{3}}{2}+\frac{1}{2}i\right)$$

$$=4\sqrt{6}\left(\cos\frac{5}{6}\pi+i\sin\frac{5}{6}\pi\right)$$

$$\therefore\quad \arg\beta=\frac{5}{6}\pi$$

△OAB は $\angle\mathrm{AOB}=\frac{\pi}{2}$ の直角二等辺三角形であり

$$\mathrm{AB}=\sqrt{2}\,\mathrm{OA}=\sqrt{2}\cdot4\sqrt{6}=8\sqrt{3}$$

△ABC は1辺 $8\sqrt{3}$ の正三角形であり，OC は辺 AB を垂直に二等分するから

$$\arg\gamma=\angle\mathrm{EOA}+\angle\mathrm{AOC}$$

$$=\frac{\pi}{3}+\frac{1}{2}\cdot\frac{\pi}{2}=\frac{7}{12}\pi \quad (\to キ〜ケ)$$

(3)　S の半径を R とすると，△ABC に正弦定理を用いて

$$2R=\frac{8\sqrt{3}}{\sin\frac{\pi}{3}}\qquad R=8 \quad (\to コ)$$

円 S の中心を S とし，円 S 上の任意の点を Q(z) とする。O を中心とする半径 OQ の円 O の半径が $|z|$ であり，2円 O と S が共有点をもつ条件から $|z|$ の範囲を考えると $|z|$ が最小となるのは2円 O と S が外接するときであり，最大となるのは円 S が円 O に内接するときである。円 S と直線 OC の交点で C でないものを D とすると

$$\mathrm{OD}\leqq|z|\leqq\mathrm{OC}$$

ここで，辺 AB の中点を M とすると

$$R=\mathrm{OC}=\mathrm{OM}+\mathrm{MC}$$
$$=\mathrm{OA}\cos\frac{\pi}{4}+\mathrm{BC}\sin\frac{\pi}{3}$$
$$=4\sqrt{6}\cdot\frac{1}{\sqrt{2}}+8\sqrt{3}\cdot\frac{\sqrt{3}}{2}$$
$$=12+4\sqrt{3}\quad(\rightarrow サ〜セ)$$
$$r=\mathrm{OD}=\mathrm{OC}-2R$$
$$=(12+4\sqrt{3})-16=-4+4\sqrt{3}$$
(→ソ〜ツ)

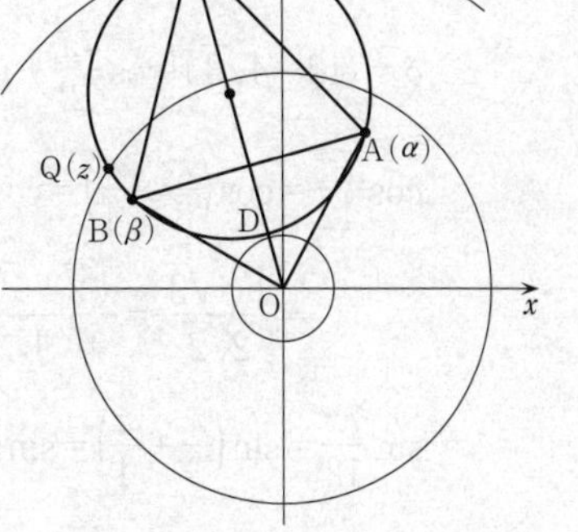

(4)　点Oから円 S に引いた２本の接線を m, n とする。$\arg z$ の範囲は，動径OQが円と共通点をもつ条件のもとで，動径OQが２本の接線 m と n の間にあるときの動径OQと実軸の正の方向とのなす角の範囲である。よって，$\arg z$ が最大，最小となるのは，Qが m, n と円 S との接点のときである。つまり，線分XYの両端はこの接点である。線分XYはOCによって垂直に二等分されるから線分XYの中点Nは直線OC上にある。

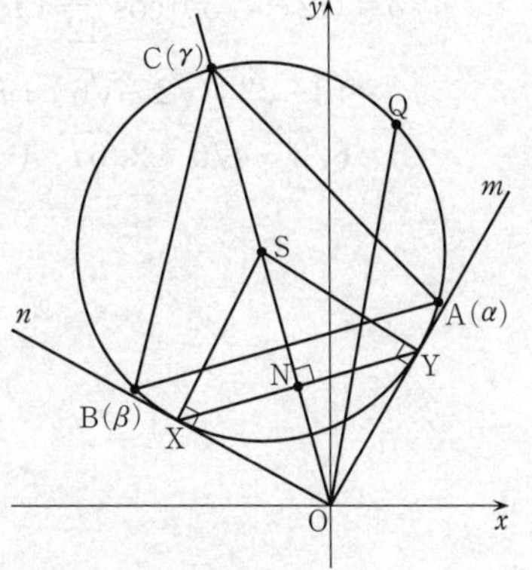

ここで，△OSXにおいて

$$\angle\mathrm{X}=\frac{\pi}{2},\ \mathrm{OS}=4+4\sqrt{3},\ \mathrm{SX}=8$$

だから

$\angle\mathrm{XSO}=\theta$ とすると

$$\cos\theta=\frac{\mathrm{SX}}{\mathrm{OS}}=\frac{2}{\sqrt{3}+1}=\sqrt{3}-1$$
$$\mathrm{ON}=\mathrm{OS}-\mathrm{SN}=(4+4\sqrt{3})-\mathrm{SX}\cos\theta$$
$$=4+4\sqrt{3}-8(\sqrt{3}-1)$$
$$=12-4\sqrt{3}$$

点Nを表す複素数を δ とすると

$|\delta| = \mathrm{ON} = 12 - 4\sqrt{3}$, $\arg\delta = \arg\gamma = \dfrac{7\pi}{12}$

$$\delta = (12 - 4\sqrt{3})\left(\cos\frac{7\pi}{12} + i\sin\frac{7\pi}{12}\right)$$

$$\cos\frac{7\pi}{12} = \cos\left(\frac{\pi}{3} + \frac{\pi}{4}\right) = \cos\frac{\pi}{3}\cos\frac{\pi}{4} - \sin\frac{\pi}{3}\sin\frac{\pi}{4}$$

$$= \frac{1-\sqrt{3}}{2\sqrt{2}} = \frac{\sqrt{2}-\sqrt{6}}{4}$$

$$\sin\frac{7\pi}{12} = \sin\left(\frac{\pi}{3} + \frac{\pi}{4}\right) = \sin\frac{\pi}{3}\cos\frac{\pi}{4} + \cos\frac{\pi}{3}\sin\frac{\pi}{4} = \frac{\sqrt{6}+\sqrt{2}}{4}$$

$$\delta = (12 - 4\sqrt{3})\left(\cos\frac{7\pi}{12} + i\sin\frac{7\pi}{12}\right)$$

$$= (3-\sqrt{3})(\sqrt{2}-\sqrt{6}) + i(3-\sqrt{3})(\sqrt{6}+\sqrt{2})$$

$$= 6\sqrt{2} - 4\sqrt{6} + 2\sqrt{6}\,i$$ （→テ～ネ）

◀理系数学①：Ⅰ・Ⅱ・A・B▶

理工（理〈化学〉・生命科）・建築・薬・農・生物理工・工・産業理工学部

Ⅰ ◀理系数学②：情報（英・数・理型）・理工・建築・薬・農・生物理工・工・産業理工学部▶Ⅰに同じ。

Ⅱ ◀理系数学②：情報（英・数・理型）・理工・建築・薬・農・生物理工・工・産業理工学部▶Ⅱに同じ。

Ⅲ ―**解答**　**(1)ア．** 2　**イ．** 2　**ウ．** 3　**エ．** 6　**オ．** 3

(2)カ． 0　**キ．** 1　**ク．** 3　**ケ．** 2　**コ．** 9

(3)サシ． 16　**ス．** 9　**(4)セ．** 4　**ソ．** 3

(5)タ． 7　**チ．** 5　**ツテ．** 11　**(6)ト．** 4　**ナ．** 3

解説

《平面に関する対称点，点から平面に下ろした垂線の足，四面体の体積と点と平面の距離》

(1)　Oは原点，A(2, 0, 0)，B(0, 0, 2)，C(0, 2, 1) より

$$\overrightarrow{AB}=\overrightarrow{OB}-\overrightarrow{OA}=(0,\ 0,\ 2)-(2,\ 0,\ 0)=(-2,\ 0,\ 2)$$

$$\overrightarrow{AC}=\overrightarrow{OC}-\overrightarrow{OA}=(0,\ 2,\ 1)-(2,\ 0,\ 0)=(-2,\ 2,\ 1)$$

だから

$$|\overrightarrow{AB}|=\sqrt{(-2)^2+0^2+2^2}=2\sqrt{2}\quad(\to ア,\ イ)$$

$$|\overrightarrow{AC}|=\sqrt{(-2)^2+2^2+1^2}=3\quad(\to ウ)$$

$$\overrightarrow{AB}\cdot\overrightarrow{AC}=(-2)\cdot(-2)+0\cdot 2+2\cdot 1=6\quad(\to エ)$$

$$\triangle ABC=\frac{1}{2}\sqrt{|\overrightarrow{AB}|^2|\overrightarrow{AC}|^2-(\overrightarrow{AB}\cdot\overrightarrow{AC})^2}$$

$$=\frac{1}{2}\sqrt{(2\sqrt{2})^2\cdot 3^2-6^2}$$

$$=3\quad(\to オ)$$

(2)　3点O，P，Hは一直線上にあるから PH⊥α より，OH⊥α である。

よって

$$\mathrm{OH}\perp\mathrm{AB}\quad \text{かつ}\quad \mathrm{OH}\perp\mathrm{AC}$$

だから　$\overrightarrow{\mathrm{OH}}\cdot\overrightarrow{\mathrm{AB}}=0$　(→カ)

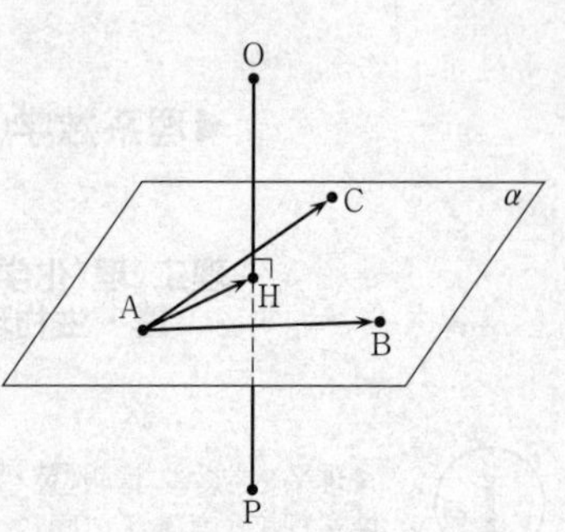

Hは平面 α 上の点だから

$$\overrightarrow{\mathrm{AH}}=s\overrightarrow{\mathrm{AB}}+t\overrightarrow{\mathrm{AC}}\quad (s,\ t\text{は実数})$$

とおける。

$$\overrightarrow{\mathrm{OH}}=\overrightarrow{\mathrm{OA}}+\overrightarrow{\mathrm{AH}}$$
$$=\overrightarrow{\mathrm{OA}}+s\overrightarrow{\mathrm{AB}}+t\overrightarrow{\mathrm{AC}}$$

$\overrightarrow{\mathrm{OH}}\cdot\overrightarrow{\mathrm{AB}}=0$ より

$$\overrightarrow{\mathrm{OA}}\cdot\overrightarrow{\mathrm{AB}}+s|\overrightarrow{\mathrm{AB}}|^2+t\overrightarrow{\mathrm{AB}}\cdot\overrightarrow{\mathrm{AC}}=0$$

$$8s+6t=4 \iff 4s+3t=2\quad\cdots\cdots①$$

同様に　$\overrightarrow{\mathrm{OH}}\cdot\overrightarrow{\mathrm{AC}}=0$

$$\overrightarrow{\mathrm{OA}}\cdot\overrightarrow{\mathrm{AC}}+s\overrightarrow{\mathrm{AB}}\cdot\overrightarrow{\mathrm{AC}}+t|\overrightarrow{\mathrm{AC}}|^2=0$$

$$6s+9t=4\quad\cdots\cdots②$$

①×3−② より　$6s=2$

$$s=\frac{1}{3}\quad (\text{→キ，ク})$$

①に代入して　$3t=\dfrac{2}{3}$

$$t=\frac{2}{9}\quad (\text{→ケ，コ})$$

(3) (2)の結論から

$$\overrightarrow{\mathrm{OH}}=\overrightarrow{\mathrm{OA}}+\frac{1}{3}\overrightarrow{\mathrm{AB}}+\frac{2}{9}\overrightarrow{\mathrm{AC}}$$
$$=(2,\ 0,\ 0)+\frac{1}{3}(-2,\ 0,\ 2)+\frac{2}{9}(-2,\ 2,\ 1)$$
$$=\left(\frac{8}{9},\ \frac{4}{9},\ \frac{8}{9}\right)$$

$$\overrightarrow{\mathrm{OP}}=2\overrightarrow{\mathrm{OH}}=2\left(\frac{8}{9},\ \frac{4}{9},\ \frac{8}{9}\right)=\left(\frac{16}{9},\ \frac{8}{9},\ \frac{16}{9}\right)$$

$$\therefore\ \mathrm{P}\left(\frac{16}{9},\ \frac{8}{9},\ \frac{16}{9}\right)$$

となり，Pの x 座標は　$\dfrac{16}{9}$　(→サ～ス)

(4) (3)の結論から，$\overrightarrow{OH}=\frac{4}{9}(2,\ 1,\ 2)$

であり，平面 α に関する対称性から

$$|\overrightarrow{PH}|=|\overrightarrow{OH}|=\frac{4}{9}\sqrt{2^2+1^2+2^2}=\frac{4}{3}$$

(四面体 PABC の体積)

$$=\frac{1}{3}\cdot\triangle ABC\cdot PH=\frac{1}{3}\cdot 3\cdot\frac{4}{3}$$

$$=\frac{4}{3}\quad(\to セ,\ ソ)$$

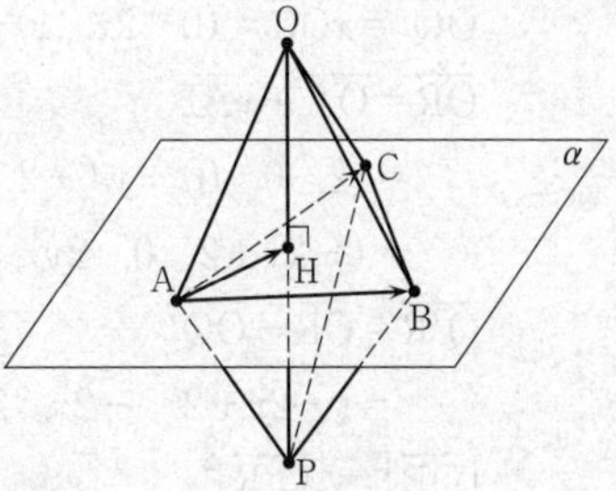

(5) 四面体 OABC と四面体 PABC の平面 α に関する対称性より

$$\triangle PAB=\triangle OAB=\frac{1}{2}|\overrightarrow{OA}||\overrightarrow{OB}|$$

$$=\frac{1}{2}\cdot 2\cdot 2=2\quad\left(\because\quad \angle AOB=\frac{\pi}{2}\right)$$

$$\triangle PBC=\triangle OBC=\frac{1}{2}\sqrt{|\overrightarrow{OB}|^2|\overrightarrow{OC}|^2-(\overrightarrow{OB}\cdot\overrightarrow{OC})^2}$$

$$=\frac{1}{2}\sqrt{2^2\cdot 5-2^2}=2$$

$$\triangle PCA=\triangle OCA=\frac{1}{2}|\overrightarrow{OC}||\overrightarrow{OA}|$$

$$=\frac{1}{2}\sqrt{5}\cdot 2=\sqrt{5}\quad(\because\quad \angle COA=90°)$$

条件より，点 D から四面体 PABC の各面に下ろした垂線の長さを h とすると，体積について

$$\frac{1}{3}\times(\triangle ABC+\triangle PAB+\triangle PBC+\triangle PCA)\times h=\frac{4}{3}$$

$$(7+\sqrt{5})h=4$$

$$h=\frac{4}{7+\sqrt{5}}=\frac{4(7-\sqrt{5})}{44}=\frac{7-\sqrt{5}}{11}\quad(\to タ\sim テ)$$

(6) 四面体 OABC と四面体 PABC の平面 α に関する対称性より点 Q の平面 α に関する対称な点を Q′ とすると，Q′ は辺 OC 上にあるから

$$|\overrightarrow{QR}|=|\overrightarrow{Q'R}|$$

である。

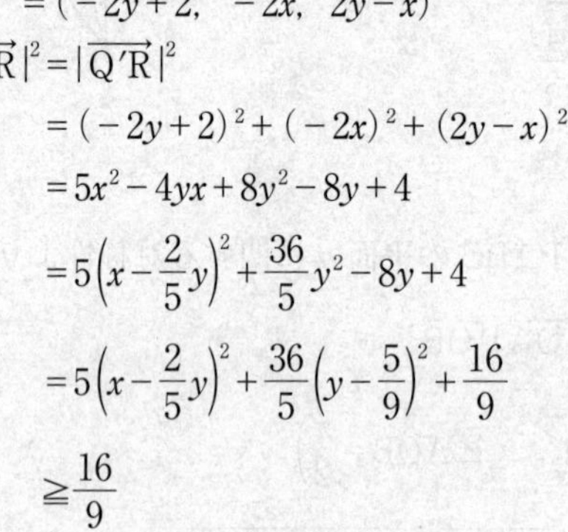

$\overrightarrow{OQ'}=x\overrightarrow{OC}=(0,\ 2x,\ x)$

$\overrightarrow{OR}=\overrightarrow{OA}+y\overrightarrow{AB}$

$\quad=(2,\ 0,\ 0)+y(-2,\ 0,\ 2)$

$\quad=(-2y+2,\ 0,\ 2y)$

$\overrightarrow{Q'R}=\overrightarrow{OR}-\overrightarrow{OQ'}$

$\quad=(-2y+2,\ -2x,\ 2y-x)$

$$
\begin{aligned}
|\overrightarrow{QR}|^2=|\overrightarrow{Q'R}|^2
&=(-2y+2)^2+(-2x)^2+(2y-x)^2\\
&=5x^2-4yx+8y^2-8y+4\\
&=5\left(x-\frac{2}{5}y\right)^2+\frac{36}{5}y^2-8y+4\\
&=5\left(x-\frac{2}{5}y\right)^2+\frac{36}{5}\left(y-\frac{5}{9}\right)^2+\frac{16}{9}\\
&\geqq\frac{16}{9}
\end{aligned}
$$

等号成立は，$x=\dfrac{2y}{5}$ かつ $y=\dfrac{5}{9}\iff x=\dfrac{2}{9},\ y=\dfrac{5}{9}$ のとき

よって，$|\overrightarrow{QR}|\geqq\dfrac{4}{3}$ となり，$|\overrightarrow{QR}|$ の最小値は　$\dfrac{4}{3}$　（→ト，ナ）

物 理

I 解答

1 —⑥　2 —⑧　3 —④　4 —①　5 —③　6 —⑦
7 —④　8 —①　9 —⑤　10—③

解説

《回転台上での小球の運動》

(1)　小球にはたらく x 軸方向の力は，慣性力の一種である遠心力のみである。回転半径が x なので，運動方程式は

$$ma = mx\omega^2 \quad (\to 1)$$

仕事の大きさは，図2のグラフの面積より求まる。点Aでの遠心力の大きさは $mR\omega^2$ なので

$$R \times mR\omega^2 \times \frac{1}{2} = \frac{mR^2\omega^2}{2} \quad (\to 2)$$

点Aから動きだした小球が点Bに到達するためには，点Oを通過するだけの初速度が必要である。点Aから点Oに達するまでに遠心力により $\frac{mR^2\omega^2}{2}$ の大きさの負の仕事をされるので，点Aで必要な運動エネルギー $\frac{1}{2}mv^2$ は

$$\frac{1}{2}mv^2 > \frac{mR^2\omega^2}{2}$$

$$v > R\omega \quad (\to 3)$$

円板の外で静止している観測者から見ると，小球に作用する水平方向の力は0なので，等速直線運動をする。よって③である。（→5）

5の答えより，円板の端に達したときの小球の位置は，レールを取り除いた瞬間の点Bの位置である。このとき，円板が回転しているため，点Bは元の位置より左側へずれている。これを，円板とともに回転している観測者から見ると，小球が右側へそれたように見える。これに適する図は①と④であるが，小球の初速度の向きを考慮すると①が最も適切である。

（→4）

参考　円板とともに回転している観測者から見ると，円板に対して運動する小球には遠心力以外にコリオリの力が作用する。円板が反時計回りに回転しているときは，コリオリの力は速度の向きに対して右向きにはたらく。

(2)　位置 x で小球にはたらく x 軸方向の力は，右図のようになるので，運動方程式は

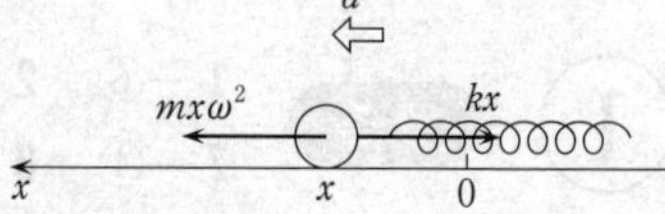

$$ma=-kx+mx\omega^2 \quad (\to 6)$$

$$ma=-(k-m\omega^2)x$$

$k-m\omega^2$ の符号によって小球の運動の様子が異なる。

$k-m\omega^2>0$，すなわち $k>m\omega^2$ のとき，ばねの弾性力 kx が遠心力 $m\omega^2x$ よりも大きく，小球は復元力を受けて $x=0$ を中心とする単振動を行う。(→7)

このとき，単振動の角振動数を ω_0 とすると $a=-\omega_0{}^2x$ と表せるので

$$\omega_0=\sqrt{\frac{k}{m}-\omega^2} \quad (\to 8)$$

$k-m\omega^2=0$，すなわち $k=m\omega^2$ のとき，小球が受ける合力はつねに0となり，静止状態でおかれた小球は静止したままである。(→9)

なお，$k-m\omega^2<0$，すなわち $k<m\omega^2$ のときは，遠心力が弾性力よりも大きく，小球は $x=0$ の点Oから遠ざかったきり戻ってこない。

7の関係を満たす場合，$x_0>0$ において $-kx_0+mx_0\omega^2<0$ であるから，摩擦力がある場合の力のつり合いを考えると

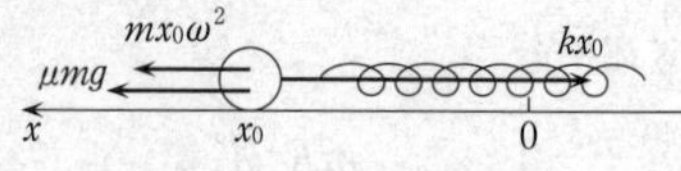

$$\mu mg=|-kx_0+mx_0\omega^2|$$

$$=kx_0-mx_0\omega^2$$

$$\therefore \quad x_0=\frac{\mu mg}{k-m\omega^2} \quad (\to 10)$$

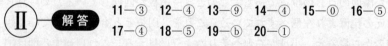

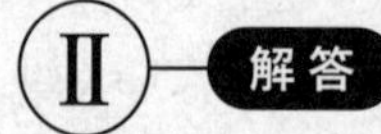

11―③　12―④　13―⑨　14―④　15―⓪　16―⑤
17―④　18―⑤　19―ⓑ　20―①

解説

《点電荷がつくる電場》

(1)　点Oの電位 V_0〔V〕は，点A，点Bの正電荷によって作られた電位を

それぞれ V_{A0}〔V〕, V_{B0}〔V〕とすると

$$V_{A0}=V_{B0}=k\frac{Q}{a}$$

$$V_0=V_{A0}+V_{B0}=\frac{2kQ}{a}\text{〔V〕}\quad(\rightarrow 11)$$

$x>a$ における点 $(x,\ 0)$ の電位 V_x〔V〕は，点A，点Bの正電荷によって作られた電位をそれぞれ V_{Ax}〔V〕, V_{Bx}〔V〕とすると

$$V_x=V_{Ax}+V_{Bx}=\frac{kQ}{x+a}+\frac{kQ}{x-a}$$

$V_x=V_0$ となる x は

$$\frac{kQ}{x+a}+\frac{kQ}{x-a}=\frac{2kQ}{a}$$

$$\Rightarrow x^2-ax-a^2=0\Rightarrow x=\frac{a\pm\sqrt{a^2+4a^2}}{2}$$

$x>a$ より

$$\therefore\quad x=\frac{1+\sqrt{5}}{2}a\text{〔m〕}\quad(\rightarrow 12)$$

小物体が点Oで持っている，クーロン力による位置エネルギー U_0〔J〕は

$$U_0=3QV_0=\frac{6kQ^2}{a}\text{〔J〕}\quad(\rightarrow 13)$$

点 $\left(\frac{1}{2}a,\ 0\right)$ を点Eとする。点Eの電位 V_E〔V〕は，点A，点Bの正電荷によって作られる電位をそれぞれ V_{AE}〔V〕, V_{BE}〔V〕とすると

$$V_E=V_{AE}+V_{BE}=\frac{2kQ}{3a}+\frac{2kQ}{a}$$

$$\therefore\quad V_E=\frac{8kQ}{3a}$$

小物体が点Eで持っている，クーロン力による位置エネルギー U_E〔J〕は

$$U_E=3QV_E=\frac{8kQ^2}{a}$$

小物体の点Oでの速さを v_0〔m/s〕とする。点Eと点Oについての力学的エネルギー保存則は

$$U_{\mathrm{E}}=U_0+\frac{1}{2}m{v_0}^2$$

U_{E}，U_0 の値を代入して，v_0 を求めると

$$\therefore\quad v_0=2Q\sqrt{\frac{k}{ma}}\,〔\mathrm{m/s}〕\quad(\to 14)$$

(2)　点A，点Bそれぞれの正電荷によって点 $(x,\ 0)$ に作られた電場は，いずれも y 成分は0であり，x 成分の和は

$$\frac{kQ}{(a+x)^2}-\frac{kQ}{(a-x)^2}=-\frac{4kQax}{(a+x)^2(a-x)^2}<0\quad(\to 15,\ 16)$$

点C，点Dそれぞれの負電荷によって点 $(x,\ 0)$ に作られた電場は，対称性から y 成分の和は0である。点Cの負電荷によってこの点に作られた電場の x 成分は，図より

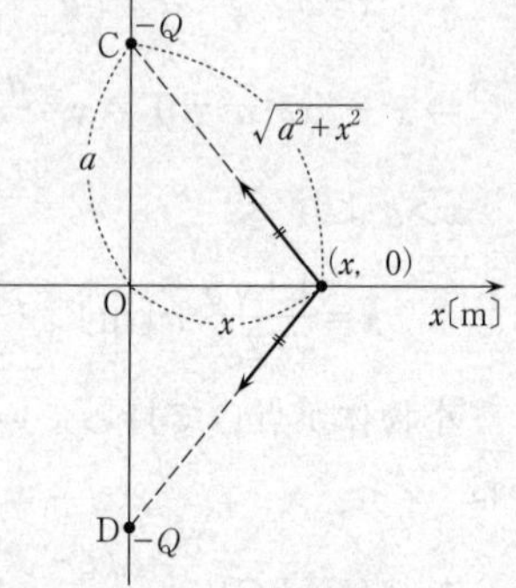

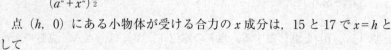

$$-\frac{kQ}{a^2+x^2}\times\frac{x}{\sqrt{a^2+x^2}}=-\frac{kQx}{(a^2+x^2)^{\frac{3}{2}}}$$

点Dの負電荷によって作られた電場の x 成分も，これに等しいから

x 成分の和は

$$-\frac{2kQx}{(a^2+x^2)^{\frac{3}{2}}}<0\quad(\to 17,\ 18)$$

点 $(h,\ 0)$ にある小物体が受ける合力の x 成分は，15 と 17 で $x=h$ として

$$-q\frac{4kQah}{(a+h)^2(a-h)^2}-q\frac{2kQh}{(a^2+h^2)^{\frac{3}{2}}}$$

与えられた近似式を用いると

$$-q\frac{4kQh}{a^3}-q\frac{2kQh}{a^3}=-\frac{6kQqh}{a^3}\quad(\to 19)$$

小物体は振幅 h で，$x=0$ を中心とする単振動をする。点 $(x,\ 0)$ での加速度を α とすると，小物体の運動方程式は 19 の式で h を x として

$$m\alpha=-\frac{6kQq}{a^3}x$$

単振動の角振動数を ω とすると $\alpha=-\omega^2x$ より

$$\omega=\sqrt{\frac{6kQq}{ma^3}}$$

単振動の周期 T は

$$T=\frac{2\pi}{\omega}=2\pi\sqrt{\frac{ma^3}{6kQq}}\quad(\to 20)$$

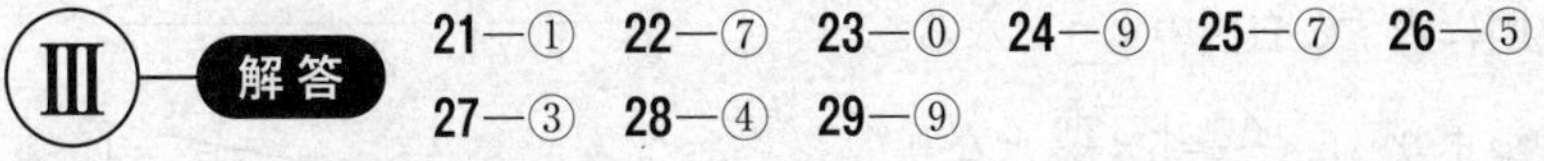

III　解答　21―①　22―⑦　23―⓪　24―⑨　25―⑦　26―⑤
27―③　28―④　29―⑨

解説

《くさび形のすき間による光の干渉》

(1)　屈折率がより大きい媒質にあたって光が反射するときに位相が反転する（π ずれる）ので，経路 a では変化せず，経路 b で π ずれる。

(→21，22)

点Oから距離 x の位置での空気層の厚さを Δd とすると

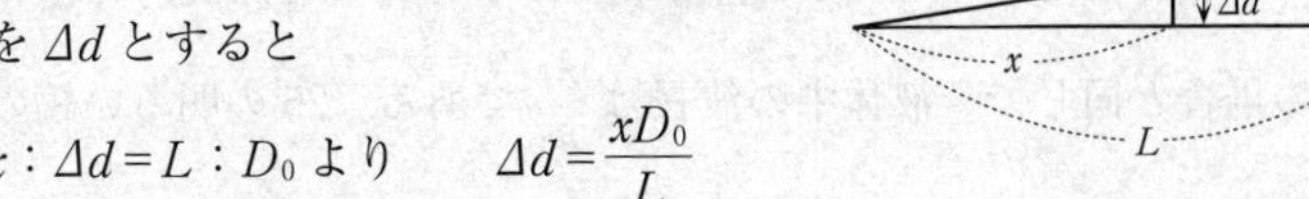

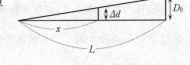

$x:\Delta d=L:D_0$ より　　$\Delta d=\dfrac{xD_0}{L}$

光が強めあう条件は，反射による位相の変化も考慮して

$$2\Delta d=\left(m+\frac{1}{2}\right)\lambda_0$$

Δd の値を代入して，x を求めると

$$x=\frac{L\lambda_0}{2D_0}\left(m+\frac{1}{2}\right)\quad(\to 23)$$

光が弱めあう条件は

$$2\Delta d=m\lambda_0$$

Δd の値を代入して，x を求めると

$$x=\frac{L\lambda_0}{2D_0}m\quad(\to 24)$$

23 の明るい縞の式で，$m+1$ と m の差が求める間隔である。

$$\frac{L\lambda_0}{2D_0}\left\{\left(m+1+\frac{1}{2}\right)-\left(m+\frac{1}{2}\right)\right\}=\frac{L\lambda_0}{2D_0}\quad(\to 25)$$

24 の暗線の式で，$x=0$ の位置に現れた暗線を $m=0$ 番目とすると $x=L$ の位置に現れた暗線は $m=N$ 番目となるので

$$L=\frac{L\lambda_0}{2D_0}N$$

$$\therefore\quad D_0=\frac{N\lambda_0}{2}\quad(\to 26)$$

(2)　波長λ_1での明線間隔6つ分と，波長λ_0での間隔5つ分が等しかったことを図に表すと右図のようになる。

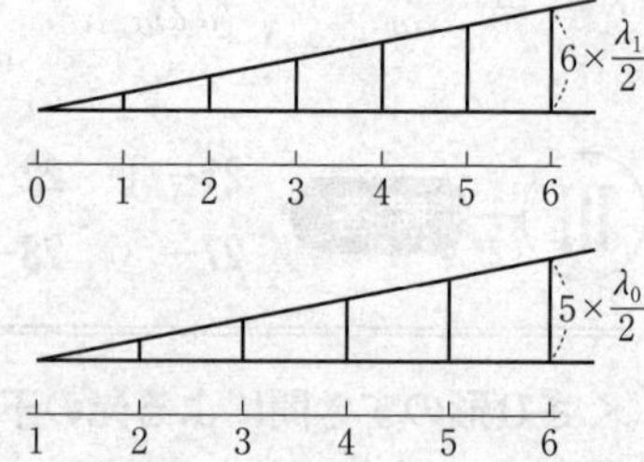

つまり，$6\times\frac{\lambda_1}{2}=5\times\frac{\lambda_0}{2}$となり

$$\lambda_1=\frac{5}{6}\lambda_0\quad(\to 27)$$

なお,「明るい縞6本分」を間隔6つでなく明るい線6本（間隔は5つ）と捉えた場合，$\lambda_1=\frac{4}{5}\lambda_0$となり，解答は④ということになる。

(3)　液体の屈折率n_1はガラス板の屈折率より小さいので，反射の位相変化は空気の場合と同じで，液体中の波長は$\frac{\lambda_1}{n_1}$である。25の明るい縞の間隔の式で，λ_0を$\frac{\lambda_1}{n_1}$，D_0をD_1として題意を適用すると

$$\frac{L\lambda_1}{2D_1n_1}=\frac{L\lambda_0}{2D_0}$$

$$\therefore\quad D_1=\frac{\lambda_1}{n_1\lambda_0}\times D_0\quad(\to 28)$$

(4)　液体の屈折率n_2はガラス板の屈折率より小さいので，反射の位相変化は空気の場合と同じで，液体中の波長は$\frac{\lambda_1}{n_2}$である。図3の場合の明るい縞の間隔は，左端の厚さを0，右端の厚さを(D_0-D_2)とした場合の間隔と同じである。25の明るい縞の間隔の式でλ_0を$\frac{\lambda_1}{n_2}$，D_0を(D_0-D_2)として，(3)の屈折率n_1を含む式も用いて題意を適用すると

$$\frac{L\lambda_1}{2(D_0-D_2)n_2}=\frac{L\lambda_1}{2D_1n_1}$$

$$\therefore\quad n_2=\frac{D_1}{D_0-D_2}\times n_1\quad(\to 29)$$

化 学

I 解答

1―① 2―④ 3―⑥ 4―② 5―① 6―③
7―② 8―② 9―③ 10―② 11―③ 12―②
13―⑤ 14―④ 15―③ 16―① 17―⑥

解説

《リン，銅の単体と化合物の性質》

5. リンを空気中で燃焼させると，十酸化四リン P_4O_{10} の白色粉末が得られる。

6. 十酸化四リン P_4O_{10} に水を加えて生成するリン酸 H_3PO_4 の構造は

```
      O
      ‖
HO－P－OH
      |
     HO
```

であり，ヒドロキシ基を3つもつ。

10. フェーリング液を還元させると，酸化銅(Ⅰ)が生じるので，還元性をもつフルクトースが当てはまる。

16・17. 反応式は以下の通りであり，水酸化銅(Ⅱ)の青白色沈殿が生成される。

$$[Cu(NH_3)_4]^{2+} + 2H^+ + 2H_2O \longrightarrow Cu(OH)_2 + 4NH_4^+$$

Ⅱ 解答

18―④ 19―⑥ 20―① 21―① 22―② 23―⑤
24―⑥ 25―② 26―⑤

解説

《熱エネルギー，比熱と温度変化》

18. 温度は右のグラフに破線で示したように，容器への熱の出入がなければ30.5℃まで上昇したので，熱量〔J〕=物質の質量〔g〕×比熱〔J/(g·K)〕×温度変化〔K〕より

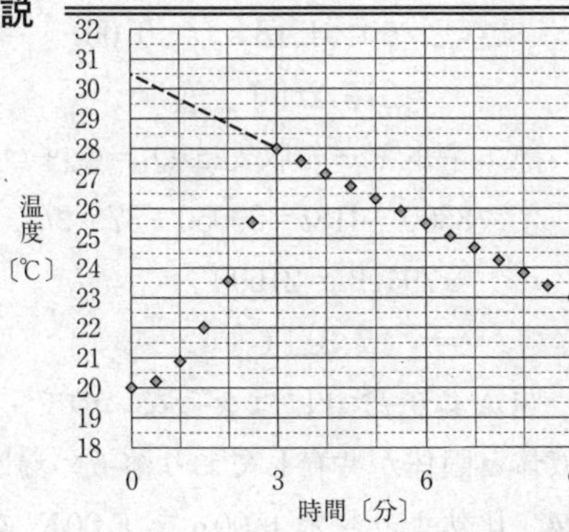

$(96.0+4.00)\times 4.18\times(30.5-20)=4389$〔J〕

$\fallingdotseq 4.39$〔kJ〕

19. NaOH＝40より溶解した水酸化ナトリウムの物質量は $\dfrac{4.00}{40}=0.100$〔mol〕となるので，溶解熱は　　$4.389\times 10=43.89\fallingdotseq 44$〔kJ〕

21. 凝固点降下度 ΔT は $\Delta T=K_f\cdot m$（m は質量モル濃度〔mol/kg〕）で求められる。今，水の質量が同じ 96.0g より，電離を考慮した全溶質粒子の物質量で比較できる。グルコース $C_6H_{12}O_6=180$ より

NaOH：0.10〔mol〕$\times 2=0.20$〔mol〕

$C_6H_{12}O_6$：$\dfrac{4.00}{180}=0.0222\fallingdotseq 0.022$〔mol〕

以上より，水酸化ナトリウム水溶液の方が ΔT は大きく，凝固点は低くなる。

22・23. 氷 90g がすべて融解し，混合後の温度が t〔℃〕に変化したとする。水酸化ナトリウム水溶液が 20℃から t〔℃〕になるまでに失う熱量 Q_1 は

$Q_1=100\times 4.18\times(20-t)$

$=8360-418t$〔J〕

氷 90.0g がすべて融解した時の吸熱量 Q_2 は，$H_2O=18$ と融解熱を用いて

$Q_2=6.01\times\dfrac{90.0}{18}$ より

$Q_2=30.05$〔kJ〕$=30050$〔J〕

また，水 90.0g が 0.00℃から t〔℃〕になるときに必要な熱量 Q_3 は

$Q_3=90\times 4.18\times(t-0.00)$

$=376.2t$〔J〕

熱エネルギーの収支は $Q_1=Q_2+Q_3$ より

$8360-418t=30050+376.2t$

$-794.2t=21690$

$t=-27.31$〔℃〕

題意より $t>0$ にはならないので，氷 90.0g はすべて融解しておらず，液体と固体が共存しており溶液の温度は 0℃である。

24. 比熱より，水 1.00g を 1.00K 変化させるのに必要な熱量が 4.18J で

あり，水 1.00 mol で 18 g のため，求めるモル比熱は

$4.18\times18=75.24$〔J/(mol·K)〕

25. 題意より，圧力 p〔Pa〕，物質量 1.00 mol，温度上昇 1.00 K において，体積膨張に必要なエネルギーは $p\Delta V$ に相当する。変化の前後で理想気体の状態方程式 $pV=nRT$ が成立することを利用すると

$p\Delta V=nR\Delta T=1.00\times R\times1.00$

$p\Delta V=R$

ここで，$R=8.31$ J/(K·mol) より

$p\Delta V=8.31$〔J〕

26. 体積が一定の時のモル比熱は 25.3 J/(mol·K) であり，そこに体積膨張に必要なエネルギーである 8.31 J/(mol·K) を足し合わせる必要があるので

$25.3+8.31=33.61$〔J/(mol·K)〕

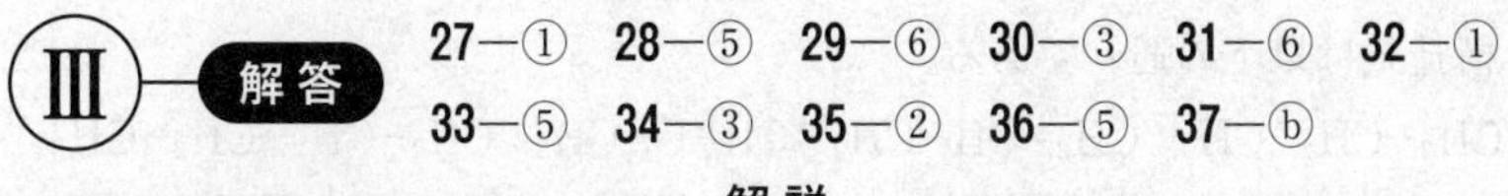

Ⅲ 解答　**27**—①　**28**—⑤　**29**—⑥　**30**—③　**31**—⑥　**32**—①
33—⑤　**34**—③　**35**—②　**36**—⑤　**37**—ⓑ

解説

《タンパク質と酵素，酵素反応の阻害による平衡》

36. $v=\dfrac{v'[\mathrm{A}]}{K+[\mathrm{A}]}$ ……(2)

(i) $[\mathrm{A}]<K$ のとき

$K+[\mathrm{A}]\fallingdotseq K$ と近似すると　$v=\dfrac{v'}{K}[\mathrm{A}]$

∴ v は $[\mathrm{A}]$ に比例する。

(ii) $[\mathrm{A}]>K$ のとき

$K+[\mathrm{A}]\fallingdotseq[\mathrm{A}]$ と近似すると　$v=v'$

∴ v は v'（最大速度）で一定となる。

(iii) $[\mathrm{A}]=K$ のとき

$v=\dfrac{v'[\mathrm{A}]}{2[\mathrm{A}]}=\dfrac{v'}{2}$

以上より，⑤のグラフが該当する。

37. $\mathrm{P}+\mathrm{X}\rightleftarrows\mathrm{P\cdot X}$ より，濃度平衡定数を K_c とすると

$K_c=\dfrac{[\mathrm{P\cdot X}]}{[\mathrm{P}][\mathrm{X}]}$ より

$$4.0\times10^{6}=\frac{[\mathrm{P\cdot X}]}{[\mathrm{P}]\times1.0\times10^{-6}}$$

$$4.0[\mathrm{P}]=[\mathrm{P\cdot X}]$$

題意より，$\dfrac{[\mathrm{P\cdot X}]}{[\mathrm{P}]+[\mathrm{P\cdot X}]}\times100$ を求めればよいので

$$\frac{4.0[\mathrm{P}]}{[\mathrm{P}]+4.0[\mathrm{P}]}\times100=\frac{4.0}{5.0}\times100=80〔\%〕$$

Ⅳ ─ 解答

38─③　**39**─⑥　**40**─①　**41**─④　**42**─③　**43**─⑦
44─①　**45**─②　**46**─⑧　**47**─⑤　**48**─⑨　**49**─⑥
50─⑦　**51**─③　**52**─⑥　**53**─②

解説

《炭化水素の分類と官能基の性質》

構造式は以下の通りである。

$CH_3-CH_2-CH_3$ propane　$CH_2=CH-CH_3$ propene　$CH\equiv C-CH_3$ propyne　$CH_3-CH_2-CH_2-CH_3$ butane

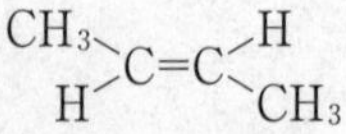

trans-2-butene（CH_3 と H，H と CH_3 が C=C の反対側）　cis-2-butene（CH_3 と CH_3 が同じ側，H と H が同じ側）　$CH_3-CH_2-CH_2-CH_2-CH_3$ pentane

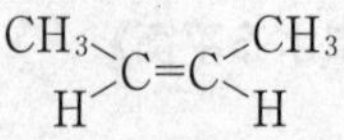

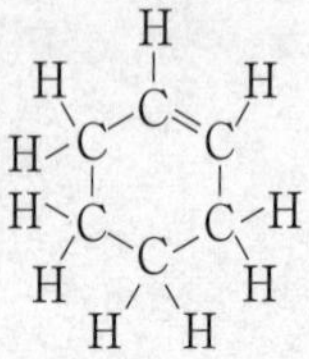

cyclohexene 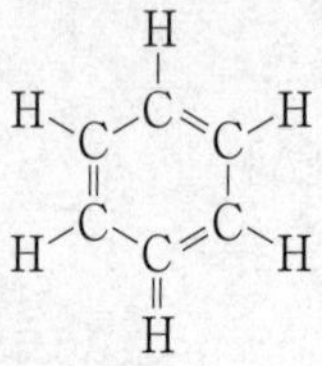　benzene

38. オゾン分解は，ベンゼン以外の炭素間の不飽和結合の部分で起こる。例を以下に示す。

例：$R_1-\underset{\mathrm{H}}{\underset{|}{C}}=\underset{R_2}{\underset{|}{C}}-R_3 \xrightarrow{\text{オゾン分解}} R_1-\underset{\mathrm{H}}{\underset{|}{C}}=O+O=\underset{R_2}{\underset{|}{C}}-R_3$

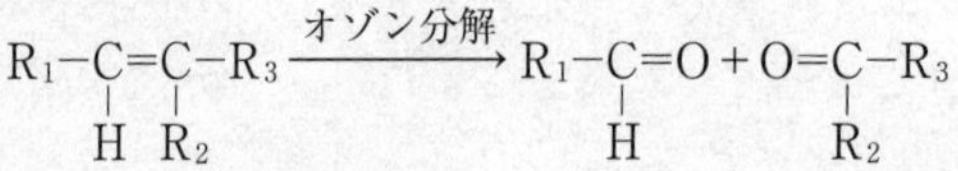

よって，オゾン分解によってアセトアルデヒドが生成されるのは，上記例で $R_1=CH_3$ の時であるので，該当するのは propene，trans-2-butene，

cis-2-butene の 3 種類。

propyne $HC \equiv C-CH_3$ のオゾン分解は次のように進行し，ギ酸と酢酸が生成すると予想される（ホルムアルデヒドとアセトアルデヒドは生成しないと考えられる）。

$$HC \equiv C-CH_3 \xrightarrow{O_3} H-\underset{\underset{O}{\|}}{C}-O-\underset{\underset{O}{\|}}{C}-CH_3 \xrightarrow{H_2O} H-\underset{\underset{O}{\|}}{C}-OH + HO-\underset{\underset{O}{\|}}{C}-CH_3$$

39. 二重結合や三重結合のような不飽和結合は自由に回転できない。よって，propene，propyne，trans-2-butene，cis-2-butene，cyclohexene，benzene の 6 種類。

40. アセチレン $H-C \equiv C-H$ のすべての原子が同一直線上に配置されるのと同様に propyne はすべての炭素原子が同一直線上に存在する。

41・42. 上記の化合物中ですべての炭素原子が同じ混成軌道なのはアルカンとベンゼンなので 4 種類。また，sp^3 混成軌道の炭素原子のみで構成されるのはアルカンの 3 種類。

43. 上記化合物の中で炭素ー炭素ー炭素の結合角が一番大きいのは propyne の 180 度であり，一番小さいのはアルカンの結合角である約 110 度となるので

$180-110=70$ 度

44・45. propane C_3H_8 と 1-butene C_4H_8 の完全燃焼の化学反応式は以下のとおりである。

$$C_3H_8 + 5O_2 \longrightarrow 3CO_2 + 4H_2O$$

$$C_4H_8 + 6O_2 \longrightarrow 4CO_2 + 4H_2O$$

今，C_3H_8 と C_4H_8 の物質量をそれぞれ x〔mol〕，y〔mol〕とすると，$CO_2=44$，$H_2O=18$ より，以下の連立方程式が得られる。

$$3x+4y=\frac{484}{44}$$

$$4x+4y=\frac{216}{18}$$

これを解くと　$x=1$，$y=2$

46・50. フェーリング試薬を用いると，アルデヒド基を有するアセトアルデヒドのみ Cu_2O の赤色沈殿が生じる。また，アセトンとアセトアルデヒドの区別としては，アンモニア性硝酸銀水溶液を用いる銀鏡反応でも可能

であるが，その選択肢は 48 においてエチレンとアセチレンとの区別で用いるため，こちらでは選択できない。

47・51. 炭酸水素ナトリウムはカルボキシ基を有するサリチル酸と反応し，二酸化炭素を発生させる。

48・52. アセチレンは特有の性質としてアンモニア性硝酸銀水溶液と反応し，銀アセチリドの白色沈殿を生じる。

$$HC{\equiv}CH + 2[Ag(NH_3)_2]^+ \longrightarrow \underset{\text{銀アセチリド}}{AgC{\equiv}CAg}\downarrow + 2NH_4^+ + 2NH_3$$

49・53. ステアリン酸は飽和脂肪酸であり，オレイン酸は不飽和脂肪酸である。臭素水と反応させると，オレイン酸は付加反応が起こり臭素の褐色が消えるが，ステアリン酸には付加反応が起こらないため，溶液は褐色に着色する。

生 物

I　解答

1―②　2―⑤　3―③　4―①　5―④　6―③
7―⑤　8―①　9―④　10―①　11―④　12―②
13―⑦

解説

《遺伝子発現の調節，PCR 法》

4・5. リボソームが表面に付着した小胞体を粗面小胞体といい，そのリボソームで翻訳されたタンパク質は小胞でゴルジ体に運ばれ，最終的には細胞外へ分泌される。

8. a．正文。b．誤文。DNA の損傷は常に起こりうるので，DNA ポリメラーゼなどの酵素で修復するしくみがある。c．誤文。1塩基置換により指定するアミノ酸が変化することを，非同義置換という。同義置換は塩基置換が起こっても指定するアミノ酸が変化しない場合をいう。

9～11. 目的遺伝子を切り出してプラスミドに導入する際，制限酵素により切断されて1本鎖になる端の部分の塩基配列が，それぞれの DNA 断片で相補的である必要がある。また，目的遺伝子の開始コドンから終止コドンまでの領域で切断が起きず保存されている必要がある。目的遺伝子の上流には，制限酵素Yが認識する配列があり，目的遺伝子の下流には，制限酵素Vが認識する配列がある。一方，プラスミドには制限酵素W，X，Yがそれぞれ認識する配列が存在する。切断した目的遺伝子を導入するためには，塩基配列が相補的になる，制限酵素Yでプラスミドを切断する必要がある。

12. β-ラクタマーゼは，ペニシリンやアンピシリンなどの抗生物質の分子内のラクタム環を加水分解する酵素である。β-ラクタマーゼ遺伝子がプラスミドにより導入された大腸菌は，その作用により，抗生物質を分解できるので，抗生物質が含まれた培地でも生育が可能となる。β-ラクタマーゼを知らない受験生は多いと考えられるが，問題文で［12］の物質を含む培地で生育できる／できない，と記述されていることから推測し，抗生物質であるアンピシリンを選択したい。

13.　d～fすべて正しい。fについて，PCR法ではeの記述の通り，DNAの2本鎖を解離するため温度を90℃以上に加熱する。このとき，一般的な酵素では高温により失活してしまうため，繰り返し反応を起こすPCR法では，耐熱性の高い好熱菌が持つDNAポリメラーゼを用いる。

Ⅱ　解答　**14**―⑨　**15**―④　**16**―ⓐ　**17**―①　**18**―④　**19**―⑤　**20**―③　**21**―①　**22**―⑦　**23**―④　**24**―⑨　**25**―ⓐ　**26**―ⓒ　**27**―⑨　**28**―⑧

解説

《同化・異化，呼吸》

15・16.　a，b，cはいずれも合成反応なので同化，dのアルコール発酵はグルコースを基質としてATPを獲得する異化の反応。

17～22.　脂肪は加水分解されてグリセリンと脂肪酸に分かれる。グリセリンは解糖系に入る。脂肪酸からはβ酸化によりアセチルCoAが生じ，クエン酸回路に入る。なお，β酸化はミトコンドリアのマトリックスで行われる。

25～28.　尿中に排泄された窒素2.4gは，$2.4\times6.25=15$〔g〕のタンパク質に由来する。よってタンパク質の利用により消費された酸素は

$$15\times\frac{1.0}{1.0}=15\text{〔L〕}\quad(\rightarrow 25)$$

タンパク質の呼吸商が0.8であることから，タンパク質の利用により放出された二酸化炭素は

$$15\times0.8=12\text{〔L〕}$$

二酸化炭素の総放出量は31Lとあるので，炭水化物と脂肪の利用により放出された二酸化炭素は

$$31-12=19\text{〔L〕}\quad(\rightarrow 26)$$

また，炭水化物と脂肪の利用により消費された酸素は

$$37-15=22\text{〔L〕}$$

脂肪の利用により消費された酸素をx〔L〕と置くと，脂肪の呼吸商が0.7であることから，脂肪の利用により放出された二酸化炭素は$0.7x$〔L〕。炭水化物の利用により消費された酸素は，$22-x$〔L〕となり，炭水化物の呼吸商が1.0であることから，炭水化物の利用により放出された

二酸化炭素も，$22-x$〔L〕となる。

以上から，炭水化物と脂肪の利用により放出された二酸化炭素について，次の等式が成立し，x の値が求められる。

$$0.7x+(22-x)=19$$

$$x=10$$

よって，炭水化物の利用により消費した酸素は

$22-10=12$〔L〕　(→27)

脂肪の利用により消費した酸素は　　10〔L〕　(→28)

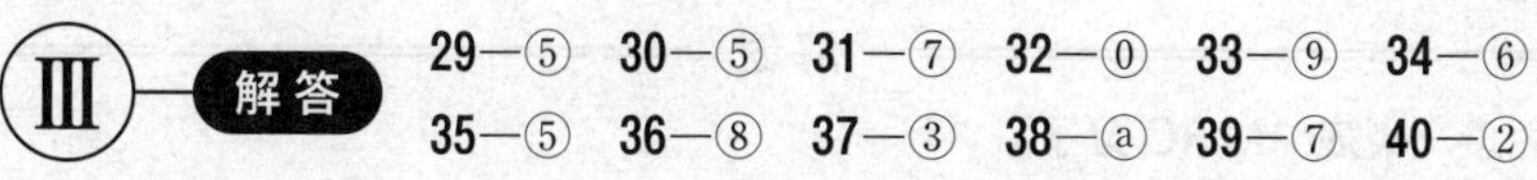

III 解答　**29**―⑤　**30**―⑤　**31**―⑦　**32**―⓪　**33**―⑨　**34**―⑥　**35**―⑤　**36**―⑧　**37**―③　**38**―ⓐ　**39**―⑦　**40**―②

41―⑦

解説

《光合成のしくみ，C_4 植物》

29～31. 光化学系は葉緑体のチラコイド膜上に存在する。光エネルギーにより光化学系からは電子が放出される（酸化される）。光化学系Ⅱでは水分子を分解することで電子を受け取る（還元される）。光化学系Ⅰでは光化学系Ⅱから伝達されてきた電子を受け取る（還元される）。また，光化学系Ⅰから放出された電子は $NADP^+$ に渡されて，還元型の NADPH が生じる。

32～34. C_3 植物では，取り込まれた二酸化炭素は，ルビスコのはたらきにより，C_5 化合物のリブロースビスリン酸と反応する。その後，複数の反応を経て，2分子の C_3 化合物のグリセルアルデヒドリン酸が合成される。

36～38・40. C_4 植物では，取り込まれた二酸化炭素は，C_3 化合物のホスホエノールピルビン酸と反応し，C_4 化合物であるオキサロ酢酸が合成される。その後リンゴ酸に変換され，葉肉細胞から維管束鞘細胞に運ばれ，そこから遊離した二酸化炭素をカルビン・ベンソン回路に利用する。C_4 植物は維管束鞘細胞で二酸化炭素濃度を高く保てるため，光飽和点が高くなる。

CO_2 補償点とは，二酸化炭素吸収速度が±0となるときの二酸化炭素濃度を指し，葉内における二酸化炭素濃度を高く保てる C_4 植物は CO_2 補償点が低くなる。

39・41. CAM植物では，C_4植物同様，二酸化炭素をオキサロ酢酸，さらにはリンゴ酸として貯蔵し，細胞内の二酸化炭素濃度を高めるしくみを持つ。その特徴としては，夜間に気孔を開けて二酸化炭素を取り込み，リンゴ酸を液胞内に貯蔵する。そして昼間は気孔を閉じて，貯蔵したリンゴ酸から二酸化炭素を遊離させ固定する。昼間に気孔を閉じていられるので，乾燥地域に適応しており，ベンケイソウやサボテンなどでみられる。

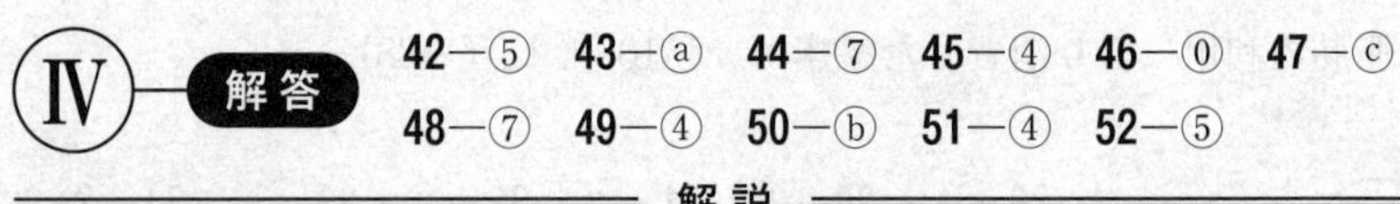

Ⅳ
解答
42—⑤ 43—ⓐ 44—⑦ 45—④ 46—⓪ 47—ⓒ
48—⑦ 49—④ 50—ⓑ 51—④ 52—⑤

解説

《免疫，炎症，MHC分子》

42・43. 食細胞のうち，好中球の数が最も多い。異物を取り込んで死滅した好中球は，大形の食細胞であるマクロファージにより処理される。

44・45. 自然免疫を担う食細胞では，異物を認識するためにTLR（トル様受容体）を持つ。白血球はサイトカインと総称される低分子のタンパク質を分泌し，情報伝達を行う。⑤ GPCRは，G protein-coupled receptorの略でGタンパク質共役型受容体のこと。

46. a．誤文。角質層による保護は物理的防御。b．誤文。だ液による殺菌は化学的防御。c，dは正文。

47. e．正文。f．誤文。インターロイキンはサイトカインの一種で，マクロファージなどにより分泌され，炎症を引き起こすのに関与する。g．正文。h．正文。ツベルクリン反応は，結核菌から精製した抗原を投与し，感染を診断する際に用いられ，細胞性免疫を担うT細胞がはたらくことで炎症が生じるしくみを利用している。

50. 子が持つHLA遺伝子の種類数が問われている。クラスⅠ遺伝子に3種類，クラスⅡ遺伝子にも3種類あり，1本の染色体に6種類のHLA遺伝子がある。父親，母親からそれぞれ相同染色体を1本ずつ受け継ぐので，合わせて$6+6=12$種類。

51・52. HLA遺伝子で組換えが起こらないとすれば，HLA遺伝子を染色体上の1つの遺伝子として捉えることができる。父親が持つHLA遺伝子の組み合わせをAB，母親が持つ組み合わせをCDとすれば，子ではAC,

AD，BC，BD の最大 4 通りしかなく，兄弟姉妹間では $\frac{1}{4}$ = 25 % の確率で一致する。

意味ではない〉。4、「冷淡」「容赦なく」が本文と関係ない内容。

問五　全体を〈三人称〉的な語りにしながら、リンデンブロック教授を「叔父」という「わたし」（一人称）から見た視点で語っていることを「奇妙な混在」と言っているのである。正解は2。1、「三人称的にリンデンブロック教授を示し」が誤り。3、「叔父の登場場面では一人称の語り」が誤り。一人称の語りになっているわけではない。4、「原文の誤謬」が誤り。筆者はむしろ原文の語りの視点を支持している。

問六　傍線部⑥の直前に「いうなれば」とあるので、傍線部⑥は「いうなれば」の直前の「語りの位相は必ずしも一貫しているわけでもなく、対象と距離をおいて語るのか、それともそれに即こうとしているのか語りのスタンスが微妙にブレている」を言い換えてまとめている部分である。したがって、「対象との距離が不適切である」とする4が正解。1、傍線部⑥直前の内容と関係ない。2、先述の引用部分の前に、登場人物の〈内面〉が焦点化され、必ずしも〈視覚〉が中心化されることはない、とはあるが、「訳文での視覚はぼんやりした周縁的なもの」とまでは述べられていない。3、「物語世界の描写の鮮やかさがはぎ取られている」が不適切。重要なのは「対象と距離をおいて語るのか」どうかが一貫していない、という点であり、そのことに言及しているのは4のみである。

問七　1、疎かにされたのは「科学的知見」ではなく、「語りにおける〈人称〉性の問題」である。2、「科学者の目を消してしまった」結果、科学的にならなかったのであって、「科学的客観性を保つため」は誤り。3、前半は傍線部⑦の「〈科学小説〉を意図しながら」に合致し、「科学的に視て語ることに徹しきれなかった」は傍線部⑦直前の「科学者の〈目〉が消えてしまうことにもなる」と傍線部⑦の「科学的にならなかった」に合致する。4、「〈内面〉に焦点化され語られていく」、「人情本的世界に過剰に反応」（傍線部⑥のある段落）とはあるが、「内面描写に大きく偏る情緒的な小説」とまでは述べられていない。

問八　「常套的」とはありふれたやり方を意味する。「〈非＝人称〉的に対象化する」語り手を「常套的」と表現したのは、「旧来の物語的な枠組みである人情本的世界」（傍線部⑥のある段落）がそうだったためであろう。

引き出そうと）すれば、つるべがすなおに動かず（＝教授はすんなり教えてくれず）、かならずきしり鳴る（＝毎度知識を引き出すのに苦労する）」のである。したがって正解は3。1は「気安く」とは限定しておらず誤り。「わたし」は「鉱物学者」で、教授の「実験の助手」であるのだから、「気安く知識に触れようとする輩」ではない。2は「人に合わせたうまい返答はできない」が誤り。教授はそもそも人に合わせようと思っていない。4は知識の多さゆえに振る舞いが奇矯なものになるという因果関係に根拠がなく誤り。

問二 1と3で迷うところ。傍線部②を「容赦なく」と「対象化」の二つのポイントで検討する。「容赦なく」は手加減なく、と言った意味合いになり、3の「遠慮することなく」の方が適切かと目星を付ける。「対象化」は物事を客観的にとらえることで、1の「観察」の段階だとまだ「対象化」に至っておらず、3の「評価」の方が文脈に即している。これらから正解は3と判断する。

問三 「ディスクール」とは、言語で表現された総体を意味する語で、「科学的ディスクール」はここでは〝科学的な書き物〟といった意味となる。1、『地底旅行』は、科学者の実験助手であり、鉱物学者でもあるアクセルの視点で語られている。本文にも「〈一人称〉的にレポートすることが可能な〈語り手〉」（傍線部②のある段落末）とある。2、具体例として挙げられる引用部分は、「科学に対する認識（あるいは信仰）」（傍線部②の次の段落）が述べられた上で語られている。3、傍線部③の前に「科学用語を用いながら徹底的に〈視覚〉的に表現される」とあるが、記されているのは「実証の成果」ではない。4、傍線部③のある段落の内容に合致。

問四 「〈非＝人称〉の語り手」とは、一人称（＝〈私〉〈僕〉など）でも二人称（＝〈あなた〉〈君〉など）でも三人称（＝〈彼〉〈彼女〉など）でもない語り手ということだから2が正解。原文では登場人物である「わたし」（＝アクセル）が語り手だったが、三木・高須訳では「『アクセリ』は身を僂めて…」と、登場人物の目線ではなく物語の外部から語っている。1、飛び超えるのは原文との差異ではなく「一人称」と「三人称」の間である。3、内容は合っているが、「〈非＝人称〉」の説明にはなっていない（「〈非＝人称〉」は「適切な人称で指し示すことのできない」という

っているかのような様子で浮かれさすらい、そしてまた帰って来たことよ〟となる。「…顔(がほ)」とは、現代語でも同じような意味があるが、〝いかにも…のような様子で〟といった意味を表す。「…てはまた」は、〝いったん…した後、ふたたび〟というニュアンスである。この二点からも、明らかに2は不適で、1が適切である。

問八 「や」は疑問を表す係助詞なので、この部分は疑問文となる。これだけで正解は1だと判断可能だが、確認のため助動詞にも注目する。「なり」は断定の助動詞、「む」は推量の助動詞なので、「宿ならむ」を「や」の疑問と合わせて直訳すると、〝宿であろうか〟となる。

出典 高橋修『明治の翻訳ディスクール―坪内逍遙・森田思軒・若松賤子』〈第二章 〈人称〉的世界と語り―ジュール・ヴェルヌ『拍案驚奇地底旅行』〉(ひつじ書房)

問一 3
問二 3
問三 3
問四 2
問五 2
問六 4
問七 3
問八 4

解説

問一 主人公の叔父であるリンデンブロック教授の豊富な知識を井戸にたとえた箇所。教授は「自己本位の学者」であり、「変わりもの」であるため、「人がその井戸(＝リンデンブロック教授)からなにか(＝知識)をくみあげようと(＝

を当てるかは文脈判断である。傍線部①における二つの「ば」を確定条件で訳しているものは3しかなく、あとは「ならば」「だったら」などの仮定の訳と併用されている。

問二 鳥辺野は地名で、火葬場があったことは古典常識として知っておきたい。傍線部①の後に続く「遅れ先立つ例、末の露本の雫となりはてて」は、〝人が死に後れたり先立ったりする例として、葉末の露、根元の雫となり果てて〟という意味で、傍線部②を含む一文が多くの人の死を描いた無常の世を表現していることに留意する。

問三 問二の〔解説〕でも述べたように、人の命のはかなさを述べた部分である。「露」ははかない命のたとえとして多く用いられる。

問四 空欄4を含む会話文は、知人の多くが亡くなり、その家も荒れている様子を見た西行が発した言葉である。後に「憂き世」（＝つらい世）と続くことにも留意。「あらげなり」は荒れている、「あてやかなり」は優雅である、「あながちなり」は強引である、「あだなり」ははかないことを意味する形容動詞。

問五 傍線部③は副詞「いかに」の一部。1は形容動詞「はなやかなり」の連用形活用語尾、2は断定の助動詞「なり」の連用形、3は完了の助動詞「ぬ」の連用形、4は副詞「すでに」の一部。

問六 「うたてし」は面白くない、情けないなどの意を表す形容詞。帰郷して人の世の無常を痛感した西行が、自身の心情について述べたのが傍線部④である。この前に〝（多くの知人が亡くなる中）自分だけがどうして死から逃れてきているのだろうか〟と複雑な心情を吐露し、また〝故郷を恋しく思う心にひかれて、また帰ってきてしまった〟という思いを述べており、この思いが「うたてし」につながっている。

問七 和歌の解釈は難しいので、前後の文脈を意識しつつ、わかりやすい箇所に注目して消去法で解くと良い。生きながらえている我が身と、故郷に帰ってきてしまったことを情けなく思っている西行が詠んだ和歌。「また帰り来にけり」は、〝また都に帰って来たのだなあ〟という訳になるので、1と2に絞る。2の「浮かれた気分」は文脈から明らかに不適であるため、正解は1。傍線部⑤の和歌を直訳すると、〝数ならぬ身（＝自分）ではあるが、いかにも心を持

するか国や地域によって異なるように、差異性の見出し方は恣意的なものであり、その見出し方によって我々は世界を認識しているとするのがソシュールの言語学である。

問九 1、第三段落の内容に合致。2、洞窟の比喩における太陽の位置づけからわかるように、善のイデアはプラトンの西欧形而上学において最終到達点である。また、第九段落に影や映像を低位に置くとあり、プラトンのイデア論が善のイデアを頂点として事物を序列化していることがわかる。3、第九段落の内容に合致。4、選択肢には「影と実物の対応関係」とあるが、第九段落で述べられているのは影と実物の各々世界における差異性の弁別の体系についてである。

出典 『西行物語』

問一 3
問二 2
問三 2
問四 4
問五 4
問六 4
問七 1
問八 1

解説

問一 二つの接続助詞「ば」の訳出がポイント。「命なれば」は助動詞「なり」の已然形、「見れば」は動詞「見る」の已然形に「ば」が接続しており、いずれも仮定の訳ではなく、〝〜と〟〝〜なので〟などの確定条件の訳となる。どの訳

お、自身と影の「差異性」（ここでは〈他者〉、〈他なるもの〉）と「同一性」（みずからの〈分身〉、〈みずからであるもの〉）はこの評論のテーマでもある。

問四　1、第四段落の記述に合致。2、「人形や小道具のような作り物を実在物だと信じていた」が誤り。比喩の意味するところから考えると、囚人は影を実在物と信じていたのであり、いましめを解かれて初めて、影のもとである「作り物」を実在物と認識するのである。3・4、第七段落の内容に合致。

問五　着眼すべきは「鮮烈な印象」について、直前にある「一種不気味というに近い」、「ブレヒトの〈異化効果〉にもあたるような」という説明である。「異化効果」とは、当たり前のことや日常を見慣れないものに変える趣向のこと。プラトンの想像力によって描かれた「洞窟の比喩」の世界観が、日常を非日常にするような、不気味というに近い強烈な印象を筆者にもたらしたのである。やや紛らわしいのは2だが、これは「物語の純粋さ」が誤り。本文に「詩的ヴァルールの純粋さ」（ヴァルールとは色彩効果の意）とある（傍線部の後）が、これは「物語の純粋さ」とは異なる。正解の4は「現実感覚を揺さぶる」が異化効果に、「魔力」が不気味さに対応している。

問六　傍線部を含む段落冒頭から述べられているように、想像力に優れたプラトンが、想像力をおとしめる立場の学問の創始者となったことを皮肉だと言っているのである。3は、プラトンが影や映像を程度の低いものとし、それに対応するはたらきとしての想像も低い位置にした、との第九段落の記述にも着目することで正解だと判断できる。

問七　空欄11の前は、プラトンにとって影、映像、想像力は価値の低いものだという内容である。それに対して空欄11の後では、影と影、影と実物を各々差異性の弁別の体系に位置づけたとき、そこに質的な差異はないと述べている。つまり筆者は、プラトンの影や想像力に対する考えに反論しているのである。それを踏まえて選択肢を選ぶと良い。

問八　差異性についての筆者の主張を説明するため、言語学者ソシュールの著書が引用された箇所。言語とは、事物と事物の間にある差異を明確にするものだというのがソシュールの考え方。傍線部⑥「意味されたもの」は概念を、「意味するもの」は言語を指し、「音声の差異性」によって表現されるのが「言語」である。ちなみに、虹の色を何色と

国語

一

出典　坂部恵『仮面の解釈学』（東京大学出版会）

解答

問一　ⓐ―4　ⓑ―2　ⓒ―3　ⓓ―4　ⓔ―1

問二　3

問三　2

問四　2

問五　4

問六　3

問七　1

問八　3

問九　4

解説

問二　折口信夫（おりぐちしのぶ）は民俗学者で、同じく民俗学者の柳田國男の高弟としても知られる。折口の著作を知らずとも、岩手県遠野地方に伝わる伝承を記録した3、『遠野物語』が柳田國男の代表作であることは知っておきたい。

問三　「影」への理解を問う設問。第三段落に、「みずからの〈分身〉であり〈他者〉である〈影〉」が生き生きとした意味をおびて語り始めるような経験によって、「〈他なるもの〉が〈みずからであるもの〉」を告げ知らせるとある。な

2023年度

問題と解答

■一般入試前期A日程：1月28日実施分

問題編

▶試験科目・配点

学部等		教　科	科　　　目	配　点
情報	英・数・理型	外国語	コミュニケーション英語Ⅰ・Ⅱ・Ⅲ，英語表現Ⅰ・Ⅱ	100点
		数　学	数学Ⅰ・Ⅱ・Ⅲ・A・B	100点
		理　科	「物理基礎・物理」，「化学基礎・化学」，「生物基礎・生物」から１科目選択	100点
	英・国・数型	外国語	コミュニケーション英語Ⅰ・Ⅱ・Ⅲ，英語表現Ⅰ・Ⅱ	100点
		数　学	数学Ⅰ・Ⅱ・A・B	100点
		国　語	国語総合・現代文B・古典B（いずれも漢文を除く）	100点
法・経済・経営・総合社会・国際		外国語	コミュニケーション英語Ⅰ・Ⅱ・Ⅲ，英語表現Ⅰ・Ⅱ	100点
		選　択	日本史B，世界史B，地理B，政治・経済，「数学Ⅰ・Ⅱ・A・B」から１科目選択	100点
		国　語	国語総合・現代文B・古典B（いずれも漢文を除く）	100点
理工		外国語	コミュニケーション英語Ⅰ・Ⅱ・Ⅲ，英語表現Ⅰ・Ⅱ	100点
		数　学	理（化学）・生命科学科：数学①「数学Ⅰ・Ⅱ・A・B」，数学②「数学Ⅰ・Ⅱ・Ⅲ・A・B」から１科目選択 その他の学科：数学②「数学Ⅰ・Ⅱ・Ⅲ・A・B」	100点
		理　科	「物理基礎・物理」，「化学基礎・化学」，「生物基礎・生物」から１科目選択	100点
建築・薬		外国語	コミュニケーション英語Ⅰ・Ⅱ・Ⅲ，英語表現Ⅰ・Ⅱ	100点
		数　学	数学①「数学Ⅰ・Ⅱ・A・B」，数学②「数学Ⅰ・Ⅱ・Ⅲ・A・B」から１科目選択	100点
		理　科	「物理基礎・物理」，「化学基礎・化学」，「生物基礎・生物」から１科目選択	100点

学部	学科	教科	科目	配点
文芸	文、芸術（舞台芸術）、文化・歴史、文化デザイン	外国語	コミュニケーション英語Ⅰ・Ⅱ・Ⅲ，英語表現Ⅰ・Ⅱ	100 点
		選　択	日本史Ｂ，世界史Ｂ，地理Ｂ，政治・経済，「数学Ⅰ・Ⅱ・Ａ・Ｂ」から１科目選択	100 点
		国　語	国語総合・現代文Ｂ・古典Ｂ（いずれも漢文を除く）	100 点
	芸術（造形芸術）	実　技	デッサン〈省略〉 ＊２月１日，２月２日に実施（試験日自由選択制）	300 点
農		外国語	コミュニケーション英語Ⅰ・Ⅱ・Ⅲ，英語表現Ⅰ・Ⅱ	100 点
		数学・国語	数学①「数学Ⅰ・Ⅱ・Ａ・Ｂ」，数学②「数学Ⅰ・Ⅱ・Ⅲ・Ａ・Ｂ」，「国語総合・現代文Ｂ・古典Ｂ（いずれも漢文を除く）」から１科目選択	100 点
		選　択	応用生命化・食品栄養学科：「物理基礎・物理」，「化学基礎・化学」，「生物基礎・生物」から１科目選択 農業生産科・水産・環境管理・生物機能科学科：日本史Ｂ，世界史Ｂ，地理Ｂ，「物理基礎・物理」，「化学基礎・化学」，「生物基礎・生物」から１科目選択	100 点
生物理工		外国語	コミュニケーション英語Ⅰ・Ⅱ・Ⅲ，英語表現Ⅰ・Ⅱ	100 点
		数学・国語	数学①「数学Ⅰ・Ⅱ・Ａ・Ｂ」，数学②「数学Ⅰ・Ⅱ・Ⅲ・Ａ・Ｂ」，「国語総合・現代文Ｂ・古典Ｂ（いずれも漢文を除く）」から１科目選択	100 点
		理　科	「物理基礎・物理」，「化学基礎・化学」，「生物基礎・生物」から１科目選択	100 点
工		外国語	コミュニケーション英語Ⅰ・Ⅱ・Ⅲ，英語表現Ⅰ・Ⅱ	100 点
		選　択	化学生命工学科：数学①「数学Ⅰ・Ⅱ・Ａ・Ｂ」，数学②「数学Ⅰ・Ⅱ・Ⅲ・Ａ・Ｂ」，「国語総合・現代文Ｂ・古典Ｂ（いずれも漢文を除く）」から１科目選択 その他の学科：数学①「数学Ⅰ・Ⅱ・Ａ・Ｂ」，数学②「数学Ⅰ・Ⅱ・Ⅲ・Ａ・Ｂ」から１科目選択	100 点
		理　科	「物理基礎・物理」，「化学基礎・化学」，「生物基礎・生物」から１科目選択	100 点
産業理工		外国語	コミュニケーション英語Ⅰ・Ⅱ・Ⅲ，英語表現Ⅰ・Ⅱ	100 点
		数学・国語	数学①「数学Ⅰ・Ⅱ・Ａ・Ｂ」，数学②「数学Ⅰ・Ⅱ・Ⅲ・Ａ・Ｂ」，「国語総合・現代文Ｂ・古典Ｂ（いずれも漢文を除く）」から１科目選択	100 点
		地歴・理科	日本史Ｂ，世界史Ｂ，地理Ｂ，「物理基礎・物理」，「化学基礎・化学」，「生物基礎・生物」から１科目選択	100 点

短期大学部	選　択	①コミュニケーション英語Ⅰ・Ⅱ・Ⅲ，英語表現Ⅰ・Ⅱ ②国語総合・現代文B・古典B（いずれも漢文を除く） ③日本史B，世界史B，地理B，政治・経済，「数学Ⅰ・Ⅱ・A・B」から1科目選択 ①～③のうち1科目選択（2教科2科目以上を受験した場合は高得点の1教科1科目を合否判定に使用）	100点

▶備　考

- 「数学B」は「数列，ベクトル」から出題する。
- 短期大学部および文芸学部芸術学科造形芸術専攻を除いて，通常のスタンダード方式のほかに，高得点科目を2倍に換算し，他の科目との総合点で合否判定する高得点科目重視方式の併願が可能。
- 情報学部では，出願する際，「英・数・理型」もしくは「英・国・数型」を選択すること。
- 情報学部独自方式は，「数学」の100点満点を300点に換算し，「外国語」とあわせて2教科2科目400点満点で合否判定する。
- 国際学部グローバル専攻の国際学部独自方式は，「外国語」の100点満点を500点に換算し，「国語」「地歴・公民・数学」の高得点科目とあわせて2教科2科目600点満点で合否判定する。
- 国際学部では，スタンダード方式・高得点科目重視方式および国際学部独自方式において，指定された各種資格試験等の得点・資格を「外国語」の得点にみなして換算する「外部試験利用制度」を活用することができる。ただし，個別学力試験「外国語」の受験は必須。「外国語」の受験得点と外部試験のみなし得点とを比較し，高得点を採用し，合否を判定する。
- 共通テスト併用方式：一般入試前期A日程と大学入学共通テストにおける大学指定の教科・科目の得点および調査書を総合して合否を判定する。実施学部は，情報・法・経済・経営・理工・建築・文芸（芸術学科造形芸術専攻を除く）・総合社会・国際（国際学科グローバル専攻のみ）・農・生物理工・工・産業理工学部。

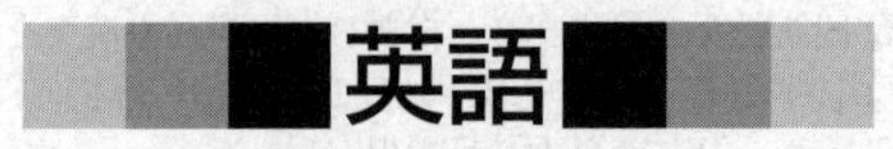

(60分)

I 次の対話文の空所に入れるのに最も適当なものを，それぞれア〜エから一つ選べ。

〔A〕

A：Is that a package tour brochure that you're looking at?

B：Yeah, Europe looks great! This company would be able to arrange everything. If you join one of these tours, you can just relax and enjoy the sights.

A：Got it. Are you going with your wife or inviting your dad?

B：I've been thinking about that. ＿＿1＿＿

A：Perfect! You could sit between them on the plane!

B：It doesn't sound like such a great plan when you put it like that.

A：I heard that package tours ＿＿2＿＿. Is that the case?

B：Yes. I guess they wish to cater to travelers with different budgets. I doubt I'd do that as we'd like our accommodation to be as affordable as possible.

A：I feel the same. It's just a place to sleep as far as I'm concerned.

B：I agree. But it seems like there are a lot of people who think differently.

A：Anyway, when ＿＿3＿＿?

B：When we leave the deposit, I guess. It has to be done at least a week in advance of departure. There's lots to ask them before we send it though.

A：Best of luck with the planning!

1．ア．As much as I love them both, I'd like to go by myself for a change.

イ．I've been promising to take Sue to Europe for years.

ウ．Of course I'm taking Sue, but my dad could accompany us if he'd like.

エ．Sue hasn't got any vacation days left for this year, so just my dad.

2．ア．can sometimes be surprisingly good value for the money

イ．don't consider customers' individual requirements

ウ．give customers an option to pick a more luxurious place to stay

エ．provide customers with the chance to stay at really cheap hotels

3．ア．are you going to look at a tour brochure

イ．are you planning to start your package tour

ウ．did you first hear about this company

エ．will you know for sure whether you'll be going

〔B〕

A：Hey, Randy. You're not looking so good. What's the matter?

B：I've just been feeling really tired recently. When I wake up, I never feel completely rested and refreshed.

A：Oh, that's terrible! How much sleep are you getting each night?

B：I'm in bed at 11:30 p.m., and I set my alarm for 5:00 a.m. But truth be told, ＿＿4＿＿.

A：I see. So basically, you're really only getting about four hours but probably even less sleep than that. That's certainly not enough.

B：Tell me about it. What should I do?

A：I suggest avoiding blue light from electronics and not drinking any coffee or green tea a few hours before bed.

B： Well, I don't like bitter drinks anyway. But ___5___ .

A： Avoid doing that. Actually, it contains small amounts of caffeine, too. Also, it's best to complete several continuous 90-minute sleep cycles per night.

B： Oh, right! I recall hearing that waking up in the middle of a cycle makes you sleepy. So, maybe getting a total of six hours per night is ideal?

A： ___6___

B： Well, sleeping for almost a third of the day seems like a lot for a busy university student, but I'm ready to try anything you suggest.

4. ア. I fall asleep right away more often than not
   イ. I sometimes go to bed at an even earlier time
   ウ. it frequently takes me a couple of hours to fall asleep
   エ. it's quite common for me to sleep right through my alarm

5. ア. I do drink a glass of ice water while taking a warm bath for an hour
   イ. I do enjoy a cup of hot chocolate while watching the nightly news
   ウ. I do listen to high-energy rock music on my headphones
   エ. I do watch a lot of Hollywood action movies on my tablet

6. ア. Actually, experts say you need more than seven and a half hours.
   イ. Honestly, you need to discover for yourself what is ideal for you.
   ウ. In reality, five hours of high-quality deep sleep will probably do.
   エ. You know what, try to force yourself to sleep for a solid 11

hours.

Ⅱ　次の英文の空所に入れるのに最も適当な語を，ア～クから選べ。ただし，同じものを繰り返し用いてはならない。

Australia is the largest island and the driest, flattest continent on our planet. Its land area is almost three million square kilometers and its population is (　7　) to be just over twenty million people.

The population of Australia is quite low compared to the population of other countries that are similar in size. This is because Australia gets very little rainfall in the (　8　) of the island. As a result, this area is (　9　) desert and uninhabitable. Only the eastern coastal (　10　) are highly populated.

The first Australians were the Aborigines who came down from Asia about 40,000 years ago. The first Europeans to spot and land on Australia were the Dutch. However, Australia did not gain much (　11　) until 1770 when James Cook claimed the eastern part of the island. In 1788 the first British (　12　) was created on the shores of Port Jackson. Permanent colonization of Australia began in the nineteenth century, and since then people from all over the world have migrated to the island to live and work.

ア．attention　　イ．districts　　ウ．estimated
エ．hastily　　オ．immigrant　　カ．interior
キ．mostly　　ク．settlement

出典追記：Short Articles for Reading Comprehension 2 by Ken Methold, Compass Publishing

Ⅲ 次の各英文の空所に入れるのに最も適当な語句を，ア～エから一つ選べ。

13. The hero had a very difficult time in his youth, and that experience made him (　　) he is today.

ア. that　イ. what　ウ. which　エ. why

14. My daughter, who wants to be a news reporter, is no (　　) talkative than my wife is.

ア. fewer　イ. less　ウ. much　エ. such

15. The chef explained that French butter has a stronger milk flavor than Japanese (　　).

ア. butter　イ. it　ウ. one　エ. other

16. Two fifths of employee information (　　) leaked due to a computer virus.

ア. did　イ. have　ウ. was　エ. were

17. The country's Olympic program is supported by a team of hardworking, (　　) nutrition specialists.

ア. train　イ. trained　ウ. training　エ. trains

18. The popular actor wrote an article (　　) changed his life.

ア. about what　イ. for fear that

ウ. from which　エ. no matter

19. To avoid paying late fees, you should return the DVD when you (　　) watching it.

ア. finished　イ. finishing

ウ. have finished　エ. will finish

20.（　）Ms. Lee won a huge prize in the lottery was a great surprise to her.

ア. As　　イ. Because　　ウ. If　　エ. That

Ⅳ　次の各英文の意味に最も近いものを，ア～エから一つ選べ。

21. Calum believes that we should do away with that traditional practice.

ア. Calum believes that we should continue that traditional practice.

イ. Calum feels that we should refine that traditional practice.

ウ. Calum reckons that we should learn about that traditional practice.

エ. Calum thinks that we should eliminate that traditional practice.

22. It remains to be seen when the budget meeting will happen.

ア. It is still uncertain when the budget meeting will happen.

イ. It is very clear when the budget meeting will happen.

ウ. When the budget meeting will happen is not important.

エ. When the budget meeting will happen needs to be discussed.

23. If Joe can get through the second stage of the selection procedure, I think he will get the job.

ア. If Joe can be accepted to the second part of the selection procedure, I think he will get the job.

イ. If Joe can successfully complete the second part of the selection procedure, I believe he will get the job.

ウ. If Joe is able to attend the second stage of the selection procedure, I think that he will get the job.

エ. If Joe is able to understand the second stage of the selection procedure, I believe that he will get the job.

24. In the project team, Dan clearly brought something to the table.

ア. Dan clearly had high expectations of the project team in which he worked.

イ. Dan obviously needed help in the project team in which he worked.

ウ. In the project team, Dan obviously provided something of benefit.

エ. In the project team, Dan was clearly someone who was well liked.

V 次の(a)に示される意味を持ち，かつ(b)の英文の空所に入れるのに最も適した語を，それぞれア〜エから一つ選べ。

25. (a) to use or fill a space

(b) Boxes of unsold shoes from the winter sale (　　) the warehouse.

ア. capture　イ. engage　ウ. inhabit　エ. occupy

26. (a) in a very powerful or strong way

(b) I was (　　) irritated by my dog's barking in the middle of the night.

ア. faithfully　イ. hardly　ウ. intensely　エ. steadily

27. (a) to throw things in different directions

(b) The old man in the park would sometimes (　　) birdseed around himself to attract the pigeons.

ア. aim　イ. grind　ウ. scatter　エ. squeeze

28. (a) very impressive to look at

(b) The fireworks display at the yacht harbor this year was (　　), and probably the best ever.

ア. conventional　イ. renowned

ウ. spectacular　エ. vivid

29. (a) to do something that is in opposition to a law, principle, etc.

(b) Those who (　　) school rules should submit an apology letter to the school principal.

ア. isolate　イ. regulate　ウ. stimulate　エ. violate

Ⅵ 次の［A］～［D］の日本文に合うように，空所にそれぞれア～カの適当な語句を入れ，英文を完成させよ。解答は番号で指定された空所に入れるもののみをマークせよ。

［A］ リンダは肩を怪我したので，かつてのような素晴らしい泳ぎができない。

Linda has a shoulder injury, so she is not as (　　)(30)(　　)(31)(　　)(　　) be.

ア. a　イ. as　ウ. brilliant

エ. she used　オ. swimmer　カ. to

［B］ 音楽の先生が選んだそれらの曲は，ギターの演奏を始めたばかりの人にとってはあまりにも難しすぎる。

The songs the music teacher chose are (　　)(32)(　　)(33)(　　) have just begun to play the guitar.

ア. for　イ. hard　ウ. those

エ. too　オ. way　カ. who

［C］ 彼女は興奮のあまり大声で叫んだ。

Such (　　)(34)(　　)(35)(　　)(　　) very loudly.

ア. excitement　イ. her　ウ. she

エ. shouted　オ. that　カ. was

［D］ その政治家はソーシャルメディアで自身の計画を周知することまでやった。

The politician went (　　)(36)(　　)(37)(　　)(　　) on social media.

ア. as　　イ. as far　　ウ. have
エ. her plans　　オ. known　　カ. to

VII 次の英文を読み，あとの問いに答えよ。

When the Japanese economy was prosperous, particularly in the 1980s, its corporate culture used to be a role model for other countries which were eager to similarly develop their own economies. It was even featured frequently in world-famous magazines. However, as Japanese economic power declined in the 1990s, this unique culture has instead come to be considered an obstacle to national advancement. This trend has gradually revealed some specific and serious problems with Japanese corporate customs.

Japanese employment practices have been a persistent burden. The traditional hiring model of *shinsotsu-saiyou*, a recruiting limited to new university graduates, has been causing Japanese corporations to lose flexibility in a modern recruiting environment. This system was originally intended to initiate new graduates into their company's principles and nurture their loyalty to their employers. Japanese businesses have tended not to hire workers who had already worked in other organizations and were accustomed to another way of doing things.

The lifetime employment system has been another source of trouble. In the 1970s and 80s, employees promised to devote all their time and energy to their corporations, and in return the organizations secured their employment until their retirement. However, this has been preventing talented and ambitious workers from seeking new chances in different businesses and has allowed underproductive employees to stay in the same company.

The promotion process has also been a grave issue. A seniority system allows employees to move up in the organization as they get older regardless of whether they have made significant achievements or not. This practice (42) is supported by collectivism, which is unique to Japanese society and allows every worker to get promoted uniformly. This unique peer mentality has had a negative impact on Japanese companies' management for a long time. Employees worked overtime as a result of pressure from other workers, and the amount of overtime was considered a superficial measurement of their dedication to their institution. Thus, they often prolonged the duration of a task which normally would take only a few hours to complete. This working style, however, is likely to demotivate talented and productive individuals. Instead, particularly after the 2000s, an increasing number of businesses have adopted a merit system; they decide employee promotions on the basis of career backgrounds and achievements instead of age.

As time goes by, the former Japanese corporate culture is gradually becoming obsolete because of its divergence* from international standards. The reformation of the Japanese working style has just started.

*divergence「相違，乖離」

問１　本文の第１段落の内容に合うものとして最も適当なものを，ア～エから一つ選べ。(38)

ア．Although Japanese corporate culture was regarded as a successful example to other countries, well-known publications paid little attention to it.

イ．The particular corporate culture that was formed in Japan is the same as the corporate customs which can be found in some other countries.

ウ．The perception of Japanese corporate customs and behavior can be said to have greatly changed over time.

エ．While Japanese economic strength declined in the 1990s,

出典追記：日本英語表現学会テキスト研究部会『Writing Skills for Readers』南雲堂

Japanese corporate customs are not considered to be part of the reason for a lack of progress in the country.

問2 本文の第2段落の内容に合うものとして最も適当なものを，ア〜エから一つ選べ。(39)

ア. A benefit of traditional Japanese hiring practices is related to the flexibility that they offer to companies.

イ. It is clear that Japanese corporations particularly value job applicants that have experience working in other businesses.

ウ. The traditional hiring model in Japan involves companies restricting their recruitment to graduates, regardless of how long ago they received their degree.

エ. Traditional hiring practices in Japan initially aimed to foster employee devotion to the recruiting firm.

問3 本文の第3段落の内容に合うものとして最も適当なものを，ア〜エから一つ選べ。(40)

ア. A feature of Japanese corporate culture has been the ability of workers to actively pursue career opportunities in other companies.

イ. Despite the failings of the lifetime employment system, it can be said to have been of particular benefit to talented and ambitious workers.

ウ. In exchange for long-term secure employment, staff members agreed to commit their efforts solely towards their company.

エ. Japanese corporate culture has not proven to be a barrier to getting rid of workers who are insufficiently productive.

問4 本文の第4段落の内容に合うものとして最も適当なものを，ア〜エから一つ選べ。(41)

ア. Although employees consented to do overtime work due to pressure from coworkers, it increased how speedily they performed.

イ. One way in which employees were evaluated on their loyalty to their company was by calculating how efficiently they performed during their overtime work.

ウ. Particularly since the turn of the century, a merit-based promotion system has been introduced at more and more companies.

エ. The most skilled and hardworking employees at a company are equally likely to get promoted regardless of the promotion system that a company utilizes.

問5 下線部(42)の内容として最も適当なものを，ア～エから一つ選べ。

ア. It has been found that this practice favors employees who are among the most productive at their companies.

イ. Overall, the practice has had a long-term positive influence upon the running of Japanese businesses.

ウ. This practice is a result of there being a hierarchy that is established among employees based on the relative age of workers.

エ. This working style means the age of an employee is not taken into consideration when decisions regarding promotion are made.

問6 本文の第5段落の内容に合うものとして最も適当なものを，ア～エから一つ選べ。(43)

ア. Despite problems in the traditional Japanese working style, an alternative corporate culture has yet to exist.

イ. The traditional Japanese style of working is now considered to be useful due to its similarity to current overseas norms.

ウ. The transformation in Japanese corporate culture is, as yet, at an early stage.

エ. Traditional Japanese corporate culture is rapidly becoming an out-of-date model.

問7　本文の内容と合わないものを，ア～キから二つ選び，(44)と(45)に一つずつマークせよ。ただし，マークする記号（ア，イ，ウ,...）の順序は問わない。

ア. The 1980s was a time when Japanese business culture was considered by countries to be an example worthy of being followed.

イ. The realization that Japanese corporate culture could be a source of trouble came steadily.

ウ. One aim of traditional hiring practices in Japan was to familiarize new employees with their company's corporate values.

エ. Japanese companies have shown a preference for applicants who are used to a style of work that differs from the one at the hiring company.

オ. A characteristic of Japanese corporate culture has been the willingness of companies to employ workers until they withdraw from the working world.

カ. The group mentality which can be found within Japanese culture is a phenomenon that can be observed in a few other countries.

キ. Over time, traditional Japanese corporate culture is increasingly coming to be regarded as outdated.

日本史

（60分）

I　次の史料を読み，下の問い（問1～10）に答えよ。

臣，去にし寛平五年(a)に備中介に任ず。かの国の下道郡に，邇磨郷あり。ここにかの国の風土記(b)を見るに，(c)皇極天皇の六年に，大唐の将軍蘇定方，［ア］の軍を率ゐ［イ］を伐つ。［イ］使を遣はして救はむことを乞ふ。天皇筑紫に行幸したまひて，将に救の兵を出さむとす。（略）路に下道郡に宿したまふ。一郷を見るに戸邑甚だ盛なり。天皇詔を下し，試みにこの郷の軍士を徴したまふ。即ち勝兵二万人を得たり。天皇大に悦びて，この邑を名けて二万郷と曰ふ。後に改めて邇磨郷と曰ふ。（略）

天平神護年中に，右大臣吉備朝臣(d)，大臣といふをもて本郡の大領を兼ねたり。試みにこの郷の戸口を計へしに，わずかに課丁千九百余人ありき。貞観の初めに，故民部卿藤原保則朝臣，かの国の介たりし時に，（略）大帳(e)を計ふるの次に，その課丁を閲せしに，七十余人ありしのみ。［1］任に到りて，またこの郷の戸口を閲せしに，(f)老丁二人・正丁四人・中男三人ありしのみ。去にし延喜十一年に，かの国の介藤原公利，任満ちて都に帰りたりき。［1］問ふ，「邇磨郷の戸口当今幾何ぞ」と。公利答へて云く，「一人もあることなし」と。謹みて年紀を計ふるに，皇極天皇六年庚申より，延喜十一年辛未に至るまで，わずかに［2］年，衰弊の速かなること，またすでにかくのごとし。一郷をもてこれを推すに，天下の虚耗，掌を指して知るべし。

（「［1］意見封事十二箇条」）

問1　空欄［1］に該当する人名として最も適当なものはどれか。次の①～④のうち一つをマークせよ。［1］

①　小野篁　　②　大江匡房　　③　三善清行　　④　菅原道真

問2　空欄 [2] に入れる語句として最も適当なものはどれか。次の①～④のうち一つをマークせよ。 [2]

①　五十二　　②　百五十二　　③　二百五十二　　④　三百五十二

問3　空欄 [ア] [イ] に入れる語句の組み合わせとして最も適当なものはどれか。次の①～④のうち一つをマークせよ。 [3]

①　ア＝百　済　　イ＝新　羅　　②　ア＝新　羅　　イ＝百　済

③　ア＝高句麗　　イ＝百　済　　④　ア＝新　羅　　イ＝高句麗

問4　下線部(a)の翌年のできごととして最も適当なものはどれか。次の①～④のうち一つをマークせよ。 [4]

①　遣唐使の停止　　②　平将門の乱

③　応天門の変　　④　刀伊の入寇

問5　下線部(b)の編纂に関わる史料として最も適当なものはどれか。次の①～④のうち一つをマークせよ。 [5]

①　上は大宝元年より起こし，下は弘仁十年に迄る，都て式卌巻，格十巻と為す。

②　大抵所記せるは，天地の開闢けしより始めて，小治田の御世に訖る。（略）并せて三巻を録し，謹みて献上る。

③　時に舎人有り。姓は稗田，名は阿礼，年は廿八。（略）即ち，阿礼に勅語して，帝皇の日継と先代の旧辞とを誦習はしめたまひき。

④　畿内七道諸国の郡郷の名に好き字を着けしむ。其の郡内に生ずる所の，銀・銅・彩色・草木・禽獣・魚虫等の物は，具に色目を録せ。また土地の沃堉，山川原野の名号の所由，又古老の相伝旧聞異事は，史籍に載せて亦宜しく言上すべし。

問6　下線部(c)の時，皇極天皇は重祚していたが，重祚後の天皇名として最も適当なものはどれか。次の①～④のうち一つをマークせよ。 [6]

①　孝徳天皇　　②　称徳天皇　　③　舒明天皇　　④　斉明天皇

問7　下線部(d)を政界に登用した人物として最も適当なものはどれか。次の①～④のうち一つをマークせよ。 7

①　橘諸兄　②　長屋王　③　藤原広嗣　④　藤原不比等

問8　下線部(e)に関連して，計帳についての文として最も適当なものはどれか。次の①～④のうち一つをマークせよ。 8

①　6年ごとに作成された。

②　計帳に基づいて口分田が班給された。

③　調・庸を徴収するための基本台帳であった。

④　戸籍と同じく男性のみが記載された。

問9　下線部(f)に関連して，養老令における次丁・正丁・中男についての文として最も適当なものはどれか。次の①～④のうち一つをマークせよ。 9

①　次丁は17～20歳，正丁は21～60歳，中男は61～65歳の男性であった。

②　次丁は正丁の1／2，中男は正丁の1／4の租を負担した。

③　次丁は正丁の1／2，中男は正丁の1／4の庸を負担した。

④　次丁は正丁の1／2，中男は正丁の1／4の調を負担した。

問10　この意見書を受け取った天皇についての文として最も適当なものはどれか。次の①～④のうち一つをマークせよ。 10

①　藤原忠平がこの天皇の摂政・関白を務めた。

②　阿衡の紛議で藤原基経と対立し，勅書を撤回した。

③　最初の勅撰和歌集である『古今和歌集』を編纂させた。

④　本朝（皇朝）十二銭の最後となった乾元大宝を発行した。

Ⅱ 次の文を読み，下の問い（問１～10）に答えよ。

2021年，飯盛城跡（大阪府四条畷市・大東市）が国の史跡に指定された。飯盛城は，木沢長政によって築かれ，後に河内国(a)交野郡出身の安見宗房の居城となる。1560年(b)，三好長慶は芥川城（大阪府高槻市）から飯盛城へと居城を移した。長慶は，主君の［ア］から実権を奪い，畿内で急速に勢力を伸ばしていた。管領家の一つで河内国の守護でもあった［イ］は飯盛城を攻めるが，長慶は1562年にこれを退けた。

飯盛城は，織田信長の安土城(c)に先駆けて石垣を多用したことが注目されている。城内では，裁判などの政治的な活動に加えて，茶の湯(d)や連歌(e)なども催された。長慶はキリスト教(f)を認め，1564年には家臣たちが城内で洗礼を受けている。

なお，飯盛山の山頂には，［ウ］の息子の像が建っている。彼は四条畷の戦いで足利家の執事［エ］と戦い，討死した。［ウ］は元弘の変(g)の直後に河内国で挙兵し，鎌倉幕府(h)の軍勢を引き付けたことで有名である。

問１ 空欄［ア］［イ］に入れる語句の組み合わせとして最も適当なものはどれか。次の①～④のうち一つをマークせよ。［11］

① ア＝細川氏　イ＝畠山氏　② ア＝畠山氏　イ＝一色氏
③ ア＝一色氏　イ＝細川氏　④ ア＝畠山氏　イ＝細川氏

問２ 空欄［ウ］［エ］に入れる人名の組み合わせとして最も適当なものはどれか。次の①～④のうち一つをマークせよ。［12］

① ウ＝楠木正成　エ＝今川了俊　② ウ＝新田義貞　エ＝今川了俊
③ ウ＝楠木正成　エ＝高師直　④ ウ＝新田義貞　エ＝高師直

問３ 下線部(a)に所在する寺内町として最も適当なものはどれか。次の①～④のうち一つをマークせよ。［13］

① 石　山　② 富田林　③ 山　科　④ 今　井

問４ 下線部(b)のできごととして最も適当なものはどれか。次の①～④のうち一つ

をマークせよ。 14

① 享徳の乱　　② 天文法華の乱

③ 桶狭間の戦い　　④ 姉川の戦い

問５　下線部(c)の障壁画を手がけた狩野永徳の作品として最も適当なものはどれか。次の①～④のうち一つをマークせよ。 15

① 唐獅子図屛風　　② 風神雷神図屛風

③ 松林図屛風　　④ 花下遊楽図屛風

問６　下線部(d)についての文として最も適当なものはどれか。次の①～④のうち一つをマークせよ。 16

① 南北朝時代に村田珠光が侘茶の方式を編み出した。

② 侘茶を継承・発展させた武野紹鷗と千利休は，ともに堺の商人であった。

③ 簡素・閑寂を精神とする侘茶は，豊臣秀吉の趣向に合わず，普及を禁じられた。

④ 豊臣秀吉は，関白任官と同時に北野大茶湯を催した。

問７　下線部(e)に関連して，『菟玖波集』の撰者として最も適当なものはどれか。次の①～④のうち一つをマークせよ。 17

① 一条兼良　　② 二条良基　　③ 宗　祇　　④ 宗　鑑

問８　下線部(f)についての文として最も適当なものはどれか。次の①～④のうち一つをマークせよ。 18

① 大友義鎮は，長崎をイエズス会の教会に寄付し，布教を推進した。

② 豊臣秀吉のバテレン追放令により，高山右近はマニラへ追放された。

③ サン=フェリペ号の乗組員は，スペインが領土拡大に宣教師を利用していると証言した。

④ キリシタンの根絶を目的とした絵踏は，島原の乱後に初めて実施された。

問９　下線部(g)の直後に即位した天皇として最も適当なものはどれか。次の①～④

のうち一つをマークせよ。 19

① 光厳天皇　② 光明天皇　③ 後醍醐天皇　④ 後光厳天皇

問10　下線部(h)の地方支配機関として最も適当なものはどれか。次の①～④のうち一つをマークせよ。 20

① 奥州総奉行　② 陸奥将軍府　③ 九州探題　④ 征西将軍

Ⅲ　次のA～Fの文を読み，下の問い（問1～10）に答えよ。

A　洋書輸入の禁が緩和され， 1 は幕府の命でオランダ語(a)を学んだ。

B　寛政異学の禁(b)が出された。

C　 2 がつくった貞享暦が採用され，翌年より使用が開始された。

D　幕府が新井白石(c)を登用した。

E　『解体新書』(d)が刊行された。

F　『海国兵談』(e)が刊行された。

問1　空欄 1 に入れる人名として最も適当なものはどれか。次の①～④のうち一つをマークせよ。 21

① 貝原益軒　② 吉田光由　③ 宮崎安貞　④ 青木昆陽

問2　空欄 2 に入れる人名として最も適当なものはどれか。次の①～④のうち一つをマークせよ。 22

① 関孝和　② 高橋至時

③ 高橋景保　④ 渋川春海（安井算哲）

問3　下線部(a)に関連して，蘭日辞書である『ハルマ和解』を中心になってつくったのは誰か。次の①～④のうち最も適当なものを一つマークせよ。 23

①　稲村三伯　　②　大槻玄沢　　③　高野長英　　④　野呂元丈

問4　下線部(b)についての文として最も適当なものはどれか。次の①～④のうち一つをマークせよ。 24

①　古学を正学とした。

②　柴野栗山らが儒官に任じられた。

③　大学頭の林鵞峰に通達された。

④　発せられてから７年後に林家の聖堂が官立の和学講談所となった。

問5　同じく下線部(b)を発した老中の著述として最も適当なものはどれか。次の①～④のうち一つをマークせよ。 25

①　折たく柴の記　　②　華夷通商考

③　宇下人言　　④　広益国産考

問6　下線部(c)のおこなった政策として最も適当なものはどれか。次の①～④のうち一つをマークせよ。 26

①　金の含有率をそれまでよりも減らした小判を発行した。

②　江戸に彰考館を設けた。

③　閑院宮家を創設した。

④　公事方御定書を制定した。

問7　下線部(d)として，西洋医学の解剖書を訳述した人物の一人として最も適当なものはどれか。次の①～④のうち一つをマークせよ。 27

①　前野良沢　　②　宇田川玄随　　③　山脇東洋　　④　緒方洪庵

問8　同じく下線部(d)の扉絵と解剖図を写し描いたのは誰か。次の①～④のうち最も適当なものを一つマークせよ。 28

①　小田野直武　　②　司馬江漢　　③　平賀源内　　④　亜欧堂田善

問9　下線部(e)の著者についての文として最も適当なものはどれか。次の①〜④のうち一つをマークせよ。[29]

① 幕府の天文方として登用された。

② 幕政を批判したとみなされて，幕府から弾圧された。

③ 幕府の命で択捉島を探査した。

④ 洗心洞を開いて門弟を集めた。

問10　A〜Fの文を年代の早い順に並べた場合，最も適当なものはどれか。次の①〜④のうち一つをマークせよ。[30]

① A→C→D→E→F→B　　② A→D→C→E→F→B

③ C→D→A→E→B→F　　④ C→A→D→E→B→F

Ⅳ　次の文を読み，下の問い（問1〜10）に答えよ。

大正期に日本でも社会運動が勃興した。1912年に[ア]らが，労資の協調による労働者の地位向上を目的として[イ]を設立した。第一次世界大戦後の労働争議の増加にともなって，[イ]は労働組合の全国組織へと急速に発展して1921年には[1]となり，労資協調主義からしだいに階級闘争主義に方向を転換した。また，農村でも小作料の引下げを求める小作争議が頻発し，1922年には杉山元治郎や[2]らによって，全国組織である日本農民組合が結成された。

一方，吉野作造(a)は1918年(b)に黎明会を組織して全国的な啓蒙運動をおこない，知識人層を中心に大きな影響を与えた。吉野の影響を受けた学生たちは東大新人会などの思想団体を結成し，しだいに労働・農民運動との関係を深めていった。

1910年(c)の大逆事件(d)を機に厳しい弾圧を受けて「冬の時代」にあった社会主義者たちも活動を再開し，1920年には労働運動家・学生運動家・諸派の社会主義者たちを一堂に会した日本社会主義同盟が結成されたが，翌年には禁止された。社会主義の学問的な研究にも制限が加えられ，1920年には東京帝国大学助教授の[3]が筆禍により休職処分になった。社会主義勢力内部では[ウ]らの[エ]主義者と，[オ]らの[カ]主義者が対立していたが，やがて[カ]主義が有力となり，1922年には，［オ］や山川均らによって［4］が非合法のうちに結成された。

問1　空欄［1］に入れる語句として最も適当なものはどれか。次の①～④のうち一つをマークせよ。［31］

①　日本労働組合総連合会　　②　日本労働総同盟

③　産業報国会　　④　日本労働組合総評議会

問2　空欄［2］に入れる人名として最も適当なものはどれか。次の①～④のうち一つをマークせよ。［32］

①　河上肇　　②　徳永直　　③　小林多喜二　　④　賀川豊彦

問3　空欄［3］に入れる人名として最も適当なものはどれか。次の①～④のうち一つをマークせよ。［33］

①　美濃部達吉　　②　滝川幸辰　　③　矢内原忠雄　　④　森戸辰男

問4　空欄［4］に入れる語句として最も適当なものはどれか。次の①～④のうち一つをマークせよ。［34］

①　社会民主党　　②　日本社会党　　③　日本共産党　　④　日本無産党

問5　空欄［ア］［イ］に入れる人名と語句の組み合わせとして最も適当なものはどれか。次の①～④のうち一つをマークせよ。［35］

①　ア＝鈴木文治　　イ＝友愛会

②　ア＝鈴木文治　　イ＝労働組合期成会

③　ア＝片山潜　　イ＝友愛会

④　ア＝片山潜　　イ＝労働組合期成会

問6　空欄［ウ］［エ］［オ］［カ］に入れる人名と語句の組み合わせとして最も適当なものはどれか。次の①～④のうち一つをマークせよ。

［36］

① ウ＝大杉栄　エ＝無政府　オ＝堺利彦　カ＝共　産

② ウ＝大杉栄　エ＝共　産　オ＝堺利彦　カ＝無政府

③ ウ＝堺利彦　エ＝無政府　オ＝大杉栄　カ＝共　産

④ ウ＝堺利彦　エ＝共　産　オ＝大杉栄　カ＝無政府

問7　下線部(a)の思想を示す史料として最も適当なものはどれか。次の①〜④のうち一つをマークせよ。 37

① 臣等伏シテ方今政権ノ帰スル所ヲ察スルニ，上帝室ニ在ラズ，下人民ニ在ラズ，而シテ独リ有司ニ帰ス。（略）政令百端朝出暮改，政情実ニ成リ，賞罰愛憎ニ出ヅ，言路壅蔽(ようへい)困苦告ルナシ。（略）臣等愛国ノ情自ラ已ム能ハズ，乃チ之ヲ振救スルノ道ヲ講求スルニ，唯天下ノ公議ヲ張ルニ在ル而已(のみ)，天下ノ公議ヲ張ルハ民撰議院ヲ立ルニ在ル而已。

② 今日の謀(はかりごと)を為すに，我国は隣国の開明を待て，共に亜細亜を興すの猶予ある可らず，寧ろ其伍を脱して西洋の文明国と進退を共にし，其支那朝鮮に接するの法も隣国なるが故にとて特別の会釈に及ばず，正に西洋人が之に接するの風に従て処分す可きのみ。悪友を親しむ者は共に悪名を免かる可らず。我れは心に於て亜細亜東方の悪友を謝絶するものなり。

③ 民本主義といふ文字は，日本語としては極めて新らしい用例である。従来は民主々義といふ語を以て普通に唱へられて居ったやうだ。（略）此言葉は今日の政治法律等の学問上に於ては，少くとも二つの異った意味に用ひられて居るやうに思ふ。一つは「国家の主権は法理上人民に在り」といふ意味に，又モ一つは「国家の主権の活動の基本的の目標は政治上人民に在るべし」といふ意味に用ひらるゝ。この第二の意味に用ひらるゝ時に，我々は之を民本主義と訳するのである。

④ 余ハ日露非開戦論者である許りでない，戦争絶対的廃止論者である。戦争ハ人を殺すことである。爾うして人を殺すことハ大罪悪である。爾うして大罪悪を犯して個人も国家も永久に利益を収め得やう筈ハない。世にハ戦争の利益を説く者がある。然り，余も一時ハ斯かる愚を唱へた者である。然しながら今に至て其愚の極なりしを表白する。

問8　下線部(b)に起きたできごととして最も適当なものはどれか。次の①～④のうち一つをマークせよ。 38

①　米騒動　　②　原敬の暗殺

③　新婦人協会の発足　　④　工場法の公布

問9　下線部(c)に起きたできごととして最も適当なものはどれか。次の①～④のうち一つをマークせよ。 39

①　日比谷焼打ち事件　　②　韓国併合

③　関税自主権の回復　　④　第一次世界大戦への日本参戦

問10　下線部(d)で起訴されて死刑となった人物として最も適当なものはどれか。次の①～④のうち一つをマークせよ。 40

①　安部磯雄　　②　幸徳秋水　　③　高野房太郎　　④　伊藤野枝

世界史

（60分）

I　次の文A，Bを読んで，下の問い（問1～17）に答えよ。

A　中世ヨーロッパでは遠隔地貿易が活発になり，地中海を中心とする交易圏[1]と，北海・バルト海を中心とする交易圏[2]が発展した。地中海交易圏の港市にはヴェネツィア[3]や [a] があり，北海・バルト海交易圏の商業都市としては，北ドイツのリューベック[4]や [b] がある。また，これら南北の交易圏を結びつける内陸の通商路上に都市が栄えた。フランスの [c] 地方ではトロワなどの都市で大規模な定期市がひらかれ，南ドイツではアウクスブルク[5]や [d] などの都市が発展した。

問1　[a] に最も適する語を次の①～④から一つ選んで，マークせよ。[1]

①　ミラノ　　②　フィレンツェ
③　ケルン　　④　ピ　サ

問2　[b] に最も適する語を次の①～④から一つ選んで，マークせよ。[2]

①　フランクフルト　　②　マインツ
③　ヴュルツブルク　　④　ブレーメン

問3　[c] に最も適する語を次の①～④から一つ選んで，マークせよ。[3]

①　ブルゴーニュ　　②　シャンパーニュ
③　ノルマンディー　　④　ブルターニュ

問4 [d] に最も適する語を次の①～④から一つ選んで，マークせよ。
[4]

① ベルゲン　② リヨン
③ ニュルンベルク　④ ダンツィヒ

問5 下線部1に関して，地中海交易圏とインド洋の交易圏を結ぶ商業活動をおこなったカーリミー商人について述べた以下の文（ア），（イ）の正誤の組み合わせとして正しいものはどれか，最も適するものを次の①～④から一つ選んで，マークせよ。[5]

（ア） カーリミー商人はダウ船と呼ばれる三角帆の船を用いて活動した。
（イ） カーリミー商人はマラケシュに都をおく王朝の庇護下で活動した。

① （ア）－正　（イ）－正　② （ア）－正　（イ）－誤
③ （ア）－誤　（イ）－正　④ （ア）－誤　（イ）－誤

問6 下線部2に関連して，この交易圏に含まれるフランドル地方は毛織物の生産で栄えた。フランドル地方に毛織物の原料である羊毛を輸出した代表的な都市はどこか，最も適するものを次の①～④から一つ選んで，マークせよ。
[6]

① ロンドン　② ジェノヴァ　③ マルセイユ　④ ノヴゴロド

問7 下線部3に関連して，ヴェネツィアの商人マルコ＝ポーロが仕えたとされるモンゴル帝国の大ハン（在位1260～94）はだれか，最も適するものを次の①～④から一つ選んで，マークせよ。[7]

① フラグ　② モンケ　③ フビライ　④ ハイドゥ

問8 下線部4に関連して，次の(1)，(2)に答えよ。

(1) リューベックは北ドイツの都市同盟の盟主であった。この都市同盟の名称はどれか，最も適するものを次の①～④から一つ選んで，マークせよ。
[8]

① ハンザ同盟　　② ロンバルディア同盟
③ カルマル同盟　　④ シュマルカルデン同盟

(2) リューベックを盟主とする都市同盟について述べた以下の文（ア），（イ）の正誤の組み合わせとして正しいものはどれか，次の①～④から一つ選んで，マークせよ。 [9]

（ア） 都市同盟を構成する北ドイツの各都市はコムーネと呼ばれた。
（イ） パリにはこの都市同盟の在外四大商館のひとつがあった。

① （ア）－正　（イ）－正　　② （ア）－正　（イ）－誤
③ （ア）－誤　（イ）－正　　④ （ア）－誤　（イ）－誤

問9　下線部5に関連して，アウクスブルクを拠点として繁栄した富豪一族はどれか，最も適するものを次の①～④から一つ選んで，マークせよ。 [10]

① フッガー家　② メディチ家　③ ヨーク家　④ ザクセン家

B　イベリア半島[6]では，8世紀に [e] 王国が [f] 朝に滅ぼされて以来，イスラーム勢力が優勢であった。しかし，北部のキリスト教徒[7]は再征服運動（国土回復運動）をすすめ，15世紀半ばまでには半島の大部分がキリスト教圏になった。イベリア半島における最後のイスラーム王朝は [g] を拠点とする [h] 朝であった。この王朝は [i] 年に成立した [j] 王国によって滅ぼされた。

問10 [e] に最も適する語を次の①～④から一つ選んで，マークせよ。 [11]

① 東ゴート　② 西ゴート　③ ブルグント　④ ヴァンダル

問11 [f] に最も適する語を次の①～⑥から一つ選んで，マークせよ。 [12]

① ムラービト　② セルジューク　③ ウマイヤ

④　後ウマイヤ　⑤　ナスル　⑥　アイユーブ

問12　[g] に最も適する語を次の①～④から一つ選んで，マークせよ。
[13]

①　コルドバ　②　グラナダ　③　バルセロナ　④　リスボン

問13　[h] に最も適する語を次の①～⑥から一つ選んで，マークせよ。
[14]

①　ムラービト　②　セルジューク　③　ウマイヤ
④　後ウマイヤ　⑤　ナスル　⑥　アイユーブ

問14　[i] に最も適する語を次の①～④から一つ選んで，マークせよ。
[15]

①　1469　②　1479　③　1482　④　1492

問15　[j] に最も適する語を次の①～④から一つ選んで，マークせよ。
[16]

①　アラゴン　②　カスティーリャ
③　ポルトガル　④　スペイン

問16　下線部6に関連して，次の(1)，(2)に答えよ。

(1)　イベリア半島の中央部付近に位置する都市トレドでは，12世紀頃，ある言語で書かれた多くの文献がラテン語に翻訳された。それらの文献の翻訳前の言語はどれか，最も適するものを次の①～④から一つ選んで，マークせよ。
[17]

①　アラビア語　②　ヘブライ語　③　ペルシア語　④　アラム語

(2)　イベリア半島の西北部の町サンティアゴ＝デ＝コンポステラはキリスト教徒の三大巡礼地のひとつとして有名である。この地に墓があるとされる十二使徒のひとりはだれか，最も適するものを次の①～④から一つ選んで，マー

クせよ。 18

① ヨハネ ② パウロ ③ ペテロ ④ ヤコブ

問17 下線部7に関連して，次の(1)，(2)に答えよ。

(1) キリスト教に関連する以下の（ア）～（ウ）の3つの出来事が，年代の古いものから順に正しく配列されているものはどれか，次の①～⑥から一つ選んで，マークせよ。 19

（ア） フランク王ピピンがラヴェンナ地方を教皇に寄進した。

（イ） 教皇グレゴリウス1世の時代，ローマ教会はゲルマン人への布教を強化した。

（ウ） ベネディクトゥスがイタリアのモンテ=カシノに修道院をひらいた。

① （ア）→（イ）→（ウ）
② （ア）→（ウ）→（イ）
③ （イ）→（ア）→（ウ）
④ （イ）→（ウ）→（ア）
⑤ （ウ）→（ア）→（イ）
⑥ （ウ）→（イ）→（ア）

(2) キリスト教について述べた以下の文（ア），（イ）の正誤の組み合わせとして正しいものはどれか，次の①～④から一つ選んで，マークせよ。 20

（ア）イエスは反逆者としてローマで十字架にかけられた。

（イ）ユリアヌス帝はアタナシウス派キリスト教を国教とした。

① （ア）－正 （イ）－正
② （ア）－正 （イ）－誤
③ （ア）－誤 （イ）－正
④ （ア）－誤 （イ）－誤

Ⅱ　次の文A，Bを読んで，下の問い（問1～19）に答えよ。

A　[a] 系の遊牧民であるスキタイは [b] 北岸を中心に活動し，近隣のアケメネス朝(1)と争った。

一方，ユーラシア大陸の東部では，紀元前4世紀頃から騎馬遊牧民の動きが活発となった。なかでも [c] は，紀元前2世紀にモンゴル高原(2)を統一し，さらに [d] を攻撃してタリム盆地(3)を支配下においた。しかし，[c] は漢の武帝(4)に敗退し，次第に衰退，分裂した。漢は [c] から奪った地域に [e] 郡など4郡をおいた。

問1　[a] に最も適する語を次の①～④から一つ選んで，マークせよ。[21]

①　イラン　②　モンゴル　③　トルコ　④　ツングース

問2　[b] に最も適する語を次の①～④から一つ選んで，マークせよ。[22]

①　バイカル湖　②　アラル海　③　バルハシ湖　④　黒　海

問3　[c] に最も適する語を次の①～⑥から一つ選んで，マークせよ。[23]

①　東　胡　②　月　氏　③　高　車
④　大　宛　⑤　匈　奴　⑥　大　夏

問4　[d] に最も適する語を次の①～⑥から一つ選んで，マークせよ。[24]

①　東　胡　②　月　氏　③　高　車
④　大　宛　⑤　匈　奴　⑥　大　夏

問5　[e] に最も適する語を次の①～④から一つ選んで，マークせよ。[25]

①　交　趾　　②　楽　浪　　③　敦　煌　　④　帯　方

問6　下線部1に関連して，次の(1)，(2)に答えよ。

(1)　アケメネス朝について述べた文として正しいものはどれか，最も適するものを次の①〜④から一つ選んで，マークせよ。 26

①　金貨や銀貨を発行した。

②　クテシフォンを首都とした。

③　ユダヤ人をバビロンに連行した。

④　服属した諸民族の宗教を認めなかった。

(2)　アケメネス朝によって交易活動が保護されたアラム人について述べた以下の文（ア），（イ）の正誤の組み合わせとして正しいものはどれか，次の①〜④から一つ選んで，マークせよ。 27

（ア）　ダマスクスを主な拠点としていた。

（イ）　アラビア文字の母体となる文字を用いた。

①　（ア）－正　（イ）－正　　②　（ア）－正　（イ）－誤

③　（ア）－誤　（イ）－正　　④　（ア）－誤　（イ）－誤

問7　下線部2に関連して，オゴタイがモンゴル高原に建設した首都はどれか，最も適するものを次の①〜④から一つ選んで，マークせよ。 28

①　カラコルム　　②　アルマリク　　③　サライ　　④　タブリーズ

問8　下線部3に関連して，タリム盆地に設置された西域都護府について述べた以下の文（ア），（イ）の正誤の組み合わせとして正しいものはどれか，次の①〜④から一つ選んで，マークせよ。 29

（ア）　西域都護府に，大秦王安敦の使節が到来した。

（イ）　西域都護の班超を大秦に派遣した。

①　（ア）－正　（イ）－正　　②　（ア）－正　（イ）－誤

③ (ア)－誤 (イ)－正　④ (ア)－誤 (イ)－誤

問9 下線部4について，漢の武帝の時代の出来事について述べた文として正しいものはどれか，最も適するものを次の①～④から一つ選んで，マークせよ。 30

① 布銭を発行した。

② 紙を国家の専売品とした。

③ 地方長官が人材を推薦する制度を定めた。

④ 呉や楚などの王や諸侯の反乱を鎮圧した。

B [f] 氏がたてた晋は3世紀末におきた内乱(5)によって衰退し，自立した [c] の一派によって滅ぼされた。その後，晋は南方で復興したが，実権を握った [g] によって滅ぼされた。

一方，華北や河西地方では諸民族が自立して，五胡十六国(6)と呼ばれる戦乱の時代となった。この状況は， [h] のたてた北魏(7)が華北を統一(8)して収束した。

この頃，モンゴル高原や中央アジア(9)西部では遊牧民族が勢力を拡大した。なかでも，エフタルはインドに侵入して [i] 朝を圧迫したが，後にササン朝ペルシアの [j] によって滅ぼされた。

問10 [f] に最も適する語を次の①～④から一つ選んで，マークせよ。 31

① 拓 跋　② 曹　③ 司 馬　④ 王

問11 [g] に最も適する語を次の①～④から一つ選んで，マークせよ。 32

① 劉 秀　② 劉 備　③ 劉 邦　④ 劉 裕

問12 [h] に最も適する語を次の①～④から一つ選んで，マークせよ。 33

① 鮮 卑　② 羌　③ 柔 然　④ 氐

問13　[i]に最も適する語を次の①～④から一つ選んで，マークせよ。[34]

①　チョーラ　　　②　サータヴァーハナ

③　クシャーナ　　④　グプタ

問14　[j]に最も適する語を次の①～④から一つ選んで，マークせよ。[35]

①　シャープール1世　　②　アルダシール1世

③　ホスロー1世　　④　ダレイオス1世

問15　下線部5について，この内乱を主導したのはどのような人々か，最も適するものを次の①～④から一つ選んで，マークせよ。[36]

①　政策に反発した商人

②　権力を争う皇帝の一族

③　弾圧された民間宗教の指導者

④　労役に苦しむ農民

問16　下線部6に関連して，五胡十六国の時代と同時期におこった出来事はどれか，最も適するものを次の①～④から一つ選んで，マークせよ。[37]

①　ゲルマン人の大移動がはじまった。

②　卑弥呼が中国に使節を派遣した。

③　マニ教が創始された。

④　クメール人が真臘を建国した。

問17　下線部7について，北魏の時代におこった出来事について述べた以下の文（ア），（イ）の正誤の組み合わせとして正しいものはどれか，次の①～④から一つ選んで，マークせよ。[38]

（ア）　農業技術をまとめた『斉民要術』が編纂された。

（イ）　自民族の風習を守るため，漢化を禁止した。

① （ア）－正　（イ）－正　　② （ア）－正　（イ）－誤

③ （ア）－誤　（イ）－正　　④ （ア）－誤　（イ）－誤

問18　下線部8に関連して，唐の勢力を排除して朝鮮半島を統一した国家はどれか，最も適するものを次の①～④から一つ選んで，マークせよ。 39

① 百　済　② 高　麗　③ 新　羅　④ 高句麗

問19　下線部9に関連して，19世紀初頭，西トルキスタンに存在した国家として**誤っているもの**はどれか，次の①～④から一つ選んで，マークせよ。

40

① コーカンド＝ハン国　② ヒヴァ＝ハン国

③ クリム＝ハン国　④ ブハラ＝ハン国

地理

（60 分）

I　次の図 1 を見て，下の問い（問 1 ～13）に答えよ。

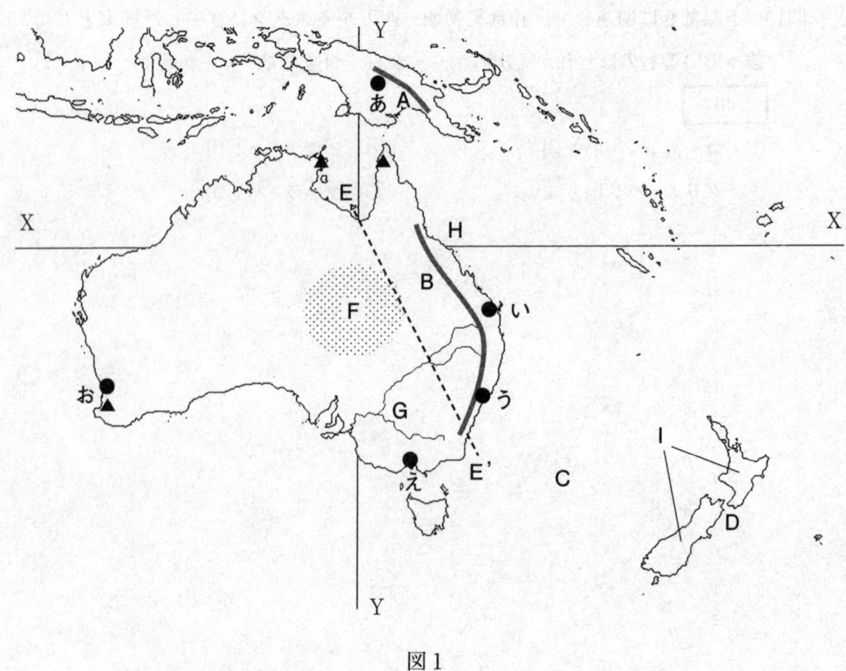

図 1

問 1　X の緯線と Y の経線の最も適当な組合せを，次の①～④のうちから一つ選びマークせよ。［ 1 ］

①　X：南緯10度　Y：東経120度　　②　X：南緯10度　Y：東経140度

③　X：南緯20度　Y：東経120度　　④　X：南緯20度　Y：東経140度

問 2　A・B の山脈の最も適当な組合せを，次の①～④のうちから一つ選びマークせよ。［ 2 ］

① A：ビスマーク山脈　B：グレートディヴァイディング山脈

② A：ビスマーク山脈　B：サザンアルプス山脈

③ A：マクドネル山脈　B：グレートディヴァイディング山脈

④ A：マクドネル山脈　B：サザンアルプス山脈

問3　Cの海とDの海峡の最も適当な組合せを，次の①～④のうちから一つ選びマークせよ。 3

① C：アラフラ海　D：クック海峡

② C：アラフラ海　D：バス海峡

③ C：タスマン海　D：クック海峡

④ C：タスマン海　D：バス海峡

問4　ニュージーランドからニューギニア島にかけて見られる地体構造とその特徴について述べた文として最も適当なものを，次の①～④のうちから一つ選びマークせよ。 4

① 安定陸塊・古期造山帯・新期造山帯が複雑に入り混じる形で構成される。

② 安定陸塊に分類され，地震や地殻変動はほとんど生じない。

③ 古期造山帯に分類され，石炭が豊富に産出される。

④ 新期造山帯に分類され，地震や火山噴火の発生が多い。

問5　EとE'を結ぶ地形断面図として最も適当なものを，次の①～④のうちから一つ選びマークせよ。 5

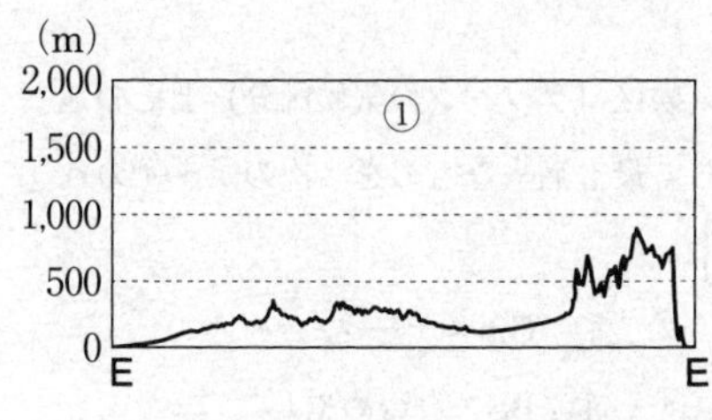

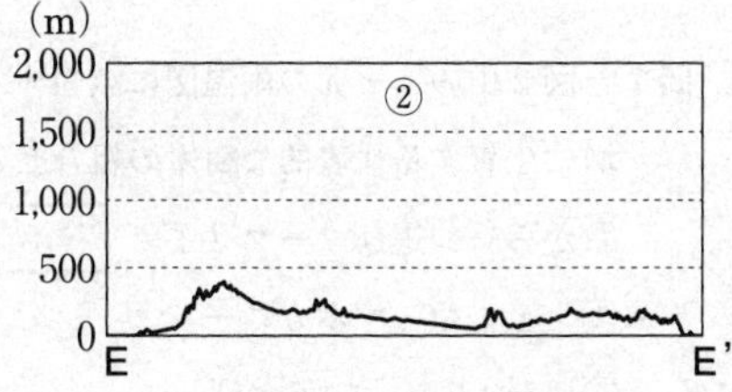

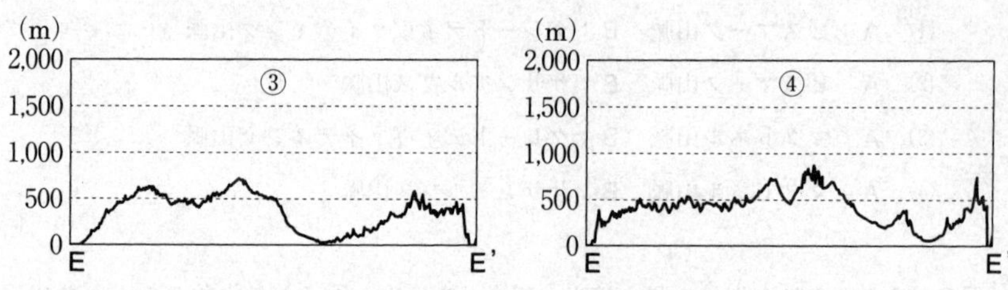

問6　次の図2中のⅰ・ⅱの雨温図は，図1中のあ～おのいずれかの都市のものである。ⅰ・ⅱに該当する最も適当なものを下の①～⑤のうちから一つずつ選び，ⅰは［ 6 ］に，ⅱは［ 7 ］にマークせよ。

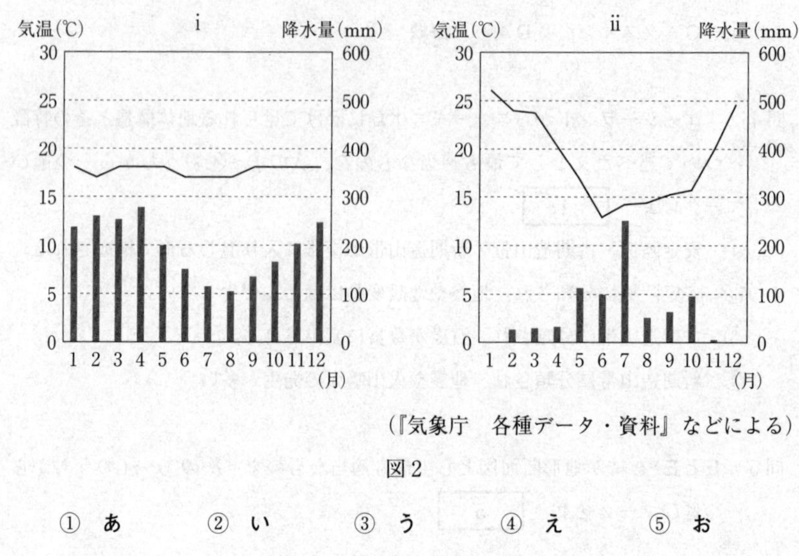

(『気象庁　各種データ・資料』などによる)

図2

①　あ　　②　い　　③　う　　④　え　　⑤　お

問7　図2中のⅰ・ⅱの雨温図に該当する気候区（ケッペンの気候区分）とその地域に生育する代表的な樹木の組合せとして最も適当なものを，次の①～④のうちから一つ選びマークせよ。［ 8 ］

①　ⅰ：Af・マホガニー　　②　ⅰ：Cfb・チーク

③　ⅱ：Cs・コルクがし　　④　ⅱ：BS・なつめやし

問8　図1中のFで見られる農牧業について述べた文として最も適当なものを，次

の①～④のうちから一つ選びマークせよ。 9

① 亜熱帯特有の特徴を活かしたプランテーション農業がさかんである。

② 塩分濃度が高い被圧地下水を利用した草原地帯で，牧畜がさかんである。

③ 降雨の少ない乾燥地帯で，塩害が著しいため農牧業は行われていない。

④ 比較的降水量が多い草原地帯で，牧牛がさかんである。

問9 図1中の▲で産出される鉱産資源と，それが産出される世界最大の産地名の組合せとして最も適当なものを，次の①～④のうちから一つ選びマークせよ。

10

① 金鉱：菱刈鉱山　　② 金鉱：カルグーリー

③ ボーキサイト：ウェイパ　　④ ボーキサイト：ゴヴ

問10 次の文は，図1中のG周辺の環境問題について述べたものである。文中の下線部が**適当でないもの**を，①～④のうちから一つ選びマークせよ。 11

マリー川，ダーリング川流域では<u>降水量が少ないため</u>①，地下水のくみ上げによる農業が行われてきた。しかし，その方法では塩害や地盤沈下などの地域的な環境問題が生じるため，<u>ダーリング川上流</u>②でダムをつくり灌漑水路をひく<u>スノーウィーマウンテンズ計画</u>③が設けられた。その対策の実施によって塩害や地盤沈下が軽減され，<u>地下水位の上昇も見られた</u>④ものの，いまだ十分な解決には至っていない。

問11 図1中のH周辺に見られるサンゴ礁について述べた次の文(1)・(2)の正誤として最も適当なものを，下の①～④のうちから一つ選びマークせよ。 12

(1) ここで見られるサンゴ礁はグレートバリアリーフと呼ばれ，オーストラリア大陸の南北間の距離の半分以上にわたる世界最大のもので，世界自然遺産に登録されている。

(2) 中央部が沈降して環状に発達したサンゴ礁となっており，環状の陸地は居住地となっている。

①　(1)のみ正しい　　　　　　　　　②　(2)のみ正しい

③　(1)・(2)とも正しい　　　　　　④　(1)・(2)とも正しくない

問12　図1中のＩ国の電力構成のなかで発電量（2017年）の最も多いものを，次の①～④のうちから一つ選びマークせよ。 13

①　火力発電　　②　原子力発電　　③　水力発電　　④　地熱発電

問13　図1中の地域の特徴について述べた文として最も適当なものを，次の①～④のうちから一つ選びマークせよ。 14

①　黒い島々という意味を持つメラネシアは，ヨーロッパ各国の流刑地の歴史を有しており，現在はヨーロッパ系住民による観光開発が行われている。

②　小さな島々という意味を持つポリネシアは，太平洋のおよそ半分の範囲を占めており，豊かな自然環境を活かした観光産業が発達している。

③　ビキニ環礁やムルロア環礁は，冷戦下で核実験が行われた歴史を有しており，核物質の除染が進んだ現在，それを教訓とする産業が発達している。

④　ミクロネシアは第二次世界大戦において激戦が繰り広げられた地域であるが，戦後，先進国の経済支援などにより観光開発が行われている。

Ⅱ　次の地形図（図1・2）と文を読み，下の問い（問1～13）に答えよ。ただし，図1は大正6年発行，図2は平成8年発行のもの（約85％に縮小）である。

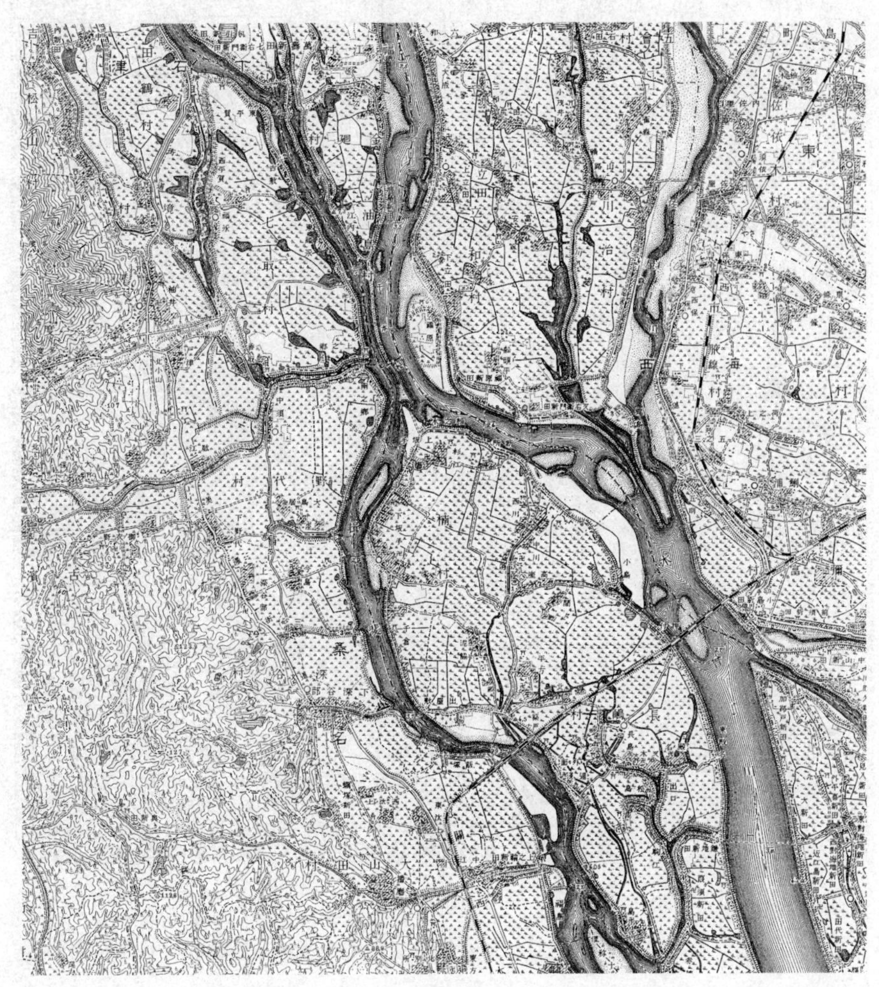

図1

編集部注：編集の都合上，さらに縮小（約85%→約60%）

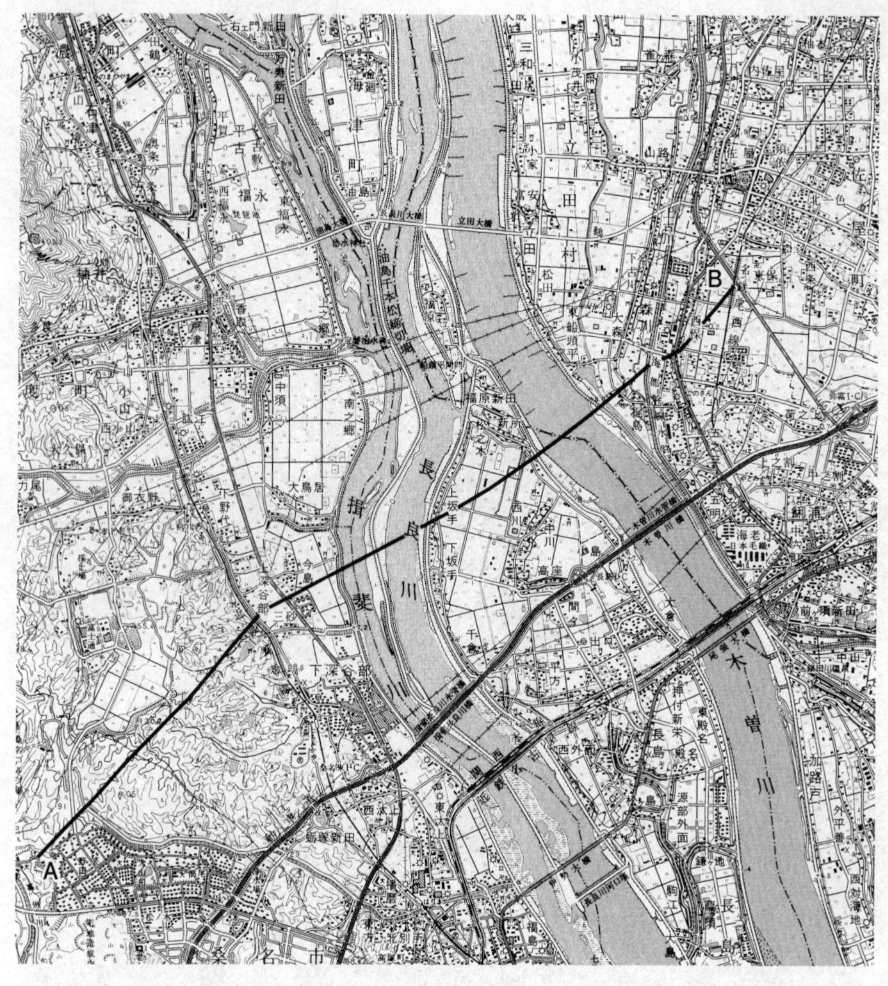

図2

編集部注：編集の都合上，さらに縮小（約85%→約60%）

木曽川・長良川・揖斐川の下流域 a には，輪中 b が多く見られる。この地域は海抜ゼロメートル地帯 c とも呼ばれ，海面下の場所も存在する。江戸時代から続く木曽三川分流の治水工事によってつくられた油島千本松締切堤 d は国の史跡に指定されている。戦後には伊勢湾台風による甚大な被害を受けた地域であり，水防災意識 e が高く，水害大国である日本はこの地域に学ぶことが多い。

問1　下線部aに該当するものを，次の①～④のうちから一つ選びマークせよ。 15

① 岡崎平野西部　　② 岡崎平野東部

③ 濃尾平野西部　　④ 濃尾平野東部

問2　下線部bについて述べた文として最も適当なものを，次の①～④のうちから一つ選びマークせよ。 16

① 自然堤防を活かして，輪状に集落が形成されている。

② 周囲に堤防をめぐらせて，洪水を防いでいる。

③ 周囲を城壁・木柵・土塁などの要塞で取り囲んでいる。

④ 水を引き込みやすいように，輪状の水路網が築かれている。

問3　下線部bの特徴を撮影した写真として最も適当なものを，次の①～④のうちから一つ選びマークせよ。 17

①

②

③

④

問4　下線部cについて述べた文として**適当でないもの**を，次の①～④のうちから一つ選びマークせよ。 18

① アメリカ合衆国ではニューオーリンズでハリケーンの被害が起きた。

② イタリアでは水上都市ミラノの高潮被害が深刻化している。

③ オランダではアムステルダムやロッテルダムに見られる。

④ 日本では東京都23区の湾岸部や東部，大阪市湾岸部に見られる。

問5　下線部dの周辺について，図1・2から読み取れることを述べた文として**適当でないもの**を，次の①～④のうちから一つ選びマークせよ。 19

① 油島村には油島大橋と長良川大橋が設置された。

② 楠村は長良川の付け替えにより陸地面積が減少した。

③ 三川分流により木曽川が福原の東側を流れるようになった。

④ 七取村や金廻村は土地改良により，平成8年の標高は10m以上ある。

問6　下線部eについて述べた文として**適当でないもの**を，次の①～④のうちから一つ選びマークせよ。 20

① 水防組織として消防団を設置し，常日頃から消防活動を行う。

② 地域に祀っている小さな祠や石碑など，自然災害碑を確認する。

③ ハザードマップを確認し，水害時の避難経路を把握しておく。

④ 水屋や水塚のような水防建築を見学し，被害を軽減する工夫を学ぶ。

問7　図1・2から読み取れる変化について述べた文として**適当でないもの**を，次の①～④のうちから一つ選びマークせよ。 21

① 大山田村は宅地造成が行われ，住宅地が形成され，学校が複数立地した。

② 近鉄養老線が養老山地に沿って敷設され，住宅や工場が広がった。

③ 佐屋川は河川改修がなされ，跡地は住宅や田，工場になっている。

④ 東名阪自動車道が敷設され，長島IC付近は畑や工場が広がった。

問8　図2の縮尺を，次の①～④のうちから一つ選びマークせよ。 22

① 5千分の1　　② 1万分の1

③　2万5千分の1　　　④　5万分の1

問9　図2中の三角点の最高地点と最低地点の高度差として最も適当なものを，次の①～④のうちから一つ選びマークせよ。 23

①　約300m　　②　約350m　　③　約400m　　④　約450m

問10　図2中のA－Bにおける地形断面図として最も適当なものを，次の①～④のうちから一つ選びマークせよ。 24

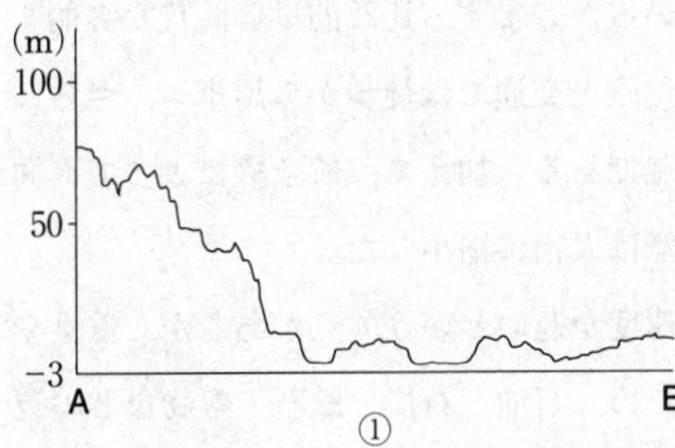

①

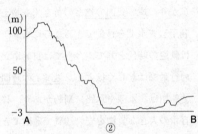

(m)
100
50
−3
A
B
②

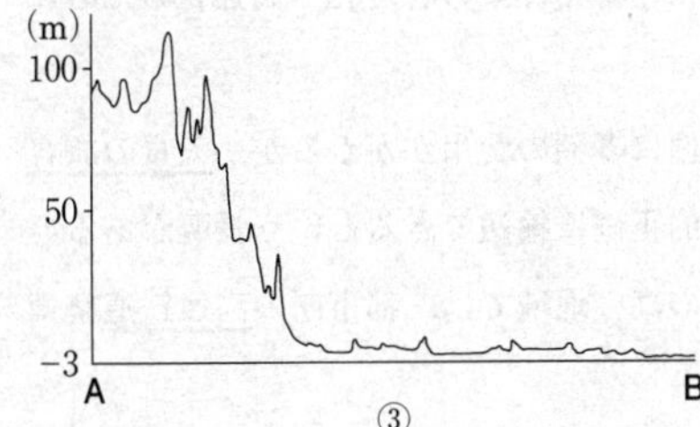

③

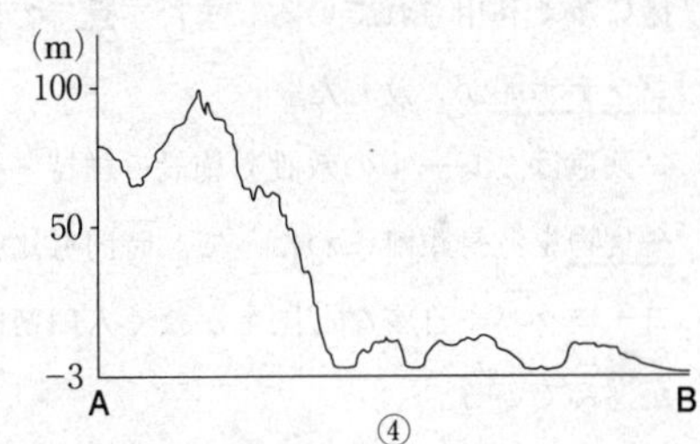

④

問11　図2中に**見られない**地図記号として最も適当なものを，次の①～④のうちから一つ選びマークせよ。 25

①　温泉・鉱泉　　②　記念碑　　③　図書館　　④　病　院

問12　図2中に含まれる都道府県数として最も適当なものを，次の①～④のうちから一つ選びマークせよ。 26

①　1　　②　2　　③　3　　④　4

問13　図2中の船頭平閘門は木曽川と長良川を結ぶが，スエズ運河が結ぶ最も適当

な組合せとして，次の①～④のうちから一つ選びマークせよ。 27

① 地中海とカスピ海　　② 地中海と紅海

③ 地中海と黒海　　④ 地中海とペルシア湾

Ⅲ 次の文を読んで，下の問い（問1～13）に答えよ。

人はもともと徒歩で移動していたが，様々な交通手段の発明によって行動範囲が広がり，遠い異国の地(a)との行き来も増えていった。まず，比較的早い時代から船を利用して水上を移動できるようになり，また陸上交通では徒歩から馬車へ，さらには鉄道の時代を経て，今日では自動車が主流である。加えて，航空機によって人間の行動圏は著しく拡大し，地球上の時間距離(b)は大幅に縮小した。

船舶は，水深や水路に制約があり，移動速度が遅いという欠点があるが，重量や容積の大きな貨物を安い運賃で運搬できるため，石油・石炭・鉱石・穀物などの運搬に多く利用されている。また，近年では積み替え作業の合理化・高速化のためにコンテナ船(c)が普及した。

鉄道は，レールの敷設や施設の維持・整備に多額の費用がかかるが，大量の旅客や貨物を(d)，長距離にわたって，時間も比較的正確に輸送できるという長所がある。ヨーロッパや日本など国土が狭く人口密度の高い地域では，都市間の高速鉄道(e)整備が進んでいる。

自動車は，船舶や鉄道に比べて一度に輸送できる旅客数や貨物量は少ないが，道路さえあれば自由に移動でき，目的地まで積み替えなしで人や貨物を運べて利便性が高いことから，世界中で急速に普及した。一方で，自動車は化石燃料の使用量を増大させ(f)地球環境を悪化させたことから，電気自動車などへの移行の動きや，鉄道や船舶への輸送手段の回帰(g)の動きもみられる。

航空機は，発着が空港(h)に限定され，輸送費用が比較的高いという欠点はあるが，最も高速な移動手段である。航空交通の発達(i)により，国境を越えて移動する人は大幅に増加し，先端技術製品や生鮮食料品など付加価値の高い貨物の輸送(j)にも利用されるようになっている。

問１　下線部ａに関連して，東京が正午の時，西経75度付近のニューヨークの時刻（サマータイム期間を除く）として最も適当なものを，次の①～④のうちから一つ選びマークせよ。 28

①　前日の午後10時　　②　前日の午前10時

③　翌日の午後２時　　④　翌日の午前２時

問２　下線部ｂに関連して，東京からの直線距離が最大である都市として最も適当なものを，次の①～④のうちから一つ選びマークせよ。 29

①　カイロ　②　サンパウロ　③　シドニー　④　パ　リ

問３　下線部ｃに関連して，コンテナ貨物取扱量が最大の港（2019年，換算コンテナ個数）として最も適当なものを，次の①～④のうちから一つ選びマークせよ。 30

①　シャンハイ　②　東　京　③　プサン　④　ロッテルダム

問４　下線部ｄに関連して，次の表１中のア～エは，アメリカ合衆国・インド・日本・ロシアの鉄道輸送量（2017年）を示したものである。アに該当する国として最も適当なものを，下の①～④のうちから一つ選びマークせよ。 31

表１

国	旅客（億人・km）	貨物（億ｔ・km）
ア	11,498	6,202
中　国	6,852	21,465
イ	1,229	24,919
ウ	4,374	217
エ	107	24,451

（『地理データファイル2022年度版』による）

①　アメリカ合衆国　　②　インド

③　日　本　　④　ロシア

問5　下線部eに関連して，国と高速鉄道の組合せとして**適当でないもの**を，次の①～④のうちから一つ選びマークせよ。 32

①　イギリス：AVE　　②　韓国：KTX

③　ドイツ：ICE　　④　フランス：TGV

問6　下線部fに関連して，脱自動車化を進める手段としてのパークアンドライド方式について述べた文として最も適当なものを，次の①～④のうちから一つ選びマークせよ。 33

①　郊外の鉄道駅までバスに乗り，駅から鉄道に乗り換えて都心に向かうこと。

②　高速鉄道で郊外の駅まで行き，都市内はLRTやバスで移動すること。

③　自家用車を郊外の駐車場に駐車し，鉄道やバスに乗り換えて都心に向かうこと。

④　自動車はすべて都市内の公園に駐車し，都心部は徒歩のみで移動すること。

問7　下線部gに関連して，(A)鉄道や船舶から自動車への輸送手段の転換，(B)自動車から鉄道や船舶への輸送手段の回帰，として最も適当な組合せを，次の①～④のうちから一つ選びマークせよ。 34

①　(A)　モータリゼーション　(B)　スマートモビリティ

②　(A)　モータリゼーション　(B)　モーダルシフト

③　(A)　モビリティ革命　(B)　スマートモビリティ

④　(A)　モビリティ革命　(B)　モーダルシフト

問8　下線部hに関連して，ハブ空港について述べた文として最も適当なものを，次の①～④のうちから一つ選びマークせよ。 35

①　多くの航空路線を持つ（have）ことから呼称されるようになった。

②　中継のための通過地であることから周辺地域への経済効果は期待できない。

③　日本にはこのような機能を持つ空港がまったく整備されていない。

④　フランクフルト空港やアトランタ空港が代表的な例である。

問９　下線部ｉに関連して，国内航空路線とその旅客数の順位（2014年）として最も適当なものを，次の①～④のうちから一つ選びマークせよ。 36

	1位	2位	3位
①	東　京－大　阪	東　京－新千歳	東　京－福　岡
②	東　京－大　阪	東　京－福　岡	東　京－新千歳
③	東　京－新千歳	東　京－大　阪	東　京－福　岡
④	東　京－新千歳	東　京－福　岡	東　京－大　阪

（『地理データファイル2022年度版』による）

問10　下線部ｊに関連して，国際空港とその取扱貨物量（国際便）の順位（2017年，重量ベース）として最も適当なものを，次の①～④のうちから一つ選びマークせよ。 37

	1位	2位	3位
①	インチョン空港	ドバイ国際空港	ホンコン国際空港
②	ドバイ国際空港	インチョン空港	ホンコン国際空港
③	ドバイ国際空港	ホンコン国際空港	インチョン空港
④	ホンコン国際空港	インチョン空港	ドバイ国際空港

（『地理データファイル2022年度版』による）

問11 次の表2中のオ〜クと，それに該当する交通機関の最も適当な組合せを，下の①〜④のうちから一つ選びマークせよ。 38

表2

	人・kmあたりの事故が少ない（安全性）	乗り換えなしで目的地まで行ける（利便性）	多くの人やものを運べる（大量性）
オ	×	◎	△
カ	○	×	◎
キ	△	×	△
ク	◎	△	○

注：◎非常に良い ○良い △やや悪い ×悪い

① オ：航空機 カ：鉄 道 キ：船 舶 ク：自動車

② オ：自動車 カ：船 舶 キ：航空機 ク：鉄 道

③ オ：船 舶 カ：自動車 キ：鉄 道 ク：航空機

④ オ：鉄 道 カ：航空機 キ：自動車 ク：船 舶

問12 現在建設が進められているリニア新幹線のルート上で，駅が設置される**予定のない県**として最も適当なものを，次の①〜④のうちから一つ選びマークせよ。 39

① 神奈川県 ② 岐阜県 ③ 静岡県 ④ 長野県

問13 日本の交通について述べた文として最も適当なものを，次の①〜④のうちから一つ選びマークせよ。 40

① 高度成長期以降の鉄道輸送量は，旅客輸送・貨物輸送ともに減少を続けた。

② 乗用車の総保有台数は，バブル経済の崩壊以降も増加傾向を示した。

③ タンカーの保有トン数は，バブル経済の崩壊以降も増加傾向を示した。

④ 成田国際空港は，輸出額でも輸入額でも国内最大（2020年）の港である。

政治・経済

（60分）

I　次の文章を読み，下の問いに答えよ。

１つの国家が，複数の人種ⓐや民族ⓑによって構成されていることは珍しくない。それぞれの人種や民族間には，独自の言語・文化・宗教などの違いがあり，その差異や経済格差などが相互の反感や差別と結びついて，人種問題や民族問題が生じることがある。

人種差別は重大な人権ⓒ侵害であり，世界人権宣言ⓓにおいても禁止されている。［ 1 ］年には，国際連合ⓔは人種差別撤廃条約を採択した。一方，民族については，アメリカ合衆国ⓕの大統領ⓖウィルソンが民族自決の原則を表明している。第二次世界大戦後，民族自決権を基礎として植民地の多くが独立して，主権ⓗ国家となった。しかし，冷戦ⓘの終結後，民族問題が原因となった地域紛争ⓙが各地で表面化している。

現実の民族・地域紛争のなかでは，人権を無視した蛮行・殺戮が絶えない。国際連合は，ナチスによるユダヤ人迫害への猛省から，［ 2 ］年にジェノサイド条約ⓚ（集団殺害罪の防止及び処罰に関する条約）を採択した。また，戦争や地域紛争によって多くの難民ⓛが生み出されることがある。難民の保護と難民問題の解決のための国際的な取りきめとして，［ 3 ］年に難民の地位に関する条約が採択された。

問１　文中の［ 1 ］～［ 3 ］に入れる数字として最も適当なものを，次の①～④のうちからそれぞれ一つ選びマークせよ。

［ 1 ］	① 1945	② 1955	③ 1965	④ 1975
［ 2 ］	① 1948	② 1958	③ 1968	④ 1978
［ 3 ］	① 1941	② 1951	③ 1961	④ 1971

問2　下線部ⓐの人種に関連して，1990年代まで「アパルトヘイト」と呼ばれる人種隔離政策を行っていた国家として最も適当なものを，次の①～④のうちから一つ選びマークせよ。［4］

①　リベリア共和国　　②　ソマリア連邦共和国

③　南スーダン共和国　　④　南アフリカ共和国

問3　下線部ⓑの民族に関連して，1993年に，パレスチナ解放機構（PLO）とイスラエルとの間で結ばれた暫定自治協定の呼称として最も適当なものを，次の①～④のうちから一つ選びマークせよ。［5］

①　スミソニアン合意　　②　オスロ合意

③　プラザ合意　　④　ルーブル合意

問4　下線部ⓒの人権の歴史的発展に関する記述として最も適当なものを，次の①～④のうちから一つ選びマークせよ。［6］

①　人間が生まれながらにしてもつ自由や平等は国家や政府もおかすことのできない権利だという考え方は，1789年に制定されたバージニア権利章典の中にみられる。

②　人権としてまず確立したのは，生存権に代表される自由権であった。

③　1919年に制定されたワイマール憲法は，社会権を広範に規定した憲法として知られている。

④　アメリカのトルーマン大統領が提唱した4つの自由の理念をきっかけに，人権を国際的にも保障しようとする取り組みが始まった。

問5　下線部ⓓの世界人権宣言に関連して，国際人権規約に関する以下の空欄［ア］と［イ］に入る用語の組み合わせとして最も適当なものを，次の①～⑥のうちから一つ選びマークせよ。［7］

(1)「経済的，社会的及び［ア］的権利に関する国際規約」はA規約（社会権規約）と呼ばれる。

(2)「市民的及び［イ］的権利に関する国際規約」はB規約（自由権規約）と呼ばれる。

① ア 政 治　イ 平 和　　② ア 政 治　イ 文 化
③ ア 平 和　イ 政 治　　④ ア 平 和　イ 文 化
⑤ ア 文 化　イ 政 治　　⑥ ア 文 化　イ 平 和

問6　下線部ⓔの国際連合に関する記述として最も適当なものを，次の①～④のうちから一つ選びマークせよ。 8

① 総会には，年に1回開かれる通常総会と，加盟国の3分の1以上の要請または安全保障理事会の要請があった場合に開かれる特別総会がある。
② 安全保障理事会は，常任理事国のほか，5か国の非常任理事国によって構成される。
③ 1950年に「平和のための結集」決議が総会で採択された。
④ 1951年に中華人民共和国が国際連合における中国代表権を獲得した。

問7　下線部ⓕのアメリカ合衆国に関する記述として最も適当なものを，次の①～④のうちから一つ選びマークせよ。 9

① 1920年に創設された国際連盟には加盟していなかった。
② 1979年に，アフガニスタンに侵攻した。
③ 2015年に，朝鮮民主主義人民共和国との国交を正常化した。
④ 2020年に，先進国の温室効果ガス排出削減目標等を決めた京都議定書から脱退した。

問8　下線部ⓖの大統領に関連して，2021年時点における各国の大統領制に関する記述として最も適当なものを，次の①～④のうちから一つ選びマークせよ。 10

① アメリカでは，行政権を行使する大統領の存立の基盤を，立法機関である議会からの信任に求めている。
② イギリスでは，大統領と首相が並存する半大統領制と呼ばれる制度を採用している。
③ アメリカの大統領は，議会を解散する権限や法案提出権をもたない。
④ ロシアの大統領は，任期4年で連続3選が禁止されている。

問9　下線部ⓗの主権に関連して，『国家論』を著した16世紀のフランスの思想家として最も適当なものを，次の①～④のうちから一つ選びマークせよ。 11

①　ルソー　②　ボーダン
③　ボシュエ　④　モンテスキュー

問10　下線部ⓘの冷戦に関する記述として最も適当なものを，次の①～④のうちから一つ選びマークせよ。 12

①　1946年に，イギリスのサッチャーは，ソ連が「鉄のカーテン」を降ろして，ヨーロッパを東西に分断させようとしていると批判した。
②　1947年に，アメリカがマーシャル・プランを発表した。
③　1966年に，ウクライナは独自の核武装をおこない，NATOの軍事機構から離脱した。
④　1989年に，東西ベルリンを分断する「ベルリンの壁」が東ドイツによって構築された。

問11　下線部ⓙの地域紛争に関連して，旧ユーゴスラビアを構成していた共和国として**適当でない**ものを，次の①～④のうちから一つ選びマークせよ。 13

①　セルビア　②　ボスニア・ヘルツェゴビナ
③　クロアチア　④　スロバキア

問12　下線部ⓚのジェノサイドに関連して，国際刑事裁判所に関する記述として最も適当なものを，次の①～④のうちから一つ選びマークせよ。 14

①　国際法上の非人道的行為を犯した国家を裁くための機関である。
②　これまでに現職の国家元首に対して逮捕状が発付されたことはない。
③　ローマで採択された国際刑事裁判所の設立条約に基づいて，2013年に発足した。
④　日本は2007年に加盟国となった。

問13　下線部ⓛの難民に関連して，難民問題に関する記述として最も適当なものを，

次の①～④のうちから一つ選びマークせよ。 15

① 難民を，帰国後に迫害の恐れがある場合には送還してはならないという国際法上の基本的な決まりを，レッセ・フェールの原則という。

② 国連難民高等弁務官事務所の略称はUNHCRである。

③ 緒方貞子は，2001年から10年間，国連難民高等弁務官を務めた。

④ 日本は，ほかの先進国と比べると難民の受け入れ数が特筆して多い。

Ⅱ 次の文章を読み，下の問いに答えよ。

経済活動を行う主体のことを<u>経済主体</u>ⓐといい，それは主に家計，<u>企業</u>ⓑ，<u>政府</u>ⓒからなる。

家計は<u>労働</u>ⓓ力，<u>資本</u>ⓔ，土地を企業に<u>生産</u>ⓕ要素として提供するかわりに，賃金，利子，地代などの形で所得を得る。そして，<u>税</u>ⓖや<u>社会保険</u>ⓗ料を支払った残りの所得（可処分所得）から，企業の生産した財やサービスを<u>消費</u>ⓘする。所得のなかから消費支出を差し引いた残りは貯蓄と呼ばれる。貯蓄は，<u>銀行預金</u>ⓙや株式・社債などの証券購入にあてられ，企業の<u>投資</u>ⓚ資金となるか，あるいは<u>国債</u>ⓛ購入にあてられて政府の借入れをまかなう原資となる。

企業は労働者を雇い機械設備を使って，財やサービスを生産し，利潤を得る。そして，生産要素の提供者に賃金，利子，地代を支払い，政府に税金を支払う。

政府は家計や企業に対して租税を課し，その収入で道路・公園などの<u>公共財</u>ⓜを供給したり，所得<u>格差</u>ⓝを是正したり，景気を安定化させたりする。

市場経済では，これら3つの経済主体の間で<u>契約</u>ⓞ等を通じ売買活動が行われ，生産→分配→消費→生産→……というように，経済が循環し再生産されていく。

問1 下線部ⓐの経済主体に関連して，日本の非営利組織（NPO）に関する記述として最も適当なものを，次の①～④のうちから一つ選びマークせよ。

16

① NPOは行政と協働して事業を行うことはできない。

② 1998年にNPO法（特定非営利活動促進法）が制定された。

③　NPOは法人格を持つことができない。

④　認定NPOに対して寄付した場合，税制上の優遇措置は適用されない。

問2　下線部ⓑの企業に関連して，日本の中小企業基本法による中小企業の定義の組み合わせとして**適当でない**ものを，次の①～④のうちから一つ選びマークせよ。 17

①　製造業　－　従業員数300人以下または資本金3億円以下

②　卸売業　－　従業員数300人以下または資本金1億円以下

③　小売業　－　従業員数50人以下または資本金5,000万円以下

④　サービス業　－　従業員数100人以下または資本金5,000万円以下

問3　下線部ⓒの政府に関する記述として最も適当なものを，次の①～④のうちから一つ選びマークせよ。 18

①　小さな政府とは，市場による所得分配の不公正さを問題視し，政府が経済活動に積極的に関与して，より公正な社会の実現を目指すべきとする考え方である。

②　2021年度時点で，日本の政府長期債務残高は対GDP比で300%を超えている。

③　日本の2021年度当初予算における一般会計予算の歳入のうち，租税および印紙収入の占める割合は50%を超えている。

④　日本では，政府関係機関予算は，国会の承認を得る必要はない。

問4　下線部ⓓの労働に関連して，日本の労働に関する記述として最も適当なものを，次の①～④のうちから一つ選びマークせよ。 19

①　2019年時点の非正規雇用者の数は正規雇用者の数を上回っている。

②　フルタイムで働いても最低生活水準を維持する収入を得られないワーキングプアが，深刻な貧困問題となっている。

③　2020年時点の男性労働者の約半数がパートタイム労働者などの非正規雇用者である。

④　最低賃金法は，同一の労働に対して時間当たりの賃金を原則同一にする，同一労働同一賃金について定めている。

問5　下線部ⓔの資本に関する記述として最も適当なものを，次の①〜④のうちから一つ選びマークせよ。 20

① 1967年以降，日本では外資法と為替管理法により，資本の自由化は制限されている。

② 日本では，株式会社を設立する際の資本金の最低金額は，会社法で100万円と定められている。

③ 自己資本比率は，企業の健全性をはかる指標の一つである。

④ 日本では，内部留保は企業の自己資本に含まれない。

問6　下線部ⓕの生産に関連して，原料を調達してから消費者の手元に届くまでの一連した流れを指す言葉として最も適当なものを，次の①〜④のうちから一つ選びマークせよ。 21

① バックオフィス　② ジャスト・イン・タイム

③ サプライチェーン　④ オフショアリング

問7　下線部ⓖの税に関して，日本の直接税に分類される税として最も適当なものを，次の①〜④のうちから一つ選びマークせよ。 22

① 酒　税　② 揮発油税　③ 印紙税　④ 贈与税

問8　下線部ⓗの社会保障に関連して，日本の社会保険に関する記述として最も適当なものを，次の①〜④のうちから一つ選びマークせよ。 23

① 1946年に国民皆保険制度が実現した。

② 2008年に開始された後期高齢者医療制度では，70歳以上が後期高齢者とされている。

③ 2015年時点の公的年金制度において，第2号被保険者数は第1号被保険者数より多い。

④ 2021年時点で，労災保険の保険料は事業主と労働者が折半して負担している。

問9　下線部ⓘの消費に関連して，1962年に消費者の4つの権利を提唱したアメリ

カの大統領として最も適当なものを，次の①〜④のうちから一つ選びマークせよ。 24

① ニクソン　② レーガン

③ ケネディ　④ アイゼンハワー

問10　下線部ⓙの銀行預金に関連して，日本の預金に関する記述として最も適当なものを，次の①〜④のうちから一つ選びマークせよ。 25

① 普通預金は，小切手の振り出しに利用できる。

② 一般企業や個人が直接日本銀行に預け入れる預金のことを，日銀当座預金と呼ぶ。

③ 信用創造額は，「(最初の預金額÷支払準備率) −最初の預金額」で求められる。

④ 倒産などで預金払い戻しが不可能になった金融機関に代わって，預金者に預金払い戻しを肩代わり・保証する機関のことを，ノンバンクと呼ぶ。

問11　下線部ⓚの投資に関する記述として最も適当なものを，次の①〜④のうちから一つ選びマークせよ。 26

① 投資家が，環境，福祉，人権などの社会問題に積極的に取り組んでいる企業に出資することを，社会的責任投資（SRI）と呼ぶ。

② 2015年時点で，東京証券取引所に上場しているいずれの企業においても，国内投資家よりも外国人投資家の株式保有率の方が高い。

③ 銀行業と証券業の業務を組み合わせ，企業の資金調達を支援したり，合併や買収などの財務戦略のアドバイスを行う金融機関のことを，デリバティブと呼ぶ。

④ 国際資本移動の長期資本移動には，証券投資のかたちをとる直接投資がある。

問12　下線部ⓛの国債に関する記述として最も適当なものを，次の①〜④のうちから一つ選びマークせよ。 27

① 2021年度時点の日本の建設国債残高は500兆円を超えている。

② 2021年度時点の日本の国債依存度は80％を超えている。

③ 予算の多くが国債の返済に使われて，柔軟な財政政策ができなくなることを価格の下方硬直性という。

④ 国債費を除いた歳出を，公債発行に頼らずに税収でまかなえているかを示す数値のことを，プライマリー・バランスと呼ぶ。

問13 下線部ⓜの公共財に関する記述として最も適当なものを，次の①～④のうちから一つ選びマークせよ。 28

① 国防・警察は公共財に含まれない。

② 公共財は，民間企業による十分な供給が難しい。

③ 非競合性とは，だれであっても利用を制限できないという公共財の持つ性質のことである。

④ 非排除性とは，多くの人々が同時に利用できるという公共財の持つ性質のことである。

問14 下線部ⓝの格差に関する記述として最も適当なものを，次の①～④のうちから一つ選びマークせよ。 29

① 所得と資産の不平等度をはかる指数として，資産効果が使われる。

② 2014年には，日本の生活保護世帯数は全世帯の10％を超えた。

③ トマ・ピケティの『21世紀の資本』によると，2010年時点で日本における国内の上位1％の富裕層が占める国民所得の割合は，イギリスを上回っている。

④ 日本では生活保護法に基づいて，生活・教育・医療などの8種類の扶助が実施されている。

問15 下線部ⓞの契約に関する記述として最も適当なものを，次の①～④のうちから一つ選びマークせよ。 30

① 日本では，1990年に労働契約法が制定された。

② 日本では，1995年に電子契約法が施行された。

③ 日本では，2000年に消費者契約法が制定された。

④　消費者が結んだ契約で，一定期間内であれば，無条件で購入申し込みの撤回や契約の解除ができる制度のことを，リコール制度と呼ぶ。

Ⅲ　次の文章を読み，下の問いに答えよ。

日本経済は，2012年11月を底に緩やかな景気回復が続いている。今回の景気回復は，「いざなぎ景気」（［A］年11月～［B］年7月の57か月）を抜き，第14循環（2002年2月～2008年2月の73か月）ⓐに次ぐ戦後2番目の長さとなった可能性がある。

［31］の三本の矢である，「大胆な金融政策ⓑ」，「機動的な財政政策ⓒ」，「民間投資を喚起する成長戦略」により，企業の稼ぐ力が高まり，企業収益が過去最高となる中で，雇用・所得環境が改善し，所得の増加が消費や投資の拡大につながるという「経済の好循環ⓓ」が着実に回りつつある。労働市場ⓔでは2018年5月時点で有効求人倍率が1.60倍と1974年1月以来の高さとなり，［32］も2.2%と1992年10月ⓕ以来の水準まで低下しており，企業の人手不足感は四半世紀ぶりの高水準となっている。

こうした中，実質経済成長率［33］%の実現に向けて緩和的な金融政策が継続するとともに，機動的な財政政策，民間投資を喚起する成長戦略の推進など，デフレ脱却・経済再生に向けた取組が進められている。

（内閣府『平成30年度年次経済財政報告』5ページから一部抜粋し，加筆・修正・削除した。）

問1　文中の［31］～［33］に入れるのに最も適当なものを，次の①～④のうちからそれぞれ一つ選びマークせよ。

［31］　①　国民所得倍増計画　　②　アベノミクス
　　　③　日本列島改造論　　④　レーガノミクス

［32］　①　労働力人口比率　　②　相対的貧困率
　　　③　資本装備率　　④　完全失業率

［33］　①　1　　②　2　　③　3　　④　4

問2　文中の[A]と[B]に入る数字の組み合わせとして最も適当なものを，次の①～④のうちから一つ選びマークせよ。[34]

①　A　1960　B　1965　　②　A　1965　B　1970

③　A　1970　B　1975　　④　A　1975　B　1980

問3　下線部ⓐの2002年2月～2008年2月の期間における日本の出来事として最も適当なものを，次の①～④のうちから一つ選びマークせよ。[35]

①　国民投票法が制定された。

②　金融監督庁が設置された。

③　消費税が8％に引き上げられた。

④　民主党中心の連立政権が誕生した。

問4　下線部ⓑの金融政策に関して，2016年にはじめて日本で導入された政策として最も適当なものを，次の①～④のうちから一つ選びマークせよ。[36]

①　量的緩和　　②　包括的緩和

③　ゼロ金利　　④　マイナス金利

問5　下線部ⓒの財政政策に関して，政府による景気の安定化を目的とした裁量的財政政策として，通常実施される最も適当なものを，次の①～④のうちから一つ選びマークせよ。[37]

①　好況期に財政支出を減らす。

②　不況期に増税する。

③　好況期に減税する。

④　不況期に公共事業を減らす。

問6　下線部ⓓの循環に関連して，在庫投資の変動が原因とされる景気循環の名称として最も適当なものを，次の①～④のうちから一つ選びマークせよ。

[38]

①　ジュグラーの波　　②　コンドラチェフの波

③　クズネッツの波　　④　キチンの波

問7 下線部ⓔの労働市場に関連して，以下の日本の法律を制定年にそって古い順に並べたものとして最も適当なものを，次の①～⑥のうちから一つ選びマークせよ。 39

ア 労働基準法　　イ 男女雇用機会均等法

ウ 労働組合法

① ア → イ → ウ　　② ア → ウ → イ

③ イ → ア → ウ　　④ イ → ウ → ア

⑤ ウ → ア → イ　　⑥ ウ → イ → ア

問8 下線部ⓕの1992年10月の時点での内閣総理大臣として最も適当なものを，次の①～④のうちから一つ選びマークせよ。 40

① 海部俊樹　② 宮沢喜一　③ 細川護煕　④ 村山富市

数学

◀文系数学：Ⅰ・Ⅱ・A・B▶

情報(英・国・数型)・法・経済・経営・
文芸・総合社会・国際学部，短期大学部

(60分)

解答上の注意

1)　問題の文中の [1]□，[2]□ などの □ の1つ1つには，特に指示がないかぎり，それぞれ，「0から9までの整数」が1個はいる。□ の左上の数字は「解答番号」である。

2)　1個だけの □ は「1桁(けた)の正の整数」または「0」を表す。2個並んだ □□ は「2桁の正の整数」を表す。3個以上並んだ場合も同様である。

3)　□ の前に「－」がついている場合は「負の整数」を表す。たとえば，－□ は「1桁の負の整数」を表し，－□□ は「2桁の負の整数」を表す。

4)　$\frac{\square}{\square}$，$\frac{\square}{\square\square}$，$-\frac{\square}{\square}$ などは「分数」を表す。分数は，分母と分子に共通因数を含まない形にすること。

5)　根号 $\sqrt{\ }$ の中は，できるだけ小さい整数にすること。

I　$0 \leqq x \leqq \pi$ において，関数 $y = 4 - \sin 3x - \cos 3x$ を考える。$t = \sin x - \cos x$ とおく。

(1)　t のとりうる値の範囲を $\alpha \leqq t \leqq \beta$ とすると，

$$\alpha = -\boxed{1}, \quad \beta = \sqrt{\boxed{2}}$$

である。

(2)　$\sin x \cos x$ を t で表すと，

$$\sin x \cos x = -\frac{\boxed{3}}{\boxed{4}}t^2 + \frac{\boxed{5}}{\boxed{6}}$$

である。また，y は t の関数で表されるので，この関数を $f(t)$ とおくと，

$$f(t) = -\boxed{7}\,t^3 + \boxed{8}\,t + \boxed{9}$$

である。

(3)　α，β は (1) で定めたものとし，$f(t)$ は (2) で定めたものとする。このとき，

$$\int_{\alpha}^{\beta} f(t)\,dt = \boxed{10} + \boxed{11}\sqrt{\boxed{12}}$$

である。

(4)　y は $x = \dfrac{\boxed{13}}{\boxed{14}\,\boxed{15}}\pi$ のとき最大値 $\boxed{16} + \sqrt{\boxed{17}}$ をとる。

II　座標空間に 3 点 $\mathrm{A}(2,3,-2)$，$\mathrm{B}(4,7,2)$，$\mathrm{C}(6,5,-6)$ がある。zx 平面上の点 M は条件

$$\overrightarrow{\mathrm{AB}}\cdot\overrightarrow{\mathrm{AM}}=\overrightarrow{\mathrm{AC}}\cdot\overrightarrow{\mathrm{AM}}=0$$

を満たすとする。線分 MA を 2 : 1 に内分する点を P とする。

(1)　$|\overrightarrow{\mathrm{AB}}|=\boxed{18}$，$|\overrightarrow{\mathrm{AC}}|=\boxed{19}$ である。また，三角形 ABC の面積は $\boxed{20}\,\boxed{21}$ である。

(2)　点 M の座標は

$$\left(\boxed{22},\ \boxed{23},\ -\frac{\boxed{24}}{\boxed{25}}\right)$$

である。また，四面体 PABC の体積は $\boxed{26}$ である。

(3)　$|\overrightarrow{\mathrm{BP}}|=\dfrac{\boxed{27}}{\boxed{28}}\sqrt{\boxed{29}\,\boxed{30}}$ であり，$\cos\angle\mathrm{BPC}=\dfrac{\boxed{31}}{\boxed{32}\,\boxed{33}}$ である。

(4)　平面 BCP に，点 M から垂線 MH を下ろす。このとき，

$$|\overrightarrow{\mathrm{MH}}|=\boxed{34}\sqrt{\boxed{35}}$$

である。

III (1)　1 個のさいころを 2 回続けて投げるとき，出た目の数の和が 4 の倍数になる確率は $\dfrac{\boxed{36}}{\boxed{37}}$ であり，出た目の数の和が 4 の約数になる確率は $\dfrac{\boxed{38}}{\boxed{39}}$ である。

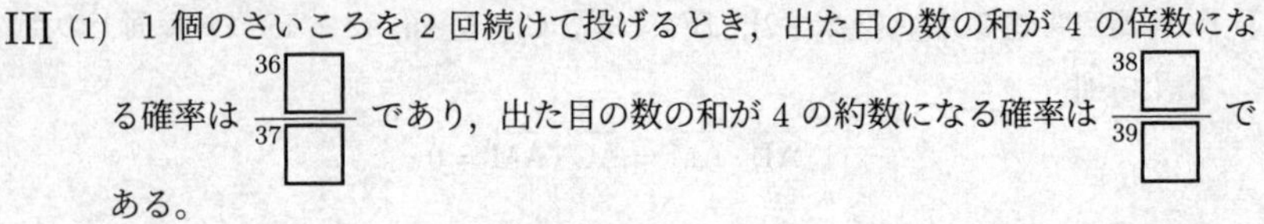

(2)　1 個のさいころを 4 回続けて投げるとき，出た目の数の積が 150 になる確率は $\dfrac{\boxed{40}}{\boxed{41}\,\boxed{42}}$ である。

(3)　A と B が 1 個のさいころをそれぞれ 1 回ずつ投げて，大きい目を出した方にお互いの出た目の差の絶対値が得点として与えられ，出た目の数が同じ場合はどちらにも得点が与えられないとする。この試行を対戦と呼び，対戦を何回か繰り返し行うことをゲームと呼ぶ。ゲームを終了した時点で合計得点の多い方を勝ちとし，合計得点が同じ場合は引き分けとする。

(i)　対戦を 2 回繰り返すゲームを行うとき，A の合計得点が 4 点，B の合計得点が 2 点で A がゲームに勝つ確率は $\dfrac{\boxed{43}}{\boxed{44}\,\boxed{45}}$ である。

(ii)　対戦を 2 回繰り返すゲームを行うとき，ゲームが引き分けとなる確率は

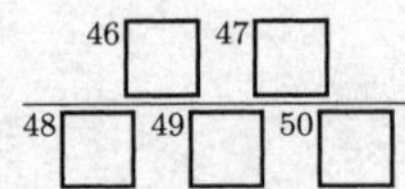

$$\frac{\boxed{46}\,\boxed{47}}{\boxed{48}\,\boxed{49}\,\boxed{50}}$$

である。

(iii)　対戦を 3 回繰り返すゲームを行うとき，A の合計得点が 7 点，B の合計得点が 3 点以下で A がゲームに勝つ確率は

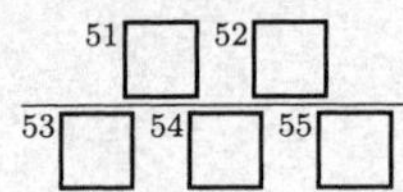

$$\frac{\boxed{51}\,\boxed{52}}{\boxed{53}\,\boxed{54}\,\boxed{55}}$$

である。

◀理系数学②：Ⅰ・Ⅱ・Ⅲ・A・B▶

情報(英・数・理型)・理工・建築・薬・
農・生物理工・工・産業理工学部

(60分)

注　　意

問題の文中の［ア］，［イウ］などの［　］には，特に指示のないかぎり，数値または符号（－）が入る。これらを次の方法で解答用紙の指定欄にマークせよ。

(1) ア，イ，ウ，…の一つ一つは，それぞれ0から9までの数字，または－の符号のいずれか一つに対応する。それらをア，イ，ウ，…で示された解答欄にマークする。

〔例〕［アイ］に－8と答えたいとき

ア	● ⓪ ① ② ③ ④ ⑤ ⑥ ⑦ ⑧ ⑨
イ	㊀ ⓪ ① ② ③ ④ ⑤ ⑥ ⑦ ● ⑨

(2) 分数形が解答で求められているときは，既約分数（それ以上約分できない分数）で答える。符号は分子につけ，分母につけてはならない。

〔例〕$\dfrac{\boxed{\text{ウエ}}}{\boxed{\text{オ}}}$ に $-\dfrac{4}{5}$ と答えたいとき

ウ	● ⓪ ① ② ③ ④ ⑤ ⑥ ⑦ ⑧ ⑨
エ	㊀ ⓪ ① ② ③ ● ⑤ ⑥ ⑦ ⑧ ⑨
オ	㊀ ⓪ ① ② ③ ④ ● ⑥ ⑦ ⑧ ⑨

(3) 根号を含む形で解答する場合は，根号の中に現れる自然数が最小となる形で答える。

例えば，$\boxed{\text{カ}}\sqrt{\boxed{\text{キ}}}$ に $4\sqrt{2}$ と答えるところを，$2\sqrt{8}$ のように答えてはならない。

(4)　分数形で根号を含む形で解答する場合，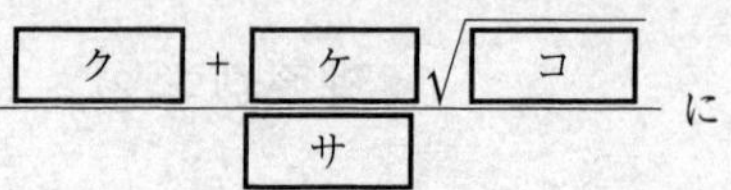 に

$\dfrac{3+2\sqrt{2}}{2}$ と答えるところを，$\dfrac{6+4\sqrt{2}}{4}$ や $\dfrac{6+2\sqrt{8}}{4}$ のように答えてはならない。

I　1 から 1000 までの自然数全体の集合を M とする。また，15! の素因数分解を

$$15! = p_1^{m_1} p_2^{m_2} p_3^{m_3} p_4^{m_4} p_5^{m_5} p_6^{m_6}$$

とする。ただし，$p_1, p_2, \cdots, p_6$ は小さい順に並べた素数で，$m_1, m_2, \cdots, m_6$ は自然数とする。

(1)　$p_4 =$ [ア]，$p_6 =$ [イウ] である。

(2)　$m_1 =$ [エオ]，$m_2 =$ [カ]，$m_3 =$ [キ] である。

(3)　$p_5\,x - p_6\,y = 1$ が成り立つような M の要素の組 (x, y) は全部で [クケ] 個ある。それらのうち，x が最小のものは $(x, y) = ($[コ], [サ]$)$ であり，x が最大のものは $(x, y) = ($[シスセ], [ソタチ]$)$ である。

(4)　M の要素のうち，積 $p_4 p_5$ と互いに素なものは全部で [ツテト] 個あり，積 $p_4 p_5 p_6$ と互いに素なものは全部で [ナニヌ] 個ある。

II　$AB = 12$, $BC = 8$, $CA = 4\sqrt{7}$ である三角形 ABC があり，辺 AB, BC, CA 上に，それぞれ点 P, Q, R がある。三角形 ABC は四面体 OPQR の辺 OP, OQ, OR を切って開いたときの展開図であるとする。四面体 OPQR において，頂点 O から平面 PQR に下ろした垂線を OH とする。

(1)　$AP =$ [ア]，$QR =$ [イ]，$\cos\angle PQR = \dfrac{[ウ]\sqrt{[エ]}}{[オ]}$ であり，三角形 PQR の面積は [カ]$\sqrt{[キ]}$ である。

(2)　$\overrightarrow{OP}\cdot\overrightarrow{OQ} =$ [クケ]，$\overrightarrow{OQ}\cdot\overrightarrow{OR} =$ [コ]，$\overrightarrow{OR}\cdot\overrightarrow{OP} =$ [サシ] である。

(3)　$\overrightarrow{OH}$ を $\overrightarrow{OP}$, $\overrightarrow{OQ}$, $\overrightarrow{OR}$ を用いて

$$\overrightarrow{OH} = p\,\overrightarrow{OP} + q\,\overrightarrow{OQ} + r\,\overrightarrow{OR}$$

(p, q, r は実数) と表すとき，$p + q + r =$ [ス] が成り立ち

$$p = \frac{[セソ]}{[タ]},\quad q = \frac{[チ]}{[ツ]},\quad r = \frac{[テ]}{[ト]}$$

である。

(4)　四面体 OPQR の体積は [ナ]$\sqrt{[ニ]}$ である。

III 関数

$$f(x) = xe^{-x^2}$$

を考える。ただし，$e = 2.71828\cdots\cdots$ は自然対数の底とする。必要ならば，不等式

$$e^x \geqq 1 + x + \frac{x^2}{2} \quad (x \geqq 0)$$

が成り立つことを用いてよい。

(1) $\displaystyle\int_{-1}^{1} f(x)\,dx = \boxed{\text{ア}}$，$\displaystyle\int_{0}^{2} f(x)\,dx = \frac{\boxed{\text{イ}}}{\boxed{\text{ウ}}} - \frac{\boxed{\text{エ}}}{\boxed{\text{オ}}}e^{\boxed{\text{カキ}}}$ である。

(2) $f(x)$ の最大値は $\dfrac{\sqrt{\boxed{\text{ク}}}}{\boxed{\text{ケ}}}e^{\frac{\boxed{\text{コサ}}}{\boxed{\text{シ}}}}$ である。

(3) 座標平面において，曲線 $y = f(x)$，x 軸，および直線 $x = a$ (ただし，$a \neq 0$) で囲まれた図形の面積を $S(a)$ とする。$S(a) = \dfrac{5}{12}$ のとき，$a^2 = \log \boxed{\text{ス}}$ である。ただし，対数は自然対数とする。また，$\displaystyle\lim_{a \to \infty} S(a) = \frac{\boxed{\text{セ}}}{\boxed{\text{ソ}}}$ である。

(4) 座標平面において，曲線 $y = f(x)$ 上の点 $(t, f(t))$ における接線を ℓ とし，その傾きを $g(t)$ とする。

(i) $g(t)$ が最小となる t の値は $t = \pm\dfrac{\sqrt{\boxed{\text{タ}}}}{\boxed{\text{チ}}}$ である。また，$g(t) = -2e^{-2}$ となる t の値は全部で $\boxed{\text{ツ}}$ 個ある。

(ii) ℓ が点 $(0, 0)$ を通るような t の値は全部で $\boxed{\text{テ}}$ 個ある。また，ℓ が点 $\left(0, \dfrac{1}{2}\right)$ を通るような t の値は全部で $\boxed{\text{ト}}$ 個ある。

◀理系数学①：Ⅰ・Ⅱ・A・B▶

理工(理〈化学〉・生命科)・建築・薬・農・生物理工・工・産業理工学部

(60分)

注　　意

問題の文中の [ア] , [イウ] などの [　] には，特に指示のないかぎり，数値または符号（－）が入る。これらを次の方法で解答用紙の指定欄にマークせよ。

(1) ア，イ，ウ，…の一つ一つは，それぞれ0から9までの数字，または－の符号のいずれか一つに対応する。それらをア，イ，ウ，…で示された解答欄にマークする。

〔例〕 [アイ] に－8と答えたいとき

ア	● ⓪ ① ② ③ ④ ⑤ ⑥ ⑦ ⑧ ⑨
イ	⊖ ⓪ ① ② ③ ④ ⑤ ⑥ ⑦ ● ⑨

(2) 分数形が解答で求められているときは，既約分数（それ以上約分できない分数）で答える。符号は分子につけ，分母につけてはならない。

〔例〕 $\dfrac{\boxed{ウエ}}{\boxed{オ}}$ に $-\dfrac{4}{5}$ と答えたいとき

ウ	● ⓪ ① ② ③ ④ ⑤ ⑥ ⑦ ⑧ ⑨
エ	⊖ ⓪ ① ② ③ ● ⑤ ⑥ ⑦ ⑧ ⑨
オ	⊖ ⓪ ① ② ③ ④ ● ⑥ ⑦ ⑧ ⑨

(3) 根号を含む形で解答する場合は，根号の中に現れる自然数が最小となる形で答える。

例えば，[カ] $\sqrt{\boxed{キ}}$ に $4\sqrt{2}$ と答えるところを，$2\sqrt{8}$ のように答えてはならない。

(4) 分数形で根号を含む形で解答する場合，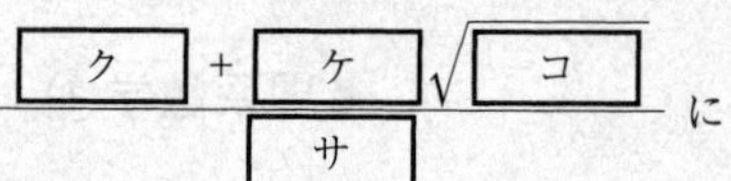 に

$\dfrac{3+2\sqrt{2}}{2}$ と答えるところを，$\dfrac{6+4\sqrt{2}}{4}$ や $\dfrac{6+2\sqrt{8}}{4}$ のように答えてはならない。

I　1 から 1000 までの自然数全体の集合を M とする。また，15! の素因数分解を

$$15! = p_1^{m_1}p_2^{m_2}p_3^{m_3}p_4^{m_4}p_5^{m_5}p_6^{m_6}$$

とする。ただし，$p_1, p_2, \cdots, p_6$ は小さい順に並べた素数で，$m_1, m_2, \cdots, m_6$ は自然数とする。

(1) $p_4 =$ [ア]，$p_6 =$ [イウ] である。

(2) $m_1 =$ [エオ]，$m_2 =$ [カ]，$m_3 =$ [キ] である。

(3) $p_5 x - p_6 y = 1$ が成り立つような M の要素の組 (x, y) は全部で [クケ] 個ある。それらのうち，x が最小のものは $(x, y) =$ ([コ], [サ]) であり，x が最大のものは $(x, y) =$ ([シスセ], [ソタチ]) である。

(4) M の要素のうち，積 p_4p_5 と互いに素なものは全部で [ツテト] 個あり，積 $p_4p_5p_6$ と互いに素なものは全部で [ナニヌ] 個ある。

II　$\mathrm{AB}=12$, $\mathrm{BC}=8$, $\mathrm{CA}=4\sqrt{7}$ である三角形 ABC があり，辺 AB, BC, CA 上に，それぞれ点 P, Q, R がある。三角形 ABC は四面体 OPQR の辺 OP, OQ, OR を切って開いたときの展開図であるとする。四面体 OPQR において，頂点 O から平面 PQR に下ろした垂線を OH とする。

(1)　$\mathrm{AP}=$ [ア]，$\mathrm{QR}=$ [イ]，$\cos\angle\mathrm{PQR}=\dfrac{[ウ]\sqrt{[エ]}}{[オ]}$ であり，三角形 PQR の面積は [カ]$\sqrt{[キ]}$ である。

(2)　$\overrightarrow{\mathrm{OP}}\cdot\overrightarrow{\mathrm{OQ}}=$ [クケ]，$\overrightarrow{\mathrm{OQ}}\cdot\overrightarrow{\mathrm{OR}}=$ [コ]，$\overrightarrow{\mathrm{OR}}\cdot\overrightarrow{\mathrm{OP}}=$ [サシ] である。

(3)　$\overrightarrow{\mathrm{OH}}$ を $\overrightarrow{\mathrm{OP}}$, $\overrightarrow{\mathrm{OQ}}$, $\overrightarrow{\mathrm{OR}}$ を用いて

$$\overrightarrow{\mathrm{OH}}=p\,\overrightarrow{\mathrm{OP}}+q\,\overrightarrow{\mathrm{OQ}}+r\,\overrightarrow{\mathrm{OR}}$$

(p, q, r は実数) と表すとき，$p+q+r=$ [ス] が成り立ち

$$p=\frac{[セソ]}{[タ]},\quad q=\frac{[チ]}{[ツ]},\quad r=\frac{[テ]}{[ト]}$$

である。

(4)　四面体 OPQR の体積は [ナ]$\sqrt{[ニ]}$ である。

III　k を実数の定数とする。3次関数

$$f(x) = 2x^3 - (3k+1)x^2 + 2kx$$

を考える。

(1)　$f(0) =$ ［ア］ である。また，3次方程式 $f(x) = 0$ がただ1つの実数解をもつとき，k のとりうる値の範囲は

$$\frac{\boxed{イ}}{\boxed{ウ}} < k < \boxed{エ}$$

である。

(2)　関数 $f(x)$ が $x = \alpha$, $x = \beta$ で極値をとるとする。ただし，$0 < \alpha < \beta$ とする。座標平面上で2点 $\mathrm{A}(\alpha,\ f(\alpha))$, $\mathrm{B}(\beta,\ f(\beta))$ を通る直線を ℓ とする。

(i)　k のとりうる値の範囲は

$$\boxed{オ} < k < \frac{\boxed{カ}}{\boxed{キ}},\quad \frac{\boxed{ク}}{\boxed{ケ}} < k$$

である。

(ii)　ℓ の傾きを k を用いて表すと，$\boxed{コ}\,k^2 + \dfrac{\boxed{サ}}{\boxed{シ}}k - \dfrac{\boxed{ス}}{\boxed{セ}}$ である。

(iii)　$k = \dfrac{4}{3}$ とする。座標平面上で直線 m は原点を通り，曲線 $y = f(x)$ と m で囲まれた2つの部分の面積が等しくなるものとする。m の傾きは $\dfrac{\boxed{ソタ}}{\boxed{チ}}$ であり，ℓ と m の交点の x 座標は $\dfrac{\boxed{ツ}}{\boxed{テ}}$ である。また，ℓ と m のなす角を θ とするとき，$\tan\theta = \dfrac{\boxed{ト}}{\boxed{ナ}}$ である。ただし，$0 < \theta < \dfrac{\pi}{2}$ とする。

物理

（60分）

以下の［ 1 ］から［ 32 ］にあてはまる最も適切な答えを各解答群から1つ選び，解答用紙（マークシート）にマークせよ。ただし，同じ答えをくり返し選んでもよい。数値を選ぶときは，正しい値に最も近い値を選ぶものとする。

I　図1のように，最上点Aの高さがhであり，全長を変えることができるレールABCが水平面に置かれている。点Aは水平面上の点Oの鉛直上方にあり，レールは鉛直面内にある。ABの直線部分は，水平面とθ〔rad〕$\left(0<\theta<\dfrac{\pi}{2}\right)$の角をなし，長さの無視できる曲線で直線BCとなめらかに接続されている。質量mの小物体を点Aにおき，静かにはなすと小物体はレール上を落下しはじめた。小物体がレール上を運動している間，レールは水平面に固定されている。重力加速度の大きさをgとし，小物体とレールの間の摩擦や空気抵抗は無視できるものとする。必要であれば，αを定数としたとき，任意のθに対し$\sin(\alpha+\theta)=\sin\alpha\cos\theta+\cos\alpha\sin\theta\leqq 1$が成立することを用いても良い。

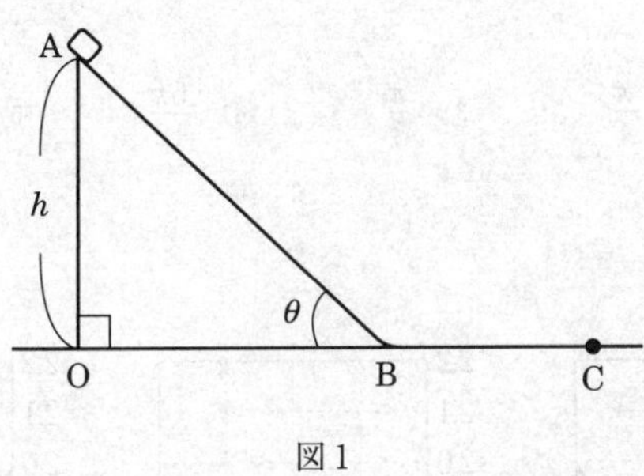

図1

(1)　点Aと点Cを固定し点Bの位置をOC間で自由に変えられるようにする。距離OCは$2h$に等しく一定であるものとする。このとき，小物体が点Aを出発してから点Bを経由し点Cに到達するまでの時間t_1を様々なθについて測定する。小物体が直線AB上で運動しているとき，小物体のABに沿う方向の加速度の大きさは

$g\times$ [1] である。小物体が点Aを出発してから点Bに到達するまでの時間 t_{AB} は $\sqrt{\dfrac{2h}{g}}\times$ [2] である。小物体が点Bに到達したとき，その速さは $v_B=$ [3] $\times\sqrt{gh}$ である。以上より $t_1=\dfrac{2h}{v_B}+\sqrt{\dfrac{h}{2g}}\times\Big($ [4] $\Big)$ であり，t_1 の最小値を与える θ は [5] である。$g=9.8$〔m/s^2〕，$h=4.0$〔m〕のとき，θ と t_1 の関係を表すグラフは [6] である。

[1] と [2] の解答群

① $\sin\theta$　② $\cos\theta$　③ $\tan\theta$　④ $\sin\theta\cos\theta$

⑤ $\dfrac{1}{\sin\theta}$　⑥ $\dfrac{1}{\cos\theta}$　⑦ $\dfrac{1}{\tan\theta}$　⑧ $\dfrac{1}{\sin\theta\cos\theta}$

[3] の解答群

① 2　② 3　③ 5　④ 7　⑤ $\sqrt{2}$　⑥ $\sqrt{3}$　⑦ $\sqrt{5}$　⑧ $\sqrt{7}$

[4] の解答群

① $\dfrac{1}{\sin\theta}$　② $\dfrac{2}{\sin\theta}$　③ $\dfrac{1}{\cos\theta}$　④ $\dfrac{2}{\cos\theta}$

⑤ $\dfrac{1-\cos\theta}{\sin\theta}$　⑥ $\dfrac{2-\cos\theta}{\sin\theta}$　⑦ $\dfrac{1-\sin\theta}{\cos\theta}$　⑧ $\dfrac{2-\sin\theta}{\cos\theta}$

[5] の解答群

① $\dfrac{\pi}{6}$　② $\dfrac{\pi}{4}$　③ $\dfrac{\pi}{3}$　④ $\dfrac{5\pi}{12}$　⑤ $\dfrac{\pi}{2}$

[6] の解答群

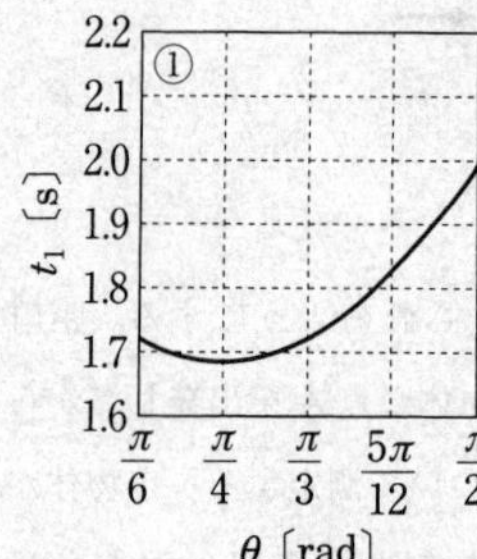

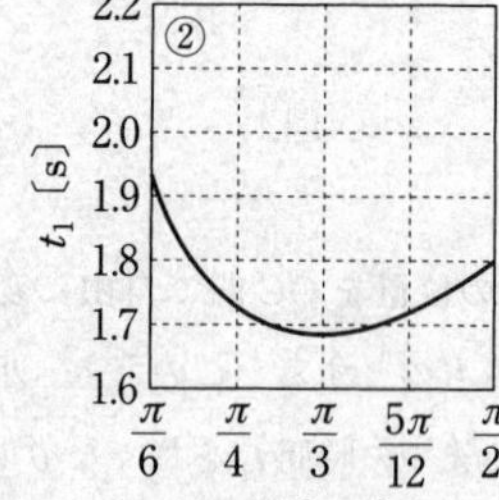

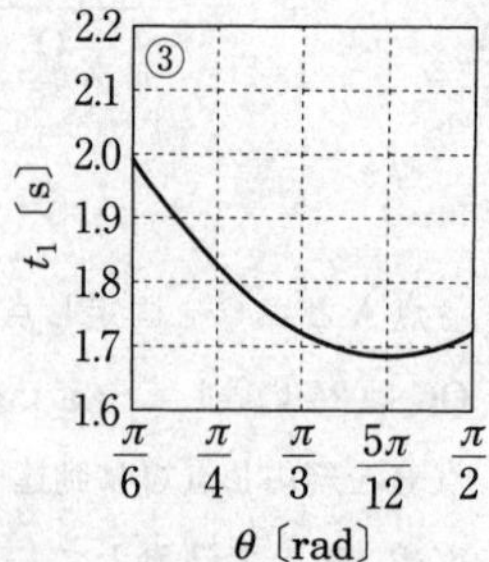

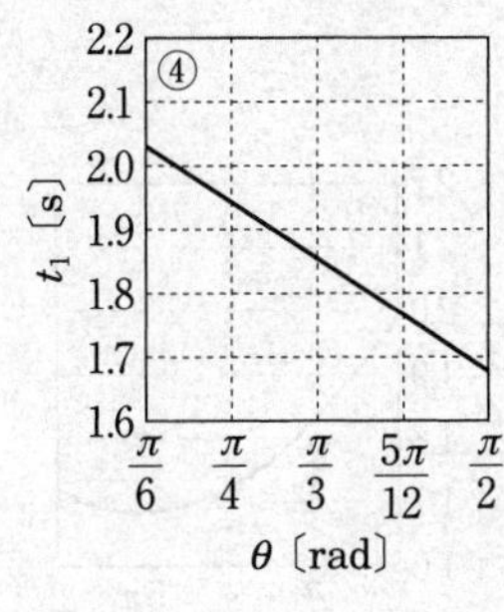
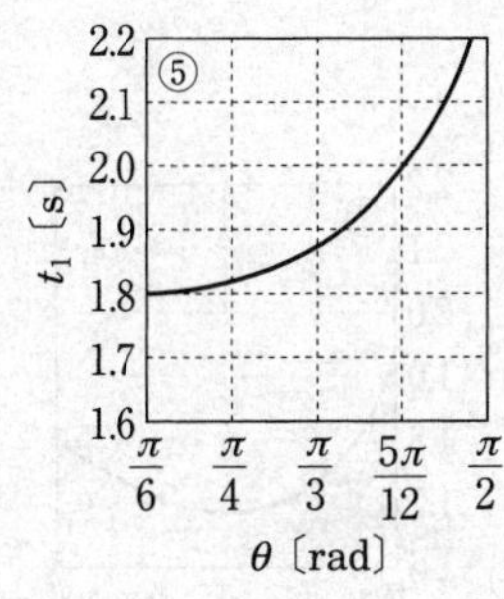
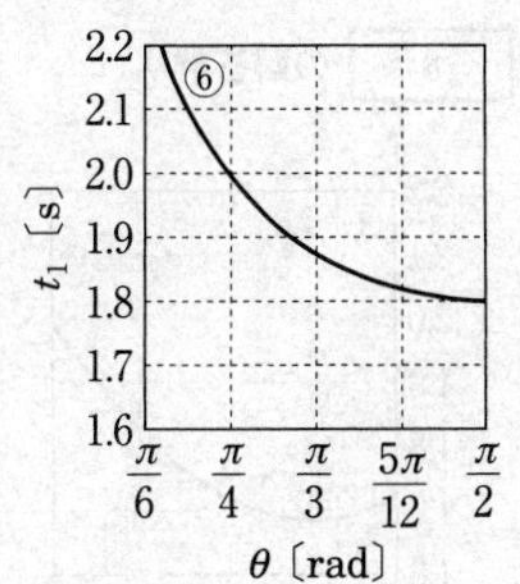
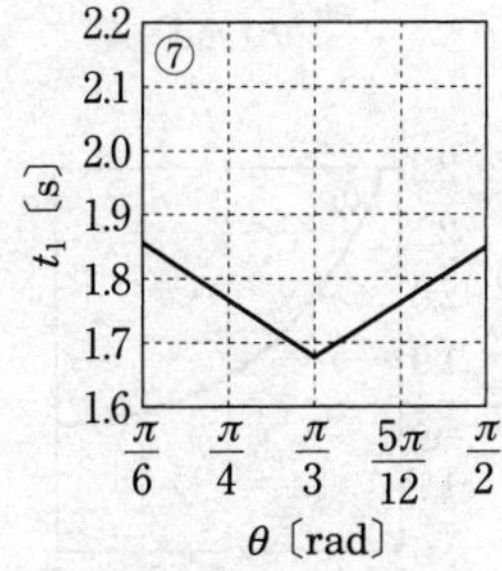
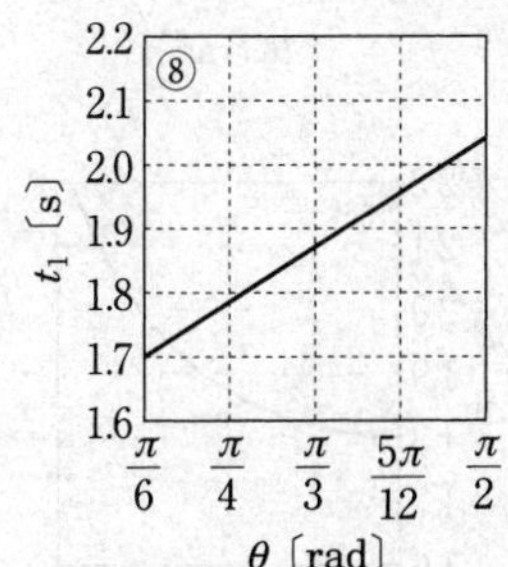

(2)　レールの全長（＝距離 AB＋距離 BC）が $3h$ に固定されている場合を考える。点Aと点Oの位置は図1のように固定されているが，点Bと点Cの位置は水平面上で変えることができるものとする。小物体が点Aを出発してから点Bを経由し，点Cに到達するまでの時間 t_2 を様々な形状のレールについて測定する。θ，h を用いると $t_2=\sqrt{\dfrac{h}{2g}}\times\left(\boxed{\quad 7 \quad}\right)$ と表せる。$g=9.8$〔m/s²〕，$h=4.0$〔m〕のとき，θ と t_2 の関係を表すグラフは $\boxed{\quad 8 \quad}$ である。

7 の解答群

① $2\sin\theta$　② $2\cos\theta$　③ $2\tan\theta$　④ $2+\sin\theta$　⑤ $2+\cos\theta$

⑥ $3+\sin\theta$　⑦ $3+\cos\theta$　⑧ $3+\dfrac{1}{\sin\theta}$　⑨ $3+\dfrac{1}{\cos\theta}$　⓪ $3+\dfrac{1}{\tan\theta}$

8 の解答群

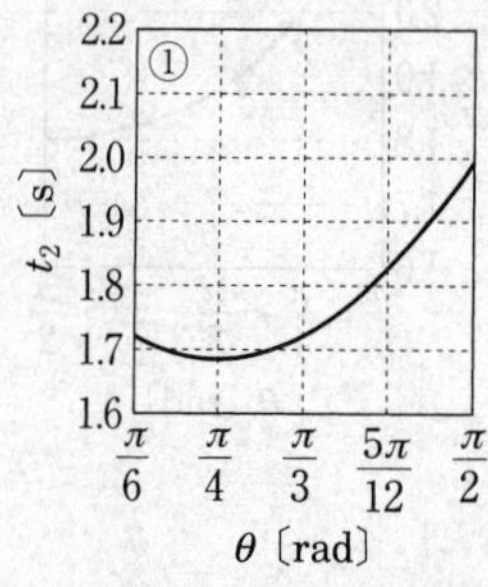
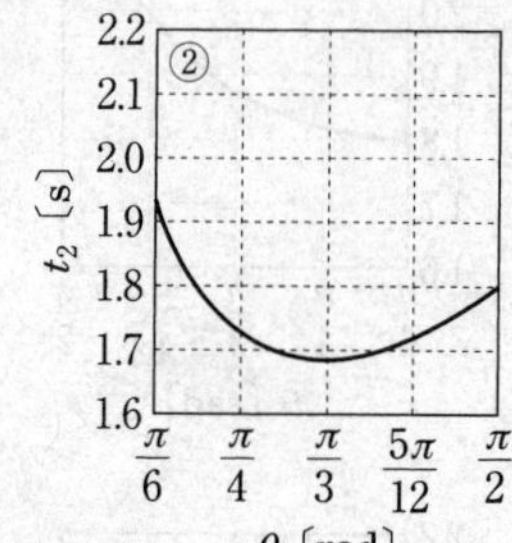
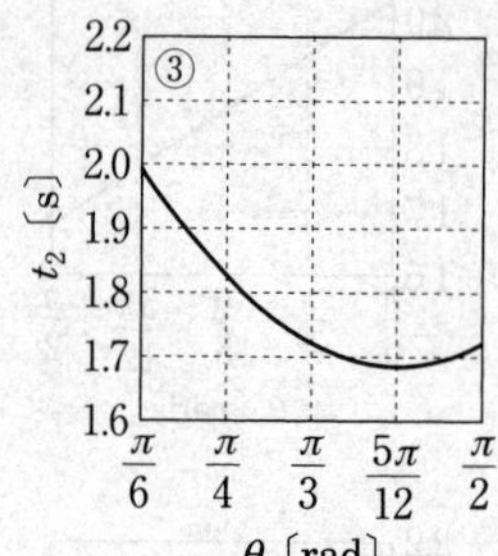
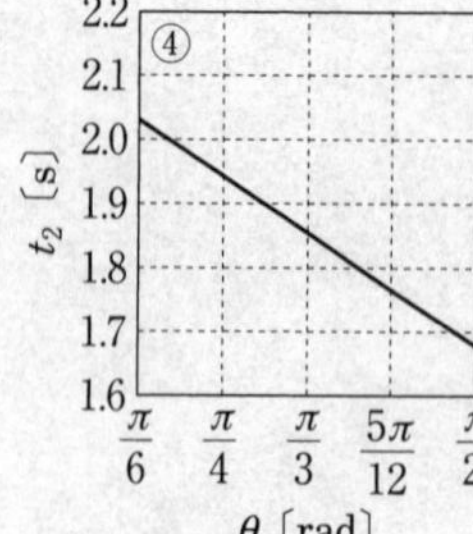
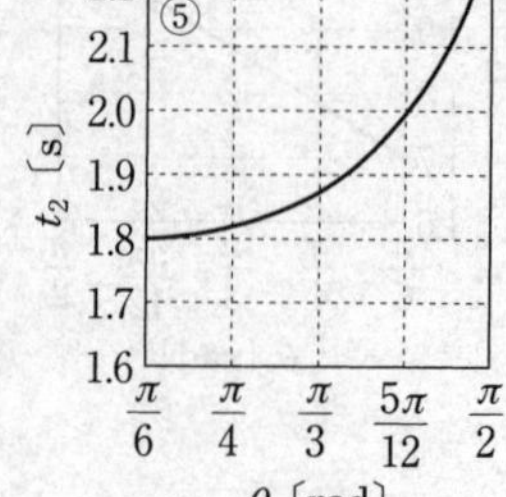
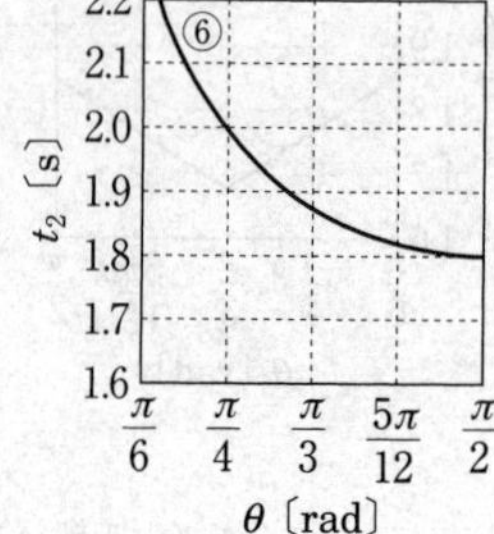
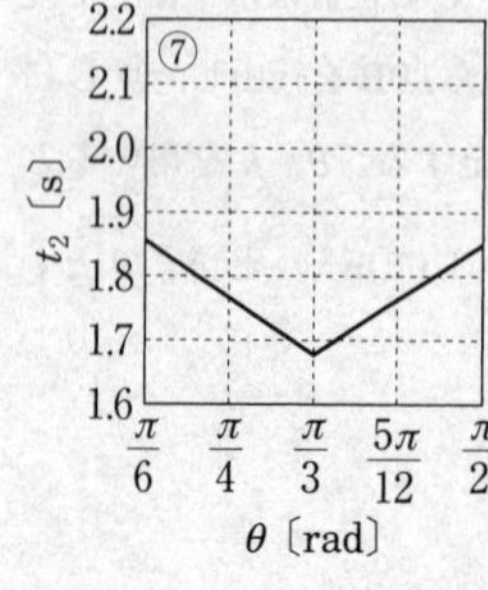
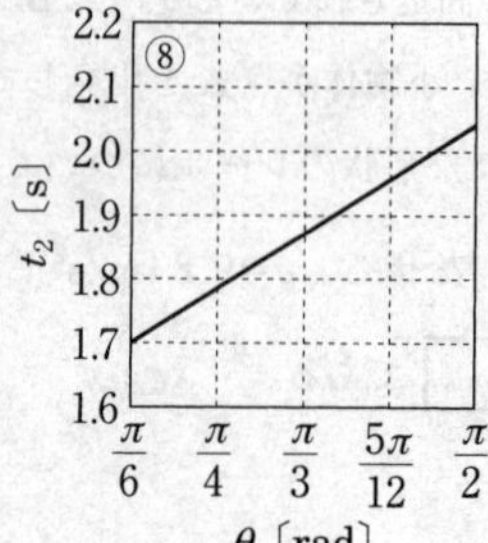

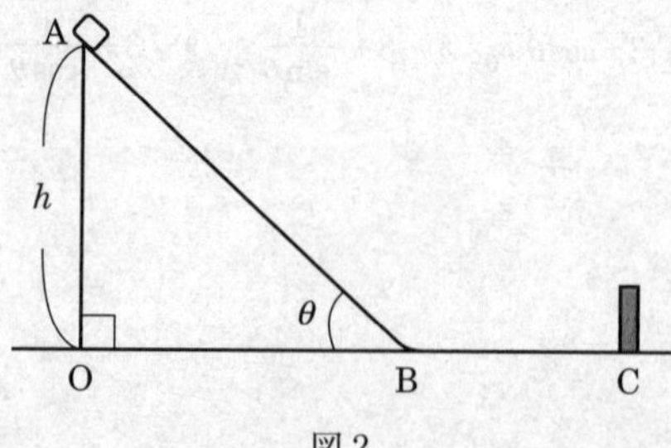

図 2

(3)　図2のように点C上にうすい板を固定する。(2)と同様に，レールの全長が $3h$ に固定され，点Aの位置も固定されているが，点Bと点Cの位置は水平面上で変えることができるものとする。小物体が点Aを出発して点Bを経由した後に板と弾性衝突し，再び点Bに到達するまでの時間を t_3 とする。このとき，$t_3=\sqrt{\dfrac{h}{2g}}\times\left(\boxed{\quad 9 \quad}\right)$ であり，$g=9.8$〔m/s^2〕，$h=4.0$〔m〕のとき，θ と t_3 の関係を表すグラフは $\boxed{\quad 10 \quad}$ である。

$\boxed{\quad 9 \quad}$ の解答群

① 2　② 4　③ 6　④ $2+\sin\theta$　⑤ $2+\cos\theta$

⑥ $3+\sin\theta$　⑦ $3+\cos\theta$　⑧ $3+\dfrac{1}{\sin\theta}$　⑨ $3+\dfrac{1}{\cos\theta}$　⓪ $3+\dfrac{1}{\tan\theta}$

$\boxed{\quad 10 \quad}$ の解答群

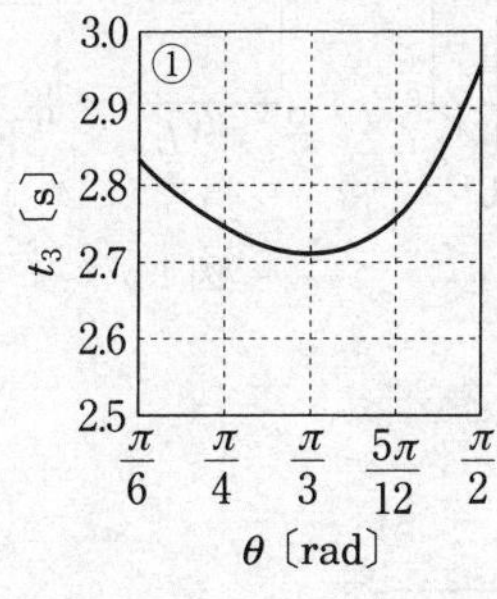

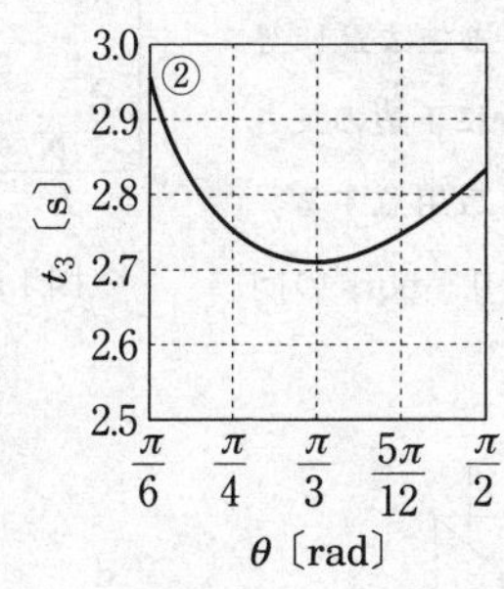

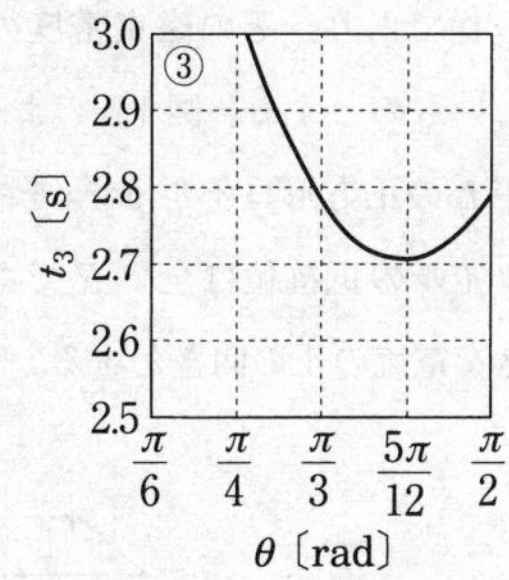

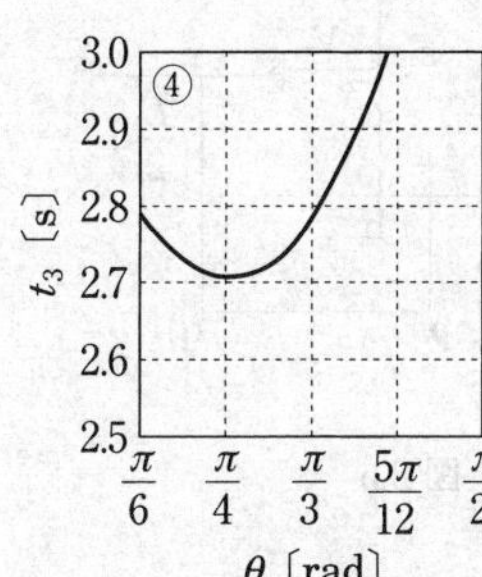

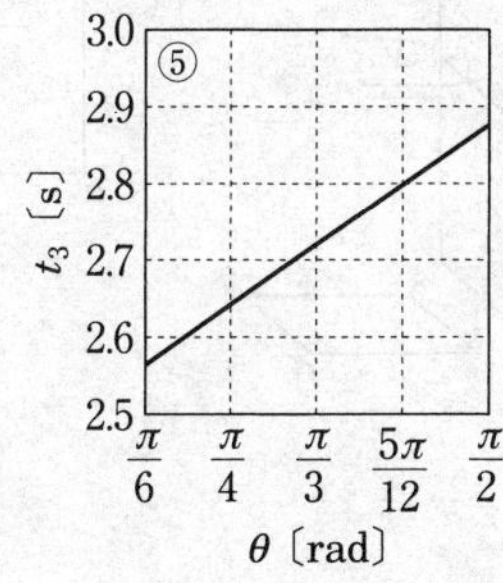

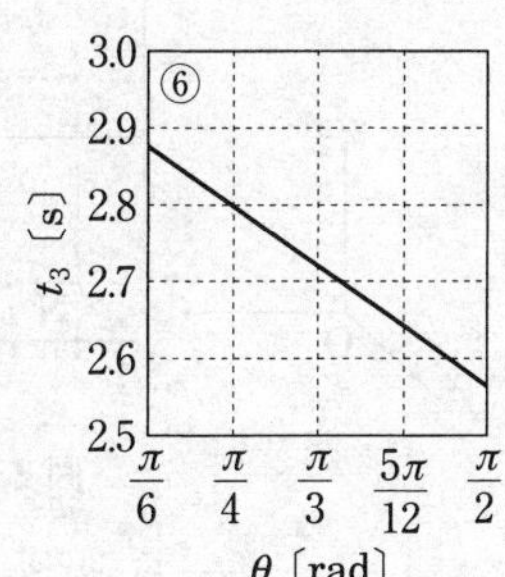

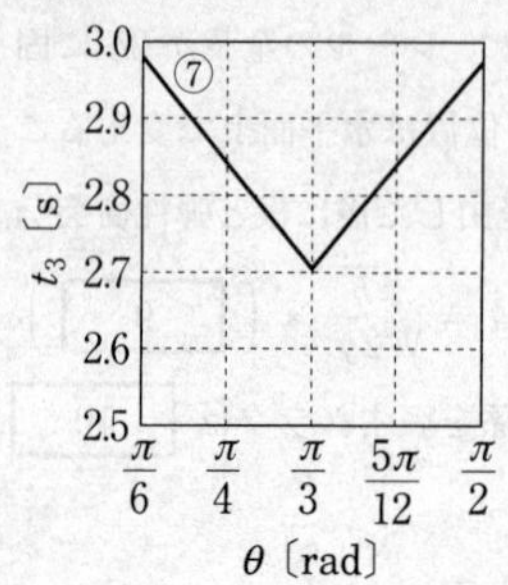

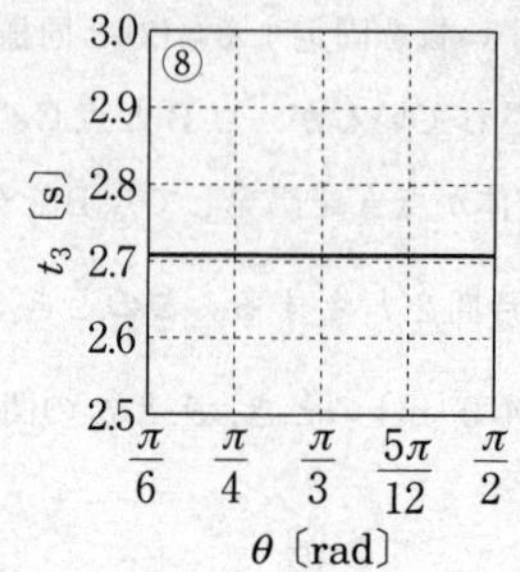

Ⅱ　図1aのように1辺の長さがLの正方形の断面をもつ直方体の磁石がある。この磁石の磁場は，N極側の磁極面abcdとS極側の磁極面efghのすぐ外側で磁極面にほぼ垂直で一様であり，その磁束密度の強さはBに等しいものとする。図1bのように1辺の長さがLの正方形コイルpqrsを多数用意する。コイルの抵抗値は全てRであり，pqrsの向きを電流の正の向きとする。

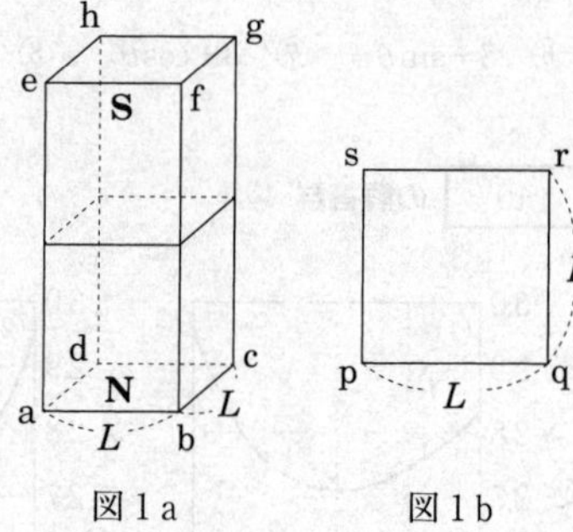

図1a　　図1b

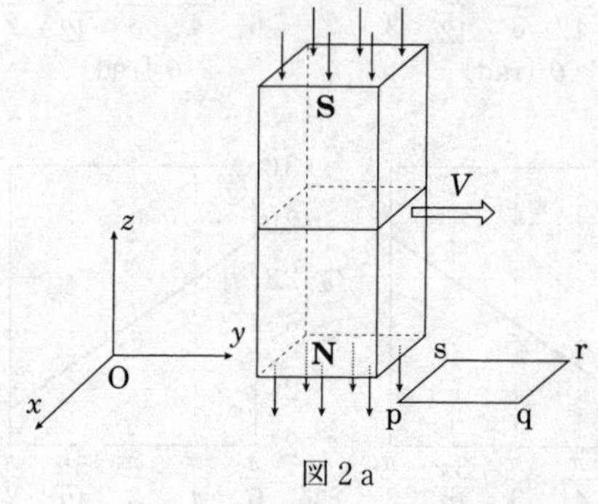

図2a

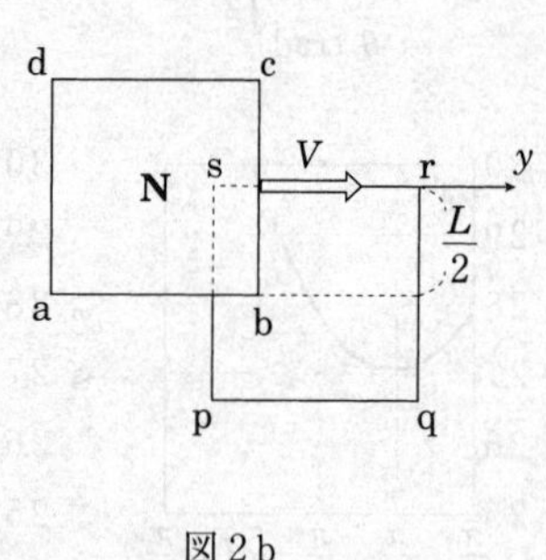

図2b

(1)　図2aのように，コイルpqrsを$z=0$のxy平面に，srがy軸上に位置するよう固定する。次にN極側の磁極面abcdをxy平面にじゅうぶん近接させ，常にabcdがxy平面に平行であるように，磁石を一定の速度（速さV）でy軸方向に移動させる。

図2bのように，abとdcはそれぞれy軸に平行な直線上を運動するが，常にabのx座標は$\frac{L}{2}$，dcのx座標は$-\frac{L}{2}$であるようにする。なお，図2bにおいて紙面表から裏の向きがz軸の負の向きである。磁石の磁場は，図2a中の矢印のように，常にz軸の負の向きにコイルを貫く。ただし，z軸の正の向きにコイルを貫く磁束を正，逆を負とする。Vがじゅうぶん小さく，コイルの自己インダクタンスが無視できる場合を考える。bcのy座標がコイルのpsのy座標に一致した時刻を0，qrのy座標に一致した時刻をt_1，adのy座標がqrのy座標に一致した時刻をt_2とする。時刻t $(0 \leqq t < t_1)$においてコイルを貫く全磁束は$\frac{BL}{2} \times ($ 11 $)$，コイルに流れる誘導電流の大きさは 12 ，コイルを流れる誘導電流が磁石の磁場から受ける力の合力のx成分は$\frac{B^2VL}{2R} \times ($ 13 $)$である。時刻t $(t_1 \leqq t < t_2)$においてコイルを貫く全磁束は$\frac{BL}{2} \times ($ 14 $)$，コイルに流れる誘導電流の大きさは 15 ，コイルに流れる誘導電流が磁石の磁場から受ける力の合力のx成分は$\frac{B^2VL}{2R} \times (($ 13 $) + ($ 16 $))$に等しい。

11 ， 13 ， 14 ， 16 の解答群

① Vt　② $-Vt$　③ $L+Vt_1$　④ $-L+Vt_1$
⑤ $L-Vt_1$　⑥ $-L-Vt_1$　⑦ $L+V(t-t_1)$　⑧ $-L+V(t-t_1)$
⑨ $L-V(t-t_1)$　⓪ $-L-V(t-t_1)$

12 ， 15 の解答群

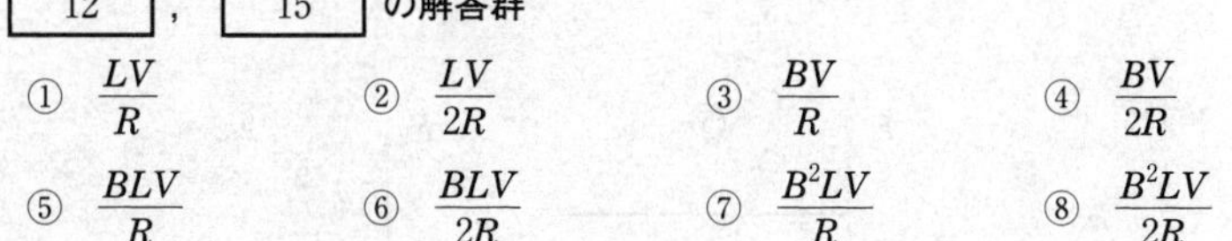

① $\frac{LV}{R}$　② $\frac{LV}{2R}$　③ $\frac{BV}{R}$　④ $\frac{BV}{2R}$
⑤ $\frac{BLV}{R}$　⑥ $\frac{BLV}{2R}$　⑦ $\frac{B^2LV}{R}$　⑧ $\frac{B^2LV}{2R}$

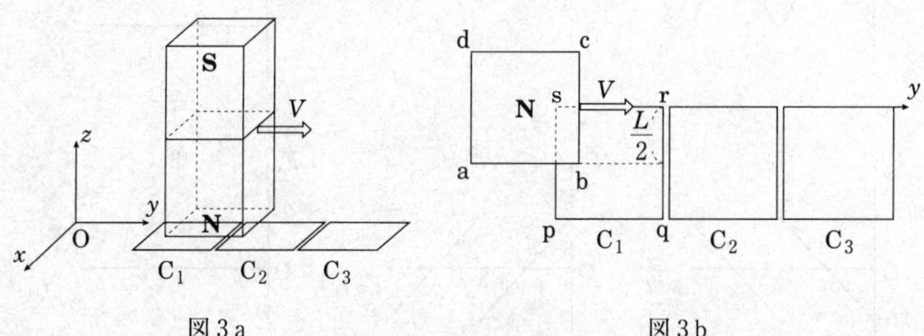

図3a　　図3b

(2)　図 3 a のように $z=0$ の xy 平面上に固定された広い絶縁体の板の上に，sr が y 軸上に位置するよう，限りなく多数のコイル pqrs をはしご状に並べ，絶縁体に固定する。コイルは x 軸に近い方から順に C_1，C_2，C_3，… とする。隣り合うコイルの間隔は L に比べ無視できるほど小さいが，異なるコイルは互いに絶縁されている。磁極面 abcd を xy 平面にじゅうぶん近接させ，(1)と同様に磁石を動かす（図 3 b）。磁石の速さ V はじゅうぶん小さく，コイルの自己インダクタンスや異なるコイル間の相互インダクタンスは無視できるものとする。また，磁石にじゅうぶん近接しているコイル以外のコイルを貫く磁束は無視でき，コイルを貫く磁場の向きは常に z 軸の負の向きであるものとする。bc の y 座標がコイル C_1 の ps の y 座標に一致した時刻を 0，C_1 の qr の y 座標に一致した時刻を t_1 とする。時刻 $t>t_1$ において，C_1，C_2，C_3，… 全体を流れる誘導電流が磁石の磁場から受ける力の合力の x 成分 F_x を表すグラフは [17] である。t_1 からじゅうぶん経過した時刻を t_3 とすると，時刻 t_1 から時刻 t_3 までの間の F_x の平均値は [18] である。

[17] の解答群

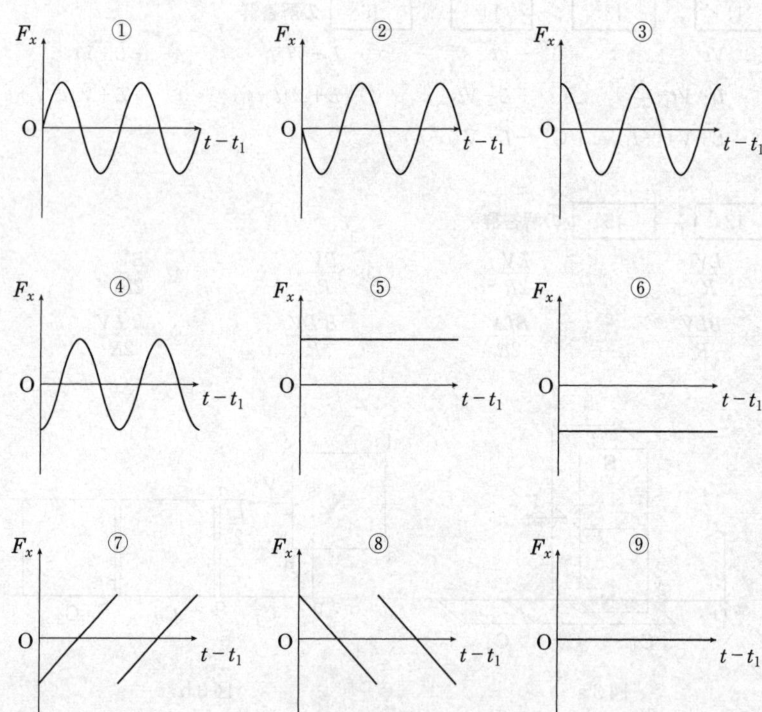

18 の解答群

① 0　② $\dfrac{B^2L^2V}{R}$　③ $\dfrac{B^2L^2V}{2R}$

④ $-\dfrac{B^2L^2V}{R}$　⑤ $-\dfrac{B^2L^2V}{2R}$　⑥ $\dfrac{B^2R^2V}{L}$

⑦ $\dfrac{B^2R^2V}{2L}$　⑧ $-\dfrac{B^2R^2V}{L}$　⑨ $-\dfrac{B^2R^2V}{2L}$

(3) (2)でVがじゅうぶん大きく，コイルの自己インダクタンスが無視できない場合を考える。ただし，異なるコイル間の相互インダクタンスは無視できるものとする。磁石がコイルに近づくとき，自己誘導のため，コイルに流れる電流の大きさはすぐに一定値にはならず，0からはじまり，次第に増加する。その後，磁石がコイルから遠ざかるとき，コイルに流れる電流の大きさはすぐに0とならず，次第に減少する。したがって，Vがじゅうぶん大きければ，コイルを流れる電流の大きさはじゅうぶん小さく，コイルの抵抗にかかる電圧は自己誘導による起電力の大きさに比べじゅうぶん小さい。動く磁石による誘導起電力の大きさは時間によらず一定であることから，$0 \leqq t < t_1$のとき，時刻tにおいてC_1に流れる電流の大きさは，定数$\alpha > 0$を用いて，$I(t) = \alpha t \times$ 12 ，$t_1 \leqq t < t_2$のとき$I(t) = -\alpha(t - t_1) \times$ 15 $+ \alpha t_1 \times$ 12 と近似的に表せる。これらより，時刻$t > t_1$においてC_1，C_2，C_3，… 全体を流れる電流が磁石の磁場から受ける力の合力のx成分F_xを表したグラフは 19 であり，時刻t_1から時刻t_3 ($\gg t_1$) までの間のF_xの平均値は 20 ことが分かる。

19 の解答群

①
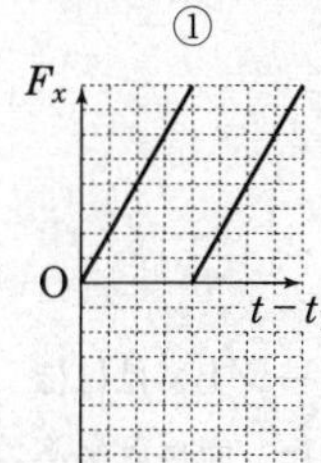

②
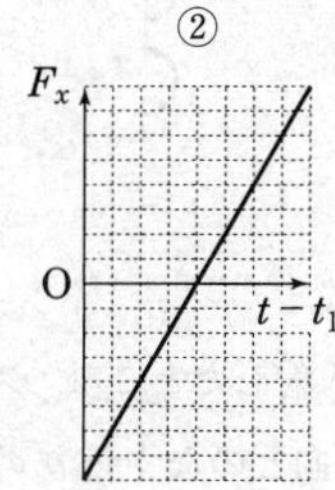

③
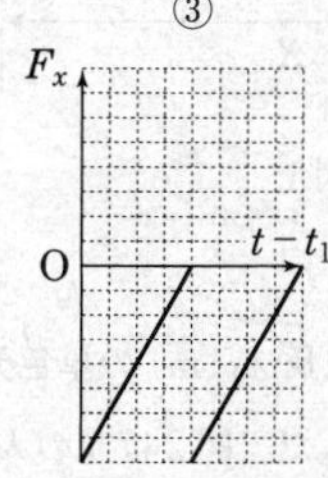

④
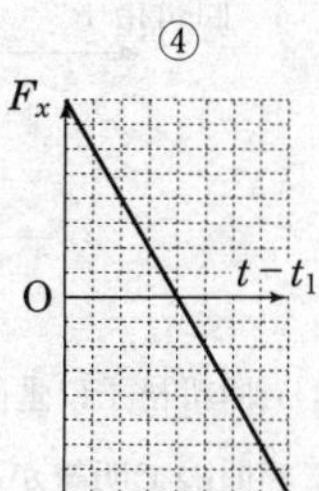

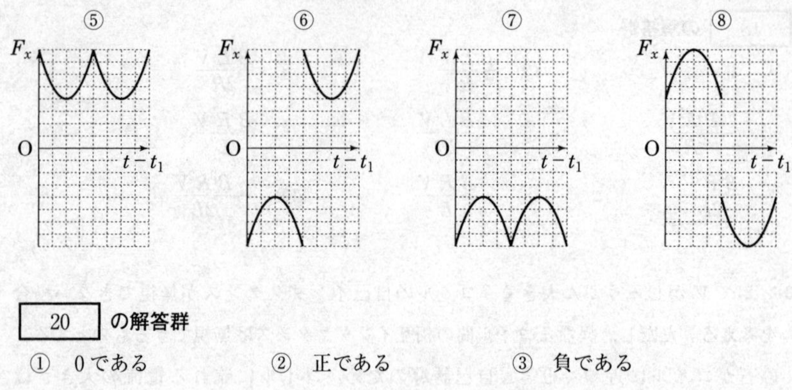

20 の解答群

① 0である　② 正である　③ 負である

Ⅲ 図1のように，広いスクリーンからじゅうぶんはなれた距離 X〔m〕に格子間隔 d〔m〕の回折格子をスクリーンと平行に配置し，回折格子へ光を垂直に入射したときの光の回折について考える。点Oは回折格子からスクリーンへ垂直に引いた直線がスクリーンと交わる点であり，この実験では点Oにも明線が現れる。

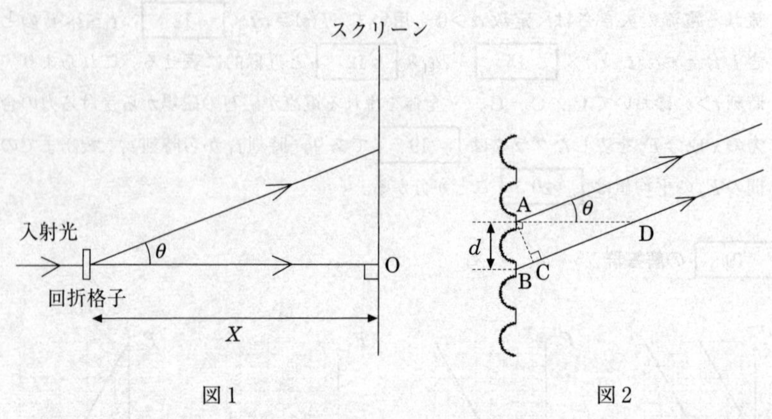

図1　図2

(1) 回折格子に垂直に波長 λ_0〔m〕の単色光を入射したところ，スクリーン上にはほぼ等間隔で明線がならんだ。図2は光の入射方向とのなす角 θ の方向に，回折格子の隣りあうスリットから回折光が向かっているときの様子を描いたものである。この図中でじゅうぶん遠方にあるスクリーンの1点に達する，Aから出た光とBから出た光の光路差に相当するのは 21 であり，入射光となす角 θ の方向にあるスクリーン上の点に明線が現れるための条件を λ_0, d, θ と整数 m ($m=0$, 1, 2, 3...)を用いて表すと，

$$m\lambda_0 = \boxed{\quad 22 \quad}$$

である。

21 の解答群

① AB　② AC　③ AD　④ BC　⑤ BD　⑥ CD

22 の解答群

① $\dfrac{\sin\theta}{2d}$　② $\dfrac{\sin\theta}{d}$　③ $\dfrac{2\sin\theta}{d}$　④ $\dfrac{\cos\theta}{2d}$

⑤ $\dfrac{\cos\theta}{d}$　⑥ $\dfrac{2\cos\theta}{d}$　⑦ $\dfrac{d\sin\theta}{2}$　⑧ $d\sin\theta$

⑨ $2d\sin\theta$　⓪ $\dfrac{d\cos\theta}{2}$　ⓐ $d\cos\theta$　ⓑ $2d\cos\theta$

点Oの明線に対応するのは $m=$ 23 の回折光である。$\theta=\theta_0>0$ の方向に点Oの明線に最も近い別の明線が観測された。スクリーン上におけるこの線と点Oの距離は 24 である。

23 の解答群

① 0　② 1　③ 2　④ 3　⑤ 4　⑥ 5

24 の解答群

① $\dfrac{\tan\theta_0}{2X}$　② $\dfrac{\tan\theta_0}{X}$　③ $\dfrac{2\tan\theta_0}{X}$　④ $\dfrac{\cos\theta_0}{2X}$

⑤ $\dfrac{\cos\theta_0}{X}$　⑥ $\dfrac{2\cos\theta_0}{X}$　⑦ $\dfrac{X\tan\theta_0}{2}$　⑧ $X\tan\theta_0$

⑨ $2X\tan\theta_0$　⓪ $\dfrac{X\cos\theta_0}{2}$　ⓐ $X\cos\theta_0$　ⓑ $2X\cos\theta_0$

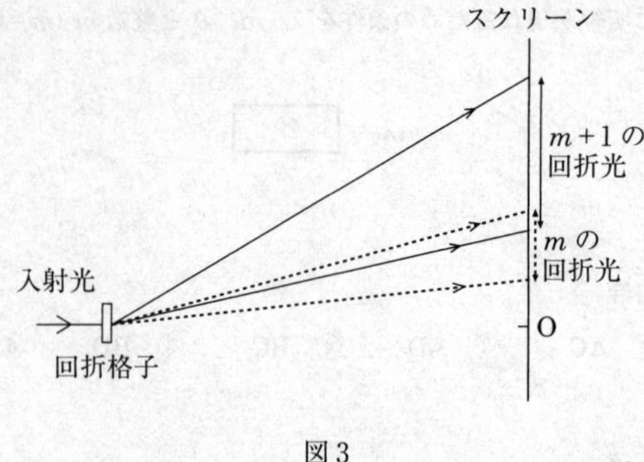

図 3

(2)　入射光が連続スペクトルをもつ光であるとき，図 3 のように異なる m の回折光の明線の範囲が重なって観測されることがある。じゅうぶんに広い波長範囲の連続スペクトルを持つ光の波長 λ〔m〕を，回折格子へ入射する前に $\lambda_S \leqq \lambda \leqq \lambda_L$ の範囲に制限できるとして，ある特定の λ_S〔m〕に対して回折光が重ならずに観測できる λ_L〔m〕の条件を考えてみよう。ここでは $d=2.00\times10^{-6}$ m の回折格子を用い，図 1 の配置で，$m=2$ の回折光が $m=1$ と $m=3$ の回折光に重ならないように観測可能な λ_L の条件を考える。

明線をつくる整数 m の回折光が入射光となす角を θ_m とする。点 O に最も近いスクリーン上の位置に到達する回折光の角を $\theta_m=\theta_{S,m}$ (>0)，点 O から最も遠いスクリーン上の位置に到達する回折光の角を $\theta_m=\theta_{L,m}$ (>0) とする。$\theta_{L,1}<\theta_{S,2}$ であれば $m=2$ の回折光の明線の範囲は $m=1$ の回折光の明線の範囲と重ならない。

$$\sin\theta_{L,1}= \boxed{25}, \quad \sin\theta_{S,2}= \boxed{26}$$

であるので，$\sin\theta_{L,1}<\sin\theta_{S,2}$ を計算すると

$$\lambda_L< \boxed{27} \times\lambda_S$$

の関係が得られる。

同様に $m=3$ の回折光の明線の範囲が $m=2$ の回折光の明線の範囲と重ならないためには，

$$\sin\theta_{L,2}= \boxed{28}, \quad \sin\theta_{S,3}= \boxed{29}$$

であるので，$m=1$ と $m=2$ の場合と同様に考えると

$$\lambda_L < \boxed{30} \times \lambda_S$$

の関係が得られる。よって，連続スペクトルを持つ光を $m=2$ の回折光を用いて出来るだけ広い波長範囲で観測したいとき，$m=1$，$m=3$ の回折光の明線の範囲が，それぞれ $m=2$ の回折光の明線の範囲に重ならずに観測が可能な波長 λ_L の条件は，

$$\lambda_L < \boxed{31} \times \lambda_S$$

である。たとえば $\lambda_S = 3.80 \times 10^{-7}$ m のとき，$\boxed{32}$ $\times 10^{-7}$ m より長い波長の光を入射光から除くことで，$m=2$ の回折光を $m=1$，$m=3$ の回折光の影響を受けることなく最も広い波長範囲の観測が可能となる。

$\boxed{25}$，$\boxed{26}$，$\boxed{28}$，$\boxed{29}$ の解答群

① $\dfrac{3\lambda_S}{d}$　② $\dfrac{2\lambda_S}{d}$　③ $\dfrac{\lambda_S}{d}$　④ $\dfrac{\lambda_S}{2d}$　⑤ $\dfrac{\lambda_S}{3d}$

⑥ $\dfrac{3d}{\lambda_S}$　⑦ $\dfrac{2d}{\lambda_S}$　⑧ $\dfrac{d}{\lambda_S}$　⑨ $\dfrac{d}{2\lambda_S}$　⓪ $\dfrac{d}{3\lambda_S}$

ⓐ $\dfrac{3\lambda_L}{d}$　ⓑ $\dfrac{2\lambda_L}{d}$　ⓒ $\dfrac{\lambda_L}{d}$　ⓓ $\dfrac{\lambda_L}{2d}$　ⓔ $\dfrac{\lambda_L}{3d}$

ⓕ $\dfrac{3d}{\lambda_L}$　ⓖ $\dfrac{2d}{\lambda_L}$　ⓗ $\dfrac{d}{\lambda_L}$　ⓘ $\dfrac{d}{2\lambda_L}$　ⓙ $\dfrac{d}{3\lambda_L}$

$\boxed{27}$，$\boxed{30}$，$\boxed{31}$ の解答群

① $\dfrac{1}{3}$　② $\dfrac{1}{2}$　③ $\dfrac{2}{3}$　④ $\dfrac{3}{4}$　⑤ $\dfrac{4}{5}$　⑥ 1

⑦ $\dfrac{5}{4}$　⑧ $\dfrac{4}{3}$　⑨ $\dfrac{3}{2}$　⓪ 2　ⓐ $\dfrac{5}{2}$　ⓑ 3

$\boxed{32}$ の解答群

① 4.50　② 4.70　③ 4.90　④ 5.10　⑤ 5.30

⑥ 5.50　⑦ 5.70　⑧ 5.90　⑨ 6.10　⓪ 6.30

ⓐ 6.50　ⓑ 6.70　ⓒ 6.90　ⓓ 7.10　ⓔ 7.30

化学

（60分）

Ⅰ　次の文章および設問1），2）中の空欄 1 ～ 11 にあてはまる最も適切なものを，それぞれの**解答群**から選び，解答欄にマークせよ。ただし，同じものを何度選んでもよい。また，原子量は H＝1.00，C＝12.0，O＝16.0とし，気体定数 R は 8.31×10^{3} Pa・L/(K・mol) とする。

物質には，固体・液体・気体の3つの状態があり，これらを物質の三態という。物質の三態は，温度や圧力を変えると，相互に変化する。この変化は，粒子の集合状態の変化であり，粒子の 1 の大きさと粒子間に働く 2 によって決まる。 3 と 4 は温度や圧力の変化に対して体積の変化が小さいという特徴がある。

様々な温度と圧力のもとで，物質が固体・液体・気体のどの状態になるかを表した図を状態図という。**図Ⅰ**に二酸化炭素の状態図（模式図）を示した。二酸化炭素は，曲線XT上では 5 状態で，点Tでは 6 状態で，領域①では 7 状態で存在する。また，点Aの状態にある二酸化炭素に圧力をかけ続けると，二酸化炭素は 8 する。一方，点Y以下の温度で，温度を一定とした場合，気体の二酸化炭素が液体に変わる現象を観察するためには， 9 すればよい。

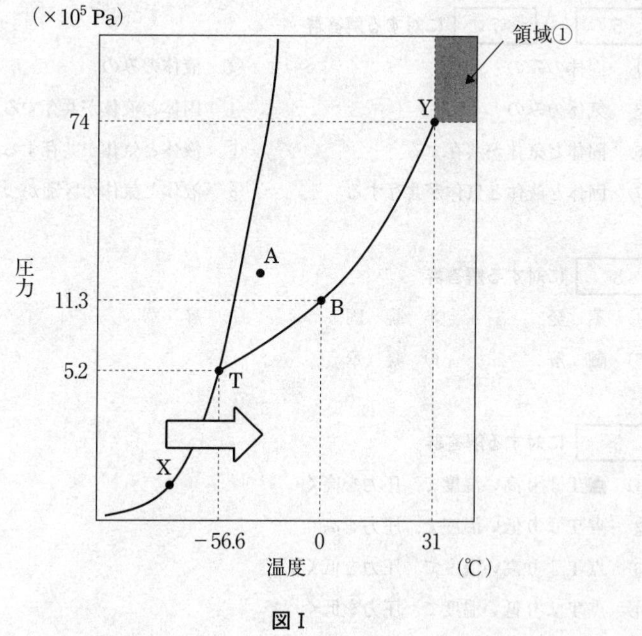

図 I

1）27℃，2.49×10^6 Pa の状態で，容積の変わらない容器に気体状態の二酸化炭素が 44.0 g 入っている。この容器を図 I の点 B の状態にしたとき，容器内には液体の状態の二酸化炭素が [10] g 存在する。ただし，このときの二酸化炭素は理想気体として扱うものとする。

2）図 I の ⇨ の状態変化に相当する現象を説明している記述は [11] である。

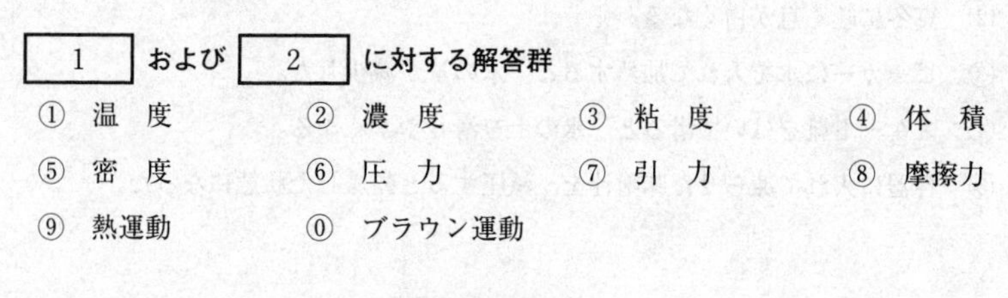

[1] および [2] に対する解答群

① 温　度　② 濃　度　③ 粘　度　④ 体　積
⑤ 密　度　⑥ 圧　力　⑦ 引　力　⑧ 摩擦力
⑨ 熱運動　⓪ ブラウン運動

[3] および [4] に対する解答群

① 固　体　② 液　体　③ 気　体

［5］～［7］に対する解答群

① 固体のみの　② 液体のみの
③ 気体のみの　④ 固体と液体が共存する
⑤ 固体と気体が共存する　⑥ 液体と気体が共存する
⑦ 固体と液体と気体が共存する　⑧ 液体と気体の区別がつかない

［8］に対する解答群

① 蒸　発　② 凝　固　③ 昇　華　④ 凝　縮
⑤ 融　解　⑥ 凝　華

［9］に対する解答群

① 点Tより高い温度で，圧力を高く
② 点Tより低い温度で，圧力を高く
③ 点Tより高い温度で，圧力を低く
④ 点Tより低い温度で，圧力を低く

［10］に対する解答群

① 0.050　② 0.50　③ 0.95　④ 2.2
⑤ 4.4　⑥ 5.0　⑦ 22.0　⑧ 41.8

［11］に対する解答群

① 海面から蒸発した水蒸気は，上空で水滴になる。
② 真冬に吐く息が白くなる。
③ ビーカーに水を入れて加熱すると，水の量が減少した。
④ スケート靴をはいて滑ると，氷の上を滑りやすくなる。
⑤ 容器に入れて凍らせた味噌汁を，減圧すると乾燥した状態になった。

Ⅱ　次の文章1)～3)の空欄 12 ～ 22 にあてはまる最も適切なものを，それぞれの**解答群**から選び，解答欄にマークせよ。ただし，原子量はH＝1.00，C＝12.0，O＝16.0，S＝32.0，Cu＝63.5，Pb＝207とし，ファラデー定数は$F=9.65\times10^4$ C/molとする。

1)硫酸酸性の二クロム酸カリウム水溶液に 12 の水溶液を加えると酸素が発生する。この反応において，1.0 molの二クロム酸カリウムと 13 molの 12 との間で移動する電子の物質量は等しい。また，1.0 mol/Lの 12 の硫酸酸性水溶液2.0 Lに硫化水素34 gを通じると，硫化水素は電子を 14 が 15 g生じる。

2)鉛蓄電池（電極：PbO_2とPb，電解液：30%硫酸）を放電させると，電流は 16 に向かって流れる。質量パーセント濃度が30%の硫酸4 kgを4等分して鉛蓄電池を4個作った。これらを**図Ⅱ－1**に示すように，導線でつなぎ，9.65×10^4 Cの電気量を放電させた。その際，極板の質量は， 17 。放電後に4つの電解液をあわせたとき，硫酸の質量パーセント濃度は約 18 %になる。ただし，揮発による水の損失はないものとする。

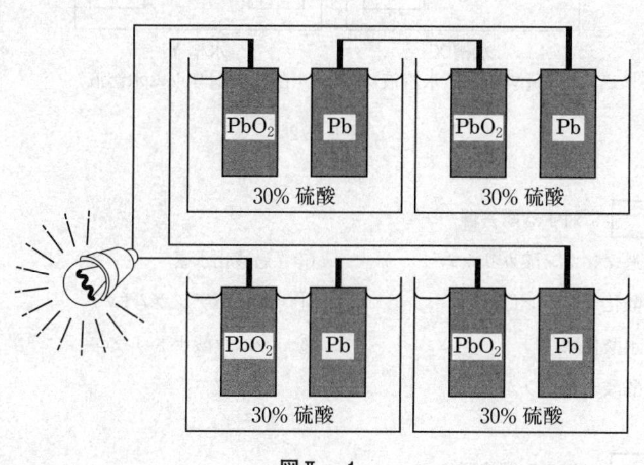

図Ⅱ－1

3)白金電極を備えた水槽**X**に硫酸銅(Ⅱ)水溶液を，また，水槽**Y**に水酸化ナトリウム水溶液を入れ，**図Ⅱ－2**のように導線でつないで30分間電流を流した。この際，白金電極**A**に508 mgの銅が析出した。したがって，この電気分解では，およそ［ 19 ］アンペアの電流が流れたと概算できる。また，これと同時に白金電極**B**, **C**, **D**から発生した気体を全て混合し，完全燃焼させると，［ 20 ］mgの生成物が生じた。ただし，白金電極**B**, **C**, **D**から発生する気体の水への溶解度は無視するものとする。

電気分解の原理は，金属を含む鉱石から純粋な金属単体を取り出すことに応用されており，陰極に［ 21 ］を用いた溶融塩電解では［ 22 ］が得られる。

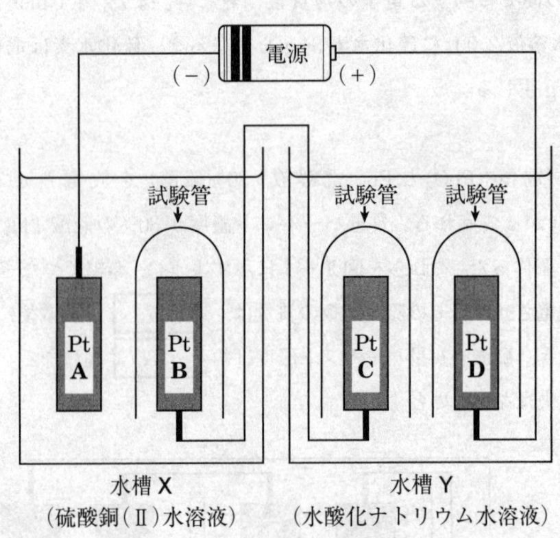

図Ⅱ－2

［ 12 ］に対する解答群

① 過マンガン酸カリウム　② 過酸化水素
③ 酸化マンガン(Ⅳ)　④ 酸化バナジウム(Ⅴ)
⑤ 水酸化銅(Ⅱ)　⑥ シュウ酸ナトリウム
⑦ 酢酸ナトリウム

［ 13 ］に対する解答群

① 0.2　② 0.4　③ 0.8　④ 1.0　⑤ 1.5　⑥ 1.8
⑦ 2.0　⑧ 2.4　⑨ 2.5　⓪ 2.8　ⓐ 3.0　ⓑ 3.2

[14] に対する解答群

① 失って硫黄　② 受け取って硫黄
③ 失って二酸化硫黄　④ 受け取って二酸化硫黄
⑤ 失って硫酸　⑥ 受け取って硫酸

[15] に対する解答群

① 16　② 18　③ 32　④ 36　⑤ 48　⑥ 64
⑦ 72　⑧ 84　⑨ 98

[16] に対する解答群

① 正極の Pb から負極の PbO_2　② 負極の Pb から正極の PbO_2
③ 正極の PbO_2 から負極の Pb　④ 負極の PbO_2 から正極の Pb

[17] に対する解答群

① 正負両極とも重くなる
② 正負両極とも軽くなる
③ 負極は軽くなり，正極は重くなる
④ 負極は重くなり，正極は軽くなる

[18] に対する解答群

① 20　② 22　③ 24　④ 26　⑤ 28　⑥ 30

[19] に対する解答群

① 0.24　② 0.43　③ 0.64　④ 0.86　⑤ 1.0　⑥ 1.2
⑦ 1.4

[20] に対する解答群

① 18　② 24　③ 36　④ 48　⑤ 60　⑥ 72
⑦ 84　⑧ 92　⑨ 108　⓪ 120　ⓐ 136　ⓑ 144
ⓒ 156　ⓓ 164

21 に対する解答群

① 銅 ② 酸化銅 ③ アルミニウム
④ 酸化アルミニウム ⑤ 鉄 ⑥ 酸化鉄
⑦ 炭 素 ⑧ 二酸化ケイ素

22 に対する解答群

① 粗銅から純銅 ② アルミナからアルミニウム
③ 銑鉄から鉄 ④ シリカゲルからケイ素

Ⅲ 硫黄に関する次の文章中の空欄 23 ～ 32 にあてはまる最も適切なものを，それぞれの**解答群**から選び，解答欄にマークせよ。ただし，同じものを何度選んでもよい。また，原子量は H＝1.0，O＝16，Na＝23，S＝32，Fe＝56 とする。

硫黄の単体は，火山地帯で多く産出し，石油の精製の際にも得られる。硫黄にはいくつかの同素体が知られており，その中で常温で最も安定なものは 23 である。また，硫黄化合物の 24 を酸化バナジウム(V)を触媒に用いて酸化して得た 25 を水と反応させることで硫酸が得られる。質量パーセント濃度98%の濃硫酸を 50 kg 得るためには， 24 は少なくとも 26 kg 必要である。また，濃硫酸を紙にかけると， 27 により紙が黒く変色する。

硫化水素は水溶液中で2段階に電離して，硫化物イオンを生じる。硫化物イオンは，多くの金属イオンと反応して，水に難溶性の硫化物を与えることから，金属イオンの分離や確認に用いられる。6種類の金属イオン（Pb^{2+}，Ag^{+}，Cu^{2+}，Cd^{2+}，Hg^{2+}，Mn^{2+}）のうち，いずれか1種類の金属イオンを含む水溶液**X**を酸性にして硫化水素を通じたが，沈殿は生じなかった。一方，水溶液**X**を塩基性にして硫化水素を通じると沈殿が生じた。したがって，水溶液**X**に含まれていた金属イオンは 28 である。

生ゴムに硫黄を加えて加熱する操作は 29 とよばれ，タイヤや輪ゴムのような弾性の高いゴムを得る目的で使われている。生ゴムに対して30～50%の硫黄を加えて長時間加熱すると， 30 とよばれる黒色の硬い物質が得られる。一方，天然のアミノ酸の中には，−SH を含む 31 が知られている。 31 を含むタンパク質では，2つの−SH が酸化され， 32 結合を形成することで，タンパク質の三次構造の形成に関与する場合がある。

23 ～ 25 に対する解答群

① 硫酸イオン　② 硫酸ナトリウム　③ チオ硫酸ナトリウム
④ 硫酸水素ナトリウム　⑤ 硫化鉄　⑥ 黄鉄鉱
⑦ 単斜硫黄　⑧ 斜方硫黄　⑨ ゴム状硫黄
⓪ 二酸化硫黄　ⓐ 三酸化硫黄

26 に対する解答群

① 8　② 16　③ 20　④ 32　⑤ 40
⑥ 64　⑦ 80　⑧ 128　⑨ 160

27 に対する解答群

① 酸　性　② 塩基性　③ 両　性　④ 酸化作用
⑤ 還元作用　⑥ 風解性　⑦ 脱水作用　⑧ 潮解性

28 に対する解答群

① Pb^{2+}　② Ag^{+}　③ Cu^{2+}　④ Cd^{2+}　⑤ Hg^{2+}　⑥ Mn^{2+}

29 に対する解答群

① 分　留　② 乾　留　③ 加　硫　④ 浸　透　⑤ 銑　鉄
⑥ 潮　解　⑦ 転　化　⑧ 変　性　⑨ 乳　化

30 に対する解答群

① フェライト　② ノボラック　③ セラミックス
④ ベークライト　⑤ エボナイト　⑥ レゾール
⑦ グタペルカ　⑧ フィブロイン

31 に対する解答群

① グリシン　② メチオニン　③ アラニン
④ セリン　⑤ システイン　⑥ リシン
⑦ グルタミン酸　⑧ チロシン

[32] に対する解答群

① エステル	② アミド	③ スルフィド
④ ジスルフィド	⑤ イオン	⑥ エーテル
⑦ グリコシド	⑧ 不飽和	⑨ ペプチド

Ⅳ 有機化合物に関する次の文章中の空欄 [33] ～ [42] にあてはまる最も適切なものを，それぞれの**解答群**から選び，解答欄にマークせよ。ただし，同じものを何度選んでもよい。また，原子量は H＝1.0，C＝12，O＝16，Na＝23 とする。なお，気体はすべて理想気体とみなし，気体分子 1 mol の体積は標準状態で 22.4 L とする。

化合物㋐は，炭素原子，水素原子，酸素原子からなり，分子量500以下である。**化合物㋐**に水酸化ナトリウム水溶液を加え，完全にけん化した後で中和すると，同じ分子式をもつ3種類の鎖式**カルボン酸㋑～㋓**とグリセリンが得られた。**化合物㋐** 21.4 mg を酸化銅(Ⅱ)とともに乾燥した酸素で完全燃焼させて発生した気体を [33] 管に通して H_2O を吸収させたのち，[34] 管に通して CO_2 を吸収させたところ，[33] 管の質量は 14.4 mg 増加し，[34] 管の質量は 46.2 mg 増加した。したがって，**化合物㋐**の分子式は [35] で，**カルボン酸㋑～㋓**の分子式は [36] と推測できる。

カルボン酸㋑～㋓に水酸化ナトリウム水溶液中でヨウ素を反応させると，特異臭をもつ [37] の黄色沈殿が生じ，**カルボン酸㋒**および**カルボン酸㋓**にニッケル触媒を用いて水素と反応させると，同一の**カルボン酸㋔**が得られた。**カルボン酸㋔**を硫酸酸性の二クロム酸カリウム水溶液で [38] すると**カルボン酸㋑**が得られた。**カルボン酸㋑**として考えられる構造は [39] 個あり，その中に鏡像異性体が存在する構造は [40] 個ある。

また，**化合物㋐** 2.14 g を完全にけん化するためには少なくとも [41] mL の 0.5 mol/L 水酸化ナトリウム水溶液が必要であり，ニッケル触媒を用いて完全に水素付加させるためには少なくとも標準状態で [42] mL の水素が必要である。

[33] および [34] に対する解答群

① 陰イオン交換樹脂　② 陽イオン交換樹脂　③ 塩化カルシウム

④ 過リン酸石灰　⑤ 活性炭　⑥ 酸化カルシウム
⑦ 消石灰　⑧ ソーダ石灰　⑨ 炭化カルシウム
⓪ 炭酸カルシウム　ⓐ 炭酸ナトリウム

35 に対する解答群

① $C_{18}H_{26}O_9$　② $C_{18}H_{30}O_9$　③ $C_{18}H_{26}O_{12}$　④ $C_{19}H_{24}O_{11}$
⑤ $C_{19}H_{40}O_{10}$　⑥ $C_{20}H_{28}O_{10}$　⑦ $C_{20}H_{44}O_9$　⑧ $C_{21}H_{32}O_9$
⑨ $C_{21}H_{38}O_9$　⓪ $C_{21}H_{38}O_{12}$　ⓐ $C_{22}H_{36}O_8$　ⓑ $C_{22}H_{36}O_9$
ⓒ $C_{24}H_{38}O_6$　ⓓ $C_{24}H_{38}O_8$　ⓔ $C_{24}H_{32}O_9$　ⓕ $C_{24}H_{38}O_9$

36 に対する解答群

① $C_5H_{10}O_2$　② $C_5H_8O_3$　③ $C_5H_{10}O_3$　④ $C_6H_8O_4$
⑤ $C_6H_{12}O_2$　⑥ $C_6H_{10}O_3$　⑦ $C_6H_{12}O_3$　⑧ $C_6H_{12}O_4$
⑨ $C_7H_{10}O_2$　⓪ $C_7H_{12}O_2$　ⓐ $C_7H_{12}O_3$　ⓑ $C_7H_{14}O_3$
ⓒ $C_8H_{12}O_2$　ⓓ $C_8H_{14}O_2$　ⓔ $C_8H_{12}O_3$　ⓕ $C_8H_{10}O_4$

37 に対する解答群

① CH_3COOH　② CH_3COOI　③ CI_3COOH　④ CI_3COOI
⑤ CH_3I　⑥ CH_2I_2　⑦ CHI_3　⑧ CH_2IOH
⑨ CHI_2OH　⓪ CI_3OH

38 に対する解答群

① 酸　化　② 還　元　③ 加水分解　④ 脱　水
⑤ けん化　⑥ 硫　化　⑦ 中　和　⑧ 乳　化

39 および 40 に対する解答群

① 1　② 2　③ 3　④ 4　⑤ 5
⑥ 6　⑦ 7　⑧ 8　⑨ 9　⓪ 0

41 に対する解答群

① 1　② 5　③ 10　④ 15　⑤ 20
⑥ 25　⑦ 30　⑧ 35　⑨ 40　⓪ 45
ⓐ 50　ⓑ 55　ⓒ 60

42 に対する解答群

① 28	② 56	③ 112	④ 224	⑤ 336
⑥ 448	⑦ 560	⑧ 672	⑨ 896	⓪ 1120
ⓐ 1792	ⓑ 2240			

生物

（60分）

I　酵素に関する以下の文章中の [1] ～ [13] に最も適切なものを解答群から選び，その番号または記号を解答欄にマークせよ。ただし，異なる番号の [ ] に同じものを繰り返し選んでもよい。

1)　呼吸や光合成の反応には，いくつかの脱水素酵素が関係している。これらの脱水素酵素がはたらくためには補酵素が必要である。たとえば，呼吸ではたらく脱水素酵素には [1] や [2] を補酵素とするものがある。また，光合成ではたらく脱水素酵素には [3] を補酵素とするものがある。[1] や [3] は [4] を成分としており，[2] は [5] を成分とする。これらの脱水素酵素がその基質から水素を取り除く反応では，脱水素酵素の補酵素は [6] される。

[1] ～ [6] に対する解答群

① NAD^+	② $NADP^+$	③ FAD	④ ビタミンA
⑤ ビタミンB_2	⑥ ビタミンC	⑦ ニコチン酸	⑧ ピルビン酸
⑨ マロン酸	⓪ 酸　化	ⓐ 還　元	ⓑ リン酸化

2)　ヒトでは，アミラーゼはおもにだ液腺や [7] から分泌され，デンプンを加水分解する。デンプンの分解物であるマルトースは，おもに [8] から分泌されるマルターゼによって分解され，グルコースを生じる。[7] から分泌される消化酵素として，アミラーゼの他に，脂肪を分解する [9]，タンパク質を分解する [10] がある。

[7] および [8] に対する解答群

① だ液腺	② 胃	③ すい臓
④ 胆のう	⑤ 小　腸	⑥ 大　腸

［ 9 ］および［ 10 ］に対する解答群

① カタラーゼ　② スクラーゼ　③ トリプシン
④ ペプシン　⑤ リパーゼ

図Ｉ－１のように並べられた試験管６本のうち，Ａ群の３本にはデンプン溶液が入っており，Ｂ群の３本にはマルトース溶液が入っている。ここで，６本の試験管のうちのいずれか４本にアミラーゼを入れた。次に，６本の試験管のうちのいずれか４本にマルターゼを入れた。その結果，Ａ群とＢ群の試験管１本ずつにグルコースが生じた。続いて，Ａ群でグルコースが生じなかった試験管２本にアミラーゼを加えたところ，［ 11 ］。

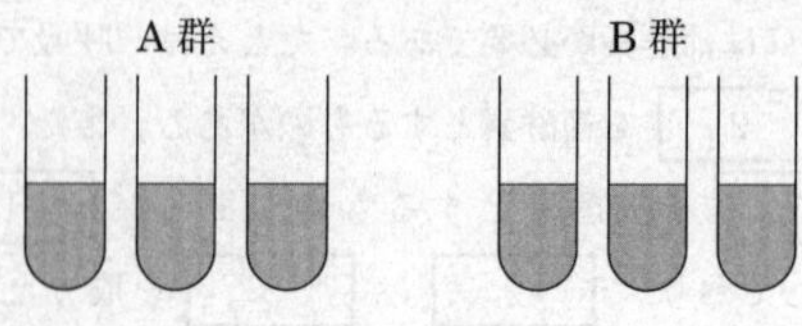

図Ｉ－１

［ 11 ］に対する解答群

① 両方の試験管でグルコースが生じた
② ２本のうち，１本の試験管でのみグルコースが生じた
③ いずれの試験管でもグルコースが生じなかった

3）酵素Ａは基質ａのみと反応して気体Ｃを発生させる。酵素Ｂは基質ｂのみと反応して気体Ｃを発生させる。これらの反応以外では気体Ｃは発生しない。試料１～６には基質ａまたは基質ｂのどちらか１つが入っている。太郎，次郎，花子に同じ試料１～６をそれぞれ試験管に入れて渡した。

３人は，図Ｉ－２のように，それぞれの試料に酵素Ａまたは酵素Ｂのどちらかを加えた。その結果，３人とも，それぞれが持っている６本のうち４本から気体Ｃが発生した。

以上の結果から，基質ａは試料１～６のうち［ 12 ］つの試料に入っていることがわかる。また，試料１には基質（ア），試料３には基質（イ），試料５には基質（ウ）が入っていることがわかる。ここで，（ア）～（ウ）の正しい組み合わせは

[13] である。

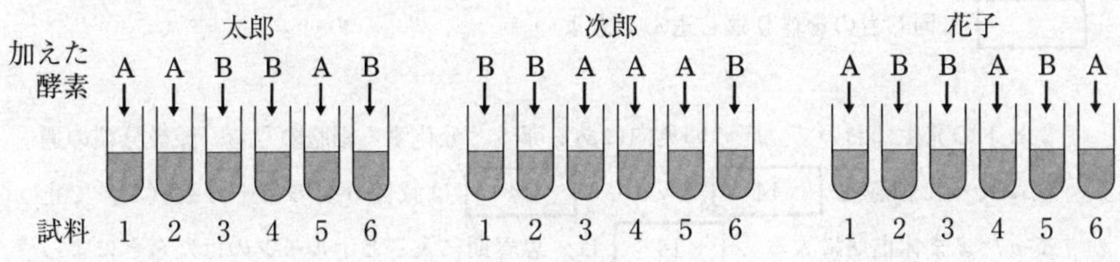

図Ｉ－２

[12] に対する解答群

① 1　② 2　③ 3　④ 4　⑤ 5　⑥ 6

[13] に対する解答群

	（ア）	（イ）	（ウ）
①	a	a	a
②	a	a	b
③	a	b	a
④	a	b	b
⑤	b	a	a
⑥	b	a	b
⑦	b	b	a
⑧	b	b	b

Ⅱ　動物の発生に関する以下の文章中の［14］～［26］に最も適切なものを解答群から選び，その番号または記号を解答欄にマークせよ。ただし，異なる番号の［　］に同じものを繰り返し選んでもよい。

1)　ヒトの発生において，胚の卵巣内にある卵へと分化する細胞のうち，減数分裂の過程に入った細胞を［14］といい，［14］は減数分裂の第一分裂（ア）で止まったまま休止期に入る。［14］は，思春期に入るとホルモンのはたらきによって減数分裂を再開し［15］となり，減数分裂の第二分裂（イ）で止まる。その状態で排卵された［15］は，［16］内で精子の進入を受け，受精が成立する。ここで，（ア）と（イ）の正しい組み合わせは［17］である。

［14］および［15］に対する解答群

① 始原生殖細胞　② 卵原細胞　③ 一次卵母細胞
④ 二次卵母細胞　⑤ 受精卵

［16］に対する解答群

① 膣　② 子　宮　③ 輸卵管
④ 卵　巣　⑤ 腹　腔　⑥ 精　巣

17 に対する解答群

	(ア)	(イ)
①	前　期	前　期
②	前　期	中　期
③	前　期	後　期
④	前　期	終　期
⑤	中　期	前　期
⑥	中　期	中　期
⑦	中　期	後　期
⑧	中　期	終　期
⑨	後　期	前　期
⓪	後　期	中　期
ⓐ	後　期	後　期
ⓑ	後　期	終　期
ⓒ	終　期	前　期
ⓓ	終　期	中　期
ⓔ	終　期	後　期
ⓕ	終　期	終　期

2)　ウニの受精において，卵の周りにある（ウ）に精子が到達すると，精子の先端が糸状に伸び，精子は（ウ）を貫通する。さらに，（ウ）の下にある（エ）を通過して，精子の細胞膜が卵の（オ）と融合し，卵では表層反応が起こる。卵に進入した精子の核は精核となり，精子の中心体から形成された 18 が精核と卵核とを近づけ，2つの核の融合が始まり，1つの核になる。ここで，（ウ）～（オ）の正しい組み合わせは 19 である。

18 に対する解答群

①　核　　②　ミトコンドリア　　③　ゴルジ体
④　小胞体　　⑤　星状体　　⑥　鞭　毛

19 に対する解答群

	(ウ)	(エ)	(オ)
①	ゼリー層	卵黄膜	細胞膜
②	ゼリー層	卵黄膜	透明層
③	ゼリー層	細胞膜	卵黄膜
④	ゼリー層	細胞膜	透明層
⑤	ゼリー層	透明層	細胞膜
⑥	ゼリー層	透明層	卵黄膜
⑦	透明層	卵黄膜	細胞膜
⑧	透明層	卵黄膜	ゼリー層
⑨	透明層	細胞膜	卵黄膜
⓪	透明層	細胞膜	ゼリー層
ⓐ	透明層	ゼリー層	細胞膜
ⓑ	透明層	ゼリー層	卵黄膜
ⓒ	卵黄膜	ゼリー層	細胞膜
ⓓ	卵黄膜	細胞膜	ゼリー層
ⓔ	卵黄膜	透明層	細胞膜
ⓕ	卵黄膜	細胞膜	透明層
ⓖ	細胞膜	ゼリー層	卵黄膜
ⓗ	細胞膜	卵黄膜	ゼリー層
ⓘ	細胞膜	透明層	卵黄膜
ⓙ	細胞膜	卵黄膜	透明層

ウニの精子に関する以下の記述ａ～ｃのうち，正しいものは 20 である。

a　先体は，ゴルジ体から形成される。

b　中片部には，中心体とミトコンドリアがある。

c　先体突起には，アクチンフィラメントの束がある。

20 に対する解答群

①　ａのみ　　②　ｂのみ　　③　ｃのみ　　④　ａ，ｂのみ

⑤　a，cのみ　　⑥　b，cのみ　　⑦　a，b，c

ウニの表層反応に関する以下の記述d～fのうち，正しいものは［21］である。

d　表層粒の内容物は，卵の細胞膜と卵黄膜の間に放出される。
e　卵の細胞膜から離れた卵黄膜は，受精膜へと変化する。
f　表層粒は，精子の細胞質中に存在する。

［21］に対する解答群

①　dのみ　　②　eのみ　　③　fのみ　　④　d，eのみ
⑤　d，fのみ　　⑥　e，fのみ　　⑦　d，e，f

3)　ウニの発生では，受精後，胚は卵割を繰り返して細胞数を増やす。さらに卵割が進むと，［22］期には，胚の表面に繊毛が生じ，やがてふ化が起こる。原腸胚期には［23］側から細胞群が陥入し，原腸が形成される。一次間充織の細胞と二次間充織の細胞は（カ）に分類され，特に二次間充織の細胞からは（キ）が形成される。また，原腸胚期に形成された原口は（ク）期で（ケ）となっている。ここで，（カ）と（キ）の正しい組み合わせは［24］，（ク）と（ケ）の正しい組み合わせは［25］である。

［22］に対する解答群

①　桑実胚　　②　胞　胚　　③　神経胚　　④　尾芽胚

［23］に対する解答群

①　動物極　　②　植物極　　③　灰色三日月環
④　脊　索　　⑤　神経溝

24 に対する解答群

	(カ)	(キ)
①	内胚葉	神　経
②	内胚葉	筋　肉
③	内胚葉	骨　片
④	中胚葉	神　経
⑤	中胚葉	筋　肉
⑥	中胚葉	骨　片
⑦	外胚葉	神　経
⑧	外胚葉	筋　肉
⑨	外胚葉	骨　片

25 に対する解答群

	(ク)	(ケ)
①	胞　胚	口
②	胞　胚	胃
③	胞　胚	肛　門
④	プルテウス幼生	口
⑤	プルテウス幼生	胃
⑥	プルテウス幼生	肛　門

4)　卵割に関する以下の記述g～jのうち，正しいものは 26 である。

g　ウニでは，第三卵割までは等割である。

h　カエルの第二卵割は，灰色三日月環を等分するように起こる。

i　カエルの第三卵割では，植物極側より動物極側の割球が大きくなる。

j　ショウジョウバエの卵割は，盤割である。

26 に対する解答群

① gのみ　② hのみ　③ iのみ
④ jのみ　⑤ g，hのみ　⑥ g，iのみ
⑦ g，jのみ　⑧ h，iのみ　⑨ h，jのみ
⓪ i，jのみ　ⓐ g，h，iのみ　ⓑ g，h，jのみ
ⓒ g，i，jのみ　ⓓ h，i，jのみ　ⓔ g，h，i，j

Ⅲ　遺伝子発現調節とバイオテクノロジーに関する以下の文章中の 27 ～ 36 に最も適切なものを解答群から選び，その番号または記号を解答欄にマークせよ。ただし，異なる番号の □ に同じものを繰り返し選んでもよい。

1) 原核生物では，一連の化学反応にはたらく複数の酵素の構造遺伝子が隣りあって存在し， 27 とよばれる転写単位を構成している場合がある。 27 を構成する構造遺伝子群は，1つの 28 のもとで転写調節を受ける。

大腸菌では，ラクトース代謝に関わる酵素群がラクトース 27 を構成し，転写が調節されている。ラクトースがないとき，大腸菌のDNAの 29 とよばれる転写調節領域に 30 が結合しているため，RNAポリメラーゼが 28 に結合できず，mRNAの転写が開始されない。一方，グルコースがなくラクトースがあるとき，ラクトースに由来する物質が 30 に結合して 30 の（ア）が変化するため， 30 が 29 に結合できなくなる。その結果，RNAポリメラーゼが 28 に結合できるようになり，mRNAの転写が開始される。このmRNAからの翻訳は，ラクトース 27 を構成する遺伝子群の転写が完了（イ）に始まる。ここで，（ア）と（イ）の正しい組み合わせは 31 である。

27 ～ 30 に対する解答群

① アクチベーター　② イントロン　③ エキソン
④ オーガナイザー　⑤ オペロン　⑥ オペレーター
⑦ シャペロン　⑧ プロモーター　⑨ フレームシフト
⓪ ポリマー　ⓐ リプレッサー

31 に対する解答群

	(ア)	(イ)
①	アミノ酸配列	した後
②	アミノ酸配列	する前
③	塩基配列	した後
④	塩基配列	する前
⑤	立体構造	した後
⑥	立体構造	する前

2) 遺伝子組換え技術を用いて特定の遺伝子を大腸菌に導入することにより，その遺伝子がコードするタンパク質を大腸菌に大量に生産させることができる。このとき，32，33，34 などを用いて目的のタンパク質をコードする遺伝子をクローニングする。32 は，DNAの特定の塩基配列を認識し，DNAを切断する。33 は，DNA断片の末端同士を連結させる。34 は，大腸菌のゲノムDNAとは別の小さな環状DNAであり，ベクターとして用いられる。

32 ～ 34 に対する解答群

① アグロバクテリウム　② RNAポリメラーゼ　③ 基本転写因子
④ 制限酵素　⑤ DNAヘリカーゼ　⑥ DNAポリメラーゼ
⑦ DNAリガーゼ　⑧ プラスミド　⑨ プライマー
⓪ λファージ　ⓐ リボソーム

3) DNA断片の長さを調べる方法に電気泳動がある。中性の緩衝液中において，DNAの（ウ）は（エ）に荷電しているため，この緩衝液中で電圧をかけると，DNAは（オ）極から（カ）極方向に移動する。この性質を利用したアガロースゲルを用いた電気泳動法では，直鎖状のDNA断片のうち，より（キ）いDNA断片ほどゲル中の移動距離がより短くなる。たとえば，塩基配列を決定する方法である（ク）において，反応で生じた様々な長さのDNA断片の分離に電気泳動が用いられている。ここで，（ウ）と（エ）の正しい組み合わせは 35 ，（オ）～（ク）の正しい組み合わせは 36 である。

35 に対する解答群

	(ウ)	(エ)
①	塩　基	正
②	塩　基	負
③	デオキシリボース	正
④	デオキシリボース	負
⑤	リボース	正
⑥	リボース	負
⑦	リン酸基	正
⑧	リン酸基	負

36 に対する解答群

	(オ)	(カ)	(キ)	(ク)
①	陰	陽	長	サンガー法
②	陰	陽	長	PCR 法
③	陰	陽	長	マイクロアレイ解析
④	陰	陽	短	サンガー法
⑤	陰	陽	短	PCR 法
⑥	陰	陽	短	マイクロアレイ解析
⑦	陽	陰	長	サンガー法
⑧	陽	陰	長	PCR 法
⑨	陽	陰	長	マイクロアレイ解析
⓪	陽	陰	短	サンガー法
ⓐ	陽	陰	短	PCR 法
ⓑ	陽	陰	短	マイクロアレイ解析

Ⅳ　プランクトンに関する以下の文章中の［37］～［50］に最も適切なものを解答群から選び，その番号または記号を解答欄にマークせよ。ただし，異なる番号の［　］に同じものを繰り返し選んでもよい。

1)　ある池の水を採取し顕微鏡で観察すると，(ア) 生物であるシアノバクテリアの［37］がみられた。その他にも，(イ) 生物である単細胞性の［38］や細胞群体性の［39］といった緑藻類，クロロフィルcをもつ単細胞性の［40］が観察された。これらの植物プランクトンは光合成を行うため，(ウ) 生物とよばれる。一方，原生動物の［41］や［42］，節足動物の［43］などの動物プランクトンも観察された。［41］は繊毛で運動し，［42］は仮足で運動する生物である。ここで，(ア)～(ウ) の正しい組み合わせは［44］である。

［37］～［40］に対する解答群

①　アーキア	②　ケイ藻類	③　ボルボックス
④　ケカビ	⑤　担子菌	⑥　大腸菌
⑦　クラミドモナス	⑧　ユーステノプテロン	⑨　カワゲラ
⓪　ネンジュモ		

［41］～［43］に対する解答群

①　トリパノソーマ	②　ワムシ	③　アメーバ
④　酵　母	⑤　ミジンコ	⑥　ヤコウチュウ
⑦　ゾウリムシ		

44 に対する解答群

	(ア)	(イ)	(ウ)
①	真　核	真　核	独立栄養
②	真　核	真　核	従属栄養
③	真　核	原　核	独立栄養
④	真　核	原　核	従属栄養
⑤	原　核	真　核	独立栄養
⑥	原　核	真　核	従属栄養
⑦	原　核	原　核	独立栄養
⑧	原　核	原　核	従属栄養

2) シアノバクテリアの異常増殖により，池の表面に水の華ともよばれる 45 が生じる。海では，シアノバクテリア以外のプランクトンの異常増殖によって引き起こされる現象のひとつとして， 46 がある。

45 および 46 に対する解答群

① 赤　潮　② 湧　昇　③ カルス
④ アオサ　⑤ ストロマトライト　⑥ マクサ
⑦ コロニー　⑧ アオコ

3) シアノバクテリアは地球の歴史上の早い時期に出現し， 47 を地球にもたらし，大気の組成を変えた。 47 は，海洋中の 48 イオンを酸化して，海底に沈殿させ，縞状 48 鉱床を形成させた。また，大気中に蓄積した 47 が 49 によって 50 となり，成層圏に分布した。 50 によって太陽からの 49 が大幅に遮られたことが，生物が陸上へと広がる進化を促したと考えられている。

47 ～ 50 に対する解答群

① 水　素　② オゾン　③ 酸　素　④ 窒　素
⑤ 二酸化炭素　⑥ 鉄　⑦ 銅　⑧ 銀
⑨ 白　金　⓪ 亜　鉛　ⓐ 硫　酸　ⓑ 硫化水素

ⓒ 水　ⓓ タンパク質　ⓔ 紫外線　ⓕ 青色光

ⓖ 赤色光

8

1　時間的にも空間的にも隔たった受け手に届く
2　形作られた時点では言葉の受け手が明確ではない
3　作り手の思いを受け手の心中深くに刻み込む
4　受け手に応じたあらゆる解釈に開かれている

4　大人のようにふるまっていた少年が不条理な死に触れて無垢でおろかな存在として死ぬこと

問五　傍線部⑤の説明として、最も適切なものを次の中から選び、その番号をマークせよ。［5］

1　詩や書物に触れ教養を身に付けることが大人への道筋だという教訓じみた描写の死
2　詩や書物の言葉が生や死に意味を与えるという考えの託されていることが明白な死
3　人を世界や希望とつなぐのは詩や書物をおいて他にないことが神話的に表現された死
4　詩や書物の言葉に啓発されて大きな精神的成長を遂げた少年のややドラマチックな死

問六　傍線部⑥の説明として、最も適切なものを次の中から選び、その番号をマークせよ。［6］

1　世界との絆を築くのに必要な物語を語ってくれる大人が身近にいない
2　文化を共有する大人から読み書きの手ほどきを受けることができない
3　身体のうちに所有する物語が貧弱なために世界を生き抜く力に乏しい
4　生きた言葉の代補としての詩や小説の言葉に触れる機会が得られない

問七　空欄［7］（二箇所ある）に入る言葉として、最も適切なものを次の中から選び、その番号をマークせよ。［7］

1　美しい物語　　2　文字の言葉　　3　詩の響き　　4　言葉の記憶

問八　傍線部⑦の説明として、適切でないものを次の中から一つ選び、その番号をマークせよ。

4　世界や人生に対する深い気付きのようなものをもたらした

問二　傍線部②の説明として、適切でないものを次の中から一つ選び、その番号をマークせよ。 2

1　三人の中で家族から大切にされていることが描かれているのはポニーのみである
2　殺人を犯したジョニーはダラスの助けを借りつつポニーとともに隠れ家へ逃げた
3　三人は幼い子どもを火事から救ったがジョニーはその際に負った火傷のせいで死ぬ
4　ポニーの暗誦した詩はジョニーの願いにもかかわらずダラスには理解されなかった

問三　傍線部③はどのようなものだとされているか。適切でないものを次の中から一つ選び、その番号をマークせよ。 3

1　自然の美しさに正しく生きる指針があると知っている
2　幼い子どもは死の危険から守るべきと分かっている
3　とても困難な状況に陥っても捨て鉢な態度を取らない
4　世界と自分自身との意味あるつながりを経験している

問四　傍線部④はどのようなことか。最も適切なものを次の中から選び、その番号をマークせよ。 4

1　刑務所暮らしを経験したならず者の少年も本当は警官を怖がる子どもだったと明かされること
2　仲間の犯した殺人には平然としている大人びた少年が仲間の死には動揺を隠せないこと
3　経験を積み大人になりかけていた少年が大人の暴力によって無謀な死に追い込まれること

のおかげではない。三人のうちで彼だけがこうした文字の世界に親しんでいたにもかかわらず。文字の力を最も必要としたのは、生きた世界との絆を剥奪された、捨て子のようなジョニーと孤児のようなダラスの方である。彼らにとって文字は、保護者としての大人が語る、生きた言葉の代補であった。

しかしまた、こうした代補を必要としているのは、ただダラスやジョニーだけではないことに再び私たちは気づく。私たちが生きている世界はもはや、かつてのような（良い意味でも悪い意味でも）濃密な共同体的語りに満たされた世界ではない。幾世代にもわたって語り継がれてきた物語のうちで育まれ、その中で生き、その中で死んでいくことのできる世界は遠い定かならぬ記憶のうちにしか存在していない、そうした時代を私たちは生きている。すぐに薄れていく朝焼けの赤い空に、永遠へとつながる黄金の輝きを見せてくれるものは、もはや、長老の語る共同体の創世神話ではなく、会ったこともない詩人が残した［7］だけなのだ。これらの言葉は、共同体にしっかりとつながれ固定された言葉とは異なり、⑦時空の中をどこまでも浮遊して、たまたま出会った者によって捕まえられ、その魂の中に思いもかけない新しい物語を生み出す。「詩は書いた詩人のものではない。それを必要とする者のものだ」と、映画『イル・ポスティーノ』のなかで貧しい半文盲の青年マリオが言うように。世界の孤児である私たち一人一人が、何らかの代補としての［7］を「必要とする者」なのだ。

（森田伸子『文字の経験―読むことと書くことの思想史―』による）

［1］

問一　傍線部①の説明として、最も適切なものを次の中から選び、その番号をマークせよ。

1　暁のひととき美しく黄金に輝く自然本来の力に気付かせた

2　頼りがいのある立派な大人に至る道を浮かび上がらせた

3　暗い過去は忘れて前向きに生きようという決意に至らせた

になるんだ。彼にとってジョニーの死はヒーローになりそこなったアウトサイダーの惨めで絶望的な結末でしかない。空砲のピストルをかざして強盗を働き、警官に撃たれて死ぬダラスの死は、ついにこの世界との意味あるつながりを経験することなく死んでいく「子ども」の死である。ダラスが警官に追い詰められ撃たれたとき、誰かが叫んだように。

「まだほんの子ども just a kid なのに！」

物語前半でのダラスの大人っぽさと、その死の子どもっぽさ（彼は子どものように泣きながら死んでいく）。④この対比が私たちに哀切さをかきたてずにいない。

かくしてコッポラは、一片の短い詩と一冊の書物とを挟んで二つの対照的な死を描くのである。世界と希望につながれた死と、無意味でひたすら悲しい死と。映画を見終わって私の心にいっそう深く残ったのは、ダラスの無垢にしておろかな哀れさの方である。⑤ジョニーのいささか寓意的な死はこの哀れさを際立たせる装置であったのか、とさえ思われる。しかし、書物の世界に触れないままに逝ったダラスの死が、これほどまでに絶望的で無意味な哀しさに満ちているのは、なぜだろうか。文字や書物と無縁なままに、「大人」としての意味ある生と死をまっとうしてきた人々はたくさんいるだろうに。こう問うた時、私たちはダラスとジョニーをかこむ世界の⑥荒涼たる風景にあらためて気づかざるを得ないのだ。そこには、世界とは何か、人間とは何か、生きることの意味と希望とは何かを、子どもたちに向かって語る大人は存在しない。子どもたちと生活をともにし、文化を共有しあう身近な大人たちの、こうした語りによってこそ、子どもたちは世界との間に生きた絆を築いていくことができる。ポニーにはかろうじてそうした大人がいた。二人の兄は、彼ら自身やっと少年期を脱したばかりとはいえ、亡き両親の代わりをせいいっぱい果たそうとしている。何よりもポニーは両親を中心とした家族の思い出（物語）を身体のうちに所有している。ポニーが三人のうちただ一人生き延びることができたのは、こうしたものの力のためであって、詩や小説の言葉

があの詩であり、もう一つはポニーの愛読書である『風とともに去りぬ』である。隠れ家での生活用品を買出しに出かけたジョニーは、パンやミルクやタバコと一緒にこの一冊の本を買ってくるのだ。「暇なときに読んで聞かせてくれ」と言って。ポニーの朗読に耳を傾けるジョニーの姿がある。コッポラがこの二つのテクストに大きな意味を与えていることは明らかである。暗誦された詩の言葉と、一冊の書物。これらとの出会いが、三人の中で最も幼く頼りなかったジョニーを③最も成熟した大人にするのである。もっともそれは大人として生きるのではなく、大人として死ぬ、という形でしか成就されないのだが。三人は火事に巻き込まれた幼い子どもたちを救って一躍町のヒーローになる。最も重いやけどを負ったのはジョニーである。重症のベッドで彼が求めたものは、『風とともに去りぬ』の本だった。ポニーはそれを病院の売店で買い求める。ジョニーが決して読むことのできなかったこの本は、遺品としてポニーに残され、そのページの間には、看護婦に書き取ってもらった手紙が挟まれている。

「一四歳で死ぬなんて早すぎるよ。もっと生きていたかった。でも、子どもたちを助けてよかったよ。子どもは黄金なんだ。ポニー、いつまでも黄金のままでいてくれ。ダラスにもあの朝焼けを見せてやってくれ。あの朝焼けの美しさを教えてやってくれ」。

もっと生きていたかった……。かつて、「殴られるほうが無視されるよりはましさ」と言い「死んでしまいたいよ」とポニーに訴えていたジョニーだったのだが。自分のこの変化の源をジョニーはあの黄金の朝焼けに見出している。だからこそ、ダラスにそれを伝えたいのだ。しかしダラスはこの黄金の輝きを見ることができないままに死んでいくだろう。ダラスはジョニーの死の不条理さに耐えることができない。せっかくヒーローになったのに、惨めに死んでいくなんて。子どもを助けて何

の詩を口ずさんだのはこのときである。どこかで習った詩。意味がよくわからないから、かえって覚えていた詩。その一つ一つの言葉は、まるでそのまま、この朝焼けの輝きの中に溶け込んでいったかのように、①赤く染まった空を突然別の何かに変える。「詩を聞くまでは気づかなかった」何かに。

「不思議だな、詩を聞いて初めて朝焼けがこんなにきれいだって気づいたよ」。

一九八三年、フランシス・コッポラ作の『アウトサイダー』の一場面である。ここには三人の少年が登場する。②ポニーとジョニーとダラス。ポニーは両親を事故でなくした後、二人の兄と暮らしている。上の兄は夜遊びから帰ったポニーを叱って殴りつける暴君型、下の兄は物分りのいいやさしいタイプだが、両方とも、ポニーを大事に思っていることは観客にはすぐにわかる。ジョニーは町外れの貧しい掘っ立て小屋に両親とともに住んでいる。この両親はいつもいがみ合っており、小屋からは二人ののしりあい、物を投げる音がしょっちゅう聞こえている。ジョニーがほとんど捨て子の状態であることは、けんかに夢中の両親が夜遊びから帰ったジョニーに気づきもしないことからも知られる。ダラスは、三人の中で一番の兄貴株である。彼は刑務所暮らしを経験している無頼者で、町の酒場の二階に住んでいる。彼の家族のことは何も語られもほのめかされもしない。兄たちの保護の下にあるポニーや、両親から無視されながらも両親の家に住むジョニーと比べたとき、最初から単独者として登場するダラスは、三人の中では一番「大人」に近い存在に見える。実際、映画の前半では、ダラスはポニーとジョニーをリードする頼もしい兄貴分としてふるまう。ポニーと一緒のときに抗争相手のグループに襲われて、ジョニーは誤って相手をナイフで刺して殺してしまうのだが、そのとき、二人が真っ先に駆け込んだのはダラスのところだったし、ダラスは躊躇（ちゅうちょ）なくすぐに二人に金と衣服を与え、隠れ家に逃がしてやるのだ。

冒頭に述べたのはこの隠れ家での一シーンである。この隠れ家でのシーンには、二つの文字テクストが登場する。その一つ

〔三〕 次の文章を読んで、後の問いに答えよ。解答番号は〔三〕の 1 から 8 までとする。

自然がもっとも輝くとき
その最初の緑は黄金
その最初の葉は花
けれどそれはほんのひととき
葉はただの葉に変わり
エデンの園は悲しみにしずむ
暁は色あせて昼の光に
黄金の輝きは残らない

アメリカの国民的詩人と言われるロバート・フロストの詩“Nothing gold can stay”の一節である。この詩を暗誦（あんしょう）しているのは、ポニーと呼ばれる一六歳の少年。地元のハイスクールに通っている。この詩に耳を傾けているのは、ジョニーという少年だ。黒い髪と琥珀（こはく）色の肌から見ると、ラテンアメリカ系であろうか。二人が立っている場所は、町から遠く離れた荒地にある古い教会の廃屋のそば。時は暁。真っ赤な朝焼けがさえぎるもののない地平線の上いっぱいに広がっている。一本の大きな木が真っ赤な空にくっきりとした黒い影を浮かび上がらせるその下に、二人は立っている。

「きれいだな……金色と銀色に光ってるみたいだ。でもすぐに消えちゃうけど」。ジョニーがつぶやく。ポニーが思わず冒頭

2　啄木の曲は未伝授であったので、それを演奏するかわりに揚真を啄木風に演奏した
3　秘曲に対する積年の思いが、死に際の妄念となって往生の妨げになりそうに思われた
4　楽道に対する虚栄心を満たすために、自らの身分もわきまえず重罪を犯してしまった

問七　空欄 [7] に入る言葉として、最も適切なものを次の中から選び、その番号をマークせよ。[7]

1　べし　2　べき　3　べから　4　べけれ

問八　本文の内容と合致しないものを、次の中から一つ選び、その番号をマークせよ。[8]

1　孝道は楽道の今後のためとして、長明の罪を厳しく糾弾しつづけた
2　人々は宮廷を軽んじた長明を院が憐れむ必要はないとささやきあった
3　長明は状況に耐えきれなくなり、京都を去って修行に出ることにした
4　長明の釈明を聞いた後鳥羽院も世間一般の罪にはあたるまいと思った

問三 傍線部③が指す内容として、最も適切なものを次の中から選び、その番号をマークせよ。[3]

1 世間に名の通った風流人として有名だった長明が好んだ、和歌の道や、琵琶の道
2 世間でも評判の演奏家たちを沢山勧誘して回って賀茂の奥で開催した秘曲づくし
3 管弦の宴で気分が高揚した長明が、勢いで繰り返し弾いた琵琶の秘曲である啄木
4 耳をすまし、目を見開いて演奏できる人たちだけが手に入れることができる体験

問四 傍線部④が指しているものとして、最も適切なものを波線部ア〜エの中から選び、その番号をマークせよ。[4]

1 ア よにきこえたかきひとびと
2 イ 願主の長明
3 ウ 孝道
4 エ 仁明の聖朝

問五 傍線部⑤の内容として、最も適切なものを次の中から選び、その番号をマークせよ。[5]

1 低い身分にありながら、有名な管弦の名人を集めて、豪華な宴を密かに主催したこと
2 伝授されたとはいえ、これまで公開されたことがない秘曲を大勢の前で演奏したこと
3 君と臣の礼儀を忘れて、たいした演奏家でもない長明が手続きもなく秘曲を演奏したこと
4 披露の先例がない宮中の秘曲を、伝授されてもいない長明が身の程知らずにも演奏したこと

問六 傍線部⑥の内容として、適切でないものを次の中から一つ選び、その番号をマークせよ。[6]

1 感動を表さずに終わってしまうのも無念だったので、拙い演奏を披露してしまった

りければ、これにたへずして、ついに長明洛陽を辞して修行のみちにぞ思ひたちける。

（『文机談』による）

※有安……平安後期－鎌倉時代の雅楽家、歌人。琵琶、笛、太鼓、箏などの器楽をはじめ、催馬楽、今様、声明などでも知られ、楽所預に任命された

問一　傍線部①の意味内容として、最も適切なものを次の中から選び、その番号をマークせよ。〔1〕

1　有安が楊真操を少しだけ演奏させたところ、長明は曲の残りを演奏せずに姿を消した
2　有安はやっと楊真操までの楽曲を受け取るも、残りの楽曲は受け取れずに亡くなった
3　少しだけ楊真操を教えてもらった長明は、残りの曲の練習は拒んで有安の元を去った
4　長明がやっと楊真操まで習い受けると、有安は残りの曲の伝授を許さずに亡くなった

問二　傍線部②の意味内容として、最も適切なものを次の中から選び、その番号をマークせよ。〔2〕

1　これまで考えていたことだが、楽曲の名前が一人歩きしていると思ったので
2　一人前になる年齢に達して、自分の腕が他人よりはるかに上だと考えたので
3　幾年月思っていたように、琵琶は管弦よりも華があるものに感じられたので
4　長年想像していたものよりも、はるかに優れて素晴らしいものに感じたので

この事、いかなる耳かくりきかもれ聞きけん、孝道この事をつたへ聞きて、後鳥羽院へ申し入れけるは、「かたじけなくも仁明の聖朝、当道を我が国にまねき給ひしより、我が君にいたらせおはしますまで五代なり。関白殿の御家に伝はれる事も三代なり。そのほか親王・臣家・大夫・僧侶・貴女・高人、このみちに御身をいるるたぐひ、数をしらずといへども、啄木を広座にほどこす事、いまだ先例を聞かず。唐承武は勅に応じて朝使に伝へ、貞敏は私扉に属してこれをまなびき。勅製のおもくする所、すでに一代にこれをかぎらず。一度曲を奏する仁は四品の賞をひらき、又これを伝へ給ふ君はたちまちに蓬莱の雲をゆるし給ひき。君と臣との礼、なほかくのごとし。いはむや④凡夫下傍の仁として、身に伝へざる秘曲を、いつはりてしかも貴所高人の奥義をはかりたてまつる事は、⑤これおもき犯罪なり。すみやかにただをさるべし」といきどほり奏しければ、長明に御たづねあり。

⑥勅答に奏しけるは、「さること候ひき。長明、人間に生をうけて絃歌の好士たり。おのおの嗜む所、みな浅智なりといへども、諸道の奥曲、朝暮これを庶幾するにたへず、臨終の忘念ともまかりなりぬべく侍りしかば、とかくひけいをめぐらして貴賤をすすめ、そのみちみちの棟梁をえらびかたらひ申して会合の事は候ひしかども、啄木の曲においてはいまだ師説候はねば、つひにこれをつかまつる事候はず。但しさしもの千載の一会にこころづよくてやみ候ひなん事も、かつはむねんにおぼえ候ひて、楊真の曲を啄木に模したる事は候ひき。みづからがくろてを施して、他の白手をえたる事、浮華の言、そのとがありといへども、法意のただす所、いかでか重科にはじゆんぜられ候ふ　7　。道にふけるこころざしのせつなる事、ただ雲泥ことなりといへども、皇化の大聖をめぐらして叡察をくだしましますべし」とぞ奏しける。

君も、よのとがには准じおぼしめされざりけるうへに、人びとも申しけるは、「この事、まことによの好悪にはにざるべし。朝憐あるべき物を」などつぶやく輩も侍りけれども、道のらうぜき、向後のため断絶しがたきよし、孝道こわく奏聞つかまつ

問九　本文の内容と合致しないものを、次の中から一つ選び、その番号をマークせよ。 13

1　現代社会における写真の存在形態は全体主義の一つの形式と見做したくなるほど抗いがたい強制力を有している
2　写真はそれ自体として過剰そのものである上に過剰に流通しているので人間の視覚の側で省略する必要が生じる
3　現代社会における内面性の崩壊は疎外された眼球装置としての写真器が人間の視覚に取って代わったことによる
4　写真の社会的現実の只中でその存在様態を逆手にとることで批判的精神を喚起するのが現代写真家の役割である

〔二〕　次の文章を読んで、後の問いに答えよ。解答番号は〔二〕の 1 から 8 までとする。

さてこの有安※には、鴨長明と聞こへしすき物もならひ伝へけり。①わづかに楊真操（ようしんそう）までうけとりて、のこりはゆるさずしてうせにけり。長明は和歌のみちさへ聞こへければ、世上の名人にてぞ侍りける。すきのあまりにや、或る時、アよにきこえたかきひとびとをあまたかたらひめぐりて、賀茂のおくなる所にて秘曲づくしといふことをぞはじめける。大納言経通卿・中将敦通朝臣・三品実俊卿・中納言盛兼卿・右馬頭資時入道もおはしけり。あしがらうたひ給ひけり。この外もあまた人びとおはしけり。楽所には景賢・景基も侍りけり。ひちりきの小調子、笙のふえの入調、笛の荒序、箏の調子、すべてのこる事なし。まことにかやうにしつつも侍りなんとぞおぼえける。イ願主の長明、②年ごろおもひけるにはなほこよなくまさりておぼえければ、かむにたへかねて琵琶の啄木といひける曲を数反弾きけり。なにとはしらずおもしろき事、いひやるかたなし。我も人もあらぬせかいにうまれ、しらぬ国にきたりぬる心ちして、耳をおどろかし、めをそばだてずといふ事なし。まことにしても③かかる事にあひまじはらではなにかせんとぞきこえける。

2　入国審査時のパスポートの提示
3　入学願書を出す際の写真の貼付
4　写真を用いた身元不明者の同定

問六　空欄 10 に入る言葉として、最も適切なものを次の中から選び、その番号をマークせよ。 10

1　社会　2　国境　3　神話　4　中央

問七　傍線部④の理由として、最も適切なものを次の中から選び、その番号をマークせよ。 11

1　国際化が進むにつれて複雑化した国境の警備のためには写真の検閲や審問が欠かせないから
2　複雑に入り組んだ社会的な境を越えるためには写真による自己同一性の証明が不可欠だから
3　社会の内側にも数多く存在する境界の監視は写真の撮影によって効率的に行われているから
4　現代社会の機構的制度は写真の普及とともに増大した管理組織によって支配されているから

問八　傍線部⑤の説明として、最も適切なものを次の中から選び、その番号をマークせよ。 12

1　肖像写真を撮ってもらうことに羞恥も屈辱も感じないのは私たちの疎外感が麻痺している現れである
2　社会からの疎外に抵抗する個々人の反対行動が消滅した帰結として人間の内面性が崩壊してしまった
3　人間が本来あるべき精神性を手放して制度に支配された結果として必然的に羞恥心や自尊心も失った
4　制度的な必要性に屈伏したことによって私たちは自分自身を孤立させるような行動を繰り返している

2　写真は物が元来持つべき材質感を欠いているから
3　写真がどれも等しく均一な対象を扱っているから
4　写真は視覚に対して強制的に働きかけてくるから

7　問三　傍線部②の説明として、最も適切なものを次の中から選び、その番号をマークせよ。

1　自然の摂理に反する模造的な美の形象
2　人々の関心を引くための表層的な媚態（びたい）
3　澄んだ波のように無表情な視覚的虚構
4　わざとらしい笑みを湛（たた）えた画像の波動

8　問四　空欄［A］［B］に入る言葉の組み合わせとして、最も適切なものを次の中から選び、その番号をマークせよ。

1　A　要約　　B　刺激
2　A　抽象　　B　省略
3　A　表出　　B　伝統
4　A　沈黙　　B　内面

9　問五　傍線部③の例として、適切でないものを次の中から一つ選び、その番号をマークせよ。

1　旅行先における記念写真の撮影

いなければならないのが、現代写真家である筈なのである。

（藤田省三『「写真と社会」小史』による）

問一　二重傍線部ⓐ〜ⓔの漢字と同じ漢字を含むものを、次の各項の中からそれぞれ選び、その番号をマークせよ。

［1］ⓐ
1　カンコウ旅行
2　ケイコウと対策
3　サンコウ文献
4　家内コウギョウ

［2］ⓑ
1　意気トウゴウ
2　イットウ両断
3　トウケイ資料
4　一騎トウセン

［3］ⓒ
1　時代コウショウ
2　森羅バンショウ
3　校歌セイショウ
4　論功コウショウ

［4］ⓓ
1　チクサン農家
2　チクジ通訳
3　カイチク計画
4　ビチク食料

［5］ⓔ
1　カイキョの達成
2　質問へのカイトウ
3　カイシンの出来ばえ
4　道路法のカイセイ

問二　傍線部①の理由として、適切でないものを次の中から一つ選び、その番号をマークせよ。［6］

1　写真が日常空間において過剰に氾濫しているから

感が現代的社会意識の不安感とニヒリズムの根本条件の一つを為してはいないだろうか。

にもかかわらず、或はそうだからこそ、私たちは所属制度の市民権を証明して市民の権益にあずからなければならなくなった時には――そうしてそういう場合はしょっちゅう訪れるのであるが――そういう時には、好むと好まざるとに関わらず、否応なしに、恥ずかしくもなく己れ自らの肖像写真を麗々しく撮って貰い、それを麗々しく提示して恬として恥じることを知らないのである。「必要」とは怖いものである。社会制度上それが必要だというだけで忽ちにして私たちの羞恥の心は一掃されて了う。せめてもの慰めはその肖像がペラペラだということに在るが、しかし自分の姿がペラペラであることに対しても何の屈辱も感じない程「必要」の前に自尊心を失っているのでもある。そしてその両者は――含羞の心の喪失と内面的自尊心の消滅とは――同じ事態の現れなのである。すなわち、かつてブロッホが言ったように、羞らいや人見知りは「自分自身の裡に止どまろうとする」態度であって、だからこそそれは疎外に対する本能的なそして目立たない反対行動なのであり、その時には、自からは止どまるに値する何かを備えているという朧気な感覚（自尊心の控えめな萌芽）が無自覚に存在しているからである。含羞の心の喪失も内面的自尊心の消滅も、かくて、⑤疎外態となり果てた私たちの現代的函数化の現れに他ならない。私たちは制度内の権益に与るために自から進んで繰り返し疎外態になり続けているのである。精神の内面性を保障する最後の砦としての「含羞」と「秘やかな自信」とが二つながら此処に無惨に崩壊している。

現代における写真の社会的存在形態とその現象学は粗筋においてそのような構造を持っている。それ以外にも、写真の社会学とそれがもたらす精神史的変化について言うべき事は多いが、それらは折に触れて想い起こせばよいであろう。要は、以上のような骨格を持った社会的現実としての写真の中で――その真っ只中で――、起死ⓔカイセイの任務を負って、毒を薬に変え、人々の羞恥心を呼び戻し、批判的精神を蘇生させ、そうすることによって、制度的社会機構の「鯨の腹の中」に置かれていながらも、その中に「異物」としての相互主体的な社会関係を、小さいながら生み出そうとして、写真器を逆武器として用

視覚的騒音なのである。綺麗な人工的輝きを過剰に放射する製品なのである。

私たちの日常生活の行動範囲を至る所で取り巻いている写真の壁はそのようなものである。それはまだしもこちら側から省略できるものであった。しかし私たちが一歩でも制度としての社会に関与した途端に写真は支配的な強制力を発揮する。社会生活の境い目毎に③「関所」の首実検として写真が存在しているのである。入学や入社における写真、出入国における写真、「正常社会」と犯罪社会の区別を司る写真、それらはすべて制度としての社会に必要不可欠な「境界」を「境界」たらしめている「サエの神」なのである。それらの写真を、例えばソンタグのように、身分証明書、旅券、アルバム、お尋ね者捜査などの個別的場合として羅列したのでは、写真の普及度の広さは分かってもその社会的性格の核心は分からなくなるかも知れない。それらの写真は、制度としての社会の境界を押さえることによって、制度的社会そのものの成立を保障する基礎となっているのである。社会を制する者は原始時代以来必ず境を制した。境を制した時「 10 」が生まれるのであった。「天孫」は辺境熊襲(くまそ)の地に「降臨」することによって「天孫」となる。そうして今では境は至る所に複雑な入り組み方をして存在している。国のド真ん中に在る空港も、それが国際空港である限り其処は国境なのであり、だからこそ或る国の如きはその空港に立っている貧弱な兵隊が「国境警備隊」に属しているという有様なのである。兵隊など立たせていない国でも間違いなく国際空港には国家公安の直接管理が行き届いていることであろう。国境が地図上の国境以外に国のド真ん中にもう一つも二つも出来ているように、制度的社会の「部局」や「分室」や小組織毎に境が数多く生まれているのが、今日のいわゆる複雑社会である。その境を制する者がその組織の「中枢」なのである。そうしてその境の制圧を効率的に保障している物が写真なのである。現代の複雑社会は写真効率の増大のお陰によってその回転を保障されている。こうして④写真は制度としての現代社会の成立基礎となっている。写真の上に立つ機構的制度。それが今日の支配的な社会の姿なのである。あの、ペラペラの、ツルツルした紙切れの上に厖大(ぼうだい)な機構が聳(そび)え立っている、というのだ。物質感の極めて薄弱な紙切れの上に聳立する巨大機構、その不安定

いで済む物言わぬ視覚的騒音なのである。省略を含まぬもの、抽象を経ないもの、それ自体として過剰そのものである写真が、至る所に過剰に張りめぐらされているのだから、こちらが「見過ごし」たり「眼を閉じ」たり「盲になっ」たりすることによって、省略をほどこさなければ生きてはいけないのである。眼は物を見るために存在する。人を見る場合でも其の人の上に現れたモノゴトを或は出来事を見るために存在している。しかし、神経ケイトウⓑから切り離された眼球構造（すなわち疎外された眼球装置）としての写真器は、物を写し出すのではなくて、物が元来持っている材質感を完全に欠いたツルツルでペラペラの表面に、反射光を一杯に漲らせている視覚的秋波を、影絵の周囲に附け加えて八方に放散する。それはもはやベンヤミンの言う「物の痕跡」などではなくて逆に物影の周りに余計な光りを無数に着けることによって、影の持つ陰画的象徴性を圧殺して了った「輝きの模造品」なのである。つまりは模造真珠でありマネキン人形の平面版に他ならない。百貨店のショウ・ウインドーを覗く人はマネキン人形を見詰めはしない筈である。彼はマネキンに着せられた着物の方を見るのである。しかるに今日の日常空間を埋め尽くしているペラペラでピカピカの平面としてのマネキン人形は、「この人を見よ」と言って自分自らを指さすように「作られた魅力」を周囲に向けて発散している。全き対外志向であり完全な内面性の欠如である。こちら側が省略的無視をほどこさなければならない所以はそこにある。その点を認識しない時、「写真はシュールレアリスムを地で行くものである」という忖度的意見が生まれて来る。しかしシュールが生んだ一つの大きな成果は、大胆な抽象画の世界なのであった。それは物が含む非核心的な要素を払い落とし省略し切って、単純無類な線や形や色の中に複雑なる物の構造を要約した。シンショウⓒや想像世界についても同様の対処をほどこした。だから抽象画に対する時私たちは、視覚的騒音に対するのとは逆に、それが持つ反伝統性や表面的現実への不意打ちなどの「意外性」をガンチクⓓある本質の表出として落ち着いて眺めることも出来るし、「分からんなあ」と言って考え込むことも出来るし、邪魔にはならない必須の刺激として傍に引き寄せることも出来る。写真は自らは［ A ］出来ない。［ B ］を含まない。オブジェでもない。それは現代都市的社会が生んだ

国語

（六〇分）

〔一〕　次の文章を読んで、後の問いに答えよ。解答番号は〔一〕の 1 から 13 までとする。

何処へ行っても否応なく写真に出会わざるをえないということと、その写真の大群がどれも一様に——人も花も山も鳥も物体も何もかもが等し並みに——あのツルツルの表面の中から極めて人工的な「思わせぶり」を持って「お目出度い笑み」と「秋波」を放散していることのために、①私は今日の写真というものにウンザリしている。見ないようにしている間はそれで済むのだけれども、一度(ひとたび)現代社会での写真の存在形式が如何なるものであるかを考えて見ようとして注意して見たりすると、その過剰とその均質とそのツルツルとその模造品的人工性とに殆(ほとん)ど堪え難い思いを抱かざるをえない、という事態になる。その思いが昂(こう)じて来ると、否応なしにこちらの視覚を目掛けて放射能のように飛び込んで来る②人工的「秋波」の群れの ⓐコウガクの強制力を全体主義の現代的形式の一つと見做(みな)したくなり、そうすると、眼をつむるか盲になるかする以外にはその存在としての強制力から自由になる道は無いとさえ思うようになるのである。

つまり、私たちの日常生活の空間に張り廻らされている写真の大群は思考の対象として扱ってはならない余剰品——それにしては余りに多い余剰——なのであり、そうして置けば別に飛び掛かって来るものではないから、身の安全には関わらな

解答編

英語

I

解答　〔A〕1―ウ　2―ウ　3―エ
〔B〕4―ウ　5―イ　6―ア

◆全　訳◆

〔A〕≪ヨーロッパ旅行の企画≫

A：それって君が考えてるパッケージツアーのパンフレットかい？

B：そうだよ，ヨーロッパってすごそう！　この会社は何でも手配できそうなんだ。これらのうちのどれかのツアーに参加すれば，くつろいで名所を堪能できるよ。

A：なるほど。奥さんと行くつもり？　それともお父さんを招待するつもりなの？

B：そのことについてずっと考えてたんだ。もちろんスーは連れて行くけど，父が行きたいなら，一緒に行ってもいいんだ。

A：完璧じゃないか！　飛行機で彼らの真ん中に座れるよ！

B：そんな風に言うと，それほどいい計画っていう感じはしないね。

A：パッケージツアーってお客さんに，もっと豪華な場所に滞在することを選ぶオプションを用意しているって聞いたよ。それって本当なの？

B：そうだよ。たぶん旅行会社は異なった予算のお客さんの要望に応えたいと願っていると思うんだ。僕たちは自分たちの宿泊施設はできる限り手頃なものがいいと思ってるから，そうはしないと思うけど。

A：僕も同じように思う。自分に関する限りでは，宿泊場所はただ寝るだけの場所だしね。

B：同感だよ。でも違うように考える人もたくさんいるみたいだね。

A：それはそうとして，行くか行かないかは，いつはっきりわかるの？

B：手付金を入れたときだと思う。出発の少なくとも1週間前には完了しないといけないんだ。手付金を送る前に聞きたいことがたくさんあるんだけどね。

A：プランニングがうまくいくことを祈るよ！

〔B〕≪睡眠の取り方≫

A：やぁ，ランディー。あんまり元気そうじゃないね。どうしたの？

B：最近，本当に疲れてる感じなんだ。起きたときに，完全に休めてリフレッシュしたって全然感じないんだ。

A：それはよくないね！　毎晩睡眠はどれくらい取ってるの？

B：夜11時半には布団に入って，朝の5時に目覚ましをかけてるんだ。でも，実を言うと，寝つくまで2，3時間かかることはよくあるんだ。

A：なるほど。ということは，基本的には本当はたった4時間くらいしか取れてないね，でも恐らくそれよりさらに少ないかも。そうすると確かに十分じゃないね。

B：まったくだよ。どうすべきだろう？

A：電気製品から出るブルーライトを避けることと，布団に入る2，3時間前はコーヒーや緑茶を飲まないことを提案するよ。

B：どのみち苦い飲み物は好きじゃないしね。でも夜のニュース番組を見ながらホットチョコレートを飲むのが楽しみなんだ。

A：それ，しないようにした方がいいよ。実際，それにも少量のカフェインが入っているし。それと，毎晩，何回か途切れない90分間の睡眠サイクルを繰り返すことが一番だよ。

B：ああ，そうだよね！　睡眠サイクルの途中で目覚めると眠たくなるって聞いたこと思い出したよ。じゃ，全部で一晩に6時間の睡眠をとることが理想かもしれないね？

A：実際，専門家は7時間半以上必要だと言ってるよ。

B：まぁ，一日のほぼ3分の1を睡眠時間に充てることは，忙しい大学生にとっては大変だけど，君が提案してくれたことは何でもすすんでやってみようと思うよ。

◀解　説▶

〔A〕1．空欄より前の発言では，AがBに奥さんと行くのか，お父さんを招待するのかを聞いていて，空欄直後の発言で，Aが「飛行機で彼らの間に座れるよ」と言っている。よって，Bは3人で旅行に行くことを考えているとわかるので，ウ．「もちろんスーは連れて行くけど，父が行きたいなら，一緒に行ってもいいんだ」が正解に相応しい。ア．「２人とも愛しているんだけども，気分転換に１人で行きたいんだ」，イ．「この何年間かスーをヨーロッパに連れて行くと約束してるんだ」，エ．「スーは今年の有給休暇は残っていないから，父だけだ」は，いずれも３人で行くことにはならず，直後のＡの発言とかみ合わない。

２．空欄に続くＢの発言に，「僕たちは，自分たちの宿泊施設はできる限り手頃なものがいいと思ってるから，そうはしないと思うけど」とある。したがって，「手頃な宿泊施設」と反対の内容を含むものを選ぶ。ウ．「(パッケージツアーは）お客さんに，もっと豪華な場所に滞在することを選ぶオプションを用意している」が正解に相応しい。ア．「(パッケージツアーは）ときどき驚くほど，お値打ちなことがある」，イ．「(パッケージツアーは）お客さん個人が必要とするものを考慮しない」，エ．「(パッケージツアーは）お客さんにとても安いホテルに滞在する機会を提供する」は，いずれも空欄に続くＢの発言とかみ合わない。

３．空欄直後の，Ｂの「手付金を入れたときだと思う」という発言から，空欄にはお金のやりとり後に成立するはずのことが入るとわかる。したがって，エ．「行くか行かないかは，いつはっきりわかるの？」が正解に相応しい。ア．「あなたはいつ旅行のパンフレットを見に行くの？」，ウ．「この会社について初めて聞いたのはいつなの？」は，いずれも金銭とは関係ない発言なので会話がかみ合わず，イ．「あなたはいつパッケージツアーに出発すると計画しているの？」は，空欄後のＢの発言の「出発の少なくとも１週間前には完了しないといけないんだ」と会話がかみ合わない。

〔Ｂ〕４．空欄直前のＢの発言には，「夜11時半には布団に入って，朝の５時に目覚ましをかけてるんだ」とあり，５時間半ほどの睡眠時間を確保しようとしていることがわかるが，空欄直後のＡの発言に，「基本的には本当はたった4時間くらいしか取れてないね，でも恐らくそれよりさらに少ないかも」とある。したがって，ウ．「寝つくまで２，３時間かかることはよくあるんだ。」が正解に相応しい。ア．「たいてい私はすぐに眠りにつきます」，イ．「私は時々もっと早い時間に布団に入ることさえある」は，いずれも５時間半以上の睡眠が取れていることになり，空欄直後のＡの発言とかみ合わない。また，エ．「私は目覚まし時計が鳴っても眠り続けることがとてもよくある」も空欄直後のＡの発言とかみ合わない。

5．空欄の前のAの発言では，就寝前に飲むべきではない飲料が挙げられている。そして，空欄直後のAの発言に「それ，しないようにした方がいいよ。実際，それにも少量のカフェインが入っているし」とある。したがって，イ.「夜のニュース番組を見ながらホットチョコレートを飲むのが楽しみなんだ」が正解に相応しい。ア.「私はお風呂に1時間入りながら氷の入った水を飲みます」は，水にはカフェインは含まれていないので，空欄に続くBの発言とかみ合わない。ウ.「私はヘッドホンで激しいロックを聴きます」，エ.「私はタブレットでたくさんのハリウッドのアクション映画を観ます」は，飲料に関する会話とは関係ないので，いずれも正解に相応しくない。

6．空欄直後のBの発言に「一日のほぼ3分の1を睡眠時間に充てることは，忙しい大学生にとっては大変だけど」とあるので，ア.「実際，専門家は7時間半以上必要だと言ってるよ」を選べば，自然な会話が成り立つ。イ.「正直に言うと，あなたは自分にとってどれくらい寝るのが理想的かを自分で見つける必要がある」は，一日のほぼ3分の1を睡眠時間に充てることとは関係がない。ウ.「実際，質の高い5時間の睡眠でおそらく十分であろう」，エ.「あのね，無理にでも11時間連続で寝るようにしてごらん」はいずれも，空欄直後のBの発言と時間的にかみ合わない。

II　解答　7－ウ　8－カ　9－キ　10－イ　11－ア　12－ク

◆全　訳◆

≪オーストラリアの開拓史≫

オーストラリアは地球で最も大きな島で，最も乾燥して平坦な大陸だ。その陸地部分は，ほぼ300万平方キロメートルで，人口は2000万人をわずかに上回ると推定される。

オーストラリアの人口は，大きさが同じ他の国の人口と比べるとかなり少ない。なぜなら，オーストラリアは島の内陸部ではほとんど雨が降らないからである。結果として，この地域は大部分が砂漠で人が住むのに適していない。東海岸地方だけに人口が集中している。

最初にオーストラリアに住んでいた人たちは，およそ4万年前にアジアから南下してきたアボリジニーだった。最初にオーストラリアを見つけて上陸したヨーロッパ人は，オランダ人だった。しかしながら，オーストラリアはジェームズ=クックが島の東部の所有権を要求した1770年までは，さほど注目を集めなかった。1788年に最初のイギリス人居留地がポートジャクソンの海岸につくられた。恒久的なオーストラリアの植民地化は19世紀に始まり，そしてそれ以来，世界中から人々が生活を営み仕事をするためにオーストラリアに移住してきている。

◀解　説▶

英文を読みながら，意味や品詞を考慮して適切な単語を補う。

7．空欄直前がbe動詞なので，補語になる名詞か形容詞を選ぶか，分詞を用いて進行形か受動態にする必要があると判断する。過去分詞のウ．estimatedを選べば，「見積もられている」となり，全体が意味のある英文となる。estimate O to be C「OはCだと見積もられる」

8．空欄直前に冠詞があり，直後には前置詞があるので，名詞が必要だと判断する。カ．interior「内部，内側」を選べば，the interior「内陸」という意味になり，全体が意味のある英文となる。

9．空欄を含む文の前文（This is because …）に「ほとんど雨が降らない」，次文（Only the eastern …）に「東海岸地方だけに人口が集中している」とあることから，空欄にキ．mostlyを入れれば，「大部分が砂漠で，人が住むのに適していない」となり，意味が通る。mostlyは副詞だが，名詞などの前後で「大部分の」という意味を表すことができる。

10．空欄直後にはbe動詞があるので，空欄より前には主語となる名詞が必要だと判断する。イ．districts「地域」を選べば，「東の沿岸地域」となり，全体が意味のある英文となる。

11．空欄前にgain「～を得る」の他動詞があり，空欄後に目的語がないことから，名詞が必要だと判断する。ア．attention「注目」を選べば，「関心を集めなかった」となり，全体が意味のある英文となる。

12．空欄前に冠詞と形容詞があり，直後には動詞があるので，主語となる名詞が必要だと判断する。ク．settlement「居留地」を選べば，「最初のイギリス人居留地がポートジャクソンの海岸につくられた」となり，全体が意味のある英文となる。オ．immigrant「移住者」はこの文章で動詞として用いられているwas createdの主語には相応しくない。

III **解答**　13―イ　14―イ　15―ア　16―ウ　17―イ　18―ア　19―ウ　20―エ

◀解　説▶

13.「その英雄は若い頃にとても苦労し，そしてその経験が彼を今の彼にした」

what S is「今日のＳ」という意味の定型表現である。

14.「私の娘は，ニュースレポーターになりたがっているのだが，私の妻と同じくらいおしゃべりだ」

no less ～ than *A*「*A* と同様～だ，*A* に劣らず～だ」この英文は My daughter, …, is as talkative as my wife. と同意である。

15.「そのシェフは，フランスのバターは日本のものよりミルクの風味が強いと説明した」

代名詞の問題である。まず，イ．it は話題に上がっている名詞そのものを指し，また形容詞で修飾することができない。ウ．one は形容詞で修飾できるが，可算名詞にしか用いないので，本問の butter という不可算名詞には合わない。不可算名詞の場合は，名詞をそのまま繰り返すことになる。したがって，ア．butter が正解に相応しい。エ．other を代名詞で使う場合には，原則的に the をつけるか複数形などにする必要がある。

16.「5分の2の従業員の個人情報が，コンピュータウイルスのせいで漏洩した」

主語が「情報」であり，動詞は「～を漏らす」なので，受動関係が必要である。したがって，ア．did とイ．have は相応しくない。分数＋of＋名詞が主語になる場合，単数扱いすべきか複数扱いすべきかは，名詞が単数か複数かによって決まる。information は不可算名詞なので，ウ．was が正解に相応しい。

17.「その国のオリンピックプログラムは，熱心でよく訓練された栄養学の専門家のチームによって支えられている」

空欄には「栄養学の専門家」を修飾する語が必要である。選択肢として与えられている train は「～を訓練する」という意味なので，「栄養学の専門家」との間には受動関係が必要である。したがって，イ．trained が正解に相応しい。

18.「その人気俳優は，自分の人生を変えたことについての記事を書いた」

空欄より前には主語と動詞があり，空欄の後には動詞があるので，接続詞か，接続詞の働きを兼ねる関係代名詞が必要であると判断する。したがって，エ．no matter は相応しくない。先行詞を含む関係代名詞 what が用いられているア．about what が正解に相応しい。イ．for fear that S V は「SがVするといけないから」という意味の定型表現なので，本問では相応しくない。ウ．from which は from が不要。which のみであれば，an article を先行詞として，空欄の後は an article changed his life を元にした関係代名詞節となり，英文は成立する。

19.「遅延料金を払わないようにするためには，見終わったときに DVD を返却するべきだ」
when 節以下は時を表す副詞節になっているので，その内容が未成立の未来のことであっても，will を使わず現在時制で表す。したがって，ウ．have finished が正解に相応しい（現在完了は現在時制である）。ア．finished は過去形，エ．will finish は will を使った未来表現なので相応しくない。イ．finishing は when 節内に主語 you があるのに動詞が存在しないことになるので，相応しくない。

20.「リーさんが宝くじで大金を当てたことは，彼女にとって大きな驚きだった」
lottery までの部分は，主語と動詞が存在するので，名詞節として全体の主語になっているとわかる。したがって，名詞節を導くエ．That が正解に相応しい。ア．As，イ．Because，ウ．If は，いずれも副詞節を導くため，was の主語がなくなり主節が存在しなくなるので相応しくない。

Ⅳ 解答　21―エ　22―ア　23―イ　24―ウ

◀解　説▶

21.「カラムは，私たちはその伝統的な習慣を廃止すべきだと信じている」
do away with *A* は「*A* を廃止する」という意味であることから，エ．「カラムは，私たちはその伝統的な習慣を取り除くべきだと考えている」が最も意味が近い英文である。ア．「カラムは，私たちはその伝統的な習慣を続けるべきだと信じている」，イ．「カラムは，私たちはその伝統的な習慣を洗練すべきだと感じている」，ウ．「カラムは，私たちはその伝統的な習慣について学ぶべきだと思っている」は，いずれも該当しない。

22.「予算会議がいつ行われるかは，まだわからない」

it remains to be seen wh 節〔if 節〕「～はまだわからない，～かはこれからのことだ」という定型表現であることから，ア.「いつ予算会議が行われるかはまだ確かではない」が，最も意味が近い英文である。イ.「いつ予算会議が行われるかは，とてもはっきりしている」，ウ.「いつ予算会議が行われるかは重要ではない」，エ.「いつ予算会議が行われるかは，議論される必要がある」は，いずれも該当しない。

23.「もしジョーが選考手続の第2段階に合格できれば，彼はその仕事を得ると私は思います」

get through *A*「*A* に合格する，*A* に通る」という意味であることから，イ.「もしジョーが選考手続の第2部をうまく終えることができれば，彼はその仕事を得ると私は信じています」が最も意味が近い英文である。ア.「もしジョーが選考手続の第2部に迎え入れられれば，彼はその仕事を得られると私は思います」，ウ.「もしジョーが選考手続の第2段階に参加することができれば，彼はその仕事を得るだろうと私は思います」，エ.「もしジョーが選考手続の第2段階を理解できれば，彼はその仕事を得ると私は信じています」は，いずれも該当しない。

24.「プロジェクトチームで，ダンは明瞭に何かを進言した」

bring *A* to the table は「(議案・企画など) を議事にかける・進言する」という意味であることから，ウ.「プロジェクトチームで，ダンは，はっきりと有益なものを提供した」が最も意味が近い英文である。ア.「ダンは彼が参加していたプロジェクトチームに対して，明らかに高い期待を抱いていた」，イ.「ダンは彼が参加していたプロジェクトチームで明らかに助けを必要としていた」，エ.「プロジェクトチームで，ダンは明らかによく好かれている人だった」は，いずれも該当しない。

V　**解答**　25―エ　26―ウ　27―ウ　28―ウ　29―エ

◀解　説▶

25. (a)「場所を使うあるいは満たすこと」

(b)「冬のセールで売れなかった靴の箱は倉庫を占領する」　ア. capture

「を捕まえる」 イ．engage「〜を引きつける，〜を雇用する」 ウ．inhabit「に住んでいる」

26. (a)「とても強力なあるいは力強い方法で」

(b)「私は真夜中に自分の犬が吠えていたことで非常にいらいらした」 ア．faithfully「忠実に」 イ．hardly「ほとんど〜ない」 エ．steadily「しっかりと」

27. (a)「ものを様々な方向に投げること」

(b)「公園のその老人は，ときどき，鳩を自分の周りに集めるために鳥のエサをまき散らしたものだった」 ア．aim「〜をねらう」 イ．grind「〜を挽く」 エ．squeeze「〜を圧搾する，〜を絞る」

28. (a)「見るととても印象的」

(b)「今年のヨットハーバーでの花火ショーは壮観で，恐らくこれまでで一番だ」 ア．conventional「型にはまった，伝統的な」 イ．renowned「高名な」 エ．vivid「鮮明な」

29. (a)「法律や原則などに反することを行うこと」

(b)「学校の規則に違反した者は，校長に謝罪文を提出すべきである」 ア．isolate「〜を孤立させる」 イ．regulate「〜を規制する」 ウ．stimulate「〜を刺激する」

Ⅵ 解答

30―ア　31―イ　32―イ　33―ウ　34―イ　35―オ
36―ア　37―ウ

◀解　説▶

30・31. (Linda has a shoulder injury, so she is not as) brilliant a swimmer as she used to (be.)

本来の語順では，a(n)＋形容詞＋名詞であるが，so〔as, how, too〕が後に名詞を伴う場合は，形容詞＋a(n)＋名詞の語順となる。

32・33. (The songs the music teacher chose are) way too hard for those who (have just begun to play the guitar.)

副詞の way は副詞（句）を強調する働きがあり，too hard の前に置く。those には，後に関係代名詞節などの修飾語句を伴い代名詞として「〜な人々」という意味を表す語法がある。

34・35. (Such) was her excitement that she shouted (very loudly.)

such＋名詞＋that S V「とても〜なのでSがVする…」の構文で such が強調のため文頭に繰り上がったので，後に倒置（=疑問文の語順）が起こっている。

36・37.（The politician went）as far as to have her plans known（on social media.）

as far as には〈程度〉を表す用法がある。go は後に副詞（句）を伴って〈物事が及ぶ範囲〉を表す語法があり，本文では to 以下が副詞句に該当する。go as〔so〕far as to *do*〔*doing*〕「〜しさえする」として覚えておいてもよい。have *A done*「*A* を〜してもらう」

Ⅶ　解答

問1．ウ　問2．エ　問3．ウ　問4．ウ　問5．ウ
問6．ウ　問7．エ・カ（順不同）

◆全　訳◆

≪日本の企業文化の移り変わり≫

日本の経済が豊かだったとき，とりわけ 1980 年代では，日本の企業文化は自国の経済を同じように発展させたいと強く願っている他の国にとって，手本であった。日本の企業文化は世界的に有名な雑誌で頻繁に特集が組まれさえした。しかしながら，日本の経済力が 1990 年代に衰えていくにつれ，この独特な文化は，そうではなく国の発展の妨げであると考えられるようになった。この傾向は徐々に，日本企業の慣習が持ついくつかの特異で深刻な問題を露わにした。

日本の雇用習慣は長らく足手まといになってきた。従来の雇用の仕方である，新卒者だけに限られた募集である「新卒採用」は，現代の求人活動環境において日本企業が柔軟性を失う原因となっている。このシステムは，元々は新卒者に自分たちの会社の理念を手ほどきし，そして雇い主に対しての忠誠心を植えつけることが意図されていた。日本の会社では，他の組織ですでに働いたことがあり，物事を他のやり方でやることに慣れている労働者を雇用しない傾向がある。

終身雇用制度もまた別の問題発生源である。1970 年代と 80 年代では，従業員は全ての時間とエネルギーを会社に捧げることを約束し，その代わりに組織は，彼らの雇用を定年まで守った。しかしながら，これは才能とやる気のある労働者が別の会社で新たな機会を探す妨げとなっており，そ

して生産性の低い従業員が同じ会社に居続けることを可能にしている。

昇進の過程も重大な問題である。年功序列制度は，従業員が重大な成果を残したかどうかに関係なく，年齢が上がるにつれて組織において昇進することを可能にしている。この習慣は集団主義によって支えられ，そしてそれは日本社会独特のものであり，全ての労働者が一様に出世することを可能にしている。この独特な職場の集団心理は，長きにわたって日本における企業経営に悪い影響を及ぼしてきた。従業員は他の労働者からのプレッシャーの結果，時間外労働をし，そして残業時間の量は彼らの会社に対する奉仕を表面的に測るものと考えられた。それゆえ，彼らは普通ならたった2，3時間で終わらせられる仕事にかける時間を，しばしば引き延ばした。しかしながら，この働き方は，才能があって生産性の高い個人のやる気を削ぐ傾向にある。その代わり，とりわけ2000年代以降に，ますます多くの会社が実力本位制を取り入れている。彼らは従業員の昇進を年齢の代わりに経歴と業績を基準に決めている。

時が経つにつれて，以前の日本の企業文化は，国際標準との乖離のために徐々に時代遅れになっている。日本の働き方改革は始まったばかりだ。

◀解　説▶

問1．ウ．「日本企業の慣習とその企業行動についての認識は，長い時間をかけて大きく変わったということができる」は，第1段最終文（This trend has …）の内容と一致する。ア．「日本の企業文化は他の国にとって成功例として見なされていたにもかかわらず，よく知られている出版物はそのことにほとんど注目しなかった」は，第1段第2文（It was even …）の内容と，イ．「日本で形成された特有の企業文化は，他のいくつかの国においても見られる企業文化と同じである」は，第1段第3文（However, as Japanese …）の後半にある this unique culture と，エ．「1990年代に日本の経済力は衰えたけれども，日本企業の慣習は日本が発展しなくなった理由の一部だと考えられていない」は，第1段第3文の内容と，それぞれ一致しない。

問2．エ．「日本における従来の雇用上の慣例は，当初，採用している会社に対する従業員の忠誠心の育成を狙いとしていた」は，第2段第3文（This system was …）の内容と一致する。ア．「日本の従来の雇用上の慣例の利点は，そのような慣例が企業に提供する柔軟性と関係がある」は，第2段第2文（The traditional hiring …）の内容と，イ．「日本の企業が他の会社で働いた経験がある求職者を特に評価することは明らかである」は，第2段最終文（Japanese businesses have …）の内容と，ウ．「日本における従来の雇用の仕方は，どれほど前に学位を取得したかにかかわらず，新規採用を大卒者に限定することを含む」は，第2段第2文の内容と，それぞれ一致しない。

問3．ウ．「長期の雇用が守られていることと引き替えに，職員は自分たちの会社のためだけに努力することに同意した」は，第3段第2文（In the 1970s …）の内容と一致する。ア．「日本の企業文化の特徴は，労働者たちが他の企業においてキャリアを積む機会を積極的に求めることができることである」，およびイ．「終身雇用制度には欠陥があるにもかかわらず，才能とやる気のある労働者にとって特に有益であったと言える」は，第3段最終文（However, this has …）の前半の内容に一致しない。また，エ．「日本の企業文化は，生産性が不十分な労働者の解雇を阻むものであると，はっきりとは示されていない」は，第3段最終文の後半の内容と一致しない。

問4．ウ．「特に21世紀になって以降，実力主義に基づいた昇進システムは，ますます多くの会社で導入されている」は，第4段最終文（Instead, particularly after …）の内容と一致する。ア．「従業員は同僚からのプレッシャーにより時間外労働をすることに同意していたが，それは彼らの働くスピードを上げさせた」は，第4段第6文（Thus, they often …）の内容と，イ．「従業員の会社に対する忠誠心を評価される1つの方法は，残業時間内にどれほど効率的に働いたかを算出することによるものだった」は，第4段第5文（Employees worked overtime …）の後半の内容と，エ．「会社で最も腕が立って熱心に働く従業員は，会社が活用する昇進システムにかかわらず，等しく昇進する傾向にある」は，同段第2・3文（A seniority system … get promoted uniformly.）と，それぞれ一致しない。

問5．下線部が含まれている第4段は，年功序列制度について述べている。practiceは「慣例・慣行」という意味があり，This practiceとは，まさに年功序列制度のことを指している。イ．「全体として，その慣例は日本の会社経営に長期的によい影響をもたらしている」は，第4段第4文

（This unique peer …）の内容と，ア.「この慣例は会社で最も生産性の高い従業員を優遇するということがわかっている」，エ.「この労働形態は，昇進に関する決定がなされるときに，従業員の年齢は考慮されないことを意味する」は，いずれも第4段第2文（A seniority system …）の内容と一致しない。ウ.「この慣例は，労働者の相対年齢に基づいて従業員間において制定されている階級制度があることの結果である」は，第4段第2文から読み取ることができるので，これが正解。なお relative age「相対年齢」とは，年齢的な順序や上下関係と考えればよい。

問6．ウ.「日本の企業文化の移行はまだ初期段階である」は，第5段最終文（The reformation of …）の内容と一致する。ア.「日本の従来の働き方には問題があるにもかかわらず，それに代わる企業文化はまだ存在しない」，イ.「現在，日本の従来の働き方は海外の現行の規範と似ているので，役立つと考えられている」，エ.「日本の伝統的な企業文化は急速に時代遅れの手本となっている」は，いずれも本文中で言及されていない。

問7．エ.「日本の会社は，採用しようとしている会社とは違う仕事の仕方に慣れている求職者を優遇してきた」は，第2段最終文（Japanese businesses have …）の内容と一致しない。カ.「日本文化に見られる集団主義は，他の2，3の国で見られる現象である」は，第4段第3文（This practice is …）の内容と一致しない。ア.「1980年代は，日本の企業文化は従う価値のあるお手本だと他の国々に思われていた時代だった」は，第1段第1文（When the Japanese …）の内容と一致する。イ.「日本の企業文化は問題の発生原因でありうるという認識は着実に現れた」は，第1段第3・4文（However, as Japanese … Japanese corporate customs.）の内容と一致する。ウ.「日本の従来型の雇用慣行の1つの狙いは，新入社員を会社の価値観に慣れさせることだった」は，第2段第3文（This system was …）の内容と一致する。オ.「日本の企業文化の特徴は，実社会から引退するまで会社が労働者を雇用することを厭わないことである」は，第3段第2文（In the 1970s …）の後半の内容と一致する。キ.「長い時間をかけて，日本の伝統的な企業文化は，ますます時代遅れだと見なされてきている」は，第5段第1文（As time goes …）の内容と一致する。

日本史

I 解答

1−③ 2−③ 3−② 4−① 5−④ 6−④
7−① 8−③ 9−④ 10−③

◀解 説▶

≪古代の政治・外交・文化≫

2・3・6．皇極天皇（重祚して斉明天皇）の時代に，唐や，アの新羅から，イの百済を救うために倭は朝鮮に兵を出そうとした。「皇極天皇六年」は 660 年に当たる。「延喜十一年」は醍醐天皇の時代で 911 年に当たる。よって，その間は 252 年である。

4．寛平年間は宇多天皇と醍醐天皇の治世であった。894（寛平６）年，菅原道真は宇多天皇に対して遣唐使の派遣停止を上申した。②平将門の乱は 939 年から 940 年にかけて，③応天門の変は 866 年，④刀伊の入寇は 1019 年に起きた。

5．朝廷は 713 年に『風土記』編纂を命じ，特産物や地名の由来などを筆録させた。①は『弘仁格式』の序文，②と③は『古事記』の序文である。

9．④正文。

①誤文。次丁（老丁）が 61〜65 歳，中男（少丁）が 17〜20 歳であった。

②誤文。租は土地税であり，１段につき２束２把の米を負担する税であった。

③誤文。中男と畿内の者は，庸を免除された。

10．③正文。醍醐天皇は『古今和歌集』の編纂を命じ，905 年に完成した。

①誤文。朱雀天皇の治世において藤原忠平は摂政・関白を務めた。

②誤文。阿衡の紛議で藤原基経と対立したのは，宇多天皇であった。

④誤文。乾元大宝が発行されたのは村上天皇の治世であった。

Ⅱ 解答

11—①　12—③　13—②　14—③　15—①　16—②
17—②　18—③　19—①　20—①

◀解　説▶

≪中世～安土・桃山時代の政治・社会・文化≫

12. 河内の悪党楠木正成は元弘の変後，鎌倉幕府に対して挙兵した。その後，湊川の戦いで足利尊氏と争い戦死した。楠木正成の子正行（まさつら）は，四条畷（なわて）の戦いで足利尊氏の執事高師直らに敗れて死亡した。

13. 寺内町の例として，河内の富田林のほか，摂津国の石山，山城国の山科，大和国の今井などがあった。

14. 1560年には織田信長が今川義元を滅ぼした桶狭間の戦いが行われた。①享徳の乱は1454年，②天文法華の乱は1536年，④姉川の戦いは1570年のできごとであった。

15. ②『風神雷神図屏風』の作者は俵屋宗達，③『松林図屏風』の作者は長谷川等伯，④『花下遊楽図屏風』の作者は狩野長信である。

16. ②正文。武野紹鷗や千利休はともに堺の豪商であった。
①誤文。村田珠光は東山文化に属する茶人であった。
③・④誤文。豊臣秀吉は1587年に北野大茶湯という大規模な茶会を開いた。一方，関白任官は1585年。

18. ③正文。サン=フェリペ号事件の結果，長崎で宣教師・信者らが処刑される26聖人殉教が起きた。
①誤文。長崎をイエズス会に寄進した人物は大村純忠であった。
②誤文。高山右近は1614年の禁教令によりマニラへ追放された。
④誤文。絵踏は1637年に起きた島原の乱より前の1629年ごろから行われたとされる。

20. 源頼朝は奥州藤原氏を滅亡させた後に奥州総奉行を設置した。②陸奥将軍府は建武の新政において，③九州探題は室町幕府によって，④征西将軍は南朝において，それぞれ設置された。

Ⅲ 解答

21－④　22－④　23－①　24－②　25－③　26－③
27－①　28－①　29－②　30－③

◀解　説▶

≪江戸時代中期・後期の政治・文化≫

21. 青木昆陽や野呂元丈は，徳川吉宗の命によってオランダ語を学んだ。

22. 渋川春海（安井算哲）は暦の誤差を修正するために貞享暦を作成し，のち天文方に就任した。

24. ②正文。柴野栗山によって寛政異学の禁が建議され，柴野栗山・尾藤二洲・岡田寒泉（のち古賀精里に代わる）ら寛政の三博士が儒官となってこれを主導した。

①誤文。寛政異学の禁では朱子学を正学とした。

③誤文。大学頭の林信敬に通達され，林述斎が実行をした。

④誤文。寛政異学の禁が発せられた 7 年後（1797 年）に，聖堂学問所を昌平坂学問所として，幕府が直轄した。

25.「定信」の字を分解して名がつけられた『宇下人言』は松平定信の自叙伝である。

①『折たく柴の記』は新井白石の自叙伝，②『華夷通商考』は西川如見の世界地理書，④『広益国産考』は大蔵永常の農書である。

26. ③正文。新井白石は閑院宮家を創設して朝幕間の融和を図った。

①誤文。新井白石はそれまでの金の含有率を減らした元禄小判を改め，金の含有率を慶長小判と同率に戻した正徳小判を鋳造した。

②誤文。水戸藩の徳川光圀が歴史編纂局として江戸に彰考館を設けた。

④誤文。徳川吉宗が公事方御定書を制定した。

29. 林子平が著した『海国兵談』は，幕府の防衛体制を批判する内容であったため，林子平は幕府から弾圧された。

30. Ｃの貞享暦作成は徳川綱吉の治世においてであった。Ｄの新井白石の登用は 6 代将軍徳川家宣によって行われた。Ａの洋書輸入の禁緩和は享保の改革においてであった。Ｅの『解体新書』の刊行は田沼時代の 1774 年に行われた。Ｂの寛政異学の禁は 1790 年から実施された。Ｆの『海国兵談』の刊行は 1791 年に行われた。

Ⅳ　解答

31−②　32−④　33−④　34−③　35−①　36−①
37−③　38−①　39−②　40−②

◀解　説▶

≪大正時代の社会運動≫

31・35. 鈴木文治によって設立された友愛会は徐々に戦闘的になり，1921年に日本労働総同盟と改称して階級闘争主義に転換した。

33. 東京帝国大学助教授だった森戸辰男は，「クロポトキンの社会思想の研究」が危険思想であるとみなされ，1920年に休職処分にされた。

34. 日本共産党は山川均や堺利彦らによって1922年に非合法に結成された。1945年にはじめて合法政党であると認められた。

37. 吉野作造は民本主義を提唱し，政治の目的は民衆の福利にあるとした。民本主義はデモクラシーの訳語である。民主主義という言葉は，国民主権を含意してしまうために使用を避け，民本主義を造語した。
①は民撰議院設立の建白書，②は「脱亜論」，④は内村鑑三の「戦争廃止論」である。

38. 1918年，シベリア出兵にともなう国内における米不足が予想されると，米商人が米の買い占めを行って米価が高騰したため，富山県の主婦から米騒動が発生し，全国に波及した。②原敬の暗殺は1921年，③新婦人協会の発足は1920年，④工場法の公布は1911年のできごとであった。

39. 1909年の伊藤博文暗殺後の1910年に韓国併合が行われた。①日比谷焼打ち事件は1905年，③関税自主権の（完全）回復は1911年，④第一次世界大戦への日本参戦は1914年のできごとであった。

世界史

I 解答

1―④　2―④　3―②　4―③　5―②　6―①
7―③　8―①　9―④　10―①　11―②　12―③
13―②　14―⑤　15―②　16―④　17―①　18―④　19―⑥　20―④

◀解　説▶

≪中世から近世にかけての交易と宗教の歴史≫

1・2．11世紀頃に形成された地中海交易圏では，ヴェネツィア，ジェノヴァ，ピサ等の港市や，ミラノ，フィレンツェなどの内陸部の都市が発展した。イタリアの港市は東方貿易（レヴァント貿易）に力を入れ，フィレンツェの毛織物や南ドイツのアウクスブルクの銀を輸出し，香辛料や絹織物などを輸入した。一方，北方の北海・バルト海交易圏では，リューベック，ハンブルク，ブレーメンなどの北ドイツの諸都市や，ガン，ブリュージュなどのフランドル地方の諸都市が繁栄した。

5．(ア)正文。ダウ船は，ムスリム商人がインド洋交易で用いた帆船。
(イ)誤文。カーリミー商人を庇護したアイユーブ朝とマムルーク朝は，カイロに首都を置いていた。マラケシュはムラービト朝とムワッヒド朝の首都。

8．①ハンザ同盟は，リューベックを盟主とする北ドイツの都市同盟。②ロンバルディア同盟は，ミラノを盟主とする北イタリアの都市同盟。③カルマル同盟は，ハンザ同盟に対抗するためにデンマーク女王マルグレーテが主導し，1397年にデンマーク，ノルウェー，スウェーデンの3国が結んだ同盟。この同盟によって3国は同君連合となり，デンマーク連合王国が成立した。④シュマルカルデン同盟は，ルター派の諸侯と都市が神聖ローマ皇帝に対抗するために結成した同盟。

9．(ア)誤文。コムーネは，自治権を獲得したイタリアの自治都市の名称。ドイツでは，リューベックなどの有力都市は皇帝から自治権を獲得し，帝国都市（自由都市）と呼ばれた。
(イ)誤文。ハンザ同盟は，ロンドン，ブリュージュ，ベルゲン，ノヴゴロドに商館を設置していた。

11～16．ゲルマン人の一派である西ゴート人は，西ローマ帝国領に侵入し，

5世紀前半にイベリア半島に西ゴート王国を建国した。北アフリカを勢力圏に収めたイスラーム王朝のウマイヤ朝がイベリア半島に進出して西ゴート王国を滅ぼすと，イベリア半島のイスラーム化が始まった。それ以降，後ウマイヤ朝，ムラービト朝，ムワッヒド朝などのイスラーム王朝の支配が続いた。しかし，キリスト教徒による国土回復運動（国土再征服運動，レコンキスタ）が徐々に高まり，12世紀にはポルトガル，カスティーリャ，アラゴンが中心となった。アラゴン王子フェルナンドとカスティーリャ女王イサベルが結婚し，1479年にスペイン王国が成立すると，レコンキスタはさらに加速した。1492年にはイベリア半島最後のイスラーム王朝であったナスル朝の首都グラナダが陥落し，レコンキスタは完成した。

17. アリストテレスの著作をはじめとするギリシア語の文献は，アラビア語に翻訳され，イスラーム世界で保存されてきた。これらの文献は，トレドやシチリア島のパレルモでラテン語に翻訳されて西ヨーロッパに流入し，スコラ学などの学術・文化の発展を促した。

18. やや難。イエスの主要な12人の弟子を十二使徒と呼び，ヤコブはその一人である。使徒自体は重要な歴史用語だが，ヤコブを問う問題はやや難と思われる。

19. (ア)ピピンのラヴェンナ寄進は756年，(イ)教皇グレゴリウス1世の在位期間は6世紀末から7世紀初頭，(ウ)モンテ=カシノ修道院が設立されたのは6世紀前半。したがって，(ウ)→(イ)→(ア)の順に並んでいる⑥が正解。

20. (ア)誤文。イエスは，イェルサレムで処刑された。
(イ)誤文。ユリアヌス帝は，古代の多神教の復活を試みたローマ皇帝。「背教者」と呼ばれるようになった。

II 解答

21―①　22―④　23―⑤　24―②　25―③　26―①
27―①　28―①　29―④　30―③　31―③　32―④
33―①　34―④　35―③　36―②　37―①　38―②　39―③　40―③

◀解　説▶

≪騎馬遊牧民族の世界≫

21～24. スキタイは，南ロシア（黒海北岸）の草原地帯で活躍したイラン系の騎馬遊牧民族。動物文様の装身具に代表される独自の文化を発展させ，シベリアやモンゴル方面の烏孫，月氏，匈奴などの騎馬遊牧民にも影響を与えた。匈奴は冒頓単于の時代に全盛期を迎え，月氏や漢の高祖（劉邦）を破った。しかし，漢の武帝に敗北し東西交易の利権を失うと，東匈奴と西匈奴に分裂し，東匈奴は更に南匈奴と北匈奴に分裂した。

26. ①正文。

②誤文。クテシフォンを首都としたのは，パルティアとササン朝ペルシア。

③誤文。ユダヤ人のバビロンへの連行（バビロン捕囚）を行ったのは新バビロニア。

④誤文。アケメネス朝は，支配下の諸民族の宗教や法を可能な限り尊重した。

27. ㈠正文。

㈡正文。アラム文字は，アラビア文字，ヘブライ文字，ソグド文字の母体となり，中央アジアの文字にも影響を与えた。

29. ㈠誤文。大秦王安敦の使節を自称する人物が訪れたのは，日南郡（現在のベトナム，フエ付近）。

㈡誤文。大秦に派遣されたのは，班超の部下の甘英。

30. ①誤文。布銭が発行されたのは春秋戦国時代。

②誤文。武帝が専売の対象としたのは，塩，鉄，酒。

③正文。地方での評判を元に，地方長官に官吏候補を中央に推薦させる官吏任用制度である郷挙里選は，武帝の時代に実施された。

④誤文。呉楚七国の乱を鎮圧したのは景帝。

31・33・36. 晋（西晋）では建国者の司馬炎の死後，一族内部で，八王の乱と呼ばれる激しい権力闘争が勃発した。王族たちは，北方の騎馬民族を傭兵として用いたため，五胡（匈奴，羯，鮮卑，羌，氐）と総称される騎馬遊牧民の華北への移住が加速し，南匈奴の一派が反乱を起こすと（永嘉の乱），316年に晋は滅亡した。北魏による華北統一まで続く華北の混乱の時代を，五胡十六国時代と呼ぶ。一方，江南では，遊牧民の支配に反発して逃れた貴族たちが，司馬氏に連なる司馬睿を擁立し，建康を首都として晋を復活させた（東晋）。東晋は短期間で滅亡したが，滅亡後も江南では漢民族の王朝が続いた。

34・35. エフタルは，5世紀から6世紀にかけて中央アジアで活動した遊牧民。ササン朝に圧力を加え，また，インドに侵入してグプタ朝衰退の原因を作った。中央ユーラシア西部でシルクロードの西半を支配したが，6

世紀後半にササン朝のホスロー1世と突厥から挟撃され，滅亡した。

37．五胡十六国時代は，304～439年。①ゲルマン民族の移動は375年，②卑弥呼が中国の魏へ使者を派遣したのは3世紀前半，③マニ教が創始されたのは3世紀前半，④クメール人が真臘を建てたのは6世紀頃。したがって，①が正解。

38．(ア)正文。

(イ)誤文。北魏の孝文帝は，積極的に漢化政策を推し進め，鮮卑族の習俗や習慣を否定した。

地理

I 解答

1—④　2—①　3—③　4—④　5—①　6—①
7—⑤　8—③　9—②　10—③　11—②　12—①
13—③　14—④

◀解　説▶

≪オセアニアの地誌≫

1．④正解。オーストラリア大陸は，北端のトレス海峡付近が南緯10度，南端のバス海峡付近が南緯40度であり，Xの緯線はこれらから南緯20度と類推する。東経140度の経線は日本では東京湾，オーストラリア大陸ではカーペンタリア湾を通る。

4．④正文。ニュージーランドからニューギニア島にかけての地域は，新期造山帯の環太平洋造山帯に属し，地震・火山活動が活発である。

5．①正解。EからE'に向かうほとんどの地域は安定陸塊に属し，多少の起伏はあるものの標高500m未満の平野や丘陵地がひろがる。E'の手前では，古期造山帯のグレートディヴァイディング山脈を横切るため，標高1,000m弱の部分がみられる。

6．①正解。あは，赤道付近に位置し，年中熱帯収束帯の影響を受けるため年中平均した降水がみられ，また，気温の年較差も非常に小さい。新期造山帯にあたり標高が高いため，緯度のわりに気温が低い。

7．⑤正解。おは，中緯度地域に位置し，5～7月頃には亜寒帯低圧帯が北上し降水がみられるが，12～2月頃には亜熱帯高圧帯が南下し乾燥する。温帯（地中海性気候）の分布域であるため，最寒月平均気温は18℃未満，−3℃以上となる。

8．③正解。地中海性（Cs）気候が卓越する地域では，夏季の高温乾燥に耐え得るコルクがし，ぶどう，柑橘類などの樹木作物の栽培が行われる。

9．②正文。Fのグレートアーテジアン（大鑽井）盆地では，被圧地下水が豊富であるが，塩類を含むため農作物栽培の灌漑用水には利用できず，これを飲料水として羊や牛の牧畜が行われる。

10．③正解。オーストラリアは，ボーキサイトの産出量が世界第1位であり，ケープヨーク半島のウェイパ鉱山は世界最大の産地である。

11. ②誤り。スノーウィーマウンテンズ計画は，オーストラリアアルプス山脈東側の湿潤地域を流れるスノーウィー川の水を，トンネルで同山脈西側内陸部の半乾燥地域を流れるマリー川に導水し，流域での小麦などの栽培を安定させるための大規模開発である。

12. ①正解。⑴正文。H周辺には，グレートバリアリーフとよばれる全長2,000km以上におよぶ世界最大の堡礁（バリアリーフ）がみられ，世界自然遺産に登録されている。

⑵誤文。サンゴ礁のうち，環礁の説明となっており，この地域には該当しない。

13. ③正解。ニュージーランドは，新期造山帯に属し水力発電に必要な地形落差が得られ，年中平均した降水もみられるため，水力発電の割合が約6割を占める。

14. ④正文。サイパン島，テニアン島，グアム島などマリアナ諸島，ペリリュー島，アンガウル島などパラオ諸島は，第二次世界大戦では激戦地となったが，現在は観光地として知られる。

II 解答

15―③　16―②　17―③　18―②　19―④　20―①
21―④　22―④　23―③　24―③　25―③　26―③
27―②

◀解　説▶

≪濃尾平野西部付近の地形図読図≫

15. ③正解。木曽川・長良川・揖斐川は，木曽三川とよばれ，下流域は濃尾平野西部を流れ伊勢湾に注いでいる。

16・17. 16は②が正文。17は③が正解。輪中は，低湿地において集落や耕地を堤防で囲み，家屋の土台を高くするなどして洪水防止に備えたものである。

18. ②誤文。ミラノはイタリア北部の内陸部に位置し，強い低気圧の接近などで潮位が上昇する高潮の被害が出ることはない。水上都市とよばれるのはヴェネツィアである。

19. ④誤文。図1で「七取村」，「金廻村」であった地域は，図2（平成8年）においても0mの計曲線は通るが，10mの計曲線は通っておらず，また，標高点や三角点（△）も10mを超えるものはなく，標高は10m未満であると考えられる。

20. ①誤文。消防活動は火災対策のため，水防災意識とは直接的には関連しない。なお，④の水屋（水塚）は，石垣の上など母屋よりも一段高い場所につくられた避難用の建物で，食料や生活道具などが備えられている。

21. ④誤文。図2の長島IC付近は，ほとんどが田（||）で，工場の記号（☼）もみられない。

22. ④正解。北西部の山地とその周辺にみられる水準点や三角点の標高と，等高線の描かれ方から，主曲線が20m間隔，計曲線が100m間隔となっていることから，縮尺は5万分の1と判断できる。

23. ③正解。図2中の三角点のうち，北西部の山地に位置するものが最高地点で403.3m，南東部の「木曽川」右岸の堤防上のものが最低地点で1.4mと読み取れることから，高度差は約400mとわかる。

24. ③正解。Ａに近い西側3分の1程度の地域は，標高80m前後の侵食谷が刻まれた丘陵地がひろがる。Ｂに近い東側3分の2程度の地域は，一部の自然堤防や人工堤防以外はゼロメートル地帯で，極めて低平な沖積低地がひろがる。

25. ③正解。図2中にはみられない。なお，「図書館」の記号（🕮）は，平成14年以降に2万5千分の1地形図で使用されるようになった。

26. ③正解。都府県界（·−·−··）の描かれ方より，3県が含まれることがわかる。具体的には，「長良川」，「木曽川」を通る都府県界よりも東側が愛知県，西側が三重県，「揖斐川」を通る都府県界よりも北側が岐阜県となる。

27. ②正解。スエズ運河は，地中海と紅海を結ぶ国際運河で，全体が同じ高さの水面で構成され，閘門を必要としない水平式運河である。

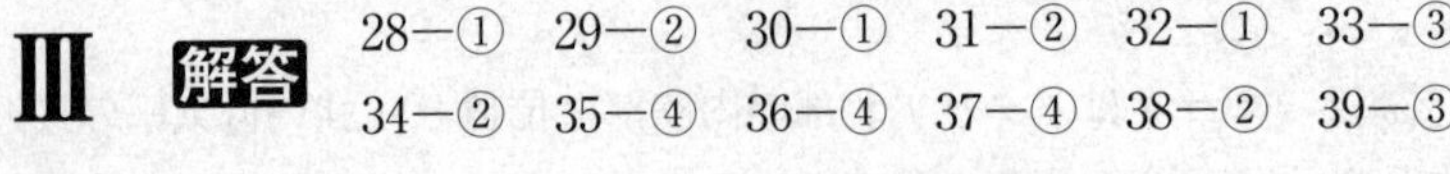

III **解答**　28−①　29−②　30−①　31−②　32−①　33−③　34−②　35−④　36−④　37−④　38−②　39−③　40−②

◀解　説▶

≪交　通≫

28. ①正解。地球は24時間で1回自転しているため，経度差15度で1時間の時差が生じる（360÷24＝15）。また，概ね180度の経線上を通る日付変更線で1日が区切られ，東ほど時刻が先に進んでおり，西ほど時刻が遅れている。東京の時刻は東経135度を基準とした日本標準時で示される。西経75度のニューヨークは，東京より西に位置し経度差は210度あるため，東京との時差は－14時間（210÷15＝14）となり，東京が正午の時，ニューヨークはその14時間前，すなわち前日の午後10時となる。

29. ②正解。東京からみてサンパウロは，地球の裏側に近い場所に位置し，直線距離が最大となる。

30. ①正解。コンテナは，貨物輸送に用いられる国際的に規格統一された金属製の大型容器で，おもに工業製品の輸送に用いられるため，製造業の発展が著しい中国をはじめとする東・東南アジアの新興国で，取扱量が急増している。

31. ②正解。一般に，鉄道輸送量のうち旅客輸送量は，人口の多い国やモータリゼーションが進展していない国などで多くなる傾向にある。また，貨物輸送量は，面積が大きく長距離輸送の需要が高い国や，重量が大きくかさばる鉱産資源・工業製品などの輸送の需要が高い国などで多くなる傾向にある。ア：インド。人口が多いため，旅客輸送量が非常に多い。イ：ロシア。鉱産・林産資源などの貨物輸送量が多い。ウ：日本。大都市間や大都市圏の鉄道網が発達するうえ定時性にも優れるため，人口規模のわりに旅客輸送量が多い。エ：アメリカ合衆国。短距離は自動車，長距離は航空機の分担率が高いため，鉄道の旅客輸送量は非常に少ない。

32. ①誤り。イギリスの高速鉄道は，HST（High Speed Train）とよばれる。AVEは，スペインの高速鉄道の略称である。

33. ③正文。パークアンドライド方式は，都市内における交通渋滞や排気ガスによる大気汚染の緩和を目的として，自家用車を郊外の駅やバスターミナル付近の駐車場に駐車し，鉄道やバスなど公共交通機関に乗り換えて都心部にアクセスする手法をいう。

34. ②正解。モータリゼーションは，自動車が普及し社会生活において自動車への依存度が高まることをいう。また，モーダルシフトは，トラックなど自動車での貨物輸送を，環境負荷の小さい鉄道や船舶へ転換することをいう。

35. ④正文。ハブ空港とは，地域内の航空交通の拠点となる空港のことをいう。航空路線が，拠点空港を中心に自転車の車輪の主軸（ハブ）とそこから放射状に外輪に伸びる棒（スポーク）の形状に似ていることから，こうよばれる。フランクフルト，アトランタ，インチョン，ドバイなどが代表例である。

38. ②正解。自動車は，戸口輸送ができる（出発地から目的地まで直接人やものを輸送できる）という，ほかの交通機関にはない強みをもつため，利便性が非常に高い。船舶は，巨大なものも建造できるため，最も大量輸送が可能である。航空機は，空港がない場所では離発着できないため，乗り換えなしで目的地まで行くのは困難である。鉄道は，大量輸送に対応できるうえ，事故が少なく安全性にも優れる。

39. ③正解。リニア中央新幹線が静岡県を通る区間の距離は，たったの 11 km 程度であるため，駅が設置される予定はない。

40. ②正文。日本の乗用車の総保有台数は，1991 年のバブル経済の崩壊以降も増加している。ただし，2022 年には減少に転じた。

政治・経済

I　解答

1−③　2−①　3−②　4−④　5−②　6−③
7−⑤　8−③　9−①　10−③　11−②　12−②
13−④　14−④　15−②

◀解　説▶

≪国際社会≫

5．②オスロ合意は1993年，イスラエルのラビン首相とパレスティナ解放機構（PLO）のアラファト議長の間で締結された。

6．①誤文。1789年に制定されたのはフランス人権宣言である。②誤文。生存権は社会権であり，自由権は精神の自由や人身の自由などの権利である。③正文。④誤文。4つの自由を提唱したのはF.ローズベルト大統領である。

7．A規約の名称は「経済的，社会的及び文化的権利に関する国際規約」，B規約は「市民的及び政治的権利に関する国際規約」である。したがって，⑤が正解。

8．①誤文。国連特別総会は，加盟国の過半数の要請または安全保障理事会の要請により開催される。②誤文。安全保障理事会の非常任理事国は10カ国である。③正文。④誤文。中華人民共和国が国連の中国代表権を獲得したのは1971年である。

9．①正文。②誤文。1979年にアフガニスタンに侵攻したのは旧ソ連である。③誤文。アメリカと朝鮮民主主義人民共和国とは国交がない（2023年3月現在）。④誤文。2020年にアメリカが離脱したのは「京都議定書」ではなく，国連気候変動枠組条約締約国会議が2015年に採択した温室効果ガス排出削減等の新たな国際的枠組みのパリ協定である。

10．①誤文。アメリカでは厳密な三権分立をとり，行政権と立法権は分離されている。②誤文。半大統領制と呼ばれる制度を採用しているのはフランスである。③正文。④誤文。ロシアの大統領の任期は6年である。

12．①誤文。「鉄のカーテン」演説を行ったのはチャーチルである。②正文。③誤文。1966年に独自の核武装を行いNATOの軍事機構から離脱したのはフランスである。④誤文。「ベルリンの壁」が構築されたのは1961年である。

13. ④スロバキアは1993年に，旧ユーゴスラビアではなくチェコスロバキアから分離独立した。他は旧ユーゴスラビアの共和国。

14. ①誤文。国際刑事裁判所は，国家を裁くのではなく個人を裁くための機関である。②誤文。2009年スーダンのダルフール紛争で，当時の国家元首であるバシール大統領に逮捕状が発付されている。③誤文。国際刑事裁判所の発足は2002年である。④正文。

15. ①誤文。レッセ・フェールの原則ではなく，ノン・ルフールマンの原則である。②正文。③誤文。緒方貞子は1991年から10年間，国連難民高等弁務官を務めた。④誤文。逆に，日本は他の先進国に比べ難民の受け入れが特筆して少ない。

Ⅱ　解答

16—②　17—②　18—③　19—②　20—③　21—③
22—④　23—③　24—③　25—③　26—①　27—④
28—②　29—④　30—③

◀解　説▶

≪国民経済と経済主体≫

18. ①誤文。これは大きな政府の考え方である。②誤文。2021年度時点での政府長期債務残高の対GDP比は，300％には達していない。③正文。④全額政府が出資している政府関係機関予算は，国会の承認を得る必要がある。

19. ①誤文。2019年時点での非正規雇用者数は全雇用者の約40％であり，正規雇用者数を上回ってはいない。②正文。③誤文。2020年時点では，女性労働者の約半数が非正規雇用者であるが，男性労働者の非正規雇用者の比率は20％強である。④誤文。最低賃金法は，使用者は国が決めた最低賃金額以上の賃金を支払わなければならないと定めた法である。

20. ①誤文。1967年以降，資本の自由化が進められた。②誤文。現在，株式会社設立のための資本金の最低金額は定められていない。③正文。④誤文。内部留保は企業の自己資本に含まれている。

23. ①誤文。国民皆保険制度が実現したのは1961年。②誤文。後期高齢者は75歳以上の高齢者を指す。③正文。④誤文。労災保険の保険料は全額事業主が負担している。

25. ①誤文。小切手の振り出しに利用できる預金は当座預金である。②誤文。日銀当座預金は，銀行などの金融機関が日銀に預け入れる預金である。③正文。④誤文。金融機関倒産時に預金を保護する機関は預金保険機構である。

26. ①正文。②誤文。2015年時点では，外国人投資家の株式保有率は約3割であり，国内投資家の株式保有率の方が高い。③誤文。資金調達支援やM&Aのアドバイスなどを行う金融機関は投資銀行である。④誤文。長期資本移動で証券投資のかたちをとるのは間接投資である。

27. ①誤文。2021年度時点の建設国債残高は約290兆円である。②誤文。2021年度の国債依存度は40％強である。③誤文。柔軟な財政運営ができなくなるのは財政硬直化と呼ばれる。④正文。

28. ①誤文。国防・警察は純粋公共財である。②正文。③・④誤文。非排除性は「だれであっても利用を制限できない」性質をもち，非競合性は「多くの人々が同時に利用できる」性質をもつため，選択肢文の説明は逆である。

29. ①誤文。不平等度をはかるのはジニ係数である。②誤文。2014年の生活保護世帯数は全世帯の1.7％程度である。③誤文。2010年の時点での上位1％の富裕層が占める国民所得の割合において，日本はイギリスを上回ってはいない。④正文。

30. ①誤文。労働契約法は2007年に公布されている。②誤文。電子契約法の施行は2001年である。③正文。④誤文。リコール制度ではなくクーリングオフ制度である。

III 解答

31―②　32―④　33―②　34―②　35―①　36―④
37―①　38―④　39―⑤　40―②

◀解　説▶

≪現代の日本経済≫

32. ④完全失業率は，働く意欲と能力がありながら職に就けない労働者の総労働力人口に対する比率を指し，1990年代初頭には2％台であった。

33. ②アベノミクスでは，物価の変動を加味した名目で3％，実質で2％の経済成長率を目標としていた。

35. ①正文。国民投票法の制定は 2007 年である。②誤文。金融監督庁の設置は 1998 年である。③誤文。消費税が 8％に引き上げられたのは 2014 年である。④誤文。民主党中心の連立政権が誕生したのは 2009 年である。

36. ④ 2016 年にはじめて導入された政策はマイナス金利である。なお，①量的緩和は 2001 年，②包括的緩和は 2010 年から，③ゼロ金利は 1999 年に，それぞれ導入されている。

37. ①正文。②誤文。不況期には減税を行う。③誤文。好況期には増税を行う。④誤文。不況期には公共事業を増やす。

38. ④キチンの波は在庫投資の変動が原因の景気循環である。なお，①ジュグラーの波は設備投資，②コンドラチェフの波は技術革新，③クズネッツの波は住宅などの建設が，それぞれ要因とされている。

39. ア．労働基準法は 1947 年，イ．男女雇用機会均等法は 1985 年，ウ．労働組合法は 1945 年にそれぞれ制定されている。したがって，⑤のウ→ア→イが正解となる。

数学

◀文系数学：Ⅰ・Ⅱ・A・B▶

情報(英・国・数型)・法・経済・経営・
文芸・総合社会・国際学部，短期大学部

Ⅰ

解答　(1) 1．1　2．2
(2) 3．1　4．2　5．1　6．2　7．2　8．3
9．4
(3) 10．4　11．4　12．2
(4) 13．5　14．1　15．2　16．4　17．2

◀解　説▶

≪三角関数の置き換え，3次関数の定積分，最大値≫

(1)　$t=\sin x-\cos x$

$=\sqrt{2}\left(\sin x\cos\frac{\pi}{4}-\cos x\sin\frac{\pi}{4}\right)$

$=\sqrt{2}\sin\left(x-\frac{\pi}{4}\right)$

$0\leqq x\leqq\pi$ より，$-\frac{\pi}{4}\leqq x-\frac{\pi}{4}\leqq\frac{3}{4}\pi$ であり

$-\frac{1}{\sqrt{2}}\leqq\sin\left(x-\frac{\pi}{4}\right)\leqq 1$　すなわち　$-1\leqq t\leqq\sqrt{2}$

$\therefore$　$\alpha=-1,\ \beta=\sqrt{2}$　（→1，2）

(2)　$t^2=(\sin x-\cos x)^2$

$=\sin^2 x+\cos^2 x-2\sin x\cos x$

$=1-2\sin x\cos x$

$\sin x\cos x=-\frac{1}{2}t^2+\frac{1}{2}$　（→3～6）

$\sin 3x=\sin(2x+x)$

$=\sin 2x\cos x+\cos 2x\sin x$

$$=2\sin x\,(1-\sin^2 x)+(1-2\sin^2 x)\sin x$$
$$=-4\sin^3 x+3\sin x$$
$$\cos 3x=\cos(2x+x)$$
$$=\cos 2x\cos x-\sin 2x\sin x$$
$$=(2\cos^2 x-1)\cos x-2\cos x\,(1-\cos^2 x)$$
$$=4\cos^3 x-3\cos x$$

ゆえに

$$\sin 3x+\cos 3x$$
$$=-4\,(\sin^3 x-\cos^3 x)+3\,(\sin x-\cos x)$$
$$=-4\,(\sin x-\cos x)(\sin^2 x+\sin x\cos x+\cos^2 x)+3\,(\sin x-\cos x)$$
$$=-4t\left(-\frac{1}{2}t^2+\frac{3}{2}\right)+3t$$
$$=2t^3-3t$$

よって

$$f(t)=4-(\sin 3x+\cos 3x)=-2t^3+3t+4 \quad (\to 7 \sim 9)$$

(3) $\displaystyle\int_\alpha^\beta f(t)\,dt$

$$=\int_{-1}^{\sqrt{2}}(-2t^3+3t+4)\,dt$$
$$=\left[-\frac{t^4}{2}+\frac{3}{2}t^2+4t\right]_{-1}^{\sqrt{2}}$$
$$=-\frac{1}{2}(4-1)+\frac{3}{2}(2-1)+4(\sqrt{2}+1)$$
$$=4+4\sqrt{2} \quad (\to 10\sim 12)$$

(4) $\displaystyle\frac{dy}{dt}=-6t^2+3=-6\left(t+\frac{1}{\sqrt{2}}\right)\left(t-\frac{1}{\sqrt{2}}\right)$

t	-1	$\cdots$	$-\frac{1}{\sqrt{2}}$	$\cdots$	$\frac{1}{\sqrt{2}}$	$\cdots$	$\sqrt{2}$
$\frac{dy}{dt}$		$-$	0	$+$	0	$-$	
y	3	↘	$4-\sqrt{2}$	↗	$4+\sqrt{2}$	↘	$4-\sqrt{2}$

増減表から，$t=\dfrac{1}{\sqrt{2}}$ のとき，y は最大値 $4+\sqrt{2}$ をとる。 (→16，17)

このとき

$$\sqrt{2}\sin\left(x-\frac{\pi}{4}\right)=\frac{1}{\sqrt{2}} \Longleftrightarrow \sin\left(x-\frac{\pi}{4}\right)=\frac{1}{2}$$

$-\frac{\pi}{4} \leqq x-\frac{\pi}{4} \leqq \frac{3}{4}\pi$ より

$$x-\frac{\pi}{4}=\frac{\pi}{6} \Longleftrightarrow x=\frac{5}{12}\pi \quad (\to 13\sim 15)$$

II 解答

(1) 18. 6　19. 6　20. 1　21. 8

(2) 22. 5　23. 0　24. 1　25. 2　26. 9

(3) 27. 3　28. 2　29. 1　30. 7　31. 1　32. 1　33. 7

(4) 34. 2　35. 2

◀解　説▶

≪空間ベクトルの大きさ・内積，四面体の体積≫

(1)

$$\overrightarrow{AB}=\overrightarrow{OB}-\overrightarrow{OA}=(4,\ 7,\ 2)-(2,\ 3,\ -2)=(2,\ 4,\ 4)$$
$$=2(1,\ 2,\ 2)$$
$$\overrightarrow{AC}=\overrightarrow{OC}-\overrightarrow{OA}=(6,\ 5,\ -6)-(2,\ 3,\ -2)=(4,\ 2,\ -4)$$
$$=2(2,\ 1,\ -2)$$

$\therefore$ $|\overrightarrow{AB}|=2\sqrt{1^2+2^2+2^2}=6 \quad (\to 18)$

$|\overrightarrow{AC}|=2\sqrt{2^2+1^2+(-2)^2}=6 \quad (\to 19)$

$\overrightarrow{AB}\cdot\overrightarrow{AC}=4\{1\cdot 2+2\cdot 1+2\cdot(-2)\}=0$ だから　$\overrightarrow{AB}\perp\overrightarrow{AC}$

すなわち，$\angle BAC=90^\circ$ である。

よって

$$\triangle ABC=\frac{1}{2}|\overrightarrow{AB}||\overrightarrow{AC}|=\frac{1}{2}\cdot 6\cdot 6=18 \quad (\to 20,\ 21)$$

(2) Mは zx 平面上の点より，$M(x,\ 0,\ z)$ とおく。

$\overrightarrow{AM}=(x-2,\ -3,\ z+2)$ より

$$\overrightarrow{AB}\cdot\overrightarrow{AM}=2\{1\cdot(x-2)+2\cdot(-3)+2\cdot(z+2)\}$$
$$=2(x+2z-4)=0$$

$x+2z=4$ ……①

$$\overrightarrow{AC}\cdot\overrightarrow{AM}=2\{2\cdot(x-2)+1\cdot(-3)-2\cdot(z+2)\}$$
$$=2(2x-2z-11)=0$$

$2x-2z=11$ ……②

①，②を連立させて解くと

$$x=5,\ z=-\frac{1}{2} \qquad \therefore\ \mathrm{M}\left(5,\ 0,\ -\frac{1}{2}\right) \quad (\to 22\sim 25)$$

このとき $\overrightarrow{\mathrm{AM}}=\left(3,\ -3,\ \frac{3}{2}\right)$

PはMAを2：1に内分するから $\overrightarrow{\mathrm{AP}}=\frac{1}{3}\overrightarrow{\mathrm{AM}}=\left(1,\ -1,\ \frac{1}{2}\right)$

$$|\overrightarrow{\mathrm{AP}}|=\sqrt{1^2+(-1)^2+\left(\frac{1}{2}\right)^2}=\frac{3}{2}$$

条件より，MA⊥平面ABCだから AP⊥平面ABC

よって，四面体PABCの体積は

$$\frac{1}{3}\triangle\mathrm{ABC}\cdot|\overrightarrow{\mathrm{AP}}|=\frac{1}{3}\cdot 18\cdot\frac{3}{2}=9 \quad (\to 26)$$

(3) $\overrightarrow{\mathrm{BP}}=\overrightarrow{\mathrm{AP}}-\overrightarrow{\mathrm{AB}}=\left(1,\ -1,\ \frac{1}{2}\right)-(2,\ 4,\ 4)$

$$=\left(-1,\ -5,\ -\frac{7}{2}\right)$$

$$\therefore\ |\overrightarrow{\mathrm{BP}}|=\sqrt{(-1)^2+(-5)^2+\left(-\frac{7}{2}\right)^2}=\frac{3}{2}\sqrt{17} \quad (\to 27\sim 30)$$

また

$$\overrightarrow{\mathrm{CP}}=\overrightarrow{\mathrm{AP}}-\overrightarrow{\mathrm{AC}}=\left(1,\ -1,\ \frac{1}{2}\right)-(4,\ 2,\ -4)$$

$$=\left(-3,\ -3,\ \frac{9}{2}\right)$$

$$|\overrightarrow{\mathrm{CP}}|=\sqrt{(-3)^2+(-3)^2+\left(\frac{9}{2}\right)^2}=\frac{3\sqrt{17}}{2}$$

$$\overrightarrow{\mathrm{BP}}\cdot\overrightarrow{\mathrm{CP}}=(-1)\cdot(-3)+(-5)\cdot(-3)+\left(-\frac{7}{2}\right)\cdot\frac{9}{2}=\frac{9}{4}$$

ゆえに

$$\cos\angle\mathrm{BPC}=\frac{\overrightarrow{\mathrm{PB}}\cdot\overrightarrow{\mathrm{PC}}}{|\overrightarrow{\mathrm{PB}}||\overrightarrow{\mathrm{PC}}|}=\frac{\overrightarrow{\mathrm{BP}}\cdot\overrightarrow{\mathrm{CP}}}{|\overrightarrow{\mathrm{BP}}||\overrightarrow{\mathrm{CP}}|}$$

$$=\frac{\frac{9}{4}}{\frac{3\sqrt{17}}{2}\cdot\frac{3\sqrt{17}}{2}}=\frac{1}{17} \quad (\to 31\sim 33)$$

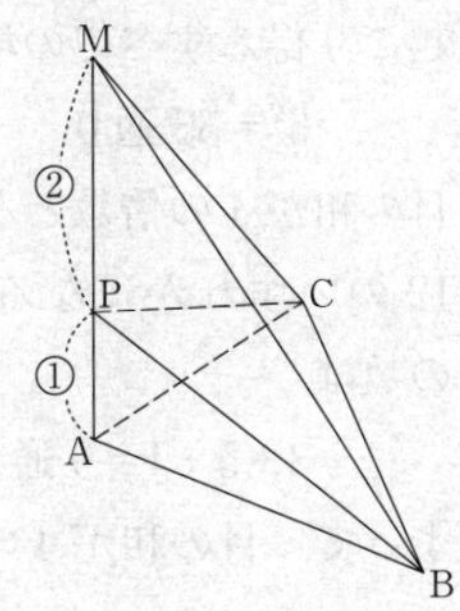

(4)　$\cos\angle BPC=\dfrac{1}{17}$ より

$$\sin\angle BPC=\sqrt{1-\cos^2\angle BPC}=\sqrt{1-\left(\frac{1}{17}\right)^2}$$

$$=\frac{12}{17}\sqrt{2}\quad(\because\ 0<\angle BPC<\pi)$$

よって

$$\triangle PBC=\frac{1}{2}\cdot\sin\angle BPC\cdot|\overrightarrow{BP}|\cdot|\overrightarrow{CP}|$$

$$=\frac{1}{2}\cdot\frac{12}{17}\sqrt{2}\cdot\frac{3}{2}\sqrt{17}\cdot\frac{3}{2}\sqrt{17}$$

$$=\frac{27}{2}\sqrt{2}$$

ここで，AP：PM＝1：2より

(四面体PABCの体積)：(四面体MPBCの体積)＝1：2

であるから

(四面体MPBCの体積)＝9・2＝18

また　(四面体MPBCの体積)$=\dfrac{1}{3}\cdot\triangle PBC\cdot|\overrightarrow{MH}|$

よって　$|\overrightarrow{MH}|=18\cdot3\cdot\dfrac{1}{\frac{27}{2}\sqrt{2}}=2\sqrt{2}$　(→34，35)

III　解答

(1) 36.　1　37.　4　38.　1　39.　9

(2) 40.　1　41.　5　42.　4

(3)(i) 43.　1　44.　8　45.　1

(ii) 46.　7　47.　3　48.　6　49.　4　50.　8

(iii) 51.　3　52.　1　53.　8　54.　6　55.　4

◀解　説▶

≪さいころを投げる試行と出た目によって勝敗が決まるゲームに関する確率≫

(1)　次の表は，1列目に1回目に出る目を，1行目に2回目に出る目を記し，これらの和をまとめたものである。

起こり得るすべての場合の数は

$6^2=36$ 通り

目の和が4の倍数となるのは，和が4，8，12のいずれかになる場合であり，この場合の数は

$3+5+1=9$ 通り

	1	2	3	4	5	6
1	2	3	4	5	6	7
2	3	4	5	6	7	8
3	4	5	6	7	8	9
4	5	6	7	8	9	10
5	6	7	8	9	10	11
6	7	8	9	10	11	12

よって，目の和が4の倍数となる確率は

$\frac{9}{36}=\frac{1}{4}$ （→36，37）

目の和が4の約数になるのは，和が1，2，4のいずれかになる場合であり，この場合の数は

$0+1+3=4$ 通り

よって，目の和が4の約数になる確率は

$\frac{4}{36}=\frac{1}{9}$ （→38，39）

(2) 1個のさいころを4回投げるとき，起こり得るすべての場合の数は

6^4 通り

$150=2\cdot3\cdot5^2$

だから，4回の目の積が150となるのは，5の目がちょうど2回出て，残りの2回は，「1の目と6の目が1回ずつ出る」または「2の目と3の目が1回ずつ出る」場合である。

5の目が出る2回の決め方は　$_4C_2=6$ 通り

この各々の場合について

1と6の目の出方は　$2!=2$ 通り

2と3の目の出方は　$2!=2$ 通り

和の法則と積の法則により，4回の目の積が150となる場合の数は

$6\times(2+2)=6\cdot4$ 通り

よって，4つの目の積が150となる確率は

$\frac{6\cdot4}{6^4}=\frac{1}{54}$ （→40～42）

(3) 次の表は，1列目にAが出す目を，1行目にBが出す目を記し，1回の対戦でAが得る得点の数と，Bが得る得点の数を○付きの数で表したも

のである。

	1	2	3	4	5	6
1	0	①	②	③	④	⑤
2	1	0	①	②	③	④
3	2	1	0	①	②	③
4	3	2	1	0	①	②
5	4	3	2	1	0	①
6	5	4	3	2	1	0

(i)　2回の対戦でＡの得点が４，Ｂの得点が２となるのは，次の事象が起こる場合である。
１回目でＡが４点，２回目でＢが２点となるときで，この確率は

$$\frac{2}{6^2}\cdot\frac{4}{6^2}=\frac{1}{162}$$

１回目でＢが２点，２回目でＡが４点となるときで，この確率は

$$\frac{4}{6^2}\cdot\frac{2}{6^2}=\frac{1}{162}$$

これらの事象は排反だから，求める確率は

$$\frac{1}{162}\times 2=\frac{1}{81}\quad(\to 43\sim 45)$$

(ii)　2回の対戦でＡとＢが引き分けとなるのは

- 「Ａ，Ｂ２回共に得点なし」
- 「Ａが１回目に i 点，Ｂが２回目に i 点を得る」（$i=1,\ 2,\ 3,\ 4,\ 5$）
- 「Ｂが１回目に i 点，Ａが２回目に i 点を得る」（$i=1,\ 2,\ 3,\ 4,\ 5$）

のいずれかの事象が起こるときで，それぞれ排反である。
よって，求める確率は

$$\left(\frac{6}{36}\right)^2+2\left\{\left(\frac{5}{36}\right)^2+\left(\frac{4}{36}\right)^2+\left(\frac{3}{36}\right)^2+\left(\frac{2}{36}\right)^2+\left(\frac{1}{36}\right)^2\right\}$$

$$=\frac{36+50+32+18+8+2}{36^2}=\frac{146}{36^2}$$

$$=\frac{73}{648}\quad(\to 46\sim 50)$$

(iii)　3回の対戦でＡの得点が７点，Ｂの得点が３点以下となるのは
〔１〕　Ａがちょうど２回の対戦で得点し，この得点の組合せが（2，5），（3，4）のいずれかであり，残りの１回の対戦でＢが３点以下の得点（0①②③）を得る事象が起こるときである。
Ａが２回の対戦で２点，５点を得て，Ｂが１回の対戦で３点以下の得点を得る事象の確率は

$$\frac{4}{36}\cdot\frac{1}{36}\cdot\frac{18}{36}\times 3!=\frac{2}{6^3}$$

Aが2回の対戦で3点，4点を得て，Bが1回の対戦で3点以下の得点を得る事象の確率は

$$\frac{3}{36}\cdot\frac{2}{36}\cdot\frac{18}{36}\times 3!=\frac{3}{6^3}$$

〔2〕　Aが3回とも得点し，Bの得点の合計が0点のとき，Aが各対戦で得る得点の組合せが（1，1，5)，(1，2，4)，(1，3，3)，(2，2，3）となるときであり，(1，2，4）の並べ方は3!通り，(1，1，5)，(1，3，3)，(2，2，3）の並べ方は${}_3C_1$通りだから，この場合の確率は

$$\frac{5}{36}\cdot\frac{4}{36}\cdot\frac{2}{36}\times 3!+\left\{\left(\frac{5}{36}\right)^2\left(\frac{1}{36}\right)+\left(\frac{5}{36}\right)\left(\frac{3}{36}\right)^2+\left(\frac{4}{36}\right)^2\left(\frac{3}{36}\right)\right\}{}_3C_1$$

$$=\frac{40}{6^5}+\frac{(25+45+48)\times 3}{6^6}=\frac{40+59}{6^5}=\frac{99}{6^5}$$

〔1〕,〔2〕は排反事象だから，求める確率は

$$\frac{2}{6^3}+\frac{3}{6^3}+\frac{99}{6^5}=\frac{180+99}{6^5}=\frac{279}{6^5}=\frac{31}{864}\quad(\rightarrow 51\sim 55)$$

◀理系数学②：Ⅰ・Ⅱ・Ⅲ・Ａ・Ｂ▶

情報(英・数・理型)・理工・建築・薬・
農・生物理工・工・産業理工学部

Ⅰ　解答　(1)ア．7　イウ．13

(2)エオ．11　カ．6　キ．3

(3)クケ．77　コ．6　サ．5　シスセ．994　ソタチ．841

(4)ツテト．780　ナニヌ．720

◀解　説▶

≪素因数分解，1次不定方程式，互いに素な自然数の個数≫

(1)　1以上15以下のすべての自然数を，それぞれ素因数分解したときに現れる素数はすべて15以下であり，小さいものから順に，2，3，5，7，11，13の6個である。

∴　$p_4=7$，$p_6=13$　(→ア～ウ)

(2)　定義から，m_1，m_2，m_3 はそれぞれ15! の素因数分解に現れる素因数2，3，5の個数である。

よって，$[x]$ を x を超えない最大の整数を表すとすると

$$m_1=\left[\frac{15}{2}\right]+\left[\frac{15}{2^2}\right]+\left[\frac{15}{2^3}\right]=7+3+1=11\quad(\to\text{エオ})$$

$$\left(\because\quad k\geqq 4\text{ のとき，}\left[\frac{15}{2^k}\right]=0\right)$$

$$m_2=\left[\frac{15}{3}\right]+\left[\frac{15}{3^2}\right]=5+1=6\quad(\to\text{カ})\quad\left(\because\quad k\geqq 3\text{ のとき，}\left[\frac{15}{3^k}\right]=0\right)$$

$$m_3=\left[\frac{15}{5}\right]=3\quad(\to\text{キ})\quad\left(\because\quad k\geqq 2\text{ のとき，}\left[\frac{15}{5^k}\right]=0\right)$$

(3)　(1)の議論から，$p_5=11$，$p_6=13$ だから，与えられた方程式は

$11x-13y=1$　……①

$x=6$，$y=5$ は①の整数解の1つだから

$11\cdot6-13\cdot5=1$　……①′

①－①′ より　　$11(x-6)-13(y-5)=0$

すなわち　　$11(x-6)=13(y-5)$

11と13は互いに素だから　$x-6=13k,\ y-5=11k$　（k は整数）

$(x,\ y)=(13k+6,\ 11k+5)$

$x,\ y\in M$ となるのは

$1\leqq 13k+6\leqq 1000$　かつ　$1\leqq 11k+5\leqq 1000$

ここで，k は整数であることから

$k=0,\ 1,\ 2,\ \cdots,\ 76$

だから，①の M の要素からなる解（$x,\ y$）の個数は　77　（→クケ）

x が最小となるのは，$k=0$ のときであり，このときの解は

$(x,\ y)=(6,\ 5)$　（→コ，サ）

x が最大となるのは，$k=76$ のときであり，このときの解は

$(x,\ y)=(994,\ 841)$　（→シ〜チ）

(4)　(1)の議論から

$p_4p_5=7\cdot 11=77,\ p_4p_5p_6=7\cdot 11\cdot 13=1001$

である。M の要素のうち，77と互いに素となるものの個数について，1000以下の自然数のうち，7の倍数の個数は142，11の倍数の個数は90，$7\cdot 11=77$ の倍数の個数は12だから，M の要素のうち，77と互いに素なものの個数は

$1000-(142+90-12)=1000-220=780$　（→ツテト）

次に，M の要素で1001と互いに素となる要素の個数について，1000以下の自然数のうち，7の倍数の個数は142，11の倍数の個数は90，13の倍数の個数は76，$7\cdot 11=77$ の倍数の個数は12，$11\cdot 13=143$ の倍数の個数は6，$13\cdot 7=91$ の倍数の個数は10，$7\cdot 11\cdot 13=1001$ の倍数の個数は0だから，M の要素のうち，1001と互いに素なものの個数は

$1000-(142+90+76-12-6-10)=720$　（→ナニヌ）

II　解答

(1)ア．6　イ．6　ウ．2　エ．7　オ．7　カ．6　キ．3

(2)クケ．12　コ．4　サシ．24

(3)ス．1　セソ．−1　タ．3　チ．7　ツ．9　テ．5　ト．9

(4)ナ．8　ニ．2

◀解　説▶

≪3辺の長さが与えられた三角形を展開図とする四面体，ベクトルの大きさ・内積，四面体の体積≫

(1)　展開図を組み立てるとき，重なり合う線分の長さは等しいから，点P，Q，Rはそれぞれ辺AB，BC，CAの中点である。

よって，条件を満たす展開図の三角形ABCと四面体OPQRは下図のようになる。

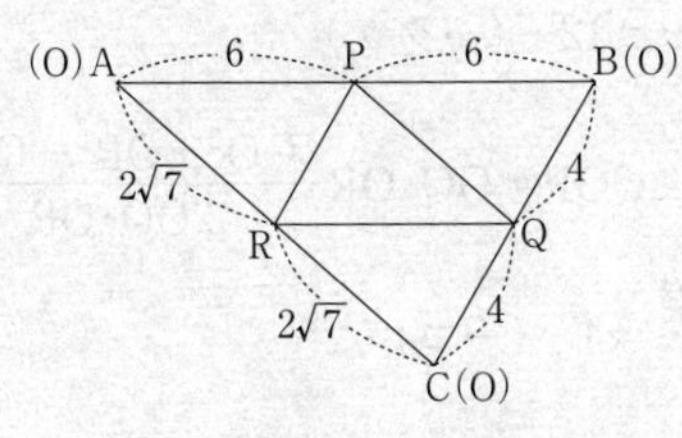

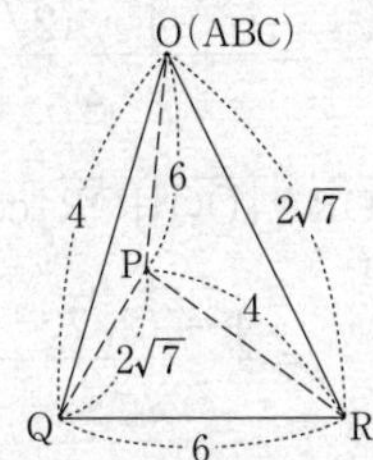

$$\therefore \quad AP=\frac{1}{2}AB=\frac{1}{2}\cdot 12=6 \quad (\to ア)$$

△ABCに中点連結定理を用いて

$$QR=\frac{1}{2}AB=\frac{1}{2}\cdot 12=6 \quad (\to イ)$$

$$RP=\frac{1}{2}BC=4,\ \ PQ=\frac{1}{2}CA=2\sqrt{7}$$

△PQRに余弦定理を用いて

$$\cos\angle PQR=\frac{PQ^2+QR^2-RP^2}{2PQ\cdot QR}=\frac{(2\sqrt{7})^2+6^2-4^2}{2\cdot 2\sqrt{7}\cdot 6}=\frac{2}{\sqrt{7}}=\frac{2\sqrt{7}}{7} \quad (\to ウ〜オ)$$

∠PQRは鋭角だから，$\sin\angle PQR>0$より

$$\sin\angle PQR=\sqrt{1-\cos^2\angle PQR}=\sqrt{1-\left(\frac{2}{7}\right)^2}=\frac{\sqrt{3}}{\sqrt{7}}$$

$$\therefore \quad \triangle PQR=\frac{1}{2}PQ\cdot QR\sin\angle PQR$$

$$=\frac{1}{2}\cdot 2\sqrt{7}\cdot 6\cdot\frac{\sqrt{3}}{\sqrt{7}}=6\sqrt{3}\quad(\to カ,\ キ)$$

(2) 内積の定義と△OPQ，△OQR，△ORP に余弦定理を用いて

$$\mathrm{OP}=\mathrm{QR}=6,\ \mathrm{OQ}=\mathrm{RP}=4,\ \mathrm{OR}=\mathrm{RQ}=2\sqrt{7}$$

より

$$\overrightarrow{\mathrm{OP}}\cdot\overrightarrow{\mathrm{OQ}}=|\overrightarrow{\mathrm{OP}}||\overrightarrow{\mathrm{OQ}}|\cos\angle\mathrm{POQ}=\mathrm{OP}\cdot\mathrm{OQ}\cdot\frac{\mathrm{OP}^2+\mathrm{OQ}^2-\mathrm{PQ}^2}{2\mathrm{OP}\cdot\mathrm{OQ}}$$

$$=\frac{6^2+4^2-(2\sqrt{7})^2}{2}=12\quad(\to クケ)$$

$$\overrightarrow{\mathrm{OQ}}\cdot\overrightarrow{\mathrm{OR}}=|\overrightarrow{\mathrm{OQ}}||\overrightarrow{\mathrm{OR}}|\cos\angle\mathrm{QOR}=\mathrm{OQ}\cdot\mathrm{OR}\cdot\frac{\mathrm{OQ}^2+\mathrm{OR}^2-\mathrm{QR}^2}{2\mathrm{OQ}\cdot\mathrm{OR}}$$

$$=\frac{4^2+(2\sqrt{7})^2-6^2}{2}=4\quad(\to コ)$$

$$\overrightarrow{\mathrm{OR}}\cdot\overrightarrow{\mathrm{OP}}=|\overrightarrow{\mathrm{OR}}||\overrightarrow{\mathrm{OP}}|\cos\angle\mathrm{ROP}=\mathrm{OR}\cdot\mathrm{OP}\cdot\frac{\mathrm{OR}^2+\mathrm{OP}^2-\mathrm{RP}^2}{2\mathrm{OR}\cdot\mathrm{OP}}$$

$$=\frac{(2\sqrt{7})^2+6^2-4^2}{2}=24\quad(\to サシ)$$

(3) 点Hは平面 PQR 上であり，$\overrightarrow{\mathrm{PQ}}$，$\overrightarrow{\mathrm{PR}}$ は1次独立だから

$$\overrightarrow{\mathrm{PH}}=x\overrightarrow{\mathrm{PQ}}+y\overrightarrow{\mathrm{PR}}\quad(x,\ y は実数)$$

と表せる。

$$\overrightarrow{\mathrm{OH}}-\overrightarrow{\mathrm{OP}}=x(\overrightarrow{\mathrm{OQ}}-\overrightarrow{\mathrm{OP}})+y(\overrightarrow{\mathrm{OR}}-\overrightarrow{\mathrm{OP}})$$

$$\overrightarrow{\mathrm{OH}}=(1-x-y)\overrightarrow{\mathrm{OP}}+x\overrightarrow{\mathrm{OQ}}+y\overrightarrow{\mathrm{OR}}$$

$\overrightarrow{\mathrm{OH}}=p\overrightarrow{\mathrm{OP}}+q\overrightarrow{\mathrm{OQ}}+r\overrightarrow{\mathrm{OR}}$ と表すと，$\overrightarrow{\mathrm{OP}}$，$\overrightarrow{\mathrm{OQ}}$，$\overrightarrow{\mathrm{OR}}$ は1次独立だから

$$p=1-x-y,\ q=x,\ r=y$$

$$\therefore\ p+q+r=(1-x-y)+x+y=1\quad(\to ス)$$

OH⊥平面PQR より

$$\overrightarrow{\mathrm{OH}}\cdot\overrightarrow{\mathrm{QP}}=0\quad\cdots\cdots①\quad かつ\quad\overrightarrow{\mathrm{OH}}\cdot\overrightarrow{\mathrm{QR}}=0\quad\cdots\cdots②$$

$$① \iff (p\overrightarrow{\mathrm{OP}}+q\overrightarrow{\mathrm{OQ}}+r\overrightarrow{\mathrm{OR}})\cdot(\overrightarrow{\mathrm{OP}}-\overrightarrow{\mathrm{OQ}})=0$$

$$\iff 24p-4q+20r=0 \iff 6p-q+5r=0$$

$$\iff p-6q+5=0\quad\cdots\cdots③\quad(\because\ ス)$$

$$② \iff (p\overrightarrow{\mathrm{OP}}+q\overrightarrow{\mathrm{OQ}}+r\overrightarrow{\mathrm{OR}})\cdot(\overrightarrow{\mathrm{OR}}-\overrightarrow{\mathrm{OQ}})=0$$

$$\iff 12p-12q+24r=0 \iff p-q+2r=0$$

$$\iff -p-3q+2=0\quad\cdots\cdots④\quad(\because\ ス)$$

③＋④ より　　$-9q+7=0$　　$\therefore\ q=\dfrac{7}{9}$　(→チ，ツ)

③－④×2 より　　$3p+1=0$　　$\therefore\ p=\dfrac{-1}{3}$　(→セ～タ)

$$r=1-p-q=\frac{5}{9}$$　(→テ，ト)

(4)　(3)より

$$\overrightarrow{\mathrm{OH}}=\frac{1}{9}(-3\overrightarrow{\mathrm{OP}}+7\overrightarrow{\mathrm{OQ}}+5\overrightarrow{\mathrm{OR}})$$

より

$$\begin{aligned}|\overrightarrow{\mathrm{OH}}|^2&=\left(\frac{1}{9}\right)^2(9|\overrightarrow{\mathrm{OP}}|^2+49|\overrightarrow{\mathrm{OQ}}|^2+25|\overrightarrow{\mathrm{OR}}|^2-42\overrightarrow{\mathrm{OP}}\cdot\overrightarrow{\mathrm{OQ}}+70\overrightarrow{\mathrm{OQ}}\cdot\overrightarrow{\mathrm{OR}}-30\overrightarrow{\mathrm{OR}}\cdot\overrightarrow{\mathrm{OP}})\\&=\left(\frac{1}{9}\right)^2\{9\cdot6^2+49\cdot4^2+25(2\sqrt{7})^2-42\cdot12+70\cdot4-30\cdot24\}\\&=\left(\frac{1}{9}\right)^2(324+784+700-504+280-720)\\&=\left(\frac{1}{9}\right)^2\cdot864\\&=\frac{32}{3}\end{aligned}$$

$|\overrightarrow{\mathrm{OH}}|\geqq0$ より　　$|\overrightarrow{\mathrm{OH}}|=\dfrac{4\sqrt{6}}{3}$

よって，四面体 OPQR の体積は

$$\frac{1}{3}\triangle\mathrm{PQR}\cdot|\overrightarrow{\mathrm{OH}}|=\frac{1}{3}\cdot6\sqrt{3}\cdot\frac{4\sqrt{6}}{3}=8\sqrt{2}$$　(→ナ，ニ)

III　解答

(1)ア．0　イ．1　ウ．2　エ．1　オ．2
カキ．−4

(2)ク．2　ケ．2　コサ．−1　シ．2

(3)ス．6　セ．1　ソ．2

(4)(i)タ．6　チ．2　ツ．4　(ii)テ．1　ト．2

◀解　説▶

≪定積分，最大値，囲まれた図形の面積，接線≫

(1)　$\displaystyle\int f(x)\,dx=\int xe^{-x^2}dx=\int -\frac{1}{2}e^{-x^2}(-x^2)'dx$

$\displaystyle=-\frac{1}{2}e^{-x^2}+C$　（C は積分定数）

とすると，ここで

$$\int_{-1}^{1}f(x)\,dx=\left[-\frac{1}{2}e^{-x^2}\right]_{-1}^{1}=-\frac{1}{2}(e^{-1}-e^{-1})=0\quad(\text{→ア})$$

$$\int_{0}^{2}f(x)\,dx=\left[-\frac{1}{2}e^{-x^2}\right]_{0}^{2}=-\frac{1}{2}(e^{-4}-1)=\frac{1}{2}-\frac{1}{2}e^{-4}\quad(\text{→イ～キ})$$

参考　$f(x)=xe^{-x^2}$ について

$$f(-x)=-xe^{(-x)^2}=-xe^{-x^2}=-f(x)$$

となり，$f(x)$ は奇関数だから

$$\int_{-1}^{1}f(x)\,dx=0$$

(2)　$f(x)=xe^{-x^2}$ より

$$f'(x)=e^{-x^2}+x(-2x)e^{-x^2}=(1-2x^2)e^{-x^2}$$

$y=f(x)$ の増減を調べると次のようになる。

x	$-\infty$	…	$-\frac{1}{\sqrt{2}}$	…	$\frac{1}{\sqrt{2}}$	…	$+\infty$
$f'(x)$		$-$	0	$+$	0	$-$	
$f(x)$	-0	↘	$-\frac{1}{\sqrt{2}}e^{-\frac{1}{2}}$	↗	$\frac{1}{\sqrt{2}}e^{-\frac{1}{2}}$	↘	$+0$

$\displaystyle\lim_{x\to\infty}f(x)$ について，$x>0$ のとき $x^2>0$ であり，与えられた不等式から

$$e^{x^2}\geqq 1+x^2+\frac{(x^2)^2}{2}>\frac{x^4}{2}>0$$

より

$$0<e^{-x^2}<\frac{2}{x^4}\quad\cdots\cdots①$$

$x>0$ より　　$\displaystyle 0<xe^{-x^2}<\frac{2}{x^3}$

$\displaystyle\lim_{x\to\infty}\frac{2}{x^3}=0$ だから，はさみうちの原理から

$$\lim_{x\to\infty}f(x)=\lim_{x\to\infty}xe^{-x^2}=0$$

$f(-x)=-f(x)$ が成り立つから，$y=f(x)$ は奇関数であり，このグラフは原点に関して対称である。

増減表から，$f(x)$ の最大値は

$$f\left(\frac{1}{\sqrt{2}}\right)=\frac{1}{\sqrt{2}}e^{-\frac{1}{2}}=\frac{\sqrt{2}}{2}e^{\frac{-1}{2}}\quad(\to ク〜シ)$$

(3)　(2)の増減表から，$y=f(x)$ のグラフは右図のようになる。

ゆえに，$a>0$ のとき

$$S(a)=\int_0^a f(x)\,dx$$

$a<0$ のとき

$$S(a)=-\int_a^0 f(x)\,dx=\int_0^a f(x)\,dx$$

よって，$a\neq 0$ のとき

$$S(a)=\int_0^a f(x)\,dx=\left[-\frac{1}{2}e^{-x^2}\right]_0^a=\frac{1}{2}(1-e^{-a^2})$$

$S(a)=\dfrac{5}{12}$ のとき

$$\frac{1}{2}(1-e^{-a^2})=\frac{5}{12}\Longleftrightarrow e^{-a^2}=\frac{1}{6}\Longleftrightarrow e^{a^2}=6\Longleftrightarrow a^2=\log 6\quad(\to ス)$$

$$\lim_{a\to\infty}S(a)=\lim_{a\to\infty}\frac{1}{2}(1-e^{-a^2})=\frac{1}{2}\quad(\to セ，ソ)$$

(4)(i)　$g(t)=f'(t)=(1-2t^2)e^{-t^2}$

$$g'(t)=(-4t)e^{-t^2}+(1-2t^2)(-2t)e^{-t^2}=2t(2t^2-3)e^{-t^2}$$

$g(-t)=g(t)$ より，$y=g(t)$ は偶関数で，グラフは y 軸対称である。

ゆえに，$g(t)$ の増減を調べると次のようになる。

t	$-\infty$	$\cdots$	$-\frac{\sqrt{6}}{2}$	$\cdots$	0	$\cdots$	$\frac{\sqrt{6}}{2}$	$\cdots$	$+\infty$
$g'(t)$		$-$	0	$+$	0	$-$	0	$+$	
$g(t)$	-0	↘	$-2e^{-\frac{3}{2}}$	↗	1	↘	$-2e^{-\frac{3}{2}}$	↗	-0

増減表から，$g(t)$ が最小となるのは　$t=\pm\dfrac{\sqrt{6}}{2}$　(→タ，チ)

$t>0$ のとき，(2)の①から　　$0<e^{-t^2}<\dfrac{2}{t^4}$

$t^2>0$ より　　$0<2t^2e^{-t^2}<\dfrac{4}{t^2}$

$\displaystyle\lim_{t\to\infty}\frac{4}{t^2}=0$ だから，はさみうちの原理より　　$\displaystyle\lim_{t\to\infty}2t^2e^{-t^2}=0$

また　　$\displaystyle\lim_{t\to\infty}e^{-t^2}=0$

よって　　$\displaystyle\lim_{t\to\infty}g(t)=\lim_{t\to\infty}(e^{-t^2}-2t^2e^{-t^2})=0$

e^x は x に関して単調増加し，常に正だから，$0<e^{-2}<e^{-\frac{3}{2}}$ より

$$0>-2e^{-2}>-2e^{-\frac{3}{2}}$$

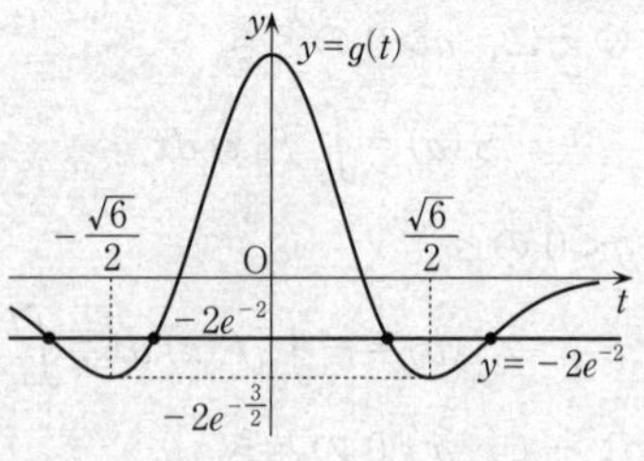

ゆえに，$y=g(t)$ のグラフは右図のようになり，直線 $y=-2e^{-2}$ との共有点を 4 個もつから，$g(t)=-2e^{-2}$ となる t の値の個数は　　4　(→ツ)

(ii)　接線 l の方程式は

$$y-te^{-t^2}=(1-2t^2)e^{-t^2}(x-t)$$

$$\therefore\quad y=(1-2t^2)e^{-t^2}x+2t^3e^{-t^2}$$

l が原点を通る条件は，$2t^3e^{-t^2}=0$ より　　$t=0$

よって，l が原点Oを通る t の値の個数は　　1　(→テ)

l が点 $\left(0,\ \dfrac{1}{2}\right)$ を通る条件は，$2t^3e^{-t^2}=\dfrac{1}{2}$ より

$$t^3e^{-t^2}=\frac{1}{4}\quad\cdots\cdots①$$

$h(t)=t^3e^{-t^2}$ とおくと　　$h(-t)=-h(t)$

だから，$y=h(t)$ は奇関数でグラフは原点に関して対称である。

$$h'(t)=3t^2e^{-t^2}+t^3(-2t)e^{-t^2}=-t^2(2t^2-3)e^{-t^2}$$

ゆえに，$h(t)$ の増減を調べると次のようになる。

t	$-\infty$	$\cdots$	$-\dfrac{\sqrt{6}}{2}$	$\cdots$	0	$\cdots$	$\dfrac{\sqrt{6}}{2}$	$\cdots$	$+\infty$
$h'(t)$		$-$	0	$+$	0	$+$	0	$-$	
$h(t)$	-0	↘	$-\dfrac{3\sqrt{6}}{4}e^{-\frac{3}{2}}$	↗	0	↗	$\dfrac{3\sqrt{6}}{4}e^{-\frac{3}{2}}$	↘	$+0$

$t>0$ のとき，(2)の①から　　$0<e^{-t^2}<\dfrac{2}{t^4}$

$t^3>0$ より　　$0<t^3e^{-t^2}<\dfrac{2}{t}$

$\displaystyle\lim_{t\to\infty}\frac{2}{t}=0$ だから，はさみうちの原理より

$$\lim_{t\to\infty}h(t)=\lim_{t\to\infty}t^3e^{-t^2}=0$$

ここで，$e=2.7\cdots$ より　　$0<e<3$　　$0<e^{\frac{3}{2}}<3^{\frac{3}{2}}=3\sqrt{3}$

$$\therefore\quad e^{-\frac{3}{2}}>\frac{1}{3\sqrt{3}}$$

$$\frac{3\sqrt{6}}{4}e^{-\frac{3}{2}}>\frac{3\sqrt{6}}{4}\cdot\frac{1}{3\sqrt{3}}=\frac{\sqrt{2}}{4}>\frac{1}{4}$$

ゆえに，$y=h(t)$ のグラフは右図のようになり，直線 $y=\dfrac{1}{4}$ との共有点を 2 個もつ。

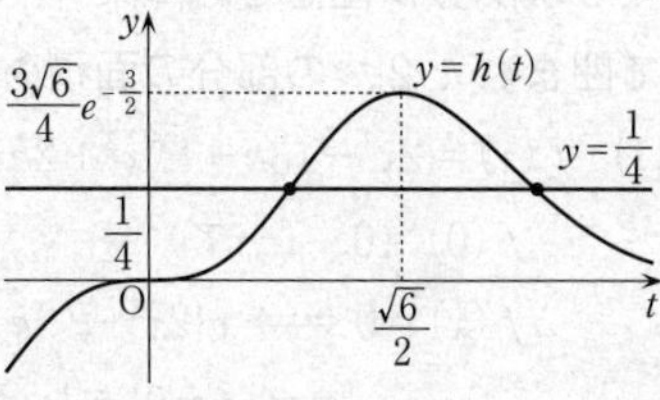

よって，①を満たす t の値の個数は

　　2　(→ト)

◀理系数学①：Ⅰ・Ⅱ・A・B▶

理工（理〈化学〉・生命科）・建築・薬・農・生物理工・工・産業理工学部

Ⅰ

◀数学②：情報（英・数・理型）・理工・建築・薬・農・生物理工・工・産業理工学部▶ Ⅰに同じ。

Ⅱ

◀数学②：情報（英・数・理型）・理工・建築・薬・農・生物理工・工・産業理工学部▶ Ⅱに同じ。

Ⅲ

解答　(1)ア．0　イ．1　ウ．9　エ．1

(2)(i)オ．0　カ．1　キ．3　ク．1　ケ．3

(ii)コ．－　サ．2　シ．3　ス．1　セ．9

(iii)ソタ．－1　チ．9　ツ．5　テ．6　ト．4　ナ．5

◀解　説▶

≪3 次関数が極値をもつ条件，極値点を通る直線の傾き，3 次関数と直線で囲まれた 2 つの部分の面積≫

(1)　$f(x)=2x^3-(3k+1)x^2+2kx$ より

$f(0)=0$　（→ア）

$f(x)=0 \Longleftrightarrow x\{2x^2-(3k+1)x+2k\}=0$

$\Longleftrightarrow x=0$ または $2x^2-(3k+1)x+2k=0$

(A) $2x^2-(3k+1)x+2k=0$ が実数解をもたない

(B) $2x^2-(3k+1)x+2k=0$ が重解 $x=0$ をもつ

のいずれかである。

$2x^2-(3k+1)x+2k=0$ の判別式を D とすると

$$D=(3k+1)^2+4\cdot2\cdot2k=9k^2-10k+1=(9k-1)(k-1)$$

(A)のとき，$D<0$ より　$\dfrac{1}{9}<k<1$

(B)のとき，$D=0$ より　$k=\dfrac{1}{9},\ 1$

$x=0$ を解にもつから，$2k=0$ より　$k=0$

これらを同時に満たす k は存在しない。

以上より　$\frac{1}{9}<k<1$　(→イ～エ)

(2)(i)　$f'(x)=6x^2-2(3k+1)x+2k$

$$=2\{3x^2+(-3k-1)x+k\}$$
$$=2(x-k)(3x-1)$$

だから，$f'(x)=0$ の解は　$x=k,\ \frac{1}{3}$

これが異なる２つの正の解となる条件は

$$0<k \quad \text{かつ} \quad k\neq\frac{1}{3}$$

$$\Longleftrightarrow 0<k<\frac{1}{3},\ \frac{1}{3}<k \quad (\to オ～ケ)$$

(ii)　直線 l の傾き $\frac{f(\beta)-f(\alpha)}{\beta-\alpha}$ について，$f(x)=2x^3-(3k+1)x^2+2kx$ より

$$\frac{f(\beta)-f(\alpha)}{\beta-\alpha}=\frac{2(\beta^3-\alpha^3)-(3k+1)(\beta^2-\alpha^2)+2k(\beta-\alpha)}{\beta-\alpha}$$
$$=2(\beta^2+\beta\alpha+\alpha^2)-(3k+1)(\beta+\alpha)+2k$$

$f'(x)=0$ の２解が $\alpha,\ \beta$ より

$$\alpha+\beta=k+\frac{1}{3},\ \alpha\beta=\frac{1}{3}k$$

$$\beta^2+\beta\alpha+\alpha^2=(\alpha+\beta)^2-\alpha\beta=\left(k+\frac{1}{3}\right)^2-\frac{1}{3}k$$
$$=k^2+\frac{1}{3}k+\frac{1}{9}$$

よって

$$\frac{f(\beta)-f(\alpha)}{\beta-\alpha}=2\left(k^2+\frac{1}{3}k+\frac{1}{9}\right)-(3k+1)\left(k+\frac{1}{3}\right)+2k$$
$$=-k^2+\frac{2}{3}k-\frac{1}{9} \quad (\to コ～セ)$$

参考　$\frac{f(\beta)-f(\alpha)}{\beta-\alpha}=\frac{1}{\beta-\alpha}\int_\alpha^\beta f'(x)\,dx$

$$=\frac{1}{\beta-\alpha}\int_\alpha^\beta 6(x-\alpha)(x-\beta)\,dx$$

$$=\frac{1}{\beta-\alpha}\{-(\beta-\alpha)^3\}=-(\beta-\alpha)^2$$

$$=-\{(\alpha+\beta)^2-4\alpha\beta\}$$

$$=-\left\{\left(k+\frac{1}{3}\right)^2-4\cdot k\cdot\frac{1}{3}\right\}$$

（∵　2次方程式の解と係数の関係）

$$=-k^2+\frac{2}{3}k-\frac{1}{9}$$

(iii)　直線 m の方程式は，$y=ax$ とおける。

曲線 $y=f(x)$ と直線 m は原点以外の交点を2つもち，その x 座標は，

$2x^3-5x^2+\frac{8}{3}x=ax$ とすると，$x\neq 0$ より

$$2x^2-5x+\left(\frac{8}{3}-a\right)=0$$

この2解で，$x=s,\ t\quad(s<t)$ とおく。

曲線 $y=f(x)$ と直線 m は右図のようになるから，$0<s<t$ で

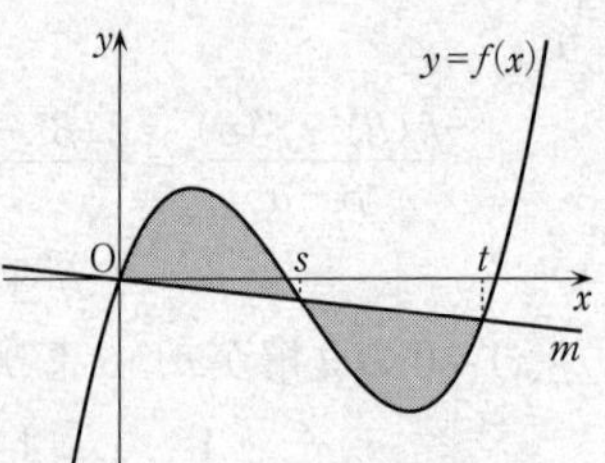

$$\int_0^s\{f(x)-ax\}dx$$

$$=\int_s^t\{ax-f(x)\}dx$$

より

$$\int_0^s\{f(x)-ax\}dx-\int_s^t\{ax-f(x)\}dx$$

$$=\int_0^t\{f(x)-ax\}=0$$

よって

$$\int_0^t\left\{2x^3-5x^2+\left(\frac{8}{3}-a\right)x\right\}dx$$

$$=\left[\frac{1}{2}x^4-\frac{5}{3}x^3+\frac{8-3a}{6}x^2\right]_0^t$$

$$=\frac{1}{2}t^4-\frac{5}{3}t^3+\frac{8-3a}{6}t^2=0$$

$t>0$ より　　$3t^2-10t+(8-3a)=0$　……①

また，$x=t$ は，$2x^2-5x+\left(\frac{8}{3}-a\right)=0$ の解の1つより

$$2t^2-5t+\left(\frac{8}{3}-a\right)=0$$

すなわち　$6t^2-15t+(8-3a)=0$　……②

②－① より　$3t^2-5t=0$　$t(3t-5)=0$

$t>0$ より　$t=\frac{5}{3}$

①より

$$\frac{25}{3}-\frac{50}{3}+(8-3a)=0 \qquad \therefore \quad a=-\frac{1}{9}=\frac{-1}{9} \quad (\to ソ〜チ)$$

（このとき，解と係数の関係より，$s+t=\frac{5}{2}$ だから　$s=\frac{5}{6}$）

$k=\frac{4}{3}$ のとき，(ii)より，直線 l の傾きは

$$-\left(\frac{4}{3}\right)^2+\frac{2}{3}\cdot\frac{4}{3}-\frac{1}{9}=-1$$

$f\left(\frac{1}{3}\right)=\frac{2}{27}-\frac{5}{9}+\frac{8}{9}=\frac{11}{27}$ より，直線 l の方程式は

$$y-\frac{11}{27}=-\left(x-\frac{1}{3}\right)$$

すなわち　$y=-x+\frac{20}{27}$

直線 l，m の交点の x 座標は，$-\frac{1}{9}x=-x+\frac{20}{27}$ より

$$x=\frac{5}{6} \quad (\to ツ，テ)$$

(ii)の結論から，$k=\frac{4}{3}$ のとき，l の傾きは　-1

m と x 軸の正の向きとのなす角を α，l と x 軸の正の向きとのなす角を β とすると（ただし，直線と x 軸の正の向きとのなす角 θ_1 は $0<\theta_1<\pi$，$\theta_1 \neq \frac{\pi}{2}$ で求める）

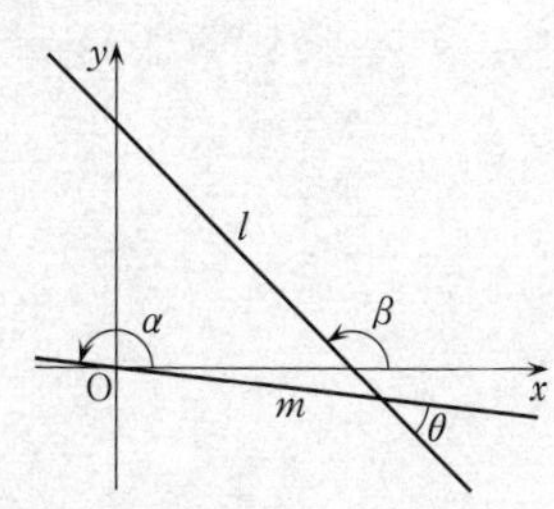

$$\tan\alpha=-\frac{1}{9},\ \tan\beta=-1,\ \frac{\pi}{2}<\beta<\alpha<\pi$$

だから

$$\tan\theta=\tan(\alpha-\beta)=\frac{\tan\alpha-\tan\beta}{1+\tan\alpha\tan\beta}$$

$$=\frac{-\frac{1}{9}-(-1)}{1+\left(-\frac{1}{9}\right)(-1)}=\frac{4}{5}\quad(\to ト，ナ)$$

物理

I 解答

1—①　2—⑤　3—⑤　4—⑥　5—③　6—②
7—⑧　8—⑥　9—③　10—⑧

◀解　説▶

≪斜面を下る小物体の運動≫

(1)　ABに沿う方向の加速度の大きさaは

$$a=g\sin\theta\quad(\rightarrow 1)$$

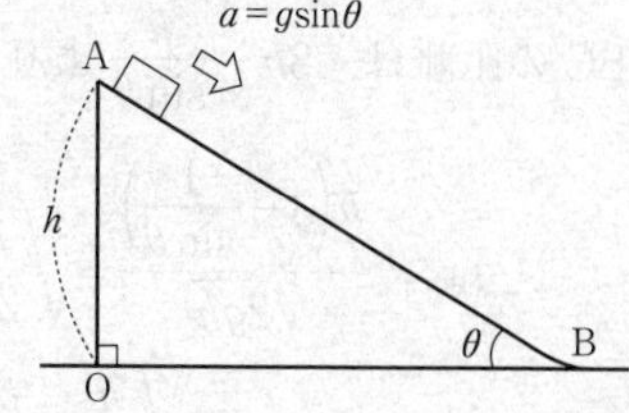

ABの距離lは　$l=\dfrac{h}{\sin\theta}$

等加速度運動の式より，$\dfrac{1}{2}at_{AB}{}^2=l$なので

$$t_{AB}=\sqrt{\frac{2l}{a}}=\sqrt{\frac{2h}{g}}\times\frac{1}{\sin\theta}\quad(\rightarrow 2)$$

点Bでの速さv_Bは，力学的エネルギー保存則より

$$\frac{1}{2}mv_B{}^2=mgh$$

$$\therefore\quad v_B=\sqrt{2}\times\sqrt{gh}\quad(\rightarrow 3)$$

BCの距離は$2h-l\cos\theta$であるので，点Bから点Cに到達するまでの時間t_{BC}は

$$t_{BC}=\frac{2h-l\cos\theta}{v_B}=\frac{2h}{v_B}-\sqrt{\frac{h}{2g}}\cdot\frac{\cos\theta}{\sin\theta}$$

$t_1=t_{AB}+t_{BC}$より

$$t_1=\sqrt{\frac{2h}{g}}\cdot\frac{1}{\sin\theta}+\frac{2h}{v_B}-\sqrt{\frac{h}{2g}}\cdot\frac{\cos\theta}{\sin\theta}$$

$$=\frac{2h}{v_B}+\sqrt{\frac{h}{2g}}\times\left(\frac{2-\cos\theta}{\sin\theta}\right)\quad(\rightarrow 4)$$

ここで，$f(\theta)=\dfrac{2-\cos\theta}{\sin\theta}$として，$f(\theta)$を$\theta$で微分すると

$$f'(\theta)=\frac{\sin^2\theta-\cos\theta\cdot(2-\cos\theta)}{\sin^2\theta}=\frac{1-2\cos\theta}{\sin^2\theta}$$

より，$f'(\theta)=0$ となるのは，$\cos\theta=\dfrac{1}{2}$ のとき。

$0<\theta<\dfrac{\pi}{2}$ において，$\theta=\dfrac{\pi}{3}$ の前後で $f'(\theta)$ は負から正に変化するので，

$\theta=\dfrac{\pi}{3}$ で $f(\theta)$ が最小値をとる。(→5)

よって，t_1 のグラフは②となる。(→6)

(2)　(1)と同様に　　$t_{AB}=\sqrt{\dfrac{2h}{g}}\cdot\dfrac{1}{\sin\theta}$

BCの距離は，$3h-\dfrac{h}{\sin\theta}$ より，点Bから点Cに到達するまでの時間 t_{BC}' は

$$t_{BC}'=\frac{h\left(3-\dfrac{1}{\sin\theta}\right)}{\sqrt{2gh}}=\sqrt{\frac{h}{2g}}\times\left(3-\frac{1}{\sin\theta}\right)$$

$$\therefore\quad t_2=t_{AB}+t_{BC}'=\sqrt{\frac{h}{2g}}\times\left(\frac{2}{\sin\theta}+3-\frac{1}{\sin\theta}\right)$$

$$=\sqrt{\frac{h}{2g}}\times\left(3+\frac{1}{\sin\theta}\right)\quad(\to 7)$$

t_2 のグラフは，$0<\theta<\dfrac{\pi}{2}$ において単調に減少する曲線であるので，⑥となる。(→8)

(3)　小球は板と弾性衝突するので，速さが v_B のままBCを往復することになる。

よって，$t_3=t_{AB}+2t_{BC}'$ となるので

$$t_3=\sqrt{\frac{2h}{g}}\times\left(\frac{1}{\sin\theta}+3-\frac{1}{\sin\theta}\right)=\sqrt{\frac{h}{2g}}\times 6\quad(\to 9)$$

t_3 のグラフは⑧となる。(→10)

II　解答

11―②　12―⑥　13―①　14―⑧　15―⑥　16―⑥
17―⑦　18―①　19―⑤　20―②

◀解　説▶

≪直方体の磁石が動くときの電磁誘導≫

(1)　$0 \leqq t < t_1$ において，コイルを貫く全磁束 Φ_1 は，図の面積 $S_1 = \dfrac{L}{2} \cdot Vt$ の部分で，z 軸の負の向きである。

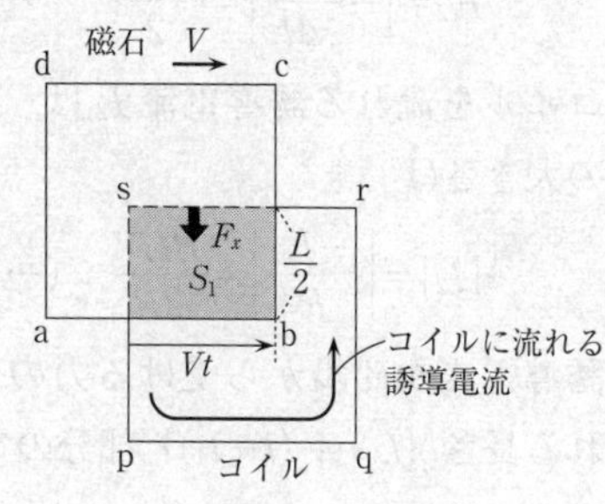

よって

$$\Phi_1 = -BS_1 = -B\frac{L}{2}Vt$$

$$= \frac{BL}{2} \times (-Vt) \quad (\to 11)$$

コイル内に生じる誘導起電力の大きさ E_1 は

$$E_1 = \left| -\frac{\Delta\Phi_1}{\Delta t} \right| = \frac{1}{2}BLV$$

コイルを流れる誘導電流 I_1 は，レンツの法則より，正の向きであり

$$I_1 = \frac{E_1}{R} = \frac{BLV}{2R} \quad (\to 12)$$

誘導電流が磁場から受ける力の合力の x 成分 F_x は，コイルの rs 部分を流れる長さ Vt 部分の電流が受ける力で，フレミング左手の法則より，x 軸の正の向きである。

よって

$$F_x = B \cdot I_1 \cdot Vt = \frac{B^2VL}{2R} \times Vt \quad (\to 13)$$

$t_1 \leqq t < t_2$ において，コイルを貫く全磁束 Φ_2 は，図の面積 $S_2 = \dfrac{L}{2} \cdot \{L - V(t - t_1)\}$ の部分で，負の向きである。

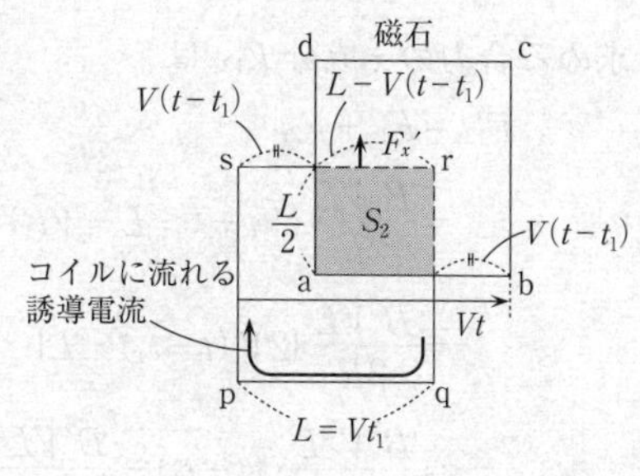

よって

$$\Phi_2 = -BS_2$$

$$= -B\frac{L}{2}\{L - V(t - t_1)\}$$

$$= \frac{BL}{2} \times \{-L + V(t - t_1)\} \quad (\to 14)$$

コイルに生じる誘導起電力の大きさ E_2 は

$$E_2=\left|-\frac{\Delta\Phi_2}{\Delta t}\right|=\frac{BLV}{2}$$

コイルを流れる誘導電流 I_2 は，レンツの法則より，負の向きであり，その大きさは

$$|I_2|=\left|\frac{-E_2}{R}\right|=\frac{BLV}{2R}\quad(\to 15)$$

誘導電流が磁場から受ける力の合力の x 成分 F_x' はコイルの rs 部分を流れる長さ $\{L-V(t-t_1)\}$ 部分の電流が受ける力で，x 軸の負の向きである。よって

$$F_x'=-BI_2\{L-V(t-t_1)\}$$
$$=\frac{B^2VL}{2R}\times\{Vt+(-L-Vt_1)\}\quad(\to 16)$$

(2)　$t_1\leqq t<t_2$（$=2t_1$）において，コイル C_1 が受ける力の合力の x 成分 F_{1x} は，(1)の $t_1\leqq t<t_2$ の結果より

$$F_{1x}=\frac{B^2VL}{2R}\cdot\{Vt+(-L-Vt_1)\}$$

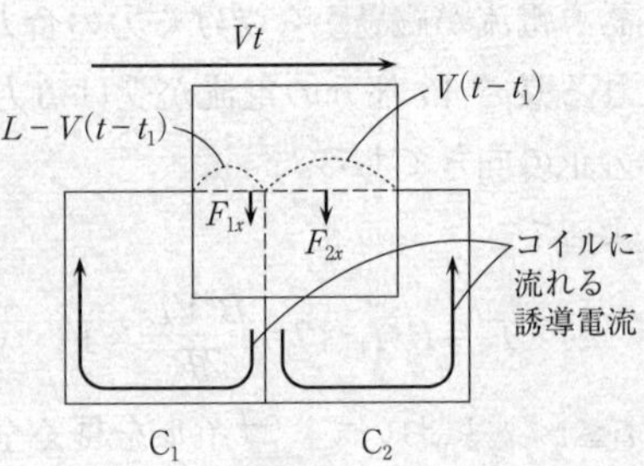

コイル C_2 が受ける力の合力の x 成分 F_{2x} は，(1)の $0\leqq t<t_1$ の結果で，t の代わりに $(t-t_1)$ とすればよい。よって

$$F_{2x}=\frac{B^2VL}{2R}\cdot V(t-t_1)$$

求める合力の x 成分 F_{12x} は

$$F_{12x}=F_{1x}+F_{2x}$$
$$=\frac{B^2VL}{2R}\{Vt+(-L-Vt_1)+V(t-t_1)\}$$
$$=\frac{B^2VL}{2R}\{2V(t-t_1)-L\}$$
$$=\frac{B^2V^2L}{R}\cdot(t-t_1)-\frac{B^2VL^2}{2R}$$

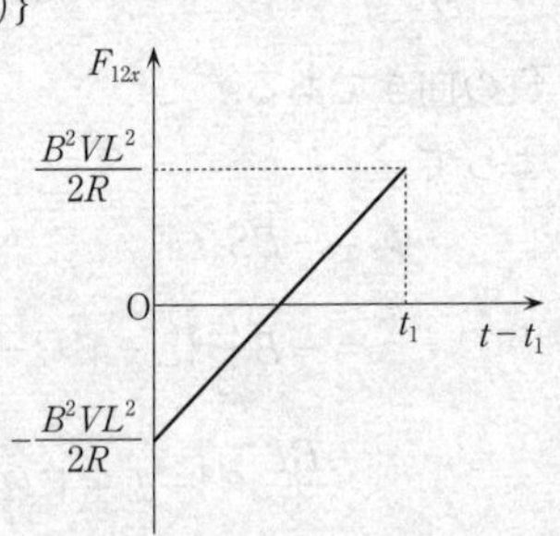

$2t_1\leqq t<3t_1$ のときも同様であり，以降はこの繰り返しとなる。

よって，求めるグラフは⑦となる。(→17)

F_{12x} のグラフより，求める平均は0である。(→18)

(3)　問題文より，$t_1 \leqq t < t_2$ $(=2t_1)$ において，コイル C_1 を流れる電流 $I_1(t)$ は

$$I_1(t) = -\alpha(t-t_1) \times \frac{BLV}{2R} + \alpha t_1 \times \frac{BLV}{2R}$$

$$= \frac{\alpha BLV}{2R}\{t_1-(t-t_1)\}$$

コイル C_1 が磁場から受ける力の合力の x 成分 F_{1x}' は

$$F_{1x}' = BI_1(t) \times \{L - V(t-t_1)\}$$

$$= \frac{\alpha B^2LV}{2R} \times \{t_1-(t-t_1)\} \times \{L-V(t-t_1)\}$$

$L = Vt_1$ を用いて

$$F_{1x}' = \frac{\alpha B^2LV^2}{2R} \times \{t_1-(t-t_1)\}^2$$

コイル C_2 を流れる電流 $I_2(t)$ は，$0 \leqq t < t_1$ のときの電流の式の t に $(t-t_1)$ を代入して

$$I_2(t) = \alpha(t-t_1) \times \frac{BLV}{2R} = \frac{\alpha BLV}{2R} \times (t-t_1)$$

コイル C_2 が磁場から受ける力の合力の x 成分 F_{2x}' は

$$F_{2x}' = BI_2(t) \times V(t-t_1) = \frac{\alpha B^2LV^2}{2R} \times (t-t_1)^2$$

よって，コイル C_1，C_2 が磁場から受ける力の合力の x 成分 F_{12x}' は

$$F_{12x}' = F_{1x}' + F_{2x}'$$

$$= \frac{\alpha B^2LV^2}{2R} \times [\{t_1-(t-t_1)\}^2 + (t-t_1)^2]$$

$$= \frac{\alpha B^2LV^2}{2R} \times \left[2\left\{(t-t_1)^2 - \frac{t_1}{2}\right\}^2 + \frac{t_1{}^2}{2}\right]$$

$2t_1 \leqq t < 3t_1$ のときも同様であり，以降はこの繰り返しとなる。

よって，求めるグラフは⑤となる。(→19)

F_x のグラフより，F_x の平均値は正となる。(→20)

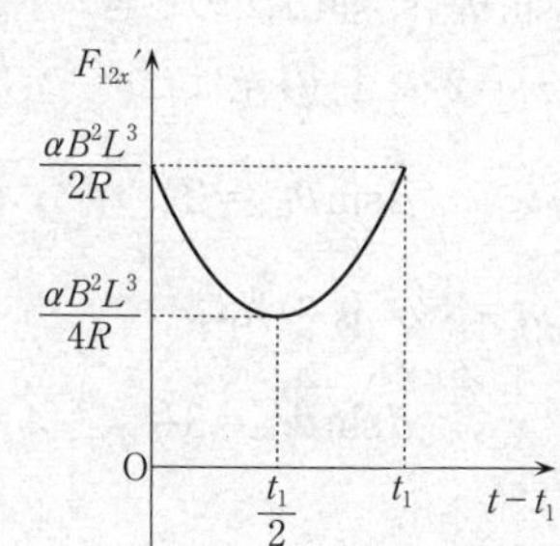

III 解答

21—④　22—⑧　23—①　24—⑧　25—ⓒ　26—②
27—⓪　28—ⓑ　29—①　30—⑨　31—⑨　32—⑦

◀解　説▶

≪回折格子による光の干渉≫

(1)　右図より，Aから出た光とBから出た光の光路差 Δl はBCである。(→21)

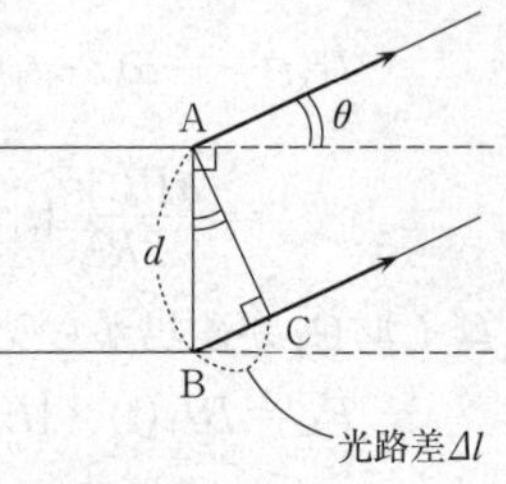

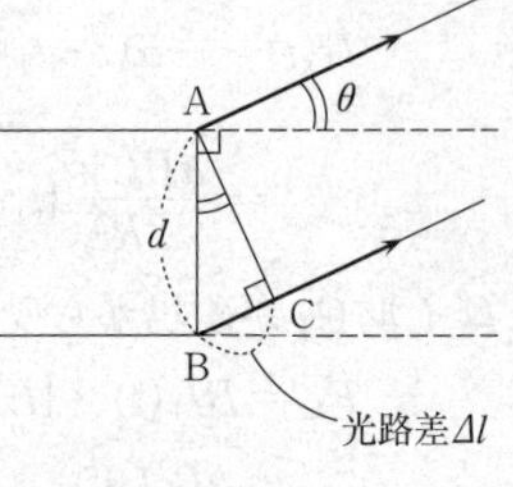

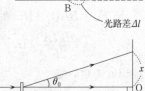

$\Delta l = d\sin\theta$ より，$m\lambda_0 = d\sin\theta$ が明線条件となる。(→22)

点Oは光路差が0なので $m=0$ の明線である。

(→23)

1次の明線が観測された点と点Oとの距離 x は，右図より

$$\tan\theta_0 = \frac{x}{X}$$

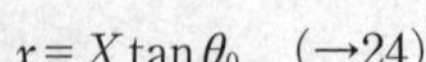

$\therefore\quad x = X\tan\theta_0$　(→24)

(2)　入射光が連続スペクトルをもつ光のとき，点Oに近い側に波長が短い光が観測される。

$m=1$ の λ_L の光は

$$d\sin\theta_{L,1} = 1\cdot\lambda_L$$

$$\therefore\quad \sin\theta_{L,1} = \frac{\lambda_L}{d}\quad (\to 25)$$

$m=2$ の λ_S の光は

$$d\sin\theta_{S,2} = 2\cdot\lambda_S$$

$$\therefore\quad \sin\theta_{S,2} = \frac{2\lambda_S}{d}\quad (\to 26)$$

$\sin\theta_{L,1} < \sin\theta_{S,2}$ のとき　　$\lambda_L < 2\lambda_S$　(→27)

$m=2$ の λ_L の光は

$$d\sin\theta_{L,2} = 2\lambda_L\qquad \therefore\quad \sin\theta_{L,2} = \frac{2\lambda_L}{d}\quad (\to 28)$$

$m=3$ の λ_S の光は

$$d\sin\theta_{S,3} = 3\lambda_S\qquad \therefore\quad \sin\theta_{S,3} = \frac{3\lambda_S}{d}\quad (\to 29)$$

$\sin\theta_{L,2} < \sin\theta_{S,3}$ のとき　　$\lambda_L < \frac{3}{2}\lambda_S$　(→30)

求める λ_L の条件は，$\lambda_L < 2\lambda_S$ かつ $\lambda_L < \frac{3}{2}\lambda_S$ なので

$$\lambda_L < \frac{3}{2}\lambda_S \quad (\rightarrow 31)$$

$$\lambda_L < \frac{3}{2}\lambda_S = \frac{3}{2}\cdot 3.80\times 10^{-7} = 5.70\times 10^{-7}\,[\mathrm{m}] \quad (\rightarrow 32)$$

化学

I 解答

1−⑨ 2−⑦ 3・4−①・②（順不同） 5−⑤
6−⑦ 7−⑧ 8−② 9−① 10−⑦ 11−⑤

◀解 説▶

≪状態図≫

9．点Tよりも低い温度の場合，固体と気体の変化になる。題意より，温度一定で気体から液体への変化を観察したいので，点Tよりも高い温度で圧力を高くする。

10．容器に入れた気体状態の二酸化炭素44.0gの物質量は，$CO_2=44.0$より

$$\frac{44.0}{44.0}=1.00\,[\text{mol}]$$

容器の体積をV〔L〕とすると，$pV=nRT$より，$V=\dfrac{nRT}{p}$を用いて

$$V=\frac{1.00\times 8.31\times 10^3\times(273+27)}{2.49\times 10^6} \qquad \therefore \quad V=1.001\,[\text{L}]$$

となる。点Bの状態では，温度0℃，圧力11.3×10^5Paより，気体として存在している二酸化炭素の物質量をn_g〔mol〕とすると，$n_g=\dfrac{pV}{RT}$を用いて

$$n_g=\frac{11.3\times 10^5\times 1.001}{8.31\times 10^3\times 273}$$

より　$n_g=0.4985$〔mol〕

以上より，液体状態の二酸化炭素の質量は

$$44.0\times(1.00-0.4985)=22.06\cdots\fallingdotseq 22.1\,[\text{g}]$$

11．⑤試料の水分を三重点以下で凍結させて，その状態のまま昇華させることにより水分を除去・乾燥させている。この手法はフリーズドライ（凍結乾燥法）とよばれ，固体から気体への昇華を用いた乾燥法である。

Ⅱ **解答**　12－②　13－ⓐ　14－①　15－③　16－③　17－①
18－②　19－④　20－ⓑ　21－⑦　22－②

◀解　説▶

≪酸化還元の量的関係，鉛蓄電池，直列回路の電気分解≫

12. 解答群の中で還元剤として働き，酸素を発生するのは過酸化水素である。

13. 半反応式は以下の通りである。

$$Cr_2O_7^{2-} + 14H^+ + 6e^- \longrightarrow 2Cr^{3+} + 7H_2O$$

$$H_2O_2 \longrightarrow O_2 + 2H^+ + 2e^-$$

酸化還元反応において授受される電子の物質量は等しいので，二クロム酸カリウムと過酸化水素の物質量の比は1.0mol：3.0molである。

14・15. 硫化水素は還元剤より，過酸化水素は酸化剤として働く。半反応式は以下の通りである。

$$H_2O_2 + 2H^+ + 2e^- \longrightarrow 2H_2O$$

$$H_2S \longrightarrow S + 2H^+ + 2e^-$$

反応式より，過酸化水素と硫化水素と硫黄の物質量の比は1.0mol：1.0mol：1.0molである。反応前の過酸化水素の物質量は，$1.0\times2.0=2.0$〔mol〕であり，硫化水素の物質量は$H_2S=34.0$より，$\dfrac{34}{34.0}=1.0$〔mol〕である。

反応量としてはお互い1.0molとなるので，生じる硫黄の物質量も1.0mol，その質量は$S=32.0$より，32gである。

17. 鉛蓄電池の反応式は以下の通りである。

正極：$PbO_2 + 4H^+ + SO_4^{2-} + 2e^- \longrightarrow PbSO_4 + 2H_2O$

負極：$Pb + SO_4^{2-} \longrightarrow PbSO_4 + 2e^-$

全体：$PbO_2 + Pb + 2H_2SO_4 \longrightarrow 2PbSO_4 + 2H_2O$

両電極ともに硫酸鉛(Ⅱ)が生成され，質量は増加する。

18. 全体の反応式より，正極と負極が電子$2e^-$の授受により$2H_2SO_4$が$2H_2O$に変化するので，物質量の比は，授受される電子：硫酸：水＝1.0mol：1.0mol：1.0molである。

質量パーセント濃度30％の硫酸4kgを4等分するので，鉛蓄電池1つにつき，電解液は1kg＝1000gであり，含まれる硫酸の質量は$1000\times\frac{30}{100}$＝300〔g〕である。

流れた電気量は9.65×10^4Cより，電子の物質量はファラデー定数$F=9.65\times10^4$C/molより1.0molとなるので，硫酸1.0molが水1.0molに変化する。

その質量の変化は，$H_2SO_4=98.0$，$H_2O=18.0$より，全体として98.0g減少し，18.0g増加するので，放電後の質量パーセント濃度は

$$\frac{300-98.0}{1000-98.0+18.0}\times100=21.95\cdots\fallingdotseq22〔\%〕$$

4つの電解液ともに同じ濃度となるので，質量パーセント濃度は約22％である。

19. それぞれの電極の反応は以下の通りである。

A：$Cu^{2+}+2e^- \longrightarrow Cu$

B：$2H_2O \longrightarrow O_2+4H^++4e^-$

C：$2H_2O+2e^- \longrightarrow H_2+2OH^-$

D：$4OH^- \longrightarrow O_2+4e^-+2H_2O$

Cuが508〔mg〕＝0.508〔g〕析出したので，Cu＝63.5より，その物質量は$\frac{0.508}{63.5}=8.00\times10^{-3}$〔mol〕であり，流れた電子の物質量は**A**の反応式より$8.00\times10^{-3}\times2=1.60\times10^{-2}$〔mol〕となる。

ファラデー定数$F=9.65\times10^4$C/molより，その電気量は$9.65\times10^4\times1.60\times10^{-2}=1544$〔C〕，30分＝1800秒より，流した電流は，$Q$〔C〕＝$i$〔A〕×$t$〔s〕を用いて

$$1544=i\times1800 \qquad \therefore \quad i=\frac{1544}{1800}=0.8577\cdots\fallingdotseq0.86〔A〕$$

20. 流れた電子の物質量は1.60×10^{-2}molであるので，それぞれの電極から発生する気体の物質量は

B：O_2が$1.60\times10^{-2}\times\frac{1}{4}=4.00\times10^{-3}$〔mol〕

C：H_2が$1.60\times10^{-2}\times\frac{1}{2}=8.00\times10^{-3}$〔mol〕

$\mathbf{D}$：O_2 が $1.60\times10^{-2}\times\frac{1}{4}=4.00\times10^{-3}$〔mol〕

となるので，全体では H_2，O_2 がともに 8.00×10^{-3} mol 発生する。

$$2H_2+O_2 \longrightarrow 2H_2O$$

より，反応する物質量は $H_2=8.00\times10^{-3}$〔mol〕，$O_2=4.00\times10^{-3}$〔mol〕であり，H_2O は 8.00×10^{-3} mol 生成するので，その質量は $H_2O=18.0$ より

$$8.00\times10^{-3}\times18.0=0.144\,[\mathrm{g}]=144\,[\mathrm{mg}]$$

21・22. アルミナ（酸化アルミニウム）から単体のアルミニウムを取り出す溶融塩電解（融解塩電解）では，両電極に炭素を用いてアルミナを融解状態で電気分解する。

III　解答

23―⑧　24―⓪　25―ⓐ　26―④　27―⑦　28―⑥
29―③　30―⑤　31―⑤　32―④

◀解　説▶

≪硫黄の単体と化合物≫

26. 反応式は以下の通りである。

$$2SO_2+O_2 \longrightarrow 2SO_3$$
$$SO_3+H_2O \longrightarrow H_2SO_4$$

質量パーセント濃度98％の濃硫酸50〔kg〕=50000〔g〕に含まれる H_2SO_4 の質量は，$50000\times\frac{98}{100}=49000$〔g〕，その物質量は $H_2SO_4=98$ より，$\frac{49000}{98}=500$〔mol〕となる。

反応式より，SO_2 も 500 mol 反応するので，その質量は $SO_2=64$ を用いて

$$500\times64=32000\,[\mathrm{g}]=32\,[\mathrm{kg}]$$

28. 塩基性条件で S^{2-} と反応し，沈殿を生じるのは，この6種類の中では Mn^{2+} のみである。

Ⅳ 解答

33―③　34―⑧　35―⑧　36―⑥　37―⑦　38―①
39―④　40―③　41―⑦　42―④

◀解　説▶

≪油脂の構造決定，けん化≫

35. 化合物㋐ 21.4mg を燃焼後，発生した二酸化炭素と水の質量から化合物㋐中の

炭素の質量：$46.2\times\frac{12}{44}=12.6$〔mg〕

水素の質量：$14.4\times\frac{2.0}{18}=1.60$〔mg〕

酸素の質量：$21.4-(12.6+1.60)=7.20$〔mg〕

また，その組成は

$$\mathrm{C:H:O}=\frac{12.6}{12}:\frac{1.60}{1.0}:\frac{7.20}{16}=1.05:1.60:0.45$$
$$=21:32:9$$

以上より，組成式は $C_{21}H_{32}O_9$ であり，$C_{21}H_{32}O_9=428$ であるので，化合物㋐の分子量500以下より，分子式も $C_{21}H_{32}O_9$ となる。

36. カルボン酸㋑～㋓は同じ分子式であることと，化合物㋐の分子式より，化合物㋐の構造は以下のような油脂である。

$C_5H_9O-COO-CH_2$
　　　　　　　|
$C_5H_9O-COO-CH$
　　　　　　　|
$C_5H_9O-COO-CH_2$

よって，カルボン酸㋑～㋓は $C_5H_9O-COOH$ となるので，分子式は $C_6H_{10}O_3$ となる。

38～40. 考えられるカルボン酸㋔と㋑の構造は以下の通りである。なお，㋑については不斉炭素原子を*C とあらわす。

㋔-1

$CH_3-CH(OH)-CH_2-CH_2-CH_2-C(=O)-OH$

㋑-1

$\xrightarrow{\text{酸化}}$ $CH_3-C(=O)-CH_2-CH_2-CH_2-C(=O)-OH$

㋔-2　　㋑-2

$$\mathrm{CH_3-\underset{\underset{OH}{|}}{CH}-\overset{\overset{CH_3}{|}}{CH}-CH_2-\underset{\underset{O}{\|}}{C}-OH \xrightarrow{\text{酸化}} CH_3-\underset{\underset{O}{\|}}{C}-\overset{\overset{CH_3}{|}}{\overset{*}{C}H}-CH_2-\underset{\underset{O}{\|}}{C}-OH}$$

㋔-3　　㋑-3

$$\mathrm{CH_3-\underset{\underset{OH}{|}}{CH}-CH_2-\overset{\overset{CH_3}{|}}{CH}-\underset{\underset{O}{\|}}{C}-OH \xrightarrow{\text{酸化}} CH_3-\underset{\underset{O}{\|}}{C}-CH_2-\overset{\overset{CH_3}{|}}{\overset{*}{C}H}-\underset{\underset{O}{\|}}{C}-OH}$$

㋔-4　　㋑-4

$$\mathrm{CH_3-\underset{\underset{OH}{|}}{CH}-\overset{\overset{CH_2-CH_3}{|}}{CH}-\underset{\underset{O}{\|}}{C}-OH \xrightarrow{\text{酸化}} CH_3-\underset{\underset{O}{\|}}{C}-\overset{\overset{CH_2-CH_3}{|}}{\overset{*}{C}H}-\underset{\underset{O}{\|}}{C}-OH}$$

㋒と㋓の構造については，㋔-1～㋔-4のいずれかについての炭素-炭素間に二重結合があり，その位置が異なる構造であるが，問題文から確定はできない。鏡像異性体が存在するカルボン酸㋑は不斉炭素原子をもつ㋑-2～㋑-4の3種類である。

41. 化合物㋐は $C_{21}H_{32}O_9=428$ より，物質量は $\frac{2.14}{428}=5.00\times10^{-3}$〔mol〕である。化合物㋐は油脂なので，物質量1.0mol に対して完全にけん化するためには水酸化ナトリウムは3.0mol 必要である。

よって，反応に必要な0.5mol/L の水酸化ナトリウム水溶液を v〔mL〕とすると

$$0.5\times\frac{v}{1000}=5.00\times10^{-3}\times3$$

より　$v=30.0$〔mL〕

42. 化合物㋐中の二重結合は，カルボン酸㋒とカルボン酸㋓に1つずつあるので，化合物㋐の物質量1.0mol に対して水素は2.0mol 付加される。化合物㋐の物質量は 5.00×10^{-3}〔mol〕より，付加反応に必要な水素の標準状態の体積は

$$5.00\times10^{-3}\times2\times22.4=0.224〔L〕=224〔mL〕$$

生物

I　解答

1―①　2―③　3―②　4―⑦　5―⑤　6―ⓐ
7―③　8―⑤　9―⑤　10―③　11―①　12―③
13―③

◀解　説▶

≪補酵素，消化酵素≫

1・3・4．NAD^+ はニコチンアミドアデニンジヌクレオチド，$NADP^+$ はニコチンアミドアデニンジヌクレオチドリン酸のことで，いずれの物質もニコチンアミドヌクレオチドとアデノシンから構成されており，ニコチン酸を成分とする。

2・5．FADはフラビンアデニンジヌクレオチドのことで，ビタミンB_2（リボフラビン）から誘導される。

6．脱水素酵素の反応では，基質から取り除かれた水素は補酵素が受け取り，補酵素は還元される。

7・9・10．すい臓から分泌されるすい液にはアミラーゼだけでなく，ペプチドを分解するトリプシンやペプチダーゼ，脂肪を分解するリパーゼなど各種消化酵素が含まれる。なお，①カタラーゼは消化酵素ではなく，過酸化水素を分解する酵素，②スクラーゼは小腸から分泌されるスクロースを分解する消化酵素，④ペプシンは胃から分泌されるタンパク質を分解する消化酵素である。

11．デンプンおよびマルトースは消化酵素により，次の通りグルコースへと分解される。

デンプン　→　マルトース　→　グルコース
　　　　　⇧　　　　　　　⇧
　　　アミラーゼ　　　　マルターゼ

B群のマルトースが入った試験管にマルターゼを入れると，グルコースが生じる。6本中4本にマルターゼを入れ，B群のうちグルコースが生じたのは1本のみであったことから，マルターゼはB群の1本とA群の3本すべてに入れられたと考えられる。デンプンが入ったA群の3本の試験管のうち，1本のみでグルコースが生じたことから，アミラーゼはグルコースが生じたそのA群の１本とB群の３本すべてに入れられたと考えられる。
次の表に操作状況をまとめる。表中の○は酵素が入れられたことを，×は酵素が入っていないことを，それぞれ示す。

	A群（デンプン）			B群（マルトース）		
アミラーゼ	○	×	×	○	○	○
マルターゼ	○	○	○	○	×	×
グルコース	生じた	生じない	生じない	生じた	生じない	生じない

A群のグルコースが生じなかった２本にアミラーゼを加えると，デンプンがアミラーゼにより分解され，さらに生じたマルトースがマルターゼにより分解されるので，両方の試験管でグルコースが生じる。

13．以下，試料番号と入っている基質を次の例の通り表現する（例：試料１に基質aが，試料２に基質bが，試料３に基質aが入っている→〔1，2，3〕=〔a，b，a〕）。３人とも，６本中４本で気体Cが発生した（反応が起こった）。太郎と次郎を比較した際，試料５，６で反応が起こらないと仮定すると，太郎で４本反応が起こるには，〔1，2，3，4〕=〔a，a，b，b〕となる必要があるが，このとき，次郎では１本も反応が起こらず不適。よって，太郎および次郎は試料５，６で反応が起こる必要があるので，〔5，6〕=〔a，b〕である。

一方，このとき花子は試料５，６で反応が起こらず，残りの試料１～４で反応が起こる必要がある。よって，〔1，2，3，4〕=〔a，b，b，a〕である。このとき，太郎および次郎では６本中４本で反応が起こり，実験結果に合致する。試料番号と入っている基質，加えた酵素をまとめると次の表の通り。なお，反応が起こったものを□で囲んでいる。

試料番号	試料1	試料2	試料3	試料4	試料5	試料6
基質	a	b	b	a	a	b
太郎	[酵素A]	酵素A	[酵素B]	酵素B	[酵素A]	[酵素B]
次郎	酵素B	[酵素B]	酵素A	[酵素A]	[酵素A]	[酵素B]
花子	[酵素A]	[酵素B]	[酵素B]	[酵素A]	酵素B	酵素A

Ⅱ **解答** 14―③ 15―④ 16―③ 17―② 18―⑤ 19―①
20―⑦ 21―④ 22―② 23―② 24―⑤ 25―⑥
26―①

◀解 説▶

≪ヒト・ウニの生殖・発生≫

15・16. ヒトでは，卵巣から排卵された卵（二次卵母細胞）は輸卵管の中で精子と受精する。

17. ヒトでは，卵巣から排卵されるまでは減数分裂第一分裂前期の状態で休止する。その後，排卵の直前に減数分裂を再開し，第二分裂中期で休止した状態で排卵される。

18. 受精の際に，精子から核や中心体が卵に入る。中心体はその後，星状体を形成する。

20. a，b，cは，すべて正文。先体突起はアクチンフィラメントの束で構成される。

21. d．正文。表層粒の内容物が卵の細胞膜と卵黄膜の間に放出される現象を，表層反応という。

e．正文。表層反応により卵の卵黄膜が細胞膜からはがれることで，受精膜が形成される。

f．誤文。表層粒は精子ではなく卵の細胞質中に存在する。

23. 胞胚期に植物極側から一部の細胞が胞胚腔内に遊離し，一次間充織が生じて，同じ場所で原腸の陥入が始まる。

24. 一次間充織も二次間充織も中胚葉に分類され，一次間充織からは骨片が，二次間充織からは筋肉などが，それぞれ形成される。

25. ウニは新口動物に分類され，原口は後に肛門となる。

26. h．誤文。カエルの卵割で灰色三日月環を等分するように起こるのは第一卵割。

i．誤文。カエルの卵は端黄卵で，植物極側に卵黄が多く含まれる。第三卵割は不等割の緯割が起こり，植物極側よりも動物極側の割球が小さくなる。

j．誤文。ショウジョウバエなど節足動物の卵は心黄卵であり，卵割様式は表割である。

III 解答

27－⑤　28－⑧　29－⑥　30－ⓐ　31－⑥　32－④
33－⑦　34－⑧　35－⑧　36－①

◀解　説▶

≪オペロン説，遺伝子組換え技術，電気泳動法≫

31. (ア)グルコースがなくラクトースが存在するときには，ラクトース由来物質がリプレッサーに結合することで，リプレッサーの立体構造が変化し，オペレーターに結合できなくなる。これにより転写が可能となる。

(イ)原核生物は核膜を持たないため，転写で合成中のRNAにリボソームが結合し，転写と並行して翻訳が行われる。

35. DNAのリン酸基は中性の緩衝液中で電離してH^+を放出し，自らは負に帯電する。

36. DNAは負に帯電しているので，電圧をかけると，陽極へ引き寄せられる。また，アガロースゲルはアガロースの繊維がもつれた構造をしており，大きな（長い）分子ほど抵抗が大きく，移動距離が短くなる。電気泳動法を用いた塩基配列の決定法は開発者であるサンガーにちなんでサンガー法と呼ばれ，ジデオキシヌクレオチドを加えることからジデオキシ法とも呼ばれる。

IV 解答

37－⓪　38－⑦　39－③　40－②　41－⑦　42－③
43－⑤　44－⑤　45－⑧　46－①　47－③　48－⑥
49－ⓔ　50－②

◀解　説▶

≪微生物の分類，オゾン層の形成≫

38. 緑藻類とあるので真核生物，かつ単細胞性の生物はクラミドモナスである。

41・42. 原生動物で繊毛運動を行うのはゾウリムシ，仮足で運動するのはアメーバである。

47. シアノバクテリアは酸素発生型の光合成を行い，地球の大気に酸素をもたらした。

48. シアノバクテリアが発生させた酸素は，すぐに水中や大気中に蓄えられることはなく，はじめは海水中の鉄イオンと結合し酸化鉄となった。この酸化鉄が沈殿したものが縞状鉄鉱床（層）である。

49・50. 大気中の酸素濃度が上昇してくると，紫外線などにより酸素からオゾンがつくられ，それが蓄積することでオゾン層が形成された。オゾン層が生物に有害な宇宙からの放射線や紫外線を吸収することで，生物の陸上進出が可能となった。

ま出会った者」の「魂」に「思いもかけない新しい物語」が生み出されるのである。傍線部⑦を含む一文に続く「詩は…ものではない。それを…のものだ」を合わせて考えると、3の「作り手の思いを…刻み込む」と捉えるより、4のように「受け手」を中心に捉えるべきだと判断できる。

「黄金の輝きを見ることができないままに死んでいく」ダラスの死について述べられ、同段落六〜七行目に「〔ダラスは〕この世界との…死んでいく」とあるので、ジョニーは「世界との意味あるつながりを経験すること」で「世界」に対する物の見方にも変化があったのであろうと読み取ることができる。

問二　詩をダラスに伝えたか、ダラスが理解したかについて、本文から読み取ることができないので、4が不適。

問三　2は「幼い子どもたちを救って」命を落とすという展開に、4は問一でおさえた内容に合致する。3は手紙に続く段落の一行目にあるように、かつて「死んでしまいたいよ」と訴えていたジョニーが「もっと生きていたかった」と書き残したという態度の変化に合致している。

問四　傍線部④は指示語を含んでいるので、直前の「物語前半でのダラスの大人っぽさと、その死の子どもっぽさ」を指す。後半の「死の子どもっぽさ」について、前の段落の「ダラスはジョニーの死の不条理さに耐えることができない」と次の段落の「ダラスの無垢にしておろかな哀れさ」という表現をおさえよう。

問五　「寓意的」とは、他のことに託してある意味を表すことである。ここでは、ジョニーの死に託して、「世界との意味あるつながりを経験すること」（二つ前の段落）を可能にする書物の世界に触れることの意味を表している。したがって正解は2。他の選択肢には「寓意的」の意味が含まれていない。

問六　傍線部⑥は「ダラスとジョニーをかこむ世界」の「風景」であり、この傍線部を含む一文に続く二つの文が内容を表している。一方、その次の文「ポニーにはかろうじてそうした大人がいた」という対比を捉えたい。

問七　最初の空欄7を含む一文に続く一文が「これらの言葉は」から始まっているので、空欄7には「言葉」という語が必要であることがわかる。また、二つ目の空欄7の直前に「何らかの代補としての」とあるので、「代補」を手がかりに、「彼らにとって文字は、…生きた言葉の代補であった」という表現（傍線部⑤・⑥を含む段落の最終文）に気づきたい。よって、「文字の言葉」を正解として選ぶことができる。

問八　傍線部⑦の「時空の中を…捕まえられ」が1、2を表している。残る「その魂の中に…生み出す」だが、「たまた

でしょうか、いやないでしょう〟という意味である。

問七　「いかでか」の「か」は係助詞で結びは連体形。

問八　最終段落の内容を捉える。1は最終段落二～三行目「道の…つかまつりければ」に合致する。3は最後の「これに…思ひたちける」に合致する。4は一文目「君も、…ざりける」に合致する。2は一～二行目の「この事、…物を」が〝このことは、本当に世の中の邪悪なもの（＝罪）と同様には思われないだろう。朝廷の憐れみがあって当然のはずなのに〟という意味であるため、合致しない。最初の「べし」を推量で、後の「べし（き）」を当然と捉える。

三

出典　森田伸子『文字の経験－読むことと書くことの思想史』〈プロローグ：『アウト・サイダー』の世界〉（勁草書房）

解答

問一　4
問二　4
問三　1
問四　4
問五　2
問六　1
問七　2
問八　3

▲解　説▼

問一　「一四歳で死ぬなんて」から始まる手紙や、手紙に続く段落の二行目「自分の…見出している」より、詩を聞いて見た朝焼けがジョニーの人生観に変化をもたらしたことが読み取れる。さらに同段落三行目に、ジョニーとの対比で

問二　〝長年〟という意味の「年ごろ」と比較の基準を表す格助詞である「に」をポイントにして傍線部②を直訳すると〝長年思っていたよりも、さらにこの上もなく優れていると感じられたので〟となる。

問三　傍線部③を含む一文の直訳は、〝本当にこのようなことにいりまじらないではどうしようか、いやどうしようもないとわかった〟となる。「あひまじはらで」の部分は、〈未然形＋接続助詞「で」〉で〝…しないで〟という意味を表す。「あひまじはる」は一緒に参加すると解釈できるので、傍線部③を含む一文はこの段落一行目の「秘曲づくし」に参加できた感動を表している一文であると解釈できる。よって、「かかる事」とは直前の内容だけを指すのではなく、「秘曲づくし」全体のことを指していると捉えられる。

問四・問五　第三段落の孝道の言葉の内容を捉える。第三段落三～四行目の「啄木を広座にほどこす事、いまだ先例を聞かず」は、「啄木」という秘曲が多くの人の前で演奏されたことはないということを言っており、孝道は第二段落の「秘曲づくし」の中での長明の行為について、後鳥羽院に申し入れをしていることがわかる。よって、「凡夫下傍の仁として、…はかりたてまつる事」をしたのは長明で（問四）、傍線部⑤の「これ」は長明が「凡夫下傍の仁として、…はかりたてまつる事」をしたということを指している（問五）。「身に伝へざる」以降は、〝自身の身に伝わっていない秘曲を、いつわってしかも身分の高く貴い方の奥義を推量し申し上げること〟という意味。このような行為をする長明は愚か者（「凡夫」）だと孝道は言っている。

問六　第四段落、後鳥羽院に申し上げたのは長明である。1の前半は、第四段落四～五行目「さしもの…おぼえ候ひて」を表している。「こころづよ」しはここでは〝つれない〟という意味で、「感動を表さずに」と表現されている。1の後半の「拙い演奏」については、同段落一行目の長明の発言に「おのおの嗜む所、みな浅智なり」とあり、自身の演奏を謙遜していると解釈して差し支えないだろう。2は第四段落三行目「啄木の…候はねば」と同五行目「楊真の曲を…候ひき」を表している。3は同二行目「諸道の…侍りしかば」を表している。4は全体的に不適。「虚栄心」を満たそうとしているのではないし、空欄7を含む一文の「いかでか」以下は〝どうして重罪同然だということがある

「現代的函数化」と表現されている。

問九　1は第一段落最後の二行の内容と、2は第二段落一〜二文目の内容と、4は最終段落の内容と合致する。3は「内面性の崩壊」についての説明が、第四段落の内容と合致していない。

参考　サエの神＝塞の神。集落や村の境にまつられる守り神。道祖神。

ソンタグ＝スーザン・ソンタグ。アメリカの作家、社会運動家。著書『写真論』で近代社会を評論した。

函数＝関数と同義。「函」が常用漢字でなかったため「関」に置き換えられた。

二

出典　隆円『文机談』

解答

問一　4
問二　4
問三　2
問四　2
問五　4
問六　4
問七　2
問八　2

◀解　説▶

問一　傍線部①の直前の一文より、長明が有安に学んでいたことが読み取れるので、長明が「うけとりて」、有安が「のこりはゆるさずしてうせ」た、と解釈できる。

一段落四～五行目）、「対象」は「人も花も山も鳥も物体も何もかも」（第一段落一～二行目）とあり、さまざまであるので、3は適切ではない。

問三　ここでの「人工的」とは、人の手が加わるという意味にとどまらず、そこからわざとらしさが表れることをいい、正解の2では「表層的」と表現されている。また「秋波」とは媚びた目つきのことをいい、選択肢では「媚態」と表現されている。これらの語は第一段落二～三行目でも「極めて人工的な…『秋波』を放散している」と用いられているが、ここにある「思わせぶり」な態度を、選択肢では「人々の関心を引く」としている。

問四　空欄A、Bは筆者による「写真」の定義が述べられている箇所であるが、第二段落三行目で「省略を…抽象を…過剰そのものである写真」と述べられていることに気づきたい。

問五　「首実検」とは、本人であるかどうかを確認することをいう。「制度としての社会」（第三段落二行目）の中で、本人であるかどうかを特定する必要のある写真の例を選ぶ。2、3、4はこの必要があるが、1の「記念写真」は思い出として写真を撮るのであって、社会的に本人であるかどうかを特定する必要はない。

問六　第三段落の最後から五行目「その境を制する者…なのである」が空欄10を含む一文と同意表現であることに着目しよう。社会を成立、維持させるには「境を制する」ことが重要であることを表している。

問七　傍線部④を含む一文が「こうして」から始まっているので、まずこの前の、現在は「境は…存在して」いる（第三段落九行目）「複雑社会」であるが、「写真効率の増大…保障されている」（傍線部④と同じ行）、という内容をおさえる。次に、このような社会における「写真」の果たす役割を捉える。問五で確認したように、「写真」を用いて本人であるかどうかを証明しなくてはならないのである。

問八　ここの「疎外」とは、人間がある物事によって自己を失い、その物事に支配されてしまうことを表しており、「制度内の権益に与るために」（傍線部⑤を含む一文の次文）制度の中で生きることによって、「含羞の心の喪失と内面的自尊心の消滅」（第四段落六～七行目）を招いてしまった状況を指している。このような因果関係が傍線部⑤では

国語

一

出典 藤田省三『「写真と社会」小史』〈写真の社会的現実〉（みすず書房）

解答

問一　ⓐ－1　ⓑ－3　ⓒ－2　ⓓ－4　ⓔ－2

問二　3

問三　2

問四　2

問五　1

問六　4

問七　2

問八　3

問九　3

▲解　説▼

問二　傍線部①の直前に「ために」とあるので、第一段落最初の三行が理由となるが、同意表現にも着目しながら前後を検討する。第一段落冒頭「何処へ…えない」、五行目「その過剰」が1を、第一段落二行目「あのツルツルの表面の中」、第二段落七～八行目「物が元来…ペラペラの表面」が2を、第一段落六行目「否応なしに…飛び込んで来る」、八行目「強制力から…道は無い」が4を表している。3について、「均一」なのは「写真の存在形式」であって（第

//////////////////// · memo · ////////////////////

2022年度

問題と解答

■一般入試前期A日程：1月 29 日実施分

問題編

▶試験科目・配点

学部等		教　科	科　　目	配　点
経営・法・経済・総合社会・国際		外国語	コミュニケーション英語Ⅰ・Ⅱ・Ⅲ，英語表現Ⅰ・Ⅱ	100 点
		選　択	日本史B，世界史B，地理B，政治・経済，「数学Ⅰ・Ⅱ・A・B」から１科目選択	100 点
		国　語	国語総合・現代文B・古典B（いずれも漢文を除く）	100 点
文芸	文、芸術（舞台芸術）、文化・歴史、文化デザイン	外国語	コミュニケーション英語Ⅰ・Ⅱ・Ⅲ，英語表現Ⅰ・Ⅱ	100 点
		選　択	日本史B，世界史B，地理B，政治・経済，「数学Ⅰ・Ⅱ・A・B」から１科目選択	100 点
		国　語	国語総合・現代文B・古典B（いずれも漢文を除く）	100 点
	芸術（造形芸術）	実　技	デッサン〈省略〉 ＊２月１日，２月２日に実施（試験日自由選択制）	300 点
情報	英・数・理型	外国語	コミュニケーション英語Ⅰ・Ⅱ・Ⅲ，英語表現Ⅰ・Ⅱ	100 点
		数　学	数学Ⅰ・Ⅱ・Ⅲ・A・B	100 点
		理　科	「物理基礎・物理」，「化学基礎・化学」，「生物基礎・生物」から１科目選択	100 点
	英・国・数型	外国語	コミュニケーション英語Ⅰ・Ⅱ・Ⅲ，英語表現Ⅰ・Ⅱ	100 点
		数　学	数学Ⅰ・Ⅱ・A・B	100 点
		国　語	国語総合・現代文B・古典B（いずれも漢文を除く）	100 点
理工		外国語	コミュニケーション英語Ⅰ・Ⅱ・Ⅲ，英語表現Ⅰ・Ⅱ	100 点
		数　学	理（化学）・生命科学科：数学①「数学Ⅰ・Ⅱ・A・B」，数学②「数学Ⅰ・Ⅱ・Ⅲ・A・B」から１科目選択 その他の学科：数学②「数学Ⅰ・Ⅱ・Ⅲ・A・B」	100 点
		理　科	「物理基礎・物理」，「化学基礎・化学」，「生物基礎・生物」から１科目選択	100 点

建築・薬	外国語	コミュニケーション英語Ⅰ・Ⅱ・Ⅲ，英語表現Ⅰ・Ⅱ	100点
	数　学	数学①「数学Ⅰ・Ⅱ・A・B」，数学②「数学Ⅰ・Ⅱ・Ⅲ・A・B」から1科目選択	100点
	理　科	「物理基礎・物理」，「化学基礎・化学」，「生物基礎・生物」から1科目選択	100点
農	外国語	コミュニケーション英語Ⅰ・Ⅱ・Ⅲ，英語表現Ⅰ・Ⅱ	100点
	数学・国語	数学①「数学Ⅰ・Ⅱ・A・B」，数学②「数学Ⅰ・Ⅱ・Ⅲ・A・B」，「国語総合・現代文B・古典B（いずれも漢文を除く）」から1科目選択	100点
	選　択	応用生命化・食品栄養：「物理基礎・物理」，「化学基礎・化学」，「生物基礎・生物」から1科目選択 農業生産科・水産・環境管理・生物機能科学科：日本史B，世界史B，地理B，「物理基礎・物理」，「化学基礎・化学」，「生物基礎・生物」から1科目選択	100点
生物理工	外国語	コミュニケーション英語Ⅰ・Ⅱ・Ⅲ，英語表現Ⅰ・Ⅱ	100点
	数学・国語	数学①「数学Ⅰ・Ⅱ・A・B」，数学②「数学Ⅰ・Ⅱ・Ⅲ・A・B」，「国語総合・現代文B・古典B（いずれも漢文を除く）」から1科目選択	100点
	理　科	「物理基礎・物理」，「化学基礎・化学」，「生物基礎・生物」から1科目選択	100点
工	外国語	コミュニケーション英語Ⅰ・Ⅱ・Ⅲ，英語表現Ⅰ・Ⅱ	100点
	数　学	数学①「数学Ⅰ・Ⅱ・A・B」，数学②「数学Ⅰ・Ⅱ・Ⅲ・A・B」から1科目選択	100点
	理　科	「物理基礎・物理」，「化学基礎・化学」，「生物基礎・生物」から1科目選択	100点
産業理工	外国語	コミュニケーション英語Ⅰ・Ⅱ・Ⅲ，英語表現Ⅰ・Ⅱ	100点
	数学・国語	数学①「数学Ⅰ・Ⅱ・A・B」，数学②「数学Ⅰ・Ⅱ・Ⅲ・A・B」，「国語総合・現代文B・古典B（いずれも漢文を除く）」から1科目選択	100点
	地歴・理科	日本史B，世界史B，地理B，「物理基礎・物理」，「化学基礎・化学」，「生物基礎・生物」から1科目選択	100点

短期大学部	選　択	①コミュニケーション英語Ⅰ・Ⅱ・Ⅲ，英語表現Ⅰ・Ⅱ ②国語総合・現代文Ｂ・古典Ｂ（いずれも漢文を除く） ③日本史Ｂ，世界史Ｂ，地理Ｂ，政治・経済，「数学Ⅰ・Ⅱ・Ａ・Ｂ」から１科目選択 ①〜③のうち１科目選択（２教科２科目以上を受験した場合は高得点の１教科１科目を合否判定に使用）	100 点

▶備　考

- 「数学Ｂ」は「数列，ベクトル」から出題する。
- 短期大学部および文芸学部芸術学科造形芸術専攻を除いて，通常のスタンダード方式のほかに，高得点科目を２倍に換算し，他の科目との総合点で合否判定する高得点科目重視方式の併願が可能。
- 国際学部グローバル専攻の国際学部独自方式は，「外国語」の 100 点満点を 500 点に換算し，「国語」「地歴・公民・数学」の高得点科目とあわせて２教科２科目 600 点満点で合否判定する。
- 国際学部では，スタンダード方式・高得点科目重視方式および国際学部独自方式において，指定された各種資格試験等の得点・資格を「外国語」の得点にみなして換算する「外部試験利用制度」を活用することができる。ただし，個別学力試験「外国語」の受験は必須。「外国語」の受験得点と外部試験のみなし得点とを比較し，高得点を採用し，合否を判定する。
- 情報学部では，出願する際，「英・数・理型」もしくは「英・国・数型」を選択すること。
- 情報学部独自方式は，「数学」の 100 点満点を 300 点に換算し，「外国語」とあわせて２教科２科目 400 点で合否判定する。
- 共通テスト併用方式：一般入試前期Ａ日程と大学入学共通テストにおける大学指定の教科・科目の得点および調査書を総合して合否を判定する。実施学部は，情報・法・経済・経営・理工・建築・文芸（芸術学科造形芸術専攻を除く）・総合社会・国際（国際学科グローバル専攻のみ）・農・生物理工・工・産業理工学部。

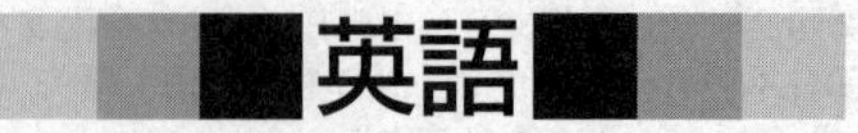

英語

（60分）

I　次の対話文の空所に入れるのに最も適当なものを，それぞれア～エから一つ選べ。

〔A〕

A：Well, it's April 1st. Are you ready to start the new school year?

B：I suppose so. But what I'm really looking forward to is celebrating my 20th birthday with my family in a couple of weeks.

A：Oh, that's right! You must be excited. ＿＿1＿＿

B：Yeah. And on top of that, my parents already told me that they are going to make it extra memorable by buying me a new car!

A：Wow! Your folks are so generous! Do you know what kind they're going to get you?

B：I do, actually. ＿＿2＿＿

A：Nice choice! It's really sensible of you to be environmentally friendly. Wait, correct me if I'm wrong, but you don't have your driver's license yet, right?

B：You're definitely not wrong!

A：What? I'm confused now.

B：You see, I'm taking my driver's test at the end of this week. I'm pretty nervous. If I don't pass, though, ＿＿3＿＿.

A：Oh, really? I guess that takes the pressure off then.

B：A bit. Anyway, let's go on a road trip someday soon. Remember, the car will never need gasoline, which means I'll never ask you for any gas money!

1．ア．I hope you'll buy your parents a present to say thank you, won't you?

イ．I'm sure you'll get an unforgettable birthday dinner and cake, right?

ウ．You said you wanted the gift they got you to be a surprise, correct?

エ．You said you're going to get the car of your dreams, didn't you?

2．ア．I told them I'm going green and want an all-electric car.

イ．It's going to be that awesome red 350-Z sports car with fuel-injection.

ウ．I've chosen to get one of those hi-tech hybrid cars.

エ．They've decided to get me one of those gas-efficient compact cars.

3．ア．I'll have a stressful and long commute by train every day to school

イ．my father would be pretty upset and cancel the purchase

ウ．my parents won't get me any gifts until Christmas

エ．the new car will still be there waiting for me until I do

〔B〕

A：Hey, Ryuta. Do you know of any part-time job openings right now?

B：Why do you ask, Jeff? I thought you had one already.

A：＿＿4＿＿

B：It's too bad my restaurant has no openings. I'd love it if we could work together.

A：Yeah. Yours is so close to campus. I'm quitting mine because the pay is horrible, and it takes me an hour to get there by train.

B：I hate to say this, but my restaurant pays a lot. I get ¥2,000 an hour!

A：Now, that's the kind of job I'm looking for. How did you find it?

B：___5___ It has quite a few part-time job listings near campus.

A：That's a good idea. I think I'll go over there now and see what's listed.

B：I'm going that way, too. I'll walk with you and then get my bike and go to work.

A：That'd be great. Maybe you can help me decide on which job to apply for.

B：I'd be glad to. I hope you don't mind me asking, but ___6___?

A：A little less than half of what you do. It's a terrible job!

4．ア．Actually, I'm trying to find my first job now.
　　イ．Luckily, I didn't take that job because of the pay.
　　ウ．Recently, I've decided to look for a new job.
　　エ．Unfortunately, I didn't get offered that job.

5．ア．I checked the campus website for part-time jobs.
　　イ．I think you should go there and apply for a job anyway.
　　ウ．I was told about the job from a friend who was leaving.
　　エ．I went to the Career Center and looked for part-time jobs there.

6．ア．how long have you worked at the job you have now
　　イ．how long will you work at your next part-time job
　　ウ．how much are you earning at the job you have now
　　エ．how much do you want to earn at your next part-time job

Ⅱ　次の英文の空所に入れるのに最も適当な語を，ア～クから選べ。ただし，同じものを繰り返し用いてはならない。

It can be hard to know what newborns want. They can't talk, walk, or even point at what they're thinking about. Yet babies begin to develop language skills long (7) they begin speaking, according to recent research. And, (8) to adults, they develop these skills quickly. People have a tough time learning new languages as they grow older, but infants have the ability to learn any language, even (9) ones, easily.

For a long time scientists have (10) to explain how such young children can learn the complicated grammatical rules and sounds required to communicate in words. Now, researchers are getting a better idea of what's happening in the (11) of society's tiniest language learners. The insights might eventually help kids with learning (12) as well as adults who want to learn new languages. The work might even help scientists who are trying to design computers that can communicate like people do.

ア．before　　イ．brains　　ウ．compared
エ．disabilities　　オ．experienced　　カ．fake
キ．since　　ク．struggled

出典追記：Babies prove sound learners, Science News for Students on January 16, 2008 by Emily Sohn, Society for Science & the Public

Ⅲ　次の各英文の空所に入れるのに最も適当な語句を，ア～エから一つ選べ。

13. Mary purchased some flowers she would like (　　) to her grandmother.

ア. deliver　イ. delivered　ウ. delivering　エ. delivery

14. Jack did not consider (　) to report his failure to his boss.

ア. it necessary　イ. necessary

ウ. to be necessary　エ. was necessary

15. The organizers of the event were glad to know (　) 300 people would join it.

ア. any more than　イ. as many as

ウ. most of　エ. so much as

16. Ms. Smith's methods of teaching English are quite different from (　) of her predecessors.

ア. much　イ. ones　ウ. others　エ. those

17. The tour guide knows the souvenir shop opens at nine o'clock but does not know (　) it is open.

ア. at which time　イ. by when

ウ. how late　エ. what it takes

18. My father told me to do (　　) was right under the circumstances.

ア. I thought that　イ. I thought what

ウ. that I thought　エ. what I thought

19. Leon was frustrated because he was made (　　) for over two hours before seeing the doctor.

ア. have waited　イ. to wait

ウ. wait　　エ. waited

20. The sales manager says that the new product has been selling well, but this survey suggests (　　).

ア. altogether　　イ. nevertheless

ウ. otherwise　　エ. therefore

Ⅳ 次の各英文の意味に最も近いものを，ア～エから一つ選べ。

21. I had to come to grips with my dream of playing professional golf being over.

ア. I had to make sacrifices to achieve my dream of playing professional golf.

イ. I had to practice more to achieve my dream of playing golf professionally.

ウ. I had to realize my dream of playing professional golf was impossible.

エ. I had to recommit to my dream of playing golf professionally.

22. Alisha told Jenna to keep her mind open to the proposal given to her.

ア. Alisha informed Jenna to ignore the proposal she received.

イ. Alisha notified Jenna to remember the proposal she received.

ウ. Jenna was told by Alisha to consider the proposal she was given.

エ. Jenna was told by Alisha to finalize the proposal she was given.

23. The meeting yesterday ran over.

ア. The meeting held yesterday continued beyond the expected end time.

イ. The meeting held yesterday finished earlier than the expected end time.

ウ. Yesterday's meeting was conducted as scheduled.

エ. Yesterday's meeting was postponed to a later date.

24. The future of our company is at stake because of the government's ruling.

ア. As a result of the government's verdict, our company's future is questionable.

イ. Due to the government's decision, our company's future is hopeful.

ウ. Our company's future is clear due to the government's decision.

エ. Our company's future is exciting as a result of the government's verdict.

V

次の（ａ）に示される意味を持ち，かつ（ｂ）の英文の空所に入れるのに最も適した語を，それぞれア～エから一つ選べ。

25. （ａ）unjust treatment of a particular person or group in society

（ｂ）There have long been issues of racial (　　) in countries around the world.

ア. disagreement　　イ. disappointment

ウ. discrimination　　エ. distinction

26. （ａ）developed and balanced in their personality and emotional behavior

（ｂ）The new students became much more (　　) after studying one year at the university.

ア. mandatory　　イ. mature

ウ. municipal　　エ. mutual

27. （ａ）a way of communicating information and news to people

（ｂ）Twitter, a prominent example, is now a popular (　　) for advertisers.

ア．equipment　　イ．medium
ウ．simulation　　エ．structure

28. (a) to stop doing something completely due to problems
(b) They had to (　　) construction on the building because they did not have enough money.
ア．abandon　イ．evacuate　ウ．penetrate　エ．restrict

29. (a) to put something beneath the ground, often to hide it
(b) In the newest urban development plan, they decided to (　　) electric cables under the streets.
ア．bury　イ．demolish　ウ．pack　エ．retrieve

Ⅵ　次の［A］～［D］の日本文に合うように，空所にそれぞれア～カの適当な語句を入れ，英文を完成させよ。解答は番号で指定された空所に入れるもののみをマークせよ。なお，文頭に来る語も小文字にしてある。

［A］ 大学の奨学金がもらえると知って，ジャックはますます勉強するようになった。
Jack (　　)(30)(　　)(31)(　　) that he could get a scholarship to a university.
ア．all　　イ．came　　ウ．knowing
エ．study　　オ．the harder　　カ．to

［B］ 運転者は渋滞に巻き込まれたままでいる以外になかった。
There was (　　)(32)(　　)(　　)(33)(　　) in traffic.
ア．could do　　イ．else　　ウ．except
エ．nothing　　オ．remain　　カ．the driver

［C］ 今の経済状況では，大きな投資をして利益を出すのは難しいでしょう。

(34)( )( )(35)( )( ), it would be difficult to make a profit from a major investment.

ア．as　　イ．being　　ウ．is
エ．it　　オ．the economy　　カ．with

［D］ そのプログラムは，自分たちの学びが実生活にどう関係しているかに大学生が気付くよう設計されている。

The program is designed to encourage college students to realize ( )(36)( )( )( )(37) their real life.

ア．how　　イ．learn　　ウ．relates
エ．they　　オ．to　　カ．what

Ⅶ 次の英文を読み，あとの問いに答えよ。

About 4,000 years ago, ancient Egyptians developed a 12-hour time system. They divided the day into 12 hours. The earliest clocks used sun shadows to show the hours of the day. A long piece of wood was marked into hours. A short piece of wood was put at one end of the long piece of wood. As the sun shifted across the sky, the short piece of wood created shadows on the long piece. These shadows showed the hours. This method of showing time was useful, but not very accurate. Later, round sundials were developed. They used sun shadows, too, but they were more accurate than the wood clocks. Sundials could measure time on sunny days. However, they did not work at night or when the sun was hidden by clouds. Also, (39)people were confused to see the time on sundials vary with the seasons.

Over many years, different kinds of clocks were created to measure time during the day and at night. Candle clocks were used in ancient China, Japan, and Iraq. A candle holder was divided by marks into hours. As the candle burned, the marks showed how many hours had passed. Greeks used water clocks made of two glass bowls. The bowls were connected by a small hole. The top bowl was filled with water. The water slowly ran into the bottom bowl through the hole. The bottom bowl was marked into hours that measured time. Hourglasses worked in a similar way. The difference was that sand shifted from the top bowl into the bottom bowl. Water clocks and hourglasses functioned very well to measure time.

Soon clocks developed into wonderful art objects. Clocks were put into beautiful wooden boxes. The boxes were painted with flowers and birds. About 1,000 years ago, an Arab engineer added mechanical features to water clocks. He used the falling water to turn gears that opened doors and rang bells. These mechanical features gave later engineers the idea to develop mechanical clocks.

Mechanical clocks first appeared in China about 800 years ago. The idea spread to other places. (43)A mechanical clock had to be wound with a tool every day. It had a complex system of springs and gears inside. The gears turned a dial on the front of the clock. The earliest mechanical clocks had one dial that showed only the hour. Later another dial was added to show minutes.

Most modern clocks are powered by batteries or electricity. They show hours, minutes, and seconds. Knowing the exact time is important in our complex world.

問1　本文の第1段落の内容に合うものとして最も適当なものを，ア～エから一つ選べ。(38)

ア. Egyptians had yet to create a means of time telling around 4,000 years in the past.

イ. Marking the progression of hours in daylight was a feature missing from the earliest clocks.

ウ. Shadow clocks displayed time in a precise and helpful manner.

出典追記：Inside Reading 2e Student Book Intro by Arline Nurgmeier, Oxford University Press

エ. Shadow clocks relied on the interplay of beams of light from the sun in motion and the placement of wood of different sizes.

問2　下線部(39)の内容として最も適当なものを，ア～エから一つ選べ。

ア. People could comprehend time on sundials throughout the seasons of the year to a high degree of certainty.

イ. Regardless of the season, people faced hardly any issues in terms of deducing the time presented on sundials.

ウ. The fact that time on sundials was displayed differently throughout the year as a result of seasonal changes was perplexing to people.

エ. Time appearing on the sundials over the course of the year was consistent.

問3　本文の第2段落の内容に合わないものを，ア～エから一つ選べ。(40)

ア. Both hourglasses and clocks employing water estimated the passage of time quite satisfactorily.

イ. Clocks comprised of a combination of water and a pair of bowls made of glass were utilized by the Greeks.

ウ. Passing hours could be accounted for through the comparison of a burning candle with the marks on its supporting structure.

エ. The device meant to keep the candle standing and upright was sectioned off into two-hour increments for telling the time.

問4　本文の第3段落の内容に合うものとして最も適当なものを，ア～エから一つ選べ。(41)

ア. Approximately 1,000 years in the past, an Arab individual was responsible for removing mechanization from water clocks.

イ. Clocks arrived at a point at which they were aesthetically pleasing to the eye.

ウ. The clock designed by an Arab engineer relied upon a system of doors and bells which were used to power the gears of the clock.

エ. The outer casings of the clocks lacked even simple decorative representations of nature.

問5　本文の第4段落の内容に合わないものを，ア～エから一つ選べ。(42)

ア. Around eight centuries ago, clocks employing mechanization were first seen in China.

イ. Mechanical clocks were comprised of an elaborate arrangement of gears and springs.

ウ. The first mechanical clocks displayed both hours and minutes via two dials.

エ. The technology, on which mechanical clocks were based, made its way to locations beyond China.

問6　下線部(43)の内容として最も適当なものを，ア～エから一つ選べ。

ア. Each day, someone needed to deactivate the mechanical clock with a special tool.

イ. Mechanical clocks were able to operate day to day completely independent from human intervention.

ウ. Multiple tools were required in the daily servicing of each mechanical clock.

エ. Tools were utilized on a daily basis to keep mechanical clocks functioning.

問7　本文の内容と合わないものを，ア～キから二つ選び，(44)と(45)に一つずつマークせよ。ただし，マークする記号（ア，イ，ウ,...）の順序は問わない。

ア. Round sundials were a more precise form of clock relying on the use of shadows than the original ones consisting of two pieces of wood.

イ. One key issue with sundials was that telling time on cloudy days was problematic.

ウ. The water in water clocks rose through the tiny gap in one bowl and into a second one.

エ. Water clocks and hourglasses functioned in a similar manner, differing primarily in the material flowing from one portion of the clock to another.

オ. An Arab engineer's ideas led to subsequent innovations related to mechanical clocks.

カ. Dials on the faces of mechanical clocks were powered by mechanization inside.

キ. Electricity and batteries are the exclusive sources of energy for clocks in this present age.

日本史

（60分）

Ⅰ　次のA・Bの史料を読み，下の問い（問1～10）に答えよ。

A　日本国天平五年(a)歳次癸酉，沙門栄叡・普照等，聘唐大使丹墀真人広成に随ひて唐国に至り，留まりて学問す。（略）大和上(b)楊州大明寺に在り，衆僧のために律を講ず。栄叡・普照師大明寺に至り，大和上の足下に頂礼して具に本意を述べて曰く，「仏法東流して日本国に至る。其の法有りと雖も，法を伝ふるの人無し。本国に昔聖徳太子(c)有りて曰く，二百年後に聖教日本に興らむと。今此の運に鍾る。願はくは和上東遊して化を興せ」と。（略）和上曰く，「是法事のためなり。何ぞ身命を惜しまむ。諸人去かざれば，我即ち去くのみ」と。（略）（天平勝宝六年二月）四日，京に入る。（略）（二月五日）勅使正四位下吉備朝臣真備(d)来り，口づから詔して曰く，（略）「朕此の［ 1 ］を造りて十余年を経，戒壇を立てて戒律を伝受せんと欲す。（略）今より以後，戒を授け律を伝ふること，一ら和上に任ねむ」と。（略）其の年四月，初めて盧舎那仏殿(e)の前に戒壇を立つ(f)。天皇初めて壇に登り，菩薩戒を受けたまふ。

B　諸公卿をして遣唐使(g)の進止を議定せしめむことを請ふの状

右，臣某，謹みて在唐の僧中瓘，去年三月商客王訥等に附して到る所の録記を案ずるに，大唐の凋弊，之を載すること具なり。（略）臣等伏して願はくは，中瓘の録記の状を以て，遍く公卿・博士に下し，詳らかに其の可否を定められむことを。国の大事にして，独り身のためのみにあらず。且く款誠を陳べ，伏して処分を請ふ。謹みて言す。

寛平六年(h)九月十四日　大使参議勘解由次官従四位下兼守左大弁行式部権大輔春宮亮［ 2 ］

問1 空欄 [1] に入れる語句として最も適当なものはどれか。次の①～④のうち一つをマークせよ。 [1]

① 唐招提寺　② 金剛峰寺　③ 延暦寺　④ 東大寺

問2 空欄 [2] に該当する人名として最も適当なものはどれか。次の①～④のうち一つをマークせよ。 [2]

① 菅原道真　② 藤原時平　③ 菅野真道　④ 藤原緒嗣

問3 下線部(a)の翌年に藤原武智麻呂が右大臣となるが，彼を祖とする家として最も適当なものはどれか。次の①～④のうち一つをマークせよ。 [3]

① 南 家　② 北 家　③ 式 家　④ 京 家

問4 下線部(b)に相当する人物として最も適当なものはどれか。次の①～④のうち一つをマークせよ。 [4]

① 行 基　② 玄 昉　③ 鑑 真　④ 道 鏡

問5 下線部(c)が定めた法令の文として最も適当なものはどれか。次の①～④のうち一つをマークせよ。 [5]

① 凡そ戸は，五十戸を以て里と為よ。里毎に長一人置け。

② 初めて京師を修め，畿内・国司・郡司・関塞・斥候・防人・駅馬・伝馬を置き，及び鈴契を造り，山河を定めよ。

③ 昔在の天皇等の立てたまへる子代の民，処々の屯倉，及び，別には臣・連・伴造・国造・村首の所有る部曲の民，処々の田荘を罷めよ。

④ 国司・国造，百姓に斂めとることなかれ。国に二の君なく，民に両の主なし。

問6 下線部(d)らの排除を求めて起こった事件として最も適当なものはどれか。次の①～④のうち一つをマークせよ。 [6]

① 長屋王の変　② 藤原広嗣の乱

③ 橘奈良麻呂の変　④ 恵美押勝の乱

問７　下線部(e)に関連して，大仏造立の詔の文として最も適当なものはどれか。次の①〜④のうち一つをマークせよ。［7］

①　篤く三宝を敬へ。三宝とは仏・法・僧なり。

②　宜しく天下諸国をして各敬みて七重塔一区を造り，并せて金光明最勝王経・妙法蓮華経各一部を写さしむべし。

③　夫れ天下の富を有つ者は朕なり。天下の勢を有つ者も朕なり。この富勢を以てこの尊像を造る。

④　右取をかるべき刀，脇指，ついえにさせらるべき儀にあらず候の間，今度大仏御建立の釘，かすかひに仰せ付けらるべし。

問８　下線部(f)に関連して，遠方の受戒者のための戒壇が設けられた寺院の組み合わせとして最も適当なものはどれか。次の①〜④のうち一つをマークせよ。
［8］

①　筑紫観世音寺と陸奥国分寺　　②　筑紫観世音寺と下野薬師寺

③　豊後富貴寺と下野薬師寺　　④　豊後富貴寺と陸奥国分寺

問９　下線部(g)についての文として<u>誤りを含んでいる</u>ものはどれか。次の①〜④のうち一つをマークせよ。［9］

①　630年に小野妹子を派遣したのが最初である。

②　８世紀にはほぼ20年に１度の割合で派遣された。

③　留学生・学問僧なども加わり，８世紀には多くの場合４隻の船に乗って渡海した。

④　航路は初め朝鮮半島沿いの北路をとったが，８世紀以降には東シナ海を横切る南路をとった。

問10　下線部(h)のときの天皇として最も適当なものはどれか。次の①〜④のうち一つをマークせよ。［10］

①　清和天皇　　②　宇多天皇　　③　醍醐天皇　　④　村上天皇

Ⅱ　次の文を読み，下の問い（問1～10）に答えよ。

2020年度，湯浅城跡（和歌山県湯浅町）と藤並館跡（同有田川町）が，中世前期の武士団湯浅党の城館跡として国の史跡に指定された。『平家物語』には，湯浅宗重が讃岐国［ア］の戦いに敗れた平忠房を迎え，1185年(a)に湯浅城に籠もったとある。なお，宗重は，1159年の［イ］の乱勃発に際し，熊野詣の途次にあった平清盛(b)へ入京を進言したとされる。藤並館は，周囲に土塁と堀をめぐらした平地の居館である。堀は周辺の田畑を潤す用水とつながっていたとみられ，開発拠点(c)としての性格がうかがえる。

湯浅氏は，紀伊国内では神護寺領［ウ］の立荘に関与した。また，［エ］の地頭をつとめ，その非法を荘民から訴えられた。鎌倉期に高山寺を再興し，華厳宗の興隆に力を尽くした［1］は，湯浅一族の出身である。

1378年(d)，山名義理は南朝(e)方の制圧に向けて紀伊に攻め入り，湯浅城を陥落させた。山名氏清が敗死した［2］で義理が没落すると，その討伐に功のあった大内義弘(f)が義理に代わって紀伊国の守護となる。

問1　空欄［1］に入れる人名として最も適当なものはどれか。次の①～④のうち一つをマークせよ。［11］

①　叡　尊　　②　忍　性　　③　貞　慶　　④　明　恵

問2　空欄［2］に入れる語句として最も適当なものはどれか。次の①～④のうち一つをマークせよ。［12］

①　応永の乱　　②　明徳の乱　　③　永享の乱　　④　享徳の乱

問3　空欄［ア］［イ］に入れる語句の組み合わせとして最も適当なものはどれか。次の①～④のうち一つをマークせよ。［13］

①　ア＝一の谷　　イ＝保元　　②　ア＝一の谷　　イ＝平治

③　ア＝屋島　　イ＝保元　　④　ア＝屋島　　イ＝平治

問４　空欄 ウ ・ エ に入れる荘園名の組み合わせとして最も適当なものはどれか。次の①～④のうち一つをマークせよ。 14

① ウ＝阿氐河荘　エ＝鹿子木荘　② ウ＝鹿子木荘　エ＝桛田荘

③ ウ＝桛田荘　エ＝阿氐河荘　④ ウ＝阿氐河荘　エ＝桛田荘

問５　下線部(a)のできごととして最も適当なものはどれか。次の①～④のうち一つをマークせよ。 15

① 源義仲が敗死した。

② 寿永二年十月宣旨が出された。

③ 源義経が頼朝追討の院宣を得た。

④ 公文所・問注所が設置された。

問６　下線部(b)の存命中のできごととして適当でないものはどれか。次の①～④のうち一つをマークせよ。 16

① 倶利伽羅峠の戦い　② 富士川の戦い

③ 平重衡の南都焼き打ち　④ 侍所の設置

問７　下線部(c)に関連して，鎌倉時代の武士の所領支配についての文として最も適当なものはどれか。次の①～④のうち一つをマークせよ。 17

① 館の周辺部に，直営地として御料所を設ける者もいた。

② 年貢や公事を免除された直営地は，預所などと呼ばれた。

③ 荘園現地の管理者である領家に任じられ，年貢を徴収する者もいた。

④ 年貢を国衙や荘園領主におさめ，加徴米を得る者もいた。

問８　下線部(d)のできごととして最も適当なものはどれか。次の①～④のうち一つをマークせよ。 18

① 土岐康行の乱　② 花の御所の造営

③ 上杉禅秀の乱　④ 足利直義の敗死

問9　下線部(e)の天皇として最も適当なものはどれか。次の①～④のうち一つをマークせよ。［19］

①　光厳天皇　②　長慶天皇　③　後小松天皇　④　後嵯峨天皇

問10　下線部(f)の敗死後のできごととして最も適当なものはどれか。次の①～④のうち一つをマークせよ。［20］

①　第1回遣明船の派遣　②　天龍寺の建立

③　足利義満の太政大臣任官　④　足利義持の将軍就任

Ⅲ　次のA～Eの人物についての文を読み，下の問い（問1～10）に答えよ。

A　大坂堂島の米市場を公認して米相場の掌握に努め，諸大名や商人に買米を命じるなど，米価の下落をおさえようとした。さらに，通貨対策として貨幣改鋳をおこない，［ア］金銀を発行した。

B　幕府の収入増の方策として，小判の改鋳を進言した。その結果，慶長金銀より品質の劣る［イ］金銀が発行された。

C　藩の多額の借財を整理し，紙や蠟の専売制を改革するとともに，［1］などに設置した越荷方で，諸国廻船からの商品の委託販売をおこなった。

D　朝鮮通信使の待遇を簡素化し，朝鮮国王の将軍宛国書の宛名を「日本国大君」から「日本国王」に改めさせた。また，将軍におこなった歴史の講義をもとに『［2］』を著した。

E　仙台藩医［3］の意見をとりいれ，最上徳内らに蝦夷地の調査を命じ，その開発やロシアとの交易を計画した。

問1　空欄［1］に入れる地名として最も適当なものはどれか。次の①～④の

うち一つをマークせよ。 21

① 鹿児島　② 下関　③ 長崎　④ 那覇

問2　空欄 2 に入れる書名として最も適当なものはどれか。次の①～④のうち一つをマークせよ。 22

① 本朝通鑑　② 大日本史　③ 聖教要録　④ 読史余論

問3　空欄 3 に入れる人名として最も適当なものはどれか。次の①～④のうち一つをマークせよ。 23

① 安藤昌益　② 高野長英　③ 山脇東洋　④ 工藤平助

問4　空欄 ア ・ イ に入れる語句の組み合わせとして最も適当なものはどれか。次の①～④のうち一つをマークせよ。 24

① ア＝元文　イ＝正徳　② ア＝元文　イ＝元禄

③ ア＝正徳　イ＝元文　④ ア＝正徳　イ＝元禄

問5　Aの人物として最も適当なものはどれか。次の①～④のうち一つをマークせよ。 25

① 徳川家光　② 徳川吉宗　③ 水野忠邦　④ 松平定信

問6　同じくAの人物が発した法令の一節として最も適当なものはどれか。次の①～④のうち一つをマークせよ。 26

① 長崎表廻銅，凡一年の定数四百万斤より四百五拾万斤迄の間を以て，其限とすべき事。

② 在方より当地え出居候者，故郷え立帰度存じ候得共，路用金調難く候か，立帰候ても夫食，農具代など差支候ものは，町役人差添願出づべく候。吟味の上夫々御手当下さるべく候。

③ 自今以後，かれうた渡海の儀，之を停止せられ訖。此上若し差渡るニおゐてハ，其船を破却し，并乗来る者速に斬罪に処せらるべきの旨，仰せ出さるる者也。

④　借金銀・買懸り等の儀ハ，人々相対の上の事ニ候得ば，自今は三奉行所ニて済口の取扱い致す間敷候。

問7　Bの人物として最も適当なものはどれか。次の①～④のうち一つをマークせよ。 27

①　松平信綱　②　保科正之　③　荻原重秀　④　堀田正俊

問8　Cの人物として最も適当なものはどれか。次の①～④のうち一つをマークせよ。 28

①　村田清風　②　調所広郷

③　江川太郎左衛門　④　橋本左内

問9　Dの人物として最も適当なものはどれか。次の①～④のうち一つをマークせよ。 29

①　林羅山　②　雨森芳洲　③　新井白石　④　徳川光圀

問10　Eの人物として最も適当なものはどれか。次の①～④のうち一つをマークせよ。 30

①　田沼意次　②　間部詮房　③　阿部正弘　④　堀田正睦

Ⅳ　次のA～Cの文を読み，下の問い（問1～10）に答えよ。ただし，空欄 あ ・ い ・ う を問う設問はない。

A　 1 は，1890年，東京に生まれた。津田梅子が設立した 2 を卒業，社会主義(a)の立場から女性解放を論じ， あ ・ い らとともに母性保護論争を展開した。1921年，赤瀾会(b)を結成した。戦後は，労働省(c)婦人少年局の初代局長となった。

B　藤田たきは，1898年，愛知県に生まれた。 2 を卒業，1928年，新婦人協会(d)や婦人参政権獲得期成同盟会の設立にかかわった う と出会い，婦人参政権運動に参加した。1951年，労働省婦人少年局長に就任した。

C　谷野せつは，1903年，千葉県に生まれた。日本女子大学校を卒業し，内務省(e)社会局や厚生省(f)で女性労働問題(g)を担当した。戦後は，労働基準法(h)の制定に参加し，生理休暇の導入に尽力した。労働省婦人少年局婦人労働課長を経て，1955年，同局長に就任した。

問1　空欄 1 に入れる人名として最も適当なものはどれか。次の①～④のうち一つをマークせよ。 31

①　山川菊栄　　②　与謝野晶子
③　平塚らいてう　　④　市川房枝

問2　空欄 2 に入れる語句として最も適当なものはどれか。次の①～④のうち一つをマークせよ。 32

①　同志社　　②　女子師範学校
③　女子英学塾　　④　開智学校

問3　下線部(a)に関連して，社会主義研究会のメンバーとして適当でないものはどれか。次の①～④のうち一つをマークせよ。 33

①　片山潜　　②　幸徳秋水　　③　三宅雪嶺　　④　安部磯雄

問４　下線部(b)の結成にかかわった伊藤野枝についての文として最も適当なものはどれか。次の①～④のうち一つをマークせよ。 34

①　関東大震災後，大杉栄とともに甘粕正彦憲兵大尉に殺害された。

②　小説『たけくらべ』を著した。

③　歌集『みだれ髪』を著した。

④　大日本婦人会を結成した。

問５　下線部(c)が設置された時の首相として最も適当なものはどれか。次の①～④のうち一つをマークせよ。 35

①　幣原喜重郎　　②　片山哲　　③　芦田均　　④　石橋湛山

問６　下線部(d)などによる運動の結果，改正された法律として最も適当なものはどれか。次の①～④のうち一つをマークせよ。 36

①　集会条例　　②　民　法　　③　工場法　　④　治安警察法

問７　下線部(e)の廃止に関連する，住民の直接選挙による首長の選出などを定めた法令として最も適当なものはどれか。次の①～④のうち一つをマークせよ。

37

①　府県制・郡制　　②　地方自治法

③　市制・町村制　　④　国家総動員法

問８　下線部(f)についての文として最も適当なものはどれか。次の①～④のうち一つをマークせよ。 38

①　全国の警察組織を統轄した。

②　戦時動員の計画・立案・調整などを任務とした。

③　出征軍人の家族，傷痍軍人，戦死者遺族などへの支援事業をおこなった。

④　1943年，新設の軍需省に吸収・合併された。

問９　下線部(g)に関連して，農商務省が工場労働者の実態を調査してまとめたものとして最も適当なものはどれか。次の①～④のうち一つをマークせよ。

39

① 貧乏物語　　② 日本之下層社会

③ 職工事情　　④ 女工哀史

問10　下線部(h)についての文として最も適当なものはどれか。次の①～④のうち一つをマークせよ。 40

① 18歳未満の就労を禁止した。

② 8時間労働制を規定した。

③ 労働者の団結権・団体交渉権・争議権を保障した。

④ 労働委員会による調停を定めた。

世界史

（60 分）

I　次の文を読んで，下の問い（問 1 〜17）に答えよ。

西ローマ帝国[1]滅亡後も，東ローマ帝国（ビザンツ帝国）は首都コンスタンティノープル[2]を中心として繁栄を続けていた。皇帝 [a] は，6 世紀に北アフリカの [b] 王国やイタリアの東ゴート王国[3]を滅ぼし，[c] 王国からイベリア半島[4]南部を奪ってローマ帝国の旧地中海領の大半を回復した。しかし，[a] の死後，ビザンツ帝国はイタリアを奪われ，7 世紀にはササン朝ペルシア[5]，ついでイスラーム勢力[6]の進出によってシリア・エジプトを失った。さらにスラヴ人[7]のバルカン半島への移住，また [d] 系のブルガール人によるブルガリア王国（帝国）の建国など，ビザンツ帝国はしだいに支配圏を縮小[8]させていった。

ビザンツ帝国では，11世紀後半には東方から [e] 朝の侵入をうけ，13世紀前半には第 [f] 回十字軍が首都を奪ってラテン帝国[9]をたてるなど，国内は混乱した。その後ビザンツ帝国は復活したが，もはやかつての勢いは戻らず，ついに [g] 年オスマン帝国[10]に滅ぼされた。

問 1　[a] に最も適する語を次の①〜④から一つ選んで，マークせよ。
[1]

①　ヘラクレイオス　　②　レオン 3 世
③　ユスティニアヌス　　④　ユリアヌス

問 2　[b] に最も適する語を次の①〜⑥から一つ選んで，マークせよ。
[2]

①　西ゴート　　②　ヴァンダル　　③　フランク
④　アクスム　　⑤　ブルグンド　　⑥　ランゴバルド

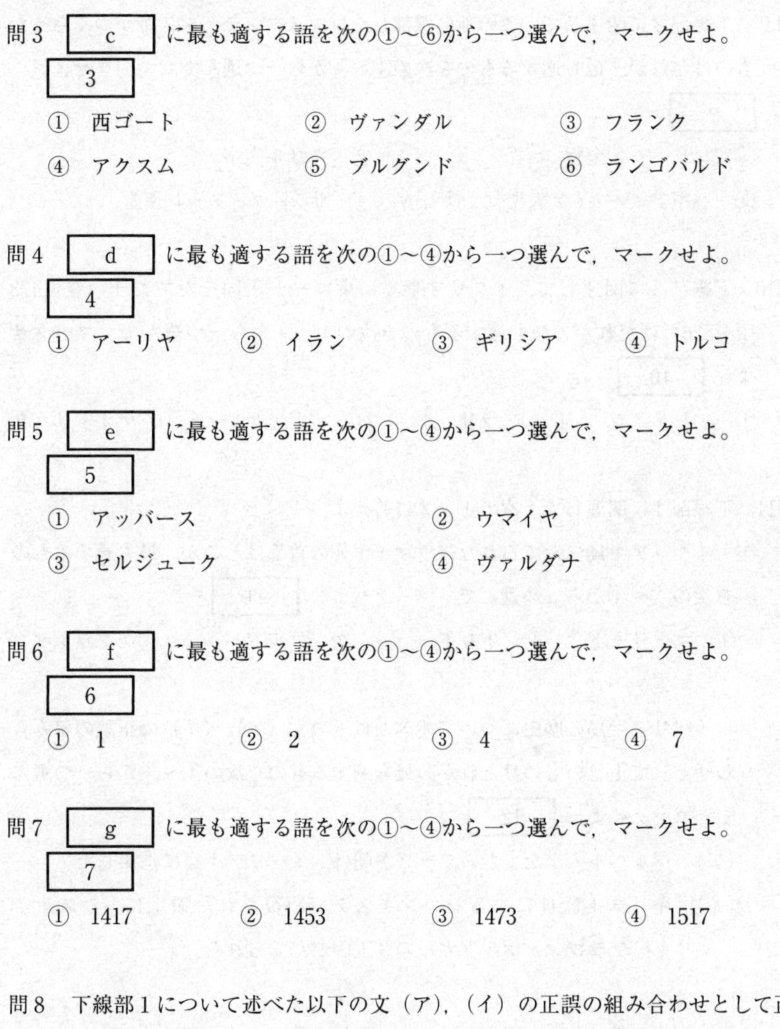

問3 [c] に最も適する語を次の①～⑥から一つ選んで，マークせよ。
[3]

① 西ゴート　② ヴァンダル　③ フランク
④ アクスム　⑤ ブルグンド　⑥ ランゴバルド

問4 [d] に最も適する語を次の①～④から一つ選んで，マークせよ。
[4]

① アーリヤ　② イラン　③ ギリシア　④ トルコ

問5 [e] に最も適する語を次の①～④から一つ選んで，マークせよ。
[5]

① アッバース　② ウマイヤ
③ セルジューク　④ ヴァルダナ

問6 [f] に最も適する語を次の①～④から一つ選んで，マークせよ。
[6]

① 1　② 2　③ 4　④ 7

問7 [g] に最も適する語を次の①～④から一つ選んで，マークせよ。
[7]

① 1417　② 1453　③ 1473　④ 1517

問8　下線部1について述べた以下の文（ア），（イ）の正誤の組み合わせとして正しいものはどれか，最も適するものを次の①～④から一つ選んで，マークせよ。
[8]

（ア）　ローマ帝国は，カラカラ帝によって東西に分割された。
（イ）　西ローマ帝国は，フン人によって滅ぼされた。

① （ア）－正　（イ）－正　② （ア）－正　（イ）－誤
③ （ア）－誤　（イ）－正　④ （ア）－誤　（イ）－誤

問9　下線部2に関連して，この地に遷都したコンスタンティヌス帝がつくらせたものはどれか，最も適するものを次の①～④から一つ選んで，マークせよ。 9

① ソリドゥス金貨　　② キリル文字

③ ハギア=ソフィア大聖堂　　④ サン=ヴィターレ聖堂

問10　下線部3に関連して，イタリア半島に東ゴート王国をたてた王（在位473頃～526）はだれか，最も適するものを次の①～④から一つ選んで，マークせよ。 10

① アッティラ　② アラリック　③ オドアケル　④ テオドリック

問11　下線部4に関連して，次の⑴，⑵に答えよ。

⑴ イベリア半島にたてられた後ウマイヤ朝の首都はどこか，最も適するものを次の①～④から一つ選んで，マークせよ。 11

① マドリード　② トレド　③ コルドバ　④ グラナダ

⑵ イベリア半島の歴史について述べた以下の文（ア），（イ）の正誤の組み合わせとして正しいものはどれか，最も適するものを次の①～④から一つ選んで，マークせよ。 12

（ア） ベルベル人がたてたムワッヒド朝は，イベリア半島に進出した。

（イ） キリスト教徒によるレコンキスタで回復された領土に，カスティリャ・アラゴン・ポルトガルの3王国がたてられた。

① （ア）－正　（イ）－正　　② （ア）－正　（イ）－誤

③ （ア）－誤　（イ）－正　　④ （ア）－誤　（イ）－誤

問12　下線部5に関連して，ローマ帝国と戦い皇帝ウァレリアヌスを捕虜にしたササン朝ペルシア第2代の君主（在位241頃～272頃）はだれか，最も適するものを次の①～④から一つ選んで，マークせよ。 13

① アルデシール1世　　② シャープール1世

③　ホスロー1世　　④　アルサケス

問13　下線部6に関連して，次の(1)，(2)に答えよ。

(1)　アイユーブ朝のサラディンが休戦協定をむすんだヨーロッパの君主（在位1189～99）はだれか，最も適するものを次の①～④から一つ選んで，マークせよ。 14

①　リチャード1世　　②　ルイ9世

③　フリードリヒ1世　　④　フリードリヒ2世

(2)　イスラーム王朝について述べた以下の文（ア），（イ）の正誤の組み合わせとして正しいものはどれか，最も適するものを次の①～④から一つ選んで，マークせよ。 15

（ア）　ブワイフ朝は，イクター制を導入した。

（イ）　マムルーク朝は，アッバース家のカリフをバグダードに擁立した。

①　（ア）－正　（イ）－正　　②　（ア）－正　（イ）－誤

③　（ア）－誤　（イ）－正　　④　（ア）－誤　（イ）－誤

問14　下線部7に関連して，次の(1)，(2)に答えよ。

(1)　ビザンツ最後の皇帝の姪ソフィアと結婚して，モスクワ大公国ではじめてツァーリの称号を用いた君主（在位1462～1505）はだれか，最も適するものを次の①～④から一つ選んで，マークせよ。 16

①　イヴァン3世　　②　イヴァン4世

③　ウラディミル1世　　④　リューリク

(2)　バルカン半島に移住した南スラヴ人に**含まれないもの**はどれか，次の①～④から一つ選んで，マークせよ。 17

①　セルビア人　　②　チェック人

③　クロアティア人　　④　スロヴェニア人

問15 下線部8に関連して，ビザンツ帝国では7世紀以降異民族の侵入に対処するため，領土をいくつかの軍管区にわけ，その司令官に軍事と行政の両面の権限が与えられた。この軍管区を何というか，最も適するものを次の①～④から一つ選んで，マークせよ。 18

① プロノイア ② ワクフ ③ テ マ ④ アミール

問16 下線部9に関連して，ラテン帝国がたてられたときのローマ教皇（在位1198～1216）はだれか，最も適するものを次の①～④から一つ選んで，マークせよ。 19

① グレゴリウス7世 ② ウルバヌス2世

③ インノケンティウス3世 ④ レオ3世

問17 下線部10に関連して，オスマン帝国が1366年に首都にした都市はどこか，最も適するものを次の①～④から一つ選んで，マークせよ。 20

① アドリアノープル ② アンカラ

③ アンティオキア ④ アッコン

Ⅱ　次の文Ａ，Ｂを読んで，下の問い（問１～12）に答えよ。

Ａ　清朝は，［ a ］の治世に［ b ］を滅ぼして支配下におくと，領域が最大となった[1]。しかしアヘン戦争（1840～42）[2]以降は，しだいに縮小していった。ロシアとの間では1858年の［ c ］条約，1860年の北京条約[3]によって国境線が決められ，清朝の領域は縮小した。また，清仏戦争[4]，日清戦争[5]をへて領域外の朝貢国に対する影響力は弱まっていった。

問１　［ a ］に最も適する語を次の①～⑥から一つ選んで，マークせよ。［21］

①　宣統帝　　②　雍正帝　　③　同治帝

④　乾隆帝　　⑤　康熙帝　　⑥　順治帝

問２　［ b ］に最も適する語を次の①～④から一つ選んで，マークせよ。［22］

①　ハルハ　　②　チベット　　③　チャハル　　④　ジュンガル

問３　［ c ］に最も適する語を次の①～④から一つ選んで，マークせよ。［23］

①　アイグン　　②　イ　リ　　③　キャフタ　　④　ネルチンスク

問４　下線部１に関連して，清朝の領域が最大となってからアヘン戦争（1840～42）までの期間として，最も適するものを次の①～④から一つ選んで，マークせよ。［24］

①　約85年　　②　約125年　　③　約165年　　④　約205年

問５　下線部２に関連して，次の(1)～(3)に答えよ。

(1)　この戦争の影響について述べた以下の文（ア），（イ）の正誤の組み合わせとして正しいものはどれか，最も適するものを次の①～④から一つ選んで，マークせよ。［25］

（ア）　清は列強諸国に対して関税自主権を喪失した。

（イ）「坤輿万国全図」が日本や朝鮮半島に伝えられ西洋に対する危機意識を高めた。

①　(ア)－正　(イ)－正　　②　(ア)－正　(イ)－誤
③　(ア)－誤　(イ)－正　　④　(ア)－誤　(イ)－誤

⑵　この戦争後の南京条約で開港した港に**含まれないもの**はどれか，次の①～④から一つ選んで，マークせよ。 26

①　天　津　　②　寧　波　　③　福　州　　④　上　海

⑶　この戦争の開戦より後におこったイギリスの出来事はどれか，最も適するものを次の①～④から一つ選んで，マークせよ。 27

①　第1回選挙法改正
②　ヴィクトリア女王の即位
③　東インド会社の中国貿易独占権廃止
④　穀物法の廃止

問6　下線部3に関連して，次の⑴～⑸に答えよ。

⑴　このときのロシアの皇帝（在位1855～81）はだれか，最も適するものを次の①～④から一つ選んで，マークせよ。 28

①　ニコライ1世　　②　アレクサンドル1世
③　ニコライ2世　　④　アレクサンドル2世

⑵　北京条約を結んだのち，清では西洋の学問や技術を導入する洋務運動が展開した。このときの清の皇帝（在位1861～75）はだれか，最も適するものを次の①～⑥から一つ選んで，マークせよ。 29

①　宣統帝　　②　雍正帝　　③　同治帝
④　乾隆帝　　⑤　康熙帝　　⑥　順治帝

⑶　北京条約によってロシアが獲得した領土について述べた以下の文（ア），（イ）の正誤の組み合わせとして正しいものはどれか，最も適するものを次の①～④から一つ選んで，マークせよ。 30

（ア）　アムール川以北を獲得した。

（イ）　獲得した領土にウラジヴォストーク港を開いた。

① （ア）－正　（イ）－正　　② （ア）－正　（イ）－誤

③ （ア）－誤　（イ）－正　　④ （ア）－誤　（イ）－誤

⑷　北京条約はイギリスとの間でも結ばれた。これによってイギリスが得た権益に関する記述として正しいものはどれか，最も適するものを次の①～④から一つ選んで，マークせよ。 31

①　租借していた香港島を割譲させた。

②　九竜半島の南端部を割譲させた。

③　新界を租借地として獲得した。

④　マカオを租借地として獲得した。

⑸　北京条約によって民間中国人の海外渡航が許されることになり，中国人移民が世界に展開することになった。中国人移民について述べた以下の文（ア），（イ）の正誤の組み合わせとして正しいものはどれか，最も適するものを次の①～④から一つ選んで，マークせよ。 32

（ア）　ハワイでは孫文が華僑を中心に興中会を組織した。

（イ）　クーリー（苦力）には単純労働に従事する中国人移民も含まれた。

① （ア）－正　（イ）－正　　② （ア）－正　（イ）－誤

③ （ア）－誤　（イ）－正　　④ （ア）－誤　（イ）－誤

問7　下線部4に関連して，清仏戦争の開戦より後におこったフランスの出来事やフランスによる活動はどれか，最も適するものを次の①～④から一つ選んで，マークせよ。 33

① ブーランジェ事件　　② カンボジアの保護国化

③ パリ=コミューンの樹立　　④ メキシコ出兵

問8　下線部5に関連して，日清戦争の結果，台湾は日本に割譲されることになった。清の台湾領有について述べた文として正しいものはどれか，最も適するものを次の①～④から一つ選んで，マークせよ。 34

① 鄭氏一族を降伏させたのち版図に加えた。

② 占拠していたオランダを追放して領有した。

③ 藩部として間接統治をおこなった。

④ 白蓮教徒の乱を鎮圧して直接統治をおこなった。

B　19世紀の終わりには山東省で宗教結社を中心とした武装蜂起(6)がおこった。蜂起した集団は勢力を増し，1900年には北京(7)にいたり，外国の領事館などを攻撃した。これに対して諸外国は軍隊を派遣(8)し，蜂起を鎮圧した。その後，清は改革を模索したが，1911年に辛亥革命がおこった。これを契機として外モンゴル(9)は独立を宣言し，チベットも独立を求め，中国の領土縮小の傾向は続いた。

問9　下線部6に関連して，次の(1)，(2)に答えよ。

(1) この武装蜂起をおこした集団について述べた以下の文（ア），（イ）の正誤の組み合わせとして正しいものはどれか，最も適するものを次の①～④から一つ選んで，マークせよ。 35

（ア） この集団は「滅満興漢」をスローガンに掲げた。

（イ） この集団はキリスト教徒たちによってつくられたものである。

① （ア）－正　（イ）－正　　② （ア）－正　（イ）－誤

③ （ア）－誤　（イ）－正　　④ （ア）－誤　（イ）－誤

(2) この武装蜂起鎮圧後におこった出来事はどれか，最も適するものを次の①～④から一つ選んで，マークせよ。 36

① 総理各国事務衙門の創設　　② 科挙の廃止

③　戊戌の変法の開始　　　　④　北洋艦隊の創設

問10　下線部７に関連して，次の⑴，⑵に答えよ。

⑴　この近郊の周口店で発見された化石人類と同じホモ＝エレクトゥスに属するものはどれか，最も適するものを次の①〜④から一つ選んで，マークせよ。 37

①　ジャワ原人　　　　②　クロマニョン人

③　ネアンデルタール人　　　　④　アウストラロピテクス

⑵　清よりも前にこの地に都をおいた王朝はどれか，最も適するものを次の①〜④から一つ選んで，マークせよ。 38

①　漢　　②　魏　　③　元　　④　秦

問11　下線部８に関連して，このとき出兵した国に含まれる国はどれか，最も適するものを次の①〜④から一つ選んで，マークせよ。 39

①　スペイン　　②　オランダ　　③　ポルトガル　　④　イタリア

問12　下線部９に関連して，モンゴル人民共和国が成立したのは下の年表のどの時期か，最も適するものを次の①〜⑤から一つ選んで，マークせよ。 40

①
1918年　第一次世界大戦の終結
②
1931年　満州事変
③
1941年　太平洋戦争の開始
④
1945年　第二次世界大戦の終結
⑤

地理

（60分）

I　以下の問い（A・B）に答えよ。

A　次のオーストラリアの地図（図1）を見て，下の問い（問1～10）に答えよ。

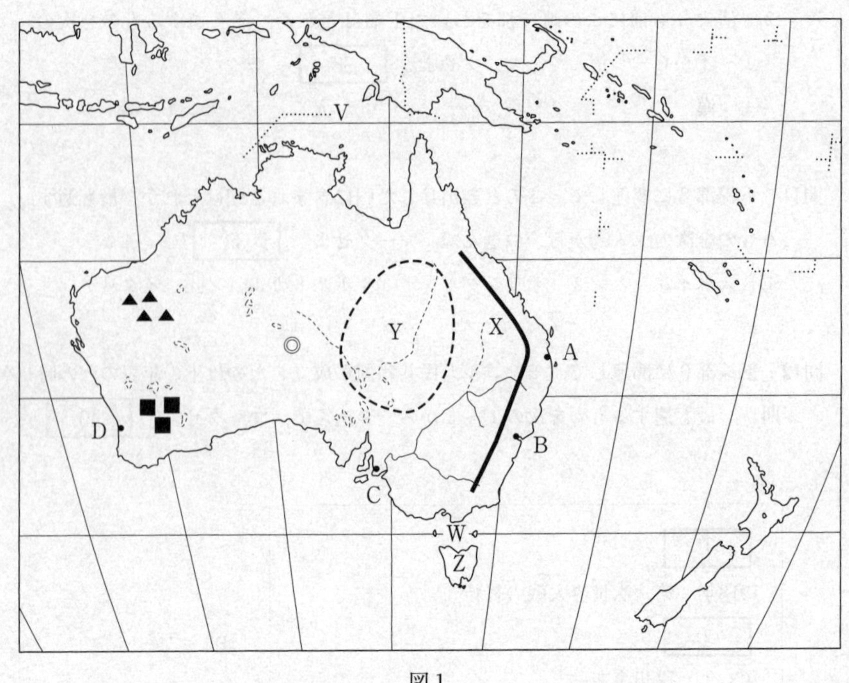

図1

問1　図1の地図を赤道で折り返した時，東京に最も近くなる都市を，次の①～④のうちから一つ選びマークせよ。　1

①　A　　②　B　　③　C　　④　D

問2　A－B間の距離として最も適当なものを，次の①～④のうちから一つ選びマークせよ。 2

①　約200km　②　約400km　③　約800km　④　約1,600km

問3　Vの海と，Wの海峡の最も適当な組合せを，次の①～④のうちから一つ選びマークせよ。 3

①　V：アラフラ海　W：トレス海峡

②　V：アラフラ海　W：バス海峡

③　V：コーラル海　W：トレス海峡

④　V：コーラル海　W：バス海峡

問4　Xの山脈について述べた文として最も適当なものを，次の①～④のうちから一つ選びマークせよ。 4

①　古生代石炭紀を中心とする時期に形成された山地であるため，良質な石炭が多く埋蔵されている。

②　山地形成の時期がヨーロッパアルプスとほぼ同じであるため，「サザンアルプス」の愛称がある。

③　先カンブリア時代の造山運動によってつくられたが，現在は低くなだらかな山地となっている。

④　太平洋を隔てて対岸のアンデス山脈とほぼ同時期につくられた山地で，火山活動や地震が活発である。

問5　Yの盆地について述べた文として最も適当なものを，次の①～④のうちから一つ選びマークせよ。 5

①　海面下の標高の土地があり，河川は海洋への出口を持たない内陸河川となっている。

②　自由地下水が豊富であり，掘り抜き井戸による自噴井を使って牧羊が行われてきた。

③　X山脈に起因する地形性降雨にめぐまれており，エーア湖などの淡水湖が見られる。

④　X山脈の東部からスノーウィー川の水を導水する事業により，一大穀倉地帯となった。

問6　Zの島について述べた文として最も適当なものを，次の①～④のうちから一つ選びマークせよ。 6

①　オージービーフや小麦の生産がさかんである。

②　原生林の残る島であり地下資源の開発は行われていない。

③　州都メルボルンはオーストラリア第2の都市である。

④　島名はオランダ人探検家のタスマンに由来する。

問7　▲はある資源のおもな産地を示している。この資源の世界の埋蔵量（2019年）と産出量（2016年）に占めるオーストラリアの順位の組合せとして最も適当なものを，次の①～④のうちから一つ選びマークせよ。 7

①　埋蔵量：1位　産出量：1位　②　埋蔵量：1位　産出量：2位

③　埋蔵量：2位　産出量：1位　④　埋蔵量：2位　産出量：2位

問8　■はオーストラリアの発展に一役買った資源である。この資源の工業的用途について述べた文として最も適当なものを，次の①～④のうちから一つ選びマークせよ。 8

①　繊維の中でも防寒性に優れ，衣類や寝具，家の素材などにもなる。

②　炭素と微量金属を加えると，優れた特性を持つ合金がつくられる。

③　電気伝導率が高く，スマートフォンやパソコンの電子部品としても使われる。

④　発電やボイラー燃料のほか，製鉄用コークスなどにも利用される。

問9　◎は先住民の聖地の一つであり，世界遺産に登録されている。その写真として最も適当なものを，次の①〜④のうちから一つ選びマークせよ。 9

①

②

③

④

①〜④：ユニフォトプレス提供
編集部注：①〜④の写真は，著作権の都合により，類似の写真と差し替えています。

問10 次の図2の雨温図に該当する図1中のA～Dの都市とその名称の最も適当な組合せを，下の①～④のうちから一つ選びマークせよ。 10

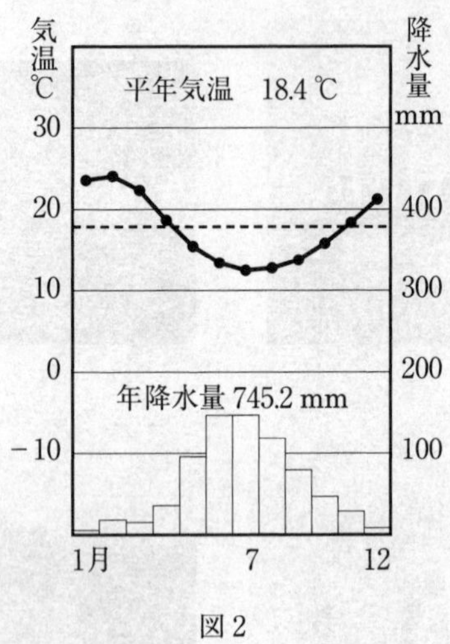

図2

① A・シドニー ② B・シドニー

③ C・パース ④ D・パース

B オセアニアに関する次の文を読み，下の問い（問11～14）に答えよ。

オセアニアは「オーシャン（Ocean）」を語源とする地域であり，本来は大陸国のオーストラリアを除くべきだが，通常はこれを含めてオセアニアとしている。本来のオセアニアは，西半球を中心に広がるポリネシア（a）と，東半球では（ ア ）と（ イ ）の三つの海域に分けられる地域である。

これらの名称にある「ネシア」とは，島の複数形であり，「島々」と訳される。すなわち，ポリネシアは「多くの島々」，ミクロネシアは「小さな島々」，メラネシアは「（ ウ ）島々」であり，メラネシアは住人の皮膚の色からヨーロッパ人が名づけたものと言われる。これら三つの「島々」のほぼ中央に位置する（ エ ）は，東・西・南・北の4半球にまたがる世界唯一の国であり，世界でいちばん早く日の昇る国とされている。

問11　（　ア　）（　イ　）に当てはまる最も適当な組合せを，次の①～④のうちから一つ選びマークせよ。 11

①　ア：東部のミクロネシア　イ：西部のメラネシア

②　ア：東部のメラネシア　イ：西部のミクロネシア

③　ア：北部のミクロネシア　イ：南部のメラネシア

④　ア：北部のメラネシア　イ：南部のミクロネシア

問12　（　ウ　）に当てはまる最も適当なものを，次の①～④のうちから一つ選びマークせよ。 12

①　赤　い　②　黄色い　③　黒　い　④　白　い

問13　（　エ　）に当てはまる最も適当なものを，次の①～④のうちから一つ選びマークせよ。 13

①　ガラパゴス諸島　②　キリバス

③　ニュージーランド　④　パラオ

問14　下線部aにルーツを持つ人種・民族として最も適当なものを，次の①～④のうちから一つ選びマークせよ。 14

①　アボリジニ　②　オーストラロイド

③　マオリ　④　モンゴロイド

Ⅱ 次の地形図（図１・２）と文を読み，下の問い（問１～13）に答えよ。ただし，図１は昭和３年発行，図２は平成11年発行のものである。

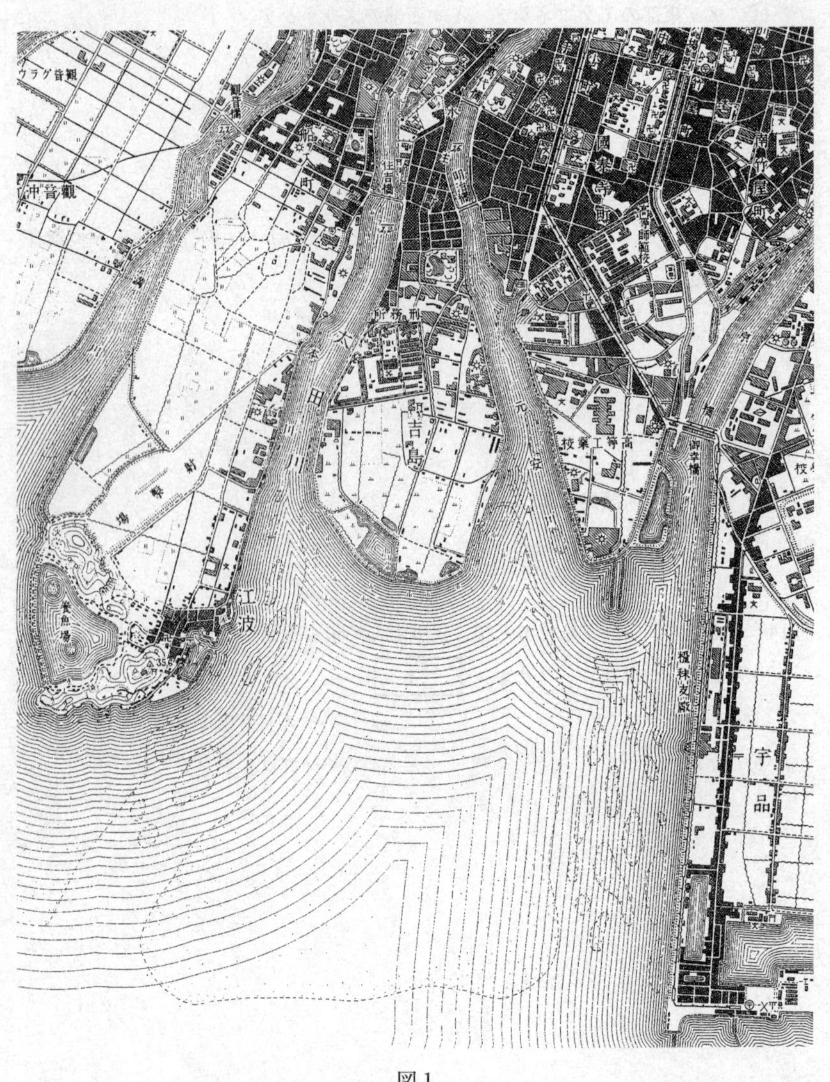

図１

編集部注：編集の都合上，80%に縮小

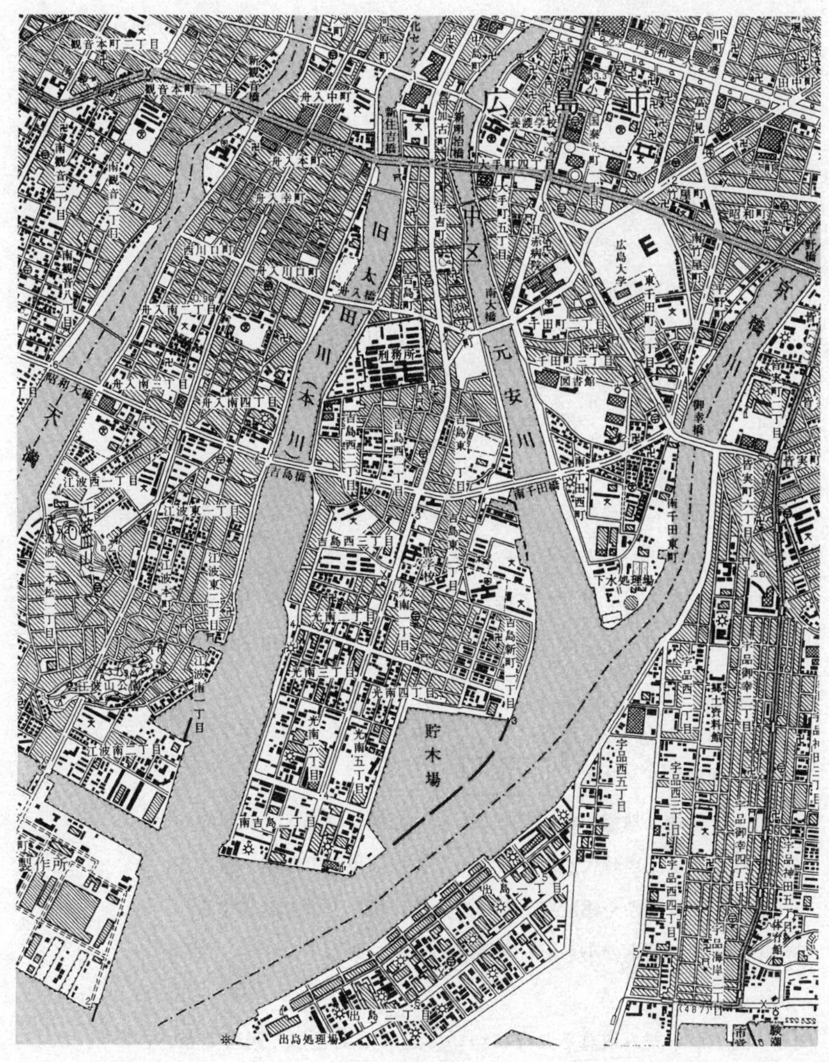

図2

編集部注：編集の都合上，80%に縮小

広島市は瀬戸内海に面する政令指定都市(a)であり，太田川によって運ばれた土砂が堆積し，中世には三角州(b)が形成された。その後，広島城の築城とともに城下町が形成され，干拓(c)や埋め立てが進み，下流部に市街地が拡大した。

問1　下線部aに**該当しないもの**（2021年6月現在）を，次の①～④のうちから一つ選びマークせよ。 15

①　堺　市　　②　相模原市　　③　那覇市　　④　浜松市

問2　下線部bについて述べた文として最も適当なものを，次の①～④のうちから一つ選びマークせよ。 16

①　高潮の影響を受けやすく，被害が発生することがある。

②　地盤を改良しやすく，畑としての利用が多い。

③　天井川化しやすいため，高い堤防が築かれていることが多い。

④　水はけが良く，果樹栽培に適している。

問3　下線部bに関連して，河川とそれが注ぎ込む海の組合せとして**適当でないもの**を，次の①～④のうちから一つ選びマークせよ。 17

①　インダス川－アラビア海　　②　ガンジス川－ベンガル湾

③　ドナウ川－北　海　　④　ナイル川－地中海

問4　下線部cについて述べた文として最も適当なものを，次の①～④のうちから一つ選びマークせよ。 18

①　干拓地は地盤が軟弱であるため，宅地にはあまり適していない。

②　干拓は江戸時代から行われ，干拓地は現在でも増え続けている。

③　干拓は土砂や建設残土などを大量に積み上げて造成する。

④　干拓は領土の小さい日本固有の手法である。

問5　図1から読み取れることについて述べた文として**適当でないもの**を，次の①～④のうちから一つ選びマークせよ。 19

①　市街地から宇品まで特殊鉄道（路面電車）が敷かれている。

②　射撃場などの軍事施設が存在している。

③　天満川の西側には滑走路が整備されている。

④　吉島付近には田が広がっている。

問6　図1中の江波地区について述べた文として最も適当なものを，次の①～④のうちから一つ選びマークせよ。 20

① 太田川の河口に位置し，輪中が築かれている。

② 集落に学校がないため，船入町まで通学している。

③ 集落よりも大きな養魚場がある。

④ 田や桑畑の土地利用が広がっている。

問7　図1・2から読み取れる変化について述べた文として**適当でないもの**を，次の①～④のうちから一つ選びマークせよ。 21

① 宇品に向かう特殊鉄道（路面電車）はルートが変わっていない。

② 江波山公園はかつて海に面していたことが，道路の形状からわかる。

③ 射撃場があった場所には学校が建設されている。

④ 吉島の南側には貯木場が設けられている。

問8　図2の縮尺を，次の①～④のうちから一つ選びマークせよ。 22

① 5千分の1　　② 1万分の1

③ 2万5千分の1　　④ 5万分の1

問9　図2中の最高地点と最低地点の高度差として最も適当なものを，次の①～④のうちから一つ選びマークせよ。 23

① 約20m　② 約30m　③ 約40m　④ 約50m

問10　図2中に**見られない**地図記号として最も適当なものを，次の①～④のうちから一つ選びマークせよ。 24

① 官公署　② 警察署　③ 市役所　④ 博物館

問11　図2中の江波山公園から北上し，舟入橋と南大橋を渡って広島大学まで行くルートは地図上で約14cmである。実際の距離として最も適当なものを，次の①～④のうちから一つ選びマークせよ。 25

① 約1.8km　② 約3.5km　③ 約7km　④ 約14km

問12　図2中の平和大通について述べた文として最も適当なものを，次の①～④のうちから一つ選びマークせよ。 26

① 国道に指定され，交通量が多い。

② 通り沿いには広葉樹林が見られる。

③ 通りに並行して路面電車が走っている。

④ 平成時代につくられた都市計画道路である。

問13　広島市の姉妹・友好都市の一つであるモントリオール市が属する国を，次の①～④のうちから一つ選びマークせよ。 27

① アメリカ合衆国　　② カナダ

③ ドイツ　　④ フランス

Ⅲ　以下の問い（A・B）に答えよ。

A　次の漁業に関する文を読み，下の問い（問1～8）に答えよ。

かつて4大漁場といわれた北西太平洋漁場・北東大西洋漁場$_{a}$・北東太平洋漁場・北西大西洋漁場$_{b}$の各水域には，大陸棚やバンク（浅堆）と呼ばれる浅い海域や暖流と寒流がぶつかり合う潮境（潮目）があり，魚のえさとなるプランクトンが豊富で，早くからさかんに漁業が行われてきた。第二次世界大戦後は，遠洋漁業の発展や漁業技術の進歩によって漁獲量が増大し，次第に乱獲などによる資源の枯渇が懸念されるようになった。その後，自国の沿岸（　ア　）海里までを排他的経済水域に設定する動きが強まった。水産資源管理が厳しくなっている現代では，養殖業や栽培漁業$_{c}$などの「育てる漁業」が重視されるようにもなっている。

海に囲まれた日本$_{d}$では，古くから沿岸漁業が発達し，高度成長期には遠洋漁業が急増したが，各国の排他的経済水域の設定により漁場が失われ，漁獲量が急減した。こののち沖合漁業が大きく成長したが，これもその後減少し，かわって水産物の輸入$_{e}$が大幅に増加した。この間，世界でも水産物の輸出入$_{f}$が大きく増加している。

問1 （ ア ）に当てはまる最も適当なものを，次の①～④のうちから一つ選びマークせよ。 28

① 100　② 200　③ 300　④ 400

問2 下線部aに関して，北東大西洋漁場のうち北海にある代表的なバンクとして最も適当なものを，次の①～④のうちから一つ選びマークせよ。 29

① グランドバンク　② ジョージバンク

③ ドッガーバンク　④ 大和堆

問3 下線部bに関して，北西大西洋漁場でぶつかり合う海流の組合せとして最も適当なものを，次の①～④のうちから一つ選びマークせよ。 30

① 北赤道海流・カナリア海流

② 北大西洋海流・カリフォルニア海流

③ フンボルト海流・フォークランド海流

④ ラブラドル海流・メキシコ湾流

問4 下線部cについて述べた文として最も適当なものを，次の①～④のうちから一つ選びマークせよ。 31

① 幼魚を捕獲し，成魚になるまで育てる。

② 卵から育てた稚魚を放流し，育ったものを捕獲する。

③ 卵や稚魚から成魚まで，一貫して人間が育てる。

④ 若い成魚を捕獲し，人工的に肥育して食用とする。

問5 下線部dに関して，次の図で示した日本の漁業の内訳（2018年，重量ベース，捕鯨業を除く）のア～ウに該当する最も適当な組合せを，下の①～⑥のうちから一つ選びマークせよ。 32

(%)

ア	海面養殖業	イ	ウ	
46.2	22.7	21.9	7.9	1.3 内水面漁業・養殖業

（『日本国勢図会2020/21年版』による）

①　ア：沿岸漁業　イ：遠洋漁業　ウ：沖合漁業

②　ア：沿岸漁業　イ：沖合漁業　ウ：遠洋漁業

③　ア：遠洋漁業　イ：沿岸漁業　ウ：沖合漁業

④　ア：遠洋漁業　イ：沖合漁業　ウ：沿岸漁業

⑤　ア：沖合漁業　イ：沿岸漁業　ウ：遠洋漁業

⑥　ア：沖合漁業　イ：遠洋漁業　ウ：沿岸漁業

問6　下線部eに関して，世界の水産物輸出額の上位3か国（2017年）として最も適当なものを，次の①～④のうちから一つ選びマークせよ。 33

	1位	2位	3位
①	カナダ	ノルウェー	中　国
②	中　国	ノルウェー	ベトナム
③	中　国	ベトナム	カナダ
④	ノルウェー	中　国	カナダ

（『日本国勢図会2020/21年版』による）

問7　下線部fに関して，世界の水産物輸入額上位3か国（2017年）として最も適当なものを，次の①～④のうちから一つ選びマークせよ。 34

	1位	2位	3位
①	アメリカ合衆国	日　本	中　国
②	中　国	アメリカ合衆国	日　本
③	中　国	日　本	アメリカ合衆国
④	日　本	アメリカ合衆国	中　国

（『世界国勢図会2020/21年版』による）

問8　世界の漁業について述べた文として最も適当なものを，次の①～④のうちから一つ選びマークせよ。 35

①　各国政府や国際機関は水産資源保護に取り組んでいるが，公海での漁業を

管理する組織がないため，十分な成果が得られにくい。

② 水産資源の減少にともない養殖業が急速な発展を遂げ，今日では世界の漁獲量の約8割に達している。

③ 天然資源を捕獲する漁業の漁獲量は，1980年代まで増加の一途をたどったが，その後は水産資源の制約から大幅な減少に転じている。

④ 2010年のワシントン条約締約国会議では，大西洋クロマグロの商業取引禁止が提案され可決された。

B 次の林業に関する文を読み，下の問い（問9～13）に答えよ。

現在，世界の森林面積は約40億haで，陸地面積の約（ イ ）を占めている。樹種は気候の影響を受け，森林の約半分は熱帯林で，残りは温帯林と冷帯林である。<u>熱帯林</u>(g)には多くの樹種が混在するが，大規模な森林破壊により生態系や住民生活がおびやかされている。温帯林には常緑広葉樹や落葉広葉樹と針葉樹の混合林が多く，人工林が広く分布している。冷帯林は樹種のそろった林が多い。

また，日本の国土面積の約7割は森林であり，その森林面積の約（ ウ ）は人の手が加わった人工林である。<u>日本の木材自給率</u>(h)は戦後低下の一途をたどったが，近年上昇の兆しがみられるようになっている。

問9 （ イ ）に当てはまる最も適当なものを，次の①～④のうちから一つ選びマークせよ。 36

① 1割　② 3割　③ 5割　④ 7割

問10 （ ウ ）に当てはまる最も適当なものを，次の①～④のうちから一つ選びマークせよ。 37

① 2割　② 4割　③ 6割　④ 8割

問11 下線部gに関連して，持続的な森林の利用をめざして，生態系と共存し農業と林業を組み合わせた農林業として最も適当なものを，次の①～④のうちから一つ選びマークせよ。 38

①　アグロフォレストリー　②　グリーンレボリューション

③　ディープエコロジー　④　バイオマスシステム

問12　下線部ｈに関連して，日本の木材輸入先上位３か国（2019年，金額ベース）として最も適当なものを，次の①～④のうちから一つ選びマークせよ。　39

	１位	２位	３位
①	アメリカ合衆国	カナダ	フィンランド
②	カナダ	アメリカ合衆国	ロシア
③	フィンランド	ロシア	マレーシア
④	ロシア	マレーシア	スウェーデン

（『日本国勢図会2020/21年版』による）

問13　世界の林業について述べた文として最も適当なものを，次の①～④のうちから一つ選びマークせよ。　40

①　アジアやアフリカなどの発展途上国では，現在でも木材が薪炭材として多く用いられている。

②　世界の木材生産の大半は輸出用であり，国内消費に向けられる割合は一部に限られている。

③　熱帯林に生育する常緑広葉樹のチークやラワンは，おもにパルプ用材などに使われている。

④　冷帯林はタイガとも呼ばれ，生育する針葉樹は家具や合板の用材として使われることが多い。

政治・経済

（60分）

I　次の文章を読み，下の問いに答えよ。

国際連合（国連）は6つの主要機関を有する。このうち，安全保障理事会は，アメリカ・イギリス・ⓐフランス・ロシア・ⓑ中国の常任理事国と任期2年の非常任理事国からなり，国際のⓒ平和と安全の維持に責任を持つ。その他の主要機関として，ⓓ国際司法裁判所や［1］などがある。

国連は南北問題の解決にも取り組んできた。［2］年には，国連貿易開発会議（UNCTAD）の第1回総会が開かれ，ⓔ1994年には，国連開発計画（UNDP）が「［3］」という考え方を提唱している。また国連は，ⓕ人権問題やⓖ地球環境問題などにも取り組んでいる。

［4］年に国連への加盟を果たしたⓗ日本は，翌年，国連中心主義を外交三原則の一つに掲げた。［5］年にはPKO（国連平和維持活動）協力法が成立し，その後，ⓘ自衛隊がPKOに参加するようになった。ⓙ1999年には，日本の提唱で「［3］基金」が国連に設置されている。

問1　文中の［1］～［5］に入れるのに最も適当なものを，次の①～④のうちからそれぞれ一つ選びマークせよ。

［1］　①　事務局　②　ユネスコ　③　人権理事会　④　ユニセフ

［2］　①　1954　②　1964　③　1974　④　1984

［3］　①　顔の見える援助　②　人間の基本的ニーズ　③　人間開発指数　④　人間の安全保障

［4］　①　1951　②　1956　③　1961　④　1966

［5］　①　1982　②　1987　③　1992　④　1997

問2　下線部ⓐのフランスに関する記述として最も適当なものを，次の①～④のうちから一つ選びマークせよ。［6］

① 13世紀にマグナ・カルタが成立した。

② 三国同盟の一員として，第一次世界大戦に参戦した。

③ EUに加盟しているが，ユーロを導入せずに独自通貨を維持している。

④ 半大統領制を採用している。

問3　下線部ⓑの中国（中華人民共和国）に関する記述として最も適当なものを，次の①～④のうちから一つ選びマークせよ。［7］

① 1972年に日本との国交を正常化した。

② 1997年にポルトガルから返還された香港では，一国二制度の下，返還後50年間は高度な自治などが保障されている。

③ 2007年に国際刑事裁判所に加盟した。

④ 南シナ海の南沙（スプラトリー）諸島をめぐり，ミャンマーやラオスと係争関係にある。

問4　下線部ⓒの平和と安全に関連して，次の条約を締結年にそって古い順に並べたものとして最も適当なものを，次の①～⑥のうちから一つ選びマークせよ。［8］

① 中距離核戦力（INF）全廃条約 → 弾道弾迎撃ミサイル（ABM）制限条約 → 部分的核実験禁止条約（PTBT）

② INF全廃条約 → PTBT → ABM制限条約

③ ABM制限条約 → INF全廃条約 → PTBT

④ ABM制限条約 → PTBT → INF全廃条約

⑤ PTBT → INF全廃条約 → ABM制限条約

⑥ PTBT → ABM制限条約 → INF全廃条約

問5　下線部ⓓの国際司法裁判所が置かれている都市として最も適当なものを，次の①～④のうちから一つ選びマークせよ。［9］

① ウィーン　② ロンドン　③ ハーグ　④ ローマ

問6　下線部ⓔの1994年に自由民主党と新党さきがけとともに連立政権を発足させた政党として最も適当なものを，次の①～④のうちから一つ選びマークせよ。 10

①　日本共産党　②　民進党　③　公明党　④　日本社会党

問7　下線部ⓕの人権問題に関する記述として最も適当なものを，次の①～④のうちから一つ選びマークせよ。 11

①　日本は1948年にジェノサイド条約を批准した。

②　日本は女子差別撤廃条約の批准に先立ち，1985年に男女雇用機会均等法を制定した。

③　日本は1989年に死刑廃止条約を批准した。

④　日本は障害者権利条約の批准に先立ち，2013年に障害者基本法を制定した。

問8　下線部ⓖの地球環境問題に関連して，2017年の二酸化炭素排出量が中国とアメリカに次いで3番目に多い国として最も適当なものを，次の①～④のうちから一つ選びマークせよ。 12

①　日　本　②　ロシア　③　インド　④　ドイツ

問9　下線部ⓗの日本に関連して，1960年に国民所得倍増計画を打ち出した内閣として最も適当なものを，次の①～④のうちから一つ選びマークせよ。 13

①　池田勇人内閣　②　中曽根康弘内閣

③　佐藤栄作内閣　④　田中角栄内閣

問10　下線部ⓘの自衛隊に関連して，日本の安全保障政策に関する記述として最も適当なものを，次の①～④のうちから一つ選びマークせよ。 14

①　2010年，集団的自衛権の行使は禁じられているという政府の憲法解釈が変更され，その行使を可能とする閣議決定がなされた。

②　2013年，安全保障会議にかわり，国家安全保障会議が設置された。

③　2014年，武器輸出三原則が閣議決定され，移転先での適正管理の確保などの原則の下で武器の輸出や共同開発が認められることとなった。

④ 2015年，国連決議などに基づいて行動する諸外国の軍隊に自衛隊が後方支援を行うための恒久法として，周辺事態法が新たに制定された。

問11 下線部ⓙの1999年にNATO（北大西洋条約機構）軍が「人道的介入」を理由に空爆を行った紛争として最も適当なものを，次の①～④のうちから一つ選びマークせよ。 15

① フォークランド紛争　② カシミール紛争
③ コソボ紛争　④ ダルフール紛争

Ⅱ 次の文章を読み，下の問いに答えよ。

世界では，貿易による財・サービスの輸出入(a)だけでなく，労働(b)や資本(c)の国境を越えた移動が活発になっている。国々が相互依存性を高めグローバル化(d)が進んでいることは，新型コロナウィルス感染症(e)（COVID-19）が世界中に広まったことと無関係ではないだろう。

グローバル化が進む一方，貿易の自由化(f)は各国の国内産業に大きな影響を与えるため，世界貿易機関(g)（WTO）での交渉は停滞し，経済的結びつきの強い近隣諸国間などで地域経済統合(h)を進める動きも見られる。世界各国は2国間ないし多国間で自由貿易協定(i)（FTA）を結び，関税などの様々な貿易障壁の削減・撤廃(j)を推し進めている。

さらに，投資の自由化，労働を担う人材の移動，知的財産権(k)の保護，市場におけるルール作りを促進するため，FTAよりも幅広い経済関係の強化を目的とする経済連携協定(l)（EPA）も結ばれている。

また，発展途上国の中でも産油国(m)や工業化の進む国・地域は経済的に発展し，近年ではBRICS(n)と呼ばれる国々の経済成長も著しい。もはや国際経済問題は主要先進国だけで解決できなくなりつつあり，先進国に新興経済諸国を加えたG20(o)サミットが国際経済を議論する場として重視されるようになった。

問1 下線部ⓐの輸出入に関連して，プラザ合意をかわしたG5の国として**適当で**

ないものを，次の①～④のうちから一つ選びマークせよ。 16

①　フランス　②　アメリカ　③　カナダ　④　イギリス

問２　下線部ⓑの労働に関連して，労働運動に関する記述として最も適当なものを，次の①～④のうちから一つ選びマークせよ。 17

①　1811年にインドでラッダイト運動が起こった。

②　1886年にアメリカ労働総同盟が結成された。

③　1912年にアメリカでタフト・ハートレー法が制定された。

④　1948年に世界労働組合連盟が結成された。

問３　下線部ⓒの資本に関連して，『資本論』を著した人物として最も適当なものを，次の①～④のうちから一つ選びマークせよ。 18

①　ケインズ　②　シュンペーター

③　アダム・スミス　④　マルクス

問４　下線部ⓓのグローバル化に関連して，世界の出来事や取り組みに関する記述として最も適当なものを，次の①～④のうちから一つ選びマークせよ。

19

①　日本はネギなどの３品目について，1996年に中国に対してセーフガードを発動した。

②　「ミレニアム開発目標（MDGs）」は，2015年までに達成すべき目標とされた。

③　2002年にロッテルダムで持続可能な開発に関する世界首脳会議が開かれた。

④　2005年に発生したリーマン・ショックは世界金融危機へと発展した。

問５　下線部ⓔの新型コロナウィルス感染症に関連して，世界保健機関（WHO）の本部が置かれている都市として最も適当なものを，次の①～④のうちから一つ選びマークせよ。 20

①　ニューヨーク　②　パ　リ

③　ウィーン　④　ジュネーブ

問6　下線部ⓕの貿易の自由化に関連して，関税と貿易に関する一般協定（GATT）の東京ラウンドに参加した国・地域の数として最も適当なものを，次の①～④のうちから一つ選びマークせよ。 21

① 23　② 62　③ 102　④ 123

問7　下線部ⓖの世界貿易機関に関する記述として最も適当なものを，次の①～④のうちから一つ選びマークせよ。 22

① ウルグアイ・ラウンドでの合意に基づいて，1995年に常設の国際機関として設立された。

② 紛争解決手続きにおいて取り入れられているネガティブ・コンセンサス方式は，過半数の加盟国が反対しない限り採択される議決方式である。

③ 2001年にロシアが加盟した。

④ 2003年からドーハ・ラウンドが開始された。

問8　下線部ⓗの地域経済統合に関連して，欧州自由貿易連合（EFTA）の加盟国として**適当でない**ものを，次の①～④のうちから一つ選びマークせよ。

23

① スイス　② ノルウェー

③ リヒテンシュタイン　④ アイルランド

問9　下線部ⓘの自由貿易協定に関連して，欧州連合（EU）の歩みに関する記述として最も適当なものを，次の①～④のうちから一つ選びマークせよ。

24

① 1967年に欧州共同体（EC）が原加盟国8か国で発足した。

② 1981年にギリシャがECに加盟した。

③ 1995年にマーストリヒト条約が調印された。

④ 2005年に域内の共通通貨ユーロが導入された。

問10　下線部ⓙの貿易障壁の削減・撤廃に関連して，IMF・GATT体制に関する記述として最も適当なものを，次の①～④のうちから一つ選びマークせよ。

25

① 1944年にGATTが締結された。

② GATTは自由・無差別・全体主義を三原則としている。

③ 1969年にIMFによってSDR（特別引き出し権）制度が創設された。

④ 1971年にキングストン協定が結ばれ，通貨の多国間調整が行われた。

問11 下線部ⓚの知的財産権に関する記述として最も適当なものを，次の①～④のうちから一つ選びマークせよ。 26

① 日本では，特許権，意匠権，著作権は知的財産権として保護されている。

② 1986年から開始された東京ラウンドで議論された。

③ 日本では，1998年に知的財産基本法が成立した。

④ 2002年に東京高等裁判所の支部として，知的財産高等裁判所が設置された。

問12 下線部ⓛの経済連携協定に関連して，2020年時点で，日本とのEPAが発効済みの国として**適当でない**ものを，次の①～④のうちから一つ選びマークせよ。

27

① 韓　国　　② モンゴル　　③ チ　リ　　④ スイス

問13 下線部ⓜの産油国に関する記述として最も適当なものを，次の①～④のうちから一つ選びマークせよ。 28

① 1960年に石油輸出国機構（OPEC）が設立された。

② 2020年時点で，OPECには18か国が加盟している。

③ 2020年時点で，アラブ石油輸出国機構（OAPEC）には6か国が加盟している。

④ 第四次中東戦争を契機として，第二次石油危機が1973年に起こった。

問14 下線部ⓝのBRICSに関連して，中国（中華人民共和国）に関する記述として最も適当なものを，次の①～④のうちから一つ選びマークせよ。 29

① 1958年に文化大革命が始まった。

② 1974年に改革開放政策を採用した。

③　1989年に天安門事件が発生した。

④　2005年に名目GDPが日本を抜いて世界第2位になった。

問15　下線部ⓞのG20に含まれる国として最も適当なものを，次の①～④のうちから一つ選びマークせよ。 30

①　タ　イ　　②　アラブ首長国連邦

③　シンガポール　　④　サウジアラビア

Ⅲ　次の文章を読み，下の問いに答えよ。

財政は，主に3つの機能を果たしている。第一に， 31 の調整の機能である。政府は社会資本ⓐの整備や公共サービスⓑの提供を行う。また，政府は市場の失敗ⓒに伴う弊害を取り除き，効率的な 31 を実現するために，さまざまな政策や法整備を行う。

第二に，所得再分配の機能である。政府は所得税に 32 制度を導入したり，社会保障制度ⓓを通じて所得を再分配したりすることで，所得格差の縮小を図る。

第三に，景気ⓔ調整の機能である。財政には 32 制度や社会保障制度などを通じて景気を安定させる 33 が組み込まれている。それに加え，政府が裁量的財政政策を行う。中央銀行も金融政策を通じて，景気や 34 の安定を図る。日本銀行は公開市場操作ⓕなどによって，通貨の供給量を調整している。

問1　文中の 31 ～ 34 に入れるのに最も適当なものを，次の①～④のうちからそれぞれ一つ選びマークせよ。

31　①　資源配分　　②　有効需要
　　③　構造改革　　④　自主財源

32　①　賦課方式　　②　積立方式
　　③　累進課税　　④　預金保険

33　①　財政投融資計画　　②　早期是正措置
　　③　財政民主主義　　④　自動安定化装置

34　① 貯　蓄　② 賃　金　③ 物　価　④ 人　口

問2　下線部ⓐの社会資本に関連して，日本の道路建設に関する記述として最も適当なものを，次の①～④のうちから一つ選びマークせよ。 35

① 建設業は第1次産業に含まれる。

② 橋本龍太郎内閣の下，道路公団が民営化された。

③ 建設公債の発行は財政法で認められている。

④ 道路などの実物資産は，国富には含まれない。

問3　下線部ⓑの公共サービスに関連して，日本の社会保険制度に関する記述として最も適当なものを，次の①～④のうちから一つ選びマークせよ。 36

① 介護保険の運営主体は都道府県である。

② 労災保険の保険料は，半分を事業主，残り半分を被保険者が負担する。

③ 1961年に国民皆保険・国民皆年金が実現した。

④ 国民年金の第3号被保険者とは，第1号被保険者の配偶者である。

問4　下線部ⓒの市場の失敗に関する記述として最も適当なものを，次の①～④のうちから一つ選びマークせよ。 37

① 独占禁止法の運用のために，日本では経済社会理事会が設けられている。

② 電気やガスのように設備投資にかかる費用が大きい産業では，独占となる傾向がある。

③ 道路や公園などの公共財の消費には非排除性があるため，市場に任せると供給が過剰になりやすい。

④ 市場での取引を通じることなく，他の経済主体に不利益をもたらすような経済活動は，規模の経済と呼ばれる。

問5　下線部ⓓの社会保障制度に関連して，1944年に国際労働機関（ILO）で採択された社会保障に関する宣言として最も適当なものを，次の①～④のうちから一つ選びマークせよ。 38

① ヘルシンキ宣言　② リオ宣言

③ 世界人権宣言　④ フィラデルフィア宣言

問6　下線部ⓔの景気に関連して，日本の不況に関する記述として最も適当なものを，次の①～④のうちから一つ選びマークせよ。 39

① 朝鮮戦争の勃発により，日本経済は不況におちいった。

② 第一次石油危機が起きると，日本はスタグフレーションにおちいった。

③ 1985年のルーブル合意により，日本は円高不況におちいった。

④ 1991年にバブル経済が崩壊すると，不況対策として日本列島改造計画が実施された。

問7　下線部ⓕの公開市場操作に関する記述として最も適当なものを，次の①～④のうちから一つ選びマークせよ。 40

① 日本銀行が預金準備率を変更することにより，通貨の供給量を調整する。

② 日本銀行が外国為替市場で外国通貨を売買することにより，通貨の供給量を調整する。

③ 日本銀行が市中銀行に貸し出す際の金利を操作することにより，通貨の供給量を調整する。

④ 日本銀行が金融市場で国債や手形などを売買することにより，通貨の供給量を調整する。

数学

◀文系数学：法・経済・経営・文芸・総合社会・国際・情報(英・国・数型)学部，短期大学部▶

(60分)

解答上の注意

1)　問題の文中の $^{1}\square$，$^{2}\square$ などの $\square$ の１つ１つには，特に指示がないかぎり，それぞれ，「０から９までの整数」が１個はいる。$\square$ の左上の数字は「解答番号」である。

2)　１個だけの $\square$ は「１桁(けた)の正の整数」または「０」を表す。２個並んだ $\square\square$ は「２桁の正の整数」を表す。３個以上並んだ場合も同様である。

3)　$\square$ の前に「－」がついている場合は「負の整数」を表す。たとえば，$-\square$ は「１桁の負の整数」を表し，$-\square\square$ は「２桁の負の整数」を表す。

4)　$\dfrac{\square}{\square}$，$\dfrac{\square}{\square\square}$，$-\dfrac{\square}{\square}$ などは「分数」を表す。分数は，分母と分子に共通因数を含まない形にすること。

5)　根号 $\sqrt{}$ の中は，できるだけ小さい整数にすること。

I　k を定数とする。座標平面で方程式

$$x^2+y^2+4kx-2ky+10k-10=0$$

で定まる円 C を考える。

(1)　C が k の値に関係なく常に通る点の座標は，x 座標が小さい順に $\left(-\boxed{1},\ -\boxed{2}\right),\ \left(-\boxed{3},\ \boxed{4}\right)$ である。

(2)　C が原点 $(0,0)$ を通るとき，$k=\boxed{5}$ である。

(3)　C の半径が最小となるとき，$k=\boxed{6}$ である。そのときの C の中心の座標は $\left(-\boxed{7},\ \boxed{8}\right)$ であり，半径は $\sqrt{\boxed{9}}$ である。

(4)　C が y 軸に接していて，接点の y 座標が 5 以上であるとき，

$$k=\boxed{10}+\sqrt{\boxed{11}\ \boxed{12}}$$

である。

(5)　C が直線 $y=2x+\dfrac{5}{2}$ に接するとき，$k=\dfrac{\boxed{13}}{\boxed{14}}$ である。そのときの共有点の座標は $\left(-\boxed{15},\ \dfrac{\boxed{16}}{\boxed{17}}\right)$ である。

II　2以上の自然数 n に対して，$ab_{(n)}$ は2桁(けた)の n 進数を表す。ここで，a, b は $1 \leqq a \leqq n-1,\ 0 \leqq b \leqq n-1$ を満たす整数である。4桁の n 進数の場合も同様である。

(1)　2桁の22進数 $20_{(22)}$ に対して，$20_{(22)} = ab_{(44)}$ が成り立つとき，a, b を10進法で表すと

$$a = \boxed{}^{18},\quad b = \boxed{}^{19}$$

である。

(2)　2桁の22進数 $20_{(22)}$ に対して，$20_{(22)} = ab_{(23)}$ が成り立つとき，a, b を10進法で表すと

$$a = \boxed{}^{20},\quad b = \boxed{}^{21}\boxed{}^{22}$$

である。

(3)　4桁の2022進数 $2022_{(2022)}$ に対して，$2022_{(2022)} = abcd_{(2023)}$ が成り立つとき，a, b, c, d を10進法で表すと

$$a = \boxed{}^{23},\quad b = \boxed{}^{24}\boxed{}^{25}\boxed{}^{26}\boxed{}^{27},\quad c = \boxed{}^{28},$$
$$d = \boxed{}^{29}\boxed{}^{30}\boxed{}^{31}\boxed{}^{32}$$

である。

(4)　$2 \leqq n \leqq 2022,\ 1 \leqq a \leqq n-1,\ 1 \leqq b \leqq n-1$ を満たす自然数 n, a, b を用いて

$$m = ab_{(n)} = ba_{(n+2)}$$

と表される自然数 m の総数は $\boxed{}^{33}\boxed{}^{34}\boxed{}^{35}\boxed{}^{36}$ であり，そのうち最小の m は $\boxed{}^{37}$ である。

III　$x > 1$ において，関数

$$f(x) = \log_x 16x + \log_2 16x$$

を考える。$f(x)$ の最小値を m とする。また，次は常用対数表の一部である。

a	3.1	3.2	3.3	3.4	3.5	3.6	3.7	3.8	3.9	4.0
$\log_{10} a$	.4914	.5051	.5185	.5315	.5441	.5563	.5682	.5798	.5911	.6021

ただし，この表では 0.4914 を .4914 のように 0 を省略して表している。

(1)　$\log_{10} 2$, $\log_{10} 3$, $\log_{10} 5$, $\log_{10} 7$ の小数第 2 位の数字は，それぞれ [38] □, [39] □, [40] □, [41] □ であり，$\log_2 3$ の小数第 1 位の数字は [42] □ である。

(2)　$m =$ [43] □ である。また，$f(x) = m$ となる x の値は $x =$ [44] □ である。

(3)　方程式 $f(x) = m + 1$ の解は，小さい順に $x =$ [45] □, [46] □ [47] □ である。

(4)　方程式 $f(x) = m + 2$ の解を，小さい順に $x = \alpha, \beta$ とする。

(i)　$\log_2 \beta =$ [48] □ $+ \sqrt{\text{[49] □}}$ である。これを小数で表したとき，その整数部分は [50] □ であり，小数第 2 位の数字は [51] □ である。

(ii)　α を超えない最大の整数は [52] □ であり，β を超えない最大の整数は [53] □ [54] □ である。

◀数学②：理工・建築・薬・情報(英・数・理型)・農・生物理工・工・産業理工学部▶

(60分)

注　　意

問題の文中の [ア]，[イウ] などの [　　] には，特に指示のないかぎり，数値または符号（－）が入る。これらを次の方法で解答用紙の指定欄にマークせよ。

(1) ア，イ，ウ，…の一つ一つは，それぞれ0から9までの数字，または－の符号のいずれか一つに対応する。それらをア，イ，ウ，…で示された解答欄にマークする。

〔例〕 [アイ] に－8と答えたいとき

ア	●	⓪	①	②	③	④	⑤	⑥	⑦	⑧	⑨
イ	⊖	⓪	①	②	③	④	⑤	⑥	⑦	●	⑨

(2) 分数形が解答で求められているときは，既約分数（それ以上約分できない分数）で答える。符号は分子につけ，分母につけてはならない。

〔例〕 $\dfrac{\boxed{ウエ}}{\boxed{オ}}$ に $-\dfrac{4}{5}$ と答えたいとき

ウ	●	⓪	①	②	③	④	⑤	⑥	⑦	⑧	⑨
エ	⊖	⓪	①	②	③	●	⑤	⑥	⑦	⑧	⑨
オ	⊖	⓪	①	②	③	④	●	⑥	⑦	⑧	⑨

(3) 根号を含む形で解答する場合は，根号の中に現れる自然数が最小となる形で答える。

例えば，$\boxed{カ}\sqrt{\boxed{キ}}$ に $4\sqrt{2}$ と答えるところを，$2\sqrt{8}$ のように答えてはならない。

(4) 分数形で根号を含む形で解答する場合，$\dfrac{\boxed{ク} + \boxed{ケ}\sqrt{\boxed{コ}}}{\boxed{サ}}$ に

$\dfrac{3 + 2\sqrt{2}}{2}$ と答えるところを，$\dfrac{6 + 4\sqrt{2}}{4}$ や $\dfrac{6 + 2\sqrt{8}}{4}$ のように答えてはならない。

I　下の図のような正方形 ABCD の頂点を辺に沿って移動する点 P が，頂点 A の位置にある。1 個のさいころを投げて，4 以下の目が出たときには点 P は時計回りに 1 つだけ隣りの頂点に移動し，他の目が出たときには点 P は反時計回りに 1 つだけ隣りの頂点に移動する。

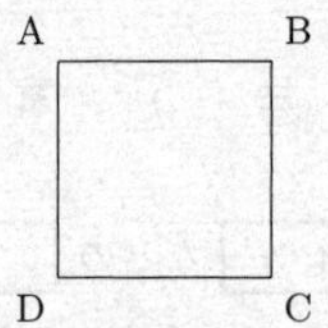

(1)　さいころを 2 回続けて投げたとき，点 P が頂点 A の位置にある確率は $\dfrac{\boxed{ア}}{\boxed{イ}}$ である。

(2)　さいころを 3 回続けて投げたとき，点 P が頂点 B の位置にある確率は $\dfrac{\boxed{ウエ}}{\boxed{オカ}}$ である。

(3)　さいころを n 回続けて投げたとき，点 P が頂点 C の位置にある確率を p_n とする。ただし，n は 1 以上の整数とする。n が奇数のとき，$p_n = \boxed{キ}$ である。n が偶数のとき，$n = 2k$ とすると

$$p_{2k+2} = \frac{\boxed{クケ}}{\boxed{コ}} p_{2k} + \frac{\boxed{サ}}{\boxed{シ}}$$

であるから

$$p_{2k} = \frac{\boxed{ス}}{\boxed{セ}} + \frac{\boxed{ソ}}{\boxed{タチ}} \cdot \left(\frac{\boxed{ツテ}}{\boxed{ト}}\right)^{k-1}$$

である。ただし，k は 1 以上の整数とする。

(4)　さいころを n 回続けて投げたとき，点 P が頂点 D の位置にある確率を q_n とする。ただし，n は 1 以上の整数とする。$\left|q_n - \dfrac{1}{2}\right|$ の値が $\dfrac{1}{10^{10}}$ より小さくなる最小の n の値は $n = \boxed{ナニ}$ である。ただし，$\log_{10} 2 = 0.3010$, $\log_{10} 3 = 0.4771$ とする。

II　O を原点とする座標平面に 2 点 A$\left(4, -\dfrac{4}{3}\right)$，B$(m, n)$ がある。ただし，m，n は正の実数とする。$\overrightarrow{\mathrm{OA}}$ と $\overrightarrow{\mathrm{OB}}$ のなす角が 45° であり，$\triangle$OAB の面積が $\dfrac{40}{3}$ であるとする。

(1)　$|\overrightarrow{\mathrm{OA}}| = \dfrac{\boxed{\text{ア}}\sqrt{\boxed{\text{イウ}}}}{\boxed{\text{エ}}}$ である。また，$|\overrightarrow{\mathrm{OB}}| = \boxed{\text{オ}}\sqrt{\boxed{\text{カ}}}$ であり，$m = \boxed{\text{キ}}$，$n = \boxed{\text{ク}}$ である。

(2)　s，t を実数とし，点 P は

$$\overrightarrow{\mathrm{OP}} = s\,\overrightarrow{\mathrm{OA}} + t\,\overrightarrow{\mathrm{OB}}, \quad 2s + 3t = 4$$

を満たしながら動くとする。このとき

$$\boxed{\text{ケ}}\,\overrightarrow{\mathrm{OA}} = \overrightarrow{\mathrm{OC}}, \quad \frac{\boxed{\text{コ}}}{\boxed{\text{サ}}}\,\overrightarrow{\mathrm{OB}} = \overrightarrow{\mathrm{OD}}$$

を満たす 2 点 C，D をとると，点 P の存在範囲は直線 CD であり，その方程式は

$$y = \boxed{\text{シ}}\,x - \frac{\boxed{\text{スセ}}}{\boxed{\text{ソ}}}$$

である。

点 A から直線 OD に垂線 AH を下ろすとき，点 H の座標は

$$\left(\frac{\boxed{\text{タ}}}{\boxed{\text{チ}}}, \frac{\boxed{\text{ツ}}}{\boxed{\text{テ}}}\right)$$

である。$\triangle$OAH の面積を S，$\triangle$OCD の面積を T とすると

$$\frac{S}{T} = \frac{\boxed{\text{ト}}}{\boxed{\text{ナ}}}$$

である。

III　2つの関数 $f(x)=\sqrt{3}\sin x$，$g(x)=-\sin 2x$ を考える。ただし，$0 \leqq x \leqq \pi$ とする。座標平面上の2つの曲線 $y=f(x)$ と $y=g(x)$ で囲まれた図形を S とする。

(1)　方程式 $f(x)=g(x)$ の解は全部で $\boxed{\text{ア}}$ 個あり，方程式 $f(x)=-g(x)$ の解は全部で $\boxed{\text{イ}}$ 個ある。

(2)　図形 S の面積は $\dfrac{\boxed{\text{ウ}}}{\boxed{\text{エ}}}$ である。

(3)　$h(x)=f(x)+g(x)$ とおき，$h(x)$ の値が最大となる x の値を α，最小となる x の値を β とする。このとき，$\cos\alpha=\dfrac{\sqrt{\boxed{\text{オ}}}-\sqrt{\boxed{\text{カキ}}}}{\boxed{\text{ク}}}$ であり，

$g'(\alpha)=\dfrac{\boxed{\text{ケコ}}+\sqrt{\boxed{\text{サシス}}}}{\boxed{\text{セ}}}$ である。また，$\cos\alpha+\cos\beta=\dfrac{\sqrt{\boxed{\text{ソ}}}}{\boxed{\text{タ}}}$ である。

(4)　図形 S を x 軸の周りに1回転させてできる立体の体積は

$$\frac{\boxed{\text{チ}}}{\boxed{\text{ツ}}}\pi^2+\frac{\boxed{\text{テト}}\sqrt{\boxed{\text{ナ}}}}{\boxed{\text{ニヌ}}}\pi$$

である。

◀数学①：理工（理〈化学〉・生命科）・建築・薬・農・生物理工・工・産業理工学部▶

（60分）

注　意

問題の文中の [ア] , [イウ] などの [　] には，特に指示のないかぎり，数値または符号（－）が入る。これらを次の方法で解答用紙の指定欄にマークせよ。

(1)　ア，イ，ウ，…の一つ一つは，それぞれ0から9までの数字，または－の符号のいずれか一つに対応する。それらをア，イ，ウ，…で示された解答欄にマークする。

〔例〕 [アイ] に－8と答えたいとき

ア	● ⓪ ① ② ③ ④ ⑤ ⑥ ⑦ ⑧ ⑨
イ	⊖ ⓪ ① ② ③ ④ ⑤ ⑥ ⑦ ● ⑨

(2)　分数形が解答で求められているときは，既約分数（それ以上約分できない分数）で答える。符号は分子につけ，分母につけてはならない。

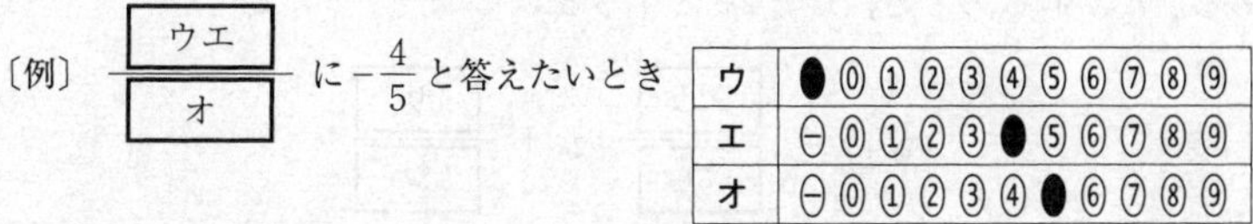

〔例〕 $\dfrac{\boxed{ウエ}}{\boxed{オ}}$ に $-\dfrac{4}{5}$ と答えたいとき

ウ	● ⓪ ① ② ③ ④ ⑤ ⑥ ⑦ ⑧ ⑨
エ	⊖ ⓪ ① ② ③ ● ⑤ ⑥ ⑦ ⑧ ⑨
オ	⊖ ⓪ ① ② ③ ④ ● ⑥ ⑦ ⑧ ⑨

(3)　根号を含む形で解答する場合は，根号の中に現れる自然数が最小となる形で答える。

例えば，$\boxed{カ}\sqrt{\boxed{キ}}$ に $4\sqrt{2}$ と答えるところを，$2\sqrt{8}$ のように答えてはならない。

(4)　分数形で根号を含む形で解答する場合，$\dfrac{\boxed{ク}+\boxed{ケ}\sqrt{\boxed{コ}}}{\boxed{サ}}$ に $\dfrac{3+2\sqrt{2}}{2}$ と答えるところを，$\dfrac{6+4\sqrt{2}}{4}$ や $\dfrac{6+2\sqrt{8}}{4}$ のように答えてはならない。

I 下の図のような正方形 ABCD の頂点を辺に沿って移動する点 P が，頂点 A の位置にある。1 個のさいころを投げて，4 以下の目が出たときには点 P は時計回りに 1 つだけ隣りの頂点に移動し，他の目が出たときには点 P は反時計回りに 1 つだけ隣りの頂点に移動する。

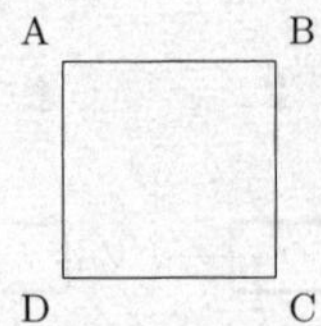

(1) さいころを 2 回続けて投げたとき，点 P が頂点 A の位置にある確率は $\dfrac{\boxed{ア}}{\boxed{イ}}$ である。

(2) さいころを 3 回続けて投げたとき，点 P が頂点 B の位置にある確率は $\dfrac{\boxed{ウエ}}{\boxed{オカ}}$ である。

(3) さいころを n 回続けて投げたとき，点 P が頂点 C の位置にある確率を p_n とする。ただし，n は 1 以上の整数とする。n が奇数のとき，$p_n = \boxed{キ}$ である。n が偶数のとき，$n = 2k$ とすると

$$p_{2k+2} = \frac{\boxed{クケ}}{\boxed{コ}}p_{2k} + \frac{\boxed{サ}}{\boxed{シ}}$$

であるから

$$p_{2k} = \frac{\boxed{ス}}{\boxed{セ}} + \frac{\boxed{ソ}}{\boxed{タチ}} \cdot \left(\frac{\boxed{ツテ}}{\boxed{ト}}\right)^{k-1}$$

である。ただし，k は 1 以上の整数とする。

(4) さいころを n 回続けて投げたとき，点 P が頂点 D の位置にある確率を q_n とする。ただし，n は 1 以上の整数とする。$\left|q_n - \dfrac{1}{2}\right|$ の値が $\dfrac{1}{10^{10}}$ より小さくなる最小の n の値は $n = \boxed{ナニ}$ である。ただし，$\log_{10} 2 = 0.3010$，$\log_{10} 3 = 0.4771$ とする。

II　O を原点とする座標平面に 2 点 $\mathrm{A}\left(4, -\dfrac{4}{3}\right)$, $\mathrm{B}(m, n)$ がある。ただし，m, n は正の実数とする。$\overrightarrow{\mathrm{OA}}$ と $\overrightarrow{\mathrm{OB}}$ のなす角が 45° であり，$\triangle\mathrm{OAB}$ の面積が $\dfrac{40}{3}$ であるとする。

(1)　$|\overrightarrow{\mathrm{OA}}| = \dfrac{\boxed{ア}\sqrt{\boxed{イウ}}}{\boxed{エ}}$ である。また，$|\overrightarrow{\mathrm{OB}}| = \boxed{オ}\sqrt{\boxed{カ}}$ であり，$m = \boxed{キ}$，$n = \boxed{ク}$ である。

(2)　s, t を実数とし，点 P は

$$\overrightarrow{\mathrm{OP}} = s\,\overrightarrow{\mathrm{OA}} + t\,\overrightarrow{\mathrm{OB}}, \quad 2s + 3t = 4$$

を満たしながら動くとする。このとき

$$\boxed{ケ}\,\overrightarrow{\mathrm{OA}} = \overrightarrow{\mathrm{OC}}, \quad \frac{\boxed{コ}}{\boxed{サ}}\,\overrightarrow{\mathrm{OB}} = \overrightarrow{\mathrm{OD}}$$

を満たす 2 点 C，D をとると，点 P の存在範囲は直線 CD であり，その方程式は

$$y = \boxed{シ}\,x - \frac{\boxed{スセ}}{\boxed{ソ}}$$

である。

点 A から直線 OD に垂線 AH を下ろすとき，点 H の座標は

$$\left(\frac{\boxed{タ}}{\boxed{チ}}, \frac{\boxed{ツ}}{\boxed{テ}}\right)$$

である。$\triangle\mathrm{OAH}$ の面積を S，$\triangle\mathrm{OCD}$ の面積を T とすると

$$\frac{S}{T} = \frac{\boxed{ト}}{\boxed{ナ}}$$

である。

III 座標平面上の点 $(2,1)$ を通り，傾きが a，y 切片が b の直線を ℓ とする。直線 ℓ と放物線

$$C\colon y=\frac{1}{2}x^2-nx$$

で囲まれた図形 S を考える。ただし，a，b は実数とし，n は正の整数とする。

(1) b を a を用いて表すと，$b=$ [アイ] $a+$ [ウ] である。

(2) $n=2$，$a=0$ とする。このとき，放物線 C と直線 ℓ の共有点の x 座標は，値の小さい順に [エ] $-\sqrt{\text{[オ]}}$，[カ] $+\sqrt{\text{[キ]}}$ である。

(3) $n=1$ とする。図形 S の面積は $a=$ [ク]，$b=$ [ケコ] のとき最小となり，このときの面積は $\dfrac{\text{[サ]}\sqrt{\text{[シ]}}}{\text{[ス]}}$ である。

(4) $a=1$ とする。放物線 C と直線 ℓ の共有点の x 座標を α，β $(\alpha<\beta)$ とする。α より大きい整数のうち最小のものは [セ] であり，β より小さい整数のうち最大のものは [ソ] $n+$ [タ] である。図形 S の内部および境界線上の点のうち，x 座標，y 座標がともに整数である点の個数を L とする。$n=1$ のとき $L=$ [チ] であり，$n=2$ のとき $L=$ [ツテ] である。L を n を用いて表すと

$$L=\frac{\text{[ト]}}{\text{[ナ]}}n^3+\text{[ニ]}\,n^2+\frac{\text{[ヌ]}}{\text{[ネ]}}n$$

である。

物理

(60分)

以下の [1] から [31] にあてはまる最も適切な答えを各解答群から1つ選び，解答用紙（マークシート）にマークせよ。ただし，同じ番号をくり返し選んでもよい。数値を選ぶ場合は最も近い値を選ぶものとする。

I　図のように，糸1で粘土Aとおもり Bを，糸2でおもりBとCを，糸3でおもりCと床を連結した。糸2は天井から吊り下げた定滑車に通してあり，おもりCと床は糸3で鉛直方向につながれている。床から粘土Aの高さはl_0，おもりBの高さはl_0+l_1となった。ただし，$l_0<l_1$であった。粘土Aの質量はM，おもりBとCの質量はどちらもmである。重力加速度の大きさをgとする。また，定滑車は軽くて滑らかに動き，糸の質量，および粘土AやおもりB，Cの大きさは無視できるものとする。

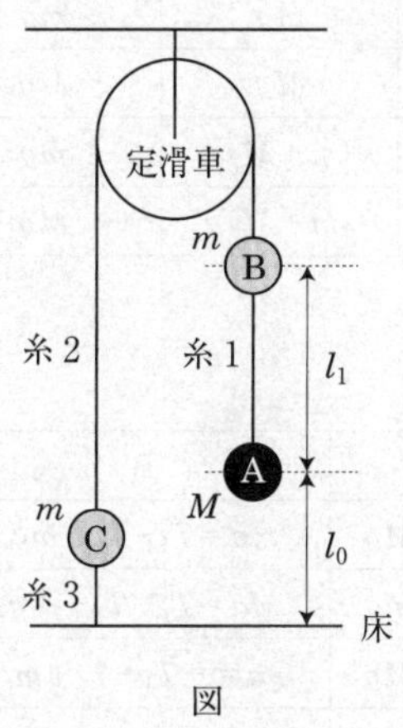

図

(1)　時刻$t=0$において，粘土A，おもりBとCは静止していた。糸1，2，3の張力の大きさは，それぞれ [1] となる。時刻t_1で，糸3を切断したところ，粘土AとおもりBは下降し，おもりCは上昇しはじめた。ここで，糸1と2の張力の大きさを，それぞれ T_1 と T_2 とする。A と B は鉛直下向きを正，C の運動は鉛直上向きを正として加速度や力の成分を定義すると，A，B，C の加速度は共通する a として記述できる。ただし，粘土やおもりは運動中に定滑車と接触しないものとする。A，B，C の運動方程式をたてると，それぞれ [2] となる。これらの運動方程式より，加速度は $a=$ [3] と求まる。

時刻 $t_2=t_1+$ [4] で，粘土 A は床に到達し完全非弾性衝突をした。時刻 t_2 で，おもり B の速さは [5] である。

粘土が床に到達した後も，おもり B は下降，C は上昇を続けた。その後，時刻 t_3 でおもり B は床に到達した。ここで，時刻 t_2 から t_3 におけるおもり B の速さは $\dfrac{l_1}{t_3-t_2}$ となる。以上の議論より，重力加速度の大きさ g を [6] と求めることができる。

[1] の解答群

選択肢	糸 1	糸 2	糸 3
①	mg	mg	$(m+M)g$
②	Mg	Mg	$(m+M)g$
③	$(m+M)g$	mg	mg
④	$(m+M)g$	Mg	Mg
⑤	mg	$(m+M)g$	mg
⑥	Mg	$(m+M)g$	Mg

[2] の解答群

選択肢	A	B	C
①	$Ma=-T_1+Mg$	$ma=T_1-T_2+mg$	$ma=T_2-mg$
②	$Ma=-T_1+mg$	$Ma=T_1-T_2+Mg$	$ma=T_2-Mg$
③	$Ma=-T_2+Mg$	$ma=-T_1+T_2+mg$	$ma=T_1-mg$
④	$Ma=-T_2+mg$	$Ma=-T_1+T_2+Mg$	$Ma=T_1-Mg$

[3] の解答群

① $\dfrac{2m+M}{m}g$　② $\dfrac{2m+M}{M}g$　③ $\dfrac{2M+m}{m}g$　④ $\dfrac{2M+m}{M}g$

⑤ $\dfrac{m}{2m+M}g$　⑥ $\dfrac{M}{2m+M}g$　⑦ $\dfrac{m}{2M+m}g$　⑧ $\dfrac{M}{2M+m}g$

［4］と［5］の解答群

① $\sqrt{\dfrac{2(2m+M)l_0}{Mg}}$　② $\sqrt{\dfrac{2(2M+m)l_0}{Mg}}$　③ $\sqrt{\dfrac{2(2m+M)l_1}{Mg}}$

④ $\sqrt{\dfrac{2(2M+m)l_1}{Mg}}$　⑤ 0　⑥ $\sqrt{\dfrac{2mgl_0}{2M+m}}$

⑦ $\sqrt{\dfrac{2mgl_1}{2M+m}}$　⑧ $\sqrt{\dfrac{2Mgl_0}{2m+M}}$　⑨ $\sqrt{\dfrac{2Mgl_1}{2m+M}}$

［6］の解答群

① $\dfrac{(2m+M)}{2Ml_0}\left(\dfrac{l_1}{t_3-t_2}\right)^2$　② $\dfrac{(2m+M)}{2Ml_1}\left(\dfrac{l_1}{t_3-t_2}\right)^2$　③ $\dfrac{(2m+M)}{2Ml_0}\left(\dfrac{l_0}{t_3-t_2}\right)^2$

④ $\dfrac{(2m+M)}{2Ml_1}\left(\dfrac{l_0}{t_3-t_2}\right)^2$　⑤ $\dfrac{(2M+m)}{2ml_0}\left(\dfrac{l_1}{t_3-t_2}\right)^2$　⑥ $\dfrac{(2M+m)}{2ml_1}\left(\dfrac{l_1}{t_3-t_2}\right)^2$

⑦ $\dfrac{(2M+m)}{2ml_0}\left(\dfrac{l_0}{t_3-t_2}\right)^2$　⑧ $\dfrac{(2M+m)}{2ml_1}\left(\dfrac{l_0}{t_3-t_2}\right)^2$　⑨ 0

(2) 粘土AとおもりBについて床からの高さの時間変化をグラフにまとめると［7］となる。この実験において，Bが示す運動は，時刻t_1からt_2の間は［ア］，時刻t_2からt_3までの間は［イ］である。［ア］と［イ］の正しい組み合わせは［8］である。

［7］の解答群

①

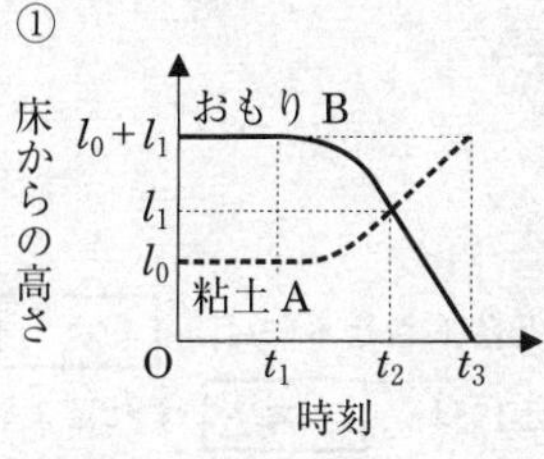

②

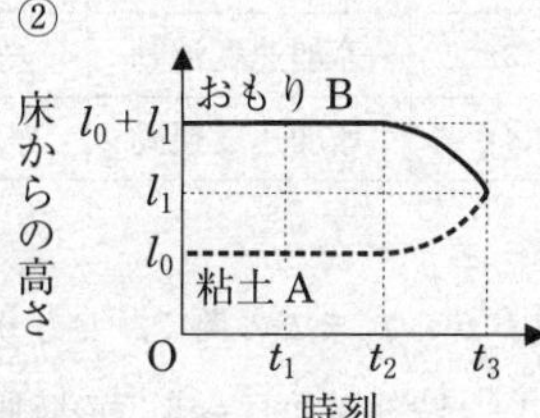

③

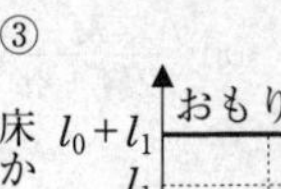
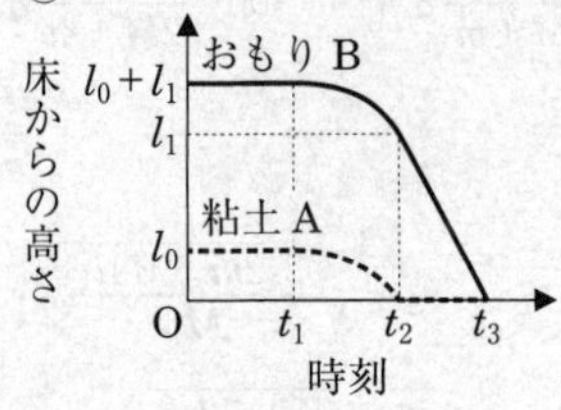

④

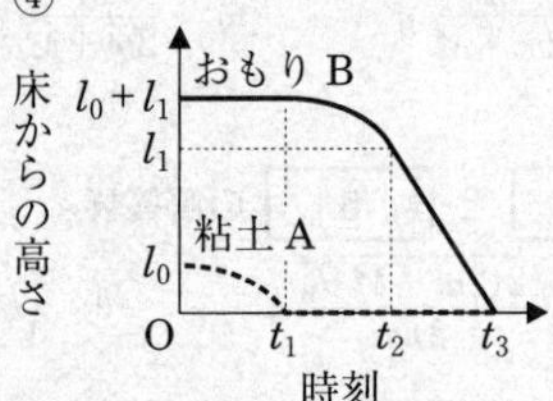

⑤

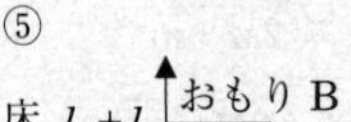
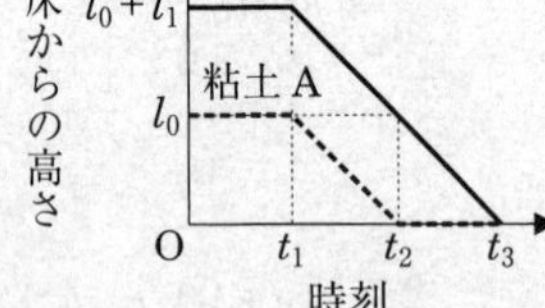

⑥

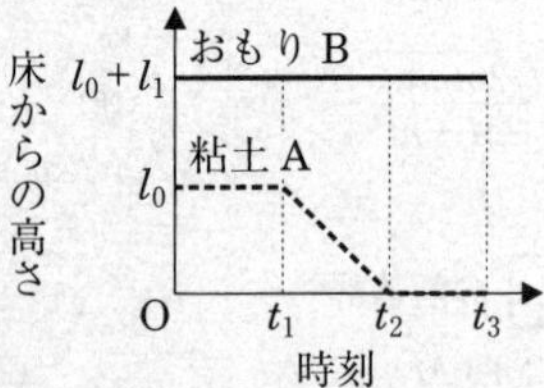

⑦

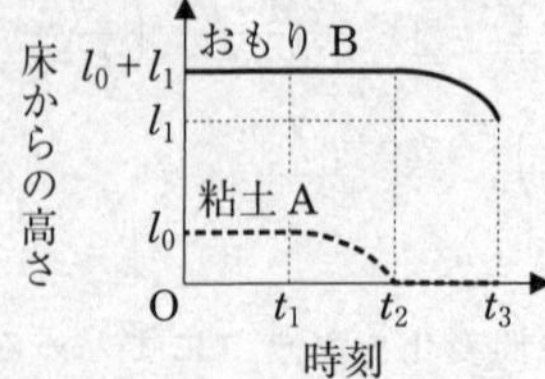

⑧

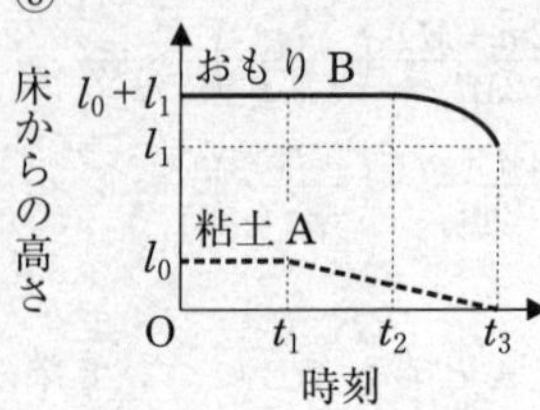

[8] の解答群

選択肢	ア	イ
①	等速度運動	等速度運動
②	等速度運動	等加速度運動
③	等加速度運動	等速度運動
④	等加速度運動	等加速度運動

(3)　時刻 t_2 から t_3 までの間で，おもりBをゆっくりと落下させるには，[ウ] すればよい。時刻 t_2 から t_3 までの時間間隔を長くするには，[エ] すればよい。[ウ] と [エ] の正しい組み合わせは [9] である。

9 の解答群

選択肢	ウ	エ
①	l_0を短く	l_1を短く
②	l_0を短く	l_1を長く
③	l_0を長く	l_1を短く
④	l_0を長く	l_1を長く

Ⅱ

(1) 図1のように，起電力がE〔V〕で内部抵抗が無視できる電池に抵抗値が1Ωの抵抗6個とスイッチS_1，S_2，S_3をはしご状に接続した回路を考えよう。最初，全てのスイッチは開いていた。

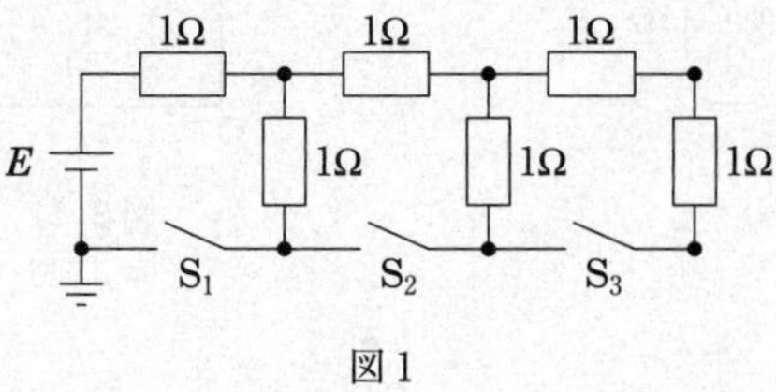

図1

S_1を閉じたときの電池から見た回路の合成抵抗の値R_1〔Ω〕は 10 Ωとなる。さらに，S_2を閉じたときの電池から見た回路全体の合成抵抗の値R_2〔Ω〕は 11 Ωとなる。さらに続いて，S_3を閉じたときの回路全体の合成抵抗の値R_3〔Ω〕は 12 Ωとなる。

10 から 12 の解答群

① 1　② 2　③ 3　④ 5　⑤ 8　⑥ 13

⑦ $\frac{1}{2}$　⑧ $\frac{2}{3}$　⑨ $\frac{3}{5}$　⓪ $\frac{5}{8}$　ⓐ $\frac{5}{13}$　ⓑ $\frac{8}{13}$

ⓒ $\frac{3}{2}$　ⓓ $\frac{5}{3}$　ⓔ $\frac{8}{5}$　ⓕ $\frac{13}{3}$　ⓖ $\frac{13}{5}$　ⓗ $\frac{13}{8}$

(2)　次のような考え方を用いることで，(1)のような合成抵抗を求める問題は，正方形または長方形のタイルを敷き詰める問題に置き換えることができる。縦軸に起電力 E〔V〕，横軸に電池から流れる電流 I〔A〕を取ると，図2(a)に示すように抵抗を直列接続した回路は図2(b)に示すタイルとして表現され，その合成抵抗は縦横比から求められる。また，そのタイルの面積は対応する抵抗で消費される電力に対応する。同様に，図3(a)に示すように抵抗を並列接続した回路は，各抵抗の　13　ため，図3(b)に示すタイルとして表現される。

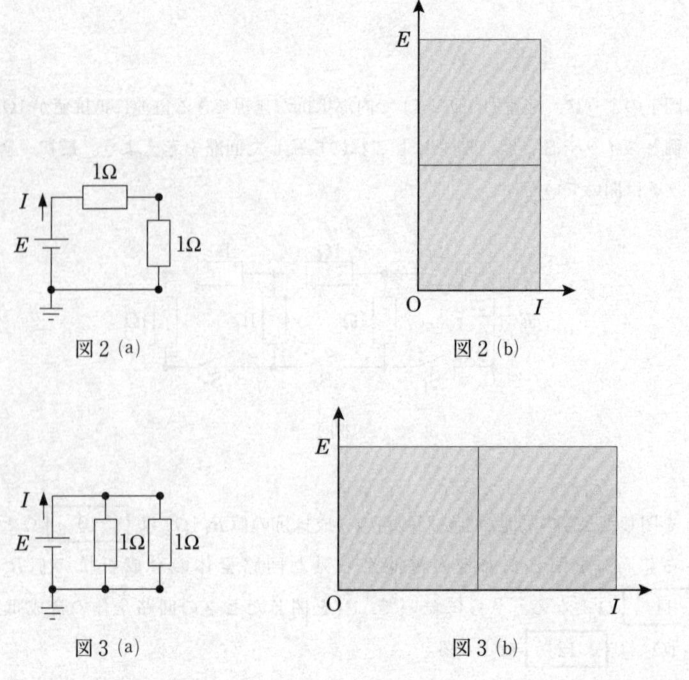

図2(a)　図2(b)

図3(a)　図3(b)

13　の解答群

① 両端の電位差が等しい　② 両端の電位差が異なる

③ 両端の温度差が等しい　④ 両端の温度差が異なる

⑤ 電気容量が等しい　⑥ 電気容量が異なる

この考え方を応用すると，(1)で R_2 をもとめた回路を表すタイルは　14　となり，抵抗値が R_3 の回路を表すタイルは　15　となる。S_1，S_2，S_3 を閉じた回路の各抵抗で消費される電力の最大値と最小値の比は　16　である。

14　と　15　の解答群

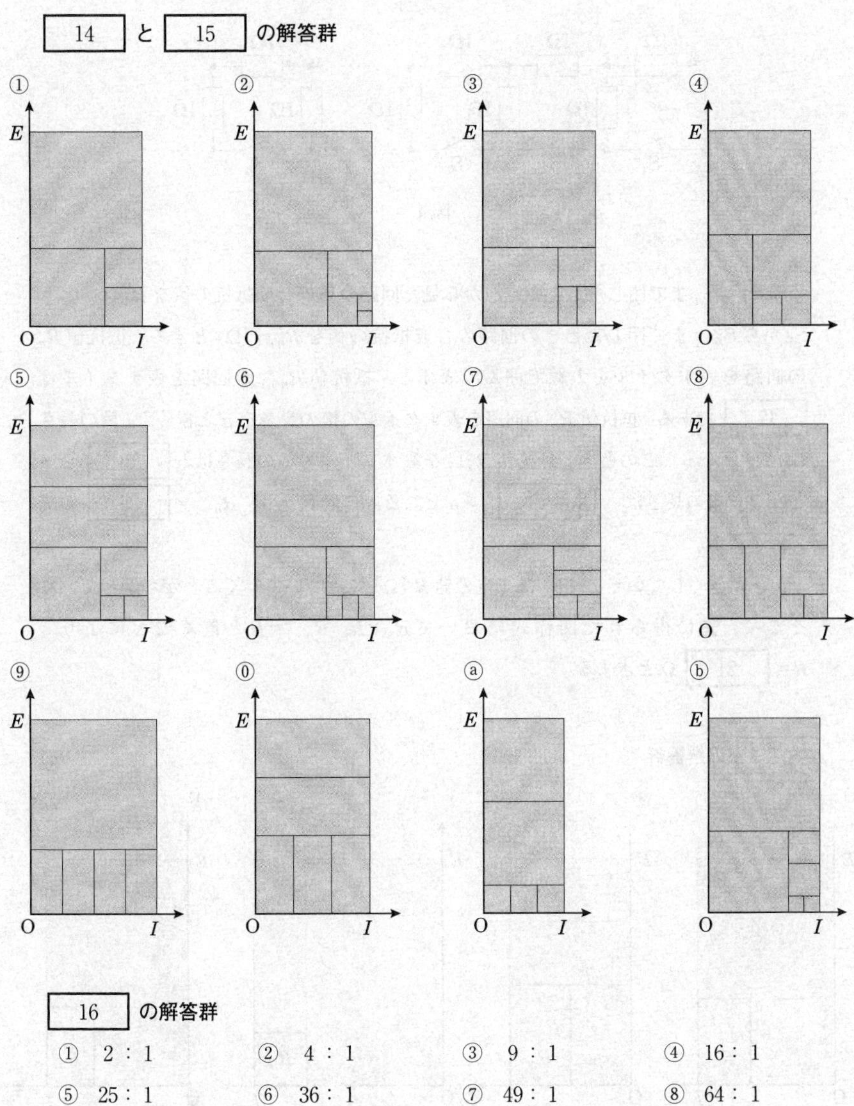

16　の解答群

①　2：1	②　4：1	③　9：1	④　16：1
⑤　25：1	⑥　36：1	⑦　49：1	⑧　64：1
⑨　81：1	⓪　100：1	ⓐ　121：1	ⓑ　144：1
ⓒ　169：1	ⓓ　196：1	ⓔ　225：1	ⓕ　256：1

(3)　図 4 に示すように，抵抗とスイッチをいくつもはしご状に接続した回路がある。(2) の考え方を応用して，この回路の合成抵抗を求めよう。

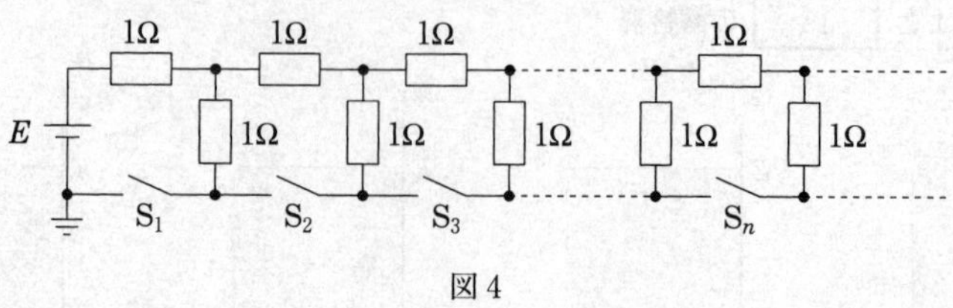

図 4

S_1 から S_n まで閉じたときの電池から見た回路全体の合成抵抗の値を R_n〔Ω〕とし，S_1 から S_{n+1} まで閉じたときの回路の合成抵抗の値を R_{n+1}〔Ω〕とする。抵抗値 R_n の回路を表すタイルを太線で囲んで表すと，抵抗値 R_{n+1} の回路を表すタイルは [17] である。抵抗値 R_n の回路を表すタイルの横の長さを a と置くと，縦の長さは aR_n となる。このとき，抵抗値 R_{n+1} を表すタイルの横の長さは $\left(\boxed{18} \right) \times a$ となり，縦の長さは，$\left(\boxed{19} \right) \times a$ となる。これらより，$R_{n+1} =$ [20] の関係式を得る。

n を大きくしていくと，R_n は一定の値 R〔Ω〕に近づいていくことがわかっている。そこで，先に得られた関係式において $R_n = R$，$R_{n+1} = R$ と置くことにより，$R =$ [21] Ωと求まる。

[17] **の解答群**

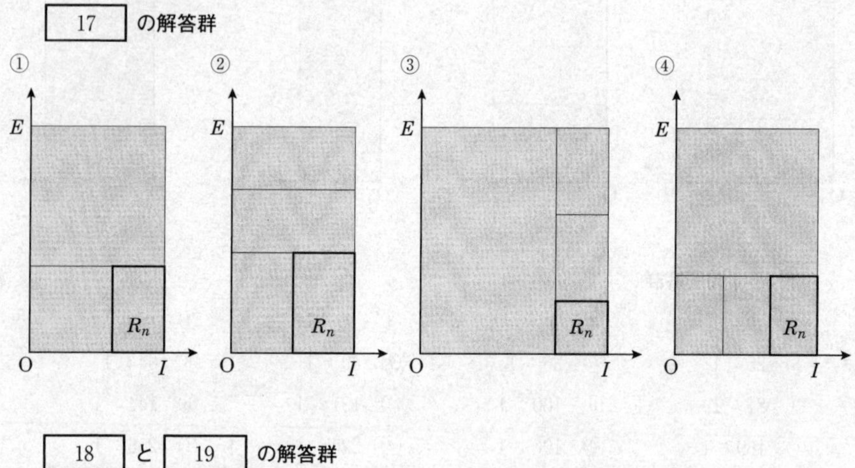

[18] と [19] **の解答群**

①　1　　②　2　　③　R_n　　④　$R_n + 1$

⑤ R_n+2　⑥ $2R_n$　⑦ $2R_n+1$　⑧ $2R_n+2$

⑨ $3R_n$　⓪ $3R_n+1$　ⓐ $3R_n+2$　ⓑ $3R_n+3$

20 の解答群

① $\dfrac{R_n+1}{R_n+2}$　② $\dfrac{R_n+1}{R_n+3}$　③ $\dfrac{R_n+1}{2R_n+1}$　④ $\dfrac{R_n+1}{2R_n+3}$

⑤ $\dfrac{R_n+1}{3R_n+1}$　⑥ $\dfrac{R_n+1}{3R_n+2}$　⑦ $\dfrac{R_n+2}{R_n+1}$　⑧ $\dfrac{R_n+3}{R_n+1}$

⑨ $\dfrac{2R_n+1}{R_n+1}$　⓪ $\dfrac{2R_n+3}{R_n+1}$　ⓐ $\dfrac{3R_n+1}{R_n+1}$　ⓑ $\dfrac{3R_n+2}{R_n+1}$

21 の解答群

① $\dfrac{\sqrt{2}+1}{2}$　② $\dfrac{\sqrt{3}+1}{2}$　③ $\dfrac{\sqrt{5}+1}{2}$　④ $\dfrac{2\sqrt{2}+1}{2}$

⑤ $\dfrac{\sqrt{2}+3}{2}$　⑥ $\dfrac{\sqrt{3}+3}{2}$　⑦ $\dfrac{\sqrt{5}+3}{2}$　⑧ $\dfrac{2\sqrt{2}+3}{2}$

⑨ $\dfrac{\sqrt{2}-1}{2}$　⓪ $\dfrac{\sqrt{3}-1}{2}$　ⓐ $\dfrac{\sqrt{5}-1}{2}$　ⓑ $\dfrac{2\sqrt{2}-1}{2}$

ⓒ $\dfrac{-\sqrt{2}+3}{2}$　ⓓ $\dfrac{-\sqrt{3}+3}{2}$　ⓔ $\dfrac{-\sqrt{5}+3}{2}$　ⓕ $\dfrac{-2\sqrt{2}+3}{2}$

Ⅲ　図1のように容器1に質量 $4m$〔kg〕の水が入っている。水と容器の温度はいずれも T_0〔K〕であった。水の比熱を c〔J/(kg·K)〕，容器1の熱容量を $2mc$〔J/K〕とする。容器1と同じ容器2～容器6を温度 T_0〔K〕で空にしたまま用意しておく。水と容器の間で熱の出入りはあるが，水あるいは容器と周囲の空気の間に熱の出入りはないものとする。

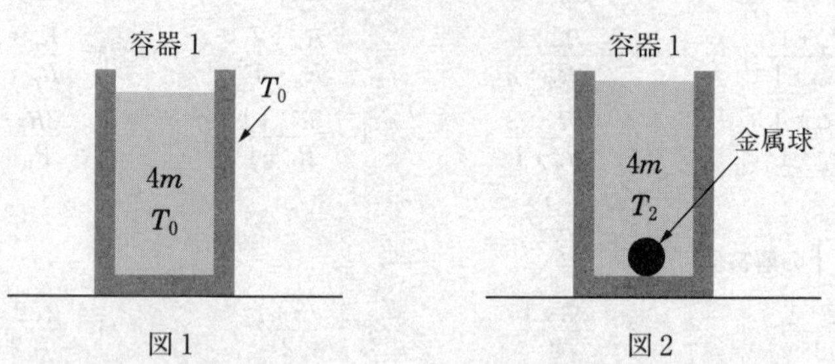

(1)　容器1に質量 m〔kg〕，温度 T_1〔K〕の金属球を入れると水の温度は上昇し，しばらくすると図2のように温度は T_2〔K〕で一定となった。ただし，T_1〔K〕は水の沸点より低く，この過程で水が容器からこぼれたり，蒸発したりすることはないものとする。金属球の比熱を c_M〔J/(kg·K)〕として，金属球が放出した熱量は［ 22 ］〔J〕であり，金属球から水に与えられた熱量は［ 23 ］〔J〕である。金属球の比熱は，$c_M =$［ 24 ］〔J/(kg·K)〕である。

［ 22 ］の解答群

① $mc_M(T_1-T_0)$　② $2mc_M(T_1-T_0)$　③ $4mc_M(T_1-T_0)$
④ $mc_M(T_1-T_2)$　⑤ $2mc_M(T_1-T_2)$　⑥ $4mc_M(T_1-T_2)$
⑦ $mc_M(T_2-T_1)$　⑧ $2mc_M(T_2-T_1)$　⑨ $4mc_M(T_2-T_1)$
⓪ $mc_M(T_2-T_0)$　ⓐ $2mc_M(T_2-T_0)$　ⓑ $4mc_M(T_2-T_0)$

［ 23 ］の解答群

① $mc(T_1-T_0)$　② $2mc(T_1-T_0)$　③ $4mc(T_1-T_0)$
④ $mc(T_1-T_2)$　⑤ $2mc(T_1-T_2)$　⑥ $4mc(T_1-T_2)$
⑦ $mc(T_2-T_1)$　⑧ $2mc(T_2-T_1)$　⑨ $4mc(T_2-T_1)$
⓪ $mc(T_2-T_0)$　ⓐ $2mc(T_2-T_0)$　ⓑ $4mc(T_2-T_0)$

24 の解答群

① $\frac{c(T_1-T_0)}{T_1-T_2}$　② $\frac{3c(T_1-T_0)}{T_1-T_2}$　③ $\frac{6c(T_1-T_0)}{T_1-T_2}$　④ $\frac{c(T_2-T_0)}{T_1-T_2}$

⑤ $\frac{3c(T_2-T_0)}{T_1-T_2}$　⑥ $\frac{6c(T_2-T_0)}{T_1-T_2}$　⑦ $\frac{c(T_2-T_0)}{T_1-T_0}$　⑧ $\frac{3c(T_2-T_0)}{T_1-T_0}$

⑨ $\frac{6c(T_2-T_0)}{T_1-T_0}$　⓪ $\frac{c(T_2-T_0)}{T_2-T_1}$　ⓐ $\frac{3c(T_2-T_0)}{T_2-T_1}$　ⓑ $\frac{6c(T_2-T_0)}{T_2-T_1}$

(2) 次に，容器1の中に金属球は残したまま，温度 T_2〔K〕の水 $4m$〔kg〕を，温度 T_0〔K〕の空の容器2と容器3に質量 m〔kg〕ずつ入れ，同じく温度 T_0〔K〕で空の容器4には残りの $2m$〔kg〕を入れた。図3はそのようすを表している。水を容器に入れるときに，水と容器以外に熱の出入りはないものとする。十分時間がたった後，容器2と容器3の水の温度はすべて T_3〔K〕になった。このとき容器2と容器3にいれた合計 $2m$〔kg〕の水が失った熱量は 25 〔J〕であり，容器2と容器3が得た熱量はあわせて 26 〔J〕である。したがって $T_3=$ 27 〔K〕である。

一方，容器4に入れた $2m$〔kg〕の水は十分時間がたった後，温度が $T_4=$ 28 〔K〕になった。

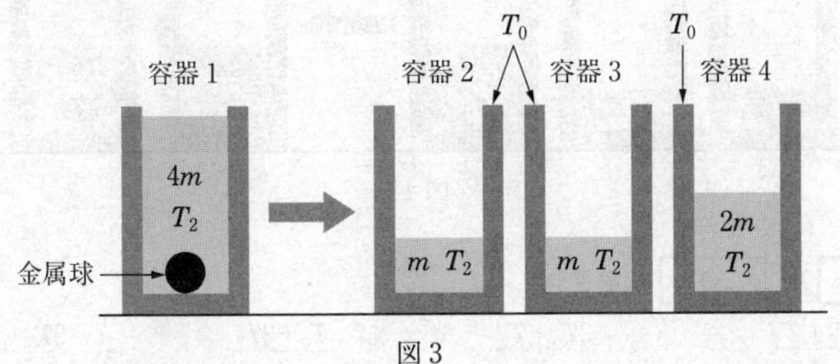

図3

25 と 26 の解答群

① $mc(T_2-T_3)$　② $2mc(T_2-T_3)$　③ $4mc(T_2-T_3)$

④ $mc(T_3-T_0)$　⑤ $2mc(T_3-T_0)$　⑥ $4mc(T_3-T_0)$

⑦ $mc(T_2-T_0)$　⑧ $2mc(T_2-T_0)$　⑨ $4mc(T_2-T_0)$

⓪ $mc(T_3-T_2)$　ⓐ $2mc(T_3-T_2)$　ⓑ $4mc(T_3-T_2)$

[27] と [28] の解答群

① $\dfrac{T_0+T_2}{2}$　② $\dfrac{2T_0+T_2}{2}$　③ $\dfrac{T_0+2T_2}{2}$　④ $\dfrac{3T_0+T_2}{2}$

⑤ $\dfrac{T_0+3T_2}{2}$　⑥ $\dfrac{T_0+T_2}{3}$　⑦ $\dfrac{2T_0+T_2}{3}$　⑧ $\dfrac{T_0+2T_2}{3}$

⑨ $\dfrac{3T_0+T_2}{3}$　⓪ $\dfrac{T_0+3T_2}{3}$

(3)　さらに，容器2と容器3の温度 T_3〔K〕の水をあわせて温度 T_0〔K〕の空の容器5に移した。また，容器4の温度 T_4〔K〕の水を温度 T_0〔K〕の空の容器6に移した。図4はそのようすを表している。十分時間がたった後の容器5の水 $2m$〔kg〕の温度 T_5〔K〕は，$T_5=$ [29] 〔K〕であった。十分時間がたった後の容器6の水 $2m$〔kg〕の温度 T_6〔K〕は，$T_6=$ [30] 〔K〕であった。したがって，十分時間がたった後は，容器6の水の方が容器5の水より [31] ことがわかる。

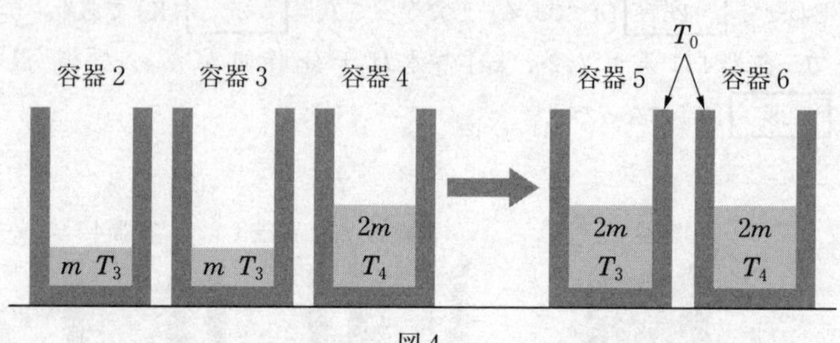

図4

[29] と [30] の解答群

① $\dfrac{T_0+T_2}{4}$　② $\dfrac{2T_0+T_2}{4}$　③ $\dfrac{T_0+2T_2}{4}$　④ $\dfrac{3T_0+T_2}{4}$

⑤ $\dfrac{T_0+3T_2}{4}$　⑥ $\dfrac{T_0+T_2}{6}$　⑦ $\dfrac{4T_0+T_2}{6}$　⑧ $\dfrac{T_0+4T_2}{6}$

⑨ $\dfrac{5T_0+T_2}{6}$　⓪ $\dfrac{T_0+5T_2}{6}$　ⓐ $\dfrac{T_0+T_2}{12}$　ⓑ $\dfrac{T_2-T_0}{12}$

ⓒ $\dfrac{3T_0+T_2}{12}$　ⓓ $\dfrac{3T_0-T_2}{12}$　ⓔ $\dfrac{5T_2+T_0}{12}$　ⓕ $\dfrac{5T_2-T_0}{12}$

[31] の解答群

① $\dfrac{T_2-T_0}{6}$〔K〕だけ温度が高い　② $\dfrac{T_2-T_0}{6}$〔K〕だけ温度が低い

③ $\frac{3T_0 - T_2}{6}$〔K〕だけ温度が高い　　④ $\frac{3T_0 - T_2}{6}$〔K〕だけ温度が低い

⑤ $\frac{T_2 - T_0}{12}$〔K〕だけ温度が高い　　⑥ $\frac{T_2 - T_0}{12}$〔K〕だけ温度が低い

⑦ $\frac{3T_0 - T_2}{12}$〔K〕だけ温度が高い　　⑧ $\frac{3T_0 - T_2}{12}$〔K〕だけ温度が低い

化学

（60分）

I　次の文章中の空欄 [1] ～ [14] にあてはまる最も適切なものを，それぞれの**解答群**から選び，解答欄にマークせよ。ただし，同じものを何度選んでもよい。また，原子量は H＝1.00，C＝12.0，O＝16.0，Cl＝35.5 とし，気体定数 R は 8.31×10^3 Pa・L/(K・mol) とする。

1）天然の炭素原子の大部分は ^{12}C であり，この原子の原子核には [1] 個の中性子がある。また，炭素原子には [2] 個の [3] があるが，ネオン原子の [3] は0個である。

2）16族元素の水素化合物の中で，H_2O が H_2S，H_2Se，H_2Te に比べ異常に高い沸点を示す。これには，分子間で正に帯電した [4] 原子と負に帯電した [5] 原子間に形成される [6] が関与している。14族元素の水素化合物 CH_4，SiH_4，GeH_4，SnH_4 は [7] 分子で，この中で最も沸点が高いものは分子間の [8] が最も大きな [9] である。

3）市販の濃塩酸（質量パーセント濃度35.0％，密度1.19 g/mL）を蒸留水で希釈して1.00 mol/L の希塩酸を調製するためには，濃塩酸を [10] 倍に希釈すればよい。

4）一酸化炭素1.00 mol と酸素1.00 mol を混合した気体を容積1.00 L の容器中で完全燃焼させた。その後，容器を27℃まで冷却した時の容器中の二酸化炭素の分圧は [11] Pa である。ただし，二酸化炭素はすべて気体で存在しているものとする。

5）亜鉛19.6 g を酸化したところ，完全に反応が進行して酸化亜鉛24.4 g が得られた。この結果から亜鉛の原子量は [12] であることがわかる。

6）1.01×10^5 Pa，100℃において，気体状態で存在する有機化合物Aを306 mL取り出し，十分な酸素を加えて完全燃焼させたところ，880 mgのCO_2と540 mgのH_2Oが生成した。この結果からAは［13］であることが判明した。

7）1.01×10^5 Pa，25℃のもとで，一端を閉じたガラス管に水銀（密度13.6 g/mL）を満たして，水銀を入れた容器中で倒立させたところ，容器の水銀面から水銀柱は760 mmの高さになった。次に，ガラス管に少量のエタノールを入れて，空間Xに液体のエタノールが生じたとき，図Iに示したように水銀柱の高さは701 mmになった。この結果から25℃のエタノールの蒸気圧は［14］Paと算出できる。ただし，水銀の蒸気圧は無視できるものとする。

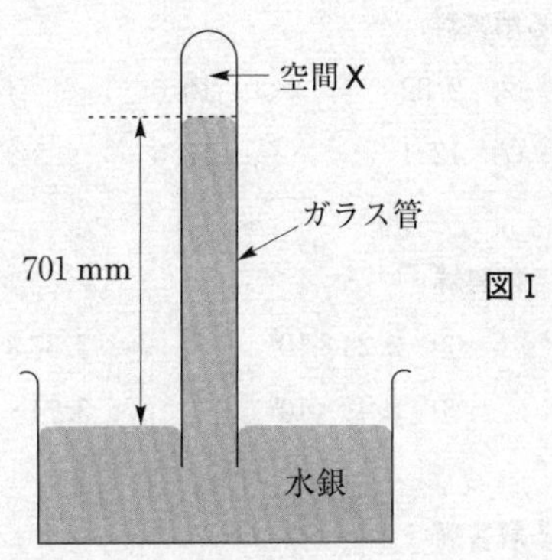

図I

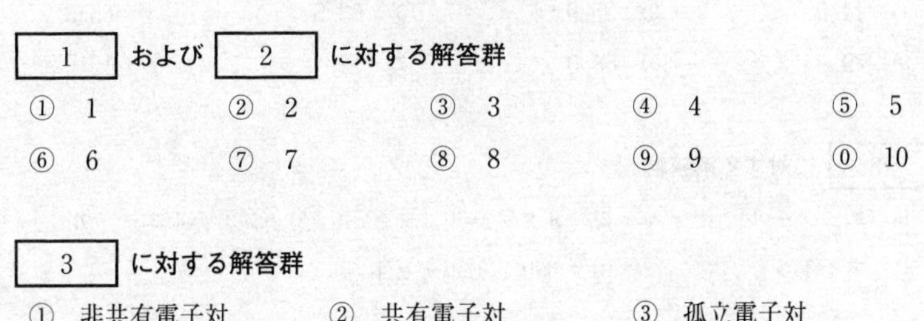

［1］および［2］に対する解答群

① 1　② 2　③ 3　④ 4　⑤ 5
⑥ 6　⑦ 7　⑧ 8　⑨ 9　⓪ 10

［3］に対する解答群

① 非共有電子対　② 共有電子対　③ 孤立電子対
④ 価電子　⑤ 自由電子　⑥ 内殻電子

［4］および［5］に対する解答群

① 水　素　② 酸　素　③ 硫　黄　④ セレン　⑤ テルル

6 および **8** に対する解答群

① 水素結合　② 共有結合　③ イオン化傾向
④ 電気陰性度　⑤ 電子親和力　⑥ ファンデルワールス力

7 に対する解答群

① 極　性　② 無極性

9 に対する解答群

① CH_4　② SiH_4　③ GeH_4　④ SnH_4

10 に対する解答群

① 9.25　② 9.82　③ 10.6　④ 10.9　⑤ 11.4
⑥ 11.8　⑦ 12.4　⑧ 12.6　⑨ 13.2　⓪ 13.8

11 に対する解答群

① 1.12×10^5　② 2.24×10^5　③ 3.37×10^5　④ 4.12×10^5
⑤ 1.24×10^6　⑥ 2.49×10^6　⑦ 3.74×10^6　⑧ 4.26×10^6

12 に対する解答群

① 44.0　② 55.9　③ 63.5　④ 65.3
⑤ 79.9　⑥ 88.0　⑦ 127　⑧ 131

13 に対する解答群

① エタノール　② メタノール　③ ジエチルエーテル
④ アセトン　⑤ アセトアルデヒド

14 に対する解答群

① 5.48×10^3　② 6.97×10^3　③ 7.84×10^3
④ 8.24×10^3　⑤ 9.48×10^3　⑥ 1.24×10^4
⑦ 2.65×10^4　⑧ 3.84×10^4　⑨ 4.68×10^4

Ⅱ　水素とヨウ素の反応に関する次の文章中の空欄 15 ～ 23 にあてはまる最も適切なものを，それぞれの**解答群**から選び，解答欄にマークせよ。ただし，同じものを何度選んでもよい。

水素とヨウ素からヨウ化水素が生成するときの熱化学方程式は，式(1)のように表される。

$$H_2\text{（気）} + I_2\text{（気）} = 2HI\text{（気）} + 10\,kJ \quad \cdots\cdots\cdots (1)$$

H－Hの結合エネルギーを436 kJ/mol，I－Iの結合エネルギーを152 kJ/molとすると，H－Iの結合エネルギーは 15 kJ/molとなる。また，反応が左辺から右辺へ進むときの活性化エネルギーを167 kJとすると，反応が右辺から左辺へ進むときの活性化エネルギーは 16 kJとなる。

体積一定の密閉容器に水素とヨウ素を入れて一定温度に保つとヨウ化水素が生成し，生成したヨウ化水素の一部は水素とヨウ素に分解する。このような反応を可逆反応といい，式(2)で表される。

$$H_2\text{（気）} + I_2\text{（気）} \rightleftarrows 2HI\text{（気）} \cdots\cdots\cdots\cdots\cdots\cdots (2)$$

式(2)の正反応の反応速度を v_1，逆反応の反応速度を v_2 とすると，反応速度と反応時間の関係は 17 のグラフになる。式(2)の反応が平衡状態にあるとき，温度を変化させたときの温度と正反応の平衡定数の関係は 18 のグラフのようになる。このとき，ヨウ素は気体から固体に変化しないものとする。

19 は，「一般に，可逆反応が平衡状態にあるとき，濃度，圧力，温度などの条件を変化させると，その変化の影響を和らげる向きに平衡が移動し，新しい平衡状態になる」ことを発表した。たとえば，式(2)の反応において，温度を一定にして圧力を上げた場合 20 ことになり，温度を一定にして水素をさらに加えた場合 21 ことになる。

水素とヨウ素の反応を次のように行った。体積100 Lの密閉容器に水素5.5 molとヨウ素4.0 molを入れて，一定温度に保って反応が平衡状態に達したとき，ヨウ化水素7.0 molが生じた。この反応の平衡定数は 22 と求まる。したがって，同じ温度で体積 150 L の密閉容器に水素 5.0 mol とヨウ素 5.0 mol を入れて平衡状態に達するまで反応させると，ヨウ化水素は理論的に [23] mol 生じると考えられる。

[15] および [16] に対する解答群

① 157　② 167　③ 177　④ 274　⑤ 289
⑥ 299　⑦ 314　⑧ 354　⑨ 576　⓪ 588
ⓐ 598

[17] に対する解答群

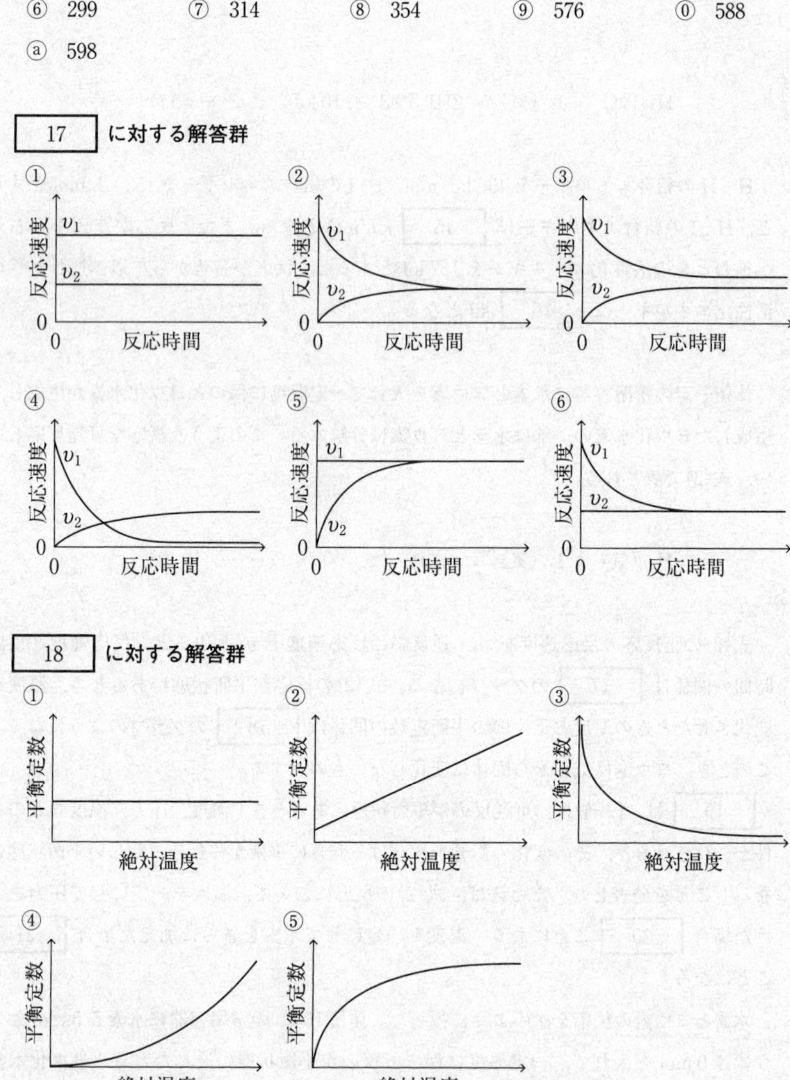

[19] に対する解答群

① アボガドロ　② ザイツェフ　③ シャルル　④ ファントホッフ
⑤ ヘ　ス　⑥ ヘンリー　⑦ ボイル　⑧ マルコフニコフ
⑨ ラウール　⓪ ルシャトリエ

[20] および [21] に対する解答群

① 右向きの反応が進む　② 左向きの反応が進む　③ 平衡は移動しない

[22] に対する解答群

① 22　② 36　③ 49　④ 54　⑤ 58
⑥ 64　⑦ 70　⑧ 74　⑨ 86　⓪ 98

[23] に対する解答群

① 4.4　② 4.8　③ 5.2　④ 5.7　⑤ 6.0　⑥ 6.4
⑦ 7.0　⑧ 7.5　⑨ 7.8　⓪ 8.0　ⓐ 8.3　ⓑ 8.5

Ⅲ　オゾン（O_3）に関する次の文章中の空欄 [24] ～ [36] にあてはまる最も適切なものを，それぞれの**解答群**から選び，解答欄にマークせよ。ただし，同じものを何度選んでもよい。また，原子量は H = 1.00，O = 16.0，Na = 23.0，S = 32.0，K = 36.0，I = 127 とする。なお，チオ硫酸イオンのはたらきを表す半反応式は $2S_2O_3^{2-} \longrightarrow S_4O_6^{2-} + 2e^-$ である。

地上 20 ～ 40 km 付近に存在するオゾン層は，太陽からの有害な紫外線の大部分を吸収して，地上の生物を保護する重要なバリアである。オゾンは，酸素に強い紫外線を当てるか，酸素中での無声放電により生じる。オゾンは酸素の [24] であり，酸素が [25] の気体であるのに対して，オゾンは [26] の気体である。

オゾンの定量を次の操作により行った。まず，オゾンを含む気体を過剰量のヨウ化カリウムを含む水溶液に通じた。このとき，オゾンは [27] として，ヨウ化カリウムは [28] としてはたらき，ヨウ素が生じ，溶液は [29] 色になった。

次に，生じたヨウ素を 0.100 mol/L のチオ硫酸ナトリウム水溶液を用いて$_{(ア)}$酸化還元滴定した。このとき，ヨウ素は [30] として，チオ硫酸ナトリウムは [31] としてはたらく。チオ硫酸ナトリウム水溶液を滴下していくと溶液の色は薄くなり，十分薄くなったところで，$_{(イ)}$デンプン水溶液を加えた。終点までにチオ硫酸ナトリウム水溶液は 5.00 mL 必要であった。

1）**下線部（ア）**の操作で正確な結果を得るために，適した実験器具を使用する必要がある。正確な濃度の溶液を調製するために [32] を，一定体積の溶液を正確にはかり取るために [33] を，滴下した溶液の体積を正確にはかるために [34] を用いる。

2）**下線部（イ）**のデンプン水溶液を加えた理由として，最も適切なものは [35] である。

3）ヨウ化カリウムと反応したオゾンの質量は，[36] mg である。

[24] に対する解答群

① 鏡像異性体　② 幾何異性体　③ 構造異性体　④ 同族体
⑤ 同位体　⑥ 同素体　⑦ 重合体

[25] および [26] に対する解答群

① 無色・無臭　② 無色・特異臭　③ 淡青色・無臭
④ 淡青色・特異臭　⑤ 淡黄色・無臭　⑥ 淡黄色・特異臭

[27]，[28]，[30] および [31] に対する解答群

① 酸化剤　② 還元剤　③ 活物質　④ 触　媒

[29] に対する解答群

① 赤　紫　② 緑　③ 褐
④ 黒　⑤ 青　紫　⑥ 白

32 ～ 34 に対する解答群

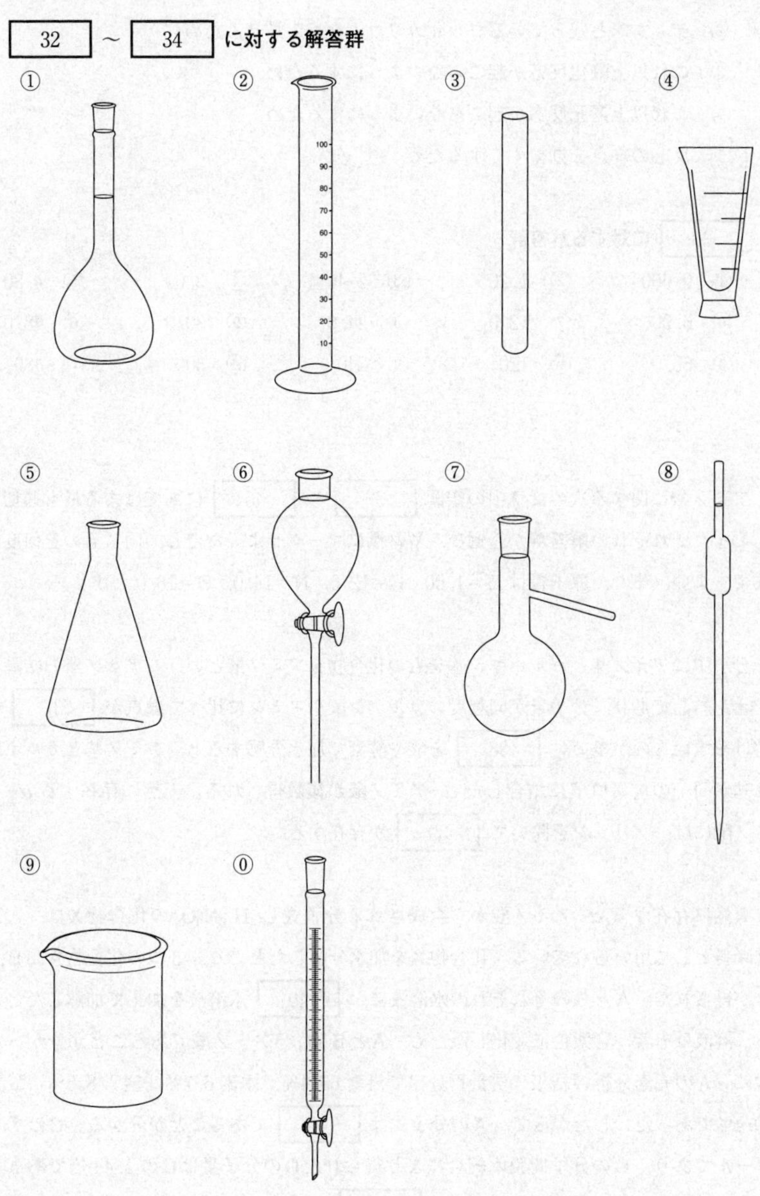

35 に対する解答群

① デンプンと残っているオゾンを反応させるため

② デンプンと残っているヨウ化カリウムを反応させるため

③ これ以上酸化反応が起こらないようにするため

④ これ以上還元反応が起こらないようにするため

⑤ 反応の終点を見やすくするため

[36] に対する解答群

① 0.600	② 1.20	③ 2.40	④ 3.00	⑤ 4.80
⑥ 6.00	⑦ 12.0	⑧ 24.0	⑨ 30.0	⓪ 48.0
ⓐ 60.0	ⓑ 120	ⓒ 240	ⓓ 300	ⓔ 480

Ⅳ　アミノ酸に関する次の文章中の空欄 [37] ～ [46] にあてはまる最も適切なものを，それぞれの**解答群**から選び，解答欄にマークせよ。ただし，同じものを何度選んでもよい。また，原子量は H＝1.00，C＝12.0，N＝14.0，O＝16.0 とする。

分子中にアミノ基とカルボキシ基をもつ化合物をアミノ酸という。アミノ酸の結晶はイオン結晶であり，分子量が同程度のカルボン酸やアミンに比べて融点が [37] に溶けやすいものが多い。 [38] を酸や酵素で加水分解すると，アミノ基とカルボキシ基が同一の炭素原子に結合した α-アミノ酸が複数得られる。天然に存在する α-アミノ酸には，グリシンを除いて [39] が存在する。

天然に存在する α-アミノ酸から合成される分子式 $C_{14}H_{18}N_2O_5$ の化合物 **X** は，人工甘味料として用いられている。化合物 **X** を加水分解したところ，3つの化合物 **A**，**B**，**C** が得られた。**A** と **B** のそれぞれの水溶液に， [40] 水溶液を加えて加熱したところ，溶液は赤紫～青紫色に変化したため，**A** と **B** は α-アミノ酸であることが分かった。次に，**A** の元素分析の結果，質量百分率で炭素 65.4%，水素 6.7%，窒素 8.5%，酸素 19.4% であった。したがって，**A** の分子式は [41] であることが分かる。**C** はアルコールであり，**C** の分子間脱水縮合により得られた **D** の分子量は **C** の 1.44 倍であった。これらの結果より，化合物 **B** の構造は [42] であると決定できる。

化合物 **A** と **B** に関する記述として正しいものは， [43] と [44] であり，化合物 **C** と **D** に関する記述として正しいものは， [45] と [46] である。

37 に対する解答群

① 低く，有機溶媒より水　② 高く，有機溶媒より水
③ 低く，水より有機溶媒　④ 高く，水より有機溶媒
⑤ 低く，水と有機溶媒　⑥ 高く，水と有機溶媒

38 に対する解答群

① タンパク質　② 脂　質　③ 炭水化物　④ ビタミン

39 に対する解答群

① 等電点　② α-ヘリックス構造　③ β-シート構造
④ 鏡像異性体　⑤ ペプチド結合　⑥ ジスルフィド結合

40 に対する解答群

① 亜硝酸　② 塩化鉄(Ⅲ)　③ 酢酸鉛(Ⅱ)
④ 硝酸銀　⑤ ニンヒドリン　⑥ ヨウ素ヨウ化カリウム

41 に対する解答群

① $C_8H_{11}NO_2$　② $C_8H_{12}NO_2$　③ $C_9H_{10}NO_2$　④ $C_9H_{11}NO_2$
⑤ $C_9H_{11}NO_4$　⑥ $C_{10}H_{12}NO_2$　⑦ $C_{10}H_{14}NO_2$　⑧ $C_{10}H_{14}NO_4$

42 に対する解答群

① $H-CH(NH_2)-COOH$　② $HOOC-CH(NH_2)-COOH$
③ $H_3C-CH_2-CH(NH_2)-COOH$　④ $HO-CH_2-CH(NH_2)-COOH$
⑤ $HOOC-CH_2-CH(NH_2)-COOH$　⑥ $HOOC-CH_2-C(CH_3)(NH_2)-COOH$
⑦ $H_2N-CH_2-CH(NH_2)-COOH$　⑧ $HOOC-CH(CH_3)-CH(NH_2)-COOH$

⑨　$HOOC-CH_2-CH_2-CH(NH_2)-COOH$

43 および 44 に対する解答群

① 化合物Aの等電点は，化合物Bの等電点より小さい。

② 化合物Aは，塩基性アミノ酸である。

③ 化合物Bは，酸性アミノ酸である。

④ 化合物Aと化合物Bは，同じ数の不斉炭素原子をもつ。

⑤ 化合物Aの水溶液に水酸化ナトリウム水溶液と硫酸銅(Ⅱ)水溶液を加えると，赤紫色になる。

⑥ 化合物Bの水溶液に水酸化ナトリウム水溶液と硫酸銅(Ⅱ)水溶液を加えると，赤紫色になる。

45 および 46 に対する解答群

① 化合物Cは，アセチルサリチル酸の加水分解により得られる。

② 化合物Cの沸点は，化合物Dの沸点より低い。

③ 化合物Cの蒸気に熱した銅線を触れさせると，刺激臭をもつ気体が発生する。

④ 化合物Cを酸化すると，酢酸が得られる。

⑤ 化合物Cは，ヨードホルム反応で黄色の沈殿を生成する。

⑥ 化合物Dの構造異性体は，グルコースのアルコール発酵により得られる。

生物

(60分)

I　DNAの構造と複製に関する以下の文章中の［ 1 ］～［ 14 ］に最も適切なものを解答群から選び，その番号または記号を解答欄にマークせよ。ただし，異なる番号の［　］に同じものを繰り返し選んでもよい。

1)　DNAは，リン酸・糖・塩基から構成されるヌクレオチドが直鎖状につながった構造をしている。図Iにはヌクレオチドの糖を構成する5つの炭素原子をC1～C5で，酸素原子をOで示した。1つのヌクレオチドをみると，塩基は［ 1 ］に結合し，リン酸は［ 2 ］につながっている。ヌクレオチドどうしの結合は，［ 2 ］につながったリン酸と，隣接するヌクレオチドの糖の［ 3 ］との間で形成される。

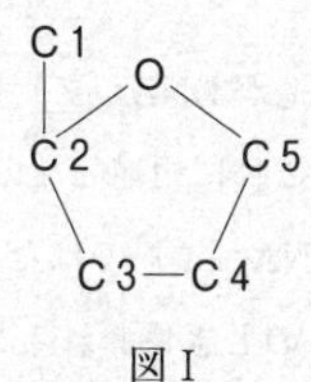

図I

［ 1 ］～［ 3 ］に対する解答群

① C1　② C2　③ C3　④ C4　⑤ C5

DNAに関する以下の記述a～cのうち，正しいものは［ 4 ］である。

a　DNAを構成するアデニンは，相補的に向き合う塩基と3つの水素結合でつながっている。

b　DNAのらせん1回転には，34塩基対が含まれる。

c　DNAを構成するヌクレオチドの糖はデオキシリボースである。

[4] に対する解答群

① aのみ　② bのみ　③ cのみ　④ a，bのみ
⑤ a，cのみ　⑥ b，cのみ　⑦ a，b，c

同じ塩基数で互いに相補的な２本のヌクレオチド鎖からなるDNAがある。このDNAに含まれる各塩基の数を調べた。その結果，２本のうち一方のヌクレオチド鎖の全塩基中，アデニンが27%，グアニンが16%，チミンが35%であった。このことから，もう一方のヌクレオチド鎖の全塩基中，グアニンは [5] %であることがわかる。また，これら２本のヌクレオチド鎖からなるDNA全体に含まれる全塩基のうちグアニンは [6] %をしめることもわかる。

[5] および [6] に対する解答群

① 8　② 10　③ 12　④ 16　⑤ 19
⑥ 20　⑦ 22　⑧ 24　⑨ 27　⓪ 30
ⓐ 31　ⓑ 38　ⓒ 40　ⓓ 54　ⓔ 78

2) DNA複製では，二重らせん構造がDNA（ア）によりほどかれる。１本鎖になったヌクレオチド鎖が鋳型となり，これに相補的な塩基をもつヌクレオチドが並んでいく。これらのヌクレオチドは，DNA（イ）のはたらきにより次々と連結し，新しいヌクレオチド鎖が合成される。このとき使われるヌクレオチド１個には，[7] 個のリン酸基がついている。そのうち，[8] 個のリン酸基が外れ，これによりDNA（イ）のはたらきが進む。真核細胞のDNAは（ウ）状で，複製起点は１本のDNAあたり（エ）ある。また，原核細胞のDNAは（オ）状で，複製起点は（カ）ある。ここで，（ア）と（イ）の正しい組み合わせは [9] ，（ウ）～（カ）の正しい組み合わせは [10] である。

[7] および [8] に対する解答群

① 1　② 2　③ 3　④ 4　⑤ 5

9 に対する解答群

	(ア)	(イ)
①	ポリメラーゼ	ヘリカーゼ
②	ポリメラーゼ	リガーゼ
③	ヘリカーゼ	ポリメラーゼ
④	ヘリカーゼ	リガーゼ
⑤	リガーゼ	ポリメラーゼ
⑥	リガーゼ	ヘリカーゼ

10 に対する解答群

	(ウ)	(エ)	(オ)	(カ)
①	環	複数か所	環	複数か所
②	環	複数か所	環	1か所で
③	環	複数か所	線	複数か所
④	環	複数か所	線	1か所で
⑤	環	1か所で	環	複数か所
⑥	環	1か所で	環	1か所で
⑦	環	1か所で	線	複数か所
⑧	環	1か所で	線	1か所で
⑨	線	複数か所	環	複数か所
⓪	線	複数か所	環	1か所で
ⓐ	線	複数か所	線	複数か所
ⓑ	線	複数か所	線	1か所で
ⓒ	線	1か所で	環	複数か所
ⓓ	線	1か所で	環	1か所で
ⓔ	線	1か所で	線	複数か所
ⓕ	線	1か所で	線	1か所で

以下の記述ｄ～ｆのうち，正しいものは 11 である。

ｄ　岡崎フラグメントが連結してリーディング鎖が合成される。

e　新しくヌクレオチド鎖が伸長する際に，相補的でない塩基を持つヌクレオチドが挿入されることがある。

f　大腸菌にはテロメアが存在しない。

[11] に対する解答群

① dのみ　② eのみ　③ fのみ　④ d，eのみ

⑤ d，fのみ　⑥ e，fのみ　⑦ d，e，f

3)　メセルソンとスタールは，DNAの（キ）複製を実験的に明らかにした。大腸菌に普通の窒素 ^{14}N よりも重い ^{15}N で置き換えた塩化アンモニウム（$^{15}NH_4Cl$）を窒素源として与えると，^{15}N からなる塩基をもつ重いDNAができた。ほとんどすべての窒素が ^{15}N に置き換わった大腸菌を第一世代とし，^{14}N のみを窒素源として含む培地に移し，その後，1回，2回と分裂させた。

大腸菌からDNAを抽出し，塩化セシウム溶液中で遠心分離することにより重さの異なるDNAの比率を調べた。その結果，第一世代の大腸菌は ^{15}N のみからなるDNA（重DNA）をもつことがわかった。1回分裂後の大腸菌（第二世代）は ^{15}N と ^{14}N からなるDNA（混DNA）のみをもつことがわかった。さらに，2回分裂後の大腸菌（第三世代）は混DNAと，^{14}N のみからなるDNA（軽DNA）を1：1の比率でもつことがわかった。このように分裂回数が増すと重DNA：混DNA：軽DNAの比率が変化する。大腸菌を ^{14}N のみを窒素源として含む培地に移してから4回分裂後の第五世代の大腸菌のDNA比率は，重DNA：混DNA：軽DNA＝0：（ク）：（ケ）であった。また，同様の条件で分裂させた第七世代の大腸菌のDNA比率は，重DNA：混DNA：軽DNA＝0：[12]：[13] であった。ここで，（キ）～（ケ）の正しい組み合わせは [14] である。

[12] および [13] に対する解答群

① 0　② 1　③ 2　④ 3　⑤ 4　⑥ 8

⑦ 12　⑧ 15　⑨ 21　⓪ 24　ⓐ 28　ⓑ 31

ⓒ 34　ⓓ 38　ⓔ 42　ⓕ 63

14 に対する解答群

	(キ)	(ク)	(ケ)
①	保存的	0	3
②	保存的	1	7
③	保存的	0	15
④	保存的	1	31
⑤	半保存的	0	3
⑥	半保存的	1	7
⑦	半保存的	0	15
⑧	半保存的	1	31
⑨	分散的	0	3
⓪	分散的	1	7
ⓐ	分散的	0	15
ⓑ	分散的	1	31

Ⅱ　呼吸とエネルギーに関する以下の文章中の 15 ～ 28 に最も適切なものを解答群から選び，その番号または記号を解答欄にマークせよ。ただし，異なる番号の ［　］ に同じものを繰り返し選んでもよい。

1)　解糖系では，まず 15 化合物のグルコースが，いくつかの段階を経て 16 化合物のグリセルアルデヒドリン酸になる。グリセルアルデヒドリン酸は NAD^+ に H^+ と電子を渡し，(ア) された後，さらにいくつかの段階を経て 17 化合物であるピルビン酸になる。

グルコースからピルビン酸にいたる一連の反応により，グルコース1分子あたり (イ) 分子のATPが消費され，(ウ) 分子のATPが合成される。したがって解糖系では，グルコース1分子あたり，差し引き (エ) 分子のATPが得られる。ここで，(ア) ～ (エ) の正しい組み合わせは 18 である。

15 ～ 17 に対する解答群

①　C_2　　②　C_3　　③　C_4　　④　C_5　　⑤　C_6

18 に対する解答群

	(ア)	(イ)	(ウ)	(エ)
①	酸　化	1	2	1
②	酸　化	1	3	2
③	酸　化	1	4	3
④	酸　化	1	5	4
⑤	酸　化	2	3	1
⑥	酸　化	2	4	2
⑦	酸　化	2	5	3
⑧	酸　化	2	6	4
⑨	還　元	1	2	1
⓪	還　元	1	3	2
ⓐ	還　元	1	4	3
ⓑ	還　元	1	5	4
ⓒ	還　元	2	3	1
ⓓ	還　元	2	4	2
ⓔ	還　元	2	5	3
ⓕ	還　元	2	6	4

2)　解糖系で生じたピルビン酸は，ミトコンドリアのマトリックスにある酵素のはたらきによってアセチルCoAに変えられる。このとき，脱水素反応により 19 とH^+が生じ， 20 により 21 が生じる。続いて，クエン酸回路に入ったアセチルCoAは 22 と結合し，クエン酸になる。その後，クエン酸は何段階もの反応を経て，再び 22 となる。ピルビン酸がクエン酸回路を経て 22 となるとき，ピルビン酸1分子あたり， 23 分子の 19 と1分子の 24 が生じる。

19 および 24 に対する解答群

①　環状AMP　②　ADP　③　FAD　④　$FADH_2$
⑤　GDP　⑥　NAD^+　⑦　NADH

[20] に対する解答群

① 脱アミノ反応　② 脱炭酸反応　③ 脱　窒
④ 脱リン酸化　⑤ β 酸化　⑥ リン酸化

[21] および [22] に対する解答群

① オキサロ酢酸　② コハク酸　③ グリセリン
④ グルタミン酸　⑤ クレアチン　⑥ クレアチンリン酸
⑦ α-ケトグルタル酸　⑧ 二酸化炭素　⑨ フマル酸
⓪ 水　ⓐ リンゴ酸

[23] に対する解答群

① 1　② 2　③ 4　④ 8
⑤ 12　⑥ 24　⑦ 34　⑧ 38

3) 解糖系からクエン酸回路を経て生じた [19] と [24] から，ミトコンドリアの内膜にある電子伝達系に電子が渡される。渡された電子は電子伝達系を通り，このときに放出されるエネルギーによって，（オ）が（カ）側から（キ）側に輸送される。（キ）側の（オ）は，（ク）輸送によりATP合成酵素を通って（カ）側に流入する。このとき，ATPが内膜の（ケ）側で合成される。電子は最終的に酸素の（コ）に使われ，その結果として，[25] が生じる。ここで，（オ）～（キ）の正しい組み合わせは [26] ，（ク）～（コ）の正しい組み合わせは [27] である。

[25] に対する解答群

① 亜硝酸イオン　② クレアチン
③ クレアチンリン酸　④ 硝酸イオン
⑤ 二酸化炭素　⑥ フルクトースビスリン酸
⑦ ホスホグリセリン酸　⑧ 水

26 に対する解答群

	(オ)	(カ)	(キ)
①	H^+	膜間腔	マトリックス
②	H^+	マトリックス	膜間腔
③	Na^+	膜間腔	マトリックス
④	Na^+	マトリックス	膜間腔
⑤	OH^-	膜間腔	マトリックス
⑥	OH^-	マトリックス	膜間腔

27 に対する解答群

	(ク)	(ケ)	(コ)
①	受　動	膜間腔	還　元
②	受　動	膜間腔	酸　化
③	受　動	マトリックス	還　元
④	受　動	マトリックス	酸　化
⑤	能　動	膜間腔	還　元
⑥	能　動	膜間腔	酸　化
⑦	能　動	マトリックス	還　元
⑧	能　動	マトリックス	酸　化

4)　筋繊維内のATPは，数秒間の筋収縮でなくなる程度しか含まれていない。激しい運動などでATPがさらに必要なときは，筋繊維に多量に含まれる（サ）が（シ）に変換されるときに放出されるエネルギーを使ってATPを合成する。ここで，（サ）と（シ）の正しい組み合わせは 28 である。

28 に対する解答群

	(サ)	(シ)
①	グルタミン酸	α-ケトグルタル酸
②	α-ケトグルタル酸	グルタミン酸
③	クレアチン	クレアチンリン酸
④	クレアチンリン酸	クレアチン
⑤	乳　酸	ピルビン酸
⑥	ピルビン酸	乳　酸
⑦	フルクトース	フルクトースビスリン酸
⑧	フルクトースビスリン酸	フルクトース

Ⅲ　ヒトの体内環境の維持に関する以下の文章中の 29 ～ 42 に最も適切なものを解答群から選び，その番号または記号を解答欄にマークせよ。ただし，異なる番号の □ に同じものを繰り返し選んでもよい。

1)　自律神経には，交感神経と副交感神経の2種類がある。交感神経は（ア）から，副交感神経は（イ）から出て，全身の器官の働きを調節している。多くの交感神経末端から器官に対して分泌される神経伝達物質は（ウ）であり，副交感神経末端から器官に対して分泌される神経伝達物質は（エ）である。ここで，（ア）～（エ）の正しい組み合わせは 29 である。

29 に対する解答群

	(ア)	(イ)	(ウ)	(エ)
①	脳のみ	脊髄のみ	アセチルコリン	ノルアドレナリン
②	脳のみ	脊髄のみ	ノルアドレナリン	アセチルコリン
③	脳のみ	脳と脊髄	アセチルコリン	ノルアドレナリン
④	脳のみ	脳と脊髄	ノルアドレナリン	アセチルコリン
⑤	脊髄のみ	脳のみ	アセチルコリン	ノルアドレナリン
⑥	脊髄のみ	脳のみ	ノルアドレナリン	アセチルコリン
⑦	脊髄のみ	脳と脊髄	アセチルコリン	ノルアドレナリン
⑧	脊髄のみ	脳と脊髄	ノルアドレナリン	アセチルコリン
⑨	脳と脊髄	脳のみ	アセチルコリン	ノルアドレナリン
⓪	脳と脊髄	脳のみ	ノルアドレナリン	アセチルコリン
ⓐ	脳と脊髄	脊髄のみ	アセチルコリン	ノルアドレナリン
ⓑ	脳と脊髄	脊髄のみ	ノルアドレナリン	アセチルコリン

表Ⅲは，瞳孔，心臓，胃腸および汗腺に対する自律神経の働きをまとめたものである。拡大または促進は ↑ で，縮小または抑制は ↓ で，神経が分布しないため働きがない場合は — であらわすと，表中の（オ）と（カ），（キ）と（ク），（ケ）と（コ），および（サ）と（シ）の正しい組み合わせは，それぞれ 30 ， 31 ， 32 ，および 33 である。

表Ⅲ

	瞳孔の大きさ（拡大/縮小）	心臓の拍動（促進/抑制）	胃腸のぜん動（促進/抑制）	汗腺からの発汗（促進/抑制）
交感神経	（オ）	（キ）	（ケ）	（サ）
副交感神経	（カ）	（ク）	（コ）	（シ）

30 ～ 33 に対する解答群

	(オ), (キ), (ケ) または (サ)	(カ), (ク), (コ) または (シ)
①	↑	↑
②	↑	↓
③	↑	—
④	↓	↑
⑤	↓	↓
⑥	↓	—
⑦	—	↑
⑧	—	↓
⑨	—	—

2) 34 には心臓の拍動を調節する中枢がある。この中枢が血液中の二酸化炭素濃度の変化を感知し，自律神経系を介して心臓の働きを調節する。

35 にある視床下部は，体内環境の変動を常に感知し，その情報にもとづいて自律神経系や内分泌系を働かせる。たとえば，視床下部が血糖濃度の低下を感知すると，(ス) 神経を通して副腎 (セ) から 36 を分泌させる。また，(ス) 神経はすい臓ランゲルハンス島 (ソ) 細胞を刺激し， 37 を分泌させる。 36 および 37 は肝臓などに作用し，(タ) からのグルコース生成を促進し，血糖濃度を上昇させる。さらに，視床下部は脳下垂体 (チ) を介して副腎 (ツ) から 38 を分泌させる。 38 は組織中の (テ) からのグルコース生成を促進し，血糖濃度を上昇させる。

視床下部が体液の塩分濃度の上昇を感知すると，脳下垂体 (ト) から 39 が血液中に分泌される。 39 は腎臓の (ナ) の細胞に作用し，(ニ) の働きを介した水の再吸収を増加させる。その結果，体液の塩分濃度は低下する。ここで，(ス) ～ (ソ) の正しい組み合わせは 40 ，(タ) ～ (テ) の正しい組み合わせは 41 ，(ト) ～ (ニ) の正しい組み合わせは 42 である。

34 および 35 に対する解答群

① 大　脳　　② 中　脳　　③ 小　脳　　④ 間　脳
⑤ 海　馬　　⑥ 延　髄　　⑦ 脊　髄

36 ～ 39 に対する解答群

① 糖質コルチコイド　② 鉱質コルチコイド
③ アドレナリン　④ グルカゴン
⑤ インスリン　⑥ セクレチン
⑦ パラトルモン　⑧ 甲状腺刺激ホルモン
⑨ チロキシン　⓪ バソプレシン

40 に対する解答群

	(ス)	(セ)	(ソ)
①	交　感	髄　質	A
②	交　感	髄　質	B
③	交　感	皮　質	A
④	交　感	皮　質	B
⑤	副交感	髄　質	A
⑥	副交感	髄　質	B
⑦	副交感	皮　質	A
⑧	副交感	皮　質	B

41 に対する解答群

	(タ)	(チ)	(ツ)	(テ)
①	タンパク質	前　葉	髄　質	タンパク質
②	タンパク質	前　葉	髄　質	グリコーゲン
③	タンパク質	前　葉	皮　質	タンパク質
④	タンパク質	前　葉	皮　質	グリコーゲン
⑤	タンパク質	後　葉	髄　質	タンパク質
⑥	タンパク質	後　葉	髄　質	グリコーゲン
⑦	タンパク質	後　葉	皮　質	タンパク質
⑧	タンパク質	後　葉	皮　質	グリコーゲン
⑨	グリコーゲン	前　葉	髄　質	タンパク質
⓪	グリコーゲン	前　葉	髄　質	グリコーゲン
ⓐ	グリコーゲン	前　葉	皮　質	タンパク質
ⓑ	グリコーゲン	前　葉	皮　質	グリコーゲン
ⓒ	グリコーゲン	後　葉	髄　質	タンパク質
ⓓ	グリコーゲン	後　葉	髄　質	グリコーゲン
ⓔ	グリコーゲン	後　葉	皮　質	タンパク質
ⓕ	グリコーゲン	後　葉	皮　質	グリコーゲン

42 に対する解答群

	(ト)	(ナ)	(ニ)
①	前　葉	集合管	ナトリウムポンプ
②	前　葉	集合管	アクアポリン
③	前　葉	糸球体	ナトリウムポンプ
④	前　葉	糸球体	アクアポリン
⑤	後　葉	集合管	ナトリウムポンプ
⑥	後　葉	集合管	アクアポリン
⑦	後　葉	糸球体	ナトリウムポンプ
⑧	後　葉	糸球体	アクアポリン

Ⅳ　光合成と植生に関する以下の文章中の [43] ～ [54] に最も適切なものを解答群から選び，その番号または記号を解答欄にマークせよ。ただし，異なる番号の [　] に同じものを繰り返し選んでもよい。

1)　図Ⅳ－1はある植物における光の強さと二酸化炭素吸収速度の関係を示している。ただし，光の強さにかかわらず，呼吸速度は一定であるものとして示している。十分な光の強さがある場合，図中のa～fのうち，光合成速度は（ア），呼吸速度は（イ），見かけの光合成速度は（ウ）である。この植物が生育するには，（エ）よりも強い光が得られる環境が必要であり，（エ）では見かけ上，二酸化炭素吸収速度が（オ）。ここで，（ア）～（ウ）の正しい組み合わせは [43] ，（エ）と（オ）の正しい組み合わせは [44] である。

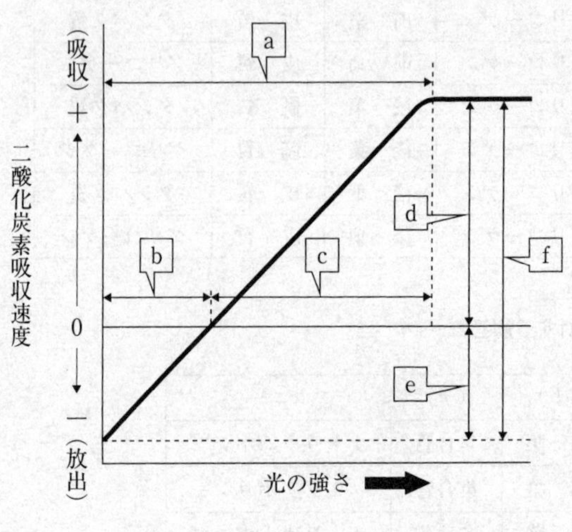

図Ⅳ－1

43 に対する解答群

	(ア)	(イ)	(ウ)
①	a	b	c
②	a	c	b
③	b	a	c
④	b	c	a
⑤	c	a	b
⑥	c	b	a
⑦	d	e	f
⑧	d	f	e
⑨	e	d	f
⓪	e	f	d
ⓐ	f	d	e
ⓑ	f	e	d

44 に対する解答群

	(エ)	(オ)
①	光飽和点	ゼロより大きい
②	光飽和点	ゼロである
③	光飽和点	ゼロより小さい
④	光補償点	ゼロより大きい
⑤	光補償点	ゼロである
⑥	光補償点	ゼロより小さい

図Ⅳ－２は陽生植物と陰生植物における光の強さと二酸化炭素吸収速度の関係を示している。図中のＡとＢのうち，陽生植物を示すのは（カ）である。また，図中のｇ～ｏのうち，陽生植物の（エ）を示すのは 45 である。

１つの植物体でも，日当たりの違いによって葉の特徴が異なる。日当たりのよい場所にある陽葉は，日当たりの悪い場所にある陰葉と比べて葉が（キ），葉の面積が（ク）。また，陽葉の（エ）は陰葉の（エ）より（ケ），陽葉の最大光合成速度は陰葉の最大光合成速度よりも（コ）。最大光合成速度は，（サ）の酵素である [46] が多いほど大きくなる。ここで，（カ）～（ク）の正しい組み合わせは [47]，（ケ）～（サ）の正しい組み合わせは [48] である。

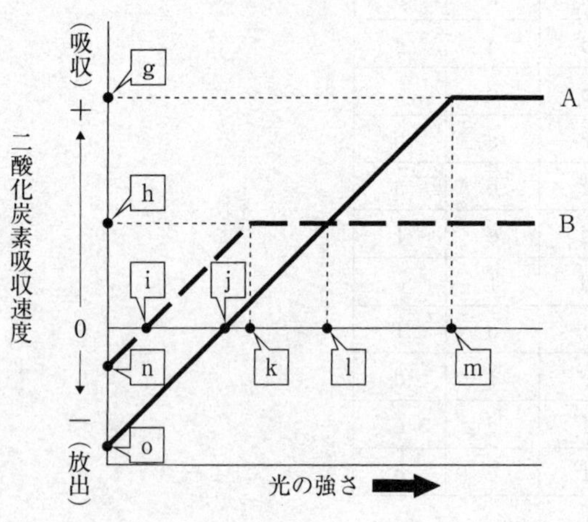

図Ⅳ－2

[45] に対する解答群

① g　② h　③ i　④ j　⑤ k
⑥ l　⑦ m　⑧ n　⑨ o

[46] に対する解答群

① ATP合成酵素　② アミノ基転移酵素
③ グルタミン合成酵素　④ グルタミン酸合成酵素
⑤ コハク酸脱水素酵素
⑥ リブロース1, 5-ビスリン酸カルボキシラーゼ/オキシゲナーゼ

47 に対する解答群

	(カ)	(キ)	(ク)
①	A	薄　く	大きい
②	A	薄　く	小さい
③	A	厚　く	大きい
④	A	厚　く	小さい
⑤	B	薄　く	大きい
⑥	B	薄　く	小さい
⑦	B	厚　く	大きい
⑧	B	厚　く	小さい

48 に対する解答群

	(ケ)	(コ)	(サ)
①	低　く	小さい	光化学系Ⅰ
②	低　く	小さい	光化学系Ⅱ
③	低　く	小さい	カルビン・ベンソン回路
④	低　く	大きい	光化学系Ⅰ
⑤	低　く	大きい	光化学系Ⅱ
⑥	低　く	大きい	カルビン・ベンソン回路
⑦	高　く	小さい	光化学系Ⅰ
⑧	高　く	小さい	光化学系Ⅱ
⑨	高　く	小さい	カルビン・ベンソン回路
⓪	高　く	大きい	光化学系Ⅰ
ⓐ	高　く	大きい	光化学系Ⅱ
ⓑ	高　く	大きい	カルビン・ベンソン回路

2)　図Ⅳ－3は，適切な条件下における，ある植物の葉が受ける光の強さと葉の面積 100 cm^2 あたりの二酸化炭素吸収速度の関係を示したものである。この植物の 220 cm^2 の大きさの葉に，同じ条件で，20×10^3 ルクスの光を13時間照射し，その後，暗黒下に11時間置いた。この24時間におけるこの葉の二酸化炭素の見かけの吸収量は

［49］mg，増加した有機物の質量は［50］mgとなる。ただし，光合成産物および呼吸基質はグルコースのみとし，原子量はH＝1，C＝12，O＝16とする。また，光合成の反応式は以下のとおりとする。

$$6CO_2 + 12H_2O \rightarrow C_6H_{12}O_6 + 6O_2 + 6H_2O$$

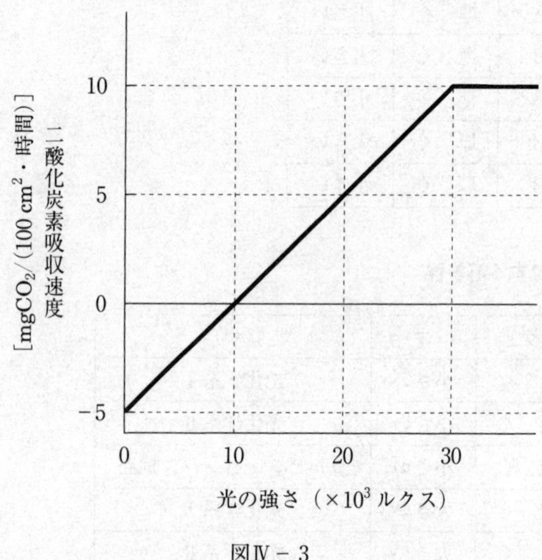

図Ⅳ－3

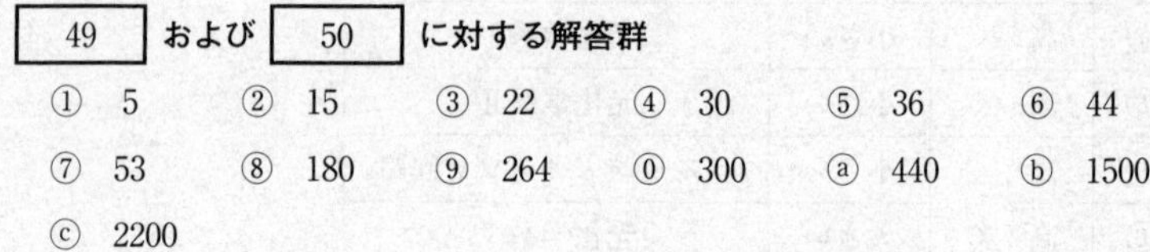
［49］および［50］に対する解答群

①　5　　②　15　　③　22　　④　30　　⑤　36　　⑥　44
⑦　53　　⑧　180　　⑨　264　　⓪　300　　ⓐ　440　　ⓑ　1500
ⓒ　2200

3)　生物をとりまく環境は，大きく（シ）環境と（ス）環境の2つにわけることができ，相互に関係し合いながら存在している。（ス）環境が生物に影響を及ぼすことを作用といい，一方，生物が（ス）環境に影響を及ぼすことを（セ）という。ここで，（シ）～（セ）の正しい組み合わせは［51］である。

51 に対する解答群

	(シ)	(ス)	(セ)
①	生物的	非生物的	片利共生
②	生物的	非生物的	相利共生
③	生物的	非生物的	環境形成作用
④	非生物的	生物的	片利共生
⑤	非生物的	生物的	相利共生
⑥	非生物的	生物的	環境形成作用

植物は環境の影響を受け，時間の経過とともに，植生を構成する植物種や植生の相観が変化していく。この現象を遷移とよび，遷移が始まる状態により，大きく一次遷移と二次遷移にわけられる。さらに，一次遷移は，乾性遷移と湿性遷移にわけられる。日本の暖温帯でみられる乾性遷移は，モデル的過程として，裸地・荒原 → 草原 → 低木林 → 52 のように変遷していく。

52 に対する解答群

① 陽樹林 → 陰樹林 → 混交林　② 陽樹林 → 混交林 → 陰樹林
③ 陰樹林 → 陽樹林 → 混交林　④ 陰樹林 → 混交林 → 陽樹林
⑤ 混交林 → 陽樹林 → 陰樹林　⑥ 混交林 → 陰樹林 → 陽樹林

遷移の初期に侵入する植物をパイオニア植物（先駆植物）という。日本の本州西南部あたりにおける乾性遷移では，多年生草本である 53 や，根粒菌が共生する木本である 54 などがパイオニア植物になりうる。

53 および 54 に対する解答群

① アオキ　② アカマツ　③ コナラ　④ ジャノヒゲ
⑤ ススキ　⑥ スダジイ　⑦ ベニシダ　⑧ ヤシャブシ
⑨ ヤブツバキ　⓪ ヤマツツジ

かった

問八　傍線部⑧はどういうことか。最も適切なものを次の中から選び、その番号をマークせよ。 8

1　ソビエトに抑留された者にとって、抑留地から帰還するまで戦争が続いていたということ
2　故国へ戻ってから初めて、止まっていた時間が明るい未来へ向けて流れ始めたということ
3　日本にいた頃ではなく、ロシヤで過ごした時こそが過去と呼べるものになったということ
4　海を渡り終えてから、戦中の苛酷な生活が遂に忘れ去られるべき過去となったということ

2　故国との結びつきが断ち切られ、〈同胞〉の意味が薄れていった

3　故国から忘れられ、捨てられたことへの恨みと痛みが昂じていった

4　人間そのものへの関心を失うことで、失語状態へ移行していった

問六　傍線部⑥の理由として、最も適切なものを次の中から選び、その番号をマークせよ。 6

1　過酷な状況下にあっても、樹木だけはその美しさで人に感動をもたらすから

2　樹木は失う言葉も持たず、あらゆるものに対して無関心に存在しているから

3　大地に根ざして、一歩もうつることをゆるされぬ樹木は、海を知らないから

4　樹木は収容所外の自然の中に存在し、強制労働が課せられることもないから

問七　傍線部⑦の時の筆者の状況はどういうものか。最も適切なものを次の中から選び、その番号をマークせよ。 7

1　念願の海を目の当たりにし、ついに自由になって故国へ帰還することができるのだと、戦慄に似た歓喜が背すじを走った

2　船から見下ろす海は、収容所の中で想像していた美しい海とは異なり、単なる水滴の集合でしかないと感じられ、失望した

3　渇仰の対象であった海が水のあつまりでしかないものへと変貌し、失望と虚脱の感覚が名状しがたい重さとして実感された

4　突然解放されたので、海から再びロシヤの大地へ連れ戻されて、重労働を課せられるのではと、不安を抑えられな

2 想念がたどりうるのは、かろうじて海の際までで、海までは届かないということ
3 海から隔たった刑務所や収容所での抑留がいつまで続くか分からないということ
4 海との間に横たわる草原と凍土を踏破するのに必要な時間が読めないということ

3

問三 傍線部③はどういうことか。最も適切なものを次の中から選び、その番号をマークせよ。
1 正邪善悪の判断を下す際の道徳的基準となったということ
2 収容所内で人間の尊厳を保証する原理となったということ
3 絶望の中でかろうじて自身を支える観念となったということ
4 異国の土地で自国愛を保持し続ける象徴となったということ

4

問四 傍線部④はどういうことか。最も適切なものを次の中から選び、その番号をマークせよ。
1 弦から放たれる矢の遠心力が、矢が弦へと戻る求心力を上回り、バランスが崩れること
2 恨むべき取り引き相手はソビエト国家であるにもかかわらず、日本だと勘違いすること
3 こちらが帰郷を希求するのではなく、故国こそが帰郷を望んでいるのだと考えること
4 昨日までの日本はもはや存在しないというのに、かつての故国の有様を懐かしむこと

5

問五 傍線部⑤における筆者の状況として、適切でないものを次の中から一つ選び、その番号をマークせよ。
1 故国から忘れ去られた自己が、必然的に故国を忘れ去っていった

海。この虚脱。船が外洋へ出るや、私は海を喪失していた。まして陸も。これがあの海だろうかという失望とともに、ロシヤの大地へ置き去るしかなかったものの、とりもどすすべのない重さを、そのときふたたび私は実感した。その重さを名づけるすべを私は知らないが、しいて名づけるなら、それは深い疲労であった。喪失に先立って、いやおうなしに私をおそう肉体の感覚を、このときふたたび経験した。海は私のまえに、無限の水のあつまりとしてあった。私は失望した。このとき、私は海さえも失ったのである。

十二月一日夜、船は舞鶴へ入港した。⑧そこまでが私にとって〈過去〉だったのだと、その後なんども私は思いかえした。戦争が終わったのだ。その事実を象徴するように、上陸二日目、収容所の一隅で復員式が行なわれた。昭和二十八年十二月二日、おくれて私は軍務を解かれた。

（石原吉郎『望郷と海』による。ただし本文の一部を省略した）

問一　傍線部①のように思った時期はいつか。最も適切なものを波線部ア〜エの中から選び、その番号をマークせよ。［1］

1　ア　起訴と判決をはさむほぼふた月

2　イ　私がそのような心境に達したとき

3　ウ　一九五三年夏

4　エ　乗船までの六カ月間

問二　傍線部②の説明として、最も適切なものを次の中から選び、その番号をマークせよ。［2］

1　海をこえるのに要する時間よりも、海までの距離の方がはるかに長いということ

夕方になって、私たちの輸送が始まった。トラックが到着するたびに、私たちはもう一度姓名を呼ばれ、トラックに分乗した。自分の姓名をあきらかに呼ばれるまで、私たちには、なお安堵はなかった。そして、姓名を呼ばれた。

トラックは興安丸の大きな船腹へ、横づけになるようなかたちでとまった。トラックからおりた位置で、私たちは整列しかけた。最後の人員点検があるはずだと思ったからである。警備兵はしかしトラックをおりず、あそこだというように、船の中央部を指さした。私たちは瞬間とまどったのち、われがちに走り出していた。タラップの下には、引渡しの責任者と見られる内務省の高官らしい人物が、目もくれずにタラップをかけ昇る一人一人に、手をあげてにこやかに会釈していた。

タラップをのぼり切ったところで、私たちは看護婦たちの花のような一団に迎えられた。ご苦労さまでしたという予想もしない言葉をかきわけて、私は船内をひたすらにかけおりた。もっと奥へ、もっと下へ。いく重にもおれまがった階段をかけおりながら、私は涙をながしつづけた。いちばん深い船室へたどりついたと思ったとき、私は荷物を投げ出して、船室のたたみへ大の字にたおれた。

船が埠頭（ふとう）をはなれるまで、誰ひとり甲板へ出ようとはしなかった。最後にすがりついた畳の上に呆然とすわったまま、私は夜を明かした。

その翌朝、興安丸はナホトカの埠頭をはなれた。かろうじて安堵した私たちは、甲板へ出た。二十四時間の興奮と緊張のあと、私たちはただ疲れていた。揺れながら遠ざかるナホトカの港をながめながら、私はただ疲労しつづけた。

⑦一九五三年十二月一日、私は海へ出た。海を見ることが、ひとつの渇仰である時期はすでに終りつつあった。湾と外洋をへだてるさいごの岬を船がまわったとき、私たちの視線はいっせいに外洋へ、南へ転じた。舷側をおもくなぞる波浪からそれは、性急に水平線へ向った。これが海だ。私はなんども自分にいい聞かせた。

密林（タイガ）のただなかにあるとき、私はあきらかに人間をまきぞえにした自然のなかにあった。作業現場への朝夕の行きかえり、⑥私たちの行手に声もなく立ちふさがる樹木の群に、私はしばしば羨望の念をおぼえた。彼らは、忘れ去り、忘れ去られる自我なぞには、およそかかわりなく生きていた。私が羨望したのは、まさにそのためであり、彼らが「自由である」ことのためでは毫（ごう）もない。イ私がそのような心境に達したとき、望郷の想いはおのずと脱落した。

ウ一九五三年夏、ハバロフスクの日本人受刑者の一部は、ナホトカへ移動した。移動の目的は一切知らされなかった。ナホトカは私たちが帰国するための、ただひとつの窓口である。しかし私たちには、事態がどのように楽観的に見えるときでも、さいごまで疑ってみるという習性が身についていた。

港湾にのぞむ丘の中腹に、私たちの収容所があった。そこはまだ海ではなかった。海でないという意味は、私たちはなお、のがれがたく管理されており、あずかり知らぬ意図によって、いつでも奥地へ引きもどされうる位置にあったからである。エ乗船までの六カ月間、私たちにおよそ安堵というものはなかった。私たちは受刑直前の状態に似た、小刻みな緊張と猜疑（さいぎ）心に、さいごまでつきまとわれる運命にあった。到着後、ふたたび意図のわからぬ取調べが始まったことが、私たちの不安をさらにかきたてた。密告の常習者とおぼしい者が、なお密告を強要されているという噂が流れた。

十一月三十日早朝、ふって湧いたように、「荷物をもて（ス・ベシチャーミ）」という命令が出た。とるにたらぬ荷物をかかえて広場に集合した私たちは、読みあげられる名簿の順に、構外に仕切られた建物へ移され、税関吏による所持品の検査を受けた。彼らの態度は、思いもよらず丁重であったが、私たちを「返す」とは最後までいわなかった。一時間後に何が起るのかもわからない緊張のなかで、まあたらしい防寒帽が支給された。それが、ソビエト政府からの、最後の支給品であった。正午すぎ、収容所の窓からほぼ真下に見おろす位置に、一隻の客船が姿を現わした。それが興安丸であった。戦慄に似た歓喜が、私の背すじを走った。

ささえて来た、遠心と求心とのこのバランスをうたがいはじめたとき、いわば④錯誤としての望郷が、私にはじまったといっていい。弦こそ矢筈(やはず)へかえるべきだという想いが、聞きわけのない怒りのように私にあった。

この錯誤には、いわば故国とのあいだの〈取り引き〉がつねにともなった。私は自分の罪状がとるにたらぬものであることをしいて前提し、やがては無力で平穏な一市民として生活することを、くりかえし心に誓った。事実私が一般捕虜とともにこれまですごして来た三年の歳月は（それは私にとって、事実上の未決期間であった）、市井の片隅でひっそりといとなまれる、名もない凡庸な生活がいかにかけがえのないものであるかを、私に思いしらせた。しかもこの〈取り引き〉の相手は、当面の身柄の管理者であるソビエト国家ではなく、あくまで日本――おそらくそれは、すでに存在しない、きのうまでの日本であったのであろうが――でなければならなかったのである。

私たちは故国と、どのようにしても結ばれていなくてはならなかった。しかもそれは、私たちの側からの希求であるとともに、〈向う側〉からの希求でなければならないと、かたく私は考えた。望郷が招く錯誤のみなもとは、そこにあった。そして私が、そのように考えた時期は、海は二つの陸地のあいだで、ただ焦燥(しょうそう)をたたえたままの、過渡的な空間として私にあった。その空間をこえて「手繰られ」つつある自分を、なんとしてでも信じなければならなかったのである。

（中略）

郷を怨ずるにちから尽きたとき、いわば⑤〈忘郷〉の時期が始まる。同年秋、かつて見ない大がかりな囚人護送(エタップ)が開始され、ひと月後に私たちは東シベリヤの密林(タイガ)にはいった。「ついに忘れ去られた」という、とり返しのつかぬいたみは、当然の順序として私自身の側からの忘却をしいた。多くの囚人にたちまじる日本人を、〈同胞〉として見る目を私は失いつつあった。それは同時に、人間そのものへの関心、その関心の集約的な手段としての言葉を失って行く過程であった。

だがそれはなによりも海であり、海であることでひたすらに招きよせる陥没であった。その向うの最初の岬よりも、その陥没の底を私は想った。海が始まり、そして終るところで陸が始まるだろう。始まった陸は、ついに終りを見ないであろう。陸が一度かぎりの陸でなければならなかったように、海は私にとって、一回かぎりの海であった。渡りおえてのち、さらに渡るはずのないものである。ただ一人も。それが日本海と名づけられた海である。ヤポンスコエ・モーレ（日本の海）。ロシヤの地図にさえ、そう記された海である。

望郷のあてどをうしなったとき、陸は一挙に遠のき、海のみがその行手に残った。海であることにおいて、③それはほとんどひとつの倫理となったのである。

一九四九年二月、私はロシヤ共和国刑法五十八条六項によって起訴され、二カ月後判決を受けた。起訴と判決を含む前後の経緯は、ほぼ次の通りである。一九四八年夏、私たち抑留者は南カザフスタンのアルマ・アタから北カザフスタンのカラガンダへ移され、同市郊外の一般捕虜収容所へ収容された。その直後から、目的不明の取調べが始まり、十四、五人程度の規模で、つぎつぎに収容所から姿を消して行った。

（中略）

ア起訴と判決をはさむほぼふた月を、私は独房へ放置された。とだえては昂（たか）ぶる思郷の想いが、すがりつくような望郷の願いに変ったのはこの期間である。朝夕の食事によってかろうじて区切られた一日のくり返しのなかで、私の追憶は一挙に遡行した。望郷の、その初めの段階に私はあった。この時期には、故国から私が「恋われている」という感覚がたえまなく私にあった。事実そのようにして、私たちは多くの人に別れを告げて来たのである。そのとき以来、別離の姿勢のままで、その人たちは私たちのなかにあざやかに立ちつづけた。化石した姿のままで。

弦（つる）にかえる矢があってはならぬ。おそらく私たちはそのようにして断ち切られ、放たれたはずであった。私をそのときまで

8

1　帝は郡司の娘をこのうえなく寵愛したがために政治がおろそかになった
2　使者は決死の覚悟を告げたものの、密かに干米を食べて身を保っていた
3　娘が使いと共に戻らず実家に留まったままなので、帝が自ら迎えにいった
4　郡司の娘は、後に衣通姫と呼ばれる歌神として祭祀されることになった

〔三〕　次の文章を読んで、後の問いに答えよ。解答番号は〔三〕の 1 から 8 までとする。

①海が見たい、と私は切実に思った。私には、わたるべき海があった。そして、その海の最初の渚と私を、三千キロにわたる草原(ステップ)と凍土(ツンドラ)がへだてていた。望郷の想いをその渚へ、私は限らざるをえなかった。空ともいえ、風ともいえるものは、そこで絶句するであろう。想念がたどりうるのは、かろうじてその際(きわ)までであった。海をわたるには、なによりも海を見なければならなかったのである。

すべての距離は、それをこえる時間に換算される。しかし②海と私をへだてる距離は、換算を禁じられた距離であった。それが禁じられたとき、海は水滴の集合から、石のような物質へ変貌した。海の変貌には、いうまでもなく私自身の変貌が対応している。

私が海を恋うたのは、それが初めてではない。だが、一九四九年夏カラガンダの刑務所で、号泣に近い思慕を海にかけたとき、海は私にとって、実在する最後の空間であり、その空間が石に変貌したとき、私は石に変貌せざるをえなかったのである。

問五　空欄 5 に入る言葉として、最も適切なものを次の中から選び、その番号をマークせよ。 5

1　参りたし　　2　参らじ
3　参りたまふ　　4　参らむ

問六　傍線部③の指す内容として、最も適切なものを次の中から選び、その番号をマークせよ。 6

1　使者につき従って戻ってきたこと
2　袖の上に蜘蛛が降りてきたこと
3　参上したままそこで待っていること
4　わざわざ家まで訪ねてくること

問七　本文に登場する「蜘蛛」は何を示すか。最も適切なものを次の中から選び、その番号をマークせよ。 7

1　待ち人が来る前兆
2　凶事が起きる予兆
3　長寿と子孫の繁栄
4　人間の営みのはかなさ

問八　本文の内容と合致しないものを、次の中から一つ選び、その番号をマークせよ。

問一　空欄 1 に入る言葉として、最も適切なものを次の中から選び、その番号をマークせよ。 1

1　あさつゆの　　2　ひさかたの
3　たまのをの　　4　ささがにの

問二　傍線部①の動作主として、最も適切な人物を波線部ア～エの中から選び、その番号をマークせよ。 2

1　ア　郡司のむすめ　　2　イ　みかど
3　ウ　親　　4　エ　かしこかりける人

問三　空欄 3 に入る言葉として、最も適切なものを次の中から選び、その番号をマークせよ。 3

1　せよ　　2　す
3　する　　4　すれ

問四　傍線部②の意味内容として、最も適切なものを次の中から選び、その番号をマークせよ。 4

1　勅命の使者がここで死んだので、予想に反して我々が罪を着せられるだろう
2　勅命の使者がこの家で死んだりすれば、むしろ我々が罪を受けるだろう
3　勅命の使者は、娘がここで死んだので、逆に罪をかぶることになるだろう
4　勅命の使者は、もし娘がこの家で死んだら、かえって罪に問われるだろう

〔二〕　次の文章を読んで、後の問いに答えよ。解答番号は〔二〕の［1］から［8］までとする。

わぎもこが来べきよひなり［1］蜘蛛のふるまひかねてしるしも

これは、近江の国にありける郡司のむすめ、ことのほかに、容姿のよくて、ひかりの、ころもを通りて、めでたきよしを、みかど聞こし召しければ、①たてまつりけるを、限りなくおぼしめして、世のまつりごとも、せさせ給はざりければ、親思ふ所ありて、よにおそりて、召しこめて、はるかなる所に、こめ据ゑたりけるを聞こし召して、たびたび、召しにつかはしたりけれど、参らせざりければ、かしこかりける人を召して、使につかはすとて、「必ず具して参れ。もし、具して参らずは、罪せむ」と、仰せられければ、ほしいひを、すこし懐中に持たりける。かの女の、もとに行きて、「速やかに参り給へ、といふ宣旨の使なり。されど、さきざきのやうに参り給はじ。参り給はずとて、帰り参りたらば、必ず首を召されなむと［3］。いかにも、死なむ事はおなじ事なれば、ただ、この庭にて死なむ」とて、物もいはで、十日ばかり、庭にふして、みそかに、ふところに持たりける、ほしいひを食ひてありけるを、「この事ふびんなり。②宣旨の使、ここにて死なば、却りて罪かうぶりなむ。はや、この使につきて、参りね」と、親のいひければ、「我は、もとより［5］とも思はず。親のとりこむればこそ参らね」といひて、使に具して参りぬ。うちにとどまりて、「まづさきだちて、参りたる由申さむ」といひければ、そのよし申したてまつりて、待ちける程に、蜘蛛といへる虫の、上よりさがりて、袖のうへにかかりたりけるを見て、「行幸などもやあらむずらむと、③あやしき事のあるなり」と申しける程に、みかど、おはしましたりけるとぞ。衣通姫と申す歌よみは、これなり。住吉に、べちの神にておはしますとぞ、うけたまはる。

（『俊頼髄脳』による）

11

1　人間が野蛮な動物たちを上まわる生命力を有していると信じる態度
2　人間を他の動物よりも生来的に優れた特権的な存在だと考える立場
3　動物を軽蔑して人間の傲慢を省みない特権階級に属する人々の考え
4　動物たちの苦痛を想像もせずに優雅な暮らしにふける人間中心主義

問八　傍線部⑤は何を指して言われているか。最も適切なものを次の中から選び、その番号をマークせよ。

12

1　快感原則という仮説が崩れてもなおフロイトがメランコリーに対する考えを根本から改めようとしないこと
2　メランコリーに関してフロイトがしつこく理論的説明を繰り返しつつもすっきりとした考えに至らないこと
3　マゾヒズムとメランコリーが同じ穴のむじなであるという事実をフロイトが頑として認めようとしないこと
4　フロイトが自らの狼狽を隠すようにして理論の再構築を試みる説明の中にこそ彼の限界が見えてしまうこと

問九　本文の内容と合致しないものを、次の中から一つ選び、その番号をマークせよ。

13

1　苦痛を退けて快感を求めることが人間の心理だとする考えによっては生のあり方を捉えられない
2　いかなる苦痛をも宿命として受け入れるマゾヒズムは病気でも倒錯でもなく生から切り離せない
3　動物たちにとって生命力の根本にあるのは苦痛をやりすごす手立てとしてのメランコリーである
4　メランコリーは人間にとって死の苦痛を耐えるための予行演習として積極的な意味を持っている

4　エ　不屈の根性

問四　傍線部②の説明として、最も適切なものを次の中から選び、その番号をマークせよ。 8

1　メランコリーによって無気力に陥ってしまうことがあっても、人間にはそれを乗り越えていく力がある
2　メランコリーの危険性を忘れることができれば、それはむしろ強靱な生命力をもたらす原動力ともなる
3　メランコリーは抑鬱的な心理だと思われているが、逆に能動的な行動を引き起こす精神にさえなりうる
4　メランコリーは生が避けるべき死の原理ではなく、苦痛とともに生きる人間の生の形式そのものである

問五　傍線部③の説明として、最も適切なものを次の中から選び、その番号をマークせよ。 9

1　苦痛に対する強靱な意志によって人間を圧倒する
2　感動に乏しく人間より苦痛を感じずに済んでいる
3　無感動に見えながら人間以上に苦痛を知っている
4　人間に比べてふてぶてしく苦痛を耐え忍んでいる

問六　空欄 10 に入る言葉として、最も適切なものを次の中から選び、その番号をマークせよ。 10

1　独裁者　2　アスリート　3　宗教家　4　戦士

問七　傍線部④はこの場合どういうことか。最も適切なものを次の中から選び、その番号をマークせよ。

3 ⓒ 1 バンシュウの候　2 ユウシュウの色を浮かべる
3 バンシュウを改める　4 ガンシュウの色を浮かべる

4 ⓓ 1 原野をカイコンする　2 ヒンコンを極める
3 疫病をコンゼツする　4 コンメイを深める

5 ⓔ 1 ショクセキを果たす　2 コセキ抄本
3 移民をハイセキする　4 アイセキの念

問二 傍線部①の語の用例として、適切でないものを次の中から一つ選び、その番号をマークせよ。 6

1 結婚式でしかつめらしい祝辞が続くのにうんざりした
2 しかつめらしい注意喚起ではメッセージが伝わらない
3 不機嫌な気持ちを示すようなしかつめらしい顔をした
4 しかつめらしい表情を浮かべているが本心は窺えない

問三 空欄 7 に入る言葉として、最も適切なものを波線部ア〜エの中から選び、その番号をマークせよ。 7

1 ア ラテン民族の快活さ
2 イ ゲルマン人の生真面目さ
3 ウ メランコリーと宿命論

人間には、苦痛をやりすごす手立てが二つある。メランコリーと死が、それだ。

（『リットレ仏語大辞典』）

現実の苦痛に周囲を包囲された日常のなかで、メランコリーは、ひょっとして、われわれにとって生の唯一の形式ではないだろうか。生は苦痛を駆逐する体制からなっているのではない。生は苦痛に耐え、それを克服する装置であるにすぎないのだ。確かに、フロイトが言うように、人間は生きているうちから死の予行演習を繰り返すかもしれない。なるほど、メランコリーは死に似ていないではない。しかし、それは死がメランコリーに酷似しているというだけの話ではないか。苦痛をやりすごす方法としての死は、メランコリーが極まったその結果にすぎない。生半可な死として、メランコリーが生きているあいだからわれわれを飼いならし、思わせぶりに死を垣間見させるわけではないのである。

メランコリーなり、マゾヒズムなりを、生から切りはなすしか能のない理論とは縁を切ること。フロイトを用いなければ、マゾヒズムを理解しえないという時代は終わった。いや、はじめからそんな時代は、一度も訪れなかったのである。

（西成彦『マゾヒズムと警察』による）

問一　二重傍線部ⓐ～ⓔの漢字と同じ漢字を含むものを、次の各項の中からそれぞれ選び、その番号をマークせよ。

1　ⓐ　1　ヒョウリ一体　　2　復興へのリテイ標
　　　3　セイリ食塩水　　4　閲覧リレキの削除

2　ⓑ　1　ケイボの念を抱く　　2　ハクボに溶ける風景
　　　3　ボキンに協力する　　4　ボゼンで手を合わせる

口調で、こんなふうに言った。

人間の欲動の営みにマゾヒズム的な傾向が存在することは、経済的にいって不可解だというのはもっともなことである。なぜなら快感原則が、不安の回避と快感の獲得をその第一目標とする形で心的諸事象を支配しているとすれば、マゾヒズムは理解しがたいものだからである。もし苦痛や不快がもはや警告ではなくて、それ自体目的となりうるとすれば、快感原則の面目は丸潰れとなり、われわれの心の営みの番人は、いわば麻酔をかけられてしまっていることになろう。マゾヒズムの反対物のサディズムはけっしてそうではないのに、このマゾヒズムは、われわれの欲動理論にとって大きな脅威を意味しているように思われる。

（「マゾヒズムの経済的諸問題」青木宏之訳）

フロイトは、この種の脅威と絶えず背中合わせに生きていたと言ってよいと思う。「快感原則」というたてまえが、音を立てて崩れおちていく光景に怯(おび)え、急場を凌(しの)ごうとするフロイトの姿には、悲壮感が漂っている。このあと、フロイトは、「死の欲動」だの、「超自我」だのをよりどころに、理論の再構築を試みることになるのだが、マゾヒズムが一般に喚起する狼狽(ろうばい)を、彼は、この一文でみごとにつかまえている。感覚にうるさい貴族のなりを装った人間が、図らずも露呈させてしまう奴隷根性。マゾヒズムとメランコリーは、この意味において同じ穴のむじなである。ただ、フロイトの限界は、メランコリーを、あくまでも喪失感だの、ⓔザイセキ感情だのとしてとりまとめずにはおれない⑤融通のなさにあらわれている。メランコリーに関してだけ言うなら、フロイトのしち面倒くさい理論的説明より、ダランベールの次の定義の方が、はるかにすっきりしていて気持ちがいい。

だろう。それは、犬ころか、やせ馬もどきの人生を、宿命として受け入れる、非好戦的な精神の表現に他ならないからだ。しかし、それも、逆に言えば、ふてぶてしさとして、人の眼に映ることがないではないのである。たとえば、犬でも、馬でも、さらには虫でもいっこうに構わないが、いわゆる動物たちは、人間に比べて、はるかに無感動であるぶん、ふてぶてしく見えはしないだろうか。彼らは、③いわゆる苦痛に対しては、人間よりもはるかに通じている。彼らもまた苦痛に身をよじることがある。ミミズを踏んでみればわかることだが、そのバネのきいた悶絶(もんぜつ)には、おそらく「サルダナパロスの死」の女体のよじれでさえかなわない凄絶さがある。しかし、その反面、動物たちは、死にも、メランコリーにも全身をあずけてしまえる強靱な意志の力によって、われわれを圧倒する。彼らは同類が死んでゆくさまを、無感動にやりすごし、その死骸のうえを、場合によっては踏みこえてゆくことさえなしとはしない。人間にあてはめるなら、申し分なく　10　の魂だ。われわれは、動物たちから学ぶべき点が少なくないはずである。

われわれは、従来、動物たちを軽蔑するのと同じか、あるいはそれ以上に、メランコリーをおとしめてきはしなかったか。それは、病気であり、倒錯であり、罪にまつわるやましさの一種であるかの如く考えてきはしなかったか。まるでそれが健全な生を阻害する病原菌に満ちたものであるかのごとくふるまってきはしなかったか。いや、白状してよければ、われわれは、生そのものを阻害する死の原理の如く、メランコリーを考えてきたような気がする。それが習わしであった。われわれが動物を、自分たちより低い地位におとしめようとしてきたのも、彼ら動物の生命力にとって根本的であるはずのメランコリーに対し、われわれが敬意を欠いてきたことのあかしなのである。

苦痛を退けることが人間の心理であり、④人間の貴族主義の根拠であるのなら、たしかに、マゾヒズムは、けだものじみているように見える。人間の尊厳を重んじるものたちに限って、メランコリーだの、マゾヒズムに対しては、きわめて冷淡にできている。たとえば、「快感原則」を起点にして、精神現象の記述に踏みだしたフロイトは、あるとき、とうとう困惑まじりの

マゾッホは、ここに言う東方の民の生命原理から、一度たりとも目をそらしたことのない、きわめて土着的なスラヴ作家であった。小ロシアとも呼ばれる、ウクライナの片隅に生まれ、独特の環境に育まれた彼は、十二歳でこの土地を去って西へ向かい、プラハを経て、オーストリアの誇るドイツ語作家として、諸外国で名声を得るに至ってからも、一八九五年にフランクフルト近郊の小村で生涯を終えるまでのあいだ、小説を通し、絶えずキョウリⓐへとたちかえる努力を惜しんだりしなかった。風に波うつ一面の草原。上空を横切る野鳥の列。平原に点在するフンボⓑのたたずまい。闇を裂いて聞こえるアイシュウⓒをおびた調べ。遠くを横切る馬のひづめの音。そして、夜通し収穫にいそしむ農民たちの歌声。そうした遠い反響のなかで、「 7 」は、彼の生活信条の一部でさえあった。

わたしは、小ロシアの民から、黙して忍び、不屈の根性（エ）で戦うことを学んで、おかげで、何ひとつ克服しえぬものなどなかった。

（『自伝的試み』）

②メランコリーは、力である。メランコリーの力を借りなければ生きられないということが、人間にはある。見るからに受動的で、ほとんど無気力の等価物として受けとめられがちな、この抑鬱的な心理には、みかけによらず積極的な、能動的な作用が認められてしかるべきだ。

いかなる苦痛にも耐え、それがわれわれの生命にとって、危険なものであるということを、一時的にであれ頭から忘れさせ、そうやって苦痛をのりこえ、やりすごすとは、いかにもマゾヒストの信条としてふさわしい。それは、トルストイがロシアの農民のあいだに発見した強靱（きょうじん）さにつながるし、「スラヴ＝奴隷」sclavus のドウコンⓓ説をいっそうまことしやかに見せもする

国語

（六〇分）

〔一〕　次の文章を読んで、後の問いに答えよ。解答番号は〔一〕の 1 から 13 までとする。

ワグナーに心酔していたニーチェが、ビゼーの『カルメン』を聴いて、にわかにワグナー攻撃へと転じ、「快活な知性」Gaya Scienza の守護者として生まれかわったことは知られている。ゲルマン民族の①しかつめらしさは、陰鬱（いんうつ）なだけではなく、やましさと、うらみがましさの投影にすぎないと知ったときの、ニーチェの飛翔ぶりから、ひとは多くのことを学びうるし、実際に多くを学んできたように思う。しかし、それならば、マゾッホが書きのこした次の一節は、いったい何を意味するだろう。

われわれ東方の民は、ゲルマン民族が距（へだ）たるよりもさらに遠く、ラテン民族の快活さから距てられている。ゲルマン人の生真面目さも、スラヴ人のもとではメランコリーと宿命論になりかわってしまうのだ。

（『残酷な女たち』福井信雄訳）

解答編

英語

I

解答　〔A〕1－イ　2－ア　3－エ
〔B〕4－ウ　5－エ　6－ウ

◆全　訳◆

〔A〕≪二十歳の誕生日プレゼント≫

A：あぁ，4月1日だ。新学期を始める準備はできてる？

B：そう思うよ。でも，本当に楽しみにしているのは，2，3週以内に家族と自分の二十歳の誕生日を祝うことなんだ。

A：あ，そうだった！　わくわくしているに違いないね。きっと君は忘れられない誕生日の食事とケーキを用意してもらえるよ。

B：うん。そして何よりも，両親が，僕に新しい車を買うことで，誕生日の食事会を特に記憶に残るものにするつもりだってすでに言ってくれてるんだ！

A：すごい！　君のご両親はとても気前がいいね！　どんな種類の車を買ってくれるかは知ってるの？

B：実は知ってるんだ。両親には，自分は環境に優しくなろうと思っていて，完全な電気自動車が欲しいって言ったんだ。

A：良い選択だね！　環境に優しくいようなんて君は本当に分別があるね。待って，間違ってたら訂正してね，でも，君はまだ運転免許を持ってないよね？

B：全然間違いじゃないよ！

A：何？　今度は混乱してる。

B：ほら，今週末に運転免許試験を受けることになってるんだよ。とっても緊張してるんだ。もし受からなかったとしても，それでも新しい車は僕が合格するまで待っていてくれるんだけど。

A：本当に？　それなら，それがプレッシャーを取り除いてくれるんじゃないかな。

B：ちょっとはね。とにかく，近いうちに車で長距離旅行しようよ。覚えておいて，新しい車はガソリンを決して必要としないんだ，それはつまり，僕は決して君にガソリン代を要求しないということだよ！

〔B〕≪アルバイト探し≫

A：なぁ，リュウタ。今，募集中のアルバイトを知らない？

B：ジェフ，なんで聞くの？　君はすでにアルバイトしてると思ってたんだけど。

A：最近，新しいアルバイトを探すことに決めたんだ。

B：とても残念だけど，僕が勤めているレストランには空きはないんだ。もし一緒に働けたら，すごく良かったんだけど。

A：そうだね。君のアルバイト先はキャンパスにとても近いよね。僕が自分のアルバイトを辞めようとしているのは，給料は酷いし，行くのに電車で1時間かかるからなんだよ。

B：言いにくいんだけど，僕のレストランはたくさん払ってくれるよ。1時間で2000円もらってるんだ！

A：ねえ，それは僕が探してるような仕事だよ。どうやってそのアルバイトを見つけたの？

B：キャリアセンターに行って，そこでアルバイトを探したんだ。キャンパス近くのアルバイトがたくさんあるよ。

A：良い考えだね。今からそこに行って何があるか見ようと思う。

B：僕もそっちの方向に行くんだ。一緒に歩いて行って，それから自転車を取ってアルバイトに行くよ。

A：それはいいね。よかったら，どのアルバイトに応募するか決めるのを手伝ってくれないかな。

B：喜んで。聞いても嫌じゃなければ良いんだけど，今やってるアルバイトでいくら稼いでるの？

A：君が稼いでる額の半分よりちょっと少ないくらいだよ。酷い仕事だ！

◀解　説▶

〔A〕 1．空所直後でBがAに自分の誕生日に両親からもらう誕生日プレゼントの話をしていることから，ア．「僕は君が感謝を表すために，ご両親に贈り物を買うことを望んでいるんだけど」は，相応しくない。ウ．

「君はご両親が買ってくれる贈り物がサプライズになってほしいと言っていたよね」は，空所に続く発言内容とかみ合わず，エ.「君は夢にまで見た車を手に入れると言っていたよね」は，贈り物が車であることは空所直後に初めてBがAに話しているので，それぞれ相応しくない。イ.「きっと，君は忘れられない誕生日の食事とケーキを用意してもらえるよ」を選べば，直前の発言内容と自然に続き，後の発言ともかみ合うので，正解に相応しい。

2．空所の後のAの発言は，Bの選んだ車種に対して「環境に優しくいようなんて君は本当に分別があるね」という内容である。したがって，ア.「両親には，自分は環境に優しくなろうと思っていて，完全な電気自動車が欲しいって言ったんだ」が正解に相応しい。イ.「買ってもらう車は燃料噴射装置のついた格好いい赤の350-Zのスポーツカーになる予定なんだ」，ウ.「僕はハイテクハイブリッドカーを選んだ」，エ.「両親は僕に燃料効率の良い小型車を買うことに決めたんだ」は，いずれも環境に配慮した車を選んだことにならないので，相応しくない。なお，燃料噴射装置とはガソリン車についている装置であり，燃料を必要としない電気自動車にはついていないものである。

3．空所直前でBが運転免許試験を受ける話をしており，空所が含まれる文に「もし受からなかったとしても」とある。また，空所直後のAの発言には，「それがプレッシャーを取り除いてくれると思うんだけど」とあるので，運転免許試験が不合格であったとしても悪い状況にはならないという内容の発言であると考えられる。したがって，エ.「新しい車は僕が合格するまで待っていてくれる」が正解に相応しい。ア.「僕は毎日学校まで，ストレスのかかる長時間の電車通学をすることになる」，イ.「父はとても怒るだろうし，購入をキャンセルするだろう」，ウ.「両親はクリスマスまで何もプレゼントをくれないだろう」は，いずれも状況が悪くなる内容の発言であり，相応しくない。

〔B〕4．空所直後のBの発言は，「とても残念だけど，僕が勤めているレストランには空きはないんだ」なので，空所に入るのはアルバイト先を探している発言である。したがって，ウ.「最近，新しいアルバイトを探すことに決めたんだ」が正解に相応しい。ア.「実は，初めてのアルバイトを見つけようとしている」は，空所直前の「君はすでにアルバイトしてると思ってたんだけど」という発言とかみ合わない。イ.「幸運にも，給料の金額が原因で，そのアルバイトは引き受けなかった」，エ.「残念ながら，そのアルバイトは紹介されなかった」は，次のBの発言とは関係がなく，正解に相応しくない。

5．空所直前のAの発言に「どうやってそのアルバイトを見つけたの？」とあり，また空所直後のItはアルバイト情報がたくさんある場所を指していると推測されることから，エ.「キャリアセンターに行って，そこでアルバイトを探したんだ」を選べば，Itが指す場所が具体的に示され，自然な会話が成り立つ。ア.「アルバイト先を見つけるために大学のホームページをチェックした」，ウ.「辞めようとしていた友達からそのアルバイトについて話をされた」は，次のAの発言の「今からそこに行って何があるか見ようと思う」と内容がかみ合わない。また，イ.「とにかく君はそこに行ってアルバイトに申し込むべきだと思う」は，「そこ」が指す場所が不明瞭であるため，いずれも相応しくない。

6．空所直前に「聞いても嫌じゃなければ良いんだけど」という発言があり，空所直後のAの発言には「君が稼いでる額の半分よりちょっと少ないくらいだよ」とあるので，空所にはAに今のアルバイト代を尋ねる発言が相応しいと考えられる。したがって，ウ.「今やってるアルバイトでいくら稼いでるの？」を選べば，自然な会話が成り立つ。ア.「今のアルバイトはどれくらい続けて働いているの？」，イ.「次のアルバイトはどれくらい続けて働こうとしているの？」は，アルバイト代を尋ねる質問にはなっていないので，続くAの発言とはかみ合わない。また，エ.「次のアルバイトではどれくらい稼ぎたいの？」は，続く発言が，時給の良いアルバイトを探しているAの考えと矛盾することになるため，相応しくない。

II　解答　7―ア　8―ウ　9―カ　10―ク　11―イ　12―エ

◆全　訳◆

≪人間の言語習得≫

新生児が何を欲しがっているかを知ることは難しい。新生児達は話すことも，歩くことも，思い浮かべているものを指し示すことさえもできない。しかし近年の研究によると，赤ん坊は話し始めるよりずっと前に，言語能力を発達させ始めているのだ。そして大人と比べると，赤ん坊はそれらの言語能力を素早く発達させる。人間は成長すると，新しい言語を学ぶのに苦労するが，幼児はどんな言語でも，ニセの言語であっても，簡単に学ぶ能力を持っている。

長い間，科学者達は，そんな幼い子供がどうやって，複雑な文法的規則と，口語で意思疎通するのに必要とされる音声を学ぶのかを説明するのに奮闘してきた。今では，研究者達は社会の最も幼い語学学習者達の脳の中で何が起こっているのかをより理解している。その見識は，ゆくゆくは，新たな言語を学びたいと思っている大人はもちろん，学習障害を持った子供達を助けることができるだろう。その研究は，人のように意思疎通するコンピュータを設計しようとしている科学者達を助けることさえもできるかもしれない。

◀解　説▶

7．空所の前後は両方とも，主語と動詞が含まれる文章になっていることから，接続詞の働きをする語が必要である。与えられた選択肢で接続詞の働きをするのはア．before「～より前に」とキ．since「～以来ずっと」だが，空所を含む文が「赤ん坊は話し始める…言語能力を発達させる」という意味になることから，ア．before が正解に相応しい。long before *A* *do*「*A* が～するずっと前に」

8．空所の後の they は赤ん坊を指すことから，ウ．compared を選べば，「大人と比べると，赤ん坊は…」という，大人と赤ん坊を比較する文章になり，全体が意味のある英文となる。compare *A* to *B*「*A* を *B* と比較する」 ここでは受動態で be 動詞が省略されている。

9．空所が含まれる箇所は，any language とは別の名詞で新たな情報を付け加える働きをしている。また空所の直後に代名詞 ones（= languages）があることから，これを修飾する形容詞が入ると判断する。カ．fake「ニセの」を選べば，「ニセの言語」となり，全体が意味のある英文となる。

10．空所が含まれる文の文頭に For a long time とあるので，空所直前の have は現在完了を導くと考え，空所には過去分詞が必要であると判断する。ク．struggled「奮闘する」を選べば，「科学者達は幼い子供がどのように言語を学ぶのかを説明するのに奮闘してきた」という主旨になり，全体が意味のある英文となる。

11. 空所直前に the があり，直後には前置詞 of があることから，空所には名詞が必要であると判断する。イ．brains「脳」を選べば，「社会の最も幼い語学学習者達の脳の中」となり，全体が意味のある英文となる。

12. 空所直前に learning があり，これが動名詞であろうが分詞であろうが，目的語あるいは被修飾語となる名詞が必要であると判断する。エ．disabilities「障害」を選べば，kids with learning disabilities「学習障害を持った子供達」となり，空所を含む文後半の「新しい言語を学びたい大人達」とともに，研究者達の得た知識（The insights）が助ける対象として意味が通る。

III 解答

13―イ　14―ア　15―イ　16―エ　17―ウ　18―エ
19―イ　20―ウ

◀解　説▶

13. 「メアリーは彼女の祖母に届けてもらいたい花を買った」
空所が含まれているのは関係詞節で，先行詞である some flowers を元の位置に戻すと，she would like some flowers (　　) to her grandmother となる。would like の語法として，would like *A* to *do* / would like *A done* の 2 通りがある。空所は to *do* か *done* のいずれかとなるが，some flowers と，deliver「〜を配達する」には受動関係が必要なので，過去分詞のイ．delivered が正解となる。エ．delivery「配達」は名詞であり，would like は第 4 文型を取らないことから，空所には相応しくない。

14. 「ジャックは自分の失敗を上司に報告することを必要だと考えなかった」
did not consider 〜「〜と思わなかった」がこの文章全体の動詞となっており，接続詞や関係詞が用いられていないので他に動詞を用いることができないことから，エ．was necessary は答えとして相応しくない。また，consider は基本的には他動詞として用いるので後に目的語となる名詞が続くが，イ．necessary「必要な」は形容詞なので，答えとして相応しくない。空所の後に不定詞（to report）があり，これを真目的語としア．it necessary を用いれば it が仮目的語となり，consider *A B*「*A* を *B* だと考える」の語法が成立する。

15.「そのイベントの主催者は300人もが参加すると知って嬉しく思った」
空所後に数字のついた可算名詞が続いているので，数の多さを強調する，イ．as many as～「～も多くの」が正解となる。エ．so much asは量の多さを強調する表現である。ウ．most of～「～のほとんど」の後は，theや関係詞節などで限定された名詞が続かなければならない。

16.「スミス先生の英語を教える方法は，彼女の前任者とは全く違う」
different fromの後には，〈異なっていたもの〉がfromの目的語として置かれる。よって，エ．thoseを用いてmethods「教え方」を受けることが相応しい。イ．onesは不特定の複数の名詞を受ける代名詞であり，of teaching Englishと限定されているmethodsを受けることはできない。

17.「そのツアーガイドは，そのお土産屋さんが9時に開くことは知っているが，何時まで開いているかは知らない」
ウ．how late「どれほど遅く」を補えば，「何時まで開いているか」という意味になり正解となる。ア．at which timeは「どの時間に（開いているか)」，イ．by whenは「いつまでに（開くのか)」となり，「そのツアーガイドは，そのお土産屋さんが9時に開くことは知っている」に続くbut以下の内容としては不適切である。

18.「父は私に，このような状況で自分が正しいと思ったことをするように言った」
空所の直前がdoであることから目的語が入ると考えられるので，ウもしくはエとなる。エ．what I thoughtを入れると，空所の直後と併せてwhat I thought was right「私が正しいと思ったこと」となり，doの目的語として相応しい。

19.「レオンは，医者に診てもらう前に2時間以上待たされたので，いらいらしていた」
選択肢にwaitとあるので，与えられた英文のその他の部分から推測すると，空所とその前後は「レオンは待たされた」という意味になると考えられる。make *A* *do*「*A*に～させる」は受動態で*A* be made to *do*「*A*が～させられる」となるので，イ．to waitが正解に相応しい。

20.「販売部長は新しい製品はよく売れていると言ったが，この調査はそうでないことを示唆している」

前半部分の「製品がよく売れている」にbutが続いているので，そうではないことを意味する語が必要である。ウ．otherwiseは文末で用いると「違ったふうに」（=in a different way）を表すので，正解に相応しい。ア．altogether「全く，総計で」 イ．nevertheless「それにもかかわらず」 エ．therefore「それゆえ」

Ⅳ　解答　21—ウ　22—ウ　23—ア　24—ア

◀解　説▶

21.「私はプロになってゴルフをするという夢がついえたと理解しなければならなかった」

come to grips with ～は「～を理解する」という意味であること，また be over「終わる」，そして being は前置詞 with の目的語としての動名詞であり，my dream of playing professional golf がその意味上の主語であることから，ウ.「私はプロになってゴルフをするという夢が見果てぬ夢であることを認識しなければならなかった」が最も意味が近い英文である。ア.「私はプロになってゴルフをするという夢を実現するために，犠牲を払わないといけなかった」，イ.「私はプロになってゴルフをするという夢を実現するために，もっと練習しなければならなかった」，エ.「私はプロになってゴルフをするという夢を叶えるために頑張ろうと再び決心した」は，いずれも該当しない。

22.「アリーシャはジェンナに，与えられた提案に耳を傾けるように言った」

keep an open mind は「耳を傾ける」という意味であることから，ウ.「ジェンナは与えられた提案について考えるように，アリーシャに言われた」が最も意味が近い英文である。ア.「アリーシャはジェンナに，受けた提案は無視するように伝えた」，イ.「アリーシャはジェンナに，受けた提案を思い出すように告げた」，エ.「ジェンナは与えられた提案を完成させるように，アリーシャに言われた」は，いずれも該当しない。

23.「昨日の会議は予定よりも延びた」

run over は「(予定時間などを) 超える」という意味であることから，ア.「昨日行われた会議は，予定されていた終了時刻を越えて続いた」が最も意味が近い英文である。イ.「昨日行われた会議は，予定されていた終了時刻よりも早く終わった」，ウ.「昨日の会議はスケジュール通りに行われた」，エ.「昨日の会議は後日に延期された」は，いずれも該当しない。

24.「我が社の未来は政府の裁定によって危険にさらされている」

be at stake は「危険にさらされている」という意味であることから，ア.「政府の決定の結果，我が社の未来は不確かである」が最も意味が近い英文である。イ.「政府の決定のおかげで，我が社の未来は希望に満ちている」，ウ.「政府の決定のおかげで，我が社の未来は明確だ」，エ.「政府の決定の結果，我が社の未来は胸をわくわくさせるものだ」は，いずれも該当しない。

V 解答 25―ウ 26―イ 27―イ 28―ア 29―ア

◀解 説▶

25. (a)「社会において特定の人や集団を不公平に扱うこと」

(b)「世界中の国で人種差別問題が長く存在している」

ア. disagreement「意見の相違」 イ. disappointment「失望，落胆」

エ. distinction「区別」

26. (a)「性格や情動行動において成長しており安定している」

(b)「大学で一年学んだ後に，新入生達ははるかに成熟した」

ア. mandatory「義務的な」 ウ. municipal「地方自治体の」 エ. mutual「相互の」

27. (a)「情報やニュースを人々に伝える方法」

(b)「注目すべき例であるツイッターは，今や広告主に人気の情報伝達手段である」

ア. equipment「装置，装備」 ウ. simulation「シミュレーション」 エ. structure「構造」

28. (a)「問題が原因で，何かをすることを完全に辞めること」

(b)「十分なお金がなかったので，彼らはその建物の工事を断念しなければならなかった」

イ. evacuate「～を避難させる」 ウ. penetrate「～を貫く」 エ. restrict「～を制限する」

29. (a)「たいていは隠すために，何かを地面に埋めること」
(b)「最新の都市開発計画において，電線を道路の下に埋めることが決まった」
イ．demolish「～を取り壊す」 ウ．pack「～を梱包する」 エ．retrieve「～を取り戻す，回収する」

Ⅵ 解答

30―カ　31―オ　32―イ　33―ウ　34―カ　35―ア
36―カ　37―オ

◀解　説▶

30・31. (Jack) came to study all the harder knowing (that he could get a scholarship to a university.)
come to *do*「～するようになる」より，まずは (Jack) came to study と並べることができる。また，all the＋比較級で「かえって～，ますます～」という意味になり，for や because が続いてその理由が示される。ここでは knowing 以下「奨学金がもらえると知って」が理由となる。
32・33. (There was) nothing else the driver could do except remain (in traffic.)
except～「～を除いて」は前置詞であるが，後に名詞だけではなく節や不定詞などを続けることが可能である。また不定詞の to を省略して原形不定詞とすることもできる。the driver could do は nothing else を修飾する関係詞節である。
34・35. With the economy being as it is (, it would be difficult to make a profit from a major investment.)
with *A* *B*「*A* が *B* の状態で」ここでは *A* が the economy，*B* が being as it is となる。as it is「そのままにして，そのままの」
36・37. (The program is designed to encourage college students to realize) how what they learn relates to (their real life.)
選択肢より，what they learn「自分たちの学び」，relates to (their real life)「(実生活に) 関係している」を順番に並べることができる。残りの how「どのように」は最初の空所に入れると，日本文に即した英文となる。

Ⅶ **解答**　問1．エ　問2．ウ　問3．エ　問4．イ　問5．ウ
問6．エ　問7．ウ・キ（順不同）

◆全　訳◆

≪時計の歴史≫

およそ4000年前，古代エジプトは12時間制を考案した。彼らは１日を12時間に分けた。最も初期の時計は時刻を表すのに太陽の影を用いた。長い木の棒には時間が刻み込まれていた。短い木の棒が長い木の棒の一方の端に置かれていた。太陽が空を移動するにつれて，短い木の棒が長い木の棒の上に影を作った。これらの影は時刻を示した。時刻を示すこの方法は役に立ったが，あまり正確ではなかった。その後，丸い日時計が新しく作られた。その日時計も太陽の影を用いたが，木の棒を使った時計よりも正確だった。日時計は天気のいい日に時刻を測定することができた。しかし，それらは夜や太陽が雲に隠れた時には機能しなかった。また，人々は日時計が指す時刻が季節と共に変わるのを見て混乱した。

長い年月の間で，日中と夜間の時刻を測定するのに様々な種類の時計が創られた。古代中国や日本，そしてイラクでは蠟燭時計が使われた。蠟燭立ては時刻を表す目盛りで区切られていた。蠟燭が燃えるにつれて，目盛りが何時間経過したかを示した。ギリシャ人は２つのガラスの容器で作られた水時計を使った。その２つの容器は小さな穴でつながっていた。上の容器が水で満たされていた。その水が穴を通って下の容器へゆっくり流れていった。下の容器には時間を測る目盛りが刻まれていた。砂時計も同じように機能した。違いは砂が上の容器から下の容器に移動したことだった。水時計と砂時計は時刻を測るのにとてもよく機能した。

すぐに時計はすばらしい芸術的なものへと発展した。時計は美しい木製の箱に入れられた。箱には花や鳥が描かれた。およそ1000年前，１人のアラブ人技術者が水時計に機械的な特徴を付け加えた。彼は小窓を開けたりベルを鳴らしたりする歯車を回すのに，落下する水を用いた。これらの機械的特徴は後世の技術者達に機械式時計を開発する着想を与えた。

機械式時計はまず，およそ800年前に中国で出現した。その着想は他の場所へと広がった。機械式時計は毎日，道具を使ってネジが巻かれなければならなかった。それは，バネと歯車が組み合わさった複雑な仕組みを内側に持っていた。歯車が時計の表面の文字盤を回転させた。最も初期の機

械式時計は何時かだけを示す文字盤が１つしかないものだった。後になって，何分かを示す文字盤が付け加えられた。

ほとんどの現代の時計は電池か電力で動いている。それらは時間，分，そして秒を示す。正確な時刻を知ることは，私たちの複雑な世界においては重要だ。

◀解　説▶

問１．エ．「日時計は動く太陽からの太陽光線と大きさの異なる木の棒の位置の相互関係に依存していた」は，第１段第６・７文（As the sun … showed the hours.）の内容と一致する。ア．「およそ 4000 年前，エジプト人は時刻がわかる方法をまだ創り出してはいなかった」は，第１段第１～３文（About 4,000 years … of the day.）と不一致。イ．「日中の時刻の進行を示すことは初期の時計には欠けていた特徴だった」は，第１段第３文（The earliest clocks …）と不一致。ウ．「日時計は正確にそして役立つやり方で時刻を示した」は，第１段第８文（This method of …）と不一致。

問２．下線部は，前文に続いて，日時計の欠点を述べていることを念頭に置いて考える。be confused は「混乱する」，to see 以下はなぜ混乱したのかを示す。また，see *A do* は「*A* が～するのを見る」という意味で，ここでは *A* が the time on sundials，～の部分は vary である。これらより下線部は「人々は日時計が指す時刻が季節と共に変わるのを見て混乱した」と訳出されるので，ウ．「季節的な変化の結果として一年を通じて文字盤上の時刻は異なって示されたという事実は，人々にとって当惑させられるものだった」が正解に相応しい。ア．「人々は一年を通じて高い精度で文字盤上の時間を読み取ることができた」 イ．「季節にかかわらず，文字盤上に示された時刻を推測するという観点においては，人々はほとんど問題に直面しなかった」 エ．「文字盤上に示される時刻は一年の間を通して安定していた」

問３．エ．「蠟燭をまっすぐに立たせることを意図した装置は，時刻を告げるために，２時間ごとに区切られていた」は，第２段第３文（A candle holder …）に「蠟燭立てには印が時間ごとに刻まれていた」とあるが，「２時間ごとに」という記載がないので，本文の内容と一致しない。よって，これが正解となる。ア．「砂時計と水を利用した時計は両方とも，時間の経過を申し分なく推定した」は，第2段最終文（Water clocks and …）と，イ．「水と一対のガラスでできた容器の組み合わせからなる時計は，ギリシャ人によって利用された」は，第2段第5文（Greeks used water …）と，ウ．「経過した時間は，燃えている蠟燭と蠟燭の保持装置上の目盛りの比較を通じて確認された」は，第2段第4文（As the candle …）と，それぞれ一致する。

問4．イ．「時計は美学的に，目を楽しませるまでに至った」は，第3段第1文（Soon clocks developed …）の内容と一致する。ア．「およそ1000年前，1人のアラブ人が水時計から機械化された仕組みを取り除く責任を負っていた」は，第3段第4文（About 1,000 years …）と一致しない。ウ．「アラブ人技術者によって設計された時計は，時計の歯車に動力を供給するのに使われた小窓とベルの仕組みに頼っていた」は，第3段第5文（He used the …）と一致しない。エ．「時計の外枠には自然を描写した簡素な装飾すら1つもなかった」は，第3段第2・3文（Clocks were put … flowers and birds.）と一致しない。

問5．ウ．「最初の機械式時計は2つの文字盤を通じて，時間と分の両方を示した」は，第4段第6文（The earliest mechanical …）の内容と一致しないので，これが正解。ア．「およそ8世紀前，機械仕掛けを利用した時計は，まず中国で見られた」は，第4段第1文（Mechanical clocks first …）と，イ．「機械式時計は歯車とバネの入念な配置から成っていた」は，第4段第4文（It had a …）と，エ．「機械式時計がその基礎を置く技術は中国を越えて広がっていった」は，第4段第2文（The idea spread …）と，それぞれ一致する。

問6．下線部は，前文から続く機械式時計の概要説明であることを念頭に置いて考える。下線部のwoundはwind「(時計などのねじ）を巻く」の過去分詞である。またwithはここでは「～で，～を使って」といった，道具・手段を表す用法である。これらより，下線部は「機械式時計は毎日道具でネジが巻かれなければならなかった」と訳出されるので，エ．「機械式時計を機能させ続けるために道具が日常的に使われた」が正解に相応しい。ア．「毎日，誰かが特別な道具で機械式時計を止める必要があった」イ．「機械式時計は人の介入を全く受けずに日常的に作動することができた」ウ．「多くの道具が一つ一つの機械式時計の日々の整備に必要とされた」

問７．ウ.「水時計の水は１つ目の容器の小さな穴から２つ目の容器へと昇っていった」は，第２段第７・８文（The top bowl … through the hole.）と一致しない。キ.「電力や電池は現代の時計の唯一の動力源である」は，つまり「全ての現代の時計が電力か電池で動いている」ということを意味するので，最終段第１文（Most modern clocks …）と一致しない。ア.「２本の木の棒からなる最初の日時計よりも，影を利用した丸い日時計は，より正確な時計の形態である」は，第１段第９・10 文（Later, round sundials … the wood clocks.）と一致する。イ.「日時計の１つの重要な問題は，曇りの日に時間を告げることが不確実だったことである」は，第１段第 12 文（However, they did …）と一致する。エ.「時計の１つの部分から別の部分へと流れていく物質において，主として違いがあるが，水時計と砂時計は同じように機能した」は，第２段第５～11 文（Greeks used water … the bottom bowl.）と一致する。オ.「アラブ人技術者の考えは機械式時計に関する次の技術革新につながった」は，第３段第４～６文（About 1,000 years … develop mechanical clocks.）と一致する。カ.「機械式時計の表面の文字盤は内部の機械によって動かされた」は，第４段第４・５文（It had a … of the clock.）の内容と一致する。

日本史

I

解答　1－④　2－①　3－①　4－③　5－④　6－②
7－③　8－②　9－①　10－②

◀解　説▶

≪戒律の伝来と遣唐使の廃止≫

1・4．史料Aの終盤に「初めて盧舎那仏殿の前に戒壇を立つ」とあり，問7で「盧舎那仏殿」に関連して大仏造立の詔を問うていることからも，東大寺を導きたい。鑑真は754年に東大寺大仏殿前に初めて戒壇を築いた。鑑真は日本に戒律を伝えた唐僧で，東大寺で聖武太上天皇や光明皇太后・孝謙天皇らに授戒し，のちに唐招提寺を開いた。

2・10．史料Bは寛平6年（894年）の菅原道真の宇多天皇への上表文で，遣唐大使に任じられた菅原道真が渡航の危険と唐の衰退を訴えている。

3．藤原四家は藤原不比等の4人の子がおこした家。南家は武智麻呂，北家は房前，式家は宇合，京家は麻呂を祖とする。

5．聖徳太子（574～622年）が定めた法令は④の憲法十七条で，604年に制定された。①の史料は，養老令（718年成立）の中の戸令である。②と③の史料は，改新の詔（646年発布）である。

6．藤原宇合の子広嗣は，橘諸兄政権で権勢をふるった吉備真備や玄昉の排斥を求め，740年に九州で挙兵したが敗死した。

7．大仏造立の詔は③の史料で，743年に聖武天皇が紫香楽宮で発布した。①の史料は，憲法十七条である。②の史料は，741年に聖武天皇が出した国分寺建立の詔である。④の史料は，1588年に豊臣秀吉が出した刀狩令である。

8．東大寺戒壇院と筑紫観世音寺・下野薬師寺を合わせて本朝三戒壇と呼ぶ。

9．①誤文。630年に最初の遣唐使として派遣されたのは犬上御田鍬である。小野妹子は607年・608年に遣隋使として中国に渡った。

Ⅱ 解答

11―④　12―②　13―④　14―③　15―③　16―①
17―④　18―②　19―②　20―①

◀解　説▶

≪中世の戦乱と荘園≫

11. 明恵は京都栂尾に「高山寺を再興」した「華厳宗」の僧。『摧邪輪』を著して法然の『選択本願念仏集』に反論した。

12. 明徳の乱は 1391 年，山名氏清が起こした反乱で，乱後，六分の一衆と呼ばれた山名氏の勢力は一時衰えた。

14. 正しい組み合わせは③である。桛田荘は紀伊国にあった神護寺領で，その荘園村落の景観が描かれた絵図が教科書などに掲載されている。阿氏河荘は湯浅氏が地頭をつとめた荘園で，荘民が湯浅氏の非法を片仮名書きで訴えた「紀伊国阿氏河荘民の訴状」で知られる。

15. 後白河法皇は 1185 年，源義経に頼朝追討の院宣を与えたが，頼朝の圧力で撤回した。①の源義仲の敗死は 1184 年，②の寿永二年十月宣旨が出されたのは 1183 年，④の公文所・問注所の設置は 1184 年である。

16. 平清盛は 1181 年に亡くなっているので，1183 年の倶利伽羅峠の戦いが正解である。②の富士川の戦い，③の平重衡の南都焼き打ち，④の侍所の設置はいずれも 1180 年の出来事である。

17. ④正文。①・②・③誤文。鎌倉時代の武士は，年貢の徴収や荘園現地の管理を任務とする地頭に任じられ，館の周辺部に年貢や公事を免除された直営地を設けるなどしたが，この直営地は佃や正作・用作などと呼ばれた。御料所は，室町幕府の直轄地のこと。また，領家は寄進を受けた荘園領主をいう。荘園を寄進した者は預所などの荘官に任じられ荘園の管理を行った。

18. 1378 年の出来事は足利義満による花の御所の造営である。①の土岐康行の乱は 1390 年，③の上杉禅秀の乱は 1416 年に起こった。④の足利直義の敗死は 1352 年である。

19. 長慶天皇は後村上天皇の皇子で，南朝第 3 代の天皇である。

20. 大内義弘が応永の乱で敗死したのは 1399 年であるので，1401 年の第 1 回遣明船の派遣が正解である。②の天龍寺の建立は 1339 年，③の足利義満の太政大臣任官と④の足利義持の将軍就任は 1394 年である。

Ⅲ　**解答**　21—②　22—④　23—④　24—②　25—②　26—④
27—③　28—①　29—③　30—①

◀解　説▶

≪江戸時代の経済と外交≫

21・28. 長州藩の村田清風は藩債の整理や専売制の緩和とともに，他国廻船の積荷を抵当にした資金の貸付や積荷の購入・委託販売を行う越荷方を下関に設置するなど藩の財政再建を行った。

22. 『読史余論』は公家政権から武家政権への推移と，徳川政権の正統性を述べた新井白石の史論書である。

23. 仙台藩医であった工藤平助は，蝦夷地開発とロシア貿易を論じた『赤蝦夷風説考』を著し，老中田沼意次に献じた。

25. 徳川吉宗は，享保の改革において大坂堂島の米市場を公認して，米価の安定・維持を図ろうとしたため，米公方と呼ばれた。

26. 徳川吉宗が発した法令は④の相対済し令である。金銭貸借など取引上の問題は「相対（当事者相互の話し合い）」で解決するよう命じた。①の史料は，長崎貿易を制限した海舶互市新例（新井白石の正徳の政治期のもの）である。②の史料は，没落農民に資金を与えて帰村を奨励した旧里帰農令（松平定信の寛政の改革期のもの）である。③の史料は，3代将軍徳川家光のときの，ポルトガル船の来航を禁じた寛永十六年令（1639年の鎖国令）である。

27. 荻原重秀は勘定吟味役であった1695年，貨幣の改鋳を進言し，その改鋳差益により財政難を打開しようとしたが，元禄小判などの悪質な貨幣の発行は物価の高騰を招き，5代将軍徳川綱吉の死後罷免された。

29. 新井白石は木下順庵の門弟として朱子学を学び，6代将軍徳川家宣・7代将軍徳川家継のもとで側用人の間部詮房とともに，正徳の政治と呼ばれる政治改革を行った。

30. 田沼意次は，10代将軍徳川家治のもとで老中として，商業資本を積極的に利用した幕府財政の再建をめざし，貿易振興や蝦夷地開発を進めようとした。

Ⅳ　解答

31―①　32―③　33―③　34―①　35―②　36―④
37―②　38―③　39―③　40―②

◀解　説▶

≪労働省で活躍した女性≫

31. 山川菊栄は1921年，伊藤野枝らとともに女性社会主義者の団体である「赤瀾会を結成」した。戦後には「労働省婦人少年局の初代局長」となっている。

32. 女子英学塾は1900年に「津田梅子が設立」した女子高等教育機関である。

33. 社会主義研究会のメンバーである片山潜・幸徳秋水・安部磯雄は，1901年には社会民主党という初の社会主義政党を結成した。三宅雪嶺は1888年，政教社を設立し雑誌『日本人』を創刊，日本の伝統や美意識を尊重する国粋主義（近代的民族主義・国粋保存主義ともいう）を唱えた。

34. ①正文。伊藤野枝は1923年の甘粕事件で殺害された。②誤文。『たけくらべ』は樋口一葉の小説である。③誤文。『みだれ髪』は与謝野晶子の歌集である。④誤文。大日本婦人会は，太平洋戦争中の1942年に政府が組織した女性団体である。20歳以上の女性を強制加入させた。

35. 労働省が設置されたのは1947年で，時の首相は新憲法公布後初の総選挙で第一党となった日本社会党の片山哲である。

36. 平塚らいてう・市川房枝らが結成した新婦人協会の運動の結果，1922年，治安警察法第5条が改正され，女性の政治演説会参加が認められるようになった。

37. 地方自治法は首長の公選制やリコール制などを含み，地方公共団体の民主的で能率的な行政を確保する目的で，1947年に制定された。

38. ③正文。厚生省は1938年に設置された公衆衛生を担当する官庁。①誤文。全国の警察組織を統轄したのは内務省である。②・④誤文。戦時動員の計画・立案・調整などを任務とし，1943年軍需省に吸収・合併されたのは企画院である。

39. 『職工事情』は1903年に農商務省から刊行された工場労働者の実態報告書である。製糸・紡績業を中心に雇用条件などを調査，工場法制定の基礎資料となった。

40. ②正文。労働基準法は週48時間労働や女子・年少者の深夜就業の禁止などを規定している。①誤文。労働基準法では原則 15 歳未満の児童の就労を禁止した。③誤文。労働者の団結権・団体交渉権・争議権を保障したのは労働組合法である。④誤文。労働委員会による調停を定めたのは労働関係調整法である。

世界史

I

解答　1－③　2－②　3－①　4－④　5－③　6－③
7－②　8－④　9－①　10－④　11－③　12－①
13－②　14－①　15－②　16－①　17－②　18－③　19－③　20－①

◀解　説▶

≪ビザンツ帝国史≫

1～3．ユスティニアヌス帝は，6世紀にローマ帝国の旧地中海領土の大部分を回復した。イタリア半島の東ゴート王国，北アフリカのヴァンダル王国を滅ぼし，イベリア半島の西ゴート王国の一部も領土に加えた。

4．7世紀以降になると，北方では，スラヴ人の南下やトルコ系のブルガール人によるブルガリア王国の建国により，また東方では，ササン朝からの圧迫やイスラーム勢力にシリアとエジプトを奪われたことにより，ビザンツ帝国の支配領域は縮小に向かった。

5．11世紀後半からセルジューク朝の圧迫を受けるようになったビザンツ帝国は，ローマ教皇に十字軍の派遣を要請した。

8．(ア)誤文。ローマ帝国は，395年のテオドシウス帝の死に際して，東西に分割された。カラカラ帝は，212年に，帝国内の全ての自由人にローマ市民権を付与した皇帝。

(イ)誤文。西ローマ帝国は，ゲルマン人の侵入で混乱状態に陥り，ゲルマン人の傭兵隊長オドアケルが皇帝を退位させたことによって，滅亡した。アジア系の遊牧民であるフン人が黒海北岸へ侵攻し，東ゴート人を服属させた。

9．①ソリドゥス金貨は，コンスタンティヌス帝が鋳造させた高品質の金貨。この金貨の普及によって，地中海貿易は安定した。

11．③正答。①不適。マドリードはスペイン王国の首都。②不適。トレドは，西ゴート王国やカスティリャ王国の首都。④不適。グラナダは，イベリア半島最後のイスラーム王朝であるナスル朝の首都。

14．①正答。サラディンは，第3回十字軍と戦った。選択肢の中で，第3回十字軍に参加したのは，①イギリス王リチャード1世と③神聖ローマ皇帝フリードリヒ 1 世だが，フリードリヒ 1 世は途上で戦死しているので，リチャード 1 世が正解。

15. ㈎正文。㈏誤文。マムルーク朝はエジプトとシリアを領有した王朝であり，モンゴル軍の侵入でバグダードを追われたアッバース家の一員をカリフとして首都カイロで擁立した。

17. ②正答。南スラヴ人は，バルカン半島に定住したスラヴ系の民族であり，セルビア人，クロアティア人，スロヴェニア人などからなる。②チェック人は，ポーランド人，スロヴァキア人同様，西スラヴ人の一派である。

18. ③正答。テマは，ビザンツ帝国で 7 世以降，異民族の侵入に備えて設置された軍管区。なお，①プロノイア（制）は，有力貴族に軍事奉仕の引き換えとして土地の管理権を委ねたビザンツ帝国の制度で，11 世紀から始まった。

19. コンスタンティノープルを攻略しラテン帝国を建てた第 4 回十字軍を呼びかけたのは，③インノケンティウス 3 世。①グレゴリウス 7 世は，神聖ローマ皇帝ハインリヒ 4 世を破門し，屈服させた。②ウルバヌス 2 世は，クレルモン公会議を招聘し，十字軍の派遣を呼びかけた。④レオ 3 世は，フランク王国のカール大帝にローマ皇帝の帝冠を与えた教皇。

II　解答

21―④　22―④　23―①　24―①　25―②　26―①
27―④　28―④　29―③　30―③　31―②　32―①
33―①　34―①　35―④　36―②　37―①　38―③　39―④　40―②

◀解　説▶

≪18 世紀以降の清朝史≫

23. ①アイグン条約は，1858 年に清朝とロシアの間で締結された条約で，黒竜江（アムール川）以北がロシア領，ウスリー川以東（沿海州）を共同管理地とした。②イリ条約は，イスラーム教徒の反乱を口実にロシアが新疆に派兵したイリ事件（1871～81 年）をきっかけとして，清朝とロシアが 1881 年に結んだ条約。③キャフタ条約は，1727 年に雍正帝がロシアとの間に結んだ条約であり，モンゴル方面の国境が確定された。④ネルチンスク条約は，1689 年に康熙帝がロシアのピョートル 1 世との間で結んだ条約であり，アルグン川と外興安嶺（スタノヴォイ山脈）が両国の国境線とされた。

24. ①正答。清朝がジュンガルを滅ぼして最大版図を実現したのは，1758年。

25. (ア)正文。(イ)誤文。「坤輿万国全図」は，中国で活躍したイエズス会士マテオ=リッチ（利馬竇）による，1602 年に北京で刊行された中国史上最初の漢訳世界地図。アヘン戦争期のものではない。

26. 南京条約では，上海，寧波，福州，厦門，広州の 5 港が開港された。

27. アヘン戦争の開戦（1840 年）より後におこったイギリスの出来事は④穀物法の廃止（1846 年）。①第 1 回選挙法改正は 1832 年，②ヴィクトリア女王の即位は 1837 年，③東インド会社の中国貿易独占権廃止は 1833年。

30. (ア)誤文。アムール川以北をロシア領と定めたのはアイグン条約。北京条約は，アロー戦争の調停を行った見返りとして，ロシアが清朝に 1860年に締結させた条約。(イ)正文。

31. ①不適。イギリスが香港島を割譲させたのは南京条約。

③不適。新界とは九竜半島とその周辺の島嶼部を合わせた地域の呼称であるが，新界がイギリスの租借地となったのは 1898 年。

④不適。マカオを統治していたのはポルトガル。

33. ①正答。清仏戦争の開戦は 1884 年で，ブーランジェ事件は 1887〜89年に起きている。②カンボジアの保護国化は 1863 年，③パリ=コミューンの樹立は 1871 年，④メキシコ出兵は 1861〜67 年。

34. ②不適。オランダを追放したのは明の遺臣である鄭氏。

③不適。台湾は，藩部ではなく，直轄領であった。

④不適。清代に白蓮教徒の乱が起こったのは，四川，陝西，湖北の省境地域。

35. 下線部 6 は義和団事件を指している。(ア)誤文。義和団は「扶清滅洋」をスローガンに掲げ外国勢力の排斥を目指した。「滅満興漢」をスローガンとしたのは太平天国の乱。

(イ)誤文。義和団は白蓮教系の秘密結社であり，キリスト教排斥を訴え，宣教師や信徒を攻撃した。

36. 義和団事件の鎮圧は 1901 年である。②正答。科挙の廃止は 1905 年である。①総理各国事務衙門の創設は 1861 年，③戊戌の変法の開始は 1898年，④北洋艦隊の創設は 1888 年。

37. やや難。①正答。北京近郊の周口店で発見された化石人類とは北京原人のことである。よって，①ジャワ原人が正解。

38. ③正答。元の都は大都（現在の北京）。①漢（前漢）の都は長安，②魏の都は洛陽，④秦の都は咸陽。

39. ④正答。義和団事件の鎮圧に派兵したのは，日本，ロシア，イギリス，フランス，アメリカ，ドイツ，オーストリア，イタリアの 8 カ国。

40. モンゴル人民共和国の成立は 1924 年。

地理

I 解答

1―③　2―③　3―②　4―①　5―①　6―④
7―①　8―③　9―②　10―④　11―③　12―③
13―②　14―③

◀解　説▶

≪オセアニア地域の地誌≫

1．③が正解。東京はおおよそ北緯35度，東経140度付近に位置する。地図を赤道で折り返したとき，東京に最も近くなる南緯35度，東経140度付近に位置する都市を選ぶ。

2．③が正解。地球の半径が約6400kmなので，全周は6400×2×3.14＝約4万〔km〕になる。図1の緯線は10度間隔なのでAとBの緯度の差はおよそ6度となり，南北の距離は4万×6÷360＝666.6〔km〕，さらに少し経度がずれているのでその分を考慮すると，700kmを超える程度の距離があると考えられ，③800kmが最も適当となる。

4．①正文。Xのグレートディヴァイディング山脈の地体構造は古期造山帯である。②・④誤文。ヨーロッパアルプスやアンデス山脈の地体構造は新期造山帯なので形成時期が異なる。③誤文。先カンブリア時代の地体構造は安定陸塊である。

5．①正文。Yのグレートアーテジアン盆地はエーア湖周辺を中心に海面下の標高の土地が広がっている。②誤文。掘り抜き井戸は自由地下水ではなく，被圧地下水を利用している。③誤文。内陸乾燥地域のYのグレートアーテジアン盆地にみられるエーア湖などの湖は，淡水湖ではなく塩湖である。④誤文。スノーウィーマウンテンズ計画の説明である。

6．④正文。Zはタスマニア島である。タスマンは17世紀にオーストラリア沿岸や南太平洋を探検した。①誤文。タスマニア島は山地が多くを占め平地が少ない。農業は牧羊と酪農が中心で小麦の生産はさかんではない。②誤文。原生林が残り世界複合遺産に認定されている地域はあるが，鉄鉱石・銅鉱石・石炭などの地下資源の採掘が島内で行われている。③誤文。タスマニア州の州都はホバートで人口は20万人である。

8．③正文。■は金が採掘されている地域である。①は羊毛，②は鉄，④は石炭の説明である。

9．先住民アボリジニの聖地ウルル（エアーズロック）の写真は②である。①はイースター島のモアイ像，③はイギリス南部のストーンヘンジ，④はペルーのマチュピチュ遺跡の写真である。

10．④が正解。Dは地中海性気候区のパースである。雨温図より月平均気温が温帯の条件を満たし，最多雨月と最小雨月の差が3倍以上であることから地中海性気候区と判断できる。①誤り。Aはブリズベンである。②誤り。Bのシドニーは温暖湿潤気候区に位置している。③誤り。Cはアデレードである。

14．③が正解。マオリはニュージーランドのポリネシア系先住民族である。

II　解答

15―③　16―①　17―③　18―①　19―③　20―③
21―①　22―③　23―④　24―④　25―②　26―②
27―②

◀解　説▶

≪広島県広島市太田川河口付近の地形図読図≫

16．①正文。三角州は河川の氾濫や高潮の被害を受けやすい。②・④誤文。泥土の低湿地が広がり日本では水田としての利用が多い。③誤文。天井川は扇状地の末端部や自然堤防帯に多く見られる。

17．③誤り。ドナウ川は黒海に注ぎ込む河川である。

18．①正文。②誤文。現在，日本では大規模な干拓地の造成はほとんどされていない。③誤文。土砂などを積み上げて造成するのは埋立地である。④誤文。干拓は日本固有の手法ではなく，オランダは積極的に造成して干拓地が国土の約4分の1を占めている。

19．③誤文。天満川の西側に滑走路は見られず，田が広がっている。

20．③正文。①誤文。輪中とは，集落の周囲を堤防で囲んだ地域のことだが，地形図からは読み取れない。②誤文。集落内に学校の地図記号が読み取れる。④誤文。桑畑の地図記号は読み取れない。

21．①誤文。宇品に向かう特殊軌道は御幸橋から南は東側にルートが変わっている。

22．図2中の江波皿山に52mの標高点があり，その周りに50mの計曲線が書かれていることから，２万５千分の１の縮尺と判断できる。

26. ②正文。①誤文。国道は白黒の地形図ではグレーの着色がされた道路である。③誤文。並行して特殊鉄道（路面電車）の地図記号は読み取れない。④誤文。平和大通は戦後復興期に都市計画の一環として幅が100ｍの道路として計画された。

Ⅲ　解答

28－②　29－③　30－④　31－②　32－⑤　33－②
34－①　35－①　36－②　37－②　38－①　39－②
40－①

◀解　説▶

≪世界の漁業と林業≫

29. ③が正解。①グランドバンク，②ジョージバンクは北西大西洋漁場のバンクである。④大和堆は日本海の中央部に位置する北西太平洋バンクの浅瀬である。

31. ②正文。栽培漁業は，卵から稚魚になるまでの期間を人が育て，外敵から身を守れるようになったら，その魚介類を海に放流し，自然の海で成長した後に漁獲する漁業のことである。①・④誤文。養殖漁業の説明である。③誤文。完全養殖の説明である。

32. ⑤が正解。日本の漁業の内訳をみると中型船で数日間操業する沖合漁業が約半分を占める。２割程度が小型船を用いて領海内で日帰り操業する沿岸漁業で，大型船を用いて数ヶ月にわたって操業する遠洋漁業は１割に満たない。

33. ②が正解。１位の中国は1990年代に養殖業による生産を伸ばし漁業生産量は世界１位であり，輸出額も１位となっている。２位のノルウェーは大規模な養殖業が沿岸各地に発展し，アトランティックサーモンの生産が世界第１位となっている。３位のベトナムは2000年代初め以降エビの養殖に力を入れ水産物輸出額を伸ばし，2017年には過去最高の輸出額となった。

34. ①が正解。エビや牡蠣等を大量消費するアメリカが輸入額１位であり，石油危機や円高，排他的経済水域の採用などにより漁獲高が減少した日本が２位である。水産物輸出国であり輸入国でもある人口の多い中国が３位となっている。

35. ①正文。②誤文。世界の漁獲量に占める養殖業の割合は6割に満たない。③誤文。世界の漁獲量は1980年代から2000年にかけて増加した。日本の漁獲量は1980年と比べると2000年に約半分に減少し，2016年にはさらに減少している。④誤文。2010年のワシントン条約締約国会議で大西洋クロマグロの商業取引禁止は提案されたが否決された。

38. ①が正解。例えば熱帯地域に生える高木と半日陰での栽培に適したコーヒーの苗を一緒に栽培するような農業を，アグロフォレストリーという。

40. ①正文。発展途上国では，自給用の燃料として薪炭材が大量に消費されている。②誤文。世界の木材生産のうち輸出に向けられている割合は1割にも満たない。③・④誤文。熱帯林のチークは硬木で家具材に使われ，ラワンは合板材として加工される。パルプ材としては軟木で大量伐採しやすいことから亜寒帯気候に多く成育する針葉樹林が用いられる。

政治・経済

I 解答

1－①　2－②　3－④　4－②　5－③　6－④
7－①　8－⑥　9－③　10－④　11－②　12－③
13－①　14－②　15－③

◀解　説▶

≪国際連合≫

6．①誤文。マグナ・カルタはイギリスで成立したものである。②誤文。フランスは三国協商の一員であった。③誤文。フランスはユーロ導入国である。④正文。

7．①正文。②誤文。香港はイギリスから返還された。③誤文。中国は国際刑事裁判所には未加入である。④誤文。南沙諸島で中国と係争関係にあるのはベトナム，フィリピンなどである。

8．⑥正解。PTBTは1963年，ABM制限条約は1972年，INF全廃条約は1987年にそれぞれ締結されている。

9．国際司法裁判所はオランダの③ハーグに置かれている。

10．④1994年の三党連立内閣に参加した政党は当時の日本社会党であり，村山富市内閣が発足した。

11．①誤文。日本はジェノサイド条約に未批准である。②正文。男女雇用機会均等法は1985年5月に法案が通過し，同年6月の女子差別撤廃条約批准に先立ち制定されている。③誤文。日本は死刑廃止条約に未批准である。④誤文。障害者権利条約の批准は2014年，障害者基本法の制定は1993年であり，2013年は障害者差別解消法などが制定された年である。

12．世界第3位の二酸化炭素排出国は③インドである。

13．国民所得倍増計画は①池田勇人内閣で提唱された。

14．①誤文。集団的自衛権閣議決定は2014年。②正文。③誤文。2014年に閣議決定されたのは防衛装備移転三原則である。④誤文。周辺事態法制定は1999年である。

15．1999年，旧ユーゴスラビアの③コソボ紛争でNATOは空爆を行った。

II **解答**　16―③　17―②　18―④　19―②　20―④　21―③
22―①　23―④　24―②　25―③　26―①　27―①
28―①　29―③　30―④

◀解　説▶

≪国際経済≫

17. ①誤文。ラッダイト運動はイギリスで起こっている。②正文。③誤文。タフト・ハートレー法は 1947 年に制定された。④世界労働組合連盟は 1945 年に結成された。

19. ①誤文。中国に対するセーフガードの発動は 2001 年である。②正文。③誤文。2002 年の会議はヨハネスブルグで開催された。④誤文。リーマンショックは 2008 年である。

22. ①正文。②誤文。ネガティブ・コンセンサス方式は，1カ国でも反対しない限り採択される方式。③誤文。2001 年に加盟したのは中国。④誤文。ドーハ・ラウンド開始は 2001 年である。

23. ④欧州自由貿易連合加盟国は，アイルランドではなくアイスランドである。

24. ①誤文。EC 原加盟国は 6 カ国。②正文。③誤文。マーストリヒト条約の調印は 1992 年である。④誤文。ユーロ導入は 1999 年である。

25. ①誤文。1944 年に結成されたのは IMF である。②誤文。GATT の三原則は自由・無差別・多角主義である。③正文。④誤文。1971 年に結ばれたのはスミソニアン協定である。

26. ①正文。②誤文。知的財産保護の議論が始まったのはウルグアイ・ラウンドからである。③誤文。知的財産基本法が成立したのは 2002 年である。④誤文。知的財産高等裁判所の設置は 2005 年である。

27. ①韓国との経済連携協定は 2020 年時点では中断されている。②モンゴルとは 2016 年発効。③チリとは 2007 年発効。④スイスとは 2009 年発効。

28. ①正文。②誤文。2020 年時点の加盟国は 18 ではなく 13 カ国。③誤文。OAPEC の加盟国は 6 ではなく 10 カ国。④誤文。1973 年に起こったのは第一次石油危機である。

29. ①誤文。文化大革命が始まったのは 1966 年である。②誤文。改革・開放政策の採用は 1978 年からとされている。③正文。④誤文。GDP が日本を抜いて２位となったのは 2010 年。

Ⅲ 解答

31—①　32—③　33—④　34—③　35—③　36—③
37—②　38—④　39—②　40—④

◀解　説▶

≪財政の機能≫

32・33. 不況のときは社会保障制度で有効需要が落ち込むのを防ぎ，景気が過熱した時には累進課税制度でそれ以上の過熱を防ぐ仕組みが組み込まれていることを，④自動安定化装置と呼んでいる。

34. 例えば日本銀行法第二条では，③物価の安定を図ることがうたわれている。

35. ①誤文。建設業は第二次産業。②誤文。道路公団民営化は小泉内閣時代である。③正文。④誤文。道路など実物資産は国富である。

36. ①誤文。介護保険の運営主体は市区町村である。②誤文。労災保険は全額事業主負担である。③正文。④誤文。第３号被保険者は，第２号被保険者の配偶者である。

37. ①誤文。独占禁止法の運用にあたっているのは公正取引委員会。②正文。③誤文。公共財は非排除性があるので供給が過小になりやすい。④誤文。規模の経済ではなく外部不経済である。

39. ①誤文。朝鮮戦争により日本は不況から立ち直った。②正文。③誤文。ルーブル合意ではなくプラザ合意である。④誤文。この時期以降は構造改革が唱えられた。

40. ①誤文。預金準備率操作を現在の日本銀行は行っていない。②誤文。外国通貨の売買は，為替相場の安定のために行う操作である。③誤文。公定歩合操作を現在の日本銀行は行っていない。④正文。

数学

◀文系数学：法・経済・経営・文芸・総合社会・国際・情報(英・国・数型)学部，短期大学部▶

I　解答

(1)1．3　2．1　3．1　4．3

(2)5．1

(3)6．1　7．2　8．1　9．5

(4)10．5　11・12．15

(5)13．7　14．4　15．1　16．1　17．2

◀解　説▶

≪パラメータを含む方程式が表す円が通る定点，半径の最小値・直線と接する条件≫

(1)　$C: x^2+y^2+4kx-2ky+10k-10=0$

Cの方程式がkの恒等式となる条件を考える。

$(4x-2y+10)k+x^2+y^2-10=0$　……(A)

これが，kの恒等式となるのは

$4x-2y+10=0$　……①

$x^2+y^2-10=0$　……②

が同時に成り立つときである。

①より　$y=2x+5$　……①′

②に代入して

$x^2+(2x+5)^2-10=0$

$5x^2+20x+15=0$

$x^2+4x+3=0$

$(x+1)(x+3)=0$

$\therefore\ x=-1,\ -3$

①′より，$x=-1$のとき$y=3$，$x=-3$のとき$y=-1$となる。

よって，Cが通る定点は　$(-3,\ -1)$，$(-1,\ 3)$　(→1～4)

(2)　Cが原点Oを通るときを考えるから，(1)の(A)に$x=0$，$y=0$を代入す

ると

$$10k-10=0 \qquad \therefore \quad k=1 \quad (\to 5)$$

(3)　C の方程式を変形すると

$$(x+2k)^2+(y-k)^2=5k^2-10k+10$$

$$(x+2k)^2+(y-k)^2=5(k-1)^2+5 \geqq 5 \quad (\text{等号成立は } k=1 \text{ のとき})$$

だから，C は，中心 $(-2k,\ k)$，半径 $\sqrt{5(k-1)^2+5}$ の円である。

よって，半径が最小となる k の値は　$k=1$　(→6)

このとき，C の中心は　$(-2,\ 1)$　(→7，8)

半径は　$\sqrt{5}$　(→9)

(4)　C が y 軸と接するのは，接点の座標が $(0,\ k)$ で，中心から y 軸までの距離と半径が等しいときである。

(3)の議論から

$$|-2k|=\sqrt{5k^2-10k+10}$$

両辺2乗して

$$4k^2=5k^2-10k+10$$

$$k^2-10k+10=0$$

$$\therefore \quad k=5\pm\sqrt{15}$$

さらに，接点の y 座標 k が5以上となるのは

$$k=5+\sqrt{15} \quad (\to 10\sim 12)$$

(5)　円 C と直線 $y=2x+\dfrac{5}{2}$ の共有点の x 座標は，x の方程式

$$x^2+\left(2x+\frac{5}{2}\right)^2+4kx-2k\left(2x+\frac{5}{2}\right)+10k-10=0$$

$$\Longleftrightarrow 5x^2+10x+5k-\frac{15}{4}=0$$

$$\Longleftrightarrow x^2+2x+k-\frac{3}{4}=0 \quad \cdots\cdots(\mathrm{B})$$

の実数解である。(B)の x についての判別式を D とすると，接する条件は

$$\frac{D}{4}=0 \Longleftrightarrow 1-\left(k-\frac{3}{4}\right)=0 \Longleftrightarrow k=\frac{7}{4} \quad (\to 13,\ 14)$$

このとき，(B)の重解は $x=-1$ である。

$x=-1$ のとき　　$y=2(-1)+\dfrac{5}{2}=\dfrac{1}{2}$

よって，共有点の座標は　$\left(-1,\ \dfrac{1}{2}\right)$　(→15〜17)

別解　＜その1＞

直線 $y=2x+\dfrac{5}{2} \Longleftrightarrow 4x-2y+5=0$　……ⓐとする。

ⓐと円 C が接するのは，中心 $(-2k,\ k)$ と直線ⓐの距離が半径と等しいときだから

$$\frac{|4(-2k)-2k+5|}{\sqrt{4^2+(-2)^2}}=\sqrt{5k^2-10k+10}$$

$$|-10k+5|=2\cdot5\sqrt{k^2-2k+2}$$

$$|-2k+1|=2\sqrt{k^2-2k+2}$$

$$(-2k+1)^2=4(k^2-2k+2)$$

$$4k=7$$

$$\therefore\quad k=\frac{7}{4}$$

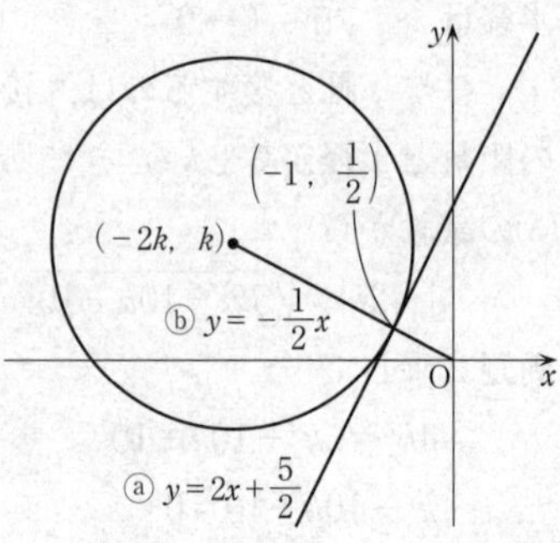

このとき，接点は，中心 $\left(-\dfrac{7}{2},\ \dfrac{7}{4}\right)$ から直線ⓐに下ろした垂線の足だから，直線 $y=2x+\dfrac{5}{2}$　……ⓐと

直線 $y-\dfrac{7}{4}=-\dfrac{1}{2}\left(x+\dfrac{7}{2}\right) \Longleftrightarrow y=-\dfrac{1}{2}x$　……ⓑとの交点である。

ⓐ－ⓑより　$0=\dfrac{5}{2}x+\dfrac{5}{2}$

$$\therefore\quad x=-1,\ y=\frac{1}{2}$$

よって，共有点の座標は　$\left(-1,\ \dfrac{1}{2}\right)$

＜その2＞

(1)の円 C が通る定点を $\mathrm{A}(-3,\ -1)$，$\mathrm{B}(-1,\ 3)$ とすると，直線ABの傾きは2だから

$$弦\mathrm{AB}\,/\!/\left(直線\ y=2x+\frac{5}{2}\right)$$

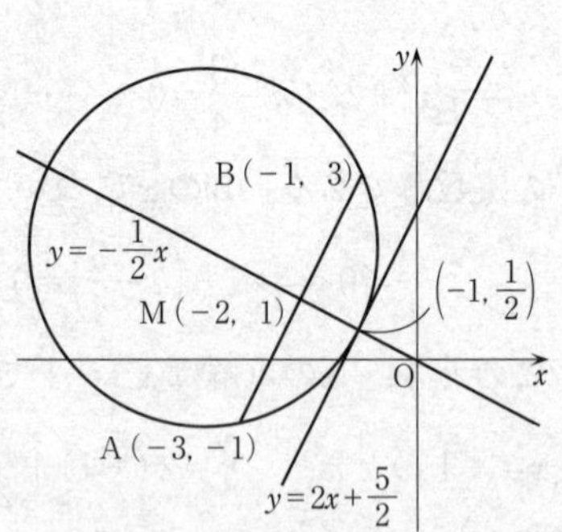

弦ABの中点 $\mathrm{M}(-2,\ 1)$ より，弦AB

の垂直二等分線は

$$y-1=-\frac{1}{2}(x+2) \iff y=-\frac{1}{2}x$$

よって，円 C と直線 $y=2x+\frac{5}{2}$ の接点は，$y=2x+\frac{5}{2}$ と $y=-\frac{1}{2}x$ の交点である。

この2式の差をとり

$$0=\frac{5}{2}x+\frac{5}{2}$$

$$\therefore \quad x=-1,\ y=\frac{1}{2}$$

よって，接点の座標は　$\left(-1,\ \frac{1}{2}\right)$

また，円 C が点 $\left(-1,\ \frac{1}{2}\right)$ を通るときを考えて，(1)の(A)に $x=-1$，$y=\frac{1}{2}$ を代入して

$$(-4-1+10)k+1+\frac{1}{4}-10=0$$

$$5k-\frac{35}{4}=0$$

$$\therefore \quad k=\frac{7}{4}$$

II 解答

(1) 18. 1　19. 0

(2) 20. 1　21・22. 21

(3) 23. 1　24・25・26・27. 2017　28. 7　29・30・31・32. 2021

(4) 33・34・35・36. 1010　37. 7

◀解　説▶

≪n 進数の位取りの基数の変換≫

(1)　$20_{(22)}=ab_{(44)}$

この両辺を10進数で表すと

$$2\cdot 22=a\cdot 44+b$$

$$44(1-a)=b$$

また，a，b は $1 \leqq a \leqq 43$，$0 \leqq b \leqq 43$ を満たす整数より

$a=1$，$b=0$　(→18，19)

(2)　$20_{(22)}=ab_{(23)}$

この両辺を 10 進数で表すと

$2 \cdot 22 = a \cdot 23 + b$

$\Longleftrightarrow 22(2-a)=a+b$　……①

$a+b \geqq 0$ より

$22(2-a) \geqq 0 \Longleftrightarrow a \leqq 2$

また，$1 \leqq a \leqq 22$ より　　$a=1$，2

$a=1$ のとき

①より　　$22=1+b \Longleftrightarrow b=21$

これは $0 \leqq b \leqq 22$ を満たすから適する。

$a=2$ のとき

①より　　$0=2+b \Longleftrightarrow b=-2$

これは $0 \leqq b \leqq 22$ に反する

よって　　$a=1$，$b=21$　(→20〜22)

(3)　$2022_{(n)}=2n^3+2n+2$（n は 2 以上の自然数）

$$
\begin{aligned}
&=2\{(n+1)^3-(3n^2+3n+1)\}+2n+2\\
&=2(n+1)^3-6n^2-4n\\
&=2(n+1)^3-6\{(n+1)^2-(2n+1)\}-4n\\
&=2(n+1)^3-6(n+1)^2+8n+6\\
&=2(n+1)^3-6(n+1)^2+8(n+1)-2\\
&=(n+1)^3+(n+1-6)(n+1)^2+7(n+1)+n+1-2\\
&=(n+1)^3+(n-5)(n+1)^2+7(n+1)+n-1 \quad \cdots\cdots ②
\end{aligned}
$$

②に $n=2022$ を代入すると

$$
\begin{aligned}
2022_{(2022)}&=(2023)^3+2017(2023)^2+7(2023)+2021\\
&=abcd_{(2023)}
\end{aligned}
$$

と表せるから

$a=1$，$b=2017$，$c=7$，$d=2021$　(→23〜32)

(4)　$m=ab_{(n)}=ba_{(n+2)}$

$\Longleftrightarrow m=an+b=b(n+2)+a$　……③

③より　　$an+b=b(n+2)+a$

$$an+b-b(n+2)-a=0$$

$$(a-b)n=a+b \quad \cdots\cdots ④$$

$1\leqq a$，$1\leqq b$，$2\leqq n$ より，$a-b>0$，$1\leqq b<a\leqq n-1$ であり

$$3\leqq 2b+1\leqq a+b\leqq 2a-1\leqq 2n-3$$

$$3\leqq (a-b)n\leqq 2n-3 \quad (\because \ ④)$$

$$\frac{3}{n}\leqq a-b\leqq 2-\frac{3}{n}$$

また，$2\leqq n\leqq 2022$ の範囲で，$\frac{3}{n}$ は n に関して単調減少し，$2-\frac{3}{n}$ は単調増加するから

$$0<\frac{3}{2022}\leqq a-b\leqq 2-\frac{3}{2022}<2$$

$a-b$ は整数だから　　$a-b=1 \Longleftrightarrow a=b+1$　……(A)

これを④に代入して　　$n=2b+1$　……(B)

$$2\leqq n\leqq 2022 \Longleftrightarrow 2\leqq 2b+1\leqq 2022 \Longleftrightarrow \frac{1}{2}\leqq b\leqq \frac{2021}{2}$$

b は自然数だから　　$b=1,\ 2,\ 3,\ \cdots,\ 1010$　……(C)

(A)，(B)，(C)より

$$(a,\ b,\ n)=(2,\ 1,\ 3),\ (3,\ 2,\ 5),\ (4,\ 3,\ 7),\ \cdots,\ (1011,\ 1010,\ 2021)$$

これらは条件を満たす。

また，m は a，b，n のそれぞれに関して単調増加するから，上記のように3数とも増加する組（a，b，n）から得られる m の値はすべて異なる。

よって，求める自然数 m の総数は　　1010　（→33〜36）

m が最小となるのは，$(a,\ b,\ n)=(2,\ 1,\ 3)$ のときであり，m の最小値は

$$m=an+b=2\cdot 3+1=7 \quad (\to 37)$$

III　解答

(1) 38.　0　39.　7　40.　9　41.　4　42.　5

(2) 43.　9　44.　4

(3) 45.　2　46・47.　16

(4) 48.　3　49.　5　50.　5　51.　3　52.　1　53・54.　37

◀解　説▶

≪対数の近似値と対数方程式の解の近似値≫

(1)　$\log_{10}4=\log_{10}2^2=2\log_{10}2$

$$\log_{10}2=\frac{1}{2}\log_{10}4=\frac{0.6021}{2}=0.30105 \quad \cdots\cdots(A)$$

$$\log_{10}36=\log_{10}(3.6\times 10)=\log_{10}3.6+\log_{10}10=1.5563 \quad \cdots\cdots①$$

$$\log_{10}36=\log_{10}(2\cdot 3)^2=2(\log_{10}2+\log_{10}3)=2\log_{10}3+0.6021 \quad \cdots\cdots②$$

①－② より　　$0=-2\log_{10}3+0.9542$

$$\log_{10}3=0.4771 \quad \cdots\cdots(B)$$

$$\log_{10}5=\log_{10}\frac{10}{2}=\log_{10}10-\log_{10}2=1-0.30105$$

$$=0.69895 \quad \cdots\cdots(C) \quad (\because \ (A))$$

$$\log_{10}35=\log_{10}(3.5\times 10)=\log_{10}3.5+\log_{10}10=1.5441 \quad \cdots\cdots③$$

$$\log_{10}35=\log_{10}(5\times 7)=\log_{10}5+\log_{10}7=0.69895+\log_{10}7 \quad \cdots\cdots④$$

③－④ より　　$0=0.84515-\log_{10}7$

$$\log_{10}7=0.84515 \quad \cdots\cdots(D)$$

(A), (B), (C), (D)より，$\log_{10}2$，$\log_{10}3$，$\log_{10}5$，$\log_{10}7$ の小数第 2 位の数字は，それぞれ

　0，7，9，4　(→38～41)

$$\log_2 3=\frac{\log_{10}3}{\log_{10}2}=\frac{0.4771}{0.30105}\fallingdotseq 1.58$$

この小数第 1 位の数字は　　5　(→42)

(2)　$f(x)=\log_x 16x+\log_2 16x \quad (x>1)$

$$=\frac{\log_2 16x}{\log_2 x}+\log_2 16x$$

$$=\frac{4+\log_2 x}{\log_2 x}+4+\log_2 x$$

$$=5+\frac{4}{\log_2 x}+\log_2 x$$

$x>1$ より，$\log_2 x>0$ だから，相加相乗平均の関係から

$$f(x)\geqq 5+2\sqrt{\frac{4}{\log_2 x}\cdot\log_2 x}=9$$

等号が成立するのは

$$\frac{4}{\log_2 x}=\log_2 x \qquad (\log_2 x)^2=4$$

$\log_2 x>0$ より　　$\log_2 x=2 \Longleftrightarrow x=4$

よって，$f(x)$ の最小値 m は　　$m=9$　(→43)

このときの x の値は　　4　(→44)

(3)　$f(x)=m+1$ について，(2)の結論から，$f(x)=10$ であり，(2)の議論から

$$5+\frac{4}{\log_2 x}+\log_2 x=10$$

$$(\log_2 x)^2-5\log_2 x+4=0$$

$$(\log_2 x-1)(\log_2 x-4)=0$$

$$\log_2 x=1,\ 4$$

$\therefore$　$x=2,\ 16$　(→45〜47)

(4)(i)　$f(x)=m+2$ について，(2)の結論から，$f(x)=11$ であり，(2)の議論から

$$5+\frac{4}{\log_2 x}+\log_2 x=11$$

$$(\log_2 x)^2-6\log_2 x+4=0$$

$t=\log_2 x$ とおくと，$x>1$ より　　$t>0$

$$t^2-6t+4=0$$

$\therefore$　$t=3\pm\sqrt{5}$

これらはともに $t>0$ を満たすから

$$\log_2 x=3\pm\sqrt{5} \Longleftrightarrow x=2^{3\pm\sqrt{5}}$$

この2解 α，β は $\alpha<\beta$ だから　　$\alpha=2^{3-\sqrt{5}}$，$\beta=2^{3+\sqrt{5}}$

$\therefore$　$\log_2\beta=3+\sqrt{5}$　(→48，49)

ここで，$2<\sqrt{5}<3$ より，$5<3+\sqrt{5}<6$ だから，$3+\sqrt{5}$ の整数部分は

5　(→50)

この小数部分は　　$(3+\sqrt{5})-5=\sqrt{5}-2$

$$2.2^2=4.84,\ 2.3^2=5.29$$

$$2.21^2=(2.2+0.01)^2=4.8841$$

$$2.22^2=(2.21+0.01)^2=4.9284$$

$$2.23^2=(2.22+0.01)^2=4.9729$$

$$2.24^2=(2.23+0.01)^2=5.0176$$

$\therefore$　$2.23<\sqrt{5}<2.24$ より　　$0.23<\sqrt{5}-2<0.24$

よって，この小数部分の小数第2位の数字は　　3　(→51)

(ii)　(i)の議論に引き続き

$$\log_2\alpha=3-\sqrt{5} \iff \alpha=2^{3-\sqrt{5}}$$

ここで　　$0.76<3-\sqrt{5}<0.77$　($\because$　$2.23<\sqrt{5}<2.24$)

だから，$1=2^0<2^{0.76}<2^{3-\sqrt{5}}<2^{0.77}<2$ となり

$$1<\alpha<2$$

よって，α を超えない最大の整数は　　1　(→52)

次に

$$\log_2\beta=3+\sqrt{5}$$

$$\iff \frac{\log_{10}\beta}{\log_{10}2}=3+\sqrt{5}$$

$$\iff \log_{10}\beta=(3+\sqrt{5})\log_{10}2$$

$5.23<3+\sqrt{5}<5.24$　($\because$　(i)の結論)

$0.30105\cdot5.23<(3+\sqrt{5})\log_{10}2<0.30105\cdot5.24$　($\because$　(1)の(A))

$$1.5744<\log_{10}\beta<1.5775$$

$$0.5744<\log_{10}\frac{\beta}{10}<0.5775$$

$\log_{10}3.7<\log_{10}\dfrac{\beta}{10}<\log_{10}3.8$　($\because$　与えられた常用対数表の値)

$$3.7<\frac{\beta}{10}<3.8$$

$$37<\beta<38$$

だから，β を超えない最大の整数は　　37　(→53・54)

◀数学②：理工・建築・薬・情報(英・数・理型)・農・生物理工・工・産業理工学部▶

I **解答** ⑴ア．4　イ．9

⑵ウエ．13　オカ．27

⑶キ．0　クケ．−1　コ．9　サ．5　シ．9　ス．1　セ．2

ソ．1　タチ．18　ツテ．−1　ト．9

⑷ナニ．21

◀解　説▶

≪１つのさいころを繰り返し投げ，各回の結果で正方形の頂点を移動する点の位置と確率≫

⑴　２回さいころを投げたとき，点Ｐが点Ａの位置にくる推移とその確率は次の通りである。

Ａ→Ｄ→Ａと推移する確率は　$\frac{2}{6}\cdot\frac{4}{6}=\frac{2}{9}$

Ａ→Ｂ→Ａと推移する確率は　$\frac{4}{6}\cdot\frac{2}{6}=\frac{2}{9}$

この和事象の確率を考えて，求める確率は

$$\frac{2}{9}+\frac{2}{9}=\frac{4}{9}\quad(\rightarrow ア,\ イ)$$

⑵　３回さいころを投げたとき，点Ｐが点Ｂの位置にくる推移とその確率は次の通りである。

Ａ→Ｄ→Ｃ→Ｂと推移する確率は　$\frac{2}{6}\cdot\frac{2}{6}\cdot\frac{2}{6}=\frac{1}{27}$

Ａ→Ｄ→Ａ→Ｂと推移する確率は　$\frac{2}{6}\cdot\frac{4}{6}\cdot\frac{4}{6}=\frac{4}{27}$

Ａ→Ｂ→Ａ→Ｂと推移する確率は　$\frac{4}{6}\cdot\frac{2}{6}\cdot\frac{4}{6}=\frac{4}{27}$

Ａ→Ｂ→Ｃ→Ｂと推移する確率は　$\frac{4}{6}\cdot\frac{4}{6}\cdot\frac{2}{6}=\frac{4}{27}$

この和事象の確率を考えて，求める確率は

$$\frac{1}{27}+\frac{4}{27}\cdot 3=\frac{13}{27}\quad(\rightarrow ウ\sim カ)$$

(3)　点 P が初め点 A にあるときを 0 とし，点 P が進む様子を時計回りに 1 つ進むごとに +1 を加え，反時計まわりに 1 つ進むごとに −1 を加えていくことにより決まる数を a_n とする。

n 回さいころを投げたとき，4 以下の目が出る回数を i とすると

$$a_n=(+1)\cdot i+(-1)(n-i)=2i-n$$

このとき，点 P が点 C にくる条件は

$$a_n\equiv 2\ (\mathrm{mod}\,4)\iff a_n-2=4m\quad (m\text{ は整数})$$

$$\iff 2i-n-2=4m\iff n=2(i-1-2m)=(\text{偶数})$$

となり，n が奇数のとき点 P は点 C にくることはない。

よって，n が奇数のとき　$p_n=0$　(→キ)

n 回さいころを投げたとき，点 P が点 A にくる条件は

$$a_n\equiv 0\ (\mathrm{mod}\,4)\iff 2i-n=4m\ (m\text{ は整数})$$

$$\iff n=2(i-2m)=(\text{偶数})$$

n 回さいころを投げたとき，点 P が点 B，D にくる条件は

$$a_n\equiv \pm 1\ (\mathrm{mod}\,4)\iff 2i-n\mp 1=4m\ (m\text{ は整数})$$

$$\iff n=2(i-2m)\mp 1=(\text{奇数})$$

よって，n が偶数のとき，n 回さいころを投げたときの点 P の位置は点 A または点 C である。

p_{2k+2} について

(a)　$2k$ 回さいころを投げたとき，点 P が点 A にあり，この後 2 回投げた後点 P が点 C にくる場合，この確率は

$$\left(1-\frac{4}{9}\right)(1-p_{2k})=\frac{5}{9}(1-p_{2k})\quad (\because\ \text{(1)の結論})$$

(b)　$2k$ 回さいころを投げたとき，点 P が点 C にあり，この後 2 回投げた後点 P が点 C にくる場合，この確率は　$\dfrac{4}{9}p_{2k}$

(a)，(b)は排反事象であり，この和事象の確率が p_{2k+2} だから

$$p_{2k+2}=\frac{5}{9}(1-p_{2k})+\frac{4}{9}p_{2k}=\frac{-1}{9}p_{2k}+\frac{5}{9}\quad (\to\text{ク〜シ})$$

$$p_{2k+2}=\frac{-1}{9}p_{2k}+\frac{5}{9}$$

この漸化式を変形して

$$p_{2(k+1)}-\frac{1}{2}=-\frac{1}{9}\left(p_{2k}-\frac{1}{2}\right)=\cdots=\left(-\frac{1}{9}\right)^k\left(p_2-\frac{1}{2}\right)$$
$$=\left(-\frac{1}{9}\right)^k\left(\frac{5}{9}-\frac{1}{2}\right)=\frac{1}{18}\left(-\frac{1}{9}\right)^k$$
$$p_{2k}-\frac{1}{2}=\frac{1}{18}\left(-\frac{1}{9}\right)^{k-1}$$
$$p_{2k}=\frac{1}{2}+\frac{1}{18}\left(\frac{-1}{9}\right)^{k-1}\quad(\to ス〜ト)$$

(4)　q_n について，(3)の議論から，$n=2k$（k は自然数）のとき，点Pは点Aまたは点Cにあるから

$$q_{2k}=0$$

$n=2k+1$　（k は自然数）のとき，点Pが点Dにくるのは以下の場合である。

(a)　さいころを $2k$ 回投げたとき，点Pが点Cにあり，次の移動で点Dに移る事象の確率は

$$\frac{2}{3}p_{2k}$$

(b)　さいころを $2k$ 回投げたとき，点Pが点Aにあり，次の移動で点Dに移る事象の確率は

$$\frac{1}{3}(1-p_{2k})$$

(a)，(b)は排反事象であり，q_{2k+1} は事象(a)と(b)の和事象の確率だから

$$q_{2k+1}=\frac{2}{3}p_{2k}+\frac{1}{3}(1-p_{2k})=\frac{1}{3}p_{2k}+\frac{1}{3}$$
$$=\frac{1}{3}\left\{\frac{1}{2}-\frac{1}{2}\left(\frac{-1}{9}\right)^k\right\}+\frac{1}{3}$$
$$=\frac{1}{6}\left\{3-\left(\frac{-1}{9}\right)^k\right\}$$

$k=0$ とすると $q_1=\dfrac{1}{3}$ となり，成立する。

よって　　$q_{2k-1}=\dfrac{1}{6}\left\{3-\left(\dfrac{-1}{9}\right)^{k-1}\right\}$　（k は自然数）

ここで，$\left|q_n-\dfrac{1}{2}\right|<\dfrac{1}{10^{10}}$　……(A) を満たす n の最小値について

$n=2k$（k は自然数）のとき

$$\left|q_{2k}-\frac{1}{2}\right|=\left|-\frac{1}{2}\right|=\frac{1}{2}>\frac{1}{10^{10}}$$

より，(A)を満たす n は存在しない。

$n=2k-1$（k は自然数）のとき

$$\left|q_{2k-1}-\frac{1}{2}\right|=\frac{1}{6}\left(\frac{1}{9}\right)^{k-1}<\frac{1}{10^{10}}$$

$$3^{-2k+1}<2\cdot 10^{-10}$$

$$(-2k+1)\log_{10}3<-10+\log_{10}2$$

$$-2k+1<\frac{-10+\log_{10}2}{\log_{10}3}\fallingdotseq -20.33$$

$$k>\frac{21.33}{2}=10.665$$

これを満たす自然数 k の最小値は 11 であり，このとき，(A)を満たす自然数 n は最小値　21　（→ナニ）

II　解答

(1)ア．4　イウ．10　エ．3　オ．4　カ．5　キ．8　ク．4

(2)ケ．2　コ．4　サ．3　シ．3　スセ．80　ソ．3　タ．8　チ．3　ツ．4　テ．3　ト．1　ナ．8

◀解　説▶

≪直線のベクトル方程式と垂線の足の座標，三角形の面積比≫

(1)　$\overrightarrow{OA}=\frac{4}{3}(3,\ -1)$ より

$$|\overrightarrow{OA}|=\frac{4}{3}\sqrt{3^2+(-1)^2}$$

$$=\frac{4\sqrt{10}}{3}\quad(\rightarrow ア〜エ)$$

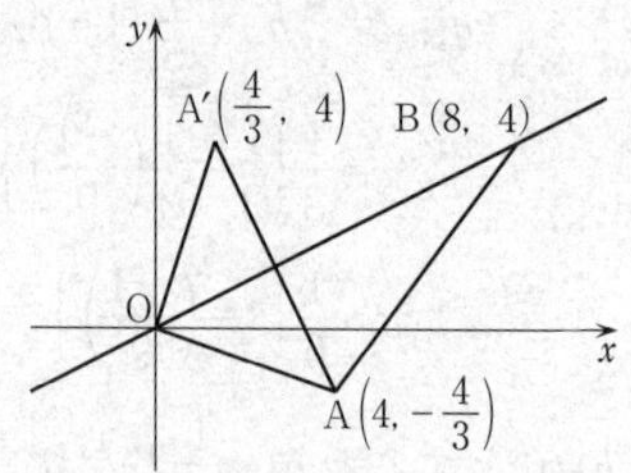

△OAB の面積について

$$\frac{1}{2}|\overrightarrow{OA}||\overrightarrow{OB}|\sin 45^\circ=\frac{40}{3}$$

$$\frac{1}{2}\cdot\frac{1}{\sqrt{2}}\cdot\frac{4\sqrt{10}}{3}|\overrightarrow{OB}|=\frac{40}{3}$$

$\therefore\quad |\overrightarrow{OB}|=4\sqrt{5}$　（→オ，カ）

点Aを原点Oを中心に半時計回りに 90° 回転した点を A′ とすると

$$\overrightarrow{OA'}=\frac{4}{3}(1,\ 3)=\left(\frac{4}{3},\ 4\right)$$

$\angle A'OB=\angle AOB=45°$ だから，直線 OB は $\angle A'OA$ の二等分線であり，
$|\overrightarrow{OA}|=|\overrightarrow{OA'}|$ だから，直線 OB は線分 AA′ の垂直二等分線である。

直線 AA′ の傾きは

$$\frac{-\frac{4}{3}-4}{4-\frac{4}{3}}=-2$$

だから，直線 OB：$y=\frac{1}{2}x$ となる。

B$(2t,\ t)$　$(t>0)$ とおくと

$$|\overrightarrow{OB}|=t\sqrt{5}=4\sqrt{5}\iff t=4$$

よって，B$(8,\ 4)$ だから　　$m=8,\ n=4$　（→キ，ク）

別解　キ・ク．$\overrightarrow{OA}=\left(4,\ -\frac{4}{3}\right)$，$\overrightarrow{OB}=(m,\ n)$

このとき　　$\triangle OAB=\frac{1}{2}\left|4n+\frac{4}{3}m\right|$

$\triangle OAB=\frac{40}{3}$ だから

$$\frac{1}{2}\left|4n+\frac{4}{3}m\right|=\frac{40}{3}$$

$n>0,\ m>0$ より

$$\frac{1}{2}\left(4n+\frac{4}{3}m\right)=\frac{40}{3}$$

$$\iff m=20-3n\quad\cdots\cdots①$$

また，$|\overrightarrow{OB}|=4\sqrt{5}$ より　　$\sqrt{m^2+n^2}=4\sqrt{5}$

両辺を 2 乗して　　$m^2+n^2=80$

①を代入して

$$(20-3n)^2+n^2=80$$

$$\iff (n-4)(n-8)=0$$

$$\iff n=4,\ 8$$

$m>0$ だから，$n=4$ のとき　　$m=8$

(2)　　$2s+3t=4$

$$\iff \frac{1}{2}s+\frac{3}{4}t=1$$

$$\overrightarrow{\mathrm{OP}}=s\overrightarrow{\mathrm{OA}}+t\overrightarrow{\mathrm{OB}}$$

$$=\frac{1}{2}s\,(2\overrightarrow{\mathrm{OA}})+\frac{3}{4}t\left(\frac{4}{3}\overrightarrow{\mathrm{OB}}\right)$$

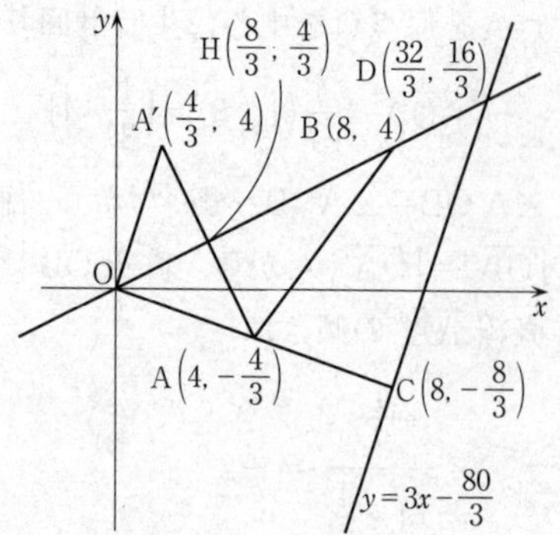

ここで　　$\frac{1}{2}s=s'$，$\frac{3}{4}t=t'$

$2\overrightarrow{\mathrm{OA}}=\overrightarrow{\mathrm{OC}}$　（→ケ）

$\frac{4}{3}\overrightarrow{\mathrm{OB}}=\overrightarrow{\mathrm{OD}}$　（→コ，サ）

とおくと

$$\overrightarrow{\mathrm{OP}}=s'\overrightarrow{\mathrm{OC}}+t'\overrightarrow{\mathrm{OD}},\ s'+t'=1$$

となり，点Pは直線CD上を動く。

また，このとき

$$\overrightarrow{\mathrm{OP}}=(1-t')\overrightarrow{\mathrm{OC}}+t'\overrightarrow{\mathrm{OD}}=\overrightarrow{\mathrm{OC}}+t'\overrightarrow{\mathrm{CD}}$$

$$\overrightarrow{\mathrm{CD}}=\overrightarrow{\mathrm{OD}}-\overrightarrow{\mathrm{OC}}=\frac{4}{3}\overrightarrow{\mathrm{OB}}-2\overrightarrow{\mathrm{OA}}$$

$$=\frac{4}{3}(8,\ 4)-2\left(4,\ -\frac{4}{3}\right)=\left(\frac{8}{3},\ 8\right)$$

よって，直線CDは点C$\left(8,\ -\frac{8}{3}\right)$，方向ベクトル（1，3），つまり，傾き3の直線だから，直線CDの方程式は

$$y-\left(-\frac{8}{3}\right)=3(x-8)\iff y=3x-\frac{80}{3}$$　（→シ～ソ）

3点O，B，Dは一直線上にあるから，点Hは点Aから直線OBへ下ろした垂線の足で，上記の議論から，これは線分AA′の中点であり

H$\left(\frac{8}{3},\ \frac{4}{3}\right)$　（→タ～テ）

次に，面積S，Tについて

$$S=\triangle\mathrm{OAH}=\frac{\mathrm{OH}}{\mathrm{OB}}\cdot\triangle\mathrm{OAB}=\frac{1}{3}\triangle\mathrm{OAB}$$

$$T=\triangle\mathrm{OCD}=\frac{\mathrm{OC}}{\mathrm{OA}}\cdot\frac{\mathrm{OD}}{\mathrm{OB}}\cdot\triangle\mathrm{OAB}=\frac{2}{1}\cdot\frac{4}{3}\triangle\mathrm{OAB}$$

$$=\frac{8}{3}\triangle\mathrm{OAB}$$

$$\therefore\quad \frac{S}{T}=\frac{1}{8}$$ （→ト，ナ）

Ⅲ 解答

(1)ア．3　イ．3

(2)ウ．7　エ．2

(3)オ．3　カキ．35　ク．8　ケコ．−3　サシス．105　セ．8　ソ．3　タ．4

(4)チ．3　ツ．4　テト．15　ナ．3　ニヌ．16

◀解　説▶

≪三角関数で表された2曲線で囲まれた図形の面積と回転体の体積と関数が最大値をとる条件≫

(1)　$f(x)=\sqrt{3}\sin x,\ g(x)=-\sin 2x$

$$f(x)=g(x)$$
$$\Longleftrightarrow f(x)-g(x)=0$$
$$\Longleftrightarrow \sqrt{3}\sin x+\sin 2x=0$$
$$\Longleftrightarrow \sqrt{3}\sin x+2\sin x\cos x=0$$
$$\Longleftrightarrow 2\sin x\left(\cos x+\frac{\sqrt{3}}{2}\right)=0$$
$$\Longleftrightarrow \sin x=0,\ \cos x=-\frac{\sqrt{3}}{2}$$

$0\leqq x\leqq\pi$ より，$x=0,\ \frac{5}{6}\pi,\ \pi$ で，この解の個数は　3　（→ア）

同様に

$$f(x)=-g(x)\Longleftrightarrow 2\sin x\left(-\cos x+\frac{\sqrt{3}}{2}\right)=0$$
$$\Longleftrightarrow \sin x=0,\ \cos x=\frac{\sqrt{3}}{2}$$

$0\leqq x\leqq\pi$ より，$x=0,\ \frac{\pi}{6},\ \pi$ で，この解の個数は　3　（→イ）

(2)　(1)の議論から

$$S=\int_0^{\pi}|f(x)-g(x)|\,dx$$

ここで

$$F(x)=\int\{f(x)-g(x)\}\,dx=-\sqrt{3}\cos x-\frac{\cos 2x}{2}+C\quad(C\text{は積分定数})$$

とおく。

$$S=\int_0^{\frac{5}{6}\pi}\{f(x)-g(x)\}\,dx+\int_{\frac{5}{6}\pi}^{\pi}-\{f(x)-g(x)\}\,dx$$

$$=\Big[F(x)\Big]_0^{\frac{5}{6}\pi}-\Big[F(x)\Big]_{\frac{5}{6}\pi}^{\pi}$$

$$=2F\left(\frac{5}{6}\pi\right)-F(0)-F(\pi)$$

$$=2\left(\frac{3}{2}-\frac{1}{4}\right)-\left(-\sqrt{3}-\frac{1}{2}\right)-\left(\sqrt{3}-\frac{1}{2}\right)$$

$$=\frac{7}{2}\quad(\rightarrow\text{ウ，エ})$$

(3)

$$h(x)=f(x)+g(x)=\sin x(-2\cos x+\sqrt{3})$$

$$\begin{aligned}h'(x)&=\cos x(-2\cos x+\sqrt{3})+\sin x(2\sin x)\\&=-2\cos^2 x+2\sin^2 x+\sqrt{3}\cos x\\&=-2\cos^2 x+2(1-\cos^2 x)+\sqrt{3}\cos x\\&=-4\cos^2 x+\sqrt{3}\cos x+2\\&=-4\left(\cos x-\frac{\sqrt{3}}{8}\right)^2+\frac{35}{16}\end{aligned}$$

$h'(x)=0$ のとき　　$\cos x=\dfrac{\sqrt{3}\pm\sqrt{35}}{8}$

$\dfrac{\sqrt{3}-\sqrt{35}}{8}\leqq\cos x\leqq\dfrac{\sqrt{3}+\sqrt{35}}{8}$ のとき　　$h'(x)\geqq 0$

$\cos x\leqq\dfrac{\sqrt{3}-\sqrt{35}}{8}$，$\dfrac{\sqrt{3}+\sqrt{35}}{8}\leqq\cos x$ のとき　　$h'(x)\leqq 0$

また，$0\leqq x\leqq\pi$ のとき，$\cos x$ は x に関して単調減少する。

これらをもとに，x，$\cos x$ の様子と $h(x)$ の増減を表にすると，次のとおり。

x	0	…	β	…	α	…	π
$\cos x$	1	…	$\dfrac{\sqrt{3}+\sqrt{35}}{8}$	…	$\dfrac{\sqrt{3}-\sqrt{35}}{8}$	…	-1
$h'(x)$		$-$	0	$+$	0	$-$	
$h(x)$	0	↘	極小かつ最小	↗	極大かつ最大	↘	0

増減表より　　$\cos\alpha=\dfrac{\sqrt{3}-\sqrt{35}}{8}$　（→オ～ク）

$$g'(x)=(-\sin 2x)'=-2\cos 2x=-2(2\cos^2 x-1)$$

$$\begin{aligned}g'(\alpha)&=-2(2\cos^2\alpha-1)=-4\left(\frac{\sqrt{3}-\sqrt{35}}{8}\right)^2+2\\&=-\frac{38-2\sqrt{105}}{16}+2=\frac{-6+2\sqrt{105}}{16}\\&=\frac{-3+\sqrt{105}}{8}\quad（→ケ～セ）\end{aligned}$$

$$\cos\alpha+\cos\beta=\frac{\sqrt{3}-\sqrt{35}}{8}+\frac{\sqrt{3}+\sqrt{35}}{8}=\frac{\sqrt{3}}{4}\quad（→ソ，タ）$$

(4)　問題の回転体は，右図の網かけ部分を x 軸を軸として 1 回転して得られる回転体である。

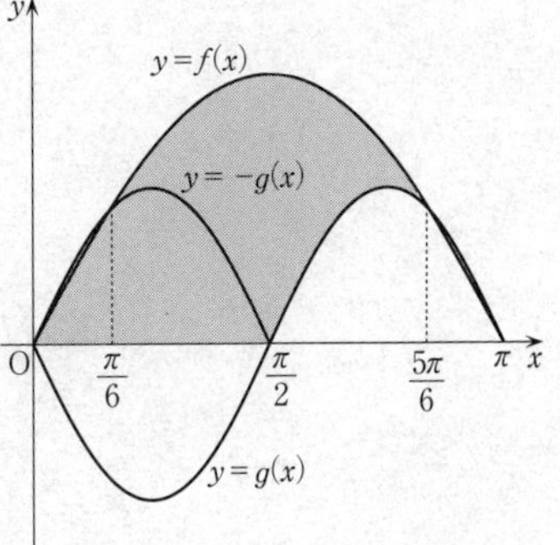

この回転体の体積を V とする。

グラフの $x=\dfrac{\pi}{2}$ に関する対称性を用いて

$$V=2\int_0^{\frac{\pi}{6}}\pi\{g(x)\}^2dx+2\int_{\frac{\pi}{6}}^{\frac{\pi}{2}}\pi\{f(x)\}^2dx$$

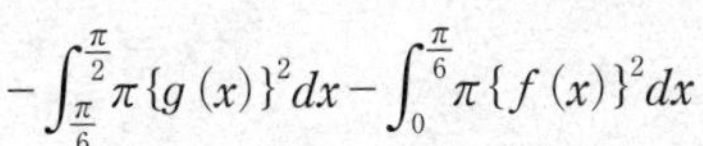

$$-\int_{\frac{\pi}{6}}^{\frac{\pi}{2}}\pi\{g(x)\}^2dx-\int_0^{\frac{\pi}{6}}\pi\{f(x)\}^2dx$$

ここで

$$\begin{aligned}F(x)&=\int\{f(x)\}^2dx=\int 3\sin^2 x\,dx\\&=3\int\frac{1-\cos 2x}{2}dx=\frac{3x}{2}-\frac{3\sin 2x}{4}+C_1\end{aligned}$$

$$G(x)=\int\{g(x)\}^2dx=\int\sin^2 2xdx$$

$$=\int\frac{1-\cos 4x}{2}dx=\frac{x}{2}-\frac{\sin 4x}{8}+C_2$$

（C_1，C_2 は積分定数）

とおく。

$$V=2\pi\Big[G(x)\Big]_0^{\frac{\pi}{6}}+2\pi\Big[F(x)\Big]_{\frac{\pi}{6}}^{\frac{\pi}{2}}-\pi\Big[G(x)\Big]_{\frac{\pi}{6}}^{\frac{\pi}{2}}-\pi\Big[F(x)\Big]_0^{\frac{\pi}{6}}$$

$$=3\pi G\left(\frac{\pi}{6}\right)-2\pi G(0)-\pi G\left(\frac{\pi}{2}\right)-3\pi F\left(\frac{\pi}{6}\right)+2\pi F\left(\frac{\pi}{2}\right)+\pi F(0)$$

$$=3\pi\left(\frac{\pi}{12}-\frac{\sqrt{3}}{16}\right)-\pi\left(\frac{\pi}{4}\right)-3\pi\left(\frac{\pi}{4}-\frac{3\sqrt{3}}{8}\right)+2\pi\left(\frac{3\pi}{4}\right)$$

$$=\pi^2\left(\frac{1}{4}-\frac{1}{4}-\frac{3}{4}+\frac{3}{2}\right)+\pi\left(-\frac{3\sqrt{3}}{16}+\frac{9\sqrt{3}}{8}\right)$$

$$=\frac{3}{4}\pi^2+\frac{15\sqrt{3}}{16}\pi\quad(\to チ〜ヌ)$$

◀数学①：理工（理〈化学〉・生命科）・建築・薬・農・生物理工・工・産業理工学部▶

I

◀数学②：理工・建築・薬・情報（英・数・理型）・農・生物理工・工・産業理工学部▶ I に同じ。

II

◀数学②：理工・建築・薬・情報（英・数・理型）・農・生物理工・工・産業理工学部▶ II に同じ。

III

解答　(1)アイ．−2　ウ．1

(2)エ．2　オ．6　カ．2　キ．6

(3)ク．1　ケコ．−1　サ．4　シ．2　ス．3

(4)セ．1　ソ．2　タ．1　チ．4　ツテ．16　ト．2　ナ．3　ニ．2　ヌ．4　ネ．3

◀解　説▶

≪放物線と直線で囲まれた図形の面積とこの領域内の格子点の個数≫

(1)　直線 l の方程式は，直線 l：$y=ax+b$ と表せる。

直線 l は点（2，1）を通るから

$$1=2a+b \iff b=-2a+1 \quad (\to ア〜ウ)$$

(2)　放物線 C と直線 l の共有点の x 座標は，次の x の方程式の実数解である。

$$\frac{1}{2}x^2-(n+a)x-b=0$$

$$\iff x^2-2(n+a)x-2(-2a+1)=0 \quad \cdots\cdots(A)$$

$n=2$，$a=0$ を(A)に代入して

$$x^2-4x-2=0 \qquad \therefore \quad x=2\pm\sqrt{6}$$

よって，小さい順に

$$2-\sqrt{6},\ 2+\sqrt{6} \quad (\to エ〜キ)$$

(3)　$n=1$ を(2)の(A)に代入して

$$x^2-2(a+1)x+2(2a-1)=0$$

x についての判別式を D とすると

$$\frac{D}{4}=(a+1)^2-2(2a-1)$$
$$=a^2-2a+3=(a-1)^2+2>0$$

よって，異なる 2 つの実数解をもつから，この 2 解を α，β　($\alpha<\beta$) とする。

図形 S の面積 S は，$\alpha\leqq x\leqq\beta$ で $\frac{1}{2}x^2-x\leqq ax-2a+1$ より

$$S=\int_{\alpha}^{\beta}\left\{(ax-2a+1)-\left(\frac{1}{2}x^2-x\right)\right\}dx$$
$$=-\frac{1}{2}\int_{\alpha}^{\beta}(x-\alpha)(x-\beta)\,dx$$
$$=\frac{(\beta-\alpha)^3}{12}$$
$$=\frac{1}{12}\{2\sqrt{(a-1)^2+2}\}^3$$
$$=\frac{2}{3}\{(a-1)^2+2\}^{\frac{3}{2}}$$

よって，S が最小値をとる a，b の値は

$a=1$　(→ク)

このとき，(1)の結論から　　$b=-1$　(→ケコ)

であり，S の最小値は　　$\frac{4\sqrt{2}}{3}$　(→サ〜ス)

(4)　(2)の(A)に $a=1$ を代入すると

$$x^2-2(n+1)x+2=0$$
$$f(x)=x^2-2(n+1)x+2$$
$$=(x-n-1)^2+2-(n+1)^2$$

$y=f(x)$ のグラフは，頂点 $(n+1,\ 2-(n+1)^2)$ の下に凸の放物線で，軸 $x=n+1$ に関して線対称である。

n は正の整数だから

$$n+1\geqq 2$$
$$f(n+1)=2-(n+1)^2\leqq -2$$

$f(x)=0$ の異なる 2 つの実数解 α，β は，$\alpha<n+1<\beta$ を満たす。

$$f(0)=2>0,\ f(1)=1-2n<0\quad(\because\quad n\geqq 1)$$

よって　　$0<\alpha<1$

また，2点 $(\alpha,\ 0)$ と $(\beta,\ 0)$ の $x=n+1$ に関する対称性から

$$2n+1<\beta<2n+2$$

よって，α より大きい最小の整数は　　1　(→セ)

β より小さい最大の整数は　　$2n+1$　(→ソ，タ)

図形 S の内部および境界上の点は，不等式

$$\frac{1}{2}x^2-nx\leqq y\leqq x-1$$

で表される。$x=k$　(k は，$1\leqq k\leqq 2n+1$ を満たす整数) 上の数えるべき点の個数を a_k で表す。

a_{2i-1}　$(1\leqq i\leqq n+1)$ は

$$\frac{1}{2}(2i-1)^2-n(2i-1)\leqq y\leqq 2i-2$$

$$\Longleftrightarrow 2i^2-2(n+1)i+n+\frac{1}{2}\leqq y\leqq 2i-2$$

を満たす整数 y の個数だから

$$a_{2i-1}=(2i-2)-\{2i^2-2(n+1)i+n\}$$
$$=-2i^2+2(n+2)i-n-2$$

a_{2i}　$(1\leqq i\leqq n)$ は

$$\frac{1}{2}(2i)^2-n(2i)\leqq y\leqq 2i-1$$

$$\Longleftrightarrow 2i^2-2ni\leqq y\leqq 2i-1$$

を満たす整数 y の個数だから

$$a_{2i}=(2i-1)-(2i^2-2ni-1)$$
$$=-2i^2+2(n+1)i$$

$$L=\sum_{k=1}^{2n+1}a_k=\sum_{i=1}^{n+1}(a_{2i-1}+a_{2i})-a_{2(n+1)}$$

$$=\sum_{i=1}^{n+1}\{-4i^2+2(2n+3)i-(n+2)\}\quad(\because\quad a_{2(n+1)}=0)$$

$$=\frac{-4(n+1)(n+2)(2n+3)}{6}+2(2n+3)\frac{(n+1)(n+2)}{2}$$
$$-(n+1)(n+2)$$

$$=\frac{1}{3}(n+1)\{-2(n+2)(2n+3)+3(2n+3)(n+2)-3(n+2)\}$$

$$=\frac{1}{3}(n+1)(n+2)\{(2n+3)-3\}$$

$$=\frac{1}{3}(n+1)(n+2)\cdot 2n$$

$$=\frac{2}{3}n(n+1)(n+2)$$

$$=\frac{2}{3}n^3+2n^2+\frac{4}{3}n \quad (\to ト〜ネ)$$

$n=1$ のとき　$L=\frac{2}{3}\cdot 1\cdot 2\cdot 3=4$　(→チ)

$n=2$ のとき　$L=\frac{2}{3}\cdot 2\cdot 3\cdot 4=16$　(→ツテ)

物理

I　解答

1 ―⑥　2 ―①　3 ―⑥　4 ―①　5 ―⑧　6 ―①
7 ―③　8 ―③　9 ―②

◀解　説▶

≪アトウッドの装置≫

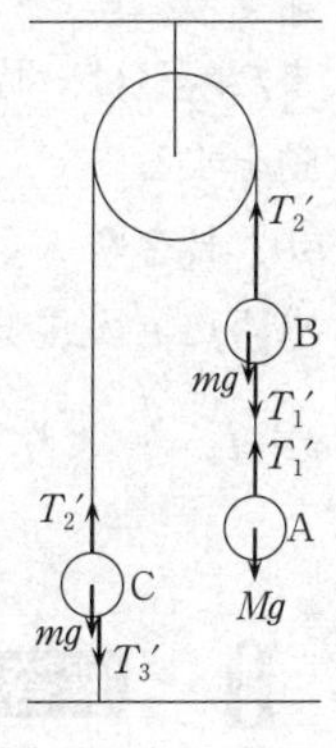

(1)　静止しているときの糸 1，糸 2，糸 3 の張力を T_1'，T_2'，T_3' とすると，A，B，C のつりあいの式は，それぞれ

A：$0=Mg-T_1'$

B：$0=mg+T_1'-T_2'$

C：$0=T_2'-mg-T_3'$

以上より

$T_1'=Mg$，$T_2'=(m+M)g$，$T_3'=Mg$　(→ 1)

時刻 t_1 から t_2 の間の A，B，C の運動方程式は，それぞれ

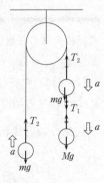

$$\left.\begin{aligned}&\text{A}:Ma=Mg-T_1\\&\text{B}:ma=mg+T_1-T_2\\&\text{C}:ma=T_2-mg\end{aligned}\right\}\quad(\to 2)$$

以上より　$a=\dfrac{M}{2m+M}g$　(→ 3)

時刻 t_1 から，A が床に達するまでの時間を t とすると

$$\frac{1}{2}at^2=l_0$$

$$\therefore\quad t=\sqrt{\frac{2l_0}{a}}=\sqrt{\frac{2(2m+M)l_0}{Mg}}\quad(\to 4)$$

時刻 t_2 での B の速さを v とすると

$$v=at=\sqrt{\frac{2Mgl_0}{2m+M}}\quad(\to 5)$$

時刻 t_2 から t_3 の間，糸 1 の張力は 0 で B と C の質量は等しいので，B，

Cは速さ v で等速度運動をする。速さ $v=\dfrac{l_1}{t_3-t_2}$ とあわせて

$$\sqrt{\frac{2Mgl_0}{2m+M}}=\frac{l_1}{t_3-t_2}$$

$$\therefore\quad g=\frac{(2m+M)}{2Ml_0}\left(\frac{l_1}{t_3-t_2}\right)^2\quad(\to 6)$$

(2)　A，Bは時刻 $0\sim t_1$ の間は静止しており，時刻 $t_1\sim t_2$ の間は等加速度運動をする。時刻 $t_2\sim t_3$ の間はAは静止しており，Bは等速度運動をする。よって，正しいグラフの組み合わせは③。（→7）

また，Bは，時刻 $t_1\sim t_2$ の間は等加速度運動，時刻 $t_2\sim t_3$ の間は等速度運動をするので，ア，イの正しい組み合わせは③。（→8）

(3)　Bをゆっくり落下させるには，速さ v を小さくすればよい。よって，求めた v の式より，l_0 を短くすればよい。時刻 $t_2\sim t_3$ の間を長くするには，$t_3-t_2=\dfrac{l_1}{v}$ より，l_1 を長くすればよい。（→9）

II　解答

10―②　11―ⓓ　12―ⓗ　13―①　14―①　15―②
16―⑧　17―①　18―④　19―⑦　20―⑨　21―③

◀解　説▶

≪抵抗をはしご状に接続した回路の合成抵抗≫

(1)　R_1 は，1Ω の抵抗の直列接続なので
$1+1=2$〔Ω〕（→10）

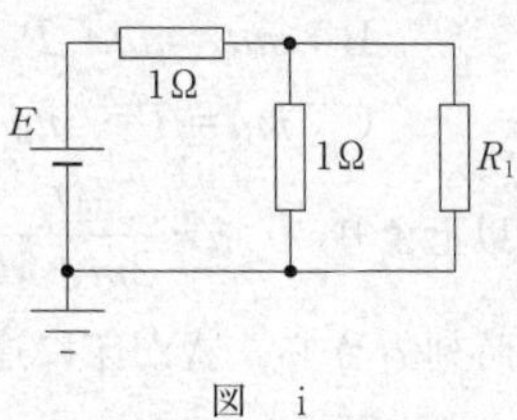

図　i

R_2 は，図 i の回路の合成抵抗値である。

並列部分の合成抵抗は，$\dfrac{R_1\cdot 1}{R_1+1}=\dfrac{2}{3}$〔Ω〕なので

$$R_2=1+\frac{2}{3}=\frac{5}{3}\text{〔Ω〕}\quad(\to 11)$$

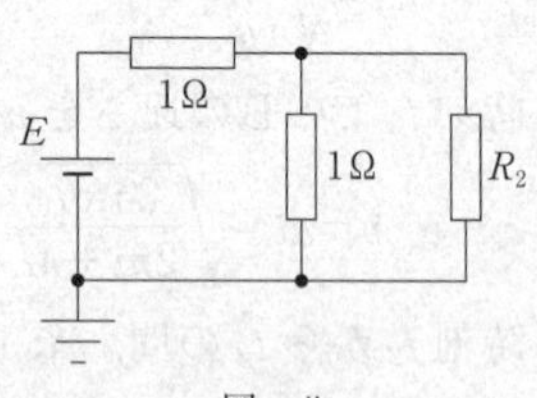

図　ii

R_3 は，図 ii の回路の合成抵抗値である。

並列部分の合成抵抗は，$\dfrac{R_2\cdot 1}{R_2+1}=\dfrac{5}{8}$〔Ω〕なので

$$R_3 = 1 + \frac{5}{8} = \frac{13}{8}〔\Omega〕$$ （→12）

(2)　並列接続した各抵抗の両端の電位差は等しい。（→13）

R_2 の回路（図 i ）では，1Ω と R_1 の合成抵抗 $\frac{2}{3}$Ω と 1Ω が直列接続されており，R_1 は 1Ω と 1Ω が直列接続されているので，答は図iiiの右の図となる。（→14）

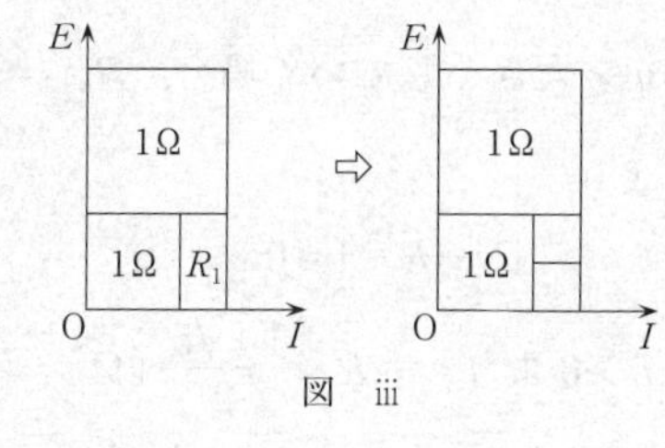

図　iii

R_3 の回路（図 ii ）では，1Ω と R_2 の合成抵抗 $\frac{5}{8}$Ω と 1Ω が直列接続されている。これを図示すると図ivの左の図のようになる。また，図ivの左の図の R_2 の部分が，図iiiの右の図となるので，答は図ivの右の図となる。（→15）

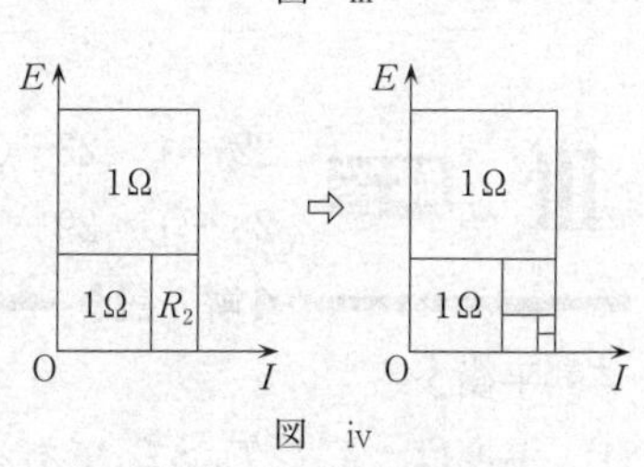

図　iv

図ivの右の図の各タイルの面積は，各抵抗で消費される電力を表す。面積が最も小さいものは右下のもの，最も大きいものは一番上のものである。これらの面積比が，各抵抗で消費される電力の最大値と最小値の比に等しいので

$$(5+2+1)^2 : 1^2 = 64 : 1$$ （→16）

(3)　R_{n+1} は図 v の上の回路の合成抵抗値である。R_n と 1Ω の並列部分と 1Ω の抵抗が直列に接続されているので，R_{n+1} の回路を表すタイルは，図 v の下の図である。（→17）

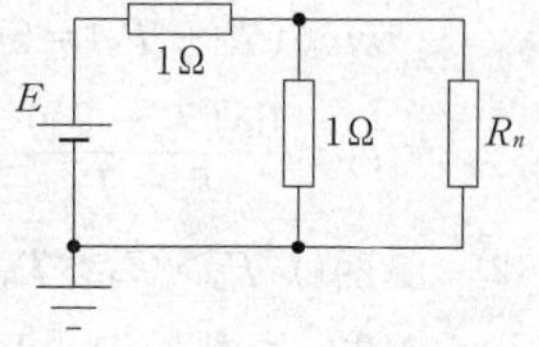

R_n のタイルの横の長さ（＝電流）が a のとき，縦の長さ（＝電圧）は aR_n なので，R_n と並列のタイルの縦の長さも aR_n で，横の長さも aR_n である。よって，R_{n+1} 全体の横の長さは

$$aR_n + a = a(R_n + 1)$$ （→18）

縦の長さは

$$aR_n + a(R_n + 1) = a(2R_n + 1)$$ （→19）

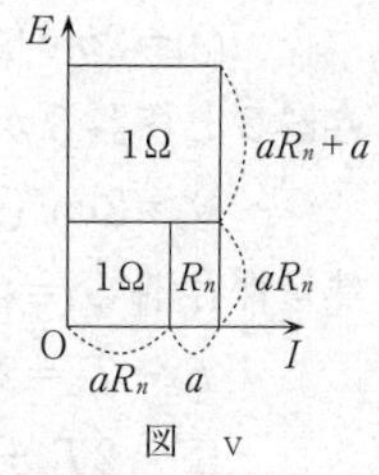

図　v

となる。抵抗値＝縦の長さ(電圧)÷横の長さ(電流) より

$$R_{n+1}=\frac{a(2R_n+1)}{a(R_n+1)}=\frac{2R_n+1}{R_n+1}\quad(\to 20)$$

n を大きくしていく場合，$R_{n+1}=R_n=R$ とし，R を求めると，$R=\dfrac{2R+1}{R+1}$

より

$$R^2-R-1=0$$

$R>0$ より　$R=\dfrac{1+\sqrt{5}}{2}$〔Ω〕　(→21)

III 解答

22―④　23―ⓑ　24―⑥　25―②　26―⑥　27―⑦
28―①　29―⑨　30―④　31―⑤

◀解　説▶

≪熱平衡≫

(1)　温度は，$T_1>T_2>T_0$ である。金属球が放出した熱量 Q_1〔J〕は

$$Q_1=mc_M(T_1-T_2)\text{〔J〕}\quad(\to 22)$$

水に与えられた熱量 Q_2〔J〕は

$$Q_2=4mc(T_2-T_0)\text{〔J〕}\quad(\to 23)$$

また，容器に与えられた熱量 Q_3〔J〕は

$$Q_3=2mc(T_2-T_0)\text{〔J〕}$$

熱量保存則 $Q_1=Q_2+Q_3$ より

$$mc_M(T_1-T_2)=6mc(T_2-T_0)$$

$$\therefore\quad c_M=\frac{6c(T_2-T_0)}{T_1-T_2}\text{〔J/(kg·K)〕}\quad(\to 24)$$

(2)　温度は $T_2>T_3>T_0$ である。容器2と容器3に入れた合計 $2m$〔kg〕の水が失った熱量 Q_4〔J〕は

$$Q_4=2mc(T_2-T_3)\text{〔J〕}\quad(\to 25)$$

容器2と容器3が得た熱量の合計 Q_5〔J〕は

$$Q_5=2mc(T_3-T_0)\times 2=4mc(T_3-T_0)\text{〔J〕}\quad(\to 26)$$

熱量保存則 $Q_4=Q_5$ より

$$T_2-T_3=2(T_3-T_0)$$

$$\therefore\quad T_3=\frac{2T_0+T_2}{3}\text{〔K〕}\quad(\to 27)$$

T_4〔K〕について，$T_2 > T_4 > T_0$ が成り立つ。

容器 4 に入れた水が失った熱量 Q_6〔J〕と，容器 4 が得た熱量 Q_7〔J〕は，それぞれ

$$Q_6 = 2mc(T_2 - T_4)\text{〔J〕},\ Q_7 = 2mc(T_4 - T_0)\text{〔J〕}$$

熱量保存則 $Q_6 = Q_7$ より

$$T_2 - T_4 = T_4 - T_0$$

$$\therefore\quad T_4 = \frac{T_0 + T_2}{2}\text{〔K〕}\quad (\to 28)$$

(3)　T_5〔K〕について，$T_3 > T_5 > T_0$ が成り立つ。

容器 5 に入れた水が失った熱量 Q_8〔J〕と，容器 5 が得た熱量 Q_9〔J〕は

$$Q_8 = 2mc(T_3 - T_5)\text{〔J〕},\ Q_9 = 2mc(T_5 - T_0)\text{〔J〕}$$

熱量保存則 $Q_8 = Q_9$ より

$$T_3 - T_5 = T_5 - T_0$$

$$\therefore\quad T_5 = \frac{T_0 + T_3}{2} = \frac{5T_0 + T_2}{6}\text{〔K〕}\quad (\to 29)$$

T_6〔K〕について，$T_4 > T_6 > T_0$ が成り立つ。

容器 6 に入れた水が失った熱量 Q_{10}〔J〕と，容器 6 が得た熱量 Q_{11}〔J〕は

$$Q_{10} = 2mc(T_4 - T_6)\text{〔J〕},\ Q_{11} = 2mc(T_6 - T_0)\text{〔J〕}$$

熱量保存則 $Q_{10} = Q_{11}$ より

$$T_4 - T_6 = T_6 - T_0$$

$$\therefore\quad T_6 = \frac{T_0 + T_4}{2} = \frac{3T_0 + T_2}{4}\text{〔K〕}\quad (\to 30)$$

$T_6 - T_5 = \dfrac{T_2 - T_0}{12} > 0$ より，容器 6 の水の方が容器 5 の水より $\dfrac{T_2 - T_0}{12}$〔K〕だけ温度が高い。（→31）

化学

I　解答

1—⑥　2—④　3—④　4—①　5—②　6—①
7—②　8—⑥　9—④　10—⑤　11—⑥　12—④
13—①　14—③

◀解　説▶

≪同位体，水素結合，濃度計算，反応の量的関係，水銀柱≫

10．希釈後の1.00mol/Lの希塩酸の体積を1.00Lとすると，その中に含まれているHClの質量は，HCl=36.5より

$$1.00\times1.00\times36.5=36.5\,[\mathrm{g}]$$

希釈前の濃塩酸の質量は，質量パーセント濃度より

$$36.5\times\frac{100}{35.0}=\frac{3650}{35.0}\,[\mathrm{g}]$$

密度1.19g/mLより，その体積をv〔mL〕とすると

$$1.19v=\frac{3650}{35.0}\qquad\therefore\quad v=87.635\fallingdotseq87.63\,[\mathrm{mL}]$$

よって，希釈後1.00〔L〕=1000〔mL〕より，希釈倍率は

$$\frac{1000}{87.63}=11.41\fallingdotseq11.4\,倍$$

別解　濃塩酸1.00L（1000mL）の質量は

$$1.19\times1000=1190\,[\mathrm{g}]$$

濃塩酸の質量パーセント濃度が35.0％，HClの分子量が36.5なので，1.00Lの濃塩酸に含まれるHClの物質量は

$$\frac{1190\times\frac{35.0}{100}}{36.5}=11.410\fallingdotseq11.41\,[\mathrm{mol}]$$

よって，濃塩酸の体積モル濃度は11.41mol/Lである。

希釈により体積をx倍にすると，体積モル濃度は$\frac{1}{x}$になるので

$$11.41\times\frac{1}{x}=1.00\qquad\therefore\quad x=11.41\fallingdotseq11.4\,倍$$

11. 以下の化学反応式より，一酸化炭素1.00molと酸素0.500molが反応し，二酸化炭素は1.00mol生成する。

$$2CO + O_2 \longrightarrow 2CO_2$$

その圧力 p〔Pa〕は，気体の状態方程式より

$$p = \frac{1.00 \times 8.31 \times 10^3 \times (273+27)}{1.00} = 2.493 \times 10^6 \fallingdotseq 2.49 \times 10^6 \text{〔Pa〕}$$

12. 反応式は以下の通りである。

$$2Zn + O_2 \longrightarrow 2ZnO$$

Znの原子量を M とすると，ZnOは式量 $M+16$ となる。反応量は係数比から，1：1より

$$\frac{19.6}{M} = \frac{24.4}{M+16} \qquad \therefore \quad M = 65.33 \fallingdotseq 65.3$$

13. 有機化合物Aの物質量 n〔mol〕は，気体の状態方程式より

$$n = \frac{1.01 \times 10^5 \times 0.306}{8.31 \times 10^3 \times (273+100)} = 9.970 \times 10^{-3} \fallingdotseq 1.00 \times 10^{-2} \text{〔mol〕}$$

完全燃焼後の CO_2 中のC原子の物質量は，$CO_2 = 44.0$，$C = 12.0$ より

$$880 \times 10^{-3} \times \frac{12.0}{44.0} \times \frac{1}{12.0} = 2.00 \times 10^{-2} \text{〔mol〕}$$

H_2O 中のH原子の物質量は $H_2O = 18.0$，$H = 1.00$ より

$$540 \times 10^{-3} \times \frac{2.00}{18.0} \times \frac{1}{1.00} = 6.00 \times 10^{-2} \text{〔mol〕}$$

となるので，有機化合物Aには C_2H_6 が含まれる。

よって，該当するのは分子式 C_2H_6O のエタノール。

別解　完全燃焼により生じた CO_2 に含まれる炭素の物質量は

$$\frac{880 \times 10^{-3} \times \dfrac{12.0}{44.0}}{12.0} = 2.00 \times 10^{-2} \text{〔mol〕}$$

同様に，完全燃焼により生じた H_2O に含まれる水素の物質量は

$$\frac{540 \times 10^{-3} \times \dfrac{2 \times 1.00}{18.0}}{1.00} = 6.00 \times 10^{-2} \text{〔mol〕}$$

したがって，化合物中に含まれる炭素と水素の物質量比は1：3である。

解答群の化合物のそれぞれの分子式は① C_2H_6O，② CH_4O，③ $C_4H_{10}O$，

④ C_3H_6O，⑤ C_2H_4O であり，C：H＝1：3となるのは①エタノールのみである。

14. エタノールの蒸気の圧力は760－701＝59〔mm〕分となるので，その圧力の単位を〔Pa〕に換算すると

$$\frac{59}{760}\times1.01\times10^5=7840.78\cdots\fallingdotseq7.84\times10^3\,〔\mathrm{Pa}〕$$

Ⅱ 解答

15―⑥　16―③　17―②　18―③　19―⓪　20―③
21―①　22―③　23―⑨

◀解　説▶

≪反応速度と化学平衡≫

15. 反応熱 Q＝(生成物の結合エネルギーの和)－(反応物の結合エネルギーの和）より，H−I の結合エネルギーを x〔kJ/mol〕とすると

$$10=2x-(436+152)\qquad\therefore\quad x=299\,〔\mathrm{kJ/mol}〕$$

16. 逆反応の活性化エネルギーは，正反応の活性化エネルギー＋反応熱より

$$167+10=177\,〔\mathrm{kJ}〕$$

18. 正反応は発熱反応より，ルシャトリエの原理から，温度が上がるほど HI の濃度は小さくなるので平衡定数の値は小さくなっていく。

22. 反応の量的関係は以下の通りである。

	H_2	+	I_2	⟷	2HI	
反応前	5.5		4.0		0	〔mol〕
反応量	−3.5		−3.5		+7.0	〔mol〕
平衡時	2.0		0.50		7.0	〔mol〕

体積100Lの密閉容器より，平衡時のモル濃度は，$[H_2]=2.0\times10^{-2}$〔mol/L〕，$[I_2]=5.0\times10^{-3}$〔mol/L〕，$[HI]=7.0\times10^{-2}$〔mol/L〕となる。

よって，平衡定数 $K=\dfrac{[HI]^2}{[H_2][I_2]}$ より

$$\frac{(7.0\times10^{-2})^2}{2.0\times10^{-2}\times5.0\times10^{-3}}=49$$

23. HI の生成量を x〔mol〕とすると，反応の量的関係は以下の通りになる。

$$H_2 + I_2 \rightleftarrows 2HI$$

	H_2	I_2	$2HI$	
反応前	5.0	5.0	0	〔mol〕
反応量	$-0.50x$	$-0.50x$	$+x$	〔mol〕
平衡時	$5.0-0.50x$	$5.0-0.50x$	x	〔mol〕

22と同温より，平衡定数 $K=49$ となるので

$$\frac{x^2}{(5.0-0.50x)^2}=49 \qquad \frac{x}{5.0-0.50x}=7 \qquad \therefore \quad x=7.77 \fallingdotseq 7.8〔\text{mol}〕$$

Ⅲ 解答

24―⑥　25―①　26―④　27―①　28―②　29―③
30―①　31―②　32―①　33―⑧　34―⓪　35―⑤
36―⑦

◀解　説▶

≪ヨウ素滴定≫

27・28. 半反応式は以下の通りである。

酸化剤：$O_3+H_2O+2e^- \longrightarrow O_2+2OH^-$，還元剤：$2I^- \longrightarrow I_2+2e^-$

29. 以下の反応式より，褐色の I_3^- が生成される。

$$I_2+I^- \rightleftarrows I_3^-$$

30・31. 半反応式は以下の通りである。

酸化剤：$I_2+2e^- \longrightarrow 2I^-$，還元剤：$2S_2O_3^{2-} \longrightarrow S_4O_6^{2-}+2e^-$

36. 電子 e^- の授受より，反応物の係数比は

$O_3 : I_2 = 1\,\text{mol} : 1\,\text{mol}$，$I_2 : Na_2S_2O_3 = 1\,\text{mol} : 2\,\text{mol}$

となるので

$O_3 : Na_2S_2O_3 = 1\,\text{mol} : 2\,\text{mol}$

である。$O_3=48.0$，$Na_2S_2O_3$ 水溶液中の $Na_2S_2O_3$ の物質量との量的関係より，O_3 の質量〔mg〕は

$$0.100\times\frac{5.00}{1000}\times\frac{1}{2}\times48.0\times10^3=12.0〔\text{mg}〕$$

Ⅳ 解答

37―②　38―①　39―④　40―⑤　41―④　42―⑤
43・44―③・④（順不同）　45・46―③・⑥（順不同）

◀解　説▶

≪トリペプチドの構造決定≫

41. それぞれの組成の比は

$$\mathrm{C:H:N:O}=\frac{65.4}{12.0}:\frac{6.7}{1.00}:\frac{8.5}{14.0}:\frac{19.4}{16.0}$$
$$=5.45:6.7:0.607:1.21$$
$$=9:11:1:2$$

より　$C_9H_{11}NO_2$

42. 反応式は以下の通りである。

$$\mathrm{C+C \longrightarrow D+H_2O}$$

化合物Cの分子量を M とすると，$H_2O=18.0$ より，化合物Dの分子量は $2M-18.0$ となる。化合物Cの分子間脱水で生成する化合物Dの分子量は，化合物Cの 1.44 倍であるので

$$2M-18.0=1.44M \qquad \therefore \quad M=32.14 \fallingdotseq 32.1$$

1 価アルコールの分子式は，$C_nH_{2n+2}O$ より

$$12n+2n+2+16=14n+18$$

$14n+18=32$ より，$n=1$ となるので，化合物Cは CH_4O よりメタノール，化合物Dはジメチルエーテルである。

また，化合物Xの加水分解反応は以下のようになる。

化合物X $+2H_2O \longrightarrow$ 化合物A＋化合物B＋化合物C

$C_{14}H_{18}N_2O_5+2H_2O \longrightarrow C_9H_{11}NO_2+$化合物B$+CH_4O$

より，化合物Bは $C_4H_7NO_4$ となるので，該当するのは⑤のアスパラギン酸。

43・44. ①～③化合物A $C_9H_{11}NO_2$ の側鎖Rを考えると，$R-CH(NH_2)COOH$ より，$R=-C_7H_7$ であり，Aはフェニルアラニンである。化合物Bはアスパラギン酸より酸性アミノ酸であり，等電点はBの方が小さい。

④化合物AもBも不斉炭素原子は 1 つである。

⑤・⑥水酸化ナトリウム水溶液と硫酸銅(Ⅱ)水溶液を加えて赤紫色になる反応は，ビウレット反応であり，2 つ以上のペプチド結合が存在しないと呈色しない。

45・46. ①アセチルサリチル酸の加水分解で得られるのは酢酸である。

②化合物Dはジメチルエーテルであるので，ヒドロキシ基をもつ化合物Cの方が沸点は高くなる。

③化合物Cのメタノールは熱した銅線に触れさせると酸化され，刺激臭を

もつホルムアルデヒドを生じる。

④メタノールを酸化して生成されるカルボン酸はギ酸である。

⑤メタノールはヨードホルム反応を示さない。

⑥グルコースのアルコール発酵で得られるのはエタノール。その分子式は化合物Dのジメチルエーテルと同じ C_2H_6O であり，構造異性体の関係である。

生物

I　解答

1―⑤　2―①　3―③　4―③　5―⑦　6―⑤
7―③　8―②　9―③　10―⓪　11―⑥　12―②
13―ⓑ　14―⑥

◀解　説▶

≪DNAの構造・複製≫

4．a．誤文。アデニンは相補的なチミンと2つの水素結合でつながっている。b．誤文。DNAのらせん1回転には10塩基対が含まれ，その長さは約3.4nmである。c．正文。

5・6．一方のヌクレオチド鎖（α鎖とする）のうち，シトシン以外の3つの塩基の割合が判明しているので，α鎖のうちシトシンは $100-(27+16+35)=22$〔%〕である。

もう一方のヌクレオチド鎖（β鎖）のうちグアニンの割合は，相補的なα鎖のシトシンの割合と等しくなるので22%。

よって，全塩基のうちグアニンは　$\dfrac{16+22}{2}=19$〔%〕

9．各酵素の働きは次の通り。DNAヘリカーゼはDNAの二重らせん構造をほどく。DNAポリメラーゼは新生鎖の3′末端に新たなヌクレオチドを結合しDNAを合成する。DNAリガーゼはDNA断片どうしを結合する。

11．d．誤文。岡崎フラグメントが連結して合成されるのはラギング鎖である。e・f．正しい。

12～14．第二世代以降，培地中に^{15}Nは含まれないので，重DNAが現れることはない。また，DNAの複製は半保存的であるため，第一世代が持っていた^{15}Nのみからなるヌクレオチド鎖は，増減することなく，第二世代以降では混DNAに含まれる。1回の複製が起こるとDNA量は2倍に増えることも考慮すると，各世代でのDNAの比率は次の表の通りになる。

	DNA 量	重 DNA	混 DNA	軽 DNA
第二世代（1回分裂）	1	0	1	0
第三世代（2回分裂）	$2^1=2$	0	1	1
第四世代（3回分裂）	$2^2=4$	0	1	3
第五世代（4回分裂）	$2^3=8$	0	1（ケ）	7（ケ）
第六世代（5回分裂）	$2^4=16$	0	1	15
第七世代（6回分裂）	$2^5=32$	0	1 [12]	31 [13]

II 解答

15—⑤　16—②　17—②　18—⑥　19—⑦　20—②
21—⑧　22—①　23—③　24—④　25—⑧　26—②
27—③　28—④

◀解　説▶

≪呼吸のしくみ≫

16．グリセルアルデヒドリン酸（GAP）は光合成のカルビン・ベンソン回路でも登場する C_3 化合物である。

19～21．C_3 化合物のピルビン酸はマトリックスで脱炭酸反応，脱水素反応を受け，C_2 化合物となり，CoA と結合しアセチル CoA となる。この時，脱炭酸反応により二酸化炭素が放出され，脱水素反応により NADH と H^+ が生じる。

23・24．グルコース1分子に由来するピルビン酸2分子から，クエン酸回路により，8分子の NADH，2分子の $FADH_2$ が生じる。本問では「ピルビン酸1分子あたり」で問われていることに注意。

26・27．電子が電子伝達系を通る際に放出されるエネルギーを用いて，H^+ は能動的にマトリックス→膜間腔へ輸送される。それにより形成された濃度勾配に従い，H^+ は ATP 合成酵素を通り膜間腔→マトリックスへ輸送され，この時のエネルギーを利用し内膜のマトリックス側で ATP が合成される。

III 解答

29—⑧　30—②　31—②　32—④　33—③　34—⑥
35—④　36—③　37—④　38—①　39—⓪　40—①
41—ⓐ　42—⑥

◀解　説▶

≪自律神経，内分泌系≫

30～33. 交感神経は活発な状態・興奮状態ではたらき，副交感神経は休息時・リラックス状態ではたらく。汗腺には交感神経のみ分布し，副交感神経は分布しない。

42. 脳下垂体後葉で分泌されるバソプレシンは，腎臓の集合管に作用し，集合管側の細胞膜にアクアポリンを局在させ活性化することで，水分の再吸収を促進する。

Ⅳ　解答

43―ⓑ　44―⑤　45―④　46―⑥　47―④　48―ⓑ
49―③　50―②　51―③　52―②　53―⑤　54―⑧

◀解　説▶

≪光合成，植生の遷移≫

44. 光補償点の光の強さでは，光合成速度と呼吸速度が等しくなり，見かけ上，二酸化炭素吸収速度が0となる。

46・48. 最大光合成速度では光は十分にあり，カルビン・ベンソン回路でのルビスコ（リブロース1,5-ビスリン酸カルボキシラーゼ/オキシゲナーゼ）が触媒する二酸化炭素を固定する反応が律速している。

47. 陰葉よりも陽葉の方が，葉が厚く，小形である。

49. 20×10^3 ルクスの光を照射すると二酸化炭素吸収速度は 5〔$mgCO_2/(100\,cm^2$・時間)〕，暗黒下では二酸化炭素吸収速度は −5〔$mgCO_2/(100\,cm^2$・時間)〕。$220\,cm^2$ の大きさの葉に，20×10^3 ルクスの光を13時間照射し，その後，暗黒下に11時間置いた場合，二酸化炭素の増減は，$(5\times13-5\times11)\times\frac{220}{100}=22$〔mg〕となる。

50. 22mgの二酸化炭素（分子量44）から光合成によりグルコース（分子量180）が合成される。反応する物質量の比は（二酸化炭素）：（グルコース）=6：1である。増加した有機物（グルコース）は，$\frac{22}{44}\times\frac{1}{6}\times180=15$〔mg〕となる。

問四　傍線部④を含む段落に「弦」と「矢」のたとえがあるが、「弦」は故国日本、「矢」は筆者たちを表している。「弦こそ矢筈へかえるべきだ」とは、私たちが日本への帰還を求めるのではなく、故国日本こそが私たちのもとへ帰ってくるべき、つまり、故国日本が私たちの帰還を求めるべきだ、という筆者の想いを表している。また、傍線部④を含む段落の二つ後の段落の「私たちは故国と、……結ばれていなくてはならなかった。しかもそれは、……〈向う側〉からの希求でなければならないと、……考えた。望郷が招く錯誤……そこにあった」も参考にするとよい。

問五　傍線部⑤を含む段落より、1、2、4は適切であると判定できるだろう。3は同段落の最初の「郷を怨ずるにちから尽きたとき」に合わない。怨む気持ちさえ失われてしまったのである。

問六　傍線部⑥にあるように、「樹木」は「私たちの行手に声もなく立ちふさがる」。持っていた言葉を失っていった筆者とは違い、「樹木」にはもとから言葉がないのである。ないのは言葉だけではない。傍線部⑥の直後の文の「彼らは、忘れ去り、……生きていた。私が羨望したのは、まさにそのためであり」から、忘れたり忘れられたりする対象がない、つまり関心を向ける対象もないことがわかる。そして、これらのことから、筆者は樹木を羨ましいと思ったのである。

問七　傍線部⑦の次文「海を見ることが、……終りつつあった」、最後から二つ目の段落の「海。この虚脱。船が……私は海を喪失していた」、「海は私のまえに、無限の水のあつまりとしてあった。私は失望した。このとき、……失ったのである」から、3を選ぶことができる。

問八　全体の話の流れと、傍線部⑧の次文「戦争が終わったのだ」から考える。戦後ソビエトに抑留され、「望郷」から「〈忘郷〉」の時期を経て、「人間そのものへの関心」や言葉を失い、ようやく迎えた帰国の時。抑留者にとっては、その時までずっと戦争が続いていたのである。このことを傍線部⑧のように表現している。

三

出典 石原吉郎『望郷と海』（みすず書房）

解答

問一 1
問二 3
問三 3
問四 3
問五 3
問六 2
問七 3
問八 1

◀解 説▶

問一 傍線部①の次行に「望郷の想いをその渚へ」とあることをおさえる。そして波線部アの次文に「望郷の願いに変ったのはこの期間」とあるので、これが正解。海を渡って日本に戻りたい、その海を見たいという筆者の「望郷の想い」がうかがえる。

問二 傍線部②の前文「すべての距離は、……される」及び、直後の文「海は……変貌した」から、海に行くにはどれだけの時間がかかるのか、それを考えることが許されないほど海から隔絶された状況に筆者はあり、また、その状況が全く動かず、いつ海に行けるのかわからない状態であることを読み取りたい。

問三 傍線部③を含む段落の「望郷の……遠のき」とは、日本に上陸することが叶わないことを表している。そうであるとしても、「海のみがその行手に残」り、「海」が「ほとんどひとつの倫理となった」。つまり、海を渡れば日本に帰ることができるという思いだけは持ち続け、自分を保ちたい、という思いを「倫理」と表現している。

「む」の終止形〉であり、係助詞ではない。

問四　「死なば」は〈ナ変動詞「死ぬ」未然形＋接続助詞「ば」〉で、〝死んだら〟という意味になるため、1と3を除外できる。傍線部②の一行前の「物もいはで、……ありけるを」が、勅命の使者が何も言わず十日ほど庭に伏せていて、ひそかに懐に持っていた乾飯を食べていた、という内容なので、傍線部②を人物関係も含めて解釈すると、そのような状況では勅命の使者は死んでしまうかもしれない、もし死んでしまったら、かえって私たちが罪を受けるだろう、と親が心配しているという意味になる。

問五　空欄5の後に「思はず（＝思わない）」と続くので、親に勅命の使者と一緒に帰るよう言われた娘がどう思っていないのかということを考える。娘の言葉はさらに「親のとりこむればこそ参らね」と続く。「とりこむれば」が〈已然形＋「ば」〉で〝…ので〟という意味、「こそ」と「ね」が係り結びであるため、「ね」は打消の助動詞「ず」の已然形。よって、〝親が（私を）閉じ込めるから参内しないのです〟という意味になる。つまり、娘は〝もともと参内するまいとも思っていない〟のである。「じ」は打消意志の助動詞。

問六　傍線部③の前の行の「待ちける程に、蜘蛛といへる虫の、……見て」を「あやしき事（＝不思議なこと）」と言っている。

問七　問六とつながりのある問題。袖の上に蜘蛛が垂れ下がってきたのを見て、娘は〝帝のお出まし（「行幸」）があるだろうか〟と言う。そうすると、実際に帝がいらっしゃったのである。この流れから、1が正解。

問八　1は傍線部①の直後の「限りなく……給はざりければ」に、2は空欄3の次行の「物もいはで、……ありける」に、4は最後の二行の「衣通姫（そとほり）と……これなり。住吉に、……うけたまはる」に合致する。3は最後から四行目の「使に具して参りぬ（＝使者といっしょに参内した）」に合致しない。

文「動物の生命力にとって根本的であるはずのメランコリー」に合致する。4については、最後から二つ目の段落に「人間は……死の予行演習を繰り返すかもしれない」とはあるが、その後に「しかし、それは死がメランコリーに酷似しているというだけの話ではないか」と否定しているので、不適。

二

出典　源俊頼『俊頼髄脳』

解答

問一　4
問二　3
問三　2
問四　2
問五　2
問六　2
問七　1
問八　3

◀解　説▶

問一　「ささがにの」は「蜘蛛（くも）」を導く枕詞。

問二　「たてまつる」は「与ふ」の謙譲語で〝さしあげる〟などの意味がある。傍線部①を含む文の冒頭「これは」から「たてまつりけるを」までの内容を読み取る。容貌が格別によい郡司の娘のことを帝がお聞きになった（「聞こし召す」は尊敬語）ので、さしあげた、という内容。娘を帝にさしだすことができるのは、親である。

問三　係り結びはないので、終止形を入れる。空欄3の前の「なむ」は、〈強意の助動詞「ぬ」の未然形＋推量の助動詞

問四　「メランコリー」が「力」であるといえる事情を最もはっきりと述べているのは、二段落後の「生そのものを阻害する死の原理の如く、メランコリーを考えてきた」がそれは間違いだった、という内容が述べられている箇所と、最後から二段落目の「現実の苦痛に周囲を包囲された日常のなかで、メランコリーは、……生の唯一の形式ではないだろうか」とある箇所であり、4が正解となる。1は「人間」が主体となっているため、また、2の「危険性を忘れることができれば、それはむしろ……」が本文内容に合致しないため不適。3は、「メランコリーの力」がもたらす作用であり、「メランコリー」が「力である」ことの説明ではない。また、本文内容ではあくまで「能動的な作用」であり、3にある「行動」とは意味合いが異なる。

問五　傍線部③の前文に「動物たちは、人間に比べて、はるかに無感動」とあること、後に「彼らもまた苦痛に身をよじることがある。……女体のよじれでさえかなわない凄絶さがある」とあることから、「無感動」「人間以上に苦痛を知っている」をおさえた3が正解となる。傍線部「通じている」が〝理解している・知っている〟という意であることもヒントとなる。

問六　空欄10の前文「彼らは同類が死んでゆくさまを、……死骸のうえを、……踏みこえてゆくことさえなしとはしない」から、戦場の様子を思い起こしたい。

問七　傍線部④の直前の「われわれが動物を、自分たちより低い地位におとしめようとしてきた」という内容から、人間は自分たちを動物より優れていると考えていることがわかる。

問八　フロイトの「融通のなさ」とは、傍線部⑤を含む文にあるような「メランコリーを、あくまでも喪失感だの」といった従来の意味でとりまとめてしまうような、柔軟にものごとを考えられない態度をあらわしているので、1が正解となる。

問九　「メランコリー」も「マゾヒズム」も「生から切りはなす」ことはできず（最終段落）、「生は苦痛を駆逐する体制からなっているのではない」（最後から二つ目の段落）という内容から1と2は合致する。また、3は傍線部④の前

国語

一

出典　西成彦『マゾヒズムと警察』＜Ｉ　ザッヘル＝マゾッホ新稿　メランコリックな知恵＞（筑摩書房）

解答

問一　ⓐ－2　ⓑ－4　ⓒ－2　ⓓ－3　ⓔ－1
問二　3
問三　3
問四　4
問五　3
問六　4
問七　2
問八　1
問九　4

◀解　説▶

問三　空欄7を含む段落から、マゾッホが「きわめて土着的なスラヴ作家」であり、故郷を去った後も「小説を通し、絶えずキョウリへとたちかえる努力を惜しんだりしなかった」ことが読み取れる。マゾッホの原点であるスラヴ人の考え方、すなわち前の引用文の「スラヴ人のもとではメランコリーと宿命論になりかわってしまう」をおさえ、そこから空欄7に入れるとよい。4は、マゾッホの「生活信条」を表す言葉としては断片的すぎるので、不適。

//////////////////// · memo · ////////////////////

//////////////////// · memo · ////////////////////

//////////////////// · memo · ////////////////////

////////////////////// · memo · //////////////////////

////////////////////// · memo · //////////////////////

////////////////////// · memo · //////////////////////

教学社 刊行一覧

2025年版 大学赤本シリーズ

国公立大学（都道府県順）

374大学556点
全都道府県を網羅

全国の書店で取り扱っています。店頭にない場合は，お取り寄せができます。

1 北海道大学（文系－前期日程）
2 北海道大学（理系－前期日程） 医
3 北海道大学（後期日程）
4 旭川医科大学（医学部〈医学科〉） 医
5 小樽商科大学
6 帯広畜産大学
7 北海道教育大学
8 室蘭工業大学／北見工業大学
9 釧路公立大学
10 公立千歳科学技術大学
11 公立はこだて未来大学 総推
12 札幌医科大学（医学部） 医
13 弘前大学 医
14 岩手大学
15 岩手県立大学・盛岡短期大学部・宮古短期大学部
16 東北大学（文系－前期日程）
17 東北大学（理系－前期日程） 医
18 東北大学（後期日程）
19 宮城教育大学
20 宮城大学
21 秋田大学 医
22 秋田県立大学
23 国際教養大学 総推
24 山形大学 医
25 福島大学
26 会津大学
27 福島県立医科大学（医・保健科学部） 医
28 茨城大学（文系）
29 茨城大学（理系）
30 筑波大学（推薦入試） 医総推
31 筑波大学（文系－前期日程）
32 筑波大学（理系－前期日程） 医
33 筑波大学（後期日程）
34 宇都宮大学
35 群馬大学 医
36 群馬県立女子大学
37 高崎経済大学
38 前橋工科大学
39 埼玉大学（文系）
40 埼玉大学（理系）
41 千葉大学（文系－前期日程）
42 千葉大学（理系－前期日程） 医
43 千葉大学（後期日程） 医
44 東京大学（文科） DL
45 東京大学（理科） DL 医
46 お茶の水女子大学
47 電気通信大学
48 東京外国語大学 DL
49 東京海洋大学
50 東京科学大学（旧 東京工業大学）
51 東京科学大学（旧 東京医科歯科大学） 医
52 東京学芸大学
53 東京藝術大学
54 東京農工大学
55 一橋大学（前期日程）
56 一橋大学（後期日程）
57 東京都立大学（文系）
58 東京都立大学（理系）
59 横浜国立大学（文系）
60 横浜国立大学（理系）
61 横浜市立大学（国際教養・国際商・理・データサイエンス・医〈看護〉学部）
62 横浜市立大学（医学部〈医学科〉） 医
63 新潟大学（人文・教育〈文系〉・法・経済科・医〈看護〉・創生学部）
64 新潟大学（教育〈理系〉・理・医〈看護を除く〉・歯・工・農学部） 医
65 新潟県立大学
66 富山大学（文系）
67 富山大学（理系） 医
68 富山県立大学
69 金沢大学（文系）
70 金沢大学（理系） 医
71 福井大学（教育・医〈看護〉・工・国際地域学部）
72 福井大学（医学部〈医学科〉） 医
73 福井県立大学
74 山梨大学（教育・医〈看護〉・工・生命環境学部）
75 山梨大学（医学部〈医学科〉） 医
76 都留文科大学
77 信州大学（文系－前期日程）
78 信州大学（理系－前期日程） 医
79 信州大学（後期日程）
80 公立諏訪東京理科大学 総推
81 岐阜大学（前期日程） 医
82 岐阜大学（後期日程）
83 岐阜薬科大学
84 静岡大学（前期日程）
85 静岡大学（後期日程）
86 浜松医科大学（医学部〈医学科〉） 医
87 静岡県立大学
88 静岡文化芸術大学
89 名古屋大学（文系）
90 名古屋大学（理系） 医
91 愛知教育大学
92 名古屋工業大学
93 愛知県立大学
94 名古屋市立大学（経済・人文社会・芸術工・看護・総合生命理・データサイエンス学部）
95 名古屋市立大学（医学部〈医学科〉） 医
96 名古屋市立大学（薬学部）
97 三重大学（人文・教育・医〈看護〉学部）
98 三重大学（医〈医〉・工・生物資源学部） 医
99 滋賀大学
100 滋賀医科大学（医学部〈医学科〉） 医
101 滋賀県立大学
102 京都大学（文系）
103 京都大学（理系） 医
104 京都教育大学
105 京都工芸繊維大学
106 京都府立大学
107 京都府立医科大学（医学部〈医学科〉） 医
108 大阪大学（文系） DL
109 大阪大学（理系） 医
110 大阪教育大学
111 大阪公立大学（現代システム科学域〈文系〉・文・法・経済・商・看護・生活科〈居住環境・人間福祉〉学部－前期日程）
112 大阪公立大学（現代システム科学域〈理系〉・理・工・農・獣医・医・生活科〈食栄養〉学部－前期日程） 医
113 大阪公立大学（中期日程）
114 大阪公立大学（後期日程）
115 神戸大学（文系－前期日程）
116 神戸大学（理系－前期日程） 医
117 神戸大学（後期日程）
118 神戸市外国語大学 DL
119 兵庫県立大学（国際商経・社会情報科・看護学部）
120 兵庫県立大学（工・理・環境人間学部）
121 奈良教育大学／奈良県立大学
122 奈良女子大学
123 奈良県立医科大学（医学部〈医学科〉） 医
124 和歌山大学
125 和歌山県立医科大学（医・薬学部） 医
126 鳥取大学 医
127 公立鳥取環境大学
128 島根大学 医
129 岡山大学（文系）
130 岡山大学（理系） 医
131 岡山県立大学
132 広島大学（文系－前期日程）
133 広島大学（理系－前期日程） 医
134 広島大学（後期日程）
135 尾道市立大学 総推
136 県立広島大学
137 広島市立大学
138 福山市立大学 総推
139 山口大学（人文・教育〈文系〉・経済・医〈看護〉・国際総合科学部）
140 山口大学（教育〈理系〉・理・医〈看護を除く〉・工・農・共同獣医学部） 医
141 山陽小野田市立山口東京理科大学 総推
142 下関市立大学／山口県立大学
143 周南公立大学 新総推
144 徳島大学 医
145 香川大学 医
146 愛媛大学 医
147 高知大学 医
148 高知工科大学
149 九州大学（文系－前期日程）
150 九州大学（理系－前期日程） 医
151 九州大学（後期日程）
152 九州工業大学
153 福岡教育大学
154 北九州市立大学
155 九州歯科大学
156 福岡県立大学／福岡女子大学
157 佐賀大学 医
158 長崎大学（多文化社会・教育〈文系〉・経済・医〈保健〉・環境科〈文系〉学部）
159 長崎大学（教育〈理系〉・医〈医〉・歯・薬・情報データ科・工・環境科〈理系〉・水産学部） 医
160 長崎県立大学 総推
161 熊本大学（文・教育・法・医〈看護〉学部・情報融合学環〈文系型〉）
162 熊本大学（理・医〈看護を除く〉・薬・工学部・情報融合学環〈理系型〉） 医
163 熊本県立大学
164 大分大学（教育・経済・医〈看護〉・理工・福祉健康科学部）
165 大分大学（医学部〈医・先進医療科学科〉） 医
166 宮崎大学（教育・医〈看護〉・工・農・地域資源創成学部）
167 宮崎大学（医学部〈医学科〉） 医
168 鹿児島大学（文系）
169 鹿児島大学（理系） 医
170 琉球大学 医

2025年版　大学赤本シリーズ

国公立大学 その他

171 〔国公立大〕医学部医学科 総合型選抜・学校推薦型選抜※ 医 総推
172 看護・医療系大学〈国公立 東日本〉※
173 看護・医療系大学〈国公立 中日本〉※
174 看護・医療系大学〈国公立 西日本〉※
175 海上保安大学校／気象大学校
176 航空保安大学校
177 国立看護大学校
178 防衛大学校 総推
179 防衛医科大学校(医学科) 医
180 防衛医科大学校(看護学科)

※No.171～174の収載大学は赤本ウェブサイト(http://akahon.net/)でご確認ください。

私立大学①

北海道の大学(50音順)

201 札幌大学
202 札幌学院大学
203 北星学園大学
204 北海学園大学
205 北海道医療大学
206 北海道科学大学
207 北海道武蔵女子大学・短期大学
208 酪農学園大学(獣医学群〈獣医学類〉)

東北の大学(50音順)

209 岩手医科大学(医・歯・薬学部) 医
210 仙台大学 総推
211 東北医科薬科大学(医・薬学部) 医
212 東北学院大学
213 東北工業大学
214 東北福祉大学
215 宮城学院女子大学 総推

関東の大学(50音順)

あ行(関東の大学)

216 青山学院大学(法・国際政治経済学部—個別学部日程)
217 青山学院大学(経済学部—個別学部日程)
218 青山学院大学(経営学部—個別学部日程)
219 青山学院大学(文・教育人間科学部—個別学部日程)
220 青山学院大学(総合文化政策・社会情報・地球社会共生・コミュニティ人間科学部—個別学部日程)
221 青山学院大学(理工学部—個別学部日程)
222 青山学院大学(全学部日程)
223 麻布大学(獣医、生命・環境科学部)
224 亜細亜大学
226 桜美林大学
227 大妻女子大学・短期大学部

か行(関東の大学)

228 学習院大学(法学部—コア試験)
229 学習院大学(経済学部—コア試験)
230 学習院大学(文学部—コア試験)
231 学習院大学(国際社会科学部—コア試験)
232 学習院大学(理学部—コア試験)
233 学習院女子大学
234 神奈川大学(給費生試験)
235 神奈川大学(一般入試)
236 神奈川工科大学
237 鎌倉女子大学・短期大学部
238 川村学園女子大学
239 神田外語大学
240 関東学院大学
241 北里大学(理学部)
242 北里大学(医学部) 医
243 北里大学(薬学部)
244 北里大学(看護・医療衛生学部)
245 北里大学(未来工・獣医・海洋生命科学部)
246 共立女子大学・短期大学
247 杏林大学(医学部) 医
248 杏林大学(保健学部)
249 群馬医療福祉大学・短期大学部
250 群馬パース大学 総推
251 慶應義塾大学(法学部)
252 慶應義塾大学(経済学部)
253 慶應義塾大学(商学部)
254 慶應義塾大学(文学部) 総推
255 慶應義塾大学(総合政策学部)
256 慶應義塾大学(環境情報学部)
257 慶應義塾大学(理工学部)
258 慶應義塾大学(医学部) 医
259 慶應義塾大学(薬学部)
260 慶應義塾大学(看護医療学部)
261 工学院大学
262 國學院大學
263 国際医療福祉大学 医
264 国際基督教大学
265 国士舘大学
266 駒澤大学(一般選抜T方式・S方式)
267 駒澤大学(全学部統一日程選抜)

さ行(関東の大学)

268 埼玉医科大学(医学部) 医
269 相模女子大学・短期大学部
270 産業能率大学
271 自治医科大学(医学部) 医
272 自治医科大学(看護学部)／東京慈恵会医科大学(医学部〈看護学科〉)
273 実践女子大学 総推
274 芝浦工業大学(前期日程)
275 芝浦工業大学(全学統一日程・後期日程)
276 十文字学園女子大学
277 淑徳大学
278 順天堂大学(医学部) 医
279 順天堂大学(スポーツ健康科・医療看護・保健看護・国際教養・保健医療・医療科・健康データサイエンス・薬学部) 総推
280 上智大学(神・文・総合人間科学部)
281 上智大学(法・経済学部)
282 上智大学(外国語・総合グローバル学部)
283 上智大学(理工学部)
284 上智大学(TEAPスコア利用方式)
285 湘南工科大学
286 昭和大学(医学部) 医
287 昭和大学(歯・薬・保健医療学部)
288 昭和女子大学
289 昭和薬科大学
290 女子栄養大学・短期大学部 総推
291 白百合女子大学
292 成蹊大学(法学部—A方式)
293 成蹊大学(経済・経営学部—A方式)
294 成蹊大学(文学部—A方式)
295 成蹊大学(理工学部—A方式)
296 成蹊大学(E方式・G方式・P方式)
297 成城大学(経済・社会イノベーション学部—A方式)
298 成城大学(文芸・法学部—A方式)
299 成城大学(S方式〈全学部統一選抜〉)
300 聖心女子大学
301 清泉女子大学
303 聖マリアンナ医科大学 医
304 聖路加国際大学(看護学部)
305 専修大学(スカラシップ・全国入試)
306 専修大学(前期入試〈学部個別入試〉)
307 専修大学(前期入試〈全学部入試・スカラシップ入試〉)

た行(関東の大学)

308 大正大学
309 大東文化大学
310 高崎健康福祉大学
311 拓殖大学
312 玉川大学
313 多摩美術大学
314 千葉工業大学
315 中央大学(法学部—学部別選抜)
316 中央大学(経済学部—学部別選抜)
317 中央大学(商学部—学部別選抜)
318 中央大学(文学部—学部別選抜)
319 中央大学(総合政策学部—学部別選抜)
320 中央大学(国際経営・国際情報学部—学部別選抜)
321 中央大学(理工学部—学部別選抜)
322 中央大学(5学部共通選抜)
323 中央学院大学
324 津田塾大学
325 帝京大学(薬・経済・法・文・外国語・教育・理工・医療技術・福岡医療技術学部)
326 帝京大学(医学部) 医
327 帝京科学大学 総推
328 帝京平成大学 総推
329 東海大学(医〈医〉学部を除く—一般選抜)
330 東海大学(文系・理系学部統一選抜)
331 東海大学(医学部〈医学科〉) 医
332 東京医科大学(医学部〈医学科〉) 医
333 東京家政大学・短期大学部 総推
334 東京経済大学
335 東京工科大学
336 東京工芸大学
337 東京国際大学
338 東京歯科大学
339 東京慈恵会医科大学(医学部〈医学科〉) 医
340 東京情報大学
341 東京女子大学
342 東京女子医科大学(医学部) 医
343 東京電機大学
344 東京都市大学
345 東京農業大学
346 東京薬科大学(薬学部) 総推
347 東京薬科大学(生命科学部) 総推
348 東京理科大学(理学部〈第一部〉—B方式)
349 東京理科大学(創域理工学部—B方式・S方式)
350 東京理科大学(工学部—B方式)
351 東京理科大学(先進工学部—B方式)
352 東京理科大学(薬学部—B方式)
353 東京理科大学(経営学部—B方式)
354 東京理科大学(C方式、グローバル方式、理学部〈第二部〉—B方式)
355 東邦大学(医学部) 医
356 東邦大学(薬学部)

2025年版　大学赤本シリーズ

私立大学②

357 東邦大学（理・看護・健康科学部）
358 東洋大学（文・経済・経営・法・社会・国際・国際観光学部）
359 東洋大学（情報連携・福祉社会デザイン・健康スポーツ科・理工・総合情報・生命科・食環境科学部）
360 東洋大学（英語〈3日程×3カ年〉）
361 東洋大学（国語〈3日程×3カ年〉）
362 東洋大学（日本史・世界史〈2日程×3カ年〉）
363 東洋英和女学院大学
364 常磐大学・短期大学 総推
365 獨協大学
366 獨協医科大学（医学部） 医

な行（関東の大学）

367 二松学舎大学
368 日本大学（法学部）
369 日本大学（経済学部）
370 日本大学（商学部）
371 日本大学（文理学部〈文系〉）
372 日本大学（文理学部〈理系〉）
373 日本大学（芸術学部〈専門試験併用型〉）
374 日本大学（国際関係学部）
375 日本大学（危機管理・スポーツ科学部）
376 日本大学（理工学部）
377 日本大学（生産工・工学部）
378 日本大学（生物資源科学部）
379 日本大学（医学部） 医
380 日本大学（歯・松戸歯学部）
381 日本大学（薬学部）
382 日本大学（N全学統一方式−医・芸術〈専門試験併用型〉学部を除く）
383 日本医科大学 医
384 日本工業大学
385 日本歯科大学
386 日本社会事業大学 総推
387 日本獣医生命科学大学
388 日本女子大学
389 日本体育大学

は行（関東の大学）

390 白鷗大学（学業特待選抜・一般選抜）
391 フェリス女学院大学
392 文教大学
393 法政大学（法〈Ⅰ日程〉・文〈Ⅱ日程〉・経営〈Ⅱ日程〉学部−A方式）
394 法政大学（法〈Ⅱ日程〉・国際文化・キャリアデザイン学部−A方式）
395 法政大学（文〈Ⅰ日程〉・経営〈Ⅰ日程〉・人間環境・グローバル教養学部−A方式）
396 法政大学（経済〈Ⅰ日程〉・社会〈Ⅰ日程〉・現代福祉学部−A方式）
397 法政大学（経済〈Ⅱ日程〉・社会〈Ⅱ日程〉・スポーツ健康学部−A方式）
398 法政大学（情報科・デザイン工・理工・生命科学部−A方式）
399 法政大学（T日程〈統一日程〉・英語外部試験利用入試）
400 星薬科大学 総推

ま行（関東の大学）

401 武蔵大学
402 武蔵野大学
403 武蔵野美術大学
404 明海大学
405 明治大学（法学部−学部別入試）
406 明治大学（政治経済学部−学部別入試）
407 明治大学（商学部−学部別入試）
408 明治大学（経営学部−学部別入試）
409 明治大学（文学部−学部別入試）
410 明治大学（国際日本学部−学部別入試）
411 明治大学（情報コミュニケーション学部−学部別入試）
412 明治大学（理工学部−学部別入試）
413 明治大学（総合数理学部−学部別入試）
414 明治大学（農学部−学部別入試）
415 明治大学（全学部統一入試）
416 明治学院大学（A日程）
417 明治学院大学（全学部日程）
418 明治薬科大学 総推
419 明星大学
420 目白大学・短期大学部

ら・わ行（関東の大学）

421 立教大学（文系学部−一般入試〈大学独自の英語を課さない日程〉）
422 立教大学（国語〈3日程×3カ年〉）
423 立教大学（日本史・世界史〈2日程×3カ年〉）
424 立教大学（文学部−一般入試〈大学独自の英語を課す日程〉）
425 立教大学（理学部−一般入試）
426 立正大学
427 早稲田大学（法学部）
428 早稲田大学（政治経済学部）
429 早稲田大学（商学部）
430 早稲田大学（社会科学部）
431 早稲田大学（文学部）
432 早稲田大学（文化構想学部）
433 早稲田大学（教育学部〈文科系〉）
434 早稲田大学（教育学部〈理科系〉）
435 早稲田大学（人間科・スポーツ科学部）
436 早稲田大学（国際教養学部）
437 早稲田大学（基幹理工・創造理工・先進理工学部）
438 和洋女子大学 総推

中部の大学（50音順）

439 愛知大学
440 愛知医科大学（医学部） 医
441 愛知学院大学・短期大学部
442 愛知工業大学 総推
443 愛知淑徳大学
444 朝日大学 総推
445 金沢医科大学（医学部） 医
446 金沢工業大学
447 岐阜聖徳学園大学 総推
448 金城学院大学
449 至学館大学 総推
450 静岡理工科大学
451 椙山女学園大学
452 大同大学
453 中京大学
454 中部大学
455 名古屋外国語大学 総推
456 名古屋学院大学 総推
457 名古屋学芸大学 総推
458 名古屋女子大学 総推
459 南山大学（外国語〈英米〉・法・総合政策・国際教養学部）
460 南山大学（人文・外国語〈英米を除く〉・経済・経営・理工学部）
461 新潟国際情報大学
462 日本福祉大学
463 福井工業大学
464 藤田医科大学（医学部） 医
465 藤田医科大学（医療科・保健衛生学部）
466 名城大学（法・経営・経済・外国語・人間・都市情報学部）
467 名城大学（情報工・理工・農・薬学部）
468 山梨学院大学

近畿の大学（50音順）

469 追手門学院大学 総推
470 大阪医科薬科大学（医学部） 医
471 大阪医科薬科大学（薬学部） 総推
472 大阪学院大学 総推
473 大阪経済大学 総推
474 大阪経済法科大学 総推
475 大阪工業大学 総推
476 大阪国際大学・短期大学部 総推
477 大阪産業大学 総推
478 大阪歯科大学（歯学部）
479 大阪商業大学 総推
480 大阪成蹊大学・短期大学 総推
481 大谷大学 総推
482 大手前大学・短期大学 総推
483 関西大学（文系）
484 関西大学（理系）
485 関西大学（英語〈3日程×3カ年〉）
486 関西大学（国語〈3日程×3カ年〉）
487 関西大学（日本史・世界史・文系数学〈3日程×3カ年〉）
488 関西医科大学（医学部） 医
489 関西医療大学 総推
490 関西外国語大学・短期大学部 総推
491 関西学院大学（文・法・商・人間福祉・総合政策学部−学部個別日程）
492 関西学院大学（神・社会・経済・国際・教育学部−学部個別日程）
493 関西学院大学（全学部日程〈文系型〉）
494 関西学院大学（全学部日程〈理系型〉）
495 関西学院大学（共通テスト併用日程〈数学〉・英数日程）
496 関西学院大学（英語〈3日程×3カ年〉） 新
497 関西学院大学（国語〈3日程×3カ年〉） 新
498 関西学院大学（日本史・世界史・文系数学〈3日程×3カ年〉） 新
499 畿央大学 総推
500 京都外国語大学・短期大学 総推
502 京都産業大学（公募推薦入試） 総推
503 京都産業大学（一般選抜入試〈前期日程〉）
504 京都女子大学 総推
505 京都先端科学大学 総推
506 京都橘大学 総推
507 京都ノートルダム女子大学 総推
508 京都薬科大学 総推
509 近畿大学・短期大学部（医学部を除く−推薦入試） 総推
510 近畿大学・短期大学部（医学部を除く−一般入試前期）
511 近畿大学（英語〈医学部を除く3日程×3カ年〉）
512 近畿大学（理系数学〈医学部を除く3日程×3カ年〉）
513 近畿大学（国語〈医学部を除く3日程×3カ年〉）
514 近畿大学（医学部−推薦入試・一般入試前期） 医 総推
515 近畿大学・短期大学部（一般入試後期） 医
516 皇學館大学 総推
517 甲南大学 総推
518 甲南女子大学（学校推薦型選抜） 新 総推
519 神戸学院大学 総推
520 神戸国際大学 総推
521 神戸女学院大学 総推
522 神戸女子大学・短期大学 総推
523 神戸薬科大学 総推
524 四天王寺大学・短期大学部 総推
525 摂南大学（公募制推薦入試） 総推
526 摂南大学（一般選抜前期日程）
527 帝塚山学院大学 総推
528 同志社大学（法、グローバル・コミュニケーション学部−学部個別日程）

2025年版　大学赤本シリーズ

私立大学③

529 同志社大学（文・経済学部－学部個別日程）
530 同志社大学（神・商・心理・グローバル地域文化学部－学部個別日程）
531 同志社大学（社会学部－学部個別日程）
532 同志社大学（政策・文化情報〈文系型〉・スポーツ健康科〈文系型〉学部－学部個別日程）
533 同志社大学（理工・生命医科・文化情報〈理系型〉・スポーツ健康科〈理系型〉学部－学部個別日程）
534 同志社大学（全学部日程）
535 同志社女子大学 総推
536 奈良大学 総推
537 奈良学園大学 総推
538 阪南大学 総推
539 姫路獨協大学 総推
540 兵庫医科大学（医学部） 医
541 兵庫医科大学（薬・看護・リハビリテーション学部） 総推
542 佛教大学 総推
543 武庫川女子大学 総推
544 桃山学院大学 総推
545 大和大学・大和大学白鳳短期大学部 総推
546 立命館大学（文系－全学統一方式・学部個別配点方式）／立命館アジア太平洋大学（前期方式・英語重視方式）
547 立命館大学（理系－全学統一方式・学部個別配点方式・理系型3教科方式・薬学方式）
548 立命館大学（英語〈全学統一方式3日程×3カ年〉）
549 立命館大学（国語〈全学統一方式3日程×3カ年〉）
550 立命館大学（文系選択科目〈全学統一方式2日程×3カ年〉）
551 立命館大学（IR方式〈英語資格試験利用型〉・共通テスト併用方式）／立命館アジア太平洋大学（共通テスト併用方式）
552 立命館大学（後期分割方式・「経営学部で学ぶ感性＋共通テスト」方式）／立命館アジア太平洋大学（後期方式）
553 龍谷大学（公募推薦入試） 総推
554 龍谷大学（一般選抜入試）

中国の大学（50音順）

555 岡山商科大学 総推
556 岡山理科大学 総推
557 川崎医科大学 医
558 吉備国際大学 総推
559 就実大学 総推
560 広島経済大学
561 広島国際大学 総推
562 広島修道大学
563 広島文教大学 総推
564 福山大学／福山平成大学
565 安田女子大学 総推

四国の大学（50音順）

567 松山大学

九州の大学（50音順）

568 九州医療科学大学
569 九州産業大学
570 熊本学園大学
571 久留米大学（文・人間健康・法・経済・商学部）
572 久留米大学（医学部〈医学科〉） 医
573 産業医科大学（医学部） 医
574 西南学院大学（商・経済・法・人間科学部－A日程）
575 西南学院大学（神・外国語・国際文化学部－A日程／全学部－F日程）
576 福岡大学（医学部医学科を除く－学校推薦型選抜・一般選抜系統別日程） 総推
577 福岡大学（医学部医学科を除く－一般選抜前期日程）
578 福岡大学（医学部〈医学科〉－学校推薦型選抜・一般選抜系統別日程） 医 総推
579 福岡工業大学
580 令和健康科学大学 総推

医 医学部医学科を含む
総推 総合型選抜または学校推薦型選抜を含む
DL リスニング音声配信　新 2024年 新刊・復刊

掲載している入試の種類や試験科目，収載年数などはそれぞれ異なります。詳細については，それぞれの本の目次や赤本ウェブサイトでご確認ください。

難関校過去問シリーズ

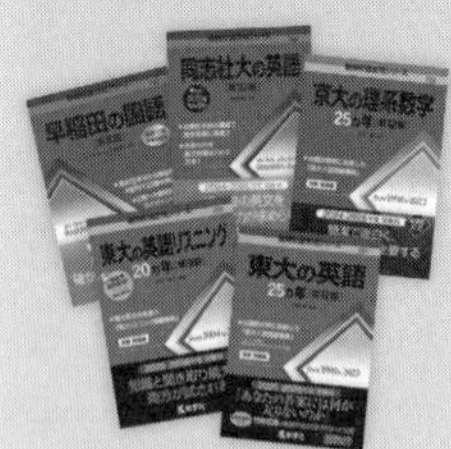

出題形式別・分野別に収録した
「入試問題事典」
20大学 73点

定価**2,310～2,640**円（本体2,100～2,400円）

先輩合格者はこう使った！
「難関校過去問シリーズの使い方」

61年，全部載せ！
要約演習で，総合力を鍛える

東大の英語
要約問題 UNLIMITED

国公立大学

東大の英語25カ年［第12版］ 改
東大の英語リスニング20カ年［第9版］ DL 改
東大の英語 要約問題 UNLIMITED
東大の文系数学25カ年［第12版］ 改
東大の理系数学25カ年［第12版］ 改
東大の現代文25カ年［第12版］ 改
東大の古典25カ年［第12版］ 改
東大の日本史25カ年［第9版］ 改
東大の世界史25カ年［第9版］ 改
東大の地理25カ年［第9版］ 改
東大の物理25カ年［第9版］ 改
東大の化学25カ年［第9版］ 改
東大の生物25カ年［第9版］ 改
東工大の英語20カ年［第8版］ 改
東工大の数学20カ年［第9版］ 改
東工大の物理20カ年［第5版］ 改
東工大の化学20カ年［第5版］ 改
一橋大の英語20カ年［第9版］ 改
一橋大の数学20カ年［第9版］ 改
一橋大の国語20カ年［第6版］ 改
一橋大の日本史20カ年［第6版］ 改
一橋大の世界史20カ年［第6版］ 改
筑波大の英語15カ年 新
筑波大の数学15カ年 新
京大の英語25カ年［第12版］
京大の文系数学25カ年［第12版］
京大の理系数学25カ年［第12版］
京大の現代文25カ年［第2版］
京大の古典25カ年［第2版］
京大の日本史20カ年［第3版］
京大の世界史20カ年［第3版］
京大の物理25カ年［第9版］
京大の化学25カ年［第9版］
北大の英語15カ年［第8版］
北大の理系数学15カ年［第8版］
北大の物理15カ年［第2版］
北大の化学15カ年［第2版］
東北大の英語15カ年［第8版］
東北大の理系数学15カ年［第8版］
東北大の物理15カ年［第2版］
東北大の化学15カ年［第2版］
名古屋大の英語15カ年［第8版］
名古屋大の理系数学15カ年［第8版］
名古屋大の物理15カ年［第2版］
名古屋大の化学15カ年［第2版］
阪大の英語20カ年［第9版］
阪大の文系数学20カ年［第3版］
阪大の理系数学20カ年［第9版］
阪大の国語15カ年［第3版］
阪大の物理20カ年［第8版］
阪大の化学20カ年［第6版］
九大の英語15カ年［第8版］
九大の理系数学15カ年［第7版］
九大の物理15カ年［第2版］
九大の化学15カ年［第2版］
神戸大の英語15カ年［第9版］
神戸大の数学15カ年［第5版］
神戸大の国語15カ年［第3版］

私立大学

早稲田の英語［第11版］ 改
早稲田の国語［第9版］ 改
早稲田の日本史［第9版］ 改
早稲田の世界史［第2版］ 改
慶應の英語［第11版］ 改
慶應の小論文［第3版］ 改
明治大の英語［第9版］ 改
明治大の国語［第2版］ 改
明治大の日本史［第2版］ 改
中央大の英語［第9版］ 改
法政大の英語［第9版］ 改
同志社大の英語［第10版］
立命館大の英語［第10版］
関西大の英語［第10版］
関西学院大の英語［第10版］

DL リスニング音声配信
新 2024年 新刊
改 2024年 改訂

いつも受験生のそばに――赤本

大学入試シリーズ＋α
入試対策も共通テスト対策も赤本で

入試対策

赤本プラス

赤本プラスとは，**過去問演習の効果を最大にする**ためのシリーズです。「赤本」であぶり出された弱点を，赤本プラスで克服しましょう。

- 大学入試 すぐわかる**英文法** DL
- 大学入試 ひと目でわかる**英文読解**
- 大学入試 絶対できる**英語リスニング** DL
- 大学入試 すぐ書ける**自由英作文**
- 大学入試 ぐんぐん読める **英語長文〔BASIC〕** DL
- 大学入試 ぐんぐん読める **英語長文〔STANDARD〕** DL
- 大学入試 ぐんぐん読める **英語長文〔ADVANCED〕** DL
- 大学入試 正しく書ける**英作文**
- 大学入試 最短でマスターする **数学Ⅰ・Ⅱ・Ⅲ・A・B・C**
- 大学入試 突破力を鍛える**最難関の数学**
- 大学入試 知らなきゃ解けない **古文常識・和歌**
- 大学入試 ちゃんと身につく**物理**
- 大学入試 もっと身につく **物理問題集**（①力学・波動）
- 大学入試 もっと身につく **物理問題集**（②熱力学・電磁気・原子）

入試対策

英検® 赤本シリーズ

英検®（実用英語技能検定）の対策書。
過去問集と参考書で万全の対策ができます。

▶過去問集（2024年度版）

- 英検®準1級過去問集 DL
- 英検®2級過去問集 DL
- 英検®準2級過去問集 DL
- 英検®3級過去問集 DL

▶参考書

- 竹岡の英検®準1級マスター DL
- 竹岡の英検®2級マスター CD DL
- 竹岡の英検®準2級マスター CD DL
- 竹岡の英検®3級マスター CD DL

CD リスニングCDつき　DL 音声無料配信
新 2024年新刊・改訂

入試対策

赤本プレミアム

赤本の教学社だからこそ作れた，
過去問ベストセレクション

- 東大数学プレミアム
- 東大現代文プレミアム
- 京大数学プレミアム〔改訂版〕
- 京大古典プレミアム

入試対策

赤本メディカルシリーズ

過去問を徹底的に研究し，独自の出題傾向をもつメディカル系の入試に役立つ内容を精選した実戦的なシリーズ。

- 〔国公立大〕医学部の英語〔3訂版〕
- 私立医大の英語〔長文読解編〕〔3訂版〕
- 私立医大の英語〔文法・語法編〕〔改訂版〕
- 医学部の実戦小論文〔3訂版〕
- 医歯薬系の英単語〔4訂版〕
- 医系小論文 最頻出論点20〔4訂版〕
- 医学部の面接〔4訂版〕

入試対策

体系シリーズ

国公立大二次・難関私大突破へ，自学自習に適したハイレベル問題集。

- 体系英語長文
- 体系英作文
- 体系現代文
- 体系世界史
- 体系物理〔第7版〕

入試対策

単行本

▶英語

- Q&A即決英語勉強法
- TEAP攻略問題集 CD
- 東大の英単語〔新装版〕
- 早慶上智の英単語〔改訂版〕

▶国語・小論文

- 著者に注目! 現代文問題集
- ブレない小論文の書き方 樋口式ワークノート

▶レシピ集

- 奥薗壽子の赤本合格レシピ

入試対策　共通テスト対策

赤本手帳

- 赤本手帳（2025年度受験用）プラムレッド
- 赤本手帳（2025年度受験用）インディゴブルー
- 赤本手帳（2025年度受験用）ナチュラルホワイト

入試対策

風呂で覚えるシリーズ

水をはじく特殊な紙を使用。いつでもどこでも読めるから，ちょっとした時間を有効に使える！

- 風呂で覚える英単語〔4訂新装版〕
- 風呂で覚える英熟語〔改訂新装版〕
- 風呂で覚える古文単語〔改訂新装版〕
- 風呂で覚える古文文法〔改訂新装版〕
- 風呂で覚える漢文〔改訂新装版〕
- 風呂で覚える日本史〔年代〕〔改訂新装版〕
- 風呂で覚える世界史〔年代〕〔改訂新装版〕
- 風呂で覚える倫理〔改訂版〕
- 風呂で覚える百人一首〔改訂版〕

共通テスト対策

満点のコツシリーズ

共通テストで満点を狙うための実戦的参考書。
重要度の増したリスニング対策は
「カリスマ講師」竹岡広信が一回読みにも
対応できるコツを伝授！

- 共通テスト英語〔リスニング〕 満点のコツ〔改訂版〕 新 DL
- 共通テスト古文 満点のコツ〔改訂版〕 新
- 共通テスト漢文 満点のコツ〔改訂版〕 新

入試対策　共通テスト対策

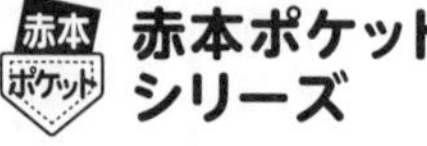

赤本ポケットシリーズ

▶共通テスト対策

- 共通テスト日本史〔文化史〕

▶系統別進路ガイド

- デザイン系学科をめざすあなたへ

2025年版　大学赤本シリーズ　No. 510

近畿大学・近畿大学短期大学部（医学部を除く－一般入試前期）

2024年7月10日　第1刷発行
ISBN978-4-325-26569-6
定価は裏表紙に表示しています

編　集　教学社編集部
発行者　上原 寿明
発行所　教学社
〒606-0031
京都市左京区岩倉南桑原町56
電話　075-721-6500
振替　01020-1-15695
印　刷　太洋社